KB151270

심리검사 및 평가 _{제3판}

Essentials of
Testing and Assessment
A Practical Guide to
Counselors, Social Workers,
and Psychologists
3rd Edition

Edward S. Neukrug
R. Charles Fawcett

© 2018 Cengage Learning Korea Ltd.

Original edition © 2015 Wadsworth , a part of Cengage Learning.
*Essentials of Testing and Assessment: A Practical Guide to Counselors, Social Workers, a
Psychologists 3rd Edition* by Edward S. Neukrug, R. Charles Fawcett.
ISBN: 978-1-285-45424-5.

This edition is translated by license from Wadsworth, a part of Cengage Learning,
for sale in Korea only.

ALL RIGHTS RESERVED. No part of this work covered by the copyright
herein may be reproduced, transmitted, stored or used in any form or
by any means graphic, electronic, or mechanical, including
but not limited to photocopying, recording, scanning, digitalizing, taping,
Web distribution, information networks, or information storage
and retrieval systems, without the prior written permission of the publisher.

For permission to use material from this text or product, email to
asia.infokorea@cengage.com

ISBN-13: 978-89-6218-414-3

Cengage Learning Korea Ltd.
14F, YTN Newsquare
76, Sangamsan-ro, Mapo-gu
Seoul, 03926, Korea, South
Tel: (82) 2 330 7000
Fax: (82) 2 330 7001

Cengage Learning is a leading provider of customized learning solutions
with office locations around the globe, including Singapore, the United Kingdom,
Australia, Mexico, Brazil, and Japan. Locate your local office at:
www.cengage.com/global

Cengage Learning products are represented in Canada by Nelson Education, Ltd.

For product information, visit www.cengageasia.com

Printed in Korea
1 2 3 4 21 20 19 18

심리검사 및 평가 ^{제3판}

Essentials of Testing and Assessment

A Practical Guide to Counselors, Social Workers, and Psychologists

Edward S. Neukrug · R. Charles Fawcett 지음

김동민 · 김준엽 · 강태훈 · 최수미 · 정애경 옮김

Andover · Melbourne · Mexico City · Stamford, CT · Toronto · Hong Kong · New Delhi · Seoul · Singapore · Tokyo

옮긴이 소개

김동민

중앙대학교 사범대학 교육학과 교수

위스콘신대학교 매디슨캠퍼스 상담심리학 박사

중앙대학교 학생상담센터 센터장

김준엽

홍익대학교 사범대학 교육학과 교수

UCLA 철학박사(양적연구방법론)

홍익대학교 입학사정관실장

강태훈

성신여자대학교 사범대학 교육학과 교수

위스콘신대학교 매디슨캠퍼스 양적방법론 박사

성신여자대학교 학생생활상담소 소장

최수미

건국대학교 교육대학원 교육학과 상담심리교육전공 교수

서울대학교 교육학과 교육상담학 박사

건국대학교 대학교육혁신원 교수학습지원센터 및 교육성과관리센터 센터장

정애경

경인교육대학교 교육학과 조교수

미주리–콜롬비아 대학교 상담심리학 박사

심리검사 및 평가 -제3판-

Essentials of Testing and Assessment

A Practical Guide to Counselors, Social Workers, and Psychologists, 3rd Edition

제3판 1쇄 인쇄 | 2017년 8월 24일

제3판 1쇄 발행 | 2017년 8월 30일

지은이 | Edward S. Neukrug, R. Charles Fawcett

옮긴이 | 김동민, 김준엽, 강태훈, 최수미, 정애경

발행인 | 송성헌

발행처 | 센게이지러닝코리아㈜

등록번호 | 제313-2007-000074호(2007.3.19.)

주　소 | 서울시 마포구 상암산로 76 YTN 뉴스퀘어 14층

전　화 | 02) 330-7000

이메일 | asia.infokorea@cengage.com

홈페이지 | www.cengage.co.kr

ISBN-13: 978-89-6218-414-3

공급처 | ㈜피와이메이트

주　소 | 서울특별시 마포구 월드컵북로 400, 5층 2호

도서안내 및 주문 | TEL 02) 733-6771-2 FAX 02) 736-4818

E-mail pys@pybook.co.kr

정가 28,000원

역자 머리말

심리검사와 심리평가는 교육과 상담의 실제에 중요한 역할을 담당하고 있다. 심리검사를 통해 유사한 상황에서 개인이 어떤 행동을 보일지 예측하는 것이 가능하기 때문이다. 학습과 관련해서는 현재의 학습 수준을 진단하고 어떤 종류의 도움이 필요한지 그리고 그런 도움으로 어느 정도나 학습이 가능한지 예측해볼 수 있다. 특수교육 영역에서는 이와 같은 과정을 통해 교육적 처치가 설계되고 실행되고 있다. 상담, 인사선발, 개인에 대한 법률적 의사결정과 관련한 영역에서도 심리검사 및 평가는 개인의 내외적 행동에 대한 의문을 가진 임상가, 행정가, 법률가 등의 질문에 적절한 답을 제공하고 있다.

이런 일이 가능한 데는 이유가 있다. 검사의 목적에 적절한 환경, 즉 적절한 검사 도구가 선정되었다면, 심리검사를 통해 나타난 결과는 결국 유사한 상황에서 보일 수 있는 개인의 행동 표본이 되기 때문이다. 즉, 검사가 조성하고 통제하는 환경이 실제 그 개인이 처하게 될 환경과 유사하다면, 그 개인은 검사를 통해 나타낸 반응과 유사한 반응을 나타낼 가능성이 높기 때문이다.

심리검사 및 평가 관련 과목은 이와 같은 점을 염두에 두고 가르치고 배울 필요가 있다. 물론 빈번하게 활용되는 대표적인 심리검사 도구(예: MMPI-2, 웩슬러 지능 검사, 로르샤흐, TAT 등)에 대한 일반적인 정보와 함께 실시 방법, 점수 채점, 점수의 양적 해석 방법 등을 가르치고 배워야 한다. 그러나 이런 정보만큼, 어쩌면 더 중요하게 가르치고 배워하는 것이 특정 심리검사 도구가 어떤 특성의 환경적 압력을 제공하는지에 대한 정보이다. 그래야 심리검사를 목적에 맞게 타당하게 사용할 수 있을 것이기 때문이다.

이 책은 바로 이 점에 초점을 두고 있다. 그래서 각 장들은 검사 각각의 세부적인 정보보다는 그 검사의 이론 기반, 검사의 목적을 소개하는 데 좀 더 많은 설명을 할애하고 있다. 역자들은 이 책에서 소개하는 각 검사들이 어떤 의뢰 문제에 적절히 활용될 수 있을 것인지 독자들이 숙고해보는 데 집중하기를 기대한다. 이런 점에서 보면 이 책은 심리검사 및 평가를 처음 학습하는 학부 고학년이나 대학원 학생을 대상으로 하는 한 학기 분량의 수업에 적절할 것으로 생각된다. 이와 같은 개념적 습관이 이후 임상 실제로 전이될 가능성이 높다고 생각하기 때문이다.

이 책이 한국어로 번역되어 나오기까지는 센게이지러닝의 김미선 부장님과 권오영 과장님을 비롯한 편집부 직원들이 수고를 아끼지 않은 덕이 크다. 이들에게 역자를 대표해서 감사를 표한다.

2017년 8월
역자 일동

저자 머리말

『심리검사와 평가』 제3판을 출간하게 되어서 기쁘다. 이번 판에서 중요한 변화를 준 부분도 있지만 기본 내용은 그대로 유지했다. 검토자들로부터 받은 의견이 반영되었으며 새로운 이슈가 더해졌는데, 이를 통해 이전의 두 개 판에 새로운 가치를 더할 수 있기를 희망한다. 변화와 내용 추가에도 불구하고 이 책의 핵심 내용은 변하지 않도록 주의를 기울였다. 또한 검사와 평가를 다루는 한 학기 분량의 내용을 포함하도록 노력했다. 그렇다고 그것을 곧이곧대로 믿지는 말자. 이 책은 매우 많은 양의 정보를 담고 있으니까! 이 책은 당신이 재미를 발견할 수 있을 만큼 쉽게 쓰였다고 믿는다. 또한 우리는 학습한 것을 조명할 수 있도록 이야기와 삽화를 제공했다. 중요한 변화는 다음과 같다.

- 책 내용의 재배치: 이 책은 원래의 12장 체재를 유지하고 있으나 학습과 교수의 편의를 위해 각 장들을 재배치했다(다음에 제시되는 각 장에 대한 기술을 참고하라).
- 두 개의 국가 수준 연구 결과 반영: 하나는 상담자가 사용하는 검사 도구에 대한 조사 결과이고, 다른 하나는 상담 프로그램에서 가르치는 검사 도구에 대한 조사 결과이다.
- 출처와 연구 업데이트
- 다문화적 평가에 관한 추가 정보
- 새롭고 업데이트된 평가 도구의 추가
- DSM-5 진단 관련 장의 업데이트

다음은 총 3부 12개 장으로 이루어진 이 책의 내용과 변화에 대한 간단한 기술이다.

1부, 평가 과정의 이해: 역사, 윤리적/전문적 문제, 진단, 평가 보고서

1부는 검사와 평가에 대한 다양한 이슈를 독자에게 안내한다. 1장에서는 평가의 정의와 평가의 역사가 제시되고, 2장에서는 평가와 관련한 전문적, 윤리적, 법적 이슈를 제시한다. 3장에서는 평가 과정의 한 가지 중요한 측면이라 할 수 있는 진단에 대한 정보를 제시하고, 4장에서는 검사 보고서 작성 방법에 관한 정보를 제시할 것이다.

1장, 검사와 평가의 역사

1장은 검사와 평가의 차이에 대한 논의로부터 시작하여, 고대부터 현대 평가 도구까지 검사와 평가의 역사적 발달을 조명한다. 이 과정에서 평가 도구의 발달에 핵심적이었던 인물들을 소개하고 몇 가지 중요한 이슈를 검토한다. 이 장 후반부에서는 능력 검사(성취도 및 적성 검사), 성격 검사, 비공식 검사 같은 현재의 평가 도구 범주들을 개관한다. 마지막으로, 평가 도구를 실시할 때마다 마주하게 되는 몇 가지 문제를 제기하면서 장을 마무리 짓는다. 초기 평가 도구들의 예와 여러 유형의 평가 절차에 대한 간략한 정의, 그리고 다양한 종류의 능력, 성격, 비공식적 평가 절차에 대한 이해를 돕는 그림의 추가가 이 장에서 이루어진 변화이다.

2장, 평가에 관한 윤리적, 법적, 전문적인 문제

2장은 누군가를 평가하는 사람이 직면하는 복잡한 윤리적, 법적, 전문적 이슈에 초점을 둔다. 윤리적 의사결정의 복잡성에 대한 논의로부터 시작하여, 검사와 평가에 핵심적인 윤리 규정과 전문적 기준을 검토한다. 계속해서 현명한 윤리적 의사결정의 중요성을 논의하고, 관련 법률과 평가 과정에서 검사의 활용을 제한하는 방향으로 판결한 소송들을 검토한다. 이 장은 평가와 관련한 전문가 협회와 인증 기관, 평가를 전체적인 과정으로 보는 것의 중요성, 다문화적 평가, 그리고 검사와 평가 과정을 수용하는 것의 중요성에 대한 논의와 성장하고 있는 분야인 법정 평가에 대한 소개로 마무리 짓는다. 개정된 윤리 규정에 대한 정보 업데이트, 중요한 평가의 표준 간소화 및 업데이트, 검사 실시와 해석에 관련된 법률 업데이트, 평가 관련 다문화 이슈에 대한 논의 확장이 이 장에서 이루어진 변화이다.

3장, 평가 과정에서의 진단

3장(이전 판에서는 11장)에서는 DSM-IV에서 DSM-5로의 변화를 반영하기 위해 많은 변화가 이루어졌다. 이 장에서는 진단의 중요성에 대한 논의로부터 시작하여, DSM의 간략한 역사에 대한 소개로 나아간다. 그런 다음 DSM-5에 대한 개관이 제시된다. 여기에는 단축 체제로의 변화, 차원적 평가(약함, 중간, 심각함, 매우 심각함)의 활용, 스펙트럼장애의 활용, 구체적인 진단 범주에 대한 대략의 설명, DSM-5에서 다문화 이슈를 어떻게 다루고 있는지에 대한 기술, 의학적, 심리사회적, 환경적 조건들이 어떻게 진단에 영향을 미칠 수 있는지에 대한 설명, 그리고 진단 방법의 예들이 포함된다.

4장, 평가 보고 과정: 내담자와 면담하기 및 보고서 작성하기

4장(이전 판에서는 12장)은 1부로 옮겨졌다. 1장과 2장의 내용과 좀 더 잘 부합하는 것으로 보이기 때문이다. 또한 많은 교수들이 학생에게 검사 보고서를 작성하도록 시키고 있다. 그래서 책의 전반부에서 검사 보고서 작성 과정을 조명하여 학생들이 이 과제를 어떻게 시작하는지 조기에 이해하도록 하는 것이 좋겠다고 생각했다. 그러나 이 장과 3장은 그 자체로 완결적이므로 원한다면 나중에 다루어도 괜찮을 것이다. 4장은 평가 보고의 목적을 정의하면서 시작한다. 이후 어떤 평가 절차를 활용할 것인지에 대한 현명한 결정을 내릴 수 있도록 내담자 문제의 폭과 깊이를 정확히 규정하는 것의 중요성에 대해 논의한다. 이 장에서는 또한 구조화 면접, 비구조화 면접, 반구조화 면접이 구분되며, 검사 보고서의 작성에 컴퓨터가 점점 더 중요해진 과정이 기술된다. 마지막으로, 검사 보고서를 구성하는 범주들이 자세히 기술되고, 보고서 작성 방법이 제안된다. 정신상태 검사에 대한 좀 더 자세한 설명과 치명성 평가라는 새로운 내용이 여기에 포함된다. 가상의 내담자를 활용하여 보고서 작성 방법의 예를 제시한다. 이를 위해 작성된 다섯 페이지짜리 평가 보고서 전체를 이 책의 부록 D에 제시했다.

2부, 검사 양호도와 검사 자료에 대한 통계학

이 책의 2부에서는 검사 양호도와 검사 통계치에 대해 다룬다. 2부를 구성하는 3개의 장은 검사가 어떻게 만들어지고, 채점되며, 해석되는지 검토한다. 이 장들에서는 제시되는 개념들을 설명하기 위해 모두 검사 통계치를 활용한다. 여기서는 검사 자료를 수집하고 해석하는 방법이 신중하게 계획된 과정이며, 사람들 간 차이를 이해하기 위한 과학적 접근을 요한다는 사실을 보여줄 것이다.

5장, 검사 양호도: 타당도, 신뢰도, 다문화 공정성, 실용성

5장에서는 검사 양호도의 4개 영역을 검토한다. 4개 영역은 (1) 타당도: 검사가 측정하고자 하는 것을 측정하고 있는지의 여부, (2) 신뢰도: 한 개인의 검사 점수가 그 사람의 진점수에 대한 정확한 측정치인지의 여부, (3) 다문화 공정성: 개인이 획득한 검사 점수가 문화 간 편파성에 영향받지 않고 측정하고자 하는 능력이나 특성의 순수한 반영인지의 여부, (4) 실용성: 특정한 상황에서 검사를 사용하는 것이 의미가 있는지의 여부이다. 이 네 요인을 검토한 후, 검사 양호도를 결정하는 데 활용할 수 있는 다섯 단계에 대해 논의하면서 장을 마무리한다. 이 장은 또한 상관계수와 결정계수라는 두 가지 통계치에 대해 설명한다. 이 두 통계치는 이 장과 다음 몇 개의 장에서 제시되는 내용을 이해하는 토대가 된다. 이 장에서 가독성을 향상시키기 위해 부적 상관에 대한 부분을 좀 더 자세히 기술했다. 그리고 서로 다른 유형의 타당도를 시각적으로 보여주기 위해 그림을 추가했다.

6장, 통계적 개념들: 원점수로부터 의미 도출하기

6장은 원점수가 거의 의미가 없다는 점에 주목하면서 시작한다. 그런 다음 자료를 이해하기 위해 원점수를 조작할 수 있는 방법을 제시한다. 그리고 빈도분포, 히스토그램과 빈도절선도표, 누적분포, 정규분포 곡선, 편포, 집중경향치(평균, 중앙치, 최빈치), 분산도(범위, 사분범위, 표준편차) 등이 원점수를 이해하는 데 어떻게 활용될 수 있는지를 검토한다. 이 책에서 제시한 공식을 사용하여 산출한 표준편차와 계산기를 통해 산출한 표준편차가 약간씩 다른 이유에 대한 설명이 업데이트되었고, 표준편차 계산을 위해 간편 공식이 추가되었다.

7장, 통계적 개념들: 검사 자료를 해석하기 위한 변환 점수 만들기

7장에서는 원점수가 의미하는 바를 좀 더 쉽게 이해할 수 있도록 원점수를 '유도된' 점수로 변환하는 방법을 검토할 것이다. 우선 규준참조 검사와 준거참조 검사를 구분한 후, 다음과 같은 변환 점수에 대해 논의한다. (1) 백분위, (2) 표준 점수(z점수, T점수, 편차 IQ, 스태나인, 스텐 점수, NCE 점수, SAT, GRE, ACT 같은 대학(원) 입학시험 점수 등), (3) 연령비교 점수나 학년동등 점수 같은 발달 규준. 다음으로 이 장에서는 측정의 표준오차와 추정의 표준오차를 검토하는데, 이 둘은 어떤 사람의 '진점수'가 실제로 위치하는 범위를 이해하는 방법을 제공해준다. 이 장은 명명척도, 서열척도, 동간척도, 비율척도에 대한 논의로 끝맺는다. 이때 각 척의 독특한 속성을 탐색하고, 서로 다른 평가 도구가 서로 다른 종류의 척도를 활용한다는 점에 주목한다. 이 장에서는 SAT, GRE, ACT 같은 여러 표준 점수에 대한 중요한 정보를 업데이트했다.

3부, 일반적으로 사용되는 평가 기법

8장에서 12장까지를 포괄하는 3부에서는 일반적으로 활용되는 평가 절차를 검토해본다. 이 장들에 걸쳐 검사 도구들에 대한 정보를 조심스럽게 업데이트했다. 3부의 도입부에서는 상담자와 심리학자가 사용하는 검사 및 평가 도구에 관한 연구를 개관하고, 여기서 다룰 검사 도구를 표로 제시한다. 여기서 다루는 대부분의 도구는 많은 상담자와 심리학자가 활용하고 있는 것이다. 3부의 각 장은 현재 활용되고 있는 여러 평가 절차들을 기술하고 있다.

8장, 교육적 능력에 대한 평가: 총집형 학업성취도 검사, 진단 검사, 준비도 검사, 인지 능력 검사

8장에서는 학교에서 학생들이 무엇을 학습했는지 그리고 무엇을 학습할 수 있는지를 측정하는 검사 도구를 검토한다. 교육 장면의 능력 평가에 관한 다양한 범주를 정의한 후, 총집형 학업성취도 검사, 진단 검사, 준비도 검사, 인지 능력 검사의 예를 제시한다. 이 장 전체를 통해 고부담 검사에 대한 통찰을 제공하고, 낙오학생방지법(NCLB) 같은 법에 따라 제기되는 중요한 이슈 몇 가지를 제시한다. 이 장에서 웩슬러 개인 성취도 검사와 우드콕-존슨 III 검사에 대한 정보를 추가했고, 준비도 검사에 대한 논의를 확장했으며, 대학과 대학원 입학 시험에 관한 최신 정보를 제공했다.

9장, 지적 기능 및 인지 기능에 대한 평가: 지능 검사와 신경심리학적 평가

9장에서는 지적 기능과 인지 기능을 탐색한다. 여기서 지능 검사와 신경심리학적 평가의 간략한 역사를 제시하고, 각 영역을 정의하며, 둘 사이의 유사점과 차이점을 기술한다. 이 장에서는 또한 잘 알려져 있는 지능 모형들을 개관하고, 신경심리학적 평가의 유형과 더불어 언어적, 비언어적 지능 검사를 소개한다. 이 판에서 두 가지 지능에 관한 새로운 이론을 추가했는데, 바로 CHC(Cattell-Horn-Carroll) 통합 모델과 성공지능을 위한 삼원 이론이다. 또한 웩슬러의 비언어적 능력 척도에 관한 정보를 추가했으며, 이라크나 아프가니스탄 참전 용사들처럼 외상적 뇌 손상을 입은 개인에게 적용할 때와 같은 신경심리학적 평가의 활용에 대한 최신 논의를 제공했다.

10장, 진로 및 직업 평가: 흥미 검사, 다중 적성 및 특수 적성 검사

10장에서는 직업이나 진로에 관한 의사결정을 조력할 수 있는 검사 도구를 검토한다. 우선 흥미 검사에 대한 검토부터 시작한다. 흥미 검사는 일의 세계에 대한 성격 지향은 물론이고 개인이 선호하는 것과 싫어하는 것을 살펴보는 일종의 성격 평가이다. 다음으로 다중 적성 검사를 탐색할 것이다. 다중 적성 검사는 직업을 선택하는 데 있어 중요할 수 있는 개인의 기술과 능력의 범위를 그 개인이 알 수 있도록 해준다. 마지막으로 사무 기술, 기계를 다루는 기술, 예술, 음악 능력 같은 초점화된 영역의 능력을 살펴보는 특정 영역의 적성 검사를 검토한다. 이 판에서 O*NET과 진로 탐색 도구에 대한 정보가 추가되었다. 또한 미군 직업 적성 검사(CAT-ASVAB) 신판에 대해서도 논의했다.

11장, 임상 평가: 객관적 및 투사적 성격 검사

11장에서는 임상 평가를 위해 검사를 활용하는 과정을 검토한다. 우선, 이런 평가는 그 적용 영역이 광범위하고 임상가나 연구자에게 중요한 도구가 될 수 있다는 사실을 강조한다. 그런 다음 이 장은 임상 평가를 정의하고, 이런 평가가 답할 수 있는 중요한 이슈들에 대해 논의한다. 이 장의 핵심은 잘 알려져 있고 널리 사용되고 있는 객관적 그리고 투사적 임상 평가 절차에 대한 개관이다. 이 판에서는 ADHD를 평가하는 코너스 3 및 벡의 불안 척도 검사에 대한 정보가 추가되었다.

12장, 비공식 평가: 관찰, 평정 척도, 분류 기법, 환경 평가, 기록과 개인 문서, 수행 기반 평가

이 책의 마지막 장은 비공식 평가를 다룬다. 먼저 비공식 평가를 정의하고, 몇 종류의 비공식 평가 기법을 소개한다. 여기에는 관찰, 평정 척도, 분류 기법, 환경 평가, 기록과 개인 문서, 수행 기반 평가 등이 포함된다. 이 장의 후반부에서는 비공식 평가의 검사 양호도에 관한 논의가 제시된다. 이 판에서는 가족 및 가족 평가에서 패턴에 관해 탐색할 때 활용할 수 있는 모형으로 확장된 가계도를 소개한다.

용어 해설과 부록

이 책의 마지막에 모든 주요 단어 및 용어에 대한 해설을 제공한다. 이를 통해 여러분은 기본적인 개념을 기억하는 데 도움을 받을 것이다. 또한 각 장의 여백 부분에서 주요 개념을 발견할 수 있을 것이다. 이 책에서 제기된 몇 가지 이슈를 부각하기 위해 6개의 부록을 제공한다. 부록 A에는 주요한 전문 학회의 웹사이트 주소와 각각의 윤리 규정을 실었다. 부록 B는 ACA와 APA의 윤리 규정 평가 관련 내용을 제시한다. 부록 C는 교육에서 검사의 공정성에 대한 규정을 제시한다. 부록 D는 보고서를 작성할 때 지침이 될 수 있는 검사 보고서의 예를 제시한다. 부록 E는 검사 관련 통계치를 이해할 수 있도록 부가적인 통계 공식을 제시한다. 부록 F는 z점수를 백분위로 변화하는 표를 제시한다.

마지막 생각

이 책이 광범위한 내용을 다루고 있지만 큰 부담은 없을 것이라고 믿는다. 이 책은 읽을 만하고, 생각건대 즐길 수 있도록 기술된 검사와 평가에 대한 개관이다. 이 책을 읽은 후 여러분이 검사와 평가에 대한 새로운 이해를 하게 되기를 희망한다.

감사의 말

모든 책은 책이 나오기까지 수많은 사람들의 도움을 받는다. 이 판에서는 이 중 몇 사람에게 감사를 표하고 싶다. 센게이지 출판사의 상품책임자 Jon-David Hague는 이전 판을 개정하여 새로운 판을 출판하도록 방향을 설정해주었다. 또한 상품관리자인 Julie Martinez는 이 작업을 완료하는 데 필요한 일상적 지지와 격려를 해주었다. 더구나 상품보조자 Kyra Kane은 이 작업을 완수하는 데 필요한 여러 가지 눈에 보이지 않는 일을 수행하도록 도움을 주었다. PMG(PreMediaGlobal)의 선임 프로젝트 관리자 Greg Jonson은 각 장을 완성해가는 데 핵심적인 도움을 주었고, 모든 것이 제시간에 정확히 완료될 수 있도록 해주었다. Greg에게 특별한 감사를 표한다. 또한 이 책의 교열에 수많은 시간을 할애해준 교열 담당자에게도 감사를 표한다. 이 책이 완성되기까지 눈에 보이지 않는 수고를 해주었지만 이름을 일일이 다 밝힐 수 없는 많은 사람에게 감사의 말을 전한다.

이 밖에도 개정 작업마다 많은 교수님이 이 교재를 리뷰하고 필요한 수정사항에 관해 중요한 피드백을 해주었다. 이 판의 작업을 위해 다음과 같은 분들이 특히 중요한 역할을 해주었다. Eric Bruns(Campbellsville University), Laurie Carlson(Colorado State University), David Carter(University of Nebraska Omaha), Mary Ann Coupland(Sinte Gleska University), Aaron Hughey(Western Kentucky University), Sheri Pickover(University of Detroit Mercy), Clarrice Rapisarda(The University of North Carolina at Charlotte), Todd Whitman(Shippensburg University). 또한 9장 '지적 기능 및 인지 기능에 대한 평가'를 세심하게 읽어준 Peg Jensen에게 특별한 감사를 표한다. Peg Jensen 덕분에 이 장에 상당히 많은 변화를 줄 수 있었다. 마지막으로 10장에서 '예술 잠재력 검사'를 위해 거북이와 신을 그려준 내 조카 Martin Baggarly에게 고맙다는 말을 전한다.

요약 차례

차례

2부 검사 양호도와 검사 자료에 대한 통계학

3부   일반적으로 사용되는 평가 기법

평가 과정의 이해: 역사, 윤리적/전문적 문제, 진단, 평가 보고서

1 부

1부는 4개 장으로 구성되었다. 1장에서는 검사와 평가의 개념 및 고대에서부터 현대의 검사 도구 개발에 이르기까지 검사와 평가의 역사를 살펴본다. 또한 현대의 검사 도구를 능력 검사(인지 영역), 성격 검사(정의적 영역) 및 비형식적 평가 기법으로 나누어 살펴본다.

2장에서는 타인을 평가하는 평가자가 직면하게 되는 많은 복잡한 윤리적, 법적, 전문적 문제들을 검토한다. 평가 상황에서의 주요한 윤리적 문제들을 살펴보고, 평가자들이 검사를 시행, 채점, 해석하는 과정에서 참고할 수 있도록 개발된 표준들을 요약하며, 윤리적 의사결정의 과정에 대해 논의한다. 다음으로 검사 시행, 평가와 관련된 전문가 협회, 평가와 관련된 교육 기관의 인증 등과 관련된 법적 문제들을 살펴본다. 다음으로 또 다른 전문 분야인 법정 평가에 대한 논의가 이어지며, 통합적 프로세스로서의 평가와 검사에 있어서의 편향에 관한 논의로 결론을 맺는다.

3장은 진단의 중요성에 대한 논의로 시작한다. 다음으로 거의 모든 임상의가 사용하는 일반적인 진단 도구인 정신장애 진단 및 통계 편람 제5판(DSM-5)을 소개한다. DSM의 역사를 간략히 살펴보고, DSM-IV-TR이 DSM-5로 개편되면서 변화된 점들을 논의하며, 다양한 진단 분류에 대한 간략한 개요를 제공하고, 내담자 평가에서 DSM-5의 활용법을 예시한다. 전체 평가 과정에서 진단의 중요성에 대한 논의로 이 장을 결론짓는다.

4장에서는 평가 보고서의 중요성을 강조하고, 보고서를 '내담자에게 제공되는 자료' 또는 '평가 과정의 최종 산물'로 볼 것을 제안한다. 이 장에서는 효과적인 면접을 실시하기 위한 지침을 제공하며, 구조화, 비구조화 및 반구조화 면접에 대해 논의한다. 내담자의 현안과 일치하는 평가 방법 선택의 중요성 및 평가 절차를 선택할 때 내담자가 호소하는 문제의 폭과 깊이를 고려하는 것의 중요성을 강조한다. 4장의 나머지 부분은 효과적인 검사 보고서를 작성하는 방법을 주로 다루고 있으며, 내담자에 대한 빈틈없는 평가를 위해 다루어야 할 주제를 도출한다. 평가 보고서의 각 섹션이 어떻게 작성되어야 하는지를 가상의 내담자에 대한 예시를 통해 보여준다. 완결된 평가 보고서는 이 책의 부록 D에 제시되어 있다.

검사와 평가의 역사

1장

'그' 검사를 받을 준비를 하고 검사장의 문을 열고 들어간다. 당신은 검사 결과가 당신의 미래에 영향을 줄 것임을 알고 있다. 심장이 고동치고, 속이 뒤집히기 시작한다. "맙소사, 잘해야 할 텐데." 혼잣말을 한다.

수많은 아동과 성인이 검사를 치른다는 생각에 공포감을 갖는 상황은, 그리 기분 좋은 풍경은 아니다. 때로는 무시무시하기까지 한 검사라는 경험은 어떤 가치가 있는 것일까? 이 책을 읽은 이후 이러한 질문에 대답할 수 있을 것이다. 우선 이 장은 검사라는 것이 어떻게 시작됐는가에 대한 대답으로 시작한다.

- 에드 노이크루그(Ed Neukrug)

이 장에서는 검사와 평가의 역사에 대해 살펴볼 것이다. 우선, 검사(testing)와 평가(assessment)의 차이가 무엇인지 알아보고, 현재 통용되고 있는 검사와 평가의 개념이 과거의 그것과 어떤 직접적 관련성이 있는지를 살펴볼 것이다. 이후에 고대로부터 시작하여 현대의 검사 도구 개발에 이르기까지의 역사를 개관한다. 이 과정에서 검사 도구 개발의 주요한 선구자들을 조명해볼 것이며, 논쟁적 이슈들에 대해 논의할 것이다. 결론 즈음에 현대의 평가 도구들을 범주화하여 살펴볼 것이며, 마지막으로 평가 도구의 활용을 둘러싸고 진행 중인 관심사들을 제기하고자 한다.

검사와 평가의 구분

평가(assessment)
광범위한 평가적 절차의 배열

오늘날, **평가**(assessment)라는 용어는 개인에 대한 정보를 산출해주는 광범위한 평가적 (evaluative) 절차를 포괄하는 의미로 사용된다(Hunsley, 2002). 평가의 절차에는 임상 면접; 관찰, 평정 척도, 분류 기법, 환경 평가, 기록과 개인 문서, 수행 기반 평가 같은 비형식적 평가; 객관적 검사, 투사적 검사, 흥미 검사 등의 성격 검사; 성취도 검사나 적성 검사 같은 능력 검사 등이 포함된다(그림 1.1 참조).

검사(tests)
모아진 자료에 기초해 점수를 산출하는 도구(평가의 하위 요소)

검사(tests)는 수집된 자료에 기초하여 점수를 산출하는 평가 기법의 하나이다(예: 선다형 시험에서 정답한 문항의 수를 합산하여 점수를 산출하는 것). 평가의 절차는 형식적일 수도 있고 비형식적일 수도 있다. 형식적이라 함은 평가의 절차가 충분히 연구되었고, 과학적으로 심오하고 타당하며 신뢰성 있다고 판명되었음을 의미한다. 반면 비형식적이라 함은 평가를 통해 귀중한 정보를 얻을 수도 있지만, 절차적 엄밀성이 담보되지는 못했음을 의미한다.

복수의 평가 절차가 항상 고려되어야 한다.

일반적으로, 개인을 평가하는 데 사용한 평가 절차의 수가 많아질수록 그 사람에 대한 좀 더 선명한 그림을 얻을 수 있다. 따라서 개인의 삶과 관련된 중요한 결정을 내리고자 할 경우 복수의 평가 절차를 활용하거나, 평가에 대한 총체적 접근이 항상 고려되어야 한

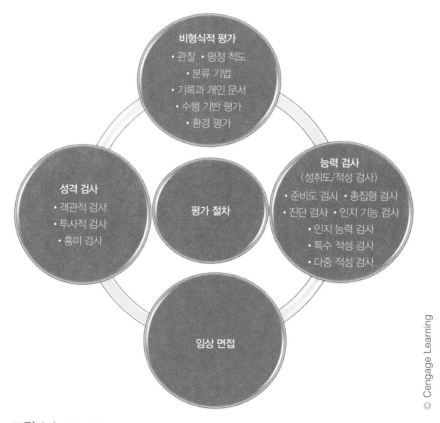

© Cengage Learning

그림 1.1 평가 절차

다(Association for Assessment and Research in Counseling, 2012; Joint Committee on Testing Practices, 2004). 이 책에서는 다양한 종류의 형식적, 비형식적 평가 절차를 살펴볼 것이다. 이 모든 평가적 절차가 의사결정에 사용될 수 있다. 우선, 평가 도구의 역사부터 살펴보자.

평가의 역사

비록 현대적 평가는 20세기 초반에 시작되었다고 볼 수 있지만, 평가 절차는 고대로부터 찾아볼 수 있다. 수 세기 동안 나타난 평가에 있어서의 변화들을 검토해보자.

고대사

> "여호와께서 이르시되 네 아들 네 사랑하는 독자 이삭을 데리고 모리아 땅으로 가서 내가 네게 일러준 한 산 거기서 그를 번제(燔祭)로 드리라..."(창세기 22:5)

평가는 인간이 세상에 존재한 이래로 있어왔다. 위의 성경구절에서 하나님이 아브라함에게 그의 아들 이삭을 죽이라고 명령한 것은 아브라함의 충성심을 평가하기 위한 것으로 볼 수도 있다. 좀 더 현실적인 예를 들자면, 중국에서는 공무원을 선발하기 위해 광범위하게 사용된 검사를 기원전 2200년경에 최초로 개발한 것으로 알려지고 있다(DuBois, 1970; Higgins & Sun, 2002). 조그만 방에서 가혹하게 이루어지는 이 검사로 인해 피험자가 탈진해 사망하는 일이 발생하기도 했다(Cohen, Swerdlik, & Sturman, 2012). 이러한 가혹한 검사는 1905년이 되어서야 금지되었다. 서구에서는 그리스인들이 공무원을 선발할 때 지적 능력과 신체적 능력을 평가했다고 플라톤(428~327 B.C.E.)의 저술에 나타나 있다(Doyle, 1974).

현대적 검사 개발의 선구자들

1800년대에 실험 연구가 과학자들 사이에 전파되면서 의사들과 철학자들은 인간, 특히 인간의 인지 기능을 이해하기 위해 이러한 실험 연구의 원리들을 적용하기 시작했다. 예를 들어, 정신병원에 근무하던 프랑스 의사 **장 에스퀴롤**(Jean Esquirol, 1772~1840)은 지적장애를 가진 사람의 언어 능력이 지능과 어떤 관련이 있는지를 연구했다(Zusne, 1984; Drummond, 2009). '백치(idiocy)'라고 불린 이들은 유사한 환경에서 길러진 '정상적' 사람들과 비교해 지적 결함을 가진 것으로 간주되었다(Esquirol, 1838, p. 38). 에스퀴롤이 가졌던 언어 능력에 대한 관심은 '언어 지능' 검사의 시초로 여겨진다. 그 무렵, 프랑스의 **에두아르 세갱**(Edouard Seguin, 1812~1880)은 아동의 지적 결함이 생리학적 결함과 동반될 경우 예후가 훨씬 좋지 않았다고 보고했다. 그는 의사들이 특히 건들거리는 걸음, 지속적이고 무의식적인 손 떨기, 침 흘리기, 멍한 표정, 제한적이고 반복적인 언어 사용

장 에스퀴롤 (Jean Esquirol)
언어 능력과 지능을 연구('언어 지능'의 선구자)

에두아르 세갱 (Edouard Seguin)
운동 조작 능력 증진을 위한 도형판 개발('수행 지능'의 선구자)

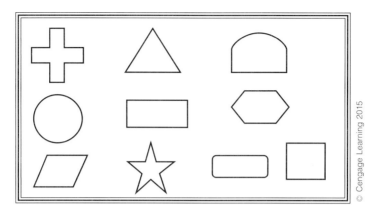

© Cengage Learning 2015

그림 1.2 세갱의 도형판

수행과제: 지적장애를 가진 사람 혹은 아동들에게 10개의 블록을 주고 도형판의 홈에 최대한 빠른 속도로 맞추어 넣게 한다. 피험자의 수행이 어느 연령 집단의 수행과 가장 유사한지를 비교하여 피험자의 지적 연령을 결정한다.

등에 주의를 기울여야 한다고 제안했다(Zenderland, 1987, p. 54). 세갱은 자신의 관찰을 바탕으로 환자의 근육 운동과 감각 변별력을 향상시키고, 서로 다른 연령대의 평균적인 아동과 심각한 지적 결함이 있는 아동을 구별하기 위한 목적으로 도형판(form board)을 제작했다(그림 1.2 참조). 여러 도형을 형태에 맞추어 끼우는 장난감과 유사한 세갱의 도형판은 최초의 '수행 지능' 측정 도구로 여겨지기도 하는데, 지금도 몇몇 수행 지향적인 IQ 검사에 사용되고 있다.

비슷한 시기인 1800년대 중반, 찰스 다윈(Charles Darwin, 1809~1882)의 진화론에 매료된 과학자들은 인간의 발달을 이해하기 위한 연구에 몰두했다(Juve, 2008; Kerr, 2008). 예컨대 다윈의 사촌이기도 한 **프랜시스 갈톤 경**(Sir Francis Galton, 1822-1911)은 사람들 간의 차이에 대한 연구에 몰두한 결과, 인간은 신체적 · 정신적 특성을 유전적으로 물려받는다고 믿게 되었다(Gillham, 2001; Murdoch, 2007). 그는 자극에 대한 반응 시간이나 강한 손아귀 힘 등과 같은 물려받은 특정한 신체적 특성들이 좀 더 우월한 지적 능력과 연관되어 있을 수 있다고 생각했다. 갈톤은 자신의 이러한 호기심을 풀기 위해 다양한 특성들 간의 연관성을 연구했고, 그의 연구에 영감을 받은 연구자들에 의해 변인들 간의 연관성의 강도를 나타내는 상관계수(correlation coefficient)라는 통계적 개념이 개발되었다(DuBois, 1970; Kerr, 2008). 이후 각종 검사의 개발 및 개선에 있어 상관계수는 매우 중요한 도구가 되었다.

'인간의 본성'이라는 주제에 매료된 또 다른 학자는 생리심리학이라는 새로운 학문 분야를 개척한 **빌헬름 분트**(Wilhelm Wundt, 1832~1920)였다. 분트는 1875년경 독일의 라이프치히 대학교에 최초의 심리연구실을 개설하고 실험연구를 수행했다(Nicolas, Gyselinck, Murray, & Bandomir, 2002). 분트의 실험실에서 수행된 실험들은 주로 시각과 청각 및 기타 감각기관의 자극에 대한 반응 시간을 연구하는 것이었다(Watson, 1968).

프랜시스 갈톤 경(Sir Francis Galton)
감각 운동 반응과 지능의 관계를 연구

빌헬름 분트
(Wilhelm Wundt)
최초의 심리실험실을 운영

분트와 함께 실험을 수행한 몇몇 제자들이 심리적 과학이라는 새로운 시대를 앞당겼다. 예컨대 분트의 박사 과정 학생이자 이후 갈톤의 영향을 크게 받은 **제임스 매킨 커텔**(James McKeen Cattell, 1860~1944)은 인간을 이해하기 위해 통계적 개념을 사용한 최초의 미국 심리학자 중 한 명이었다(Goodwin, 2008; Roback, 1961). 커텔의 주된 관심사는 그가 사용한 용어인 정신 검사(mental tests)로, 기억력과 반응 시간 등에서의 개인차를 검사하는 것을 포함하고 있었다. 또 다른 중요한 인물로 G. S. 홀(Hall, 1844~1924)을 들수 있다. 그도 분트의 제자였는데, 이후 존스홉킨스 대학교에 자신의 실험실을 열었다. 홀은 다른 주요한 미국 심리학자들의 멘토가 되기도 했고, 이후 1892년 미국 심리학회를 창설하고 초대 학회장이 되었다(Benjamin, 2008).

능력 검사의 등장(인지 영역의 검사)

인간의 본성을 이해하기 위한 새로운 과학적 접근 방식의 영향으로 20세기 초반의 연구자들은 개인의 능력을 과학적으로 측정할 수 있는 도구를 개발하기 시작했다. 이 시기에 능력 검사가 태동했는데, 개인 지능 검사, 신경심리학적 평가, 집단 능력 검사 등이 여기에 포함된다.

지적 기능 및 인지 기능: 지능 검사와 신경심리학적 평가   최초의 지능 검사는 **알프레드 비네**(Alfred Binet, 1857~1911)에 의해 개발되었다. 비네는 파리 교육청의 위탁을 받아 '보통 이하'의 학생들을 학교에 통합하기 위한 작업의 일환으로 검사를 실시했다(Binet & Simon, 1916). 아동들의 '정신박약'을 진단하는 당시의 방식에 대해 매우 비판적이었던 비네와 그의 동료 테오필 사이먼(Theophile Simon)은 일대일로 실시될 수 있고, 따라서 다양한 종류의 과제(예를 들어 불빛 따라가기, 서로 다른 단어 구분하기 등)에 대한 반응을 평가함으로써 좀 더 고차원의 정신 과정을 평가하는 척도를 개발했다(Ryan, 2008). 그들의 관찰로부터 획득된 정보는 최초의 현대적 지능 검사를 개발하는 데 사용되었다(Watson, 1968). 이로부터 얼마 지나지 않아 스탠퍼드 대학교의 **루이스 터먼**(Lewis Terman, 1877~1956)은 캘리포니아 주 스탠퍼드 지역 수백 명의 아동들을 대상으로 비네-사이먼 척도를 실시하여 광범위한 규준 자료를 수집하고 분석했다(Jolly, 2008; Kerr, 2008). 이렇게 수집된 자료에 기초하여 터먼은 수종의 비네-사이먼 척도 개정판을 제작한다. 이 검사는 초기에 비네-사이먼 척도 스탠퍼드 개정판이라 불렸지만 이후 현재까지 스탠퍼드-비네 검사로 알려지고 있다. 터먼은 생활연령에 대한 정신연령의 비율 개념의 **지능 지수**(IQ: intelligence quotient)라는 용어를 처음 사용한 학자이다(BOX 1.1 참조).

지능 검사는 신경심리학적 평가에 사용되기도 한다. 신경심리학적 평가는 부상이나 질병의 결과로 나타나는 두뇌 기능의 변화를 연구하는 분야이다. 두뇌가 어떻게 인지 및 행동 기능에 영향을 미치는지에 대한 관심은 고대 이집트 시기로 거슬러 올라간다. 5000년 전 이집트의 의료 문건에는 머리 부상 이후 행동의 변화를 관찰한 내용이 기술되어 있

제임스 매킨 커텔(James McKeen Cattell)
정신 검사에 통계학을 접목함. 정신 검사라는 용어를 처음 사용

G. S. 홀(Hall)
초창기 실험심리학자. APA 초대 회장

알프레드 비네(Alfred Binet)
최초의 현대적 지능 검사 개발

루이스 터먼(Lewis Terman)
비네의 지능 검사를 발전시켜 스탠퍼드-비네 지능 검사 개발

지능 지수(IQ: intelligence quotient)
정신연령을 생활연령으로 나눈 값

BOX 1.1
'IQ'라는 용어의 개발

루이스 터먼은 개인의 지능을 표현하기 위한 논리적이고도 상대적으로 쉬운 방법을 개발하고자 했다. 그가 고안한 방식은 아동의 정신 점수(아동이 수행한 내용에 부합하는 연령, 정신연령)를 해당 아동의 생활연령으로 나누는 방식이었다. 예컨대, 어떤 아동이 12세 아동의 평균적인 수행을 보이고 그 아동의 생활연령(실제 나이)이 9세라면 그 비율은 12/9 = 1.33이 된다. 여기에 100을 곱하여 해당 아동의 지능지수(IQ: intelligence quotient) 133점을 산출했다.*

아래 세 아동의 IQ를 이런 방식으로 계산해보자.

아동 1: 정신연령 6세, 생활연령 8세
아동 2: 정신연령 16세, 생활연령 16세
아동 3: 정신연령 10세, 생활연령 9세

정답: 아동 1: (6/8)×100 = 75, 아동 2: (16/16)×100 = 100, 아동 3: (10/9)×100 = 111

* 현재는 IQ를 이런 방식으로 산출하지 않는다. 현재의 산출 방식은 이후에 논의될 것이다.

© Cengage Learning

다(Hebben & Milberg, 2009). 현대에 와서는 1차 세계대전 중에 두뇌에 부상을 입은 군인들의 행동 변화를 관찰하는 연구가 수행되었다. 이 시기에 검사 이론이 발달함에 따라 두뇌 외상으로 인한 행동 변화를 평가하기 위한 새로운 선별 및 진단 도구가 만들어졌다(Lezak, Howieson, Bigler, & Tranel, 2012). 20세기에 이르러 두뇌의 본질적 기능에 대한 관심의 증대 및 엑스레이(X-ray) 같은 두뇌조영기술의 자극을 받아 신경심리학 혹은 인간 행동과 관련된 두뇌 기능의 연구가 학문의 한 분야로 성립되었다. 오늘날에도 질병이나 사고 혹은 폭력 등으로 인해 두뇌 기능의 변화가 일어났음이 의심되는 경우 '신경심리' 검사를 실시하는 경우가 있는데, 여기에는 지능 검사가 포함된다.

집단 능력 검사(인지 영역에 대한 집단 검사)   터먼 등의 초기 검사 개발자들은 피험자로부터 정확한 정보를 얻어내는 것이 매우 중요함을 인식하고 검사 상황에서 적용할 표준화된 검사 시행 지침을 개발했고, 잘 훈련된 검사자들이 개인 검사를 시행하는 것이 중요하다는 점을 강조했다(Geisinger, 1994; Jolly, 2008). 그러나 이러한 개인 검사에는 많은 시간과 비용이 소요된다는 문제가 드러나기 시작했다. 특히 1차 세계대전 중에 대규모의 신병을 부대에 배치하기 위해 인지 능력 검사를 단시간에 시행해야 할 필요성이 강하게 대두되었다. 이 시기에 미국 심리학회장이었던 **로버트 여키스**(Robert Yerkes)는 모집된 신병들에 대한 선별 검사를 제작하기 위해 터먼을 비롯한 여러 저명한 심리학자들로 구성된 특별위원회를 이끌고 있었다. 이 위원회에서는 단 4개월 만에 선별 검사의 초안을 마련했다(Geisinger, 2000; Jones, 2007). 그 위원회가 개발한 검사가 **아미 알파**(Army Alpha)라고 알려진 검사이다(BOX 1.2와 삽화 1.1 참조).

비록 아미 알파는 여러 가지 문제점을 노출했지만, 2년이 안 되는 기간에 170만 명 이상의 병사에 대해 치러졌다(Haney, 1981). 이는 의사결정을 위한 대규모 평가 시행에 있

로버트 여키스
(Robert Yerkes)
아미 알파(Army Alpha)를 개발한 위원회의 위원장

아미 알파
(Army Alpha)
최초의 현대적 집단 검사. 1차 세계대전에서 사용됨

BOX 1.2

아미 알파 검사

아미 알파(Army Alpha) 검사는 군에서 지원병들을 배치하기 위해 만들어졌다(Jones, 2007; Mckean, 1985). 이 검사를 통해 지원병들의 평균 정신연령이 13세임이 밝혀졌다. 아래 검사를 3분의 제한 시간 내에 실시해보고 문항에 편향성이 있는지, 문화적으로 공정한지에 대해 논의해보자.

아미 알파는 1차 세계대전 중 병사들의 보직 배치를 위해 사용되었다. 아래는 「디스커버(Discover)」지에 수록된 검사 문항들이다. 문항을 풀어보고 이 검사에 대한 자신의 생각을 말해보자.

1차 대전 중 아미 알파 검사를 치른 병사들의 검사 결과, 평균 정신연령은 약 13세였다. 당신은 더 높은 점수를 얻을 수 있겠는가? 원본 검사에서 가져온 아래 샘플 문항을 풀어보자. 제한 시간은 3분이다(McKean, 1985).

다음 문장은 단어의 순서가 뒤섞여 있다. 단어의 순서를 바로잡아 올바른 문장을 만든 후 각 문장이 참인지 거짓인지 답하시오.

1. Bible earth the says inherit the the shall meek. 참 거짓
2. a battle in racket very tennis useful is 참 거짓

다음 질문에 답하시오.

3. 어떤 기차가 6분의 1분에 200야드를 간다면, 5분의 1초에 몇 피트를 가는 것인가?
4. U보트는 잠수 시 시간당 8마일, 수면에서는 시간당 15마일을 이동한다. 100마일의 운하를 통과하는 데 시간이 얼마나 걸리겠는가? 전체 운하의 5분의 2는 잠수해야 한다.
5. 가솔린 엔진의 점화플러그는 어디에 위치해 있는가?
   크랭크실   매니폴드   실린더   기화기(카뷰레터)
6. 브루클린 사람들을 부르는 이름은?
   자이언츠(Giants)   오리올스(Orioles)   슈퍼바스(Superbas)   인디언스(Indians)
7. 99.44퍼센트 순수하다고 광고하는 제품은?
   암앤해머 베이킹 소다(Arm & Hammer Baking Soda)   크리스코(Crisco)
   아이보리 비누(Ivory Soap)   톨레도(Toledo)
8. 피어스애로우(Pierce-Arrow)는 어디에서 생산되는가?
   플린트(Flint)   버펄로(Buffalo)   디트로이트(Detroit)   톨레도(Toledo)
9. 줄루(Zulu)의 다리 숫자는?
   2   4   6   8

다음 두 단어는 같은 의미인가 반대되는 의미인가?

10. vesper – matin 같음 반대
11. aphorism – maxim 같음 반대

아래 수열에서 다음에 올 숫자는?

12. 74, 71, 65, 56, 44 답:
13. 3, 6, 8, 16, 18 답:
14. 거울에 어떤 모습이 나타나겠는가?   15. & 16. 아래 그림에서 빠져 있는 것은?

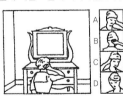

15.

16.

정답: 1. 참, 2. 거짓, 3. 12피트, 4. 9시간, 5. 실린더, 6. 슈퍼바스, 7. 아이보리 비누, 8. 버펄로, 9. 2, 10. 반대, 11. 같음, 12. 29, 13. 36, 14. A, 15. 숟가락, 16. 축음기 혼

채점 방법: 3번, 4번은 1.875점, 10번, 11번은 0.625점, 그 외는 1.25점으로 채점하여 합산한 것이 당신의 정신연령이다. 검사에 문제가 있다고 생각하는가? 내용, 역사, 문화적 편향 등에 대해 논의해보자.

출처: McKean, K. (1985). Intelligence: New ways to measure the wisdom of man. *Discover Magazine*, 6(10), 28. Reprinted by permission of Disney Publications.

삽화 1.1   **지원병들이 리 캠프(Camp Lee)에서 검사를 받고 있다(1917).**

출처: U.S. Signal Corps photo number 11–SC–386 in the National Archives.

어 중요한 진전이라 할 수 있을 것이다. 모국어가 영어가 아니거나 글을 읽지 못하는 지원자들도 상당수 있었기 때문에 아미 베타(Army Beta)로 알려진 아미 알파의 비언어 검사판도 만들어졌다. 아미 베타는 도형판과 미로 등을 활용했고, 지시사항은 몸짓으로 전달되었기 때문에 읽지 못하는 지원자들도 전체 검사를 치를 수 있었다(Goodwin, 2008). 오늘날의 기준으로 보자면 거친 측면이 있지만, 아미 알파와 아미 베타는 집단 능력 검사의 시대를 열었다는 중요한 의미를 지닌다.

일대일로 치러지는 신경심리학적 평가나 개인 지능 검사와 달리 집단 인지 능력 검사에서는 일반적으로 피험자들의 학업적 가능성을 평가하기 위해 동시에 다수의 피험자에게 선다형 혹은 진위형 문항을 제시한다. 아마도, 이런 형태의 검사 중 가장 잘 알려진 것이 학업 적성 검사(SAT: Scholastic Aptitude Test, 오늘날의 SAT Reasoning Test)일 것이다. 하버드대 총장이었던 **제임스 브라이언트 코넌트**(James Bryant Conant)는 2차 대전 이후 ETS(Educational Testing Service)의 SAT 개발에 매우 중요한 역할을 했다. 민주적이고 계층의 차별이 없는 사회에 대한 신념을 가졌던 코넌트는 SAT 같은 검사가 개인의 능력을 드러내주고 궁극적으로는 교육의 기회를 평등화하는 데 기여할 것이라 믿었다(Frontline, 1999). 그러나 불행히도 SAT는 많은 이들로부터 평등에 기여하기보다는 사회 계층을 분리하는 기능을 해왔다는 비판을 받고 있다(BOX 1.3 참조).

제임스 브라이언트 코넌트(James Bryant Conant)

교육 기회의 평등을 위해 SAT 개발

BOX 1.3

우생학과 검사의 유행

과학자들이 상대적으로 새로운 이론인 진화론을 이해하려고 노력하고, 사람들 사이의 개인차에 관심을 갖기 시작하면서 많은 사람이 이러한 차이점을 유전으로 설명하기 시작했다. 이러한 정보는 신흥 우생학 운동에 대한 지지를 강화하기 위해 사용되었다. 우생학 지지자들은 인류를 개선하기 위한 선택적 번식에 대한 신념을 지지했다.

갈톤(Galton), 터먼(Terman), 여키스(Yerkes) 같은 사람들은 검사에서 추출한 자료를 통해 명석하게 타고난 사람들과 그렇지 않은 사람들을 구분할 수 있다고 믿었다. 검사 결과는 상위 계층의 출산을 장려하고 하위 계층이 자녀를 갖지 못하도록 해야 한다는 주장의 근거로 사용되었다(Gillham, 2001). 어설픈 증거와 잘못된 생각에 근거한 이 운동은 오늘날에도 인종 차별적인 배경이 있는 것으로 간주된다.

터먼, 여키스 등은 아미 알파와 아미 베타가 타고난 능력을 측정한다고 믿었고, 우생학 운동을 지원하기 위해 이 검사들의 결과를 사용했다. 그러나 이 검사들은 지능의 측정과는 거리가 멀었다. 문화적 편향이 심각했고, 타고난 지능이 아닌 후천적 학습의 결과인 성취도를 측정하고 있었기 때문이다. 불행히도 검사 및 검사 결과를 어떻게 활용해야 할 것인가에 대한 그들의 믿음은 미국 정부가 이민자를 선별적으로 받아들이는 데 영향을 준 주요한 요인 중 하나가 되었다(Sokal, 1987). 결과적으로 수천, 아마도 수백만 명의 사람들이 유럽 및 기타 폭정 정부를 피해 미국으로 이주하는 것이 불가능해졌다(Gould, 1996).

논의거리: 당신은 머리 좋은 사람과 결혼하는 것을 선호하는가? 만약 그렇다면 당신은 개인적으로 우생학을 실천하는 것인가?

© Cengage Learning

인지 능력에 대한 집단 검사의 개발과 시기를 같이 하여 학교에서의 성취도 집단 검사도 개발되었다. 전통적으로 성취도 검사는 구두 시험으로 치러졌고, 이후 에세이 형태로 바뀌었다. 그러나 현실적으로 대규모로 치러지는 객관적 학업성취도 검사의 필요성은 꾸준히 제기되었다. 검사에 대한 과학적 접근법이 새롭게 개발되면서 현대 교육 및 심리검사의 개척자라 할 수 있는 **에드워드 손다이크**(Edward Thorndike, 1874~1949)와 몇몇 학자들은 학업성취도 검사를 기존의 검사보다 훨씬 신뢰성 있는 형태로 실시할 수 있을 것이란 생각을 하게 되었다. 집단 검사를 개발하고자 하는 이러한 움직임 끝에 1923년 스탠퍼드 성취도 검사(Stanford Achievement Test)가 개발되었다(Armstrong, 2006). 오늘날에는 이러한 성취도 검사가 미국의 모든 학교에서 대규모로, 그리고 일상적으로 치러진다.

에드워드 손다이크 (Edward Thorndike)
스탠퍼드 성취도 검사 개발자

집단 검사가 일반화된 마지막 분야는 직업 상담 영역이다. **프랭크 파슨스**(Frank Parsons, 1909~1989)를 태두로 하는 직업 상담은 20세기 초반 많은 사람이 직업을 찾아 대도시로 몰려들면서 점차 중요성을 갖게 된다. 직업 상담은 자신을 이해하고, 직업 세계를 이해하고 마지막으로 소위 'true reasoning'이라 불리는 절차를 통해 자신과 가장 잘 매치되는 직업을 찾는 절차라 할 수 있는데, 이 과정에서 수많은 사람들이 어떤 직업이 자신과 가장 잘 매치되는 직업인지 알아내기를 열망했다. 이 과정에서 많은 사람을 대상으로 그들의 능력 및 호오를 측정해주는 검사의 필요성이 제기되었다. '다중 적성' 검사는 이러한 필요성에 의해 개발되었다. 예를 들어, 미국 고용청에서는 다양하고 구체적인 분야에서의 능력을 측정하기 위해 **GATB**(General Aptitude Test Battery)를 개발했다. 이

프랭크 파슨스 (Frank Parsons)
직업 상담 분야의 리더

GATB
다중 적성을 측정하기 위해 미국 고용청에 의해 개발된 검사 도구

검사를 통해 측정된 다양한 능력들을 직업의 특성과 매치시켜 적절한 직업 선택이 가능하도록 했다.

성격 검사의 등장(정의적 영역에 대한 검사)

인지 영역에 대한 검사 개발과 같은 시기에 성격 검사(혹은 정의적 영역의 검사) 또한 고안되기 시작했다. 즉, 20세기에 들어서면서 흥미 검사, 객관적 성격 검사, 투사적 성격 검사 같은 성격을 평가하기 위한 도구들이 개발되기 시작했다. 각 유형의 성격 검사에 대해 간략히 소개한다.

흥미 검사와 직업 검사   직업 검사 분야의 개척자 중 한 명인 에드워드 손다이크는 1912년 100명의 학생에 대해 초등학교부터 대학까지 흥미를 추적 조사한 연구 결과를 발표했다 (DuBois, 1970). 이러한 연구의 결과로 흥미와 직업 선택의 관계가 좀 더 명확히 드러나면서 J. B. **마이너**(Miner)는 1922년 최초의 흥미 검사를 개발했는데, 이 검사는 고등학생들의 직업 선택을 돕기 위한 목적에서 대규모로 실시되었다. 마이너(1922)는 그가 개발한 검사가 전체적인 평가 과정의 일부라고 생각했고, 검사의 결과가 '진로 상담자와의 개별 인터뷰를 위한 기초 자료'라고 설명하고 있다(p. 312).

마이너의 흥미 검사에 이어 1920년대 중반에 **에드워드 스트롱**(Edward Strong, 1884~1963)은 동료 연구자들과 함께 이후 가장 널리 알려지게 될 흥미 검사를 개발했다 (Cowdery, 1926; DuBois, 1970; Strong, 1926). 스트롱 직업 흥미 검사로 알려진 초판은 420 문항으로 구성되어 있었으며, 스트롱은 그의 여생을 통해 직업 흥미 검사를 개정했다. 수많은 개정을 거듭하면서 이 검사는 진로 상담 분야에서 가장 널리 사용되는 검사가 되었다. 오늘날 스트롱 검사 같은 흥미 검사는 진로 상담 과정에서 다중 적성 검사와 함께 실시되는 경우가 많다.

객관적 성격 검사   1880년대에 **에밀 크레플린**(Emil Kraeplin)이 정신분열증을 연구하기 위해 매우 초기 형태의 단어 연관 검사를 개발했지만, **우드워스의 개인자료지**(Woodworth's Personal Data Sheet)가 현대적 성격 검사의 시초로 여겨지고 있다. 1차 세계대전 중 모집병의 정신건강 문제에 대한 취약성을 선별하기 위한 목적으로 개발된 우드워스의 검사 도구는 116개의 '예/아니요' 문항으로 구성되어 피험자는 문항의 진술이 자신을 잘 나타낼 경우 '예'를, 그렇지 않을 경우 '아니요'를 선택하도록 되어 있었다(BOX 1.4 참조). 일견 명확해 보이는 이 문항들은 특정 유형의 신경 병리증상과 연결되었다. 현대적 검사 도구와 비교해보자면 우드워스 검사의 타당성에는 의문의 여지가 있긴 하지만, 그의 검사 도구는 이후 만들어진 MMPI(Minnesota Multiphasic Personality Inventory) 같은 좀 더 정교한 검사의 초기 모형이 되었다는 점에서 의의가 있다.

투사적 검사   "... 이러한 실험들은 의도치 않았지만, 마치 동물이 밝은 빛 아래에서 해부되듯

J. B. 마이너(Miner)
최초의 집단 흥미 검사 개발

에드워드 스트롱 (Edward Strong)
스트롱 직업 흥미 검사 개발. 개정판이 오늘날에도 사용됨

에밀 크레플린 (Emil Kraeplin)
초기 단어 연관 검사 개발

우드워스의 개인자료지(Woodworth's Personal Data Sheet)
최초의 현대적 성격 검사. 1차 세계대전 중에 사용됨

BOX 1.4

우드워스의 개인자료지 문항들

오늘날의 기준으로 보자면 조잡하지만, 우드워스의 개인자료지는 성격의 측정을 시도한 최초의 검사 도구 중 하나였다. 아래는 116 문항으로 이루어진 원 검사의 일부이다.

아래 문항에 '예' 혹은 '아니요'로 답해보자.

1. 당신은 평소에 기분이 좋고 건강하다고 느낍니까?
   예   아니요

3. 한밤중에 공포감을 느끼는 경우가 자주 있습니까?
   예   아니요

27. 눈이 안 보이거나, 침침하거나, 소리가 들리지 않거나, 멍해진 경우가 있습니까?
   예   아니요

51. 자위행위(자기학대)로 자신을 다치게 했습니까?
   예   아니요

80. 밤중에 누군가가 자신을 따라온다는 생각에 사로잡힌 적이 있습니까?
   예   아니요

112. 가족 중에 술을 많이 마시는 사람이 있습니까?
   예   아니요

출처: *A History of Psychological Testing* (pp. 160 – 163), by P. DuBois, 1970, Boston: Allyn and Bacon.

이, 성격의 심연을 들여다보기 위한 빛을 비춰주었다(Galton, 1879, p. 431)."

갈톤의 이 말은 투사적 검사의 의미(자극의 제시를 통해 무의식의 문을 열고 들어가 개인의 내면을 들여다보기)를 드러내준다. 갈톤 연구의 중요성을 인식한 커텔은 정신적으로 건강한 사람들이 표준적인 단어들 간의 연관성을 어떻게 인식하는지를 연구하게 된다(DuBois, 1970).

1904년에 이르러 **칼 융**(Carl Jung, 1875~1961)은 그가 초기 단어 연관 검사에 사용한 156개의 자극 단어를 완성하게 된다. 자극 단어들에 대한 내담자들의 반응을 분석한 결과 융은 콤플렉스(complex)라는 용어를 사용하게 된다. 이는 융이 제시한 자극 단어들에 대한 비정상적이고 지연된 반응을 나타내기 위한 용어로, 이러한 비정상적인 반응은 내담자들의 삶에 있어서 문제적이거나 신경증적인 영역과 연관된 것으로 생각되었다(Jung, 1918/1969; Jung & Riklin, 1904; Storr, 1973). 융을 토대로 하여, 그의 제자였던 **헤르만 로르샤흐**(Herman Rorschach, 1884~1922)는 가장 널리 알려진 투사적 검사인 로르샤흐 잉크반점 검사(Rorschach Inkblot test)를 개발하게 된다. 로르샤흐는 종이 위에 잉크를 떨어뜨리고 반으로 접어 잉크반점이 종이 위에 좌우대칭으로 묻어나도록 하여 만들어진 10장의 잉크반점 형상으로 검사를 구성했다(Rorschach, 1942, p. 1). 그는 잉크반점 도형에 대한 피험자의 반응을 해석하여 개인의 무의식적 삶에 대한 많은 것을 들여다볼 수 있다고 믿었다. 이 검사는 이후 **헨리 머레이**(Henry Murray)의 주제통각검사(TAT: Thematic Apperception Test) 등 많은 투사적 검사의 모형이 되었다. TAT는 피험자들에게 일상적인 여러 가지 그림을 보여주고 그림의 상황을 설명하는 이야기를 꾸며보도록 하는 방식으로 진행된다.

칼 융(Carl Jung)
정신병을 진단하기 위해 단어 연관 검사 사용

헤르만 로르샤흐(Herman Rorschach)
유명한 로르샤흐 잉크반점 검사 개발

헨리 머레이(Henry Murray)
주제통각검사(TAT) 개발

비형식적 평가의 등장

비형식적 평가
(informal assess-
ment)

상황에 따라 사용자가
개발

20세기에 들어서면서 비형식적 평가를 사용하는 경우가 증가하고 있는데, **비형식적 평가** (informal assessment)란 많은 경우 사용자에 의해 특정한 검사 상황을 충족시키기 위해 만들어진 검사를 의미한다. 1930년대에 산업 분야가 팽창되면서 상황적 검사가 점차 유행하게 되는데, 예를 들어 회사에서 지원자 또는 승진 심사 대상자에게 실제 일어날 법한 상황을 의도적으로 제시하고 이를 통해 실제 상황에서의 대처 능력을 평가하는 등의 방식이 도입되었다. 이와 동시에 내담자의 정신 문제에 대한 치료법이 발달하면서 '임상 면접' 이라는 또 다른 형태의 비형식적 평가도 널리 행해졌다. 특히 내담자들에 대해 정신장애 진단 및 통계 편람(DSM: Diagnostic and Statistical Manual of Mental Disorders)에 따라 진단을 내리는 경우가 많아지면서 임상 면접은 특히 중요한 위치를 차지하게 된다. DSM 은 미국 정신의학회에서 1952년에 초판이 발행되었다(Neukrug & Schwitzer, 2006).

1960년대와 70년대에 학교에서의 검사가 크게 증가했고, 이 시기에 장애학생에 대한 평가와 관련된 법이 제정되기도 했다. 이 시기에 아동의 학습 관련 문제를 발견하기 위한 관찰, 평정 척도, 분류 기법, 기록물 및 사적 문서 검토 등 다양한 비형식적 기법들이 널리 사용되기도 했다. 최근에는 이러한 비형식적 도구들을 주로 사용하는 환경 평가가 널리 행해지고 있기도 하다. 예를 들어, 특정 가정(즉, '환경')이 아동을 양육하기에 건강한 장소인가를 판단하는 것은 아동 보호 관련 복지 업무 종사자들의 중요한 업무 중 하나이다. 마지막으로, 최근 전통적인 인지 기반 평가(예: 선다형 검사)에 대한 대안으로 수행 기반 평가의 사용이 증가하고 있다. 오늘날, 앞서 언급한 다양한 비형식적 평가 기법들은 다양한 분야에서 다양한 방식으로 적용되고 있다.

현대의 평가 활용

컴퓨터를 이용한 복잡한 통계적 분석이 가능해짐에 따라, 평가 도구의 질 또한 급속히 향상되었다. 오늘날에는 사회의 모든 분야에서 평가 도구를 찾아볼 수 있다. 이러한 도구들을 다양한 방식으로 분류해볼 수 있지만, 여기서는 다음과 같은 방식으로 분류하고자 한다. (1) 인지 영역의 검사(능력 검사), (2) 정의적 영역의 검사(성격 검사), (3) 비형식적 평가 절차. 그림 1.3~1.5는 이러한 분류를 도식화하고 있으며, BOX 1.5에 각 영역의 검사에 대한 간략한 정의가 제시되었다.

이 책의 3부에서는 그림 1.3~1.5 및 BOX 1.5에 언급된 모든 검사가 현대에 얼마나 다양한 방식으로 활용되고 있는지를 보여줄 것이다. 3부는 다음과 같이 구성되었다.

> 8장 '교육적 능력에 대한 평가: 총집형 학업성취도 검사, 진단 검사, 준비도 검사, 인지 능력 검사'
>
> 9장 '지적 기능 및 인지 기능에 대한 평가: 지능 검사와 신경심리학적 평가'
>
> 10장 '진로 및 직업 평가: 흥미 검사, 다중 적성 및 특수 적성 검사'

11장 '임상 평가: 객관적 및 투사적 성격 검사'

12장 '비공식 평가: 관찰, 평정 척도, 분류 방법, 환경 평가, 기록과 개인 문서, 수행 기반 평가'

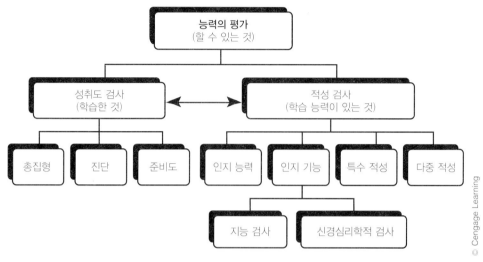

그림 1.3 인지 영역의 평가

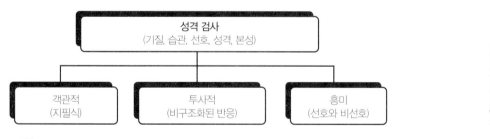

그림 1.4 정의적 영역의 평가

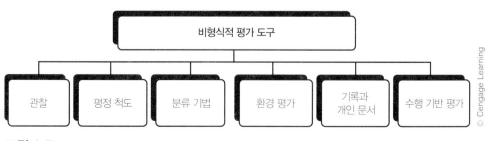

그림 1.5 비형식적 평가 도구

BOX 1.5
평가 범주에 대한 간략한 정의

능력의 평가
인지 영역에서 피험자가 할 수 있는 것을 측정하는 검사

- **성취도 검사**: 피험자가 학습한 것을 측정하는 검사
  - 종집형 검사: 주로 학교에서 이루어지며, 광범위한 내용 영역을 측정하고, 학교에서의 향상과 진보를 평가하기 위해 사용되는 경우가 많다.
  - 진단 검사: 학습에서의 문제 영역을 평가하기 위한 검사. 학습장애 평가를 위해 주로 사용된다.
  - 준비도 검사: 학교에서의 진급 준비 정도를 평가하는 검사. 주로 1학년 입학 준비 정도를 평가하기 위해 사용된다.

- **적성 검사**: 피험자가 무엇을 학습할 수 있는지를 측정하는 검사
  - 지적 기능 및 인지 기능: 일반 지능, 지적장애, 영재성, 전반적 인지 기능의 변화 등의 영역에서 광범위한 인지 기능을 측정하는 검사. 'IQ' 점수로 산출되는 지능검사, 시간에 따른 인지 기능의 변화를 평가하기 위한 신경심리학적 평가 등이 포함된다.
  - 인지 능력 검사: 광범위한 영역의 인지 능력을 측정하는 검사. 주로 학생들이 학교에서 학습한 내용을 평가하며, 미래의 예측에 유용하다(예: 대학에서의 성공).
  - 특수 적성 검사: 능력의 한 측면을 측정하는 검사. 주로 직업에서의 성공 가능성을 평가하는 데 유용하다(예: 정비공으로서의 성공 가능성을 평가하기 위한 기계 적성 검사).
  - 다중 적성 검사: 능력의 다양한 측면을 측정하는 검사. 다양한 직업에서의 성공 가능성을 평가하는 데 유용하다.

성격 검사
습관, 기질, 선호, 성격 및 유사한 행동을 평가하는 정의적 영역의 검사

- **객관적 성격 검사**: 선다형 및 진위형 검사로 성격의 다양한 측면을 평가한다. 내담자에 대한 이해, 정신병리학적 진단 및 처치 계획 수립 등에 활용된다.

- **투사적 성격 검사**: 피험자에게 자극을 제시하고 반응하도록 하는 형태의 검사. 성격 요인은 대상자의 반응에 기초하여 해석된다. 주로 정신병리학적 진단 및 처치 계획 수립에 활용된다.

- **흥미 검사**: 좋아하는 것과 싫어하는 것, 그리고 일의 세계에 대한 개인의 성향을 측정하는 검사. 일반적으로 진로 상담에 활용된다.

비형식적 평가 도구
사용자에 의해 개발되는 경우가 많다. 광범위한 영역의 능력과 성격을 평가하고자 하며, 검사 상황 특수성이 있다.

- **관찰**: 대상자의 행동을 심층적으로 이해하기 위해 개인을 관찰하는 것(예: 교실에서 학생의 부적절한 행동 유형에 대해 관찰하기, 학생의 직업 선택과 관련하여 눈과 손의 협응 능력을 평가하기)

- **평정 척도**: 피험자의 특성을 평가하기 위해 개발된 척도. 피험자 자신 혹은 피험자를 잘 알고 있는 타인에 의해 평정될 수 있다(예: 교수의 강의 능력이나 학생의 공감적 반응 능력을 평정).

- **분류 기법**: 특정 속성 혹은 특성을 갖고 있는지 여부를 판단하기 위해 사용되는 도구(예: 일련의 형용사 목록에서 자신과 가장 비슷하다고 생각되는 형용사에 체크하기)

- **환경 평가**: 내담자와 관련된 정보를 가정, 직장, 학교 등의 장소에서 관찰, 자기보고 혹은 체크리스트 등의 방법으로 수집하는 자연주의적, 체계적 평가 접근 방식

- **기록과 개인 문서**: 일기, 개인 저널, 심리학적 가계도(genogram), 학교생활기록부 등을 통해 개인에 대한 폭넓은 이해를 얻기 위해 분석되는 자료

- **수행 기반 평가**: 실제 활동에 기반한 비공식적 평가 절차를 사용하는 평가 기법. 수행 기반 평가의 절차는 표준화 검사의 대안으로 활용된다(예: 포트폴리오).

© Cengage Learning

개인의 평가에 있어서 고려해야 할 문제

오늘날 평가 도구는 많은 분야에 활용되고 있다. 많은 사람이 평가 도구를 떳떳하지 못한 이유(예: 우생학적 동기)로 사용해왔다는 사실을 고려한다면, 검사의 사용에 대해 끊임없이 경계하는 태도가 반드시 필요하다. 이 점을 명심하고 검사의 사용과 관련하여 다음과 같은 질문을 스스로에게 지속적으로 자문해야 할 것이다.

1. 평가 도구로부터 얻어진 정보는 얼마나 타당하며, 그 정보는 어떻게 적용되어야 하는가?
2. 평가 도구가 개인의 사생활을 얼마나 침해하는가, 그리고 정부는 개인이 평가를 받도록 강요할 권리가 있는가?
3. 평가 도구의 사용이 '낙인'으로 이어질 수 있는가? 그것은 낙인이 찍힌 개인에게 어떤 의미를 갖는가?
4. 평가는 모든 사람의 평등을 향상시키기 위해 사용되는가, 아니면 계층에 따른 기존의 사회적 분화를 강화하는 역할을 하는가?

요약

이 장은 평가의 개념을 살펴보는 것으로 시작했다. 평가는 검사를 포함한 광범위한 기법들을 포괄하는 개념이다. 평가는 오랜 역사를 지니고 있으며 이것이 현대의 평가를 있게 했다. 기원전 2200년으로 거슬러 올라가면 중국에서 최초의 대규모 검사가 개발·시행되었으며, 고대 그리스에서도 공무원을 선발하기 위해 지적·육체적 능력을 평가했다. 근대에 이르러 에스퀴롤 등의 학자가 언어 능력과 지능의 관계를 연구했으며, 세갱 같은 일군의 학자는 운동 기능과 지능의 관계를 연구했다. 다윈의 진화론은 갈톤, 분트, 커텔, 홀 등의 학자에게 영감을 주어 평가 활동의 핵심이라 할 수 있는 개인차에 대한 연구를 촉발했다.

최초의 능력 검사는 신경심리학적 평가와 지능 검사라 할 수 있다. 두뇌 기능에 대한 관심은 기원전 2500년 이집트까지 거슬러 올라가며, 1800년대 후반 알프레드 비네는 최초의 지능 검사를 개발했다. 이후 터먼이 개정한 스탠퍼드-비네 지능 검사는 개인의 생활연령과 정신연령을 비교하는 방식으로 지능을 측정했다. 신경심리학적 평가에서도 지능 검사가 활용되었는데, 뇌영상기술이 발전하고, 뇌기능과 행동 간의 연관성을 평가하기 위한 다른 기법들이 활용되면서 기능 검사는 더욱 큰 중요성을 갖게 되었다.

1900년대 초반에는 아미 알파, 아미 베타, 학교에서의 성취도 검사 및 다중 적성 검사 등의 집단 능력 검사가 개발되었다. 이 시기에 갈톤, 여키스, 터먼 등이 우생학 운동을 주도했다. 인종 간의 지적 차이를 검사 자료를 통해 보여주겠다는 이러한 그릇된 시도는, 예컨대 미국 이민 허가 조건을 규정한 법률 같은 국가 정책에 영향을 미치기도 했다.

성격 검사의 개발은 능력 검사와 시기를 같이 한다. 1900년대 초반 손다이크, 마이너, 스트롱 등이 직업과 관련된 평가 분야를 연구했고 흥미 검사들을 최초로 개발했다. 크레플린은 초기 형태의 단어 연관 검사를 개발했고, 우드워스는 현대적 성격 검사의 원형이라 할 수 있는 개인자료지(Personal Data Sheet)를 개발했다. 이러한 초기 검사 도구들은 투사적 검사의 개발로 이어졌다. 칼 융은 단어 연관 검사에서의 피험자의 반응을 통해 피험자의 콤플렉스를 찾아내고자 했다. 로르샤흐의 잉크반점 검사와 머레이의 주제통각검사 또한 초기의 투사적 검사라 할 수 있다. 20세기 이후에 다수의 비형식적 평가 도구가 개발되었는데, 관찰 기법, 평정 척도, 분류 기법, 기록과 개인 문서, 환경 평가 및 수행 기반 평가 등이 이에 해당된다.

이 장의 마지막에서는 능력 검사(성취도 및 적성), 성격 검사 및 비형식적 평가 도구 등을 포함한 다양한 평가 분류 체계를 논의하고 개념을 정의했으며, 평가에 있어 중요한 이슈들을 강조했다. 이러한 이슈들에는 검사 타당도, 사생활 침해, 낙인과 관련한 주의, 그리고 평가는 모든 사람의 평등을 향상시켜야 한다는 점 등이 포함된다.

복습문제

1. 평가와 관련된 고대의 사례들을 들어보라.
2. 현대적 평가의 전초라 할 수 있는 1800년대의 사례들을 들어보라.
3. 다윈, 갈톤, 분트, 커텔의 연구가 현대의 검사 발달에 어떻게 영향을 주었는지 논의해보라.
4. 현대 지능 검사에 영향을 끼친 연구자들에 대해 논의해보라.
5. 우생학 운동이란 무엇이고, 그것은 어떻게 미국의 정부 정책에 영향을 끼쳤는가?
6. 초기의 몇몇 집단 능력 검사를 제시하고, 그 개발을 주도한 인물 및 검사의 용도를 설명하라.
7. 초기의 몇몇 성격 검사를 제시하고, 그 개발을 주도한 인물 및 검사의 용도를 설명하라.
8. 투사적 검사의 초기 개발자들을 나열하고, 이들이 어떤 공헌을 했는지 설명하라.
9. 다양한 종류의 성취도 및 적성 검사, 성격 검사 및 비형식적 검사를 3개의 도표로 나타내고(그림 1.3~1.5 참조), 각 유형의 평가를 정의해보라.
10. 이 장에 등장한 모든 역사적 인물의 리스트를 작성하고, 각 인물이 검사 및 평가에 어떤 공헌을 했는지를 논의하라.

참고문헌

Armstrong, T. (2006). *The best schools: How human development research should inform educational practice*. Alexandria, VA: Association for Supervision and Curriculum Development.

Association for Assessment and Research in Counseling. (2012). *Standards for multicultural assessment* (4th ed.). Retrieved from http://www.theaaceonline.com/AACE-AMCD.pdf

Benjamin, L. T. (2008). Psychology before 1900. In S. F. Davis, & W. Buskit (Eds.), *21st century psychology: A reference handbook* (Vol. 1, pp. 2–11). Thousand Oaks, CA: Sage Publications.

Binet, A., & Simon, T. (1916). *The development of intelligence in children: The Binet-Simon Scale*. (E. S. Kite, Trans.). Baltimore: Williams & Wilkins Company.

Cohen, J., Swerdlik, M., & Sturman, E. (2012). *Psychological testing and assessment: An introduction to tests and measurement* (8th ed.). Columbus, OH: McGraw Hill.

Cowdery, K. (1926). Measurement of professional attitudes: Differences between lawyers, physicians and engineers. *Journal of Personnel Research, 5*, 131–141.

Doyle, K. (1974). Theory and practice of ability testing in ancient Greece. *Journal of the History of Behavioral Sciences, 10*, 202–212. doi:10.1002/1520-6696(197404)10:2⟨202::AID-JHBS2300100208⟩3.0.CO;2-Q

Drummond, R. J. (2009). *Assessment procedures for counselors and helping professionals* (7th ed.). Upper

Saddle River, NJ: Pearson.

DuBois, P. (1970). *A history of psychological testing*. Boston: Allyn and Bacon.

Esquirol, J. (1838). *Des maladies mentales considerees sous les rapports medical, hygienique, et medicolegal*. Paris: Bailliere.

Frontline. (1999). *The secrets of the SATs*. Retrieved November 23, 2008, from http://www.pbs.org/wgbh/pages/frontline/shows/sats/etc/script.html

Galton, F. (1879). Psychometric facts. *Nineteenth Century*, 5, 425–433.

Geisinger, K. (1994). Psychometric issues in testing students with disabilities. *Applied Measurement in Education*, 7, 121–140.

Geisinger, K. (2000). Psychological testing at the end of the millennium: A brief historical review. *Professional Psychology, Research, and Practice*, 31, 117–119. doi:10.1037/0735-7028.31.2.117

Gillham, N. (2001). *A life of Sir Francis Galton: From African exploration to the birth of eugenics*. New York: Oxford University Press.

Goodwin, C. J. (2008). Psychology in the 20th century. In S. F. Davis & W. Buskit (Eds.), *21st century psychology: A reference handbook* (Vol. 1, pp. 12–20). Thousand Oaks, CA: Sage Publications.

Gould, S. J. (1996). *The mismeasure of man* (revised and expanded). New York: Norton.

Haney, W. (1981). Validity, vaudeville, and values: A short history of social concerns over standardized testing. *American Psychologist*, 36, 1021–1033.doi:10.1037/0003-066X.36.10.1021

Hebben, N., & Milberg, W. (2009). *Essentials of neuro-psychological assessment* (2nd ed.) John Wiley & Sons: New York.

Higgins, L. T., & Sun, C. H. (2002). The development of psychological testing in China. *International Journal of Psychology*, 37, 246–254.

Hunsley, J. (2002). Psychological testing and psychological assessment: A closer examination. *American Psychologist*, 57, 139–140. doi:10.1037/0003-066X.57.2.139

Joint Committee on Testing Practices. (2004). *Code of fair testing practices in education*. Washington, DC: American Psychological Association.

Jolly, J. L. (2008). Lewis Terman: Genetic study of genius—elementary school students. *Gifted Child Today*, 31(1), 27–33.

Jones, L. V. (2007). Some lasting consequences of U.S. psychology programs in World Wars I and II. *Multivariate Behavioral Research*, 42, 593–608. doi:10.1080/00273170701382542

Jung, C. G. (1969) *Studies in word-association: Experiments in the diagnosis of psychopathological conditions carried out at the psychiatric clinic of the University of Zurich under the direction of C. G. Jung*. New York: Russell & Russell. (Original work published in 1918)

Jung, C. G., & Riklin, F. (1904). Untersuchungen iiber assoziationen gesunder. *Journal fur Psychologie uiind Neurologie*, 3, 55–83.

Juve, J. (2008). Testing and assessment. In S. F. Davis, & W. Buskit (Eds.), *21st century psychology: A reference handbook* (Vol. 1, pp. 383–391). Thousand Oaks, CA: Sage Publications.

Kerr, M. S. (2008). Psychometrics. In S. F. Davis, & W. Buskit (Eds.), *21st century psychology: A reference handbook* (Vol. 1, pp. 374–382). Thousand Oaks, CA: Sage Publications.

Lezak, M., Howieson, D., Bigler, E. D. & Tranel, D. (2012). *Neuropsychological assessment* (5th ed.). New York: Oxford University Press

McKean, K. (1985). Intelligence: New ways to measure the wisdom of man. *Discover Magazine*, 6(10), 28. Reprinted by permission of Disney Publications.

Miner, J. (1922). An aid to the analysis of vocational interest. *Journal of Educational Research*, 5, 311–323.

Murdoch, S. (2007). *IQ: A smart history of a failed idea*. Hoboken, NJ: John Wiley & Sons.

Neukrug, E., & Schwitzer, A. (2006). *Skills and tools for today's counselors and psychotherapists: From natural helping to professional counseling*. Pacific Grove, CA: Brooks/Cole.

Nicolas, S., Gyselinck, V., Murray, D., & Bandomir, C. A. (2002). French descriptions of Wundt's laboratory in Leipzig in 1886. *Psychological Research*, 66, 208–214.

Parsons, F. (1989). *Choosing a vocation*. Garrett Park, MD: Garrett Park. (Original work published in 1909)

Roback, A. (1961). *History of psychology and psychiatry*. New York: Philosophical Library.

Rorschach, H. (1942). *Psycho diagnostics*. (P. V. Lamkau, Trans.). Bern, Switzerland: Verlag Hans Huber.

Ryan, J. J. (2008). Intelligence. In S. F. Davis, & W. Buskit (Eds.), *21st century psychology: A reference handbook* (Vol. 1, pp. 413–421). Thousand Oaks, CA: Sage

Publications.

Sokal, M.M. (1987). Introduction: Psychological testing and historical scholarship-questions, contrasts, and context. In M. M. Sokal (Ed.), *Psychological testing and American society: 1890-1930* (pp. 1–20). New Brunswick, NJ: Rutgers University Press.

Storr, A. (1973). *C. G. Jung*. New York: The Viking Press.

Strong, E. (1926). An interest test for personnel managers. *Journal of Personnel Research, 5*, 194–203.

Watson, R. (1968). *The great psychologists from Aristotle to Freud*. Philadelphia: Lippincott.

Zenderland, L. (1987). The debate over diagnosis: Henry Herbert Goddard and the medical acceptance of intelligence testing. In M. M. Sokal (Ed.), *Psychological testing and American society: 1890-1930* (pp. 46–74). New Brunswick, NJ: Rutgers University Press.

Zusne, L. (1984). *Biographical dictionary of psychology*. Westport, CT: Greenwood.

평가에 관한 윤리적, 법적, 전문적인 문제

2장

심리학자인 나의 친구는 그녀의 동료 중 하나가 계속적으로 별로 도움이 되지 않는 검사 보고서를 작성하고 있다고 주자격관리위원회의 윤리분과에 불만을 제기했다. 그녀는 그 동료가 무능하다고 보고하고, 다음과 같이 기술된 윤리 규정에 대해 언급했다.

> "심리학자들은 그들의 역량 범위 내에 있는 영역과 집단을 대상으로 서비스를 제공하고 가르치며 연구를 수행한다. 역량의 범위는 그들의 교육과 훈련, 수련감독 받은 경험, 자문, 연구, 전문적 경험에 토대를 두고 결정된다(American Psychological Association[APA], 2010, Section 2.01a). 심리학자들은 그들의 역량을 유지하고 발전하기 위해 지속적인 노력을 한다(Section 2.03)."

내 친구는 그 무능한 심리학자를 보고한 행위가 정당하다고 느꼈다. 그러나 놀랍게도, 그 심리학자는 그녀가 먼저 자신에게 접근하여, 그 상황을 비공식적으로 해결하려고 노력하지 않았다는 이유로 내 친구를 윤리위원회에 보고하기로 결정했다. 그 결과 내 친구의 동료는 처벌받지 않았지만, 내 친구는 처벌받았다!

> "심리학자는 다른 심리학자가 윤리 규정을 위반했다고 판단하면, 이것을 그 개인에게 먼저 알려서 문제를 해결하려고 시도해야 한다(Section 1.04)."

심리학이든 상담이든 사회복지든, 전문가 협회의 윤리 규정은 다음과 같은 점에 일치된 입장을 보인다. 만약 당신이 동료의 윤리적 행동에 의문을 가지고 있고 그것이 타당하다면, 당신은 그 동료에 대해 보고하기 전에 그 사람에게 먼저 이야기를 해야 한다(American Counseling Association[ACA], 2005; APA, 2010; National Associations of Social Workers[NASW], 2008).

윤리적 딜레마는 그 자체로 매우 복잡하다. 따라서 이 장에서는 다른 사람을 평가하는 사람이 직면하는 때때로 복잡한 윤리적, 법적, 전문적 이슈를 검토한다. 먼저 윤리적 의사결정을 위한 윤리 규정과 기준을 검토한 다음, 평가와 관련된 윤리적 의사결정 과정을 개괄적으로 살펴보고자 한다. 그런 다음에는 수년간 검사와 평가에 영향을 준 많은 법적 이슈와 법률을 검토한다. 이 장에서는 몇몇 전문적 이슈를 개괄적으로 살펴보게 된다. 여기에는 평가에 초점을 둔 전문가 단체와 인증 기관에 관한 개요, 법정 평가에 대한 검토, 검사를 전체적인 과정으로 보는 것의 중요성, 평가와 관련된 중요한 다문화 이슈 검토, 많은 임상가가 평가 도구의 사용에 관해 갖는 두려움에 대한 논의 등이 포함된다.

평가의 윤리적 문제

이번 절에서는 (1) 평가에 관한 ACA(미국 상담학회)와 APA(미국 심리학회)의 윤리 규정을 개관하고, (2) 실무자가 평가 절차를 윤리적으로 활용하도록 조력하기 위해 개발된 지침들을 살펴보며, (3) 윤리적 의사결정 과정에 대해 논의한다.

ACA와 APA 윤리 규정의 평가 부분 개관

윤리 규정
(ethical codes)
적절한 행동을 위한 전문적인 지침

전문가 협회의 **윤리 규정**(ethical codes)은 우리에게 특정 상황에서 어떻게 대응해야 하는지에 대한 지침을 제공한다. 예를 들어, ACA(2005)와 APA(2010) 규정은 모두 검사와 평가에 관한 지침을 갖고 있다. 다음 논의는 윤리 규정의 평가 부분에서 두드러지는 측면을 요약하고 있다. 여기에는 적절한 평가 도구의 선택, 평가 도구를 활용하는 역량, 비밀 보장, 다문화 민감성, 고지된 동의, 사생활 침해, 적절한 진단, 검사 결과 공개, 검사 실시, 검사 보안, 검사 채점 및 해석이 포함된다. 부록 A에 수록된 웹사이트에 있는 전문가 협회의 윤리 지침뿐만 아니라 부록 B에 제시된 ACA와 APA 평가 지침도 검토해보라.

평가 도구를 선택하는 데 있어 검사 양호도에 주목하라.

적절한 평가 도구의 선택   윤리 규정에는 검사 양호도가 검증된 평가 도구를 선택하는 것이 중요하다고 강조하고 있다. 검사 양호도란 신뢰도(일관성), 타당도(측정하고자 하는 것을 측정하고 있는가), 다문화 공정성, 검사의 실용성을 의미한다. 전문가는 평가 도중 검사 양호도의 문제가 발생했을 때, 적절한 조치를 취하여 평가가 잘못 해석되지 않도록 해야 한다. 검사의 양호도와 적절한 평가 도구를 선택하는 방법에 대해서는 5장에서 자세하게 검토할 것이다.

평가 도구를 활용하는 역량
검사에 대한 적절한 지식과 실시 방법에 관한 훈련을 필요로 함

평가 도구를 활용하는 역량   윤리 규정에서 강조되고 있는 또 다른 측면은 검사를 정확하게 사용하는 역량이다. 이 규정은 전문가가 검사에 관한 충분한 지식을 가져야 하고 자신이 사용하는 검사에 대해 익숙해야 한다고 제안한다. 특정한 검사를 사용할 수 있는 자격을 규정하기 위해 1954년 APA는 세 단계 체제를 도입했다. APA가 이 체제를 재평가하여 현재는 검사 사용자 자격을 위한 좀 더 강력한 지침을 제공하고 있지만(Turner, DeMers,

Fox, & Reed, 2001 참조), 많은 검사 출판사는 아직도 원래의 세 단계 체제를 계속 사용하고 있다. 물론 좀 더 발전된 지침을 고려하고 있기는 하다. 원래의 세 단계 체제는 다음과 같은 세 가지 수준에 따라 검사들을 분류했다.

- 수준 A 검사들은 검사의 궁극적인 목적에 익숙하고 주의 깊게 검사 매뉴얼을 읽은 일반인이 실시 및 채점하고 해석할 수 있는 것들이다(예: 성취도 검사).
- 수준 B 검사들은 검사 제작과 활용에 관한 지식을 필요로 하고, 대학원 수준의 심리학 및 관련 과목(예: 통계, 개인차, 상담) 수강을 요구한다.
- 수준 C 검사들은 석박사 학위 또는 심리학자 자격증 그리고 특정 검사에 대한 대학원 수준의 훈련/슈퍼비전을 요구한다(American Psychological Association, 1954, pp. 146~148).

좀 더 구체적으로 보면, 평가에 대해 약간의 지식이 있고, 검사 매뉴얼에 완전히 정통한 학사학위를 소지한 사람들은 수준 A 검사를 실시할 수 있고, 제한된 상황들 아래에서, 수준 B 검사도 실시할 수 있다. 예를 들면, 교사는 대부분의 총집형 학업성취도 검사를 실시할 수 있다. 검사와 측정에 관한 기본 과목을 이수한 석사 수준의 상담자는 수준 B 검사를 실시할 수 있다. 예를 들면, 상담자는 여러 가지 종류의 성격 검사를 실시할 수 있는데, 여기에는 대부분의 흥미 검사와 많은 객관적 성격 검사가 포함된다. 하지만 상담자는 대부분의 개인용 지능 검사, 대부분의 투사적 검사, 그리고 많은 진단용 검사와 같이 추가적인 훈련을 요하는 검사를 실시할 수 없다. 수준 C 검사는 최소한 석사학위가 있고, 검사에 대한 기본 과목을 이수하고, 특정 검사에 대한 대학원 수준의 훈련을 받은 사람들이 실시할 수 있다(예: 학교 심리학자, 학습장애 전문가, 임상 및 상담 심리학자, 추가적인 훈련을 받은 석사 수준의 상담자).

비밀 보장 검사를 실시할 때, 비밀 보장을 유지하는 것은 평가 과정에 있어 핵심적인 부분이다. 이 부분은 치료 관계에서 비밀을 유지하는 것과 유사한 지침을 따른다. 비밀 보장은 전문적 책임이지만 가끔 법과 충돌하기도 한다. 따라서 전문가들은 때때로 법과 전문적 책임이 충돌하는 어려운 딜레마를 해결해야 한다(Remley & Herlihy, 2014). 언제 정보를 공개해도 될까? 검사자는 자신이 일하고 있는 주의 법을 항상 점검해야 하지만 일반적으로 다음 상황에서는 정보를 공개하는 데 대한 매우 강력한 전문적 및 법적 근거를 갖게 된다.

비밀 보장
(confidentiality)
내담자의 정보를 보호하기 위한 윤리 지침

1. 내담자가 자기 자신 또는 다른 누군가에게 해를 끼칠 위험에 있는 경우
2. 내담자가 미성년자이거나 금치산자인 경우, 그리고 법이 내담자에 대한 정보를 가질 권리를 부모나 보호자에게 부여한 경우
3. 내담자가 당신에게 정보를 공개하도록 요청한 경우(예: 당신의 증언이 법정에서 필요한 경우)

4. 내담자가 고소하여 자신을 변호할 필요가 있는 경우

5. 법원에서 당신에게 내담자의 정보를 공개할 것을 요청하고 특권적 의사소통 권리가 존재하지 않는 경우(특권적 의사소통 권리란 공유된 정보를 비밀로 한다는 것을 법으로 내담자에게 보증하는 상황을 말한다.)

6. 내담자의 이익을 위해 사무직원, 동료, 또는 슈퍼바이저에게 내담자에 관한 정보를 공개하는 경우

7. 특정한 곳으로 정보를 공개하는 데 대한 내담자의 문서화된 동의가 있는 경우(예: 법정에서 검사 결과를 보내라고 요구하는 경우)

다문화 민감성
(cross–cultural
sensitivity)
검사에 있어서 차별과 편견으로부터 내담자를 보호하기 위한 윤리 지침

다문화 민감성　다문화 민감성과 관련한 윤리 규정은 검사 도구를 선정하고, 실시하며, 해석할 때 발생하는 평가 절차의 잠재적 편파에 초점을 두고 있다. 이 규정은 내담자의 나이, 인종, 문화 정체감, 장애, 국적, 성별, 종교, 성적 지향, 사회경제적 지위가 검사 실시와 검사 해석에 미치는 영향을 주의 깊게 인식해야 한다고 강조한다. 이 장의 후반부와 5장에서 이 주제를 좀 더 자세히 논의할 것이다.

고지된 동의
(informed consent)
평가 과정에 대한 설명을 들은 후 내담자가 평가에 동의함

고지된 동의　고지된 동의는 내담자가 평가에 동의하기 위해 모든 평가의 속성과 목적에 대한 정보를 안내받아야 한다는 것을 나타낸다. 학교에서 성취도 검사를 하는 경우나 법원에 의해 강제되는 경우(예: 양육권을 다투는 경우)처럼 때로는 고지된 동의를 받을 필요가 없는 경우가 있다. 하지만 일반적으로 검사 운영자는 내담자들에게 평가 과정에 대한 정보를 제공해야 하고 평가에 대한 내담자의 동의를 받아야 한다.

사생활 침해
(invasion of privacy)
검사는 개인의 사생활을 침해함

사생활 침해　윤리 규정은 일반적으로 모든 검사가 어느 정도 개인의 사생활을 침해한다는 사실을 인정한다. 그리고 사생활이 얼마나 침해당할 수 있는가에 대한 내담자 이해가 중요하다는 것을 강조한다. 위에서 지적한 바와 같이, 만약 내담자가 고지된 동의를 하고, 내담자가 검사를 받을지 말지에 대한 선택권을 가지고, 비밀 보장의 한계를 안다면, 사생활 침해의 가능성은 줄어든다.

올바른 진단
(proper diagnosis)
정확한 진단을 위해 적절한 평가 기법을 선택하라.

올바른 진단　윤리 규정은 진단의 미묘한 속성 때문에 정신장애 진단을 위해 어떤 평가 기법을 선정할지를 결정할 때 전문가가 수행하는 중요한 역할과 그런 진단에 따른 파장을 강조한다.

검사 자료의 공개
(release of test
data)
검사 자료는 내담자 요청이 없는 한 비밀로 보호됨

검사 자료의 공개　검사 자료는 오용될 수 있다. 그래서 윤리 규정은 내담자의 동의가 있을 경우에만 자료를 다른 사람에게 공개할 수 있다고 한정한다. 이러한 자료는 일반적으로 검사 자료를 적절히 해석할 수 있고 그 정보를 오용하지 않을 사람에게만 주어진다.

검사 실시(test
administration)
확립되고 표준화된 방법을 사용함

검사 실시　검사는 그 검사가 개발되고, 표준화된 방식과 일치하게 실시되어야 한다. 이러한 절차에서 벗어났다면, 이 사실을 분명히 해야 한다. 검사 환경이 적절하지 않았다면, 검사 자료의 해석 또한 조정되어야 한다.

Clay Bennett/© 1998 The Christian Science Monitor (www.CSMonitor.com). Reprinted with permission.

검사 보안   전문가들은 윤리 규정에 따라 검사 그 자체의 보안과 검사 통합성을 유지하기 위해 노력해야 한다. 개발자의 허락 없이 검사를 변경하거나 검사지를 복사해서는 안 된다.

검사 보안
(test security)

검사 그 자체와 검사 내용의 통합성을 유지하기

검사 채점과 해석   윤리 규정은 다음과 같은 사실을 강조한다. 전문가들이 검사를 채점하고 해석할 때, 그들은 검사 양호도(신뢰도, 타당도, 다문화 공정성, 실용성)가 결과에 어떠한 영향을 미치는지를 숙고해야만 한다. 검사 결과에는 검사 해석에 있을 수 있는 잠재적인 문제에 대한 논의를 반드시 포함해야만 한다(이와 같은 문제는 5장에서 좀 더 상세하게 논의될 것이다).

검사 채점과 해석
(test scoring and interpretation)

검사가 가지고 있는 문제점을 고려하기

책임 있는 검사 활용의 기준

최근 검사가 활용되는 방식에 대한 수년간의 비판에 대응하여 수많은 **평가 기준**(standards in assessment)이 개발되고 있다. 이 기준은 교육 장면, 기관, 그리고 개업 상담실 장면에서 어떻게 검사를 적절하게 활용할 것인지에 대해 설명하고 있다. 이러한 기준의 예로, 공정한 검사 실시의 윤리 규정을 부록 C에 첨부했다. 표 2.1은 잘 알려진 수많은 기준의 목적을 정의하고 그런 기준에 접근하는 방법을 제시한 것이다.

평가 기준
(standards in assessment)

평가 기법의 윤리적 적용을 심화하는 데 활용됨

- 검사 사용자의 자격에 대한 기준
- 표준화 검사 사용자의 책임
- 다문화를 고려한 평가 기준

- 공정한 검사 실시에 대한 규정
- 피검사자의 권리와 책임
- 교육 및 심리검사 기준
- 다음의 상담 영역에서 필요로 하는 역량: 학교, 정신건강, 결혼·부부·가족, 진로, 약물 오남용

윤리적 의사결정하기

윤리 규정은 윤리적 딜레마에 직면해 있는 임상가를 안내하는 데 한계가 있다. 따라서

표 2.1 책임 있는 검사 활용의 기준

기준의 이름	기준의 목적	출처*
검사 사용자의 자격에 대한 기준(5페이지)	다음 영역에서 평가 도구를 사용하기 위한 상담자의 자격 기준을 나타낸다. 즉, 검사 이론, 검사 제작, 검사 양호도, 검사의 통계, 검사의 실시 및 해석, 다문화 이슈, 윤리 규정과 기준에 대한 지식	ACA(2003)
표준화 검사 사용자의 책임(RUST)(5페이지)	"RUST의 목적은 상담자 및 교사들이 책임감 있게 검사를 실시할 수 있도록 돕는 것이다. … 다음과 같은 영역에서 검사 사용자의 책임이 요구된다. 즉, 검사 사용자의 자격, 기술적인 지식, 검사 선정, 검사 실시, 검사 채점, 검사 결과 해석, 검사 결과 정보 전달."(p. 1)	AARC(2003)
다문화를 고려한 평가의 기준(8페이지)	평가를 실시하는 사람들이 검사의 편파와 다양한 집단이 처해 있는 장벽을 이해하도록 한다. 검사의 적절한 활용을 옹호하고, 구조적인 문제를 해결하는 데 초점을 둔다. 그러므로 검사를 실시하는 사람들과 다양한 소수집단들이 마주하고 있는 장벽과 검사의 편파를 이해하도록 한다. 여기에는 다양한 소수집단들을 위해 적절한 도구를 선택하는 것, 검사 도구를 실시하고 채점할 때 내담자의 문화적 배경을 고려하는 것, 검사 도구에 대한 문화적으로 정확한 해석과 검사 훈련에 있어서 문화적 유능함을 갖추도록 하는 것이 포함된다.	AARC(2012a)
공정한 검사 실시에 대한 규정(6페이지)	전문가들이 "피검자의 나이, 성, 장애 여부, 인종, 민족성, 성적 기호, 국적, 종교, 언어적 배경 등의 특성에 상관없이 공정하게 검사를 사용하고 제공하는 것을 보장"하기 위한 것이다(para. 1). 검사 개발자들과 검사 사용자를 위해 다음 네 가지 영역에 대한 지침을 제공한다. 즉, 적절한 검사를 선택하고 개발하기, 검사를 실시하고 채점하기, 검사 결과를 해석하고 보고하기, 피검자에게 정보 주기	JCTP(2004)
피검사자의 권리와 책임(10페이지)	"피검사자가 검사 과정에 대해 합리적으로 가질 수 있는 기대와 검사를 개발, 실시, 활용하는 사람이 피검자에 대해 가질 수 있는 기대"를 명료화하고 기술한다.	JCTP(1998)
교육 및 심리검사에 대한 기준(194페이지)	"검사 도구와 검사 실행에 대한 평가와 검사 사용에 따른 효과의 준거를 제공한다."(p. 2) 이를 위해 다음과 같은 세 가지 영역에서 검사 실시에 대한 심도 있는 설명을 한다. 즉, 검사 제작, 평가, 문서화 영역, 검사 공정성 영역, 검사 적용 영역	AERA/APA/NCME(1999)
다음의 상담 영역에서 필요로 하는 역량: 학교, 정신건강, 결혼·부부·가족, 진로, 약물 오남용	각 역량은 몇 페이지에 걸쳐 기술되어 있으며, 다음과 같은 내용을 포함한다. 평가 도구의 선정, 도구에 대한 적절한 채점과 실시, 결과에 대한 적합한 해석, 다양성 이슈와 평가, 적절한 진단 도구의 활용	ASCA AMHCA IAMFC NCDA IAAOC AARC(2012b)

© Cengage Learning

* ACA = American Counseling Association; AARC = Association of Assessment in Research in Counseling; JCTP = Joint Commission on Testing Practices; AERA = American Educational Research Association; APA = American Psychological Association; ASCA = American School Counseling Association; AMHCA = American Mental Health Counselors Association; IAMFC = International Association of Marriage and Family Counseling; NCDA = National Career Development Association; NCME = National Council on Measurement in Education; IAAOC = International Association of Addiction and Offender Counselors.

윤리적 의사결정을 돕는 다른 경로가 필요하다. 예를 들면, 어떤 임상가는 윤리적 의사결정을 위해 **도덕 모형**(moral model)을 활용할 것이다. 키치너(Kitchener, 1984, 1986; Urofsky, Engels, & Engebretson, 2008)가 기술한 도덕 모형에 따르면, 어려운 윤리적 의사결정을 할 때 고려해야 하는 6개의 도덕 원리가 있다. 6개의 도덕 원리란 자율성, 비악의, 선의, 정의, 충실성, 진실성을 말한다. 자율성(automony)은 내담자 선택의 자유, 자기결정, 그리고 독립성을 보호한다는 의미이다. 비악의성(nonmaleficense)은 내담자에게 해를 끼치지 않는다는 뜻이다. 선의(beneficence)는 사회의 이익이 되는 것과 관련이 있고, 부분적으로 내담자의 안녕감을 증진시킴으로써 성취된다. 정의(justice)는 모든 내담자를 공정하게 대우해야 함을 의미한다. 충실성(fidelity)은 상담 관계에서 내담자와 신뢰 관계를 형성하고 이 관계 내에서 내담자에게 헌신하는 것과 관련이 있다(예: 비밀 보장). 진실성(veracity)은 상담 관계 내에서 내담자에게 신뢰를 주고 진실하게 대하는 것이다. 다음과 같은 상황에서 이 원리들을 적용해보자. 만약에 당신이 어떤 내담자를 평가한 뒤, 그녀가 자녀에게 잠재적으로 해를 끼칠 수도 있다는 결정을 내렸다. 위의 도덕 원리가 이러한 결정에 어떤 역할을 할 것인가? 예를 들면, 당신이 각각의 원리를 고려한 뒤, 이러한 결정을 누구와 어떻게 상의할 것인가? 렘리와 헐리히(Remley & Herlihy, 2014)는 내담자의 문화가 평가 결과에 대한 당신의 이해와 그 원리를 적용하는 방식에 영향을 줄 수 있다고 주장한다. 어떤 문화에 속한 개인에게 자율성은 개인의 행동과 관련이 있지만, 다른 문화에 속한 개인에게는 자율성이란 확대가족 또는 지역사회 맥락에서 이해된다. 이처럼 윤리적 의사결정은 복잡하고 어려운 과정이다.

도덕 모형 외에도, 다른 윤리적 의사결정 모형이 존재한다(Neukrug, 2012). **코리, 코리, 코리, 캘러낸**(Corey, Corey, Corey, & Callanan, 2015)이 제시한 문제 해결 모형에서는 임상가가 복잡한 윤리적 의사결정을 할 때 다음 8단계를 따를 것을 제안한다.

1. 문제나 딜레마 확인하기
2. 관련된 잠재적인 문제(이슈) 확인하기
3. 적절한 윤리 지침 검토하기
4. 적용 가능한 법과 규칙 확인하기
5. 자문 구하기
6. 행동에 대해 가능한 일련의 조치들을 고려하기
7. 각각의 의사결정 결과를 고려하기
8. 최선의 방법 결정하기

마지막으로, 현명한 윤리적 결정을 할 수 있는 임상가의 능력은 앞서 제시한 도덕 모형뿐만 아니라 자신의 윤리적, 도덕적, 인지적 발달 수준에도 영향을 받는다(Linstrum, 2005; Neukrug, Lovell, & Parker, 1996; 연습문제 2.1 참조). 인지적 발달 수준이 높은 임상가일수록 복잡한 방법으로 윤리적 의사결정을 한다. 이러한 점은 임상 프로그램이 수

도덕 모형
(moral model)
윤리적 의사결정과 관련한 도덕 원리를 고려함

코리, 코리, 코리, 캘러낸(Corey, Corey, Corey, and Callanan)
8단계 의사결정 모델을 제안함

현명한 윤리적 의사결정은 더 높은 수준의 인지발달을 반영함

연습문제 2.1 | 윤리적 의사결정하기

윤리적 의사결정에 관한 코리(Corey)의 모형과 앞에서 제시한 도덕 원리를 사용하여 다음과 같은 상황에서 당신이 취할 행동을 결정하고 그 내용을 조별로 토의해보자. 당신은 이 장의 후반부에 있는 연습문제 2.2의 추가적인 비네트에 대해 답할 기회를 가질 것이다.

[상황] 당신은 학교로부터 무단결석과 부적절한 행동을 하는 17세의 고등학생에게 성격 검사를 실시해줄 것을 요청받았다. 그 학생과 면담을 하고, 다양한 투사적 검사와 MMPI-2(객관

적 성격 검사)를 실시했다. 이 과정에서 그녀가 12살 때, 그녀보다 5살 많은 삼촌으로부터 성추행을 당했다는 사실을 알게 되었다. 게다가, 그녀가 학교에서 오디오 장비를 훔치거나 좀도둑질을 하는 등 작은 범죄에 연루되어 있다고 당신은 믿고 있다. 보고서를 작성하면서, 그녀가 성추행을 당했고 범죄에 연루되었다는 사실을 알았다면 당신은 어떻게 할 것인가? 당신은 이 사례를 아동학대예방센터나 경찰에 신고할 의무가 있을까? 그녀의 부모님, 학교, 사회에 대한 당신의 의무는 무엇인가?

© Cengage Learning

행하는 임상가 훈련에 큰 시사점을 갖는다. 즉, 임상 프로그램은 학생들이 종합적이고 신중한 의사결정을 하도록 도전해야 한다(McAuliffe & Eriksen, 2010).

평가의 법적인 문제

검사에 대한 법률
내담자 또는 피검사자를 보호하기 위해 재정됨

그동안 검사에 대한 많은 법률이 통과되었고, 검사의 활용과 관련된 소송이 많은 이슈를 해결해왔다. 이러한 법적 결정의 대부분은 비밀 보장, 공정성, 검사 양호도(신뢰성, 타당성, 실용성, 다문화 공정성)에 관한 것이다(Swenson, 1997; Greene & Heilbrun, 2011). 이번 절에서는 그동안 통과된 중요한 법률과 해결된 법적 사례들에 대한 요약이 제시된다. 이 절에서 제시된 법률은 가족 교육 권리 및 사생활 보호법(FERPA: Family Education Rights and Privacy Act), 건강보험 양도와 책임 법령(HIPAA: Health Insurance Portability and Accountability Act), 특권적 의사소통법(privileged communication laws), 정보자유법(Freedom of Information Act), 다양한 시민권리법(Civil Rights Acts, 1964년 및 그 수정판), 장애인 보호법(ADA: Americans with Disabilities Act, PL 101-336), 장애인 교육법(IDEA: Individuals with Disabilities Education Improvement Act, PL 94-142의 확장), 재활법 504호(Section 504 of the Rehabilitation Act), 칼 퍼킨스 법(Carl Perkins Act, PL 98-24)이다.

가족 교육 권리 및 사생활 보호법(FERPA)

가족 교육 권리 및 사생활 보호법(FERPA)
학교의 검사 기록에 접근할 수 있는 권리를 보장함

가족 교육 권리 및 사생활 보호법(FERPA: Family Education Rights and Privacy Act)은 1974년에 통과되었고, 종종 버클리 수정안(Buckley Amendment)이라고 불린다. FERPA는 검사 기록을 포함한 학생의 기록에 대한 사생활 보호 권리를 보장한다. 이는 연방으로부터 지원을 받는 거의 모든 학교에 적용된다(K-12와 고등교육기관, 미국의 교육부 n.d.a). 또한 이 법은 학부모나 학생(18세 이상, 고등학교 졸업자인 경우) 본인에게 본인의 기록을 열람할 수 있는 권리도 제공한다. 만약 학교 기록이 잘못되었거나 오해의 소지가 있다

면, 부모나 학생은 학교를 상대로 이의를 제기할 권리가 있다. 만약 학교가 기록을 수정하지 않기로 결정한다면, 부모나 학생은 공식적인 청문회를 요청할 수 있다.

또한 기록이 공개되어야 한다면, 학교는 몇 가지 특정한 상황(학생 교육에 관여하고 있는 교직원, 학교 평가를 위한 외부 기관의 접근 등)을 제외하고 부모나 학생들로부터 서면 동의서를 받아야 한다고 이 법은 규정하고 있다.

건강보험 양도와 책임 법령(HIPAA)

1996년 의회에서 통과된 **건강보험 양도와 책임 법령**(HIPAA: Health Insurance Portability and Accountability Act)은 세 가지 주요 원칙(사생활 보호, 거래 규칙, 비밀 보장 규칙)을 가지고 시행되었다(U.S. Department of Health and Human Services, n.d.; Zuckerman, 2008). 일반적으로, HIPAA는 내담자의 동의 없이 공유할 수 있는 정보의 양을 제한한다. 그리고 상담 과정 노트를 제외한 그 밖의 기록을 내담자가 열람하는 것을 허가한다. 사실상, HIPAA는 기관들이 이 법을 잘 지켰음을 보여주기를 요구한다. 비록 HIPAA가 사생활 보호와 기록의 안전에 대한, 그리고 비밀이 보장되어야 하는 의사소통을 어떻게 해야 하는지에 대한 중대한 함의를 갖고 있다 해도, 검사와 관련하여 좀 더 두드러진 특징은 다음과 같다. (1) 내담자에게 사생활을 보호받을 권리에 대한 정보를 제공해야 한다. (2) 기관은 내담자의 사생활 보호 권리를 보장하기 위한 명확한 절차를 갖고 있어야 한다. (3) 피고용자는 내담자의 사생활을 보호하도록 훈련되어 있어야 한다. 마지막으로 (4) 내담자 기록은 안전하게 보관되어야 한다.

> **건강보험 양도와 책임 법령(HIPAA)**
> 의료 및 상담 기록의 사생활 보호를 보장함

특권적 의사소통

특권적 의사소통(privileged communication)은 주 또는 연방 법률에 따라 대화가 비밀로 보장되어야 한다고 규정된 누군가의 대화를 말한다(즉, 치료자-내담자, 변호사-의뢰인, 의사-환자, 성직자-참회자, 남편-아내 등). 임상가의 경우, 이 법의 목표는 내담자가 대화 내용이 공개될 것(예를 들면, 법정에서)이라는 두려움 없이 대화에 참여하도록 촉진하는 데 있다. 이를 통해 사생활을 보장하고 상담 관계의 효과성을 증진하고자 한다. 이 특권은 내담자가 갖고 있는 것이어서, 내담자만이 이 권리를 포기할 수 있다(Remley & Herlihy, 2014). 특권적 의사소통은 비밀 유지(confidentiality)와는 다르다. 대화 내용의 비밀을 보장해야 한다는 것은 상담자의 윤리적 의무이지 법적인 의무는 아니다(Glosoff, Herlihy, & Spence, 2000).

> **특권적 의사소통 (privileged communication)**
> 대화의 사생활을 보호받을 법적 권리

1996년에 내려진 대법원 판결로 특권적 의사소통에 대한 권리가 인정되었다(**자피 v. 레드먼드**(Jaffee v. Redmond), 1996). 이 재판에서 연방대법원은 사례 기록을 비밀로 유지하려는 사회복지사의 권리를 인정했다. 사회복지사를 치료자 또는 심리치료사로 기술함으로써 이 판결은 공인된 모든 치료자의 특권적 의사소통에 대한 권리를 강화했다(Remley, Herlihy, & Herlihy, 1997; Remley & Herlihy, 2014; BOX 2.1 참조).

> **자피 v. 레드먼드 (Jaffee v. Redmond)**
> 특권적 의사소통법을 확인함

BOX 2.1

자피 v. 레드먼드

"메리 루 레드먼드(Mary Lu Redmond)는 시카고 근처 마을의 경찰관이다. 그녀는 1991년 7월 27일, 아파트 단지에서 싸움이 났다는 전화를 받았다. 이러한 상황에서 그녀는 한 남자를 총으로 쏘아 죽였다. 이 남자가 쫓고 있던 사람을 칼로 찌르려 했다고 생각했기 때문이다. 그녀가 죽인 그 남자의 가족은 레드먼드와 경찰서, 그리고 그 마을을 대상으로 소송을 제기했다. 가족은 레드먼드 경찰관이 죽은 사람의 권리를 침해하여 과도한 힘을 행사했다고 주장했다.

원고 측 변호인단은 레드먼드가 마을에 고용된 사회복지사로부터 상담을 받았다는 사실을 알게 되었다. 그들은 사회복지사에게 그녀의 사례 노트와 기록을 제출하고 법정에서 증언할 것을 요구했다. 레드먼드와 사회복지사는 그들의 의사소통은 일리노이 주 법에 따라 특권을 보장받고 있다고 주장했다.

그들의 대화가 특권을 보장받는다는 그들의 주장을 판사가 기각했을 때조차 그들은 상담회기에 대한 내용 공개를 거부했다. 공개를 거부하는 정보는 그 경관에게 불리한 내용이라 생각하라고 판사는 배심원들에게 지시했다. 그리고 배심원단은 원고에게 $545,000를 지급하라고 판결했다."(Remley et al., 1997, p. 214)

일련의 항소 후, 대법원이 1996년 2월 26일에 이 사례를 심의했다. 법원은 공인된 치료자가 그런 특권을 갖고 있으며, 그 판사가 배심원단에게 내린 지시는 부당하다고 결정했다.

© Cengage Learning

정보자유법

정보자유법
(Freedom of Information Act)
연방 및 주 기록에 대한 접근 권리를 보장함

정보자유법(Freedom of Information Act)은 1967년에 통과되고, 2002년에 개정되었다. 이 법은 개인이 그들의 기록 열람을 서면으로 요청하면, 그들의 검사 기록을 포함한 연방 기록에 접근할 수 있는 권리를 보장한다(U.S. Department of Justice, 2011). 모든 주에서 이와 비슷한 법이 제정되어 있다.

시민권리법(1964년 및 그 수정판)

시민권리법
(Civil Rights Act)
검사는 해당 직무에 타당한 것이어야 함

고부담 검사(high-stakes testing)
내담자에 관한 주요 결정을 위해 절단점을 활용하는 것

시민권리법(Civil Rights Act)은 1964년에 연방정부가 차별을 금지하기 위해 제정한 법들 중 첫 번째로 통과시킨 것이다. 이 법률은 학교, 공공장소, 직장에서 인종 분리를 금지하는 데 중점을 두고 있다. 시민권리법 제정 이후로, 기존 법에 대한 광범위한 개정이 이루어졌다. 검사와 관련해서 이 법은 승진이나 고용에 활용되는 검사는 업무와 관련하여 타당해야 하고, 적절해야 한다고 규정한다. 만약 그렇지 않다면, 대안적인 평가 수단이 사용되어야만 한다. 차별적인 절단점이 타당한 교육적 원리에 토대를 두고 있다는 사실이 입증되지 못한다면, 허용되어서는 안 된다(BOX 2.2 참조).

장애인 보호법(ADA, PL 101-336)

미국에서는 19%에 가까운 일반인들이 장애를 갖고 있다(U.S. Census Bureau, 2012). 여기에는 시각장애나 청각장애를 가진 1560만 명(6.4%), 중증장애를 가진 3830만 명(12.6%), 그리고 옷을 입고, 목욕을 하는 등 집에서 일상적인 생활을 하는 능력에 영향을 미치는 장애를 가진 1230만 명(4.4%)이 포함된다. 이렇게 많은 숫자에도 불구하고, 장애

© Cengage Learning

BOX 2.2
고부담 검사에 대한 권리

대학 운동선수들이 학업적인 측면을 고려하지 않고 운동만 하도록 모집되는 것에 대한 우려 때문에 1986년 전미 대학 경기 협회(NCAA: National Collegiate Athletic Association)는 고등학교 운동선수가 대학 입학시험인 ACT나 SAT에서 특정한 점수 이상을 받아야 체육장학금을 받을 수 있다는 규정을 시행했다(Waller, 2003). 이 규칙은 고등학교 운동선수, 특히 아프리카계 선수의 체육장학금수혜 대학 입학자격 획득에 영향을 미쳤다. 다른 한편, 이 법 시행 후에 더 많은 아프리카계 미국 체육선수들이 졸업했다는 사실이 발견되었다.

검사가 한 집단에게 편파적이어서는 안 된다는 연방 민권법이 제정되고 난 뒤, 아프리카계 미국인들은 차별을 이유로 NCAA를 대상으로 소송을 제기했다. 비록 법원이 그 사례에 대한 최종 결정을 내린 것은 아니지만, 절단점에 대한 소송은 NCAA가 이 규칙을 적용하는 데 영향을 미친 것으로 보인다. 현재 NCAA는 유동적으로 점수를 적용한다. 즉, 고등학교 내신성적이 높으면 높을수록, 대학 입학을 위해 더 낮은 SAT나 ACT 검수를 요구한다(Paskus, 2012).

체육장학금, 공립학교에서의 진급, 그리고 대학 입학 허가를 위해 절단점을 사용하는 것에 관한 법정 다툼은 아마도 계속될 것이다. 이와 같은 고부담 검사의 사용에 대해 당신은 어떻게 생각하는가?

1. 학생 운동선수가 운동을 하지 않도록 해서 공부에 더 많은 시간을 투자하도록 SAT와 ACT 점수를 사용해야 하는가?
2. 표준화된 검사 점수(즉, SAT, ACT, GRE, 주 성취도 검사)가 학년 결정, 대학 및 대학원 입학 등에 관한 교육적 결정을 내리기 위해 사용되어야 하는가? 그 이유는 무엇인가?
3. 낙오학생방지법(NCLB: No Child Left Behind Act) 같은 법의 결과, 몇몇 검사에서 소수인종 학생들의 평균 점수가 소폭 상승했다. 이런 고부담 검사를 계속 사용하는 데 따른 장점과 단점은 무엇일까?
4. 고부담 검사는 선생님과 행정가처럼 검사 준비를 담당하는 사람들에게 어떤 영향을 미치는가?

인들에게 편견과 차별은 아주 흔한 일이 되어버렸다. 이에 따라, 1990년에 의회는 **장애인 보호법**(ADA: Americans with Disabilities Act)을 통과시켰다.

1992년에 ADA가 시행되면서, 고용, 공공서비스 및 대중교통, 공공편의시설, 통신에서 장애인에 대한 차별이 금지되었다. ADA의 가장 큰 영향 중 하나는 고용 영역에서 일어났다. 여기서 법은 고용주가 "지원 절차, 고용, 해고, 승진, 보상, 직무 훈련, 그리고 고용 조건, 특혜 및 기타 조건"에서 자격을 갖춘 장애인들에 반하는 차별을 금지한다(U.S. Equal Employment Opportunity Commission, 2008, para. 1). 검사는 종종 고용 및 승진을 결정하는 데 사용된다. 이러한 이유로 이 법에서는 취업을 위해 검사를 받는 장애인을 위한 배려가 있어야 하며, 검사가 그 직무에 적절함을 나타낼 수 있어야 한다고 규정하고 있다.

장애인 보호법(ADA: Americans with Disabilities Act)

검사 시 적절한 조정이 이루어져야 함

장애인 교육법(IDEA)

1975년에 공법(Public Law) 94-142가 통과되었다. 이에 따라 장애를 가진 아이들이 적절한 배려와 함께 무상으로 공교육을 받을 수 있는 권리가 보장되었다(U.S. Department of Education, 2007a). 이후 수년간 이 법은 확대되었고, 궁극적으로 **장애인 교육법**(IDEA: Individuals with Disabilities Education Act)으로 알려지게 되었다. IDEA는 광범위하며, 출생에서 21세까지의 장애인에게 여러 면에서 영향을 미친다. 이 법의 Part B는 학교에서의 검사에 초점을 두고 있으며, 3~21세 연령에 있는 아이들이 학습을 저해하는 장애

장애인 교육법(IDEA: Individuals with Disabilities Education Act)

학교에서 학습장애에 관한 검사를 받을 수 있는 권리를 보장함

를 가진 것으로 의심된다면 학교의 비용으로 검사를 받을 수 있는 권리를 보장한다(U.S. Department of Education, n.d.b). 이 법은 학생을 평가하여 장애가 있는 것으로 판단되면, 학교는 그 학생에게 장애 극복을 위한 배려를 해야 하고, '최소한으로 제한적인 환경'에서 가르쳐야 한다고 규정한다. 최소한으로 제한적인 환경이란 대부분의 경우 일반적인 학급을 말한다.

장애가 있다고 의심되는 학생들은 일반적으로 의학, 심리, 의사소통, 시력/청력 평가에 의뢰된다. 평가는 문화적으로 적절해야 한다. 실시될 검사에 대한 정보를 부모에게 제공해야 하며, 이에 따라 부모는 검사받을지 여부를 결정한다. 평가 결과 특수교육을 받기 위한 조건이 충족되고 부모가 동의하면, 30일 내에 개별 학업 계획서(IEP: individualized education plan)가 작성되어야 한다(Assistance to the States for the Education of Children with Disabilities, 2011). 이 계획서에 학생이 어떤 서비스를 필요로 하며, 그 서비스를 최소한으로 제한적인 환경 내에서 어떻게 제공할 것인지에 대해 제시해야 한다. 이 계획서를 개발하는 팀에는 부모, 교사, 특수교육 서비스 제공을 허가하거나 감독할 수 있는 지역교육청 관계자, 아이(적절한 경우), 평가팀의 대표, 잠재적 서비스 제공자들, 그리고 부모나 학교가 요청한 다른 관계자들이 포함된다.

재활법 504호

재활법 504호
(Section 504 of the Rehabilitation Act)
프로그램에 적절한지에 대한 평가를 위해서는 장애가 아니라 능력을 측정해야 함

재활법 504호(Section 504 of the Rehabilitation Act)는 연방정부로부터 재정적인 지원을 받는 기관과 고용주에게 적용된다. 이 법은 '공정한 경쟁의 장'을 조성하자는 취지를 지니고 있으며, 장애가 있다는 이유로 차별하는 것을 금한다. 이 법에 따라 고용주와 기관은

• 자격을 갖춘 개인에게 연방정부 기금으로 운영되는 프로그램에 참여하거나, 서비스 또는 기타 혜택을 받을 수 있는 기회를 제공해야 한다.
• 물리적인 어려움을 이유로 프로그램, 서비스, 혜택에 대한 접근이나 참여 기회를 거부할 수 없다.
• 장애가 없었다면 당연히 주어졌을 고용, 승진, 훈련, 부가혜택을 포함한 고용 기회를 거부할 수 없다(U. S. Department of Health and Human Services, 2006, p. 2).

평가와 관련하여 얘기하자면, 한 개인이 프로그램에 참여할 수 있는지 혹은 서비스를 받는 것이 적절한지를 측정하는 도구는 개인의 장애가 아니라 능력을 측정하는 것이어야 한다.

칼 퍼킨스 진로와 기술교육진흥법

칼 퍼킨스 법(Carl Perkins Act)
직업적 평가, 상담, 배치에 대한 접근을 보장함

칼 퍼킨스 진로와 기술교육진흥법(Carl Perkins Career and Technical Education Improvement Act of 2006)은 주에 재정 기금을 제공하는 것을 골자로 한 연방 지원 프로그램이다. 이 법은 여섯의 '특수 집단'에 속한 개인이 직업 관련 평가, 상담, 배치를 받을 수 있게 하여 기

술교육 프로그램과 진로에서 성공 가능성을 높이고자 한다. 원래 이 법은 1984년에 통과되었다. 이제 네 번째 개정인 이 법은 (a) 장애인, (b) 가난한 가족(여기에는 일시 보호하고 있는 자녀들도 포함됨), (c) 비전형적인 분야를 준비하는 사람, (d) 한부모(여기에 임산부도 포함됨), (e) 생활 수단을 잃은 주부, (f) 영어 구사력이 낮은 사람에게 적용된다.

전문적 문제

이 절에서는 먼저 평가와 관련된 두 전문 학회를 살펴볼 것이다. 두 전문 학회란 AARC (Association for Assessment and Research in Counseling)와 미국 심리학회의 평가, 측정, 통계 분과(Division 5 of the American Psychological Association: Evaluation, Measurement, and Statistics)를 말한다. 그런 다음 평가에 초점을 두고 있는 두 인증 기관(accrediting bodies)을 간단히 살펴볼 것이다. 이어서 점점 더 성장하고 있는 법정 평가 분야에 대해 논의할 것이다. 다음으로 평가가 전체적인 과정(즉, 한 개인을 평가하는 데 복수의 절차를 활용할 때)이 될 때 가장 잘 기능한다는 점을 강조할 것이다. 소수집단과 여성을 대상으로 하는 평가 절차를 검토해보고, 마지막으로 검사와 평가를 포괄하는 것의 중요성에 대해 논의할 것이다.

> **주요 전문 학회 (major professional associations)** 미국 상담학회의 AARC와 미국 심리학회의 평가, 측정, 통계 분과

전문 학회

이 분야에는 당신이 관심을 가질 만한 수십 개의 전문 학회가 있지만(부록 A 참조), 특별히 평가에 초점을 두는 학회는 거의 없다. 당신이 가장 가깝게 느끼는 전문 학회에 가입하기를 권장하지만, 만일 평가에 흥미를 느낀다면 아래의 두 단체에 가입하는 것을 고려해보라.

미국 상담학회의 한 분과인 AARC는 "상담에서 평가(evaluation in counseling), 연구, 그리고 평가에서 최고의 수행을 하도록 함으로써 상담 영역의 발전을 도모하는 상담자, 교육자, 기타 전문가들의 조직이다."(AARC, 2012c, para. 1) 검사, 진단, 훈련, 평가를 실시하는 사람들에 대한 슈퍼비전에 관심이 있다면 AARC 가입을 고려해보라. 그리고 평가 도구 및 절차의 개발과 타당화에 관심이 있어도 마찬가지다. AARC는 「CORE(Counseling Outcome Research and Evaluation)」와 「MECD(Measurement and Evaluation in Counseling and Development)」라는 두 개의 학술지를 출판한다. AARC는 또한 「NewsNotes」라는 회보를 발행한다.

미국 심리학회의 평가, 측정, 통계 분과는 "연구와 심리평가, 사정, 측정, 그리고 통계의 실용적 적용에서 고도의 기준을 준수할 수 있게" 노력한다(APA, 2013a, para. 1). 이 분과는 두 개의 학술지를 발행하는데, 평가에 초점을 둔 「Psychological Assessment」와 연구에 좀 더 초점을 둔 「Psychological Methods」이다. 또한 이 분과는 「The Score」라는 분기별 회보를 발행한다. 이 회보는 이 분야의 새로운 이슈뿐 아니라 사업적 사안에 대해서도 초점을 둔다.

인증 시행 기관 (accreditation bodies)

교육 과정 표준을 설정하도록 조력함(APA, NASP, CACREP)

전문 학회에서 제시하는 인증 기준

많은 전문 학회는 평가 영역에서 교육 과정 관련 사안에 대한 인증 기준을 갖고 있다. 이런 기준 때문에 훈련 프로그램에 들어오는 학생들이 프로그램의 소속 기관에 상관없이 공통적인 핵심 경험을 할 수 있다. APA(2009), NASP(National Association of School Psychologists, 2010), CACREP(Council for the Accreditation of Counseling and Related Educational Programs, 2013) 같은 단체는 소속 대학원 프로그램의 교육 과정을 가이드하는 기준을 설정해두고 있다. 사실, 이 책에서 제시된 많은 내용은 저자들이 이런 교육 과정 기준을 검토하여 가능한 한 충실히 수록하고자 하는 노력의 결과이다. 기회가 되면, 참고문헌에 수록된 웹사이트를 방문해서 각 단체의 기준을 검토해보라.

법정 평가(forensic evaluations)

법정 건강 평가관과 법정 심리학자가 실시함

법정 평가

상담자, 심리학자, 그리고 기타 정신건강 전문가들은 법 집행 및 법적 사안에 관련된 광범위한 평가 활동에 관련되고 있다. 이 경우, 능숙하게 일을 수행하기 위해서는 평가, 법 쟁점, 윤리 쟁점에 관한 정확한 지식이 필요하다(Packer, 2008; Patterson, 2006; Roesch & Zapf, 2013). 그런 전문가들은 어떤 영역을 다루는가? 패커(Packer)는 그런 전문가들이 증언하는 넓은 범위의 공통 영역을 제시했다(BOX 2.3 참조).

법정 평가관 및 법정 심리학자는 법정 평가를 수행하는 방법을 알아야 한다. 여기에는 당면한 상황에 적절한 구체적 검사의 활용, 법정 사례의 목적에 초점을 둔 면접 기법, 전문가 증언과 관련한 윤리 및 법 이슈에 관한 지식, 그리고 법정에서 활용될 보고서를 작성하는 방법이 포함된다. 이 책에서 활용된 많은 검사와 면접 기법이 그런 평가에 적용될 수 있다고 해도 이를 어떻게 그리고 언제 활용할지를 아는 것이 중요하다. 게다가 다른 평가 절차도 종종 법정 평가와 관련된다. 따라서 이러한 평가의 정확성을 담보하기 위해

BOX 2.3
법정 건강 평가관과 법정 심리학자를 위한 공통 영역

민사상

- 자녀 양육권
- 치료 감호
- 친권의 박탈
- 이혼 중재
- 고용 소송
- 후견인
- 신체적 상해
- 유언 능력
- 괴롭힘과 차별

형사상

- 청소년 면제(청소년을 성인 법정에 세우는 것을 면제)
- 청소년 처분 판정
- 재판에 회부될 수 있는 능력
- 형을 언도받을 수 있는 능력
- 미란다 권리를 보류할 능력
- 정신이상 방어
- 한정책임 능력
- 처분 판정(사형 선고와 관련된 특별한 사안을 포함한)
- 폭력 위험의 평가

© Cengage Learning

NBFE(National Board of Forensic Evaluators, 2009)는 정신건강 상담자, 결혼 및 가족 상담자, 사회복지사를 법정 건강 평가관으로 인증하고 있다. 더구나 법정에 관심을 갖고 있는 심리학자들은 이제 법정 심리학회에 소속될 수 있고 법정 심리학에서 자격을 인증받을 수 있게 되었다(American Board for Forensic Psychology, 2013). 마지막으로, APA는 "법정 심리 서비스의 질을 향상시키기 위해, 법정 심리의 수행 증진과 체계적 발전을 촉진하기 위해, 전문적 수행의 질을 향상시키기 위해, 그리고 법정 심리학자에게 자신이 봉사하고 있는 사람들의 권리를 인정하고 존중하도록 촉구하기 위해" 법정 심리학자들을 위한 특별 가이드라인을 제시했다(APA, 2013b, para. 3).

총체적인 과정으로서의 평가

이 책 내내 우리가 강조했듯이 평가는 단순히 개인에게 검사를 실시하는 것 이상이다. 사실, "단 하나의 검사 점수를 의사결정을 위한 유일한 근거로 활용하는 것은 피해야 한다…" 그리고 "검사 점수는 그 개인에 대한 다른 정보와 함께 해석되어야 한다."(JCTP, 2004, 섹션 C-5) 좋은 평가란 공식적 검사 도구, 비공식적인 평가 도구, 그리고 임상 면접을 포함한 서로 다른 종류의 도구를 활용한다. 더구나, 검사는 개인의 동기, 의도, 주의 초점 같은 특정한 측면은 측정하지 않는 경향이 있다. 그리고 문화 요인이 검사 결과에 어떻게 영향을 미칠 수 있는지를 고려해야 한다(AARC, 2012a; Preston, 2005). 궁극적으로, 검사자가 내담자에 대한 제안과 결정을 할 때, 결과에 영향을 미칠 수 있는 검사 점수, 다양한 평가 절차, 개인 특성, 문화 요인을 고려해야 한다. 이런 총체적 과정은 우리가 한 가지 검사에 의존할 때보다 내담자에 대한 좀 더 넓고 정확한 견해를 가질 수 있게 한다.

더구나 평가는 정적인 과정이 아니다. 평가는 계속적이고 진행 중인 것으로 보아야 한다. 내담자에 대한 평가는 어떤 특정 시점에서 발생한다. 그러나 사람이 변할 수 있다고 믿는다면, 그 시점은 개인의 총체적인 기능 중 일부 작은 표본을 나타낸다. 이런 방식으로 평가를 바라보면, 사람들의 인지 기능과 성격이 일생에 걸쳐서 유의미하게 변화하거나 변화할 것이라는 점을 이해하게 된다. 이런 방식으로 내담자를 바라보면, 낙인과 진단명에 사로잡히지 않으면서(내담자는 변화할 것이기 때문에) 내담자를 위한 지금 여기에서의 치료 계획을 개발하는 데 도움이 된다.

평가의 다문화 이슈

> 내담자가 어떤 집단에 속해 있든, 그런 평가가 내담자에게 어떻게 부정적으로 영향을 미칠 수 있을까라는 관점에서 [정신건강 전문가들은] 평가 활동의 질과 유용성을 검토할 필요가 있다. 평가받는 모든 사람의 재능과 자원의 개발을 증진하기 위한 평가 수행의 재정향(reorientation)이 필요하다(Loesch, 2007, p. 204).

검사와 평가에 관한 최근의 논문을 개관해보면, 검사의 편향과 그런 편향이 소수자와 여

총체적인 과정 (holistic process) 복수의 측정 도구를 사용해야 하는 것의 중요성

평가는 단면적이지만 내담자는 끊임없이 변화함

다문화 이슈(cross-cultural issues) 검사 편향, 검사자의 편향, 내담자에게 영향을 미치는 것에 대한 이해

성에게 어떻게 불리하게 영향을 미치는지에 대한 관심이 증가하고 있다는 사실이 드러난 다. 소송을 통해 몇몇 검사의 정확성에 의문이 제기되었다(BOX 2.2 참조). 또한 다른 검 사의 사용을 금지하는 법도 통과되었다. 마지막으로, 몇몇 연구는 검사가 소수자와 여성 에게 부정적 영향을 미친다는 것을 보여주기도 했다. 이 장의 서두에서 보았듯이, 이 문 제에 대한 대응으로, 평가에 관한 윤리적 규정과 기준은 항상 소수자와 여성을 위해 검사 와 평가 도구를 어떻게 선택하고 실시하며 해석하는지에 관한 진술을 포함하고 있다. 이 런 규정과 기준은 검사를 실시하고 평가 절차를 사용하는 사람들이 최소한 다음 사항을 명심할 것을 강조한다(Internatinal Test Commission, 2008; AARC, 2012a).

1. 모든 검사에는 어느 정도 편향이 있다고 가정하자.
2. 당신 자신의 편향과 편견을 파악하고 있자.
3. 엄격한 연구 절차를 통해 제작된 검사만 사용하자.
4. 타당도와 신뢰도가 좋은 검사만 사용하자.
5. 검사하기가 적절할 때와 그렇지 않을 때가 있다는 것을 알자.
6. 당면 상황에 관련된 좋은 검사를 선택하는 방법을 알자.
7. 내담자의 문화적 맥락에서 검사를 실시하고 채점하며 해석하는 방법을 알자.
8. 평가를 총체적인 과정으로 바라보고, 가능하면 그리고 합당하면 면접, 공식적 검사, 비공식적 검사를 포함하자.
9. 검사가 내담자에게 미칠 수 있는 영향을 알고 고려하자.
10. 검사가 편향된 것으로 보이면 내담자를 지지하자.
11. 평가의 과정 동안 사람들을 인간적으로 대하자.

5장에서 다문화 이슈 및 검사 양호도와 관련된 다수의 문제들이 논의될 것이다. 검사가 계층, 인종, 지역, 성별 같은 속성에 걸쳐 동일하게 구인을 정확하게 측정해야 한다는 사 실이 강조될 것이다. 검사가 모든 사람에게 평등해야 하고 편향이 없어야 한다는 관념이 미국의 법원 체계, 공법, 연방법, 헌법 수정안 등에서 어떻게 지지되는지가 논의될 것이 다. 또한 검사가 학생을 추적하는 데 이용될 수 없다는 사실이 제시될 것이다. 나아가 그 리그스 v. 듀크 파워 컴퍼니(Griggs v. Duke Power Company, 1971) 사례에 관한 대법 원의 판결 결과, 직장에서 승진과 고용에 이용되는 검사들이 모든 집단에 걸쳐 작업 수행 을 예측할 수 있음을 보여주어야 한다는 사실이 제시될 것이다. 또한 이 장과 5장에서 논 의되었거나 논의될 것처럼 검사 사용에 영향을 주는 수많은 법이 통과되었다. 이 법들은 모든 사람이 공정하게 검사받을 권리를 규정하고 있다. 향후, 검사에 내재해 있는 편향에 대한 이해가 강조될 것이고 편향이 더 적은 새로운 검사를 제작할 필요성이 증대될 것이 다. 그리고 검사에는 어느 정도 편향이 있을 수밖에 없다는 사실을 이해하면서 검사를 적 절히 실시하고, 채점하며, 해석하려는 새로운 노력이 나타날 것이다.

연습문제 2.2 | 윤리적 의사결정하기

아래의 상황을 검토하라. 그리고 이 장에서 제시한 도덕 원리, 코리의 윤리적 의사결정 모형 그리고 법적, 전문적 쟁점에 대한 당신의 지식을 활용하여 가능한 행동 방침을 결정하라. 당신이 생각한 바를 다른 학생들과 공유하라.

[상황 1] 진로 발달에 관한 훈련을 받아본 적 없는 대학원생 정신건강 전문가가 진로 문제를 호소하는 사람에게 상담 중 흥미 검사를 실시하고 있다. 이 상담자는 흥미 검사를 실시할 수 있을까? 윤리적인가? 직업적으로 적절한가? 법률적으로는? 만약 이 대학원생이 당신의 동료라면, 당신은 무엇을 할 것인가?

[상황 2] 승진을 위해 필수적으로 받아야 하는 검사에서, 직원 중 한 명이 약물을 남용하고 병적인 거짓말쟁이일 가능성이 높다는 사실을 회사가 알게 되었다. 그 회사는 그를 승진시키지 않고 해고하기로 했다. 이로 인해 우울해진 이 직원은 상담을 위해 당신을 찾아왔다. 회사의 결정은 윤리적인가? 법적으로는? 이 내담자에게 당신은 어떤 책임을 져야 하는가?

[상황 3] 아프리카계 미국인 어머니는 그녀의 아이에게 주의력 결핍 문제가 있을지 모른다는 걱정을 한다. 엄마는 이런 걱정에 관심을 가져주는 선생님을 찾아갔다. 그리고 그들은 학습장애에 대한 검사를 교감 선생님께 요청했다. 그 어머니는 그런 문제를 선별해낼 수 있는 개별 지능 검사를 받을 수 있는지 물었다. 그러나 교감 선생님은 "이 검사는 다문화 편향에 대한 우려 때문에 소수인종 학생들에게는 실시를 금하고 있습니다."라고 대답

했다. 그 어머니는 "그래도 해주세요."라고 말하지만 교감 선생님은 "죄송합니다. 행동 관찰과 함께 다른 검사를 실시해야 할 것 같습니다."라고 대답한다. 이렇게 하는 것은 윤리적인가? 전문적인가? 법적으로 적절한가? 만약 당신이 학교 상담자 또는 학교 심리학자라면, 그리고 이 어머니가 당신에게 왔다면, 당신은 그녀에게 뭐라고 말할 것인가?

[상황 4] 어떤 검사가 사회복지학 대학원 프로그램의 입학 허가를 위한 한 부분으로 활용되고 있다. 그러나 그 검사는 아직 사회복지학과 대학원 졸업생의 성공을 예언하는 것으로 검증되지는 못했다. 한 지원자가 이런 점을 두고 이의를 제기할 때, 이 프로그램의 책임자는 이 검사가 편향되었다는 증거도 없고, 그 밖의 추가적인 입학 허가 준거도 사용한다고 말한다. 당신이 이 프로그램의 교수진 중 한 명이라고 하자. 이렇게 하는 것은 윤리적인가? 전문적인가? 법적으로 적절한가? 이 상황에서 당신의 책임은 무엇인가?

[상황 5] 신체적으로 장애가 있어서 휠체어를 이용하는 사람이 전국적 분점 망을 갖춘 한 패스트푸드점에 구직 신청을 한다. 이 회사의 중간 수준 일자리를 얻기 위한 검사를 받으러 왔을 때, 자신과 같은 장애를 가진 사람을 대상으로 예측 타당도가 검증되지 않았기 때문에 검사를 받을 수 없다는 말을 들었다. 당신이 이 검사를 실시하도록 회사에 고용되었다고 하자. 이 사람과 이 회사에 대한 당신의 책임은 무엇인가?

© Cengage Learning

검사와 평가 절차 받아들이기

많은 학생이 평가 과목을 두려워하고 심지어는 공포를 느낀다는 사실은 더 이상 비밀이 아니다(Davis, Chang, & McGlothlin, 2005; Wood & D'Agostino, 2010). 많은 학생이 이런 두려움을 느낀다면, 그들이 훈련 프로그램을 졸업하면서 향후 전문적 업무에서 검사와 평가 절차의 활용을 혐오할 것이다. 당신이 이런 학생 중 하나라면, 다음 내용은 바로 당신에게 해당될 것이다. 그렇지 않다면, 당신에게 경의를 표한다.

당신이 평가 절차의 사용을 혐오하고 그에 따라 행동한다면, 당신은 내담자에게 공평하지 않을 것이다. 왜냐하면 검사와 평가 절차는 내담자에게 자신이 누구인지, 왜 그런 방식으로 행동하는지, 잘하는 것은 무엇인지, 그리고 미래에 어떤 선택을 할 것인지 알게 해주기 때문이다. 또한 임상가가 가장 적절한 치료 계획을 결정할 수 있도록 하는 데 도움이 되고, 친구들과 가족들이 애정이 가득한 효과적인 방식으로 내담자를 지지하는 데도 도움이 될 것이다. 가능한 한 가장 효율적인 서비스를 제공해야 한다면, 언제나 복수의 평가 절차들이 고려되어야 한다. 그렇게 하지 않으면 당신의 두려움과 편향을 조력 관계에 가져오게 될 것이다.

평가 도구를 활용하라! 내담자가 자신을 더 잘 이해하도록 해줄 것이다.

요약

이 장에서는 평가와 관련된 윤리적, 법적, 직업적 문제들을 검토했다. 윤리적인 고려가 필요한 이슈를 먼저 살펴보고, ACA와 APA의 윤리 규정 중 평가 영역에 대한 내용을 요약했다. 그 내용은 (1) 적절한 평가 도구의 선택, (2) 평가 도구를 활용하는 역량, (3) 비밀 보장, (4) 다문화 민감성, (5) 고지된 동의, (6) 사생활 침해, (7) 올바른 진단, (8) 검사 자료의 공개, (9) 검사 실시, (10) 검사 보안, (11) 검사 채점과 해석으로 구성되어 있다. 다음으로 검사에 관한 주요 기준의 목적을 검토했다. 주요 기준에는 검사 사용자의 자격에 대한 기준, 표준화 검사 사용자의 책임, 다문화를 고려한 평가 기준, 공정한 검사 실시에 대한 규정, 피검사자의 권리와 책임, 교육 및 심리검사 기준, 그리고 학교 상담, 정신건강 상담, 결혼 · 부부 · 가족 상담, 진로 상담, 약물 오남용 상담에서 필요로 하는 역량 등이 포함된다.

이어서, 윤리적 의사결정이 단순히 윤리 규정에 의존하는 것 이상임을 논의했다. 그리고 윤리적 의사결정에 관한 도덕 모형을 제시했다. 이 모형은 **자율성**(내담자의 자기결정), **비악의성**(내담자에게 해가 없다는 보장), **선의**(사회의 안녕감 촉진), **정의**(동등하고 공정한 대우), **충실성**(내담자에 대한 신뢰), **진실성**(내담자를 정직하게 대함)에 초점을 둔다. 도덕 모형을 사용할 때는 내담자들 간의 문화적 차이를 고려해야 한다는 점 또한 강조했다. 뒤이어 코리의 8단계 모형을 제시했다. 이 모형은 문제나 딜레마 확인하기, 관련된 잠재적인 문제(이슈) 확인하기, 적절한 윤리 지침 검토하기, 적용 가능한 법과 규칙 확인하기, 자문 구하기, 행동에 대해 가능한 일련의 조치들을 고려하기, 각각의 의사결정 결과를 고려하기, 최선의 방법 결정하기까지의 단계를 갖는다. 상담자의 윤리적, 도덕적, 인지적 발달 수준이 현명한 윤리적 의사결정을 하는 능력에 영향을 줄 것이다.

다음으로는 검사 사용과 관련된 중요한 법적 이슈가 검토되었다. 이와 관련된 법률에는 FERPA, HIPAA, 특권적 의사소통법, 정보자유법, 시민권리법(1964년 및 그 수정판), ADA(PL 101-336), IDEA(PL 94-142의 확장), 재활법 504호, 칼 퍼킨스 법(PL 98-24)이 포함된다. 이 법의 대부분은 비밀 보장, 공정성, 검사 양호도와 관련이 있다. 또한 이 장에서는 고부담 검사의 함의에 대해 논의했다.

이 장에서는 수많은 전문적 문제들을 검토했다. 우선, 평가 분야에서 두 전문 학회를 조명했다. 하나는 ACA의 분과인 AARC이고, 다른 하나는 APA의 평가, 측정, 통계 분과이다. 다음으로 평가와 관련한 교육 과정 기준을 규율하는 세 인증 기관인 APA, NASP, CACREP를 조명했다. 이어서 점점 더 그 중요성을 더해가고 있는 법정 분야와 법정 평가관 또는 법정 심리학자로 적절히 훈련되는 것의 중요성에 대해 얘기했다. 그다음으로 평가를 총체적인 과정으로 보아야 함을 강조했다. 총체적 과정으로 본다는 것은 공식 검사, 비공식 평가 도구, 임상 면접을 포함한 여러 가지 방법으로 내담자를 평가해야 함을 뜻한다.

다문화 문제와 관련하여, 검사와 평가 절차를 사용하는 사람은 최소한 엄격한 연구 절차를 이용하여 제작된 검사를 사용해야 한다. 적절한 타당도와 신뢰도를 확보한 검사를 사용해야 하고, 검사에 적절한 시간과 그렇지 않은 시간이 있음을 알아야 하며, 당면 상황에 적절한 좋은 검사를 선택하는 방법을 알아야 한다. 내담자의 문화 맥락에서 검사를 실시, 채점, 해석하는 방법을 알아야 하고, 총체적인 과정으로 평가를 바라보며, 검사로 인해 내담자에게 미칠 수 있는 영향을 알고 고려해야 한다. 검사가 편향된 것으로 판단될 때 내담자를 옹호해야 하고, 평가 과정 동안 사람들을 인간적으로 대우해야 한다. 5장에서는 평가에 관한 다문화 이슈를 논의할 것이다. 마지막으로, 임상가는 평가 도구의 활용을 상담 과정의 한 부분으로 보는 개방성을 유지해야 한다.

복습문제

1. 검사와 평가에 관하여, 윤리적 규정 중 이 장에서 설명한 것 몇 가지를 제시하고 설명해보라.

2. 검사 선택, 실시, 해석에 관해 윤리적 규정뿐 아니라 다른 기준도 개발되었다. 이 기준 몇 가지를 설명해보라.

3. APA가 제시하고 있는 검사 사용자의 역량 수준을 설명해보라.

4. 윤리적 의사결정에 관한 도덕 모형과 코리의 문제 해결 모형을 설명해보라.

5. 상이한 인지적 발달 수준에 있는 사람들이 어떻게 윤리적 결정을 하는지 비교해보라.

6. 평가 도구의 선택, 실시, 해석에 영향을 미치는 법적인 문제 몇 가지를 제시하고 설명해보라.

7. 평가에 관한 이슈에 특히 초점을 두고 있는 2개의 전문 단체를 제시해보라.

8. 평가에 관한 교육 과정상의 내용을 가르치는 데 있어서 인증(accreditation)의 역할은 무엇인가?

9. 법정 평가에 관한 고유의 사안 몇 가지를 제시하고 설명해보라.

10. 어느 한 개인에 대한 좋은 평가가 되려면 어떤 것이 필요한가?

11. 내담자와 상담을 하고 있을 경우, 평가 활용의 이점은 무엇인가?

12. 평가를 할 때 다문화 이슈를 이해해야 하는 이유를 설명해보라.

참고문헌

American Board for Forensic Psychology. (2013). *Apply for APFP/ABPP forensic board certification*. Retrieved from http://abfp.com/certification.asp

American Counseling Association. (2003). *Standards for qualifications of test users*. Alexandria, VA: Author. Retrieved from http://aarc-counseling.org/resources

American Counseling Association. (2005). *Code of ethics*. Retrieved from http://www.counseling.org/knowledge-center/ethics

American Educational Research Association, American Psychological Association, & National Council on Measurement in Education. (1999). *Standards for educational and psychological testing*. Washington, DC: AERA.

American Psychological Association. (1954). *Technical recommendations for psychological tests and diagnostic techniques*. Washington, DC: Author.

American Psychological Association. (2009). *Guidelines for principles and accreditation of programs in professional psychology*. Washington, DC: Author.

American Psychological Association. (2010). *Ethical principles of psychologists and code of conduct*. Retrieved from http://www.apa.org/ethics/code/index.aspx

American Psychological Association. (2013a). *Division 5: Evaluation, Measurements and Statistics*. Retrieved from http://www.apa.org/about/division/div5.html

American Psychological Association. (2013b). *Specialty guidelines for forensic psychology*. Retrieved from http://www.apa.org/practice/guidelines/forensic-psychology.aspx?item=1

Assistance to the States for the Education of Children with Disabilities. (2011). 34, C.F.R. pt III.

Association for Assessment and Research in Counseling. (2003). *Responsibilities of users of standardized tests (RUST)* (3rd ed.). Retrieved from http://aarc-counseling.org/resources

Association for Assessment and Research in Counseling. (2012a). *Standards for multicultural assessment* (4th ed.). Retrieved from http://aarc-counseling.org/resources

Association for Assessment and Research in Counseling. (2012b). *AARC sponsored Assessment standards and statements*. Retrieved from http://aarc-counseling.org/resources

Association for Assessment and Research in Counseling. (2012c). *AARC statements of purpose*. Retrieved from http://aarc-counseling.org/about-us

Corey, G., Corey, M. S., Corey, C. & Callanan, P. (2015). *Issues and ethics in the helping professions* (9th ed.). Belmont, CA: Brooks/Cole, Cengage Learning.

Council for Accreditation of Counseling and Related Education Programs (CACREP). (2013). *Resources: Download a copy of the 2009 CACREP Standards*. Retrieved from http://www.cacrep.org/template/index.cfm

Davis, K. M., Chang, C. Y., & McGlothlin, J. M. (2005). Teaching assessment and appraisal: Humanistic strategies and activities for counselor educators. *Journal of Humanistic Counseling, Education and Development, 44,* 94－101. doi:10.1002/j.2164-490X.2005.tb00059.x

Glosoff, H. L., Herlihy, B., & Spense, B. E. (2000). Privileged communication in the counselor-client relationship. *Journal ofCounseling andDevelopment, 78,* 454－462. doi:10.1002/j.1556-6676.2000.tb01929.x

Greene, E., & Heilbrun, K. (2011). *Wrightsman's psychology and the legal system* (7th ed.). Belmont, CA: Cengage.

Griggs V. Duke Power Company, 401 U. S. 424 (1971). International Test Commission. (2008). *Guidelines*. Retrieved from http://www.intestcom.org/guidelines/index.php

Jaffee v. Redmond, 518 U.S. 1 (U.S. Supreme Ct., 1996).

Joint Committee on Testing Practices. (1998). *Rights and responsibilities of test takers: Guidelines and expectations*. Retrieved from http://aarc-counseling.org/resources

Joint Committee on Testing Practices. (JCTP). (2004). *Code of fair testing practices in education*. Washington, DC: American Psychological Association.

Kitchener, K. S. (1984). Intuition, critical evaluation and ethical principles: The foundation for ethical decisions in counseling psychology. *The Counseling Psychologist, 12*(3), 43－45. doi:10.1177/0011000084123005

Kitchener, K. S. (1986). Teaching applied ethics in ounselor education: An integration of psychological processes and philosophical analysis. *Journal of Counseling and Development, 64,* 306－311. doi:10.1177/0011000084123005

Linstrum, K. S. (2005). The effects of training on ethical decision making skills as a function of moral development and context in master-level counseling students. *Dissertation Abstracts International Section A: Humanities & Social Sciences, 65*(9-A), 3289.

Loesch, L. C. (2007). Fair access to and the use of assessment in counseling. In. C. C. Lee (Ed.), *Counseling for social justice* (2nd ed., pp. 201－222). Alexandria, VA: American Counseling Association.

McAuliffe, G., & Eriksen, K. (Eds.). (2010). *Handbook of counselor preparation*. Thousand Oaks, CA: Sage Publications.

Mislevy, R. J. (2004). Can there be reliability without "reliability?" *Journal of Educational and Behavioral Statistics, 29,* 241－244. doi:10.3102/10769986029002241

Moss, P. (2004). The meaning and consequences of reliability. *Journal of Educational and Behavioral Statistics, 29,* 245－249. doi:10.3102/10769986029002245

National Association of School Psychologists (NASP). (2010). *NASP Professional standards/training*. Retrieved from http://www.nasponline.org/standards/2010standards.aspx

National Association of Social Workers. (NASW). (2008). *Code of ethics*. Retrieved from http://www.naswdc.org/pubs/code/default.asp

National Board of Forensic Evaluators. (2009). *About NBFE*. Retrieved from http://www.nbfe.net/overview.php

Neukrug, E. (2012). *The world of the counselor*. Belmont, CA: Brooks/Cole.

Neukrug, E., Lovell, C., & Parker, R. (1996). Employing ethical codes and decision-making models: A developmental process. *Counseling and Values, 40,* 98－106. doi:10.1002/j.2161-007X.1996.tb00843.x

Packer, I. K. (2008). Specialized practice in forensic psychology: Opportunities and obstacles. *Professional Psychology: Research and Practice, 39,* 245－249. doi:10.1037/0735-7028.39.2.245

Paskus, T. S. (2012). A summary and commentary on the quantitative results of current NCAA academic reforms. *Journal of Intercollegiate Sports, 5,* 41－52.

Patterson, J. (2006). Attaining specialty credentials can enhance any counsellor's career and knowledge base. *Counseling Today, 49*(5), 20.

Preston, P. (2005). *Testing children: A practitioner's guide to the assessment of mental development in infants and young children*. Kirkland, WA: Hogrefe & Huber.

Remley, T. P., & Herlihy, B. (2014). *Ethical and professional issues in counseling* (4th ed.). Boston: Pearson.

Remley, T. P., Herlihy, B., & Herlihy, S. B. (1997). The U.S. Supreme Court decision in *Jaffe v. Redmond: Implications for counselors. Journal of Counseling and Development, 75,* 213－218. doi:10.1002/j.1556-6676.1997.tb02335.x

Roesch, R., & Zapf, P. A. (2013). *Forensic assessments in criminal and civil law*. New York: Oxford University Press.

Swenson, L. (1997). *Psychology and law for the helping professions* (2nd ed.). Pacific Grove, CA: Brooks/Cole.

Turner, S. M., DeMers, S. T., Fox, H. R., & Reed, G. M. (2001). APA's guidelines for test user qualifications: An executive summary. *American Psychologist, 56,* 1099–1113. doi:10.1037/0003-066X.56.12.1099

Urofsky, R., Engels, D., & Engebretson, K. (2008). Kitchener's principle ethics: Implications for counseling practice and research. *Counseling and Values, 53,* 67–78. doi:10.1002/j.2161-007X.2009.tb00114.x

U.S. Census Bureau. (2012). *Americans with disabilities: 2010.* Retrieved from http://www.census.gov/prod/2012pubs/p70-131.pdf

U.S. Department of Education. (n.d.a). *Family Educational Rights and Privacy Act (FERPA).* Retrieved from http://www2.ed.gov/policy/gen/guid/fpco/ferpa/index.html

U.S. Department of Education (n.d.b). *Building the legacy: IDEA 2004.* Retrieved from http://idea.ed.gov/

U.S. Department of Education. (2007a). *History: Twenty-five years of progress in educating children with disabilities through IDEA.* Retrieved from http://www2.ed.gov/policy/speced/leg/idea/history.html

U.S. Department of Education (2007b). *Carl D. Perkins Career and Technical Education Act of 2006.* Retrieved from http://www.ed.gov/policy/sectech/leg/perkins/index.html#intro

U.S. Department of Health and Human Services. (n.d.). *Understanding health information privacy.* Retrieved from http://www.hhs.gov/ocr/privacy/hipaa/understanding/index.html

U.S. Department of Health and Human Services, (2006). *Fact sheet: Your rights under section 504 of the Rehabilitation Act.* Retrieved from http://www.hhs.gov/ocr/504.html

U.S. Department of Justice. (2011). *What is FOIA?* Retrieved from http://www.foia.gov/about.html

U.S. Equal Employment Opportunity Commission. (2008). *Facts about the Americans with Disabilities Act.* Retrieved from http://www.eeoc.gov/facts/fs-ada.html

Waller, J. M. (2003). A necessary evil: Proposition 16 and its impact on academics and athletics in the NCAA. *DePaul journal of Sports Law and Contemporary Problems, 1,* 189–206.

Wood, C. & D'Agostino, J. V. (2010). Assessment in counseling: A tool for social justice work. In M. J. Ratts, R. L. Toporek, & J. A. Lewis (Eds.), *ACA advocacy competencies: A social justice framework for counselors* (pp. 151–159). Alexandria, VA: American Counseling Association.

Zuckerman, E. (2008). *The paper office: Forms, guidelines, and resources to make your practice work ethically, legally, and profitably* (4th ed.). New York: Guilford Press.

3장 평가 과정에서의 진단*

1975년 정신건강센터에서 외래환자 치료자로서 나의 업무는 아홉 번째 밤마다 위기상담전화를 받는 것이었다. 나는 센터에서 잠을 잤고 위기에 처한 사람들로 인해 밤새 주기적으로 울리곤 했던 매우 시끄러운 전화에 응답했다. 이따금씩, 그 센터의 이전 내담자는 전화를 걸어 센터에서 훔쳐갔던 자신의 환자 기록을 큰 소리로 읽기 시작했다. 기록들 중 일부는 그때 당시 DSM-II에 근거한 그의 진단에 관한 기술들이었다. 때론 화가 난, 때론 재미있는 톤으로, 그를 묘사하고 있는 것으로 가정되는 임상적 용어들을 읽곤 했다. 전화상으로 이 기록들을 읽을 때, 나는 그의 좌절을 이해할 수 있었다. 어떤 면에서 이 진단은 그와 관련이 없는 것처럼 보였다. 나는 '이것이 그 사람을 진짜로 묘사했을까?'와 '그것이 그에게 얼마나 도움이 되었을까?'를 종종 궁금해했다.

- 에드 노이크루그

진단은 평가 과정에 명확 성을 더해준다.

임상 진단과 평가 과정의 중요한 측면은 숙련된 진단이다. 오늘날, 진단의 사용이 정신 건강 전문가들에게 널리 퍼져 있고, 설사 진단의 유용성에 관한 의문점이 계속 있다 할지라도, 진단을 하고 치료를 계획할 때 진단을 활용하는 것은 모든 정신건강 전문가의 업무에서 필수적인 부분이 되었다. 그래서 이 장에서는 진단의 사용을 검토해볼 것이다.

평가 과정에서 진단의 중요성에 대해 논의하는 것으로 이 장을 시작하고 그 뒤로는 정신 장애 진단 및 통계 편람(DSM: Diagnostic and Statistical Manual of Mental Disorders)의

---

* 캐서린 A. 하임슈(Katherine A. Heimsch)와 지나 B. 폴리크로노풀로스(Gina B. Polychronopoulos)가 수정하고 보완함.

역사와 과거 수십 년 동안에 걸친 DSM의 발전에 관해 짧게 개관할 것이다. DSM-5를 소개하고, 진단을 내리고 보고할 때 현재 시행되고 있는 단일 축과 요인들의 사용과 같은, 이전 편들과의 다른 점에 대해 언급할 것이다. 다음으로는 DSM-5 진단 목록을 강조하고, 의학적 관심사, 심리사회적 및 환경적 관심사, 그리고 다문화 이슈처럼 진단을 내릴 때 고려해야 할 중요한 사항들을 덧붙일 것이다. 진단 기술을 연마하는 데 도움을 줄 사례와 연습문제가 있다. 이 장의 마지막에서는 전반적인 평가 과정 안에서 진단을 내리는 것의 중요성에 대해 이야기할 것이다.

진단의 중요성

- 5학년에 재학 중인 존은 품행장애와 주의력 결핍 및 과잉행동장애로 진단받았다. 그의 어머니는 공황장애이고 항불안제를 복용하고 있는 중이다. 그의 아버지는 양극성장애로 리튬(lithium)을 복용 중이다. 질은 존의 학교 상담자이다. 존의 개별 학업 계획서(IEP: individualized education plan)는 그가 질과 개별적으로 작업하고 행동, 주의집중, 사회적 기술 결핍을 다루는 소집단에서 작업할 것을 기록했다. 질은 또한 존의 어머니, 아버지, 선생님들과 상의해야 한다.

- 타마라는 이제 막 대학생활을 시작했다. 남자친구와 헤어진 후, 그녀는 매우 우울했고 학업에 집중할 수 없었으며 성적이 A에서 C로 떨어졌다. 그녀는 대학상담센터를 방문해서 상담자와의 첫 회기 대부분을 흐느껴 우는 것으로 보냈다. 그녀는 항상 우울증과 싸워왔다는 사실을 인정했고 다음과 같이 말했다. "이때까지보다 지금이 더 좋지 않아요. 만약 내가 학교에 계속 다니려면 더 나아질 필요가 있어요. 당신은 내가 학업을 중단하지 않도록 내게 도움이 되는 약을 처방해줄 수 있나요?"

- 벤저민은 지역정신건강센터에 있는 낮병동(day treatment center)에 매일 간다. 그는 꽤 일관성 있고 전반적으로 기분이 좋아 보였다. 수차례 조현병 때문에 입원했었고 현재는 증상을 완화하기 위해 리스페리돈(risperidone)을 복용한다. 그는 컴퓨터가 의식을 갖고 있고 전 세계 웹망(world wide web)을 통해 세계를 지배할 음모를 꾸민다고 믿고 있음을 그의 상담자 중 한 명인 조다나에게 인정했다. 그의 보험회사는 치료를 위해 비용을 지불한다. 만약 조다나가 보험계약서에 진단을 명시하지 않았다면 그는 치료를 받을 수 없었을 것이다.

위 사례들에서 볼 수 있듯이, 진단은 다양한 장면의 전문가들에게 필수적인 도구이다. 실제로, 최근 연구는 아동과 성인의 20%는 매년 진단 가능한 정신장애와 싸우고 있고(Centers for Disease Control and Prevention[CDC], 2013; Substance Abuse and Mental Health Services Administration, 2012), 미국에 있는 성인 약 50%는 일생 동안 정신질환을 경험할 것이라고 주장했다(CDC, 2011). 그러므로 남을 돕는 일을 하는 모든

진단을 내려야 할 많은 이유가 있다.

사람은 정신장애를 가진 사람들과 만날 것이고 이러한 사람들을 가장 잘 돕고 다른 전문가들과 효과적으로 소통하기 위해 공통적인 진단 용어에 익숙해질 필요가 있다. 오늘날, 정확한 진단의 중요성은 과거 몇 해에 걸쳐 발생한 다음과 같은 수많은 변화들과 관련이 있다.

1. 정서, 행동 및 학습장애를 가진 아동들을 위한 중재와 조절은 정부와 주의 법(예: PL 94-142, Individuals with Disabilities Education Act[IDEA])에 의해 요구되고 있으며, 만약 전문가들이 학생들이 장애를 가진 것으로 확인했다면, 일반적으로 진단이 필수적이다. 오늘날, 선생님, 학교 상담자, 학교 심리학자, 아동연구팀원들과 다른 학교 전문가들의 업무에서 학생들이 이러한 장애를 가진 것으로 인지하고 진단하는 것이 첫 번째 단계라고 할 수 있다.

2. 오늘날, 진단은 전체적으로 내담자를 이해하는 한 측면으로 간주된다. 검사, 면접, 다른 측정과 함께 그것은 내담자 문제를 개념화하는 것을 돕고 정확한 치료 계획을 세우는 것을 돕는 데 사용될 수 있다.

3. 장애인 보호법(Disabilities Act)이 있는 미국인(예: U.S. Department of Justice, n.d.)처럼 법 때문에, 고용주들은 정신장애를 가진 사람들을 포함해서 장애를 가진 사람들을 위한 합리적인 시설들을 마련하도록 요구받는다. 만약 정신건강 전문가들이 정신장애를 가진 사람들이 계속해서 일하도록 돕고 고용주들로 하여금 그들의 상태를 이해하는 것을 돕고자 한다면, 그들은 진단에 관해서 알아야만 한다.

4. 지난 50년 동안, 치료를 배상하는 의료보험의 경우 정신장애 진단은 일반적으로 의무적인 것이었다. 종종 보험사가 부분적인 진단에 대한 일정 회기수의 치료들만 허용했기 때문에 정확하게 진단하는 일은 중요하다.

5. DSM의 진단적 명명법은 내담자 치료팀의 일원일 수 있는 지역사회 파트너들(예: 다른 정신건강 전문가들, 의사들, 법 체계의 대표들)과 의사소통하기 위한 필수적이고 효과적인 방법이 되고 있다.

6. 내담자에게 정신건강 진단을 정확하고 적절하게 전달하는 것은 그 혹은 그녀가 치료 예후를 이해하고, 치료에 대해 합리적으로 기대하도록 돕는다는 사실이 더욱 분명해지고 있다.

위에서 언급한 내용은 다양한 분야의 전문가들이 진단을 이해하는 것이 왜 중요한지를 보여준다. DSM-IV-TR(American Psychiatric Association[APA], 2000)이 가장 잘 알려진 진단 분류 체계였으나 개정된 명명법이 최근 DSM-5(APA, 2013)로 개발되어 발간되었다. 하지만 DSM이 무엇이고 그것은 어떻게 사용되는 것일까?

진단 및 통계 편람(DSM): 개관

'떨어진(apart)'이라는 뜻을 가진 그리스어 'dia'와 '인식하다' 혹은 '안다'라는 뜻을 가진 'gnosis'에서 나온 '진단(diagnosis)'이라는 용어는 외부 혹은 객관적인 관점으로부터 개인을 평가하는 것을 의미한다(Segal & Coolidge, 2001). 정신장애를 분류하는 최초의 시도는 미국 인구조사국이 '백치(idiocy)'와 '정신이상(insanity)'의 발생 정도를 계산하기 시작했던 1800년대 중반에 일어났다. 하지만 1943년에서야 비로소 의학 203(Medical 203)이라 불리는 공식적인 분류 체계가 개발되었다. 몇 년 뒤인 1952년에 이 출판물은 APA의 첫 번째 DSM(**DSM-I**)의 기초가 되었고, 여기에는 3개 범주의 106개 진단들이 포함되었다(APA, 1952; Houts, 2000). 1968년에는 DSM-II가 출간되었는데(APA, 1968), 185개의 진단들을 포함한 11개의 진단 범주를 만들었으며 아동기에 대한 진단이 크게 증가했다. 미국의학협회의 국제질병분류(ICD: International Classification of Disease) 편람과의 호환성을 증가시킬 뿐 아니라 진단을 뒷받침할 과학적 발전을 위해 **DSM-III**가 1980년에 출간되었고(APA, 1980), 여기에는 265개의 진단들과 진단에 대한 다축 접근이 포함되었다. 1994년에 DSM-IV가 출간되었으며, 2000년에 **DSM-IV-TR**이 활용되어 365개의 진단들이 포함되었다(APA, 1994, 2000). DSM-IV-TR에 대한 많은 비평이 있긴 하지만(Beutler & Malik, 2002; Thyler, 2006; Zalaquett, Fuerth, Stein, Ivey, & Ivey, 2008), 정신장애와 관련하여 가장 널리 활용되는 진단 분류 체계가 되었다(Seligman, 1999, 2004). DSM-IV는 임상장애, 성격장애와 정신지체, 의학적 상태, 심리사회적 및 환경적 요인과 기능 척도의 전반적인 평가를 포함한 5개 축으로 구성되었다(표 3.1 참조).

　다축 진단 체계를 활용하는 것은 정신건강 전문가들로 하여금 내담자를 완전하게 기술하도록 하고 다른 전문가들과 그들의 관심과 증상을 소통하게 해준다(Neukrug & Schwitzer, 2006). 하지만 DSM-5는 다축 접근을 철회하고 일축(one-axis) 접근을 지향했다.

DSM-I
1952년 3개 위원회와 함께 편찬된 제1판

DSM-III
1980년에 소개된 다축 진단

DSM-IV-TR
5축 진단이 사용됨

DSM-5

가장 최신의 진단 편람 **DSM-5**는 1999년부터 2013년까지 개발 과정을 거쳐(Smith,

DSM-5
승인된 정신장애 진단 분류 체계

표 3.1 5축 진단 체계

축	범주	예
I축	임상장애	우울, 불안, 양극성 장애, 정신분열증 등
II축	성격장애 및 정신지체	경계선 성격장애, 반사회적 성격장애 등
III축	전반적인 건강상태	고혈압, 당뇨, 발목인대 손상 등
IV축	심리사회적 및 환경적 요인	최근의 실직, 이혼, 노숙 등
V축	전반적인 기능 평가	개인의 기능과 증상을 요약한 1~100 사이의 점수

2012), 2013년 5월에 발간되었다. DSM-5는 DSM의 로마숫자 표기 전통을 대체하는, 더 세련되고 컴퓨터상에서 더욱 편한 이름을 포함한다. 다음에 출간되는 판들은 컴퓨터 소프트웨어처럼 5.1, 5.2, 5.3 등의 판호를 따를 것이다. DSM-5의 인쇄본 외에, 현재 온라인(www.psychiatry.org/dsm5)으로 평가 도구들처럼 보조 자료를 이용할 수 있을 뿐 아니라 연관된 새로운 논문과 자료표(fact sheet), 시청각 자료를 포함하고 있다. DSM-5의 또 한 가지 중요한 변화는 ICD-9과 추후 발간된 ICD-10(발간일: 2014년 10월 1일)을 맞추고자 한 노력이다. 이것은 심리 전문가와 의학 전문가 사이의 진단 및 청구 절차를 통합하는 데 기여한다. 그래서 DSM-5는 ICD-9과 ICD-10의 두 코드를 제공하고, 진단을 내릴 때 ICD-9 코드를 처음 기록하고 괄호 속에 ICD-10 코드를 넣을 수 있다. 진단을 내릴 때 어떤 ICD 버전이 사용되는지를 아는 것은 중요하다.

단축 진단과 다축 진단

단축 진단(single-axis diagnosis)
임상 진단 및 성격장애들을 의학 코드와 같게 하기 위한 시도

DSM-5의 가장 중요한 변화는 **단축 진단**(single-axis diagnosis)으로 다시 돌아온 것이었다(APA, 2013; Wakefield, 2013). 이렇게 한 많은 이유가 있다. 첫째, DSM-IV에서 II 축으로 성격장애를 분리한 것은 이 장애들이 치료될 수 없다는 부당한 편견을 가진 상태(undeserved status)와 잘못된 신념을 제공했다(Good, 2012; Krueger & Eaton, 2010). 이제 기존의 II축 진단 기준을 충족하는 내담자들이 정신건강 치료를 찾기가 더 쉬워졌음을 발견할 수 있을 뿐 아니라, 더 이상 그들이 여타 장애들보다 더 치료하기 어려운 진단을 가졌다고 간주되지 않을 것이다. DSM-5에서, **의학적 상태**(medical condition)는 별개의 축(DSM-IV의 III축)으로 기록되지 않는다. 그러므로 의학적 상태들을 정신장애와 병행해서 기록할 수 있기 때문에 정신건강 진단에 더욱 중요한 역할을 할 것이다(Wakefield, 2013). 또한 이전 DSM-IV의 IV축에 기록되었던 심리사회적 및 환경적 스트레스 요인들은 정신장애 및 신체적 건강 문제와 함께 기록될 것이다. 실제로, DSM-5에서는 때로는 치료의 초점이 되고 종종 많은 심리사회적 및 환경적 이슈(예: 노숙, 이혼 등)를 반영하는 비진단된 조건들로 간주되는 'V 코드'(ICD-10에서는 Z 코드)의 숫자가 증가했다. 이전 DSM-IV의 V축상 GAF 점수에 관해, APA는 다른 측정 평가로 된 과거의 신뢰할 수 없는 도구를 함께 하나로 대체하고자 했다. 최근 연구된 평가 도구는 WHO 장애 평가표 2.0(WHODAS 2.0: World Health Organization Disability Assessment Schedule 2.0)이다. 36문항의 자기기입식(self-administered) 질문지는 이해하고 소통하기, 이동 능력, 자기간호, 사람들과 어울리기, 생활 활동과 사회 참여를 포함한 6개 영역에서 내담자의 기능을 평가한다(APA, 2013). 추후 연구를 위해 리뷰 중인 장애들과 그 밖의 평가들이 DSM-5의 섹션 III에서 발견될 수 있다.

의학적 상태 (medical condition)
DSM 진단과 함께 ICD 코드를 사용하여 리스트를 작성할 수 있다.

진단 및 보고

다음 절에서는 특정 진단 범주들을 논의하겠지만, 먼저 진단 순서를 정하는 방법, 하위

유형, 세부진단, 심각도의 사용, 잠정적인 진단을 내리는 것, 그리고 '달리 분류된' 혹은 '분류되지 않은'의 사용을 비롯해, 진단 및 보고에 포함된 그 밖의 요인들을 살펴볼 것이다.

진단 순서 정하기　사람들에게 한 개 이상의 진단이 내려지는 경우가 종종 있기 때문에 진단의 순서를 고려하는 일은 중요하다. 첫 번째 진단은 **제1진단**(principal diagnosis)이라고 한다. 이것은 입원환자병동에서 입원을 결정하는 가장 중요한 요소일 것이고(APA, 2013), 외래환자 환경에서는 방문 이유 혹은 치료의 주요 초점이 될 것이다. 제2, 제3진단은 임상적 주의를 요하는 순으로 기록되어야 한다. 만약 정신건강 진단이 일반적인 의학 진단 때문이라면, ICD 코딩 규칙은 의학적 상태를 먼저 기록한 뒤, 일반 의학적 상태로 인한 정신과 진단을 기록하도록 요구한다.

하위 유형, 세부진단, 심각도　진단의 **하위 유형**(subtype)들은 더욱 분명한 의사소통을 돕는 데 사용할 수 있다. 'Specify whether' 설명에 의해 DSM-5에서 확인될 수 있고, 증상들의 상호배타적인 축들을 나타낼 수 있다(즉, 임상가는 오직 하나를 선택할 수 있다). 예를 들어, ADHD는 선택할 수 있는 3개의 하위 유형(주의력 결핍 우세형, 과잉행동/충동우세형, 혼합형)을 포함한다. 반면 **세부진단**(specifier)은 상호배타적이지 않아서 한 개 이상을 사용할 수 있다. 임상가는 어떤 세부진단들을 적용할지를 결정하고 그것들이 'Specify if'로 편람에 기록된다. ADHD 진단은 단 한 가지 '부분 차도를 보이는' 세부진단을 제공한다(APA, 2013, p.60). 몇몇 진단들은 증상의 심각도를 평가할 기회를 제공할 것이다. 이것은 'Specify current severity'로서 DSM에서 확인된다. ADHD 진단을 참고해보면, 심각도에 관한 3개의 옵션, 즉 경도(mild), 중등도(moderate), 고도(severe)가 있다. DSM-5 저자들은 **차원적 진단**(dimensional diagnosis)을 통해 심각도 평가에 있어 더 큰 융통성을 제공하려는 시도를 했다. 예를 들어, 몇몇 진단들은 심각도를 평가할 때 더 큰 선택들을 제공한다. 자폐스펙트럼장애(Autism Spectrum Disorder)는 '표 2 자폐스펙트럼장애의 심각도 수준'을 갖는데(APA, 2013, p. 52), 여기서는 자폐를 세 수준의 **심각도**(severity), 즉 '지원이 필요한', '중요한 지원이 필요한', '매우 중요한 지원이 필요한'으로 분류한다. 유사하게, 조현병은 5점 척도로 증상을 평가하기 위해 이용자에게 '정신증적 증상에 관해 임상가에 의해 평정된 차원들' 차트(pp. 743~744)가 주어진다. 보험회사들이 어떤 내담자들에게 치료를 위해 자금을 지원할지를 결정하는 한 방법으로 심각도 분류를 어떻게 활용할 수 있는지를 보여주는 것은 쉽다. 요약해보면, 세 유형의 세부진단들은 다음과 같다.

- 하위 유형: '다음 중 하나를 명시할 것'(오직 한 개를 선택함)
- 세부진단: '다음의 경우 명시할 것'(적용할 많은 것을 선택함)
- 심각도: '현재의 심각도를 명시할 것'(가장 정확한 증상 수준을 선택함)

제1진단(principal diagnosis)
개인이 치료받으러 온 이유가 첫 번째로 작성됨

하위 유형(subtype)
'다음 중 하나를 명시할 것'(오직 한 개를 선택함)

세부진단(specifier)
'다음의 경우 명시할 것'(적용할 많은 것을 선택함)

차원적 진단(dimensional diagnosis)
증상의 심각도를 기록할 수 있는 능력을 제공함

심각도(severity)
'현재의 심각도를 명시할 것'(가장 정확한 증상 수준을 선택함)

잠정적 진단   때로 임상가는 내담자가 진단 기준을 충족시킬 것이라는 강한 의향을 갖지만, 충분한 정보가 없어서 진단을 내릴 수 없는 경우가 있다. 바로 이때가 임상가가 **잠정적 진단**(provisional diagnosis)을 내릴 수 있는 때이다. 추후 준거들이 확인될 때, 잠정적인 명명이 제거될 수 있다. 내담자가 적절한 과거력을 제공하지 못할 때 혹은 추가로 부수적 정보가 요구될 때 종종 이와 같은 상황들이 발생한다. 게다가, DSM-5에는 추가 정보로 소통할 때 도움이 되는 기록되지 않은 비공식적 진단명들이 있다. 그것들은 일반적으로 진단을 요약할 때 혹은 다른 임상가들과 비공식적으로 소통할 때 발견되는데, 구체적으로 다음과 같다.

잠정적 진단(provi-sional diagnosis)
강하지만 확신이 없을 때 사용됨

- 의심되는(rule-out)*: 환자는 이때 당시 진단을 내리기에는 충분하지 않지만 많은 증상을 경험한다. 그것은 추가적으로(예: 주요 우울장애로 의심되는) 고려되어야 한다.
- 특질들(traits): 이 사람은 준거들을 경험하지 않는다. 하지만 그 혹은 그녀는 많은 진단 특징을 나타낸다(예: 경계선적 특질들 혹은 B군 특질들).
- 과거력에 의한(by history): 이전 기록들(다른 제공자 혹은 병원)이 진단 가능성을 나타낸다. 기록들이 정확하지 않거나 혹은 오래된 것일 수도 있다(예: 과거력에 의한 알코올 의존).
- 자기보고에 의한(by self-report): 내담자는 이것을 진단으로 주장한다. 그것은 현재 입증되지 않는다. 이것들은 정확하지 않을 수 있다(예: 자기보고에 의한 양극성).

예를 들어, 당신은 병원 혹은 다른 제공자로부터 "잠정적인 경계선 성격장애, 자기보고에 의한 양극성 진단—확인된 조증 증상은 없음"이라고 쓰인 한 장의 팩스를 받을 수 있다.

달리 분류된 장애와 분류되지 않은 장애   DSM-IV는 구조화된 범주에 잘 맞지 않았던 증상들을 담아내기 위해 '달리 분류되지 않은(NOS: not otherwise specified)' 진단을 포함했다. NOS 진단 대신에, DSM-5는 이러한 상황이 발생했을 때 두 가지 선택을 제공한다. **달리 분류된 장애**(other specified disorder)와 **분류되지 않은 장애**(unspecified disorder)는 한 개인의 기능 손상 혹은 고통이 임상적으로 중요하다고 믿을 때 사용되어야 한다. 하지만 그것은 범주 안에 있는 구체적인 진단적 준거들을 충족시키지 않는다. '달리 분류된 장애'는 준거들이 적합하지 않은 이유들을 구체적으로 소통하기를 원할 때 사용되어야 한다. '분류되지 않은 장애'는 그 혹은 그녀가 세부내용을 말하고 싶어 하지 않거나 말할 수 없을 때 사용되어야 한다. 예를 들어, 만약 어떤 사람이 의미 있는 공황장애를 갖고 있지만 요구된 4개의 준거 중 단지 3개만 갖고 있다면, 진단은 '달리 분류된 공황장애—충분하지 않은 증상으로 인해'가 될 수 있다. 그렇지 않다면, 임상가는 '분류되지 않은 공황장애'로 보고할 것이다.

달리 분류된 장애 (other specified disorder)
왜 아닌지에 관한 설명이 표준 진단에 맞지 않음

분류되지 않은 장애 (unspecified disorder)
설명 없이는 표준 진단에 맞지 않음

---

*   rule-out: 의학용어로서, 질병명 앞에 쓰면 '~로 의심되는'으로, 질병명 뒤에 쓰면 '~을 제외하는'으로 번역됨—옮긴이

구체적인 진단 범주들

DSM-5의 섹션 II는 약물에 의해 유도된 장애들과 소위 '임상적 관심의 초점이 될 수 있는 다른 상태들'에 관한 기술뿐 아니라 22개의 **진단 범주**(diagnostic category)와 그 하위 유형에 관한 심도 있는 논의를 제공했다. 아래에 DSM-5로부터 요약한 장애에 관한 짧은 기술이 제시되었다. 이러한 진단들을 개관한 다음, 연습문제 3.1을 해보기를 권한다.

진단 범주(diagnostic category)

22개 범주가 한 축에 포함됨

- 신경발달장애(Neurodevelopmental Disorders). 때때로 진단들이 성인기까지 지정되지 않는다 할지라도, 이 장애군은 전형적으로 초기 발달기 동안 나타나는 장애들을 언급한다. 신경발달장애의 예로는 지적장애, 의사소통장애, 자폐스펙트럼장애(자폐장애, 아스퍼거장애, 소아붕괴성장애, 전반적인 발달장애 같은 이전 범주들을 포함), ADHD, 특수학습장애, 운동장애, 기타 신경발달장애 등이 있다.

- 조현병스펙트럼과 기타 정신병적 장애(Schizophrenia Spectrum and Other Psychotic Disorders). 여기에 속하는 장애는 공통적으로 한 가지 특징이 있는데, 정신증적 증상들, 즉 망상, 환각, 극도로 와해되었거나 혹은 비정상적인 행동, 부정적인 증상이다. 이러한 장애에는 분열형 성격장애(DSM-5에서 성격장애 범주에서 다시 기록되고 좀 더 통합적으로 설명된다), 망상장애, 단기정신병적 장애, 정신분열형장애, 조현병, 분열정동장애, 물질/약물에 의해 유도된 정신증적 장애, 다른 의학적 상태로 인한 정신증적 장애, 긴장성 장애 등이 있다.

- 양극성 및 관련 장애(Bipolar and Related Disorders). 이 범주 내 장애들은 환자가 조증 혹은 조증과 울증 단계가 주기적으로 나타나는 기분이 손상된 상태를 나타낸다. 어른과 아이들 모두 양극성 장애로 진단될 수 있고, 임상가는 아동에게서 더 자주 관찰되는 빠른 순환주기(rapid-cycling) 같은 기분 표현 방식을 확인하기 위해 노력할 수 있다. 이러한 장애에는 양극성 장애 I 유형, 양극성 장애 II 유형, 순환감정장애, 물질/약물에 의해 유도된, 다른 의학적 상태로 인한 양극성 및 관련 장애, 달리 분류되거나 분류되지 않은 양극성 및 관련 장애 등이 있다.

- 우울장애(Depressive Disorders). DSM-IV-TR에서 '기분장애'라는 더 넓은 범주로 묶였던 이 장애들은 저하된 기분이 매우 중요한 관심사인 상태들을 기술했다. 파괴적 기분조절곤란장애, 주요 우울장애, 지속성 우울장애(기분저하증(dysthymia)으로도 알려짐), 월경전기 불쾌장애 등이 있다.

- 불안장애(Anxiety Disorders). 넓은 범주의 불안장애들이 있는데, 불안 혹은 두려움의 일반적 혹은 구체적 원인을 확인함으로써 진단될 수 있다. 이러한 불안 혹은 두려움은 시간이 지남에 따라 심해지고 지속적일 때 임상적으로 의미가 있는 것으로 간주된다. 전형적으로 발달 초기에 나타나는 불안장애의 예로는 분리불안과 선택적 함묵증이 있다. 불안장애의 그 밖의 예로는 공포증, 사회불안장애(사회공포증으로도 알려짐), 공황장애, 범불안장애가 있다.

- 강박 및 관련 장애(Obsessive-Compulsive and Related Disorders).　이 범주 안의 장애들은 통제할 수 없으며 수행을 강요받는다고 느끼게 하는 강박적인 사고와 행동들을 포함한다. 이 범주의 진단에는 강박장애, 신체변형장애, 저장장애, 모발뽑기장애(혹은 발모장애), 피부벗기기장애 등이 있다.

- 외상 및 스트레스 관련 장애(Trauma- and Stressor-Related Disorders).　DSM-5의 새로운 범주, 외상과 스트레스 장애들은 생활 사건들이 개인의 정서적 및 신체적 안녕감에 미치는 전반적인 영향을 강조한다. 이 진단에는 반응성 애착장애, 탈억제 사회관여장애, 외상후스트레스장애, 급성스트레스장애, 적응장애 등이 있다.

- 해리장애(Dissociative Disorders).　이 장애는 개인이 정체성, 환경, 기억을 잘못 해석하는 원인이 되는 의식의 일시적 혹은 오래 지속되는 붕괴를 나타낸다. 해리성 정체감장애(이전에 다중성격장애로 알려짐), 해리성 기억상실증, 이인증/비현실감 장애, 달리 분류되거나 분류되지 않은 해리성 장애 등이 있다.

- 신체증상 및 관련 장애(Somatic Symptom and Related Disorders).　신체증상장애들은 이전에 '신체형장애'로 언급되었고 신체적 원인에 대한 증거가 없다. 이러한 장애에는 신체증상장애, 질병불안장애(이전의 건강염려증), 전환(혹은 기능적 신경계증상)장애, 다른 의학적 상태에 영향을 미치는 심리적 요인들, 허위성 장애 등이 있다.

- 급식 및 섭식장애(Feeding and Eating Disorders).　이 장애군은 식습관 행동으로 인해 심각한 건강 문제 혹은 심지어 죽음이 유발될 수 있을 정도로 섭취하는 음식의 양과 종류에 관해 심각하게 걱정을 하는 내담자들을 나타낸다. 예로서, 회피성/제한적 음식 섭취장애, 신경성 거식증, 신경성 폭식증, 폭식장애, 이식증, 반추장애 등이 있다.

- 배설장애(Elimination Disorders).　비록 이 장애가 전형적으로 초기 아동기 혹은 청소년기에 진단된다 할지라도, 개인의 삶에서 언제라도 나타날 수 있다. 부적절하게 소변을 배설하는 유뇨증과, 부적절하게 대변을 배설하는 유분증이 있다.

- 수면-각성장애(Sleep-Wake Disorders).　이 범주는 한 사람의 수면 패턴이 한 사람의 삶에 심각한 영향을 미치는 장애를 의미하며, 종종 다른 장애(예: 우울 혹은 불안)와 동시에 발생할 수 있다. 몇 가지 예로 불면장애, 과다수면장애, 초조성다리증후군, 수면발작, 악몽장애가 있다. 많은 수면-각성장애는 수면 관련 과다환기, 방해성 수면무호흡증, 중추성 수면무호흡증처럼, 호흡하는 면에서의 차이가 있다. 이 장애의 전체 목록과 기술은 DSM-5를 참고하자.

- 성기능부전(Sexual Dysfunctions).　이 장애는 성 기능 혹은 성적 쾌감을 느끼는 능력이 손상된 문제들과 관련된다. 이 장애는 남녀 간에 발생하는 것이고, 사정지연(지루증), 발기장애, 여성 절정감 장애, 조기사정장애 등이 있다.

- 성별불쾌감(Gender Dysphoria).　이전에 '성정체감 장애'로 알려졌던 이 범주는 자신이 가지고 태어난 성과 성역할에서 심각한 고통을 경험하는 사람들을 포함한다. 이 진

단은 성적장애 범주와 분리되어 있으며, 현재 성별불쾌감은 개인의 성적 매력과 관련 되지 않는 것으로 받아들여진다.

- 파괴적, 충동조절 및 품행장애(Disruptive, Impulse Control, and Conduct Disorders). 이 장애는 사회적으로 용납될 수 없거나, 그렇지 않다면 개인의 통제를 벗어나는 파괴 적이고 해로운 행동들을 특징으로 한다. 일반적으로 여성보다 남성에게 더 흔하고, 흔 히 아동기 때 처음 나타나는데, 이러한 장애에는 적대적 반항장애, 품행장애, 간헐적 폭발성 장애, 반사회적 성격장애(또한 성격장애 범주에도 분류된(coded)), 도벽증, 방 화증 등이 있다.

- 물질 관련 및 중독장애(Substance-Related and Addictive Disorders). 물질사용장애들 은 열망 혹은 강한 충동의 결과로서 기능이 손상되는 것을 포함한다. 종종 처방된 혹 은 불법 약물 혹은 독소에 노출됨으로써 유발된 이 장애들과 함께, 물질을 섭취했을 때(혹은 도박장애의 경우에는, 행동이 수행될 때) 뇌의 보상체계경로(pathways)가 활 성화된다. 몇 가지 공통 물질들로 알코올, 카페인, 니코틴, 칸나비스, 아편제, 흡입제, 암페타민, 펜사이클리딘(PCP: phencyclidine), 진정제, 최면제 혹은 항불안제를 포함 한다. 물질사용장애들은 '중독', '금단', '유도된' 혹은 '분류되지 않은' 등의 용어를 포 함한다.

- 신경인지장애(Neurocognitive Disorders). 이 장애들은 한 개인의 인지 기능 쇠퇴가 유의미하게 과거와 차이가 나고, 이것은 다양한 현상들 중에서 의학적 상태(예: 파킨 슨병 혹은 알츠하이머병), 물질/약물의 사용, 혹은 외상적 뇌손상의 결과이다. 신경인 지장애(NCD)의 예로는, 섬망증, 전측두엽 NCD 같은 유형의 주요하고 경한 NCD, HIV 감염으로 인한 NCD, 알츠하이머병으로 인한 NCD, 물질 혹은 약물에 의해 유도 된 NCD, 혈관 NCD 등이 있다.

- 성격장애(Personality Disorders). DSM-5의 10개 성격장애는 집요하고, 융통성이 없 고, 개인의 문화적 기대에서 벗어난 경험과 행동 방식들을 포함한다. 보통 이 패턴은 청소년기 혹은 성인 초기에 발현되고 그 사람의 대인관계에서 심각한 고통을 유발한 다. 성격장애는 유사한 행동들에 근거하여 다음 3개 군으로 나뉜다.
  - A군: 편집성, 분열성, 분열형. 이 사람들은 행동과 대인관계에서 기이하거나 이상 하게 보인다.
  - B군: 반사회적, 경계선적, 연극성, 자기애성. 이 사람들은 과도하게 감정적으로 보 이고, 과장되거나 행동과 대인관계에서 예측 불가능하다.
  - C군: 회피성, 의존성, 강박성(강박장애와 혼동되지 않은). 이 사람들은 불안하고, 걱정이 많고, 행동이 까다롭게 나타나는 경향이 있다.

  이 군들에 대해 추가적으로, 뇌손상 등의 의학적 상태 때문에 성격이 변화될 뿐만 아니라 달리 분류되거나 혹은 분류되지 않은 성격장애로 진단될 수 있다.

- 변태성욕장애(Paraphilic Disorders).   이 장애는 환자가 전통적인 성적 자극에서 벗어난 환경에서 성적으로 자극을 받고, 그와 같은 행동들이 해롭거나 의미 있는 정서적 고통을 유발할 때 진단된다. 이 장애에는 노출장애, 관음증, 마찰음란증, 성적가학증, 성적피학증, 물품음란증, 복장도착증, 소아성애증, 달리 분류되거나 분류되지 않은 성도착장애 등이 있다.

- 기타 정신질환(Other Mental Disorders).   이 진단 범주는 이전에 언급된 집단에 속하지 않고 통합된 특징을 갖고 있지 않은 정신장애들을 포함한다. 예를 들어, 다른 의학적 상태로 인한 달리 분류된 정신장애들, 다른 의학적 상태로 인해 분류되지 않은 정신장애들, 분류되지 않은 정신장애들이 있다.

- 약물치료로 유발된 운동장애 및 약물치료의 기타 부작용(Medication-Induced Movement Disorder, and Other Adverse Effects of Medications).   인과적 연결이 항상 보이지 않는다 할지라도, 이 장애는 약물의 역효과와 심각한 부작용의 결과이다. 몇몇 장애들은 신경이완제에 의해 유도된 파킨슨병, 신경성 악성증후군, 약물에 의해 유도된 긴장이상, 약물에 의해 유도된 급성 좌불안증, 지발성(遲發性) 안면마비, 지발성 좌불안증, 약물에 의해 유도된 체위성 진전, 다른 약물에 의해 유도된 운동장애, 항우울제 중단 증후군, 약물의 다른 역효과를 포함한다.

- 임상적 관심의 초점이 될 수 있는 그 밖의 조건들(Other Conditions That May Be a Focus of Clinical Assessment).   DSM-IV의 IV축을 연상시키는, 섹션 II의 마지막 부분은 학대/방임, 관계 문제, 심리사회적, 개인적 및 환경적 관심사, 교육/직업 문제, 주거와 경제적 문제, 법적 체계와 관련된 문제처럼, 임상적으로 의미 있는 관심사들의 기술로 끝을 맺는다. 정신장애로 간주되지 않은 상태들은 일반적으로 ICD-9에 부합된 V 코드, 혹은 ICD-10에 부합된 Z 코드로 기록된다.

동시에 발생하는 장애 (co-occurring disorders)

장애들이 공존할 수 있고 때때로 서로를 악화시킬 수 있음

때때로, 정신건강 상태들은 **동시에 발생**(co-occur)하거나 혹은 '공병장애'일 수 있다. 예를 들어, 불안장애를 나타낼 뿐 아니라 알코올을 남용하는 환자를 상상해보라. 이 상황에서 진단을 할 때는 두 장애를 기술하는 것이 적절할 것이다(예: 일반화된 불안장애와 알코올 남용). 장애들은 심지어 서로를 악화시킬 수도 있다. 그런 예로, 우울 준거들을 충족시키는 환자이긴 하지만 환자의 증상들은 단지 코카인 사용을 중단한 동안에만 나타나는 것일 수 있다. 이 경우에는 주요 우울장애로 진단하기보다, 물질로 인해 유도된 기분장애로 진단하는 편이 더욱 적절하다(연습문제 3.1 참조).

연습문제 3.1 | 장애 진단하기

수업에서 다양한 장애들에 익숙해질 때, 교수는 학생들에게 한 쌍 혹은 소그룹에서 역할극을 수행함으로써 장애를 확인하고 진단을 내리는 연습을 해보도록 요구할 수 있다. 당신은 진단 기준 실습을 위한 안내서로서 DSM-5를 사용하고 싶어 할 수 있다.

© Cengage Learning

© Cengage Learning

연습문제 3.2 ┃ 의학적 문제 진단하기

연습문제 3.1에서 진단 내리는 것을 연습한 후, 교수는 학생들에게 이번에는 의학적 상태를 만들어보는 역할을 수행하도록 요청할 수 있다. 정신건강 상태뿐만 아니라 의학적 상태를 확인해보고, 그것이 분리된 것인지 혹은 정신건강 진단의 원인인지를 반드시 언급하라.

그 밖의 의학적 고려

때로는 의학적 문제에 의해 유발된 신체적 증상들은 한 가지 혹은 그 이상의 정신장애와 많이 비슷하다. 예를 들어, 몇몇 우울증상들은 식욕이상(증가 혹은 감소), 과민함 혹은 초조함, 수면과다 혹은 불면증(즉, 너무 많이 자거나 혹은 잠을 거의 못 잠), 집중하기 어려움, 피로 혹은 에너지 감소를 포함한다. 흥미롭게도, 이 증상들 모두는 갑상선기능부전 혹은 갑상선기능저하의 결과로 여겨질 수 있다. 그래서 정신건강 문제로 진단되는 환자에게 추가적으로, 잠정적인 의학적 문제를 평가해보는 것이 중요하다. 이것을 다루는 한 가지 방법은 환자가 증상을 경험하기 시작했을 무렵의 구체적인 정보를 얻는 것이다. 그와 같은 정보는 증상이 의학적 문제가 나타나는 동안 시작되었는지 혹은 의학적 문제가 정신장애의 원인일 수 있는지를 결정하는 데 도움을 줄 것이다. 예를 들어 초조, 과민함, 불면증 같은 불안장애의 모든 진단준거를 나타내는 내담자가 있지만, 당신은 이러한 증상들이 환자의 갑상선 수치가 감소할 때와 환자가 갑상선이 저하되었음을 발견할 때 시작되었다는 사실을 알고 있다고 상상해보라. 만약 환자의 불안장애가 단지 갑상선기능부전 때문이었다면, 그때는 진단이 일반적인 의학적 문제인 갑상선기능부전으로 표시되는 것이 적절할 것이다. 물론, 만약 의학적 문제가 심리적 이슈의 원인일 수 있다는 의심이 든다면 환자를 그 혹은 그녀의 1차 진료의사에게 의뢰하는 것이 항상 신중한 자세이다(연습문제 3.2 참조). 만약 의학적 문제를 보고한다면, 특정 문제를 위한 ICD 코드가 DSM-5 정신건강장애 진단과 함께 사용될 수 있다.

> **정신건강에 영향을 미칠 수 있는 의학적 요인들을 인지하기**

심리사회적 및 환경적 고려

완전한 진단의 일부로서, 임상가는 환자의 **심리사회적 및 환경적** 스트레스원들을 반드시 평가해야 한다. 이것은 환자에 대한 전체적 관점을 증진해주고, 중요한 진단적 단서를 제공해주며, 치료 계획 시 중요한 문제들을 확인하도록 돕는다. 정신장애들로 고려되지 않는 몇몇 심리사회적 및 환경적 관심사는 환자의 주요 지지집단, 사회적 환경, 교육, 직업, 주거, 경제 상황, 헬스케어에의 접근성, 범죄 혹은 법적 체계, 혹은 다른 중요한 심리사회적 및 환경적 문제들을 포함한다(APA, 2013). 반면 이러한 관심사들은 이전 DSM-IV의 IV축에 기록되었던 반면, 현재는 단일 축 체계에서 표시되고, 앞서 논의했던 '임상적 관심의 초점이 될 수 있는 그 밖의 조건들'로 주로 기록되고, DSM-5의 ICD-9과 연결되는 **V 코드** 혹은 ICD-10과 연결되는 **Z 코드**와 상관이 있다(예: Z59.0 노숙자(Homelessness);

> **심리사회적/환경적 요인(psychosocial/ environmental factor)**
> 한 사람을 전반적으로 이해하기 위해 중요한 스트레스원

> **V & Z 코드 (V & Z codes)**
> 진단에 포함될 수 있는 심리사회적 스트레스원

Z65.1. 구금(Imprisonment); Z55.3. 학교 내 저성취(Underachievement in school).

심리사회적 및 환경적 문제의 중요성을 설명하기 위해, 심각한 불안과 우울을 경험하고 있는 48세 남성의 경우를 살펴보자. 그는 자신의 증상이 그의 집과 이웃해 있는 농장에 심각한 손해를 발생시킨 토네이도(자연재해) 후 바로 시작되었다고 설명했다. 그 사람과 그의 가족은 집에서 약 70마일 떨어진 친척집에 머무르고 있으며(무주택), 토네이도로 인해 콩농작을 망친 이래(직업적 문제) 지난 3개월 동안 수입이 없었다(경제적 문제). 심리사회적 및 환경적 문제를 이해함으로써, 환자의 불안과 우울을 그의 생활환경적 맥락에서 파악할 수 있다.

문화적인 고려사항

문화적인 고려사항
(cultural
considerations)

증상의 차이를 이해하기
위해 CFI와 DSM의 정보
를 사용

다양한 문화의 사람들은 각기 다른 방식으로 스스로를 표현할 수 있기 때문에, 증상에 따라 다양할 수 있다(Mezzich & Caracci, 2008). 그래서 몇몇 사람들은 진단이 치료 계획에 도움이 될 수 있다 할지라도, 임상가들이 문화, 성별, 인종 차이를 완전히 고려하지 않았을 때 문화적으로 억압된 집단에 대해 잘못된 진단을 내릴 수 있다고 주장해왔다(Eriksen & Kress, 2005, 2006, 2008; Kress, Eriksen, Rayle, & Ford, 2005; Madesen & Leech, 2007; Rose & Cheung, 2012).

APA(2013)는 임상가들에게 '문화적으로 형성된 증상의 차이'를 이해하고 인식하도록 요청함으로써 이러한 문제를 방지하기 위해 노력해왔다. 예를 들어 라틴계 미국인 문화에

몇몇 '비정상적인' 행동
들이 다른 문화에서는
'정상적인' 것으로 간주
될 수 있음

서 'ataque de nervios'(신경이 날카로운(attack of nerves))는 힘들고 부담스러운 삶의 경험들과 관련해서 흔한 장애로 인정되고, "두통과 '뇌통증(brain aches)'(후두부 목긴장), 과민함, 위장장애, 수면장애, 긴장, 쉽게 눈물짓기, 집중하기 어려움, 몸을 떨기, 얼얼한 느낌, 'mareos'(가끔 일시적인 기분 변화와 비슷한 분노와 함께 어지러움증)"로 표현할 수 있다(p. 835). 환자의 문화를 간과한 임상가는 이와 같은 증상을 나타내는 환자에게 쉽게 잘못된 진단을 내릴 수 있고, 부적절한 전략들로 환자를 치료하기 시작할 수 있다. 가장 좋은 다문화 상담의 실제는 임상가가 다문화적으로 표현되는 증상의 차이를 이해하고 적절한 치료 전략을 결정할 때 환자의 문화를 분석하도록 제안한다.

끝으로, DSM-5는 임상가가 환자의 가치관, 경험, 환자의 세계관을 형성하게 된 영향을 이해하는 것을 돕고 다양한 배경을 가진 환자를 적절하게 면담하는 방법에 관한 개관을 제공하는 CFI(Cultural Formulation Interview)라는 제목이 붙여진 섹션을 제공한다. 추가적으로 DSM-5는 몇 개의 다문화적 증상들의 정의를 제공하고 다문화적 이슈들이 광범위하게 유효한 진단들에 어떻게 영향을 미치는지를 밝히고 있다.

평가 과정의 DSM-5에 대한 최종 마무리

DSM-5는 전체 평가 과정의 한 부분이다. 임상 면접, 검사, 비공식적인 평가 과정들과 함께, 그것은 내담자에 대한 폭넓은 이해를 제공할 수 있고 치료 계획 과정에서 중요한 부분

이 될 수 있다. 단 한 가지 검사가 사용되었다면 치료 계획을 세우는 것이 어떤지 고려해보라. 그리고 두 가지 검사가 사용되었다면, 그리곤 두 가지 검사와 비공식적인 평가 절차가; 그리고 두 가지 검사, 비공식적인 평가 절차와 임상 면접; 그리고 마지막으로 두 가지 검사, 비공식적인 평가 절차, 임상 면접과 진단이 사용되었다면 어떤지 고려해보라. 분명히, 우리가 수집할 수 있는 '증거'가 많을수록 내담자에 대한 묘사가 더욱더 명확해지고, 결국 이것은 더 나은 치료 계획을 세우게 해준다(연습문제 3.3 참조).

연습문제 3.3 │ 진단 실습

다음에 나오는 사례에서 DSM-5를 참고하여 각 개인에 대한 진단을 내려보라. 어떻게 이 진단을 내렸으며, 고려했지만 배제했던 다른 진단들은 무엇이었는지, 그리고 사례를 평가하는 데 도움이 될 수 있는 추가 정보에 대해 논의해보자. 해답은 이 장의 마지막 부분에 수록되어 있다.

I. 미카일라

미카일라는 2학년인 8세 여자아이이다. 그녀는 부모, 남동생과 함께 살고, 그녀의 어머니는 미카일라를 '다루기 힘들지만 매우 귀여운' 아이로 묘사했다. 미카일라는 학급 내 행동 문제 때문에 2학년을 반복해서 다녀야 했고, 결과적으로 행동 문제는 더 낮은 시험 점수와 성적을 받게 했다. 그녀는 또래들 사이에서 유명한 아이였지만, 지시를 따르고, 과제를 하고, 앉은 상태를 유지하는 문제로 계속해서 선생님과 싸웠다. 선생님은 미카일라의 유치원과 1학년 담임에게 자문을 구했다. 미카일라가 소집단 혹은 일대일 집중 상황에서는 상위 학급 수준으로 기대되는 수행을 보였기 때문에 그들은 의사소통 문제 혹은 특수 학습장애를 갖고 있다고 생각하지 않았다. 그녀는 끊임없이 움직였고, 조용히 말해야 될 때 소리를 치고, 쉽게 산만해져서 이러한 기대를 충족시키지 못했다. 가장 최근에, 미카일라는 조용한 읽기 활동 시간에 학급의 어항을 깨뜨린 후 학교 상담자에게 의뢰되었다.

II. 트레이시

트레이시는 25세 싱글 직장여성이다. 그녀의 딸, 알리시아는 평일에는 데이케어에 보내진다. 트레이시는 알리시아의 아빠와 최근에 이혼했고 전남편의 신체적 학대로 인해 아이의 양육권을 갖고 있다. 결혼생활 문제가 시작된 지난 수년 동안, 트레이시는 불안으로 압도되었지만 너무 바빠서 그것을 다룰 시간이 없었다고 말했다. 그녀는 알리시아에게 옷을 입히고, 짐을 챙기는 등 데이케어 보낼 준비를 하기 위해 오전 5시 30분에 하루를 시작해서 오전 7시에 일을 시작한다. 트레이시는 항상 길에서 아침을 먹고, 편의를 위해 일하러 가는 길에 드라이브스루(drive-through)를 자주 이용한다. 직장에서 너무 바쁘고 항상 점심식사를 위한 시간을 내지 못한다. 그녀가 데이케어에서 알리시아를 데리고 집으로 돌아오면 오후 약 6시가 된다. 트레이시는 7시쯤 저녁식사를 요리하는데, 항상 건강하고 균형 잡힌 식사로 구성된다. 알리시아를 목욕시키고 침대로 보내고 난 후에야, 트레이시는 소파에서 휴식을 취하고 TV를 시청할 수 있게 된다. 그녀는 혼자가 되면, 군것질을 하고 싶은 통제할 수 없는 충동을 느끼고, 깨닫기 전에 이미 아이스크림 한 통을 다 먹고 감자칩 큰 봉지를 다 먹어버린다. 그녀가 좋아하는 30분짜리 시트콤이 끝나기 전에 다 먹어버리는 경우도 종종 있다. "난 멈출 수 없어요. 내가 의식을 잃은 것 같고, 심지어 얼마나 많이 먹었는지조차 깨닫지 못해요. 내 스스로를 통제할 수 없을 것 같아요. 항상 마지막쯤엔 몸이 아픈 것을 느끼고 푸드코마처럼 의식을 잃어요." 트레이시는 이혼 후 몸무게가 많이 늘어난 것에 대해 부끄러움과 자의식을 느끼기 때문에 다른 사람들 앞에서 군것질하는 것을 좋아하지 않는다. 이혼 후 거의 매일 밤 이처럼 몰래 먹어왔다. 이 때문에 그녀는 스스로를 소외시키기 시작했으며, 가족이나 친구들과 시간을 보내는 대신에 집으로 돌아와 TV 앞에서 매일 밤 군것질을 하는 이유가 되었다.

III. 알란

알란은 2년 전 부인과 이혼한 37세 은행원이다. 알란은 결혼 상태에서 벗어난 후 그의 부인이 그를 떠났다고 보고했다. 알란과 부인은 캠퍼스커플이었고 커뮤니티에서 그들은 매우 활동적이었다고 회상했다. 그 후(약 5년 전) 알란은 "나는 기력을 다 써버렸다."라고 말했다. 그 이후 계속해서 과민하고, 지나치게 잠을 자기 시작했고, 몸무게가 약 45파운드 늘어났고, 사회적이고 재밌는 활동에 참여하는 데 흥미를 잃어왔다. 알란은 매일 대략 2~4시간마다 마리화나를 피웠고 '긴장을 풀고 생각들을 떨쳐버리기 위해' 매일 밤 보드카를 마셨다. 최근에 그는 마리화나를 소지한 채 음주 운전으로 체포되었고, 보호관찰 1년을 선고받았으며, 법원에 의해 상담에 의뢰되었다. 알란은 경미하게 우울하

© Cengage Learning

다는 것을 인정했지만, "내가 할 수 있는 것이 아무것도 없다."고 주장했다. 그는 마리화나 혹은 술을 끊고 싶지 않지만, 보호관찰관에 의해 조만간 매월 요구될 마약복용여부검사 때문에 이것들을 끊는 것에 대한 생각을 하고 있다.

요약

진단이 정신건강 전문가들의 전문적 활동에서 받아들여지고 있는 중요성을 논의함으로써 이 장을 시작했다. 우리는 매년 많은 미국인이 정신장애로 진단되고, 학교 내 정서적, 행동적, 학습장애를 가진 아동들을 확인하는 일의 중요성과 같은, 진단이 전문가들에게 중요한 몇 가지 이유를 강조했다.

1. 진단은 사례 개념화와 치료 계획을 도울 수 있다.
2. 전문가들이 고용주가 정신장애를 가진 사람들을 위한 시설을 만들고 이들을 이해하도록 도울 수 있다.
3. 보험환급에 있어 중요하다.
4. 전문가가 서로 정확하게 의사소통하도록 돕는다.
5. 환자들이 치료 계획에 대한 예후와 기대를 이해하도록 돕는다.

다음으로는 1800년대 중반 동안 '멍청한' 사람과 '미친' 사람의 수를 계산하는 미국 인구조사국과 함께 시작된 DSM의 역사를 간단히 살펴보았다. 1943년에야 비로소 공식적 분류 체계가 군대의 의학 203(Medical 203)과 함께 개발되었으며, DSM-I이 1952년에 개발되었고, 2013년 가장 최신판인 DSM-5가 출판될 때까지 많은 개정을 거쳤다. 그런 다음 DSM-5를 소개했는데, 이전 판들과의 몇 가지 차이점, 특히 DSM-IV의 5축 체계에서 DSM-5의 일축 체계로의 변화를 언급했다.

이 장 대부분은 DSM-5를 기술했다. DSM-5가 일축 체계로 바뀐 이유를 설명하는 것으로 시작하여 진단을 내리고 보고하는 것에 대해 논의했다. 이 과정에서, 진단 순서를 정하는 방법, 하위 유형과, 세부진단, 심각도의 사용, 잠정적 진단을 내리는 법, 달리 분류되거나 혹은 분류되지 않은 장애들의 사용에 대해 논의했다. 다음으로, 22개의 진단 범주를 간단히 설명했다. 또한 동시에 발생하는 장애나 공병장애에 관해서도 설명했다. 그리고 의학적 상태들이 어떻게 진단의 원인이 되는지 혹은 진단을 악화시키는지를 이해하는 일의 중요성에 관한 논의가 뒤따랐다. 심리사회적이고 환경적인 문제가 DSM-IV의 IV축에 있었지만, 지금은 ICD 코드와 상관이 있고, V 혹은 Z 코드로 제공되며, 단축 체계에 포함되었다는 사실도 언급했다. 마지막으로, 사람들이 문화적 기능으로서 다양한 방식을 통해 증상을 표현할 수 있기 때문에 진단을 내릴 때 그 사람의 문화적 배경을 고려하는 것이 중요하다는 사실을 언급했다. DSM-5가 다양한 환자들을 이해하는 과정에서 도움을 줄 수 있는 CFI(Cultural Formulation Interview)를 알아보고, 다문화적 증상을 다룬 몇 가지 예를 살펴봤으며, 다문화 이슈들이 광범위한 진단에 어떻게 영향을 주는지를 확인했다. DSM-5는 전체 평가 과정의 한 부분임을 언급하면서 장을 마쳤고, 학생들이 세 명의 가상 환자를 진단해볼 수 있는 연습문제를 제공했다.

복습문제

1. 정신건강 진단이 환자에게 어떻게 이로운지를 생각해보라. 진단으로 인한 잠정적인 해는 무엇인가?
2. 공통적인 진단 용어를 사용하는 것이 임상가, 의사, 법률 전문가 등에게 왜 중요한가?
3. 임상가가 진단에 관해 아는 것이 그들의 윤리적인 책임인 이유를 설명하라.
4. 치료 계획을 세울 때 어떻게 당신이 진단을 활용할 수 있을지에 관한 예를 들어보라.

5. 의학적 상태들이 정신건강 진단과 어떻게 관련이 있을 수 있는지 기술하라.

6. 심리사회적 및 환경적 문제가 어떻게 DSM-5에 포함되었는지를 기술하라.

7. 당신이 어떻게 진단에 다문화적 고려사항들을 포함시킬 수 있을지 설명하라.

8. 하위 유형, 세부진단, 심각도 활용 간의 차이를 논하라.

9. 어떻게 잠정적 진단이 내려질 수 있는지 설명하라.

10. 달리 분류된 혹은 분류되지 않은 장애들의 사용에 대해 논하라.

11. 일축 체계가 DSM-IV의 5축 체계 모두를 요약하는 데 어떻게 사용될 수 있는지를 설명하라.

12. 당신을 개인적으로 불편하게 만드는 범주로부터 구체적인 진단을 확인하라. 이러한 감정들이 어디서 오는지, 이 진단을 가진 것이 내담자와 작업할 때 어떻게 될지를 탐색해보라.

연습문제 해답

I. 314.01(F90.2) 주의력 결핍 및 과잉행동장애, 복합형; V62.3(Z55.9) 학업 저성취

II. 307.51(F50.8) 폭식장애, 중등도; V61.03(Z63.5) 이혼으로 인한 가족 붕괴(최근); V60.2(Z59.7) 낮은 수입; V62.9(Z60.9) 사회적 환경과 관련된 분류되지 않은 문제: 사회적 고립

III. 300.4(F34.1) 지속성 우울장애(기분저하증); 303.90(F10.20) 알코올 사용장애, 중등도; 304.30(F12.20) 칸나비스(Cannabis) 사용장애, 중등도; V61.03(Z63.5) 이혼으로 인한 가족의 붕괴(2년 전); V62.5(Z65.0) 구금되지 않은 범죄 소송에서 유죄판결: 보호관찰

참고문헌

American Psychiatric Association. (1952). *Diagnostic and statistical manual of mental disorders*. Washington, DC: Author.

American Psychiatric Association. (1968). *Diagnostic and statistical manual of mental disorders* (2nd ed.). Washington, DC: Author.

American Psychiatric Association. (1980). *Diagnostic and statistical manual of mental disorders* (3rd ed.). Washington, DC: Author.

American Psychiatric Association. (1994). *Diagnostic and statistical manual of mental disorders* (4th ed.). Washington, DC: Author.

American Psychiatric Association. (2000). *Diagnostic and statistical manual of mental disorders* (4th ed., text revision). Washington, DC: Author.

American Psychiatric Association. (2013). *Diagnostic and statistical manual of mental disorders* (5th ed.). Washington, DC: Author.

Beutler, L. E., & Malik, M. L. (Eds.). (2002). *Rethinking the DSM: A psychological perspective*. Washington, DC: American Psychological Association.

Centers for Disease Control and Prevention. (2011). *U.S. adult mental illness surveillance report*. Retrieved from http://www.cdc.gov/Features/MentalHealthSurveillance/

Centers for Disease Control and Prevention. (2013). *Mental health surveillance among children—United States, 2005-2011*. Retrieved from http://www.cdc.gov/mmwr/preview/mmwrhtml/su6202a1.htm?s_cid=su6202a1_w

Eriksen, K., & Kress, V. (2005). *Beyond the DSM story: Ethical quandaries, challenges, and best practices*. Thousand Oaks, CA: Sage.

Eriksen, K., & Kress, V. (2006). The DSM and the professional counseling identity: Bridging the gap. *Journal of Mental Health Counseling, 28*, 202–217.

Eriksen, K., & Kress, V. (2008). Gender and diagnosis: Struggles and suggestions for counselors. *Journal of Counseling and Development, 86*, 152–162.

Good, E. M. (2012). Personality disorders in the DSM-5: Proposed revisions and critiques. *Journal of Mental Health Counseling, 34*, 1–13.

Houts, A. C. (2000). Fifty years of psychiatric nomenclature: Reflections on the 1943 War Department Technical Bulletin, Medical 203. *Journal of Clinical Psychology, 56*, 935–967. doi.org/10.1002/1097-4679(200007)56:7⟨935::AID-JCLP11⟩3.0.CO;2-8

Kress, V., Eriksen, K., Rayle, A., & Ford, S. (2005). The DSM-IV-TR and culture: Considerations for counselors. *Journal of Counseling and Development, 83*, 97–104.

Krueger, R. F., & Eaton, N. R. (2010). Personality traits and the classification of mental disorders: Toward a more complete integration in DSM-5 and an empirical model of psychopathology. *Personality Disorders: Theory, Research, and Treatment, 1(2)*, 97–118. doi:10.1037/a0018990

Madesen, K., & Leech, P. (2007). *The ethics of labeling in mental health.* Jefferson, NC: MacFarland & Company.

Mezzich, J. E., & Caracci, G. (Eds.) (2008). *Cultural formation: A reader for psychiatric diagnosis.* Lanham, MD: Jason Aronson.

Neukrug, E., & Schwitzer, A. (2006). *Skills and tools for today's counselors and psychotherapists: From natural helping to professional counseling.* Pacific Grove, CA: Brooks/Cole.

Rose, A. L., & Cheung, M. (2012). DSM-5 research: Assessing the mental health needs of older adults from diverse ethnic backgrounds. *Journal of Ethnic & Cultural Diversity in Social Work: Innovation in Theory, Research & Practice, 21*, 144–167. doi:10.1080/15313204.2012.673437

Segal, D. L., & Coolidge, F. L. (2001). Diagnosis and classification. In M. Hersen & V. B. Van Hasselt, (Eds.), *Advanced abnormal psychology* (2nd ed., pp. 5–22). New York: Kluwer Academic/Plenum Publishers.

Seligman, L. (1999). Twenty years of diagnosis and the DSM. *Journal of Mental Health Counseling, 21*, 229–239.

Seligman, L. (2004). *Diagnosis and treatment planning in counseling* (3rd ed.). New York: Plenum.

Smith, T. A. (2012, October 15). *Revolutionizing diagnosis & treatment using DSM-5.* Workshop presented at CMI Education Institute, Newport News Marriott, Newport News, VA.

Substance Abuse and Mental Health Services Administration. (2012). *Results from the 2011 National Survey on Drug Use and Health: Mental Health Findings.* Retrieved from http://www.samhsa.gov/data/NSDUH/2k11MH_FindingsandDetTables/2K11MHFR/NSDUHmhfr2011.htm#2.1

Thyer, B. A. (2006). It is time to rename the DSM. *Ethical Human Psychology and Psychiatry, 8*, 61–67. doi:10.1891/ehpp.8.1.61

U.S. Department of Justice. (n.d.). Information and technical assistance on the Americans with Disabilities Act. Retrieved from http://www.ada.gov/

Wakefield, J. C. (2013). DSM-5: An overview of changes and controversies. *Clinical Social Work Journal, 41*, 139–154. doi:10.1007/s10615-014-0445-2

Zalaquett, C. P., Fuerth, K.M., Stein, C., Ivey, A. E., & Ivey, M. B. (2008). Reframing the DSM-IV-TR from a multicultural/social justice perspective. *Journal of Counseling & Development, 86*, 364–371. doi:10.1002/j.1556-6678.2008.tb00521.x

평가 보고 과정: 내담자와 면담하기 및 보고서 작성하기

4장

1970년대 초반에 환자를 보기 시작했을 때, 나는 줄이 있는 용지에 사례를 기록하고 더욱 많은 것이 포함된 환자 보고서를 성실하게 타이핑했다. 머지않아 70년대 중반이 되었고, 정신건강센터에서 외래 치료자로 일하게 되었다. 나는 임상 면접들을 철저하고 강박적으로 수행했으며, 나의 사례 기록, 접수면접 요약, 4분기 보고 요약, 검사 보고를 충실하게 기록했다. 내 기록들은 비서에 의해 주의 깊게 타이핑되어서 환자 폴더 안에 들어갔다. 10년 후, 개인 상담소에서 나는 여전히 면접을 철저하게 수행하고, 사례를 기록하며, 환자 보고서를 타이핑하는 일에 강박적이었다. 하지만 이내 내가 기대하지 못했던 혁명이 일어났는데, 그것은 '컴퓨터'였다. 나는 컴퓨터상에 기록을 하게 되었고, 모든 사람이 나와 같은 방식으로 느끼지 않는다 할지라도, 그것은 나에게 안심을 주었다. 머지않아 곧 사례 기록과 보고서들에 관한 비밀 보장과 그것들을 열람할 수 있는 환자의 권리를 보호하기 위한 법률이 통과되었다. 수년간, 우리가 보고서를 작성하고 그것들을 안전하게 보관하는 방법들이 극적으로 바뀌었다. 하지만 한 가지, 즉 '검사자는 보고서가 무엇을 말할지를 결정한다'는 사실은 여전히 변함없이 남아 있다.

- 에드 노이크루그

위의 일화에서 알 수 있듯이, 수년간 기록과 보고서를 작성하는 과정은 변화되어왔고, 기록과 보고서를 열람할 수 있는 환자의 권리를 보호하기 위한 법들이 진화했다. 이러한 변화들에도 불구하고, '문서 업무'는 줄 쳐진 종이에 쓰든 타이핑을 하든 혹은 컴퓨터상에 작성되든 간에, 계속해서 모든 임상가가 하는 중요한 일의 일부이다. 이 장에서는 문서 업무 과정의 한 가지 중요한 측면, 즉 평가 보고서를 작성하는 방법을 검토할 것이다. 우선 평가 보고서의 목적을 논의하고, 보고서 작성을 위해 면접을 수행하며 적절한 평가 방법을 선택하는 것을 포함한 정보 수집의 과정을 논의할 것이다. 그런 다음, 효과적인 검사 보고서를 작성하는 방법들을 제안하고 그와 같은 보고서의 예를 제공할 것이다.

평가 보고서의 목적

평가 보고서
(assessment
report)

평가를 통해 작성된 요약, 종합, 권고사항들

평가 보고서(assessment report)는 평가 과정의 '결과물(deliverable)' 혹은 '최종 산출물(end product)'이고, 그 목적은 여러 평가 방법들을 종합해서 피검자를 더 깊이 이해하고, 권장된 행동 방침을 제공하는 것이다(Goldfinger & Pomerantz, 2010; Lichtenberger, Mather, Kaufman, & Kaufman, 2004; Spores, 2013). 행동 방침은 한 개인이 평가되는 이유에 근거하여 상당한 차이가 있을 수 있다. 예를 들어, 보고의 목적은 다음과 같다.

1. 요청받은 의뢰 문제들에 답하기 위해
2. 치료를 위해 환자에 대한 이해를 제공하기 위해
3. 사례 개념화 과정에 도움이 되기 위해
4. 상담 시 치료 옵션(예: 상담 유형, 약물 사용 등)을 개발하기 위해
5. 특별한 요구를 가진 학생(예: 정신적으로 지체되었거나, 학습이 불가능하거나 혹은 영재 학생)을 위한 교육적 서비스를 제안하기 위해
6. 직업적 재활 서비스를 제공할 때 방향을 제시하기 위해
7. 인지적 손상(예: 뇌 손상, 노화)을 초래한 사람들에 대한 이해와 치료 옵션을 제공하기 위해
8. 어려운 결정(예: 양육권 결정, 정신 상태 방어, 유무죄 결정)을 내리는 법원을 돕기 위해
9. 학교 혹은 직장 배치를 위한 증거를 제공하기 위해
10. 기관과 단체에 의해 내려진 결정(사회보장장애, 학교에서의 개별 학업 계획서(IEP: Individual Educational Plan))에 이의를 제기하기 위해

환자의 삶과 관련한 복잡한 결정들이 종종 평가 보고에 근거한다. 따라서 수집된 정보를 종합하고 그것을 보고서에 포함시키는 것은 검사자가 면접을 성공적으로 수행하고, 평가 절차를 능숙하게 집행하며, 정교하게 보고서를 작성할 수 있게 된 이후에야 비로소 가능하다. 이 과정의 첫 번째 단계 중 하나는 수집된 정보가 평가 목적과 직접적으로 관련이 있는지, 질이 높은지를 보장하는 것이다.

보고서를 위한 정보 수집하기: 쓰레기를 넣으면 쓰레기가 나온다

보고서를 위한 정보를 수집하는 일은 보고서를 작성하는 일만큼 중요하다. 왜냐하면 당신의 보고서는 정보를 얻기 위해 사용했던 방법들을 반영할 것이기 때문이다. 만약 당신이 부적절한 도구들을 선택하거나 면접을 잘하지 못했다면(쓰레기를 넣으면), 당신의 보고서는 오류와 편견들로 채워질 것이다(쓰레기가 나온다). 당신이 수집한 정보의 질이 높다는 것을 보증하기 위해, 당신은 항상 폭넓고 깊게 평가 절차를 설명해야 한다.

폭넓은 평가는 검사자가 찾고 있는 것을 적절하게 평가하는 데 필수적인 모든 것을 다했다고 보증하기 위해 충분히 넓은 그물을 던지는 것과 관련이 있다. 폭넓음은 평가의 목적에 기반을 두어야 한다. 예를 들어 중학생이 진로 가능성을 알아보기 위해 학교 상담자를 만나러 왔다면, 상담자는 직업 흥미에 초점을 맞추어 면접을 수행할 것이고 학생으로부터 일반적인 흥미에 관한 정보를 수집하기 위해 광범위한 진로 흥미 검사를 제공할 것이다. 하지만 성인이 우울, 불안, 전반적인 삶의 불만족으로 상담센터에 왔다면, 진단을 내리고 치료 목표를 결정하는 것을 돕기 위해 광범위한 평가가 요구될 수 있다. 이런 경우 임상 면접을 수행하고, 많은 객관적 및 투사적 성격 검사를 실시하며, 직장과 가정에서 환자의 (대인)관계를 평가하기 위해 다른 사람들을 면접하는 것이 드문 일이 아닐 수 있다.

> **폭넓음(breadth)**
> 중요하거나 관련된 이슈를 모두 포함하는 것; 넓은 고려

깊이 있는 평가는 검사되는 이슈의 강도를 반영하는 기법들을 사용하는 것을 보장하는 것과 관련이 있다. 폭넓음과 마찬가지로, 깊이는 환자가 평가되고 있는 목적에 달려 있다. 예를 들어, 깊이 있는 임상 면접을 수행하는 것과 중학생의 진로 결정을 돕는 다소 복잡한 흥미 검사를 제공하는 것은 너무 깊게 관여된 것이다. 반면에 우울, 불안, 삶의 불만족으로 고통스러운 사람을 위해 MBTI 같은 성격 검사를 제공하는 것은 충분한 깊이를 수반하지 않은 것이다. 이런 경우 당신은 환자의 문제들을 좀 더 깊게 조사하지 않았기 때문에 많은 것을 놓칠 수 있다.

> **깊이(depth)**
> 관심에 관한 진지함과 정도

면접의 범위와 깊이를 정할 때는, 신뢰와 라포(rapport)를 형성할 수 있고 개인이 평가되고 있는 목적의 한계 안에서 비밀을 보장하는 것이 중요하다. 면접가가 신뢰를 더 잘 형성할수록, 얻은 정보를 더욱 신뢰할 수 있다. 이러한 점들에 유의하면서, 검사자들은 환자를 평가할 때 구조화 면접, 비구조화 면접, 반구조화 면접 중 어떤 것이 가장 최선일지 결정할 필요가 있다.

구조화, 비구조화, 반구조화 면접

성공적으로 정보를 수집하기 위해서 수행할 면접의 종류를 결정하는 것은 중요하다. 왜냐하면 **임상 면접**(clinical interview)은 여타 평가 방법들의 사용을 통해 가능하지 않은 많은 일을 달성하도록 하기 때문이다. 예를 들어, 면접은

> **임상 면접(clinical interview)**
> 내담자로부터 신뢰할 수 있는 정보를 수집할 수 있는 능력을 제공

1. 평가 과정 동안 포함될 정보의 유형들을 만든다.
2. 환자로 하여금 매우 친밀하고 개인적일 수 있는 정보에 대해 탈감각화하도록 한다.
3. 무엇에 집중하는 것이 중요한지에 관한 자각을 검사자에게 주는 환자의 예민한 정보를 얘기하고 있는 동안 검사자가 환자의 비언어적 신호들을 평가하도록 한다.
4. 검사자에게 환자의 문제 영역을 바로 알도록 하고 그것들을 다른 관점에서 볼 수 있게 한다.
5. 환자와 검사자가 함께 작업할 수 있음을 확인하기 위해 서로의 성격 유형을 살펴볼 기회를 제공한다.

일반적으로 면접자들은 세 가지 유형의 면접, 즉 구조화, 비구조화, 반구조화 면접 중 하나를 선택한다. 구조화 면접과 비구조화 면접은 모두 장단점이 있으므로, 한 가지를 선택하는 일이 항상 쉽진 않다(Bruchmuller, Margraf, Suppiger, & Schneider, 2011; Goldfinger & Pomerantz, 2010; Lichtenberger et al., 2004). 예를 들어, 구두 혹은 문서로 된 문항들에 대한 반응으로 만들어진 **구조화 면접**(structured interview)은 검사자가 피검사자에게 이미 정해진 항목들에 반응하도록 요청한다. 이 유형의 면접은 다음과 같은 이점이 있다.

**구조화 면접
(structured
interview)**
폭넓은 행동들을 평가하기 위해 미리 정해진 질문들을 사용함

- 전문가가 질문을 놓치거나 잊어버릴 수 있는 충분히 넓은 범주의 내용을 제공한다(적용 범위를 확인하기).
- 미리 정해진 모든 항목이 다루어질 것임을 확신시켜줌으로써 결과의 신뢰도를 높인다.
- 항목들이 상세하게 기록되어 있고 그것들 모두가 다루어질 것이라는 기대가 있기 때문에 검사자가 모든 항목을 다룰 것을 보장한다.
- 면접자 혹은 피면접자가 당황하여 항목들을 놓치지 않을 것을 보장한다.

반면에, 구조화 면접에는 다음과 같은 단점이 있다.

- 항목들이 미리 정해져 있고 검사자가 질문의 범위를 벗어나거나 직관에 따르는 데 자유롭지 않다는 사실 때문에 검사자가 정보를 놓칠 수 있다.
- 환자들이 면접을 비인간적인 것으로 경험할 수 있다.
- 환자들, 특히 소수민족 환자들이 어떤 문항들에 익숙하지 않거나 잘못 이해할 수 있다.
- 피검사자의 어떤 부분에 관한 혼란을 줄이기 위해 검사자에 의한 추수면접 가능성이 다른 유형의 면접에 비해 더 적을 것이다.
- 면접자가 잠재적으로 민감한 영역에 관해 상세히 이야기를 나누기보다는 모든 정보를 수집하는 데 더 많은 관심이 있기 때문에 포함된 정보의 깊이가 항상 적절한 것은 아니다.

**비구조화 면접
(unstructured
interview)**
검사자는 환자 반응에 근거하여 질문함

구조화 면접과 달리, **비구조화 면접**(unstructured interview)은 검사자가 미리 정해진 문

항 혹은 질문 목록을 갖고 있지 않다. 이 경우, 질문에 대한 피검사자의 응답들은 추후 질문을 위한 방향을 정하게 될 것이다. 비구조화 면접은 다음과 같은 이점이 있다.

- 라포를 형성하는 데 더욱 전도성 있는(conductive) 분위기를 만든다.
- 환자가 마치 자신이 면접을 주도하고 있는 것처럼 느끼게 되어 환자가 중요하게 여기는 항목들을 의논하게 한다.
- 임상가가 잠재적으로 민감한 영역에 초점을 맞출 수 있고, 그렇지 않다면 환자가 드러내기를 꺼려할지도 모르는 근원적인 문제를 알아낼 수 있기 때문에 더 깊이 있는 정보를 제공한다.

반면, 비구조화 면접에는 다음과 같은 단점이 있다.

- 폭넓은 범위의 면접이 가능하지 않기 때문에, 면접자가 규정된 질문을 따르지 못하고 환자의 이야기에 휩쓸려서 정보를 놓칠지 모른다.
- 면접자가 좋아하는 몇몇 항목에 더 많은 시간을 보내며 끝낼 수 있다.

　구조화 면접과 비구조화 면접의 장점을 끌어내어 검사자는 종종 **반구조화 면접**(semi-structured interview)을 수행할 것이다. 반구조화 면접은 규정된 항목들을 사용하는데, 이것은 검사자에게 상대적으로 짧은 시간 내에 필수 정보를 얻도록 한다. 하지만 인터뷰 과정 동안 환자가 '표류할(drift)' 필요가 생긴다면 검사자에게 변경할 수 있는 자유 재량도 준다. 환자가 잠정적으로 정서적인 주제를 얘기하게 하는 것은 카타르시스가 될 수 있으며, 새로운 중요한 이슈를 터놓게 할 수 있고, 라포 형성 과정에서 중요한 도구가 될 수 있다. 능숙한 검사자는 구조화 접근과 비구조화 접근 사이를 쉽게 왔다 갔다 할 수 있다. 만약 시간에 지장이 없다면, 반구조화 면접은 여전히 검사자가 관계를 형성하는 데 집중하게 하면서 환자 면접에 요구되는 깊이와 너비를 제공할 수 있다(BOX 4.1 참조).

반구조화 면접
(semi-structured interview)
구조화 접근과 비구조화 접근 간의 이동을 허용함

BOX 4.1
약물 남용을 놓친 것

내가 처음 상담을 시작했을 때 나는 비구조화 면접 방식을 사용하는 경향이 있었다. 환자는 자신이 진행하기를 원하는 면접을 받는 것이 중요하다고 믿는다. 하지만 다른 '숨겨진' 이슈들뿐 아니라 알코올 남용에 대한 내용을 놓친 수년 후, 나는 천천히 미리 결정된 문항 목록을 살피고 또한 환자들이 가계도를 완성하게 하는 반구조화 면접으로 변경하기 시작했다 (12장 참조).

환자들은 때로 치료의 초점으로 추가될 수 있는 매우 중요한 정보를 드러내는 것에 종종 당황해한다는 사실을 알게 되었다. 반구조화 면접 방식으로의 전환은 나로 하여금 빠르게 이 이슈들을 알아차려서 즉시 과거에 숨겨진 것들을 얘기할 수 있게 한다.

– 에드 노이크루그

© Cengage Learning

컴퓨터 기반 평가

오늘날, 컴퓨터는 구조화 혹은 반구조화 면접을 수행할 때와 보고서 작성에서 자주 사용된다. 예를 들어, 많은 기관이 현재 환자에 관한 정보가 컴퓨터에 저장되는 전자건강기록(EHR: electronic health records)을 사용한다. 면접자와 피면접자가 함께 앉아서 전자건강기록에 포함된 특정 항목들을 완성하고 이 정보는 관련 있는 다른 의학적, 심리학적 정보와 함께 저장될 수 있다(Cimino, 2013). 면접 과정을 도울 수 있는 구매 가능한 프로그램들이 있다. 그와 같은 한 프로그램은 면접자 혹은 환자가 다양한 개인적 문제에 관한 정보를 요하는 120문항들을 완성하게 하고, 사용자는 환자의 현재 문제, 법적 이슈, 현재 생활 상태, 잠정적인 진단, 정서 상태, 치료 권고들, 정신 상태, 건강과 습관, 기질, 행동적/신체적 묘사를 기술한 컴퓨터 생성 보고서를 받는다(Schinka, 2012). 컴퓨터에 기반한 질문은 구조화 면접만큼 혹은 그보다 더 신뢰할 만하고, 최소 비용으로 정확한 진단을 제공할 수 있다(Farmer, McGuffin, & Williams, 2002).

면접 과정을 돕는 것 외에, 컴퓨터는 검사 보고서를 생성할 수 있고, 종종 보고서 부분들이 검사자가 작성한 평가 보고서로 직접 이동될 수 있다(Berger, 2006; Michaels, 2006). 컴퓨터에 기반한 프로그램에 의해 생성된 최종 평가 보고서는 매우 정교해서 대부분의 잘 훈련받은 임상가들은 경험 많은 전문가들이 작성한 보고서와 구별할 수 없다. 그러나 환자 면접의 결과로 나온 컴퓨터 생성 보고서든 혹은 컴퓨터 생성 검사 보고서를 포함한 보고서든 간에, 정확한 질문들이 환자에게 요구되고 있는지, 정확한 평가 절차가 사용되고 있는지를 확인하고 검사자의 평가 보고서에 포함될 자료가 현명하게 선택됐음을 확인하는 것은 여전히 검사자에게 달려 있다.

컴퓨터가 이 검사들을 관리하고 보고서를 준비할 수 있는 반면에, 검사는 어떤지, 그것에 어떻게 반응하는지, 그것이 무엇을 달성하고 어떤 보고서가 생성될지는 저자에 의해 결정되고, 해석하기 위해 모두를 종합하는 것은 바로 사람이다(Berger, 2006, p. 70).

적절한 평가 도구 선택하기

검사 목적에 맞는 평가 기법을 선택함

면접 후, 임상가들은 평가의 목적뿐 아니라 그 밖의 요구된 정보의 폭과 깊이를 고려할 수 있다. 그런 다음 임상가들은 교육 능력 평가(8장), 지능 검사와 신경심리학적 평가를 통한 지적 기능 및 인지 기능의 평가(9장), 진로 및 직업 평가(10장), 임상 평가(11장), 비공식 평가(12장)를 포함한 이 책 뒷부분에서 살펴볼 도구들처럼 다양한 평가 도구들에서 선택할 수 있다. 이 과정 동안, 진행된 평가의 목적과 상관없는 도구들을 사용하여 개인을 평가하는 행위는 비윤리적이기 때문에, 임상가가 어떤 것이 가장 적절한 도구인지를 주의 깊게 생각하는 것은 중요하다(American Counseling Association[ACA], 2005; American Psychological Association[APA], 2010; BOX 4.2 참조).

© Cengage Learning

> BOX 4.2
> ### 환자의 적절한 평가
>
> 한때 나는 환자가 다중성격장애로 진단되었다는 사실에도 불구하고 그녀의 사회보장장애지급 거부에 이의를 제기할 목적으로 평가 보고서를 작성하도록 고용되었다(11장에서 논의). 하지만 그녀의 장애를 이해하고, 치료하면서 다양한 성격을 통합하기 위해 열심히 노력하는 동안 그녀는 매우 우울해했고, 때때로 해리되었다.
>
> 당면한 과업은 그녀의 진단을 확인하기보다 환자의 일할 능력을 평가하는 것이기 때문에, 평가 질문을 다룰 도구들을 선택하는 일은 중요하다. 이 환자가 고용을 효과적으로 견뎌낼 수 있을까?
>
> – 에드 노이크루그

상담자들은 평가 도구들을 스스로 채점하고 해석하든 혹은 기술이나 다른 서비스를 사용하든 간에, 환자의 요구들과 관련된 평가 도구들을 적절히 적용하고, 채점하고, 해석하며 사용하는 데 책임이 있다(ACA, Section E.2.b).

심리학자들은 기법의 유용성과 적절한 적용에 대한 연구와 증거에 비추어 적합한 방식과 목적으로 평가 기법, 면접, 검사 혹은 도구를 관리하고, 적응시키고, 채점하고, 해석하고 혹은 사용한다(APA, Section 9.02a).

보고서 작성하기

당신은 환자에 대한 전체 평가를 수행한 후, **보고서**(report)를 작성할 준비를 할 것이다. 보고서들은 그 어느 때보다도 오늘날 더 자세히 검토된다. 왜냐하면 보고서들은 면접자가 수행한 평가를 이해관계자에게 전달하기 위해 사용된 방법이고 임상가의 작업을 평가할 때 자금을 지원하는 기관들과 슈퍼바이저들에 의해 종종 사용되기 때문이다. 게다가, **가족 교육 권리 및 사생활 보호법**(FERPA: Family Educational Rights and Privacy Act), **정보자유법**(Freedom of Information Act), **건강보험 양도와 책임 법령**(HIPAA: Health Insurance Portability and Accountability Act) 같은 수년에 걸쳐 통과되어온 법령들의 결과로서(2장 참조), 일반적으로 환자들은 기록들을 검토하는 것을 선택한다면 자신의 기록에 접근할 수 있을 것이다. 이 모두를 유념하며 보고서 작성법에 관한 많은 제안을 BOX 4.3에 요약해뒀다(Lichtenberger et al., 2004; Wiener & Costaris, 2012).

오늘날 많은 임상가가 관여된 보고서를 작성하도록 요구받는다 할지라도, 실제 보고서 양식은 환경마다 다양한 경향이 있다. 예를 들어, 대형 정신건강클리닉은 치료자들을 위해 선호되거나 요구되는 형식을 명시할 수 있다. 마찬가지로, 개인 진료하는 곳의 사회복지사는 보험 제공자가 요구한 특별한 형식을 사용하도록 요구될 수 있는 반면, 학교 상담자는 전 조직에 걸친 상담 디렉터가 요구한 정해진 형식을 사용해야 할 수 있다.

평가 보고서 작성하기(writing assessment reports)
좋은 보고서 작성에 관한 '팁' 알기

FERPA, HIPAA, 정보자유법
기록에 접근할 수 있는 내담자의 권한을 늘리기

© Cengage Learning

BOX 4.3
보고서 작성을 위한 15가지 제안

1. 수동사 쓰지 않기
2. 판단적이지 않기
3. 전문용어 사용을 줄이기
4. 아랫사람 다루는 듯한 말투를 사용하지 않기
5. 부제 사용을 늘리기
6. 두문자어(acronyms)의 사용을 줄이고 정의 내리기
7. 어려운 낱말의 숫자를 최소화하기
8. 긴 낱말보다 짧은 낱말을 사용하기
9. 문단이 간결하고 잘 연결되도록 하기
10. 환자의 강점과 약점을 언급하기

11. 당신의 탁월함으로 보고서의 독자들을 현혹하지 않기
12. 가능하다면, 환자의 문제를 나타내는 행동들을 기술하기
13. 환자의 안녕감을 위해 그렇게 하는 것이 필요하고 가치가 있을 때만 라벨을 붙이기
14. 비정신건강 전문가가 그것을 이해할 수 있을 정도로 보고서를 작성하기
15. 정보가 그것을 타당화한다고 강하게 느낀다면 태도를 취하는 것을 두려워하지 마라(예: 정보가 당신이 환자가 자기를 해칠 위험에 처했다는 신념을 갖도록 유도함).

보고서 형식이 다양하다 할지라도, 다음과 같은 내용 모두 혹은 일부를 포함할 것이다. (1) 인구학적 정보, (2) 호소 문제 혹은 의뢰사유, (3) 가족적 배경, (4) 중요한 의학적/상담 과거력, (5) 약물 사용 및 남용, (6) 교육 및 직업적 과거력, (7) 기타 관련 있는 정보, (8) 정신 상태, (9) 평가 결과, (10) 진단, (11) 요약 및 결론, (12) 제언. 각 부분들을 좀 더 상세하게 살펴보자.

인구학적 정보

이 부분에서는 환자 이름, 주소, 전화번호, 이메일 주소, 생년월일, 나이, 성별, 민족, 면접 날짜 같은 항목들을 포함한 환자의 기본 정보를 발견한다. 면접자의 이름이 적힌 곳도 바로 이곳이다. 종종 이 정보는 보고서의 윗부분에 포함된다. 다음은 가상의 환자인 언클리어 씨에게서 수집된 인구학적 정보의 예이다.

이름: 에두아르도 언클리어(Eduardo (Ed) Unclear)　　　생년월일: 1/8/1966

주소: 223 Confused Lane　　　나이: 48세

　　　Coconut Creek, Florida　　　성별: 남

전화: 954-969-5555　　　인종: 히스패닉

이메일: iunclear@hotmail.net　　　　　　(쿠바계 미국인)

면접자 이름: 지그문트 프로이트(Sigmund Freud), MD　　　면접일: 10/22/2014

호소 문제 혹은 의뢰사유

이 부분에서는 일반적으로 환자를 의뢰한 사람이 언급되고(예: 자발적, 의사, 상담자 등) 그 사람이 왜 상담소를 오게 되었는지와(혹은) 왜 검사자가 평가를 실시하도록 요구받았

는지에 관한 설명이 주어진다. 다음의 내용들이 여기에서 설명될 수 있다. 예를 들어 양육권 청문회를 위해 사회복지사는 아동의 법정 평가를 실시하도록 요청받은 것, 학교 심리학자가 학교에서 심각한 행동 문제를 보이는 아동의 정서장애 진단 가능성을 평가하도록 요청받은 것, 혹은 개인상담소에 있는 면허증을 가진 임상가가 진단을 내리고 치료 목표를 세우도록 돕는 평가를 환자에게 제안할 수 있는 것. 계속해서 언클리어 씨의 예를 통해 다음과 같은 정보를 포함할 수 있다.

> 에두아르도 언클리어는 평균 키와 체구를 가진 48세 히스패닉계 남성이다. 그는 스트레스와 수면장애 때문에 자발적으로 상담소에 오게 되었다. 환자는 약 2년 동안 불안감을 느껴왔고 약 7, 8년 동안 간헐적으로 우울감을 느껴왔다고 보고했다. 그는 자신의 결혼생활에 불만족스러워했고 그의 미래에 대해 혼란을 느껴왔다고 했다. 언클리어 씨는 적절하게 옷을 갖춰 입었고 회기 동안 주의를 기울이는 모습을 보였다. 변별 진단과 치료 과정을 결정하기 위해 평가가 진행되었다.

가족적 배경

보고서의 가족적 배경 부분은 환자의 현재 문제와 관련이 있을 수 있는 환자의 양육과 관련하여 가능성 있는 요인들을 이해할 수 있는 기회를 제공한다. 사소한 정보들은 이 부분에서 누락되어야 하고, 이 정보에 관한 옵션들은 보고서의 요약 및 결론 부분을 위해 모아져야 한다.

이 부분에서, 그 사람이 자라난 곳, 형제의 나이와 성별, 환자가 초혼 가족 출신인지, 주양육자가 누구였는지, 환자의 삶에 영향을 준 의미 있는 타인들에 대해 언급하면 종종 도움이 된다. 검사자는 환자가 스스로를 어떻게 정의하는지에 영향을 미치는 어린 시절부터의 중요한 이야기들을 이어가고 싶어 한다. 성인의 경우, 가족적 배경은 결혼 상태, 결혼 혹은 관계 문제, 자녀의 나이 및 성별, 의미 있는 타인들과 같은 문항들을 포함해야 한다. 위의 사례를 사용하여, 우리는 다음과 같은 정보를 포함할 수 있다.

> 언클리어 씨는 플로리다의 마이애미에서 자랐다. 다섯 살 때 그의 부모는 그와 그의 두 형제, 2살 위인 형 호세와 2살 아래인 동생 후안과 함께 어선을 타고 쿠바에서 망명했다. 언클리어 씨는 초혼 가족 출신이다. 그의 아버지는 경리였고 어머니는 전업주부였다고 보고했다. 그의 아버지는 '다정하면서 엄격한' 사람으로 가족에 대해 '책임감 있는' 분이었고 종종 '나에게 감정을 터뜨리곤 했다'고 그가 언급했다. 그와 그의 형제들은 항상 가까웠고 두 형제 모두 그의 집에서 1마일도 안 되는 거리에 살고 있다고 보고했다. 동생은 결혼해서 자녀가 둘이 있다고 했다. 그의 형은 미혼이고 '동성애자이지만 밝히지 않았다'고 얘기했다. 그와 그의 형제들은 가톨릭 학교를 다녔고 그는 좋은 학생이었으며 친구 수는 '보통'이었다고 말했다. 그의 아버지는 약 4년 전 '심장병'으로 사망했다. 그의 어머니는 현재 마이애미 해변 북쪽에 있는 은퇴자 거주지에 살고 있다.

언클리어 씨는 20살 때 대학에서 그의 부인 카를라를 만났다고 했다. 그들은 21세에 결혼해서 바로 두 자녀, 카를리타와 카르멘을 낳았고, 현재 이들은 각각 27세와 26세가 되었다. 두 딸은 모두 대학을 졸업했고, 전문직에 종사하며, 결혼을 했다. 카를리타는 3세, 4세의 두 자녀를 두었고, 카르멘은 5세의 자녀를 두었다. 두 딸과 그의 가족들은 그의 집 가까이에 살고 있고, 그는 그들과 좋은 관계를 유지하고 있다. 그의 결혼이 처음 20년 동안은 '좋았다' 할지라도, 최근에 그는 사랑받지 못하고 우울한 자신을 발견하게 되었다고 말했다. 그는 계속 결혼을 유지해야 하는지 고민 중이다.

중요한 의학적/상담 과거력

보고서의 이 부분은 중요한 의학적 과거력, 특히 환자의 심리 상태에 영향을 미칠 수 있는 신체적 상태를 기술한다. 처방된 모든 약과 용량이 기술되어야 한다. 추가적으로, 상담 관련 과거력이 이 부분에 기술되어야 한다. 언클리어 씨의 의학적 및 상담 과거력이 다음과 같이 요약되었다.

언클리어 씨는 약 4년 전 심한 교통사고를 당했고, 결과적으로 만성 허리통증에 시달리는 것으로 보고했다. 통증을 위해 처방된 약(플렉세릴(Flexeril), 5 mg)에도 불구하고, 대체로 '약 없이 살려고' 노력한다고 언급하면서, 그는 약 복용을 좋아하지 않는다고 했다. 그는 자주 피곤함을 느끼고 항상 하루에 4시간 정도 자는 등 수면에 어려움이 있다. 최근 받은 의학적 검사는 그의 피곤함과 수면장애에 대한 분명한 의학적 원인을 밝혀주지 못했다. 그는 과거 2년 동안 심장발작으로 죽을 것 같은 두려움과 관련하여 강박적으로 걱정을 했다고 얘기했다. 그의 식습관은 '정상'적인 것으로 기술했고, 그 밖의 중요한 의학적 과거력은 없다고 언급했다.

언클리어 씨는 그의 부인이 둘째 아이 출산 후, 찢어진 질을 복구하기 위해 수술을 했다고 말했다. 그는 이후 부인이 성관계를 하는 동안 통증을 경험했으며 둘 사이의 친밀감이 크게 감소했다고 진술했다. 그와 그의 부인은 약 15년 전 2달 정도 부부 상담을 받았다고 얘기했다. 그는 상담이 도움이 되지 않았다고 느꼈고, '특히 그들 부부의 성생활에 전혀 도움이 되지 않았다'고 보고했다.

약물 사용 및 남용

이 부분은 중독적이거나 혹은 잠재적으로 환자에게 해로울 수 있는 법적 혹은 불법적 약물의 사용 및 남용을 보고한다. 그래서 면접자는 음식, 담배, 알코올, 처방약, 불법적인 약물의 사용 혹은 남용을 언급해야 한다. 언클리어 씨에 관하여, 우리는 다음의 정보를 포함했다.

언클리어 씨는 흡연은 하지 않지만 종종 시가를 즐긴다고 했다. "쿠바산 시가는 절대 피우지 않습니다."라는 말을 덧붙였다. 그는 '하루에 맥주 2병'을 마시지만 '독한 술'은 거의 마시지 않는다고 말하면서 자신을 적당한 음주자라고 묘사했다. 그는 만성적인 허리통증 때문에 간간이 처방약을 복용하지만 그 어떤 불법 약물도 사용하지 않는다고 했다.

교육 및 직업적 과거력

이 부분은 환자의 교육적 배경을 기술하고 직업 경로와 경력의 초점을 설명한다. 언클리어 씨의 경우, 우리는 다음과 같은 정보를 포함했다.

언클리어 씨는 플로리다 마이애미에 있는 가톨릭 학교를 다녔다. 수학에서는 우수했지만 읽기와 쓰기에 어려움을 겪었다. 고등학교 졸업 후, 그는 마이애미 대학교에 다녔는데 거기서 경영학을 전공했다. 학사학위를 받은 후, 주요 담배수입회사에서 회계사로 17년 동안 일했다. 그 시간 동안 경영학 석사를 공부했지만 '재미없어서' 학위를 마치지 못했다고 얘기했다. 약 8년 전 그는 '더 많은 돈을 벌기' 위해 직업을 바꿨다. 그는 지역의 새로운 자동차회사에 회계사로 고용되었다.

언클리어 씨는 비록 그가 잘 작성된 보고서를 준비하지 못해서 당황했다고 계속해서 언급했으나, 회계사로서 그의 "회계 장부는 항상 완벽했다."고 얘기했다. 그는 자신의 경력에 대한 불만족을 표현했고 '그의 인생에서 좀 더 의미 있는 무언가를 하기'를 원했다. 하지만 "내가 지금 진로를 바꾸기에는 너무 나이가 든 것 같습니다."라는 말을 덧붙였다.

기타 관련 있는 정보

이 '잡동사니(catch-all)' 범주는 다루지 않았던 모든 중요한 정보를 얘기한다. 이 부분에서 얘기할 수 있는 이슈들은 성적 지향성, 성욕의 변화, 성기능 저하; 기능에 영향을 미칠 수 있는 현재 혹은 과거의 법적 문제; 환자가 겪고 있는 재정적 문제와 관련이 있을 수 있다. 언클리어 씨의 경우 우리는 다음의 정보를 포함한다.

언클리어 씨는 성생활이 행복하지 않다고 얘기하며 부인과 그리 친밀하지 않다고 보고했다. 그는 불륜을 거부했지만 "만약 이상형을 만난다면 혼외관계를 가질 수도 있다."고 언급했다. 그는 재정적으로 "이제 막 이뤘다."고 말하면서 그의 두 자녀를 대학 내내 지원하는 일이 힘들었다고 얘기했다. 그는 법과 관련된 어떤 문제도 겪고 있지 않았다.

정신 상태

정신 상태 검사(mental status exam)는 환자의 외양과 행동, 정서 상태, 사고 요소, 인지 기능에 관한 평가이다. 이 평가는 면접자가 진단을 내리고 치료를 계획하는 것을 돕곤 한다(Akiskal, 2008; Polanski & Hinkle, 2000; Sommers-Flanagan & Sommers-Flanagan, 2012). 정신 상태 검사의 네 영역 각각에 관한 짧은 개요가 다음에 나오고, 정신 상태 검사에 사용된 공통 단어들에 관한 정의가 표 4.1에 제시되었다.

**정신 상태 검사
(mental status
exam)**
외모, 행동, 정서상태, 사고, 인지 기능 평가하기

외모와 행동   정신 상태 검사 보고서 중 이 부분은 임상 면접 동안 환자의 관찰 가능한 외

표 4.1 정신 상태 검사에서 사용된 공통 용어와 정의 혹은 기술

분류	용어	정의 혹은 기술
외모와 행동	외모(appearance)	적절한 혹은 기준치의, 기이한 혹은 특이한, 비정상적인 움직임 혹은 걸음걸이, 좋은 혹은 좋지 못한 옷차림, 혹은 위생 상태
	눈맞춤(eye contact)	좋은 혹은 좋지 못한
	언어(speech)	정상 범주 내, 큰, 부드러운, 부담스러운, 주저하는
정서 상태(감정)	적절한(appropriate)/부적절한(inappropriate)	정서가 적절한 혹은 부적절한(예: 최근 경험한 죽음에 관한 얘기를 하는 동안 웃는 것)
	완전한(full)과 반응적(reactive)	대화와 정확하게 관련된 충분한 정서들
	불안정한(labile)	통제할 수 없는 울음 혹은 웃음
	무딘(blunted)	정서적 강도가 감소된 표현
	생기 없는(flat)	정서적 강도가 전혀 없거나 거의 없는 표현
정서 상태(기분)	평상적(euthymic)	정상적 기분
	우울한(depressed)	슬픈, 불쾌한, 불만족스런
	도취된(euphoric)	매우 행복하거나 기쁜
	불안한(anxious)	걱정에 찬
	쾌감상실(anhedonic)	이전에 즐겼던 활동들에서 기쁨을 얻을 수 없는
	화난(angry)/적대적인(hostile)	짜증이 난, 화난, 성난 등
	감정표현불능의(alexithymic)	기분을 표현할 수 없는
사고 요소(내용)	환각(hallucinations)	현실에 대한 사실이 아닌 인지: 청각적, 시각적, 촉각적, 후각적, 혹은 미각적일 수 있는
	관계망상(ideas of reference)	우연한 외부의 사건들을 자기와 관련된 것으로 오해하기(예: 신문 헤드라인, TV 이야기, 혹은 노래 가사들이 환자에 관한 것이다.)
	망상(delusions)	거짓된 믿음(예: '위성이 나를 쫓고 있다.')이 과장되고, 박해당하는(해를 입는), 신체적인(의학적 문제가 없는 신체적 증상), 성적일 수 있음
	현실감 상실(derealization)	외부 세계가 비현실적으로 보이는 것(예: 마치 영화처럼 그것을 지켜보기)
	이인화(depersonalization)	통제 없이 종종 자신으로부터 분리된 느낌(예: 내가 꿈 속에 살고 있는 것처럼 느낀다.)
	자살(suicidality)/살인(homicidality)	아무도 없음, 사고, 계획, 방법, 준비, 리허설, 의도 등의 범위
사고 요소(과정)	논리적인(logical)/조직화된(organized)	사람의 사고들이 합리적이고 구조화된 정상적인 상태
	부족(poverty)	언어 내용 혹은 짧은 반응들의 부족
	차단된(blocking)	문장을 완성하는 것이 어렵거나 할 수 없는
	음향(clang)	의미보다 함께 운을 맞춘 단어들을 사용하여 강조

표 4.1 정신 상태 검사에서 사용된 공통 용어와 정의 혹은 기술(계속)

분류	용어	정의 혹은 기술
사고 요소(과정)	고집(perseveration)	계속해서 같은 아이디어로 돌아가는 사고
	반향어(echolalia)	환자 자신의 언어나 당신의 언어를 '반향하기'; 반복한
	사고 비약(flight of ideas)	거의 앞뒤가 맞지 않는 빠른 사고
	상세한(circumstantial)	설명이 길고 종종 관련이 없지만 결과적으로 핵심에 이른다.
	관련 없는(tangential)	반응들이 질문에 대한 요점이 전혀 없다.
	제멋대로(loose)	사고가 대화 혹은 서로에게 전혀 혹은 거의 관계가 없다.
	다시 돌린(redirectable)	반응들이 방향을 벗어나지만 다시 주제로 반응들을 향하게 할 수 있다.
인지	지남력(orientation)	그들이 누구이고, 어디에 있고, 날짜를 알 수 있다.
	기억력(memory)	최근, 즉각적이고, 오랜 사건들을 기억할 수 있는 능력
	통찰력(insight)	그 혹은 그녀의 정신장애를 깨달을 수 있는 능력: 좋은, 제한된, 혹은 전혀 아닌
	판단력(judgment)	정상적인 결정을 할 수 있는 능력: 좋은, 적당한, 혹은 좋지 않은

모(appearance)와 행동(behavior)을 보고한다. 따라서 옷 입는 방식, 위생 상태, 몸자세, 경련, 의미 있는 비언어적 행동(눈맞춤 혹은 결여(lack thereof), 불필요한 손놀림, 흔들림), 말하는 방식(예: 말더듬, 목소리톤) 같은 문항들이 종종 보고된다.

정서적 상태 정서적 상태(emotional state)를 평가할 때, 검사자는 환자의 정서(affect)와 기분(mood)을 기술한다. 정서는 환자의 현재 지배적인 감정 상태(예: 행복한, 슬픈, 기쁜, 화난, 우울한 등)이고 또한 제한된 혹은 모든 내용에 대해 적절하거나 혹은 부적절한, 불안정한, 생기 없는, 무딘, 과장된 등으로 보고될 수 있다. 반면, 환자의 기분은 오랜 기간 환자의 근본적인 정서적 안녕을 나타내고 항상 환자의 자기보고를 통해 평가된다. 그래서 환자는 회기 동안 불안하고 슬퍼 보일 수 있고(정서) 그 혹은 그녀의 기분이 우울했다고 보고할 수 있다.

사고 요소 환자가 생각하는 방식은 그 혹은 그녀가 세상을 이해하고 세상의 의미를 어떻게 만드는지에 관해 많은 것을 알 수 있도록 한다. 사고 요소(thought component)들은 일반적으로 사고의 내용과 과정에 분해된다. 임상가들은 환자가 망상, 신체상의 왜곡, 환각, 강박, 자살 혹은 살인 생각 등(BOX 4.4 참조)을 가지고 있는지 여부를 언급함으로써 사고 내용에 관해 종종 진술한다. 종종 확인된 사고 과정의 유형에는 우회성(circumstantiality), 일관성(coherence), 사고의 비약, 논리적 사고, 연관성을 잃은 것과 대조적으로 온전한(intact), 조직화, 사고이탈 등이 있다.

BOX 4.4
치명성의 평가

자살 혹은 살인의 위험을 평가하는 것은 중요하다. 이 둘 모두 상상(그것에 대해 생각하기)에서부터, 계획하기, 계획을 실행할 방법들, 준비 단계, 계획 연습하기, 그리고 마지막으로 그것을 수행하기까지의 연속체를 따라 발생하는 생각일 수 있다 (Commonwealth of Virginia Knowledge Center[COVKC], 2010). 그래서 환자가 연속체상에서 어디에 있는지를 결정하는 것은 그 혹은 그녀가 자신 혹은 다른 사람을 해칠 위험이 얼마나 많은지를 파악하는 데 도움이 된다.

또한 위험 요인과 보호 요인 둘 모두를 평가하는 것이 도움이 된다(COVKC). 위험 요인에는 정신과 치료에 관한 과거력, 투약 사항의 미준수, 약물 남용, 이전의 자살 혹은 살해 시도 경험, 최근의 상실 경험, 혹은 기타 중요한 문제들이 있다. 고려할 보호 요인들에는 강한 가족 혹은 사회적 지지, 약물 사용 준수, 안정된 고용, 18세 이하 자녀들, 종교적 신념, 혹은 자살에 대한 두려움이 있다. 마지막으로, 이 사람과 구두로 혹은 문서 형식으로 안전을 위해 자살 혹은 살해에 대한 계약을 할지 여부를 결정해야 한다.

© Cengage Learning 2015

인지   인지(cognition)는 환자가 시간, 장소, 사람(시간이 어떻게 되는지, 어디에 있는지, 그 혹은 그녀가 누구인지)에 대한 지남력이 있는지에 관한 진술을 포함한다. 또한 환자의 장단기 기억에 관한 평가, 환자의 지식 기반과 지적 기능의 평가, 환자의 통찰력과 판단 능력에 관한 진술을 포함한다.

이 네 가지 영역 각각에 대해 더 많은 것이 언급될 수 있다 할지라도, 일반적으로 보고서에 정신 상태를 포함할 때는 네 가지 영역 모두가 환자 보고와 관련하여 한두 문단으로 축소된다. 보통은 환자의 태도, 지남력, 정서, 지적 기능, 판단력, 통찰력, 자살 혹은 살인 생각에 대한 진술이 포함된다. 그 밖의 영역들은 일반적으로 그것들이 중요하다고 여겨질 경우에만 보고된다(연습문제 4.1 참조). 언클리어 씨의 정신 상태에 대한 기술은 다음과 같다.

연습문제 4.1 | 정신 상태 보고서 작성하기

교수는 한 학생에게 면접을 받는 환자의 역할을 하도록 요구할 수 있다(만약 학생이 DSM-5의 진단을 반영하는 것을 선택한다면 또한 도움이 될 수 있다). 역할극이 완료된 후, 학급에 있는 다른 모든 학생은 정신건강 보고서를 작성해야 한다. 강사와 함께 당신의 보고서를 공유하고, 학급을 위해 하나의 정신 상태 보고서를 작성하라. 학급에서 생산된 최종 버전과 당신의 보고서를 비교해볼 수 있다. 만약 당신이 정신 상태 검사를 작성하는 것을 더 연습하고 싶다면, 이 유형의 역할극이 소집단에서 반복될 수 있다.

에두아르도 언클리어는 캐주얼한 약속이었지만 옷을 잘 차려입고 단장한 모습으로 나타났다. 그는 적절한 눈맞춤을 유지했고, 시간, 장소, 사람에 대한 지남력이 있었다. 시력은 정상 범위로 나타났다. 청각과 언어는 특이한 사항이 없었다. 면접 동안 그는 종종 손을 문지르면서 불안한 모습을 보였다. 언클리어 씨는 검사자에게 협조적이었고 동기, 흥미, 에너지의 측면에서 만족스러운 수준을 보여주었다. 그는 현재 통증약을 처방받았는데, 만성 허리통증 때문에 종종 복용했다.

그는 밤에 4시간 정도밖에 자지 못하기 때문에 자주 피로감을 느낀다고 진술했다. 자신이 지난 7, 8년 동안 간헐적으로 우울함을 느꼈다고 얘기했다. 그는 평균 이상의 지능을 보였고 기억력은 괜찮은 편이었다. 그의 판단력은 적당했고 통찰력은 꽤 괜찮은 것으로 보였다. 그는 자살 생각을 하지만, '종교에 위배된다'고 언급하면서, 자살을 고통스럽게 생각하거나 자살하는 것에 대해 부정적이었다. 그는 살인에 대한 생각도 없었다.

평가 결과

평가 결과(assessment results)
독자에게 이해하기 쉬운 결과를 제공하기

사용된 평가 절차에 대한 간단한 목록으로 이 부분을 시작하면 종종 도움이 된다. 그다음, 일반적으로 평가 절차의 결과가 제시된다. 검사 결과를 제시할 때는 원점수를 제공하지 않는 것이 중요하다. 대신에, 읽는 사람이 이해할 수 있도록 전환되거나 표준화된 점수를 제공하면 더욱 도움이 된다(7장에서 논의). 환자, 부모, 혹은 몇몇 다른 비전문가들이 이 결과를 읽을 수 있으므로 편향되지 않고 읽는 사람이 이해할 수 있는 언어로 결과를 기술하는 것이 중요함을 명심해야 한다. '조니는 SAT에서 300점을 받았는데, 그것은 평균 아래 2 표준편차 내에 있고, 이것은 그를 12학년인 그의 동료들과 비교하여 두 번째 백분위수에 놓이게 한다.'가 그 예가 될 수 있다.

평가의 결과들은 간명하지만, 현재 문제와 분명히 관련이 있거나 평가 결과로 나올 수 있는 모든 문항을 다루어야 한다. 결과들은 객관적으로 제시되어야 하고, 사용되어야 하며, 해석은 최소한으로 유지되어야 한다. 요약과 결론 부분에서, 검사자는 환자에게 무엇이 일어나고 있는지에 관한 가정을 할 수 있는 기회를 가질 것이다. 다음은 언클리어 씨 보고서의 평가 부분 예이다(이 책의 3부에서 구체적인 검사들을 논의할 것이다. 우선은 이 예들이 학기 말 가까이에 더 의미가 있을 것이므로 서식에 집중하라).

언클리어 씨는 벡의 우울 검사 II(Beck Depression Inventory-II), 미네소타 다면적 인성 검사 II(MMPI-II: Minnesota Multiphasic Personality Inventory-II), 로르샤흐 잉크반점 검사(Rorschach Inkblot Test), 주제통각검사(TAT: Thematic Apperception Test), 동적 가족화 검사(KFD: Kinetic Family Drawing), 문장완성검사(Sentence Completion Test), 스트롱 흥미 검사(Strong Interest Inventory), WRAT-4(Wide Range Achievement Test-4)를 포함한 일련의 객관적 및 투사적 성격 검사들을 받았다.

지난 2주를 기준으로 한 자기보고를 통해, 언클리어 씨의 BDI-II 점수는 그가 중등도 우울증이 있음을 나타낸다(원점수 = 24). 그의 반응들은 그가 자살 생각을 할 수 있다는 것에 대한 증거를 보여준다. BDI-II는 DSM 진단 기준들과 일관되기 때문에 우울로 진단 내릴 수 있지만, 그것은 또한 우울 증상의 심각도를 나타낼 수 있다. MMPI-II는 중등도에서 심한 우울증을 지지해주었고 또한 경미한 불안을 나타냈다. 삶에 대한 불만족을 드러내주는 MMPI-II는 언클리어 씨가 전반적으로 '세상에 만족하지 못하고' 그의 삶에서 친밀감이 부족하다고 느낀 것으로 보여준다. 이러한 결과는 자살 생각 가능성을 평가하도록 제안한다.

로르샤흐 검사와 주제통각검사는 심리적 기능을 평가하는 데 사용되는 투사적 평가 도구이다. 잉크반점과 TAT 카드에 선뜻 반응하는 그의 의지, TAT의 이야기를 완성하는 능력, 많은 반응이 '평범한' 반응이라는 사실에 의해 입증되었듯이, 두 검사 모두 언클리어 씨가 현실에 근거하고 검사에 개방적임을 보여주었다. 로르샤흐 검사의 '유색 카드'에 대한 많은 반응에서 선뜻 색깔을 보지 않고 TAT 카드에 대해 우울한 결말을 가진 많은 염세적 이야기를 만들어내는 것과 같이 우울한 감정과 절망감은 많은 반응에서 명백하게 드러났다.

가족 모두가 함께 무언가를 하고 있는 것을 그리도록 환자에게 요구하는 투사적 검사인 KFD 검사를 받을 때, 언클리어 씨는 그의 아버지를 하늘에 있는 천사로 배치했고 그의 부인, 어머니, 아이들과 손자들을 포함했다. 어머니가 그의 옆에 서 있었으나 그의 부인은 손자들과 함께 떨어져 있었다. 그는 또한 자신을 의자에 앉아 있는 것으로 배치했고, 그림을 묘사하도록 했을 때 "나는 허리가 아파서 앉아 있다."고 얘기했다. 그림은 환자와 그의 가족들이 비가 오는 일요일에 그의 어머니 집에서 저녁을 먹고 있는 모습을 그린 것이었다. 비는 우울한 정서를 가리킬 수 있다. 뒷마당에 있는 십자가가 눈에 띄었고 그것은 그림 속 대부분의 사람들보다 더 컸는데, 이것은 강한 종교적 신념을 나타내고 또한 돌봄 욕구를 시사할 수 있다.

문장완성검사에서 언클리어 씨는 "내가 생각하는 대부분의 것들은 아버지에 대한 그리움이다."와 같은, 아버지를 그리워하는 말을 많이 했다. 그는 또한 계속해서 허리통증을 언급했다. 마지막으로 그는 '섹스가 없다'는 진술을 포함해서, 그의 결혼생활이 불만족스럽다고 얘기했다.

성격과 진로 흥미를 평가하기 위해 사용된 자기보고식 평가 도구인 스트롱 흥미 검사에서, 언클리어 씨의 높은 성격 코드 두 가지는 사무형과 진취형이었다. 그 밖의 코드들은 모두 유의미하게 낮은 것으로 나타났다. 사무형 사람들은 안정적이고, 통제되고, 보수적이고, 사회적이며, 지시를 따르는 것을 좋아한다. 진취형 사람들은 자신만만하고, 모험적이며, 사회적이다. 이들은 설득력이 좋으며 리더십을 발휘할 수 있는 자리를 선호한다. 설득 기술이 중요한 비즈니스와 산업 분야의 진로는 이러한 유형의 사람들에게 좋은 선택이라고 할 수 있다.

WRAT-4에서, 언클리어 씨는 수학에서 86번째, 읽기에서 76번째, 문장 이해에서 64번째, 철자 쓰기에서 42번째 백분위수를 얻었다. 그의 독해력은 69번째 백분위수를 얻었다. 언클리어 씨가 어린 나이에 이 나라에 온 이민자였다는 사실 때문에 다문화적 고려사항들이 참작되어야 한다 할지라도, 이 결과들은 철자 쓰기에서 학습장애 가능성을 나타낸다.

진단

일반적으로 DSM-5의 기준을 사용하여 임상적 진단이 내려지는 곳이 바로 이 부분이다 (APA, 2013; 3장 참조). 진단은 전체 평가 과정의 결과물이고 수집된 모든 지식의 통합에 근거한다(Seligman, 2004). 3장에서 언급했듯이, DSM-IV-TR(APA, 2000)은 의학적 상태, 심리사회적 및 환경적 상태, 그리고 전반적인 기능 평가를 포함하는 개별 축들을 제공한다. 최근의 DSM이 단일 정신장애 축을 사용한다 할지라도, 당신은 심리사회적 및 환경적 상태들을 반영하는 V(혹은 Z) 코드를 포함하기를 원할 수 있다. 추가적으로, 당신은 보고서의 독자에 따라 ICD-9 혹은 ICD-10으로부터 나온 의학적 진단들을 제공하고 싶을 수 있다. 예를 들어 이 보고서가 법원 혹은 일부 의학계를 위한 것이라면, ICD 진단과 코드를 포함할 경우 유용할 수 있다. 그러나 보고서가 정신건강 전문가 혹은 환자에게 직접적으로 가는 것이라면, 비전문가의 용어로 의학적 상태들을 보고하는 편이 더욱 도움이 될 수 있다. 정확한 용어를 사용하여 보고서를 명확하고 전문적으로 만들면서 또한 최종 독자가 이것을 읽을 수 있고 이해할 수 있도록 만드는 것 사이의 균형이 필요하다. 아래에서 우리는 언클리어 씨의 진단을 기록했다. 첫 번째 진단 숫자는 ICD-9 코드이고 ICD-10 코드가 괄호 속에 제시되었다.

> 296.22(F32.1) 주요 우울증, 단일 삽화, 중등도
> 309.28(F43.23) 제외: 혼합된 불안과 우울 기분을 동반한 적응장애
> V62.29(Z56.9) 고용과 관련된 문제
> V61.10(Z63.0) 배우자와의 관계 고통
> 722.0 경추추간판 변위(만성 허리통증)

이 예에서, 진단은 현재 진행 중인 우울기분, 피로, 수면 문제를 포함하여 중등도 주요 우울증 증상을 경험하고 있는 환자를 묘사한다. 새로운 삶의 환경에 적응하는 데 어려움을 겪을 수 있다. 일 및 부인과의 관계와 관련된 문제가 있고 만성적인 허리통증으로 인한 어려움이 있다.

요약 및 결론

이 부분에서 검사자는 수집된 모든 정보를 종합할 수 있는 기회를 갖는다. 요약 및 결론은 종종 다른 사람이 읽게 될 보고서의 유일한 부분이므로 정확하고 주요한 점들을 생략하지 않는 것이 중요하다. 하지만 지나치게 길어서도 안 된다. 정확하고, 간결하며, 적절하게 보고서를 작성하는 것은 좋은 요약을 작성하는 데 있어 핵심이다. 요약을 작성할 때 한 가지 주요한 실수는 어디에도 포함되지 않은 정보를 추가하는 것이다. **요약은 어떤 새로운 정보를 포함해서는 안 된다.** 이 부분에서 추론을 할 수 있다 할지라도, 그것들은 논리적이고 합당하고 방어할 수 있으며 당신의 보고서에서 언급된 사실들에 근거해야 한다. 그리고 일반적으로 개인의 강점에 관해 한두 문단을 작성할 것을 추천한다. 이것이 보고서에 빠

DSM-IV 진단
DSM-5 이전의 차트에 친숙해지기

보고서 요약에는 새로운 내용이 없어야 함

져 있는 경우가 종종 발견되곤 한다. 언클리어 씨에게서 수집한 정보에 근거한 요약 및 결론 부분이 다음과 같이 제시되었다.

언클리어 씨는 우울, 불안, 직장과 결혼에 대한 불만족 때문에 자발적으로 상담을 받으러 온 48세 기혼 남성이다. 다섯 살 때 부모 및 두 형제와 함께 쿠바에서 플로리다의 마이애미로 이민을 온 그는 가족들과 친하다고 얘기했고, 그의 자녀, 형제, 어머니 가까이에 계속해서 살고 있다. 그의 아버지는 약 4년 전 돌아가셨다. 그와 부인은 대학 재학 중에 결혼을 했고, 현재 20대이며, 결혼하여 두 명의 자녀를 둔 두 딸을 키웠다.

언클리어 씨는 대학에서 경영학 학위를 받았고 지난 25년 동안 회계사로 일해오고 있다. 그는 자신의 진로가 불만스럽다고 보고했고 "삶에서 더 의미 있는 무언가를 하고 싶다."고 얘기했다. 그는 또한 부부 간 불화를 보고했는데, 그 원인을 부분적으로 둘째 아이 출산 후 부인에게 생긴 의학적 문제 탓으로 돌렸다. 이 문제는 그의 부인과 성관계 빈도가 감소되면서 발생했다고 진술했다.

언클리어 씨는 회기 동안 지남력은 있었지만 불안하게 보였고 우울함에 대해 얘기했다. 그는 종종 피곤하며 잠자는 데 어려움이 있고, 행동으로 옮기지는 않을 거라고 얘기는 하지만 자살 생각에서 벗어나려고 한다고 얘기했다. 최근 들어, 의학적인 근거들은 없지만 그는 심장발작에 관한 강박적인 사고를 한다. 몇 년 전 자동차 사고로 인한 만성 허리통증이 현재 그의 우울증을 더욱 악화시키는 것으로 보인다.

전 검사를 통해 우울증, 외로움, 절망이라는 일관된 주제가 나왔다. BDI-II, MMPI-II 우울 척도에서 높은 점수들이 이것을 증명했다. 또한 이러한 주제들은 로르샤흐 검사, TAT 검사, KFD, 문장완성검사에 대한 반응들에 의해 추가적으로 나타났다.

결혼생활에 대한 불만족, 아버지의 죽음에 대한 슬픔, 만성 통증이 검사 동안 발생했던 주요 주제들이었다. 또한 검사를 통해 그의 직업과 성격이 잘 맞는 것으로 드러났다. 하지만 그가 추가적인 책임과 리더십 기술을 요구하는 위치에 가게 된다면 그는 더 많은 어려움을 겪을 수 있다. 만약 언클리어 씨가 우울증에 대한 치료를 받지 않는다면 그와 같은 변화가 불편할 수 있다. 마지막으로, 다문화 이슈들이 그의 점수에 영향을 미칠 수 있다 하더라도 검사의 결과는 철자 쓰기에서 학습장애 가능성을 보여주었다.

긍정적인 부분과 관련하여, 검사와 임상 면접에서 그가 보여준 단정한 옷차림과 검사자에게 협력적인 태도로부터 그가 개방적인 사람임을 알 수 있었다. 그는 열심히 일해왔고 그가 이루어온 가족을 자랑스러워한다. 그는 현실에 뿌리 내리고 있으며, 기꺼이 다른 사람과 관계를 가지려 하고, 꽤 좋은 판단력과 통찰력을 보여주었다. 그는 자신 앞에 닥친 많은 시급한 관심사에 대해 알고 있으며 기꺼이 다루려 한다.

제언

보고서의 마지막 부분은 수집된 모든 정보에 근거해야 한다. 그것은 독자들에게 논리적인 느낌을 주어야 한다. 이 부분을 문단 형태로 작성하는 것을 선호하는 사람들도 있지만,

이 책에서는 각 제언을 나열하는 편을 더 선호한다. 왜냐하면 이 형식이 독자에게 더 명확하다고 믿기 때문이다. 일반적으로 검사자의 사인이 이 마지막 부분에 뒤따른다. 다음은 언클리어 씨를 위한 몇 가지 제언일 수 있다.

1. 우울, 불안, 부부 간 불화, 직업 불만족에 대해 1주일에 1시간 상담하기
2. 부부 성관계에 특별히 초점을 맞춘 부부 상담
3. 항우울제 약물을 위해 내과의/정신과의에 의뢰하기
4. 학습 문제를 위한 심화 평가
5. 우울감 감소 후 그리고 가능한 학습 문제 해결 후 이직에 대한 장기적인 고려
6. 허리통증 문제에 대한 정형외과의 재평가

평가 보고서 작성 요약

위와 같이 환자에게서 많은 정보가 수집되고 이 중 많은 내용이 보고서에 포함된다. 어떤 사람이 심층 면접에서 정보를 수집한 후 환자에 관한 짧은 소설을 작성할 수 있다 할지라도, 일반적으로 숙련된 검사자는 행간 여백 없이 2~5페이지 보고서를 유지할 것이다. BOX 4.5는 평가 보고서에 수집되어야 하는 주요 요점을 요약한 것으로, 부록 D에서 완전한 형태로 제시된 언클리어 씨의 보고서를 볼 수 있다.

BOX 4.5
평가 보고서 요약

일반적으로 다음 범주들이 보고서에 포함된다.

인구학적 정보

이름:	생년월일:
주소:	나이:
전화번호:	성별:
인종:	이메일 주소:
면접 날짜:	면접자 이름:

호소 문제 혹은 의뢰사유

1. 누가 환자를 기관에 의뢰했는가?
2. 환자가 기관을 방문한 주요한 이유는 무엇인가?
3. 평가 이유

가족적 배경

1. 원 가족으로부터의 중요한 요인들
2. 현재 가족으로부터의 중요한 요인들

3. 언급될 수 있는 구체적인 이슈들: 개인이 자란 곳, 형제의 성별 및 나이, 환자가 초혼 가족 출신인지 여부, 주 양육자는 누구였는지, 어린 시절부터 중요한 이야기, 현재 자녀의 성별 및 나이, 중요한 타인들, 부부 문제

중요한 의학/상담 과거력

1. 중요한 의학적 과거력, 특히 환자 평가와 관련된 것(예: 정신과 입원, 우울증을 유발한 심장병)
2. 이전 상담 유형 및 날짜

약물 사용 및 남용

1. 음식, 담배, 알코올, 처방약, 혹은 불법적 약물의 사용 혹은 남용
2. 약물 사용 및 남용과 관련된 상담

교육 및 직업적 과거력

1. 교육적 과거력(예: 교육 수준과 학교 이름)

2. 직업적 과거력과 진로 경로(직업명과 유형)

3. 교육 수준과 진로 경로에 대한 만족감

4. 중요한 여가 활동

기타 관련 있는 정보

1. 법적인 문제와 법 관련 문제들의 과거력

2. 성과 관련된 이슈(예: 성적 성향, 성기능장애)

3. 재정적 문제

4. 기타 문제

정신 상태 검사

1. 외모와 행동(예: 옷 입는 것, 위생 상태, 자세, 경련, 비언어적인, 언어 방식)

2. 정서적 상태(예: 정서와 기분)

3. 사고 요소(예: 내용과 과정: 망상, 신체상의 왜곡, 환각, 강박, 자살 혹은 살인 생각, 우회성(circumstantiality), 고집, 사고 비약, 논리적 사고, 연관성을 잃은 것과 대조적으로 온전한(intact), 조직화, 사고이탈)

4. 인지 기능(예: 시간, 장소, 사람에 대한 지남력; 단기 및 장기 기억; 지식 기반 및 지적 기능; 통찰력과 판단력)

평가 결과

1. 사용된 평가 및 검사 도구 목록

2. 결과 요약하기

3. 원점수를 피하고 편견 없이 결과 진술하기

4. 표준화된 검사 점수와 백분위 사용을 고려하기

진단

1. DSM-5 진단들

2. 적절하다면 V/Z 코드 포함하기

3. 의학적인 것과 같은 그 밖의 진단들, 재활, 혹은 기타 핵심적인 요인 포함하기

요약 및 결론

1. 이전의 모든 정보의 통합

2. 정확하고, 간결하고, 관련성 있는

3. 어떤 새로운 정보 없음

4. 논리적이고, 합당하고, 방어할 수 있고, 보고서에 있는 사실들에 기반한 추론

5. 환자의 강점을 얘기하는 최소 한 문단

제언

1. 수집된 모든 정보에 기반한

2. 독자에게 논리적인 느낌을 갖도록 해야 함

3. 문단 형식 혹은 목록 형식으로

4. 항상 검사자의 사인이 뒤따르는

© Cengage Learning

요약

환자에 대한 통찰을 제공하고, 사례 개념화를 하고, 치료 옵션들을 개발하고, 교육적 서비스를 제안하고, 직업 재활 서비스를 제공하고, 인지적 손상을 가진 사람들을 위한 통찰력과 치료 옵션을 제공하고, 학교와 직업 배치를 돕고, 기관들에 의해 내려진 결정들에 이의를 제기하는 것을 포함한다.

평가 보고 과정에 '쓰레기'를 넣는 것은 결함이 있는 보고서로 이어지므로(쓰레기가 나온다) 보고서의 깊이와 범위가 처리됨을 보장하는 것은 중요하다. 그래서 계획된 평가의 폭을 적절하게 다루고 검사될 문제의 강도 혹은 깊이를 반영하는 검사 도구를 제공할 수 있도록 충분히 넓은 망을 제공해야 한다. 신뢰와 라포를 형성하고, 신뢰할 수 있는 정보의 수집을 위해 비밀 보장을 확인시키는 일 역시 중요하다.

검사자들은 세 가지 유형, 즉 구조화, 비구조화, 반구조화 면접 중에서 면접 방식을 선택할 수 있다. 면접은 정보를 수집하는 과정의 논조를 정하고 환자가 때로는 매우 개인적인 정보들을 둔감하게 느끼도록 하고, 검사자가 환자를 비언어적으로 평가할 수 있도록 하며, 검사자가 환자를 '직접' 이해하고 환자의 문제를 다른 관점에서 보게 해주어, 검사자와 환자에게 그들이 함께 작업할 수 있는지 여부를 알 수 있는 기회를 제공한다.

서로 다른 종류의 면접을 구별하면서, 구조화 면접은 피검사자에게 미리 정해진 항목들 혹은 질문들에 응답하도록 요구하는 반면, 비구조화 면접은 좀 더 자유롭다고 언급했다. 반구조화 면접은 정해진 문항들뿐 아니라 만약 면접 과정 동안 환자에게 필요하다면 검사자가 원하는 대로 질문을 바꿀 수 있는 자유를 준다. 특히, 면

접 방식들이 폭넓고 깊이 있는 정보를 수집하는 것과 관련이 있으므로, 각 접근 방법의 강점과 단점을 살펴보았다. 전자건강기록(EHR)과 컴퓨터 기반의 평가 보고서 같은 컴퓨터 보조 평가들은 정보 수집 과정에 도움이 되며, 검사자의 평가 보고서에 통합될 수 있다.

다음으로 적절한 평가 기법을 선택하는 과정을 검증했는데, 종종 이것은 당신이 환자와 함께 하는 임상 면접에 기반을 둘 것이다. 선택된 검사들에 의해 제공된 정보의 폭과 깊이를 고려하는 것의 중요성을 강조했고, 임상가들이 이 책에서 검증했던 것들과 같은 광범위한 도구들로부터 선택할 것이라고 언급했다. 임상가들은 가장 적절한 도구를 주의 깊게 반영(선택)해야 하며, 시행 중인 평가의 목적과 관련이 없는 도구들을 사용하여 개인을 평가하는 행위는 비윤리적이다.

계속해서, 실제 평가 보고서를 작성하는 방법을 논의했다. FERPA, HIPAA, 정보자유법 같은 법률은 환자들이 그들의 기록에 접근할 것임을 의미한다고 언급했다. 또한 오늘날 보고서는 어느 때보다도 더 세심하게 조사되며, 분명하고 간결하며 이해하기 쉬운 작성 방식을 개발하는 것이 중요하다. 그에 따라 수동사를 쓰기 않고, 비판단적이고, 전문용어를 줄이고, 잘난 체하지 않고, 부제를 사용하고, 두문자어를 줄이고, 어려운 단어를 최소화하고, 더 짧은 문장을 사용하고, 간결하고 연결이 좋고, 환자의 강점과 약점을 언급하고, 당신의 탁월함으로 환자를 현혹하지 않고, 행동을 묘사하고, 가능한 한 명명하는 것을 피하고, 비정신건강 전문가를 위해 작성하고, 필요할 때 어떤 태도를 취할 수 있는 것을 포함하여, 보고서를 작성할 때 고려할 많은 사항을 제안했다.

이 장의 마지막 부분에서는 보고서 형식을 검증했다. 환자로부터 정보를 수집할 때 다루었던 영역들이 실제 보고서에 포함된 영역들과 유사한데, (1) 인구학적 정보, (2) 보고서를 위한 호소 문제 혹은 의뢰사유, (3) 가족적 배경, (4) 중요한 의학적/상담 과거력, (5) 약물 사용 및 남용, (6) 직업 및 교육적 과거력, (7) 기타 관련 있는 정보, (8) 정신 상태, (9) 평가 결과, (10) 진단, (11) 요약 및 결론, (12) 제언을 포함한다. 각 영역을 논의하고 해당 사례를 살펴보았다.

복습문제

1. 평가 보고서의 몇 가지 목적을 기술하라.
2. 평가 보고 과정과 관련하여, '쓰레기를 넣으면 쓰레기가 나온다'가 의미하는 바를 기술하라.
3. '폭과 깊이'를 갖춘 평가 도구를 선택하는 것이 어떤 의미가 있는지를 기술하라.
4. 다른 종류의 평가 기법들과 관련이 없는 임상 면접들을 수행하는 것과 관련 있는 몇 가지 과업을 논하라.
5. 구조화, 반구조화, 비구조화 면접 기법을 비교하고 대조하라.
6. 컴퓨터 생성 보고서는 평가 보고 과정에서 어떤 일이 발생할 수 있을까?
7. 평가 보고서를 준비할 때 FERPA, FIA, HIPAA 같은 법률의 영향을 설명하라.
8. 보고서 작성을 위한 제안들을 적어보라.
9. 일반적으로 평가 보고서에서 획득된 정보 유형의 목록을 만들어라.
10. 정신 상태 검사에 관한 네 가지 요소를 기술하라. 학급의 학생들을 인터뷰하고 한두 문단의 정신 상태 검사를 작성하라.
11. 환자의 평가를 수행하고 평가 보고를 작성하기 위해 이 장에서 나열된 범주를 사용하라.

참고문헌

Akiskal, H. S. (2008). The mental status examination. In S. H. Fatemi, & P. J. Clayton (Eds.), *The medical basis of psychiatry* (pp. 3 – 16). Totowa, NJ: Humana. doi. org/10.1007/978-1-59745-252-6_1

American Counseling Association (ACA). (2005). *Code of ethics.* (Rev. ed.). Alexandria, VA: Author.

American Psychiatric Association. (2000). *Diagnostic and statistical manual of mental disorders* (4th ed., text revision). Washington, DC: Author.

American Psychiatric Association (2013). *Diagnostic and statistical manual of mental disorders* (5th ed). Washington, DC, Author.

American Psychological Association. (2010). *Ethical principles of psychologists and code of conduct including 2010 amendments.* Retrieved from http://www.apa.org/ ethics/code/index.aspx

Berger, M. (2006). Computer assisted clinical assessment. *Child and Adolescent Mental Health, 11*(2), 64 – 75. doi. org/10.1111/j.1475-3588.2006.00394.x

Bruchmuller, K., Margraf, J., Suppiger, A., & Schneider, S. (2011). Popular or unpopular? Therapists' use of structured interviews and their estimation of patient acceptance. *Behavior Therapy, 42,* 634 – 643. doi: 10.1016/j.beth.2011.02.003

Cimino, J. J. (2013). Improving the electronic health record—Are clinicians getting what they wished for? *The Journal of the American Medication Association, 309,* 991 – 992. doi:10.1001/jama.2013.890.

Commonwealth of Virginia Knowledge Center (2010). Department of Behavioral Health and Developmental Services. *Assessing the risk of serious harm to self module*

10. Retrieved from https://covkc.virginia.gov/dbhds/ external/Kview/CustomCodeBehind/base/courseware/ scorm/scorm12courseframe.aspx

Farmer, A., McGuffin, P., & Williams, J. (2002). *Measuring psychopathology.* New York: Oxford University Press.

Goldfinger, K., & Pomerantz, A. M. (2010). *Psychological assessment and report writing.* Los Angeles, CA: Sage.

Lichtenberger, E. O., Mather, N., Kaufman, N. L., & Kaufman, A. L. (2004). *Essentials of assessment report writing.* Hoboken, NJ: John Wiley & Sons.

Michaels, M. H. (2006). Ethical considerations in writing psychological assessment reports. *Journal of Clinical Psychology, 62*(1), 47 – 58. doi.org/10.1002/jclp.20199

Polanski, P. J., & Hinkle, J. S. (2000). The mental status examination: Its use by professional counselors. *Journal of Counseling and Development, 78,* 357 – 364. doi. org/10.1002/j.1556-6676.2000.tb01918.x

Schinka, J. A. (2012). *Mental status checklist-adult.* Lutz, FL: Psychological Assessment Resources.

Seligman, L. (2004). *Diagnosis and treatment planning in counseling* (3rd ed.). New York: Plenum. doi. org/10.1007/978-1-4419-8927-7

Sommers-Flanagan, J., & Sommers-Flanagan, R. (2012). *Clinical interviewing.* Hoboken, NJ: John Wiley & Sons.

Spores, J. M. (2013). *Clinician's guide to psychological testing and assessment: With forms and templates for effective practice.* New York: Springer.

Wiener, J., & Costaris, L. (2012). Teaching psychological report writing: Content and process. *Canadian Journal of School Psychology, 27*(2), 119 – 135. doi: 10.1177/0829573511418484

검사 양호도와 검사 자료에 대한 통계학

2부

2부에서는 검사가 어떻게 제작, 채점, 해석되는지를 다룬다. 5, 6, 7장을 통해 검사 자료에 대한 통계적 기법 적용과 관련된 중요 개념들을 알아볼 것이다. 이러한 통계 방법 자체는 물론이고 검사 사용 전반에 걸쳐 이를 어떻게 활용하는지를 이해함으로써, 검사 자료를 적절히 해석하는 능력을 갖출 수 있다. 또한 이러한 이해를 통해 검사의 개발과 검사 자료에 대한 해석이 사람들의 개인차를 파악하기 위한 과학적 절차로서 매우 정교하게 계획된 활동임을 알게 될 것이다. 이하에서는 이에 대해 매우 자세하면서도 알기 쉬운 설명을 제공한다.

5장에서는 매우 복잡하지만 동시에 객관적인 분석을 통해 검사의 가치를 파악할 수 있음을 보여준다. 하지만 이러한 분석 방법을 이해하려면 우선 상관계수라는 개념을 익힐 필요가 있다. 그런 다음, 검사의 가치를 파악하기 위해 흔히 사용하는 4개의 요인이 이러한 통계치와 어떤 관련이 있는지를 제시할 것이다. 4개의 요인이란 (1) 타당도: 검사가 원래 측정하고자 했던 것을 얼마나 잘 측정하고 있는지, (2) 신뢰도: 개별 피검자가 한 검사를 치른 후 받은 점수가 자신의 진점수에 비추어 얼마나 정확한 측도인지, (3) 다문화 공정성: 개인이 획득한 검사 점수가 문화 간 편파성에 영향받지 않고 측정하고자 하는 능력이나 특성의 순수한 반영인지, (4) 실용성: 특정 상황하에서 검사를 사용하는 것이 합리적이라고 볼 수 있는지 등을 말한다.

6장에서는 원점수를 다루기 위한 기초적 사항들을 다룬다. 보통 검사의 원점수 자체로는 별다른 의미를 제공하기 어렵기 때문에, 원점수를 제대로 이해하고 해석하기 위해 다양한 분석 방법을 활용하게 된다. 이 장에서는 이와 관련한 다양한 기초 통계학적 기법 및 도형 등에 대해 설명한다. 예를 들어 빈도분포; 히스토그램과 빈도 절선도표; 누적분포; 정규분포 곡선; 편포; 평균, 중앙치, 최빈치 같은 집중경향치; 범위, 사분위 간 범위, 표준편차 같은 분산도 등이다.

7장에서는 6장을 통해 배운 개념들을 확장하여 원점수를 기반으로 유도한 다양한 점수 체계를 살펴보고 이들이 검사 점수를 해석하는 측면에서 어떠한 유용성이 있는지를 탐색한다. 우선 규준참조 검사 방식과 준거참조 검사 방식을 구분할 필요가 있다. 두 방식하에서 검사 점수를 이해하는 방법은 매우 다르며, 흔히 성적표에 기재되는 점수는 전자와 연관되어 있는 경우가 대부분이다. 다음으로, 원점수를 변환하여 만드는 다양한 점수 체계를 살펴본다. 여기에는 백분위와 함께 다양한 표준 점수들이 포함된다. 표준 점수에 포함되는 점수 체계에는 z점수, T점수, 편차 IQ, 스태나인, 스텐 점수, 대학(원) 입학시험 점수(예: SAT, GRE, ACT), NCE 점수, 출판사별 점수, 그리고 연령이나 학년 개념과 연동된 발달 규준 등이 있다. 7장의 마지막 부분에서는 측정의 표준오차 및 추정의 표준오차에 대한 논의와 함께 측정 척도의 다양한 종류(명명, 서열, 동간, 비율)에 대해 짧게 다룬다. 각 척도는 고유한 속성을 가지며, 그 속성에 따라 통계적 분석에 제한이 존재할 수 있기 때문에 유의할 필요가 있다. 또한 어떤 척도를 사용하는가에 따라서 전혀 다른 종류의 평가 도구가 될 수 있다.

검사 양호도: 타당도, 신뢰도, 다문화 공정성, 실용성

5장

신시내티의 한 거리를 걸어가고 있을 때 어떤 남자가 다가오더니 "검사 한번 받아보실래요?"라고 물었다. 별생각 없이 "좋아요."라고 말하자 근처 사무실로 자리를 옮기자고 했다. 거기서 검사를 치르고 나자 그는 몇 분 동안 채점을 하더니 "네, 꽤 밝고 좋은 인성을 가지고 계시네요. 하지만 사이언톨로지의 론 허버드 강연을 들으시면 훨씬 더 활달하고 나은 인성을 갖게 되실 거예요."라고 말했다. 나는 "사양하겠습니다."라고 말하고 얼른 사무실을 나왔다. 몇 년 후, 내가 미니애폴리스의 한 거리를 걷고 있을 때, 다시 어떤 남자가 다가오더니 "검사 한번 받아보실래요?"라고 물었다. 이번에 나는 이렇게 말했다. "그 검사가 정말 좋은 검사인지 제게 증명해주실 수 있다면 좋습니다. 좋은 검사란 좋은 신뢰도와 타당도를 갖고 있다는 뜻입니다." 그는 "이 검사가 좋은 신뢰도와 타당도를 갖고 있다고 확신합니다."라고 답했다. 내가 그럼 그 증거를 보여달라고 하자, "아마도 뉴욕에 있는 우리 사무실에 관련 정보가 있을 것입니다."라고 말했다. 다시 나는 "그럼 그 정보를 제게 보내주시면 론 허버드의 『Dianetics』라는 책을 사서 읽도록 하겠습니다."라고 말하고 그에게 나의 이름과 주소를 주었다. 하지만 이후 그에게서는 아무 연락도 없었다.

- 에드 노이크루그

위의 예화를 통해 예상할 수 있다시피, 이번 장에서는 **검사 양호도**(test worthiness) 혹은 하나의 검사가 얼마나 좋은 것인가를 어떻게 파악할 수 있는지에 관해 다룬다. 검사 양호도를 확인하기 위해서는 다음과 같은 4개 영역에 대해 제대로 된 절차에 따라 객관적으로 분석을 실시할 필요가 있다. (1) 타당도(validity): 검사가 측정하고자 의도한 바를 재고 있는지, (2) 신뢰도(reliability): 한 개인이 부여받은 점수가 그의 진점수에 비추어볼 때 정

검사 양호도
(test worthiness)
타당도, 신뢰도, 다문화 공정성, 실용성 측면에서 살펴볼 수 있음

확한 측도인지, (3) 다문화 공정성(cross-cultural fairness): 개인이 획득한 검사 점수가 문화 간 편파성에 영향받지 않고 측정하고자 하는 능력이나 특성의 순수한 반영인지, (4) 실용성(practicality): 특정 상황하에서 검사를 사용하는 것이 합리적이라고 볼 수 있는지 등을 말한다. 이러한 네 가지 요인을 자세히 살펴보고 난 후, 이 장의 마지막에서는 검사 양호도를 갖춘 검사를 선택할 때 사용할 수 있는 5단계 절차에 관해 논의할 것이다. 하지만 이러한 네 가지 요인 및 검사 선택 방법에 관해 다루기 전에, 우선 상관계수 개념부터 소개하고자 한다. 상관계수를 제대로 알고 있어야만 이번 장에서 다루는 여러 중요 사항들을 제대로 이해할 수 있기 때문이다.

상관계수

상관계수(correlation coefficient)
두 검사 점수 변인 간의 관계

상관계수(correlation coefficient)는 두 검사 점수 간의 관계를 보여주는 지표라고 볼 수 있으며, 타당도와 신뢰도 등을 다루기 위해 자주 활용되는 통계적 개념이다. 상관계수는 -1.00에서 +1.00까지의 범위를 가지며, 보통 소수 둘째 자리까지 보고되는 경향이 있다. 정적 상관은 두 검사의 점수들이 같은 방향으로 관련되어 있음을 의미한다. 예를 들어 한 집단의 사람들이 두 개의 다른 검사를 치른 경우에, 양적 상관이란 한 검사에서 높은 점수를 받은 개인들이 다른 검사에서도 높은 점수를 받는 경향이 있다는 뜻이다. 또한 한 검사에서 낮은 점수를 받은 개인들은 다른 검사에서도 낮은 점수를 받는 경향성이 나타날 것이다. 다른 한편으로, 부적 상관은 두 점수 간 역의 관계가 있음을 의미한다. 말하자면, 한 검사에서 높은 점수를 받은 개인들은 다른 검사에서는 낮은 점수를 받을 가능성이 크다는 것이다.

정적 상관(positive correlation)
동일 방향 상관관계

부적 상관(negative correlation)
반대 방향 상관관계

정적 및 부적 상관과 관련한 좀 더 실제적인 예를 살펴보자. 예를 들어, 연구자들은 사회적 연결성 변수와 다음 변수들 간에 일반적으로 **정적 상관**(positive correlation)을 발견해왔다: 주관적 복지(Yoon, Lee, & Goh, 2008), 수명(Zunzunegui, Beland, Sanchez, & Otero, 2009), 삶에 대한 만족도(Park, 2009). 사람들이 사회적으로 좀 더 연결되어 있을수록, 더 행복하고, 더 오래 살고, 더 만족할 것이기 때문에 이러한 결과는 매우 합리적이라고 볼 수 있다. 그림 5.1에서 확인할 수 있는 바와 같이, 이 변수들은 상호 같은 방향으로 움직이는 정적 상관을 보인다. 반면에, 사회적 연결성과 우울증 간에는 **부적 상관**(negative correlation)이 나타날 것이다(Glass, Mendes de Leon, Bassuk, & Berkman, 2006). 즉, 다른 사람들과 좀 더 많이 연결되어 있을수록 우울 증세는 더 적게 나타난다는 뜻이다. 이처럼 사회적 연결성과 우울증은 상호 반대되는 방향으로 움직이기 때문에 부적인 상관을 보인다. 학교 현장에서, ADHD(attention deficit hyperactivity disorder) 증상을 보이는 학생들은 학업성취 등 학교에서의 수행 측면에서 뛰어나기 어렵다. 이는 ADHD 증상이 심할수록 학업성취는 더 감소하는 부적 상관이 존재할 것이기 때문이다. 그림 5.1에서는 이 변수들이 상호 반대 방향으로 움직임에 따라서 부적 상관을 갖는 모습

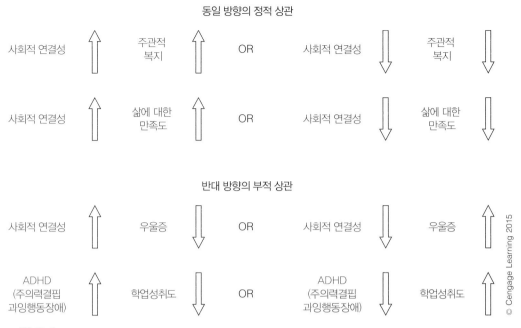

그림 5.1 정적 및 부적 상관의 예시

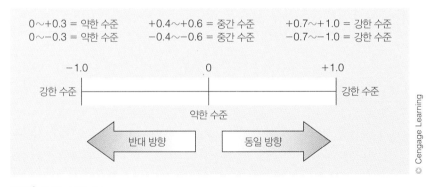

그림 5.2 상관계수

을 보여준다.

상관계수 값이 −1.00이나 +1.00에 가까울수록 두 변수 간의 관련성이 강하다는 뜻이며, 0에 다가갈수록 두 변수 간의 상관은 거의 없음을 의미한다(그림 5.2 참조). 예를 들어, 만약 수능 점수(SAT scores)로 대학에 가서 얼마나 공부를 잘할지를 예측하고자 하는 상황이라면 두 변수(수능 점수, 대학 학점) 간의 상관이 0이 아니라 충분히 유의미한 수준에서 +1.00에 가까운 값이어야 한다(Kobrin & Patterson, 2011; Maruyama, 2012 참조). 비슷한 맥락에서, 새로 만든 우울증 검사가 양호하다는 사실을 확인하는 방법의 하나로서 기존에 사용되고 있는 우울증 검사 결과와의 상관계수를 구해볼 수 있다. 이 경우 기존 검사에서 높은 점수를 받는 개인이 새로 만든 검사 점수 역시 높다면 그리고 기존 검사에서 낮은 점수를 받는 개인은 새로 만든 검사 점수가 낮다면, 높은 정적 상관계수 값을 기대할

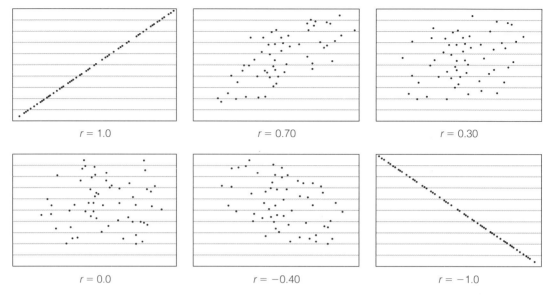

그림 5.3 산포도 및 상관계수 추정치

수 있다. 앞으로 타당도, 신뢰도, 다문화 공정성, 실용성이라는 네 가지 주요 요인을 논의하는 데 있어 상관계수는 중요한 역할을 하게 될 것이다. 어떻게 상관계수를 계산하는지 좀 더 구체적으로 알고 싶다면 부록 E를 참고하자.

산포도(scatterplot)
두 검사 점수 간의 관계를 보여주는 그래프

두 변수 혹은 두 검사 결과 간의 상관은 **산포도**(scatterplot) 형태의 그림으로 표현될 수 있다. 한 개인은 두 변수 각각에 대해 값을 갖고 있기 때문에 한 변수의 값을 x축 그리고 다른 변수의 값을 y축에 놓으면, 각 개인은 산포도상의 하나의 점 (x, y)로 표현된다.

그림 5.3에 제시된 것처럼, 이러한 점들이 대각선에 가깝게 모양이 형성될수록 두 변수 간의 상관관계는 더 높아져서 상관계수가 +1.00이나 −1.00에 다가가게 된다. 만약 이런 점들이 대각선상에 몰리는 경향 없이 무작위적(두 변수 간 별다른 관계 없음)으로 나타난다면, 상관계수는 0에 가까운 값으로 나타난다. 또한 점들이 보이는 대략적 기울기가 왼쪽에서 오른쪽으로 올라가는 형태라면 두 변수는 정적 상관을 보이는 것이며, 반대로 오른쪽에서 왼쪽으로 올라가는 형태라면 부적 상관을 보이는 것이라고 말할 수 있다.

결정계수(공유된 분산)

결정계수(coefficient of determination)
공통된 요인이 두 변수 간의 관계를 설명하는 정도; 상관계수의 제곱

상관계수를 제곱하면 이를 **결정계수**(coefficient of determination)라고 부르며, 그 의미는 두 변수 간 공유된 분산이 된다. 두 변수 간에 일정한 관계가 존재한다면, 이를 설명하지만 직접 보이지는 않는 원인 혹은 요인이 있을 것이다. 결정계수 혹은 공유된 분산이란 이러한 요인들과 관련된 개념이다. 만약 상관계수가 0.70이라면 그 제곱은 0.49이다. 이는 두 변수 간 공유된 분산의 비율이 49%라는 뜻이다. 예를 들어, 한 연구에서 우울증 검사 점수와 불안 검사 점수 간의 상관계수가 0.85로 산출되었다면(Cole, Truglio, & Peeke,

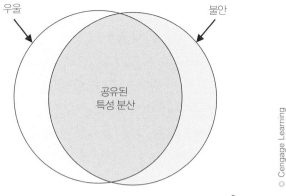

그림 5.4 우울과 불안 간 공유된 분산($r = 0.85$, $r^2 = 0.72$)

1997), 한 검사 변수 분산의 72%(0.85의 제곱)가 공유된 분산이라고 할 수 있다. 이는 달리 말해, 우울과 불안의 느낌들은 기저에 깔린 유사한 혹은 공통된 요인들에 의해 꽤 높은 정도로 설명된다는 뜻이다(그림 5.4 참조). 이러한 요인들은 도대체 무엇일까? 합리적으로 이를 추론하기 위해 노력해보면, 아마도 환경적 스트레스(예를 들어 직업 상실, 대인 관계 문제 등), 인지적 도식(세계를 이해하는 방법), 화학적 불균형 등을 언급할 수 있을 것이다. 즉, 이러한 요인들이 우울이나 불안의 느낌을 촉발한다고 볼 수 있다. 물론, 나머지 28%의 분산은 공유되지 않았기 때문에 우울이나 불안의 느낌 각각에 관여하는 또 다른 요인들이 있을 수 있다. 특히 이하의 타당도를 다루는 절을 이해하려면 결정계수의 개념을 숙지할 필요가 있다.

타당도

타당도는 통합적 개념이다. 검사 점수가 의도한 목적에 따라 제대로 해석될 수 있는지의 정도를 다양한 관련 증거를 수집하여 판단하는 것이다(American Educational Research Association[AERA], 1999, p. 11).

한 검사는 측정하고자 의도했던 것을 얼마나 잘 측정하고 있는 것일까? 이것이 **타당도**(validity)가 답하고자 하는 근본적 질문이다. 지난 수십 년 동안, 검사 타당도를 구하기 위한 수많은 방법이 개발되었다. 논리적으로, 한 검사가 타당하다는 증거를 제공할 수 있는 방법이 많을수록 검사 점수가 사용되는 방식에 대한 해석이 정확하다고 더 강하게 주장할 수 있을 것이다(AERA, 1999). 검사의 양호도를 확인하는 데 필요한 증거를 제공하는 역할을 하는 다양한 종류의 타당도가 존재한다. 이 중에는 내용 타당도, 준거 관련 타당도(공인 타당도, 예측 타당도 포함), 구인 타당도(실험 설계 방법, 요인 분석, 수렴 타당도, 변별 타당도 등과 관련) 등이 있다.

타당도(validity)
검사 점수의 사용을 지지하는 증거

내용 타당도

내용 타당도
(content validity)
검사 문항들이 측정하고
자 하는 영역을 잘 대표
하고 있다는 증거

아마도 타당도의 가장 기본적 형태는 **내용 타당도**(content validity)일 것이다. 다른 타당도 유형과 마찬가지로, 내용 타당도는 그 이름 자체로서 무엇을 보여주고자 하는지를 반영하고 있다. 즉, 검사의 내용이 그 검사가 재고자 하는 바에 대해 타당한가? 내용 타당도를 확인할 때는 주로 검사 문항들이 개발된 절차를 들여다볼 필요가 있다. 이러한 절차로는 해당 분야의 전문 문헌에 대한 조사, 전문가로부터의 정보 수집, 교육 과정에 대한 조사 등을 들 수 있다. 정리하자면, 검사 출판자가 내용 타당도를 주장하려면 다음 단계를 따를 필요가 있다.

1단계: 검사 개발자가 적절히 해당 영역을 조사했는지(예를 들어 문헌 및 교육 과정 조사, 전문가 활용 등)를 보이기
2단계: 검사의 내용이 앞에서 조사한 바와 일치하는지를 보이기
3단계: 검사 내용이 정확하게 측정하고자 하는 내용을 반영하는지를 보이기
4단계: 각 내용 영역을 위한 문항 숫자가 각 영역의 중요도에 부합하는지를 보이기
(Wolfe & Smith, 2007).

이러한 단계를 예시적으로 설명하기 위해, 전국적으로 사용되는 초등학교 4학년 수학 성취도 검사의 경우를 살펴보자. 내용 타당도를 확인하기 위해, 검사 개발자는 다음 절차를 따라야 한다.

1단계: 검사에 대한 정보가 초등학교 4학년 교과서, 해당 교과를 가르치는 교사들, 교내 교육 과정 전문가들, 수학 교사 교육을 담당하는 대학 교수들 등으로부터 조사되었음을 보이기
2단계: 검사의 내용이 위에서 수집 및 조사된 정보(예를 들어 더하기, 빼기, 곱하기, 나누기, 소수, 분수 등)에 기초하여 선별되었음을 보이기
3단계: 검사 문항들이 선택된 내용 영역을 반영하고 있음을 보이기
4단계: 각 내용 영역을 위한 문항 숫자가 각 영역의 상대적 중요도(예를 들어, 곱하기나 나누기 문항이 다른 영역 문항들보다 더 많아야 한다)를 반영하고 있음을 보이기(그림 5.5 참조)

내용 타당도를 확보하기 위한 힘든 노력에도 불구하고, 모든 초등학교 4학년 교사가 동일한 방식으로 수학 수업을 진행하는 것은 아니기 때문에, 일부 교실에서는 다른 교실에 비해 검사의 타당도가 좀 더 높게 혹은 낮게 나타날 수도 있다. 이는 내용 타당도가 다소 맥락적 영향을 받는다는 것과 누가 검사를 치르는가에 따라서 그 정도가 다를 수 있다는 뜻이다(Goodwin, 2002a, 2002b).

안면 타당도
(face validity)
검사에 대한 표면적 인상
(진정한 타당도라고 보기
는 어려움)

안면 타당도(face validity)는 실제 공식적 타당도 유형에 속하지 않지만, 때때로 내용 타당도와 유사한 개념으로 사용되어 혼동을 가져오기도 한다. 안면 타당도는 주어진 검사가

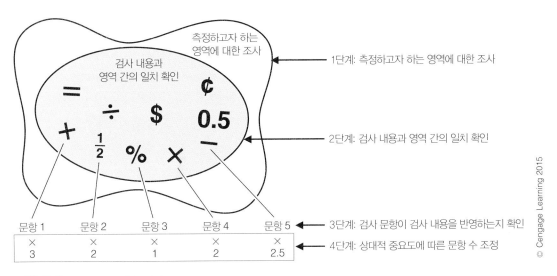

그림 5.5 내용 타당도 확보하기

피상적으로 어떻게 보이는가와 관련이 있다. 한 검사를 조사할 때 해당 검사가 재고자 하는 바를 측정할 것으로 보이는 첫인상을 받을 수 있는가? 대개의 제대로 만들어진 검사는 안면 타당도를 갖는 것이 당연하지만, 일부 검사는 타당하면서도 그러한 첫인상을 갖지 못할 수도 있다. 예를 들어, 인성 검사의 어떤 문항들은 검사가 측정하고자 하는 특성과 표면적으로 무관한 것으로 보이기도 한다. 한 피검자가 패닉장애를 갖고 있는지 평가하기 위한 아래의 가상 문항을 살펴보자.

아래 증상 중에서 지난주에 당신이 경험한 것에 체크하시오.

_____ a. 진땀 흘리기　　_____ c. 심장이 쿵쾅거림　　_____ e. 주의산만

_____ b. 조퇴　　　　　 _____ d. 호흡 곤란　　　　 _____ f. 업무 회피

　문항에 나열된 증상들이 패닉장애에 익숙하지 않은 사람들에게 명확하게 다가오지 않을 수도 있지만, 정신장애 진단 및 통계 편람 제5판(DSM-5; American Psychiatric Assocation, 2013)에 따르면 이들은 해당 장애와 연관된 증상들이 틀림없다. 표면적으로는 이 문항이 패닉장애를 측정하는 것으로 보이지 않을 수 있지만, 이러한 증상을 갖는 사람들은 대개 이러한 증상들을 경험한다는 것이다. 따라서 이 문항은 꼭 물어봐야 하는 중요한 질문이며, 검사의 내용 타당도를 확보하기 위해 중요한 역할을 한다고 볼 수 있다(연습문제 5.1 참조).

연습문제 5.1 │ 내용 타당도 확보하기

소집단 모둠활동을 통해, 우울증을 측정하는 검사의 내용 타당도를 어떻게 보여줄 수 있을지 토론해보라. 도출된 아이디어는 학급 전체에서 공유하라.

준거 관련 타당도
(criterion-related
validity)

검사 점수와 다른 외부
변인 간의 관계

준거 관련 타당도

타당도를 살펴보고자 하는 검사와 그 검사 결과와 관련되어야만 하는 준거(외적 변수) 간의 관계는 무엇인가? 이 질문이 **준거 관련 타당도**(criterion-related validity)의 핵심이라고 할 수 있다. 준거 관련 타당도에는 공인 타당도(concurrent validity)와 예측 타당도(predictive validity)라는 두 가지 하위 유형이 있다.

공인 타당도(con-
current validity)

검사 점수와 다른 외부
변인(현 시점에서 획득
가능한) 간의 관계

공인 타당도　공인이란 '여기 그리고 지금'을 의미하며, 한 검사가 동일 시점에 측정된 준거와 일정 수준 이상의 상관관계가 있을 때 타당도가 있다고 본다. 예를 들어, 알코올 남용 경향성을 측정하는 검사를 만든 경우 이를 500명의 피검자에게 실시하고 각 피검자의 친구와 가족들로부터 그 혹은 그녀의 알코올 사용 정도를 파악한다. 이때 두 변수(알코올 남용 점수와 실제 알코올 사용) 간 상관관계를 살펴볼 필요가 있다. 제대로 만들어진 검사라면 당연히 높은 상관계수를 기대할 수 있지만, 만약 별다른 상관이 없다면 검사의 타당도는 의심받게 될 것이다.

예측 타당도(pre-
dictive validity)

검사 점수와 다른 외부
변인(일정한 시간이 흐
른 후 확보 가능한) 간의
관계

예측 타당도　공인 타당도의 경우 '여기 그리고 지금'과 관련성이 있지만, 예측 타당도는 미래 시점에서 확보할 수 있는 준거와 관계가 있다. 이러한 종류의 타당도는 검사 결과가 개인에 대해 무엇인가를 예측해야 할 때 유용하다. 예를 들어, 미국 대학원 입학전형 요소 중 하나인 GRE(Graduate Record Examine) 점수는 대학원에서의 학점을 예측할 수 있어야 할 것이다. 이때 GRE는 타당도를 살펴보고자 하는 검사이며, 대학원에서의 학점은 미래 시점에서 확보할 수 있는 준거이다. 실제로 GRE와 대학원 학점 간의 상관계수는 매우 높은 수준이라고 할 수는 없는 약 0.34 정도인 것으로 알려져 있다(표 5.1 참조). 그러나 다른 종류의 예측 변수(학부 성적, 교육 과정 외 활동, 면접 등)와 함께 고려되면 예측

표 5.1 GRE 일반 검사(언어, 수리, 분석) 점수 및 학부 학점과 대학원 1학년 평균 학점 간 상관계수의 전공 유형별 평균 추정치

구분	학과 수	학생 수	예측 변인					
			V	Q	A	U	VQA*	VQAU*
전체 학과	1,038	12,013	0.30	0.29	0.28	0.37	0.34	0.46
자연과학대	384	4,420	0.28	0.27	0.26	0.36	0.31	0.44
공대	87	1,066	0.27	0.22	0.24	0.38	0.30	0.44
사회과학대	352	4,211	0.33	0.32	0.30	0.38	0.37	0.48
인문대	115	1,219	0.30	0.33	0.27	0.37	0.34	0.46
사범대	86	901	0.31	0.30	0.29	0.35	0.36	0.47
경영대	14	196	0.28	0.28	0.25	0.39	0.31	0.47

V = GRE 언어 영역, Q = GRE 수리 영역, A = GRE 분석 영역, U = 학부 학점

* 예측 변인의 조합

출처: Graduate Record Examinations, 2004-2005. GRE materials selected from 2004-2005. *Guide to the Use of Scores*, p. 22. Reprinted by permission of Educational Testing Service, the copyright owner. Copyright © 2004 Educational Testing Service.

력이 그렇게 나쁘지는 않다. 그리고 만약 대학원 성적에 대한 예측 변수들을 결합해 사용한다면, 개별 학생의 성공적인 대학원 생활 여부를 예측하는 우리의 능력은 더 강해질 것이다. 예를 들어 학부 성적과 대학원 성적 간의 상관은 0.37이지만, GRE와 학부 성적을 결합하면 해당 상관은 0.46이 됨을 알 수 있다(표 5.1 참조).

　예측 타당도의 실제 용도로는 추정의 표준오차(SEest: standard error of the estimate)를 활용한 신뢰구간 계산을 들 수 있다. 이를 통한 검사 결과에 기초하여, 준거에서의 점수 범위를 어느 정도 예측할 수 있기 때문이다. 예를 들어 한 학생의 GRE 점수와 대학원 첫 해 성적 간의 상관을 알고 있다면, 가능한 대학원에서의 성적 범위를 예측할 수 있다. 이러한 종류의 점수 범위를 신뢰구간(confidence interval)이라고 부른다. 개인의 검사 점수가 미래 시점의 준거상에서 해당 개인이 대략 어느 정도의 수행을 보일 것인지를 얼마나 잘 예측하는가 살펴보는 것은, 그러한 검사 점수가 개인의 중요 인생사를 결정하는 데 사용되어야 할지 여부를 결정하는 데 있어 실질적인 정보가 된다. 7장에서는 추정의 표준오차를 어떻게 계산하는지 살펴볼 것이다.

　예측 타당도의 적용에서 기억해야 할 또 다른 개념은 긍정오류(false positives)와 부정오류(false negatives)이다. 긍정오류란 검사 도구에 의한 예측에 있어서 피검자가 실지로는 미래에 어떤 특성을 갖지 못하며 또 성공할 수 없음에도 불구하고 해당 특성을 갖게 될 것으로 혹은 성공할 것으로 잘못 예측하는 것을 말한다. 부정오류란 반대로 피검자가 실지로는 미래에 어떤 특성을 갖거나 성공적일 수 있음에도 불구하고 해당 특성을 갖지 못하거나 실패할 것이라고 잘못 예측하는 것을 의미한다. 예를 들어, 한 고등학교 교사가 약물 중독에 빠질지도 모르는 학생들을 가려내기 위해 약물 중독 가능성 선별 검사(Substance Abuse Subtle Screening Inventory; SASSI, 2009~2009)를 100명의 학생들에게 실시했다고 하자. 만약 이 중 10명이 약물 의존 가능성이 상당히 높게 나타났는데 실제로는 이 10명 중 2명이 향후 중독에 빠지지 않았다면, 이 2명의 경우가 바로 긍정오류라고 볼 수 있다. 또한 약물 의존 가능성이 낮게 나타난 나머지 90명의 학생들 중 1명의 학생이 향후 약물 의존으로 진단받을 정도의 상태에 처하게 된다면 이 1명의 경우를 부정오류라고 볼 수 있다. 긍정오류이든 부정오류이든 오류를 발생시키지 않는 것이 물론 좋겠지만, 만약 일정 수준의 오류를 피할 수 없다면 SASSI를 설계한 사람은 부정오류보다는 차라리 긍정오류를 갖는 쪽을 선택했다고 한다. 왜 그렇다고 생각하는가?(연습문제 5.2 참조)

연습문제 5.2 ┃ 준거 관련 타당도 확보하기

소집단 모둠활동을 통해 일부 모둠은 공인 타당도를, 그리고 일부 모둠은 예측 타당도를 다루기로 하자. 각 모둠에서는 다음 목록 중 한 검사를 고르거나 자유롭게 어떤 검사를 상정해보자. 그런 다음, 해당 검사에 대해 공인 타당도 혹은 예측 타당도 확인 목적에 맞게 무엇을 준거로 선택하면 좋을지 논의해보자.

[검사 목록]

고등학교 학업성취도 검사,
대학수학능력검사,
지능 검사,
우울증 검사,

불안 검사,
건강염려증 검사,
사무직 적성 검사,
초등학교 1학년 읽기 검사

© Cengage Learning

구인 타당도

지능이란 무엇인가? 평가 관련 수업에서는 종종 이 질문이 뜨거운 논쟁의 대상이 되곤 한다. 각 학생마다 지능이라는 구인이 어떻게 구성되는가에 대한 믿음이 조금씩 다르기 때문이다. **구인 타당도**(construct validity)란 지능 같은 구인(아이디어, 개념 혹은 모형)이 검사에 의해 측정됨을 보여주기 위한 과학적 기초라고 할 수 있다. 구인 타당도의 증거를 제시하는 것은 지능, 자아개념, 우울, 불안, 공감, 인성 같은 추상적 영역을 측정하는 검사를 개발하고자 할 때 특히 중요하다. 다른 한편으로, 기하학에서의 성취도 같은 매우 잘 정의된 영역을 측정하는 상황하에서는 구인 타당도가 상대적으로 훨씬 덜 중요하다고 볼 수 있다.

구인 타당도
(construct validity)
검사에 의해 아이디어 혹은 개념이 측정되고 있다는 증거

구인 타당도를 확인하기 위해서는, 우리가 측정하고자 하는 구인이 정말로 검사 점수를 통해 드러난다는 증거를 다양한 방법으로 제시하면 유용할 것이다. 일부 학자들은 어떠한 종류의 타당도이든 결국 측정하고자 하는 구인이 존재한다는 증거가 된다고 주장하기도 하지만(Goodwin, 2002a), 좀 더 제한적인 정의는 대개 다음 방법들을 통해 검사 결과를 분석한 경우로 구인 타당도를 한정한다. (1) 실험 설계, (2) 요인 분석, (3) 여타 검사 도구들과의 수렴, (4) 여타 측도들과의 변별 등이다.

실험 설계 타당도
(experimental
design validity)
검사가 의도한 개념을 측정하고 있음을 보여주는 실험을 통한 타당화

실험 설계 타당도 한 검사 개발자가 방금 어떤 새로운 우울증 검사를 개발해서 매우 자랑스러워하고 있는 상황이라고 생각해보자. 물론 그는 이 검사가 정말로 타당함을 보여주고 싶을 것이다. 그는 이미 DSM-5에 대한 조사, 관련 학술 논문, 전문가 검토 등을 거쳐서 내용 타당도를 충분히 확보했다. 그러나 이 검사가 정말로 우울이라는 구인을 측정한다는 사실을 보여주고자 한다. 이 경우, 우울증을 다루는 전문 의료진을 다수 접촉하여 새로운 고객들 중에서 실제 우울증을 겪고 있는 사람들을 확인해달라고 요청하고 6개월 정도의 치료 기간 전후에 새로 개발한 우울증 검사를 각각 실시한다면, 우리가 기대할 수 있는 결과는 무엇일까? 만약 이 검사가 제대로 만들어졌고 또 실제로 우울증 구인을 측정한다면, 우울증 증세의 감소 추세를 명확히 보여줄 수 있어야 할 것이다. 그렇지 않다면, 검사 계획 단계로 다시 돌아가야 한다. 이와 같이 실험에 기반한 구인 타당도는 구인의 존재를 과학적으로 확인하기 위해 설정한 가설을 판정하는 역할을 한다. 때로는, 수많은 관련 연구들이 진행된다면 '메타 분석'을 진행하는 연구자들도 있을 텐데, 이들은 관심 구인의 존재에 대한 폭넓은 증거를 확인하기 위한 노력 속에서 여러 연구들에 대한 통계적 분석을 수행한다.

요인 분석
(factor analysis)
하위 척도와 주요 구인 간의 관계에 대한 통계적 조사

요인 분석 구인 타당도를 보기 위한 또 다른 방법으로서 **요인 분석**(factor analysis)은 한 검사의 하위 척도 혹은 문항들 간의 통계적 관계를 제시한다. 예를 들어, 새로 개발한 우울증 검사가 '희망 없음', '자살 고려', '자긍심' 등의 하위 척도를 갖고 있다고 가정해보자. 이론적으로, 이들 각각이 우울증을 측정하는 전체 검사 점수와 어떤 관련이 있다고 기대할 수 있을 것이다. 게다가, 이들 상호 간에 어느 정도 관련성이 있을 것이라는 점 역

시 기대할 수 있다. 결국, 이들은 넓게 보아 우울증이라는 것을 재는 검사를 구성하고 있지만 각각 서로 다른 무엇인가를 측정하고 있다. 100명의 표본 집단에게 새로 개발한 우울증 검사를 실시한 후, '희망 없음' 하위 척도에 속하는 문항들이 상호 매우 높은 상관을 갖는다는 사실을 통계적 분석 결과 확인했다. 이는 어떤 사람이 '희망 없음' 하위 척도 점수가 매우 높다면 이 영역에 속하는 각 문항에서마다 역시 높은 점수를 보이는 경향이 있을 것이라는 의미이다. '자살 고려' 하위 척도에서도 동일한 현상을 발견했다. 하지만 '자긍심' 하위 척도 문항 중 하나가 이 영역과 높은 상관을 보이지 않고 있다(말하자면, 자긍심 요인에 크게 부하되지 않는다). 이 경우 이 문항은 삭제하거나 수정할 필요가 있을 것이다. 3개의 하위 척도 각각이 전체 검사 점수, 즉 세 가지 척도의 결합 결과와 높은 상관을 보이지만, 하위 척도 상호 간의 상관이 특별히 높지 않다면 이는 이들이 이산적인 혹은 분리된 척도라는 뜻이다.

여타 검사 도구들과의 수렴(수렴 타당도)   새로 만든 우울증 검사가 제대로 작동한다면, 당연히 이미 존재하는 다른 타당한 우울증 검사와 높은 상관을 보일 것으로 기대할 수 있다. 잘 알려진 기존 우울증 검사의 예로는 벡 우울 검사 II(BDI-II: Beck Depression Inventory II; Beck, Steer, & Brown, 2004)를 들 수 있다. 만약 500명의 피검자가 새로 만든 우울증 검사와 BDI-II 검사 모두를 치른 결과, 상관계수가 0.75로 나타난다면, 아마도 만족스러울 것이고 더 높은 상관이 나타나지 않은 것이 기쁠 수 있다. 왜냐하면 새로 만든 검사가 기존의 잘 알려진 검사와 다르다면(약간 더 낫거나), 완벽한 것보다는 약간 작은 수준의 상관을 기대할 수 있기 때문이다. 이처럼 **수렴 타당도**(convergent validity)는 새로 만든 검사와 기존 검사가 매우 유사한 속성을 재는 도구일 때 유의미한 수준의 정적 상관을 발견함으로써 확보된다. 하지만 때로는 약간 관련된 정도의 다른 검사와의 상관을 통해 수렴 타당도를 보기도 한다. 예를 들어, 새로 만든 우울증 척도와 기존의 절망 척도 간의 상관을 구하게 되면 당연히 정적 상관을 기대할 것이다. 하지만 절망이라는 것은 이론적으로 우울과 다르기 때문에 약 0.4 정도의 낮은 상관을 기대하는 것이 당연하다.

여타 척도들과의 변별(변별 타당도)   공인 타당도를 통해 새로 만든 검사와 유사한 속성을 재는 기존 검사 간에 어떤 관계를 발견하고자 했다. **변별 타당도**(discriminant validity)는 새로 만든 검사와 이론적으로 관련이 없는 구인을 재는 다른 검사 간에 상관이 거의 없을 것을 기대한다는 측면에서 이와 반대되는 개념이다. 예를 들어, 새로 만든 우울증 검사를 기존의 불안 검사와 비교한다고 생각해보자. 이 경우, 500명의 피검자가 두 검사를 모두 치렀다면 상관관계가 거의 0에 가까울 것으로 기대할 수 있다. 상담 전문가 입장에서 고객들을 대하는 상황에서 변별 타당도가 얼마나 중요할지 생각해보자. 높은 불안 증세를 보여온 고객이 우울증 특징을 종종 보일 수 있다. 만약 불안으로부터 우울증을 잘 변별할 수 있는 검사를 실시할 수 있다면, 고객에 대한 올바른 진단을 내리는 데 큰 도움이 될 것이다. 우울증 증세를 보이는 고객에 대한 처치 기법은 불안 증세를 보이는 고객에 대한

수렴 타당도(convergent validity)
동일한 구인을 측정하는 다른 검사들 간의 관계

변별 타당도(discriminant validity)
다른 구인을 측정하는 다른 검사들 간 관계가 작음을 보이기

처치 기법과는 다르기 때문에, 더 정확한 진단은 당연히 처치 계획에도 지대한 영향을 미친다.

타당도 유형에 대한 시각적 제시

그림 5.6은 크게 세 종류의 범주하에서 나타나는 일곱 개 유형의 타당도를 시각화하여 제시하고 있다. 이 그림을 통해, 내용 타당도는 검사 개발자가 사전에 적절히 조사한 해당 분야에 대한 정보를 바탕으로 문항을 제작했는지를 확인하고 있음을 알 수 있을 것이다. 공인 및 예측 타당도는 준거 관련 타당도 범주에 포함된다. 공인 타당도는 타당도를 살펴보고자 하는 새로운 검사의 결과를 이미 알려져 있는 양적 측정 도구(줄자)에 비교하는 것이며, 예측 타당도는 미래의 사건을 추정하는 것과 관련이 있다. 구인 타당도 범주에 포함되는 4개의 타당도 유형이 있다. 실험 설계 타당도는 검사를 처치 집단에게 사전 및 사후에 실시하여 바람직한 변화를 효과적으로 보여줄 수 있는지에 관련된 개념이다. 요인

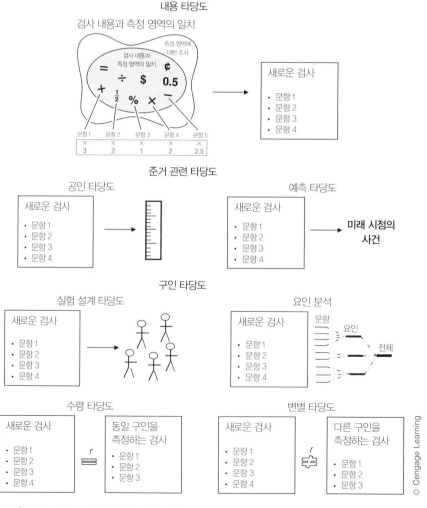

그림 5.6 타당도 유형에 대한 시각적 제시

연습문제 5.3 │ 구인 타당도 확보하기

소집단 모둠활동을 통해, 자아실현의 가치(예를 들어 감정 어루만지기, 자발적으로 행동하기, 수용하고 판단하지 않기, 공감하기 등)를 측정하는 검사의 구인 타당도를 어떻게 확인할 수 있는지 모색해보라. 이번 장에서 논의한 실험 설계, 요인 분석, 수렴 타당도, 변별 타당도 개념을 활용하라. 논의 후 각 모둠의 발표를 들어보자.

분석은 한 검사 안의 유사한 문항들이 다른 요인 혹은 차원을 재는 문항들과 어떠한 상관관계를 갖는지를 이용하는 통계적 방법이다. 수렴 타당도는 타당도를 확인하고자 하는 새로운 검사가 동일한 구인을 측정하는 기존 검사와 높은 상관계수를 보이는지에 관심을 갖는 방법이다. 변별 타당도는 반대로 새로운 검사가 다른 구인을 측정하는 어떤 기존 검사와 낮은 상관을 보일 것으로 기대한다(연습문제 5.3 참조).

신뢰도

검사 **신뢰도**(reliability)는 같은 식당에서 식사를 계속 반복해서 하는 것에 비교할 수 있다. 좋은 음식을 제공하는 식당의 신뢰도가 매우 높다는 것은, 방문할 때마다 같은 음식을 반복하여 주문해도 언제나 같은 수준의 훌륭한 맛을 느낄 수 있다는 뜻이다. 따라서 신뢰도가 낮은 식당은 믿기 어려우며, 이는 동일한 음식 주문에 대해 매번 다르게 음식을 만들거나 다른 혹은 좋지 않은 자료를 사용하기도 한다는 뜻이다. 신뢰도가 떨어지는 식당에는 자주 가지 않게 될 뿐만 아니라 즐겁게 식사하기가 어렵다.

마찬가지로, 신뢰도가 높은 검사는 피검자가 최선의 결과를 얻을 수 있도록 돕는다. 즉, 잘 만들어진 검사로서 최적의 실시 환경하에서 치러지는 것이다. 가설적으로, 피검자의 지식 상태가 동일하게 유지된 상태에서 신뢰도가 높은 검사를 반복하여 계속 치른다면(예를 들어, 학업성취도 검사의 경우 정답을 보거나 관련 내용을 공부하지 않고 반복한다면) 매번 같은 점수를 받게 된다. 다른 한편, 만약 신뢰도가 낮은 검사를 반복하여 치른다면 점수는 높았다가 낮았다가 하면서 요동칠 것이다. 이런 경우, 검사 및 검사 환경은 피검자가 검사를 치를 때마다 매번 다른 방법으로 각 문항에 답하게 만든다.

신뢰도는 "검사 점수가 측정의 오차로부터 자유로운 정도"라고 정의될 수 있다(AERA, 1999, p. 180). 가설적으로, 만약 완벽한 신뢰도를 가진 검사가 완벽한 환경하에서 실시된다면 그리고 한 피검자가 언제나 같은 상태에서 시험을 치른다면 1,000번 혹은 그 이상이더라도 검사 점수는 항상 동일할 것이다. 하지만 세상에는 완벽한 신뢰도를 갖는 검사도구는 없기 때문에 항상 측정의 오차가 존재하게 된다. 검사에서의 오차를 줄일 수 있다면, 당연히 검사 점수는 좀 더 정확해질 수 있다.

혹시 어떤 시험을 치르고 나서 성적표를 받았을 때 내가 실제로 받을 만한 점수가 제대로 반영되어 있지 않다고 느낀 적이 있는가? 그러한 차이는 일정 부분 측정 오차에 기인

신뢰도(reliability)
측정의 오차로부터 자유로운 정도(검사 점수의 일관성)

한다. 명확하게 기술되어 있지 않은 문항, 제대로 안내되지 않은 검사 수행 방법, 피검자의 검사 불안이나 피로도, 검사에 집중할 수 없게 만드는 검사 상황 등 여러 요인들이 그와 같은 오차를 유발한다. 다른 한편으로, 기대한 점수와 실제 점수의 차이는 단순히 피검자의 지식 부족 및 자기 자신의 실력을 제대로 모르기 때문일 수 있으며, 혹은 낮은 점수에 대해 스스로를 비난하기보다 검사 탓을 하는 게 마음 편하기 때문일 수도 있다. 만약 한 검사에서 발생하는 오차의 양을 알 수 있다면 이는 신뢰도 추정이 가능하다는 뜻이며, 이를 통해 기대한 점수와 실제 점수의 차이가 어느 정도까지 측정 오차에 의한 것인지를 결정할 수 있을 것이다.

검사 제작자는 새로 만든 검사 도구에 대해 산출 점수가 얼마나 신뢰성 있는지(일관적인지)를 결정함으로써 평가하며 이러한 정보를 검사 매뉴얼에 검사 신뢰도 계수 형태로 기입 및 보고한다. 신뢰도 추정치가 1.0에 가까울수록 검사 점수는 더 적은 오차를 갖고 있다는 뜻이다. 좋고 나쁜 신뢰도를 판단하는 명확한 기준치는 없지만, 보통 검사의 종류에 따라서 다음과 같이 판단하는 경향이 있다(Heppner, Wampold, & Kivlighan, 2008). 예를 들어, 교사 제작 검사는 국가 수준 학업성취도 검사처럼 엄격한 절차를 거쳐 만드는 것은 아니기 때문에 전자는 대략 0.7 그리고 후자는 0.9 내외의 신뢰도를 갖는다. 또한 인성 검사는 측정 구인이 좀 더 추상적이고 변화하는 경향이 있기 때문에 대개 능력 검사보다 낮은 신뢰도를 보인다. 따라서 인성 같은 구인은 그 정의 및 측정이 쉽지 않은 것으로 알려져 있다. 신뢰도를 실제 계산하는 방법으로는 검사-재검사 신뢰도, 동형 검사 신뢰도, 내적 일관성 계수 등이 있다. 이러한 방법들을 살펴본 뒤, 이어서 신뢰도를 살펴보는 좀 더 최근의 방법인 문항반응이론에 대해 논의할 것이다.

검사-재검사 신뢰도

검사-재검사 신뢰도
(test-retest
reliability)
한 검사를 다른 두 시점
에 반복 실시한 후 결과
간 관계

검사 도구의 신뢰도를 결정하는 데 있어 상대적으로 쉬운 방법은 동일 피검자 집단에게 일정한 시간 간격을 두고 검사를 두 번 실시하는 것이다. 예를 들어, 한 검사를 치른 500명의 피검자들이 있다고 하자. 이 검사를 다음 날 동일한 장소에서 같은 피검자들에게 다시 실시하고, 두 결과 간의 상관계수를 구한다. 두 번의 시행에서 각각 산출된 검사 결과가 유사할수록(상관계수가 클수록) 이 검사는 좀 더 신뢰할 수 있다고 말할 수 있다. 신뢰도 계수는 개별 피검자에게 그의 점수가 얼마나 안정적인지에 대한 정보를 제공하지만, 실제 계산 과정을 보면 여러 피검자들의 점수가 변화하는 양상에 대한 평균적 개념으로 신뢰도를 구하게 된다. 그러므로 한 피검자의 점수가 두 검사 실시에서 큰 변화를 보였다고 할지라도 대부분의 다른 사람들이 거의 변화를 보이지 않았다면 여전히 높은 신뢰도 계수가 산출될 수 있다.

여러 종류의 요인이 검사-재검사 신뢰도(test-retest reliability)가 얼마나 정확하게 산출될 수 있는지에 영향을 미친다. 예를 들어, 두 검사 실시 간의 시간 간격에 생각해보면 사람들은 검사에 대해 망각 혹은 기억할 수도 있으며 그 기간 동안 책 혹은 인터넷 등을 이용한 학습을 통해 무언가를 더 배울 수도 있다. 또한 일부 사람들은 검사 유형에 좀 더 익숙해진 덕분에 두 번째 검사에서 더 높은 점수를 획득하기도 한다. 검사-재검사 신뢰도는 지능처럼 시간 변화에 따라서 쉽게 변화하지 않는 영역의 검사에서 좀 더 효과적인 신뢰도 산출 방법이라고 할 수 있다.

동형 검사 신뢰도

검사 신뢰도를 구하는 또 다른 방법은 두 개 이상의 대안(alternate), 평행(parallel), 혹은 동형(equivalent) 검사를 만들어 이를 활용하는 것이다. 동형 검사는 신뢰도를 산출하고자 하는 주어진 검사와 매우 유사하게 제작되지만, 검사-재검사 신뢰도의 문제점을 해결하기에 충분할 만큼 다르게 만들어진다. 즉, 동일한 검사를 두 번 실시하는 것이 아니라, 두 번째 실시에서 동형 검사를 사용한다. 동형 검사 신뢰도(equivalent forms reliability)를 구하는 데 있어서 가장 큰 어려움은, 한 검사에 대해 동일 문항 유형, 동일 문항 수, 같은 난이도 및 내용을 가진 동형 검사를 제대로 만들 수 있는가 하는 점이다. 다시 말해 동형 검사 신뢰도는 기억효과나 연습효과 같은 검사-재검사 신뢰도의 문제점을 해결해주기는 하지만, 두 검사가 정말로 평행 혹은 동형 검사일 수 있는가를 확실히 하는 것이 매우 어렵다는 문제점이 있다. 기존 검사와 동일한 평균과 표준편차를 보여야 하는 동형 검사를 만드는 것은 많은 손이 가고 또 고비용이 드는 작업이기 때문에 동형 검사 신뢰도를 실제로 사용하는 경우는 드물다. 만약 동형 검사 신뢰도를 실제로 계산하여 제시한다면, 검사 제작자는 두 검사가 정말 동형임을 증명해야 하는 부담을 안게 된다.

동형 검사 신뢰도 (equivalent forms reliability) 동일 구인을 측정하는 두 동형 검사 결과 간 관계

내적 일관성

세 번째 종류의 신뢰도는 내적 일관성(internal consistency) 계수라고 불린다. 이 경우 관건은 개별 문항 점수가 어떻게 문항 상호 간 혹은 전체 검사와 관련되어 있는가라고 볼 수 있다. 예를 들어, 우울증 검사에서 높은 점수를 받게 된 한 개인이 있다면 그는 우울 관념을 나타내는 모든 검사 문항에 적극 반응할 수밖에 없을 것이다. 만약 그렇지 않은 우울에 대한 문항이 있다면 실제로는 우울을 측정하는 것이 아니라고 의심받을 수밖에 없다. 이러한 종류의 신뢰도는 그 추정치를 구하기 위해 재검사나 동형 검사 등 신뢰도를 살펴보고자 하는 검사 외의 또 다른 검사 실시를 필요로 하지 않고 검사 자체만을 이용하기 때문에 내적 일관성이라고 볼 수 있다. 내적 일관성 계수에는 아래에서 설명될 반분 신뢰도, 크론박 계수 알파(Cronbach's coefficient alpha), 쿠더-리처드슨(Kuder-Richardson) 계수 등이 있다.

내적 일관성(internal consistency) 한 검사 안의 내적 합치도에 대한 통계적 증거

반분 신뢰도 내적 신뢰도 계수의 가장 기본적인 형태는 반분 신뢰도(split-half reliability)라고 볼 수 있다. 이 방법은 신뢰도를 추정하기 위해 한 검사를 오직 한 번만 실시하면 되는데, 다만 한 검사를 반반으로 나누어서 두 하위 검사 결과 간의 상관계수를 구한다. 다시, 500명의 피검자가 한 검사를 치른 상황을 상상해보자. 이들은 한 검사를 치렀을 뿐이

반분 신뢰도(split-half reliability) 한 검사를 반분한 경우 두 하위 검사 간의 관계에 기반한 신뢰도

지만, 마치 두 개의 검사(검사 문항들을 절반으로 나눈 것)를 실시한 것처럼 다루고 각 하위 검사의 점수를 따로 산출하여 이들 간의 상관계수를 구하는 것이다. 이러한 접근 방법의 장점은, 한 번의 검사로 충분하기 때문에 무엇보다도 검사를 두 번 실시하거나 동형검사를 만드는 등의 수고를 할 필요가 없다는 점이다. 그러나 반분 신뢰도의 잠재적 위험은 두 개의 하위 검사가 서로 동형 검사가 아닐 가능성이 크다는 점이다. 만약 한 검사가 뒤로 갈수록 점점 어려운 문항들이 나오도록 구성되어 있는데, 앞부분의 문항 절반과 뒤의 문항 절반으로 이 검사를 나눈다면 분명히 이들은 동형 검사라고 보기 어려울 것이며 이 경우 부정확하게 낮은 신뢰도 값이 산출될 수 있다. 이러한 오류를 피할 수 있는 한 방법은 전후반으로 검사를 나누는 것이 아니라 짝수 문항과 홀수 문항으로 나누는 것인데, 물론 짝홀수 방식을 사용한다고 해서 꼭 동형 검사를 얻을 수 있다는 보장이 있는 것은 아니다.

위와 같은 반분 검사 간의 상관계수가 갖는 또 다른 문제점은 이 결과가 신뢰도를 살펴보고자 하는 한 검사의 문항 수를 절반으로 줄여서 얻게 된 것이라는 점이다. 일반적으로, 검사의 문항 수가 많을수록 더 정확하고 일관된 검사 결과를 얻을 수 있기 때문에 문항 수가 줄면 신뢰도를 낮추게 된다. 수학적으로 이러한 신뢰도 과소추정의 문제를 해결하는 흔한 방법은 스피어만-브라운(Spearman-Brown) 공식을 활용하는 것이다(Brown, 1910; Spearman, 1910). 반분 신뢰도를 최종적으로 구하는 데 사용하는 스피어만-브라운 교정 공식은 다음과 같다.

$$\text{스피어만-브라운 신뢰도} = \frac{2r_{hh}}{1 + r_{hh}}$$

여기서 r_{hh}는 한 검사를 절반으로 나눈 뒤 구한 두 하위 검사 결과 간 상관계수를 의미한다. 예를 들어 이러한 상관계수가 0.70이라면 위의 공식에 따라서 1.4를 1.7로 나누어서, 전체 검사를 위한 반분 신뢰도 추정치는 최종적으로 0.82로 산출된다. 만약 어떤 검사 매뉴얼이 반분 신뢰도를 사용했다고 적고 있다면 이와 같은 교정 공식이 제대로 적용되었는지 확인할 필요가 있다. 왜냐하면 이러한 교정 공식이 적용되지 않은 채 r_{hh} 그대로 보고된다면 실제 검사는 이보다 더 신뢰할 수 있기 때문이다.

알파 및 쿠더-리처드슨 계수
(coefficient alpha and Kuder – Richardson)

개별 문항들 상호 간 그리고 전체 검사 점수와의 수학적 비교에 기반한 신뢰도

크론박 계수 알파와 쿠더-리처드슨 계수   알파 및 쿠더-리처드슨 계수(coefficient alpha and Kuder-Richardson) 역시 내적 일관성 신뢰도 추정 방법의 일종이다. 이는 어떻게 보면 모든 가능한 반분 신뢰도를 전부 다 구하려는 시도와 밀접히 관련되어 있다(Cronbach, 1951). 요약하자면, 각 문항 점수를 총점과 비교하여 상관을 구한 뒤 모든 문항의 평균적 상관을 구하는 시도와도 유사하다(Salkind, 2011). 분명히 말하여, 우울증 검사에서 높은 점수를 보이는 개인은 우울함을 측정하는 모든 검사 문항에 대해 긍정적으로 반응할 수밖에 없으며, 낮은 우울증 검사 점수를 받는 개인은 각 문항에 우울증을 나타내지 않는 방향

으로 반응하게 될 것이다. 만약 어떤 특정 문항이 우울증을 가진 개인과 그렇지 못한 개인을 구별할 수 없다면, 이 문항들은 우울증 검사 문항으로서 어떤 문제점을 갖고 있다는 뜻이며 내적 일관성 추정치를 낮추는 방향으로 작용하게 된다. 모든 문항 상호 간의 상관계수를 구하는 등의 크론박 알파 계산 과정은 매우 반복적이고 지루한 일이라고 할 수 있지만, 컴퓨터를 사용하면 매우 빠르게 구할 수 있으며 오늘날 매우 인기 있는 신뢰도 산출 방법이 되었다. 쿠더-리처드슨 계수는 문항들이 맞고 틀리고 형태의 이분적 채점이 이루어질 때만 사용할 수 있지만, 크론박의 알파는 다분형 채점이 이루어지는 다양한 문항 유형에도 적용될 수 있다. 부록 E에서 이 공식들을 자세히 소개하고 있다.

그림을 통한 신뢰도 유형 제시

그림 5.7은 세 가지 종류의 신뢰도 유형을 그림으로 표현하고 있다. 검사-재검사 신뢰도는 일정한 시간 차이를 두고 동일 검사가 다시 사용되는 것으로 나타나고 있다. 동형 검사 신뢰도는 시간 요인에 의해 영향받지 않는 유사한 검사 사용을 전제하고 있다. 반분 신뢰도는 주어진 검사를 절반으로 나누며, 알파 및 쿠더-리처드슨 계수는 각 문항과 전체 검사 간의 관계에 기반한다는 사실을 이 그림에서 확인할 수 있다.

문항반응이론: 신뢰도를 보는 또 다른 방법

이 책에서 설명한 신뢰도 개념은 대개 고전검사이론을 따르고 있다. **문항반응이론**(IRT: item response theory)은 이를 확장한 것(Bechger, Maris, Verstralen, & Beguin, 2003; Reid, Kolakowsky-Hayner, Lewis, & Armstrong, 2007)으로서 현대검사이론이라고 부르기도 한다. 주로 스피어만(Spearman, 1904)에서 유래된 고전검사이론은 모든 검사 도구에는 측정 오차가 존재한다고 가정하며, 어떤 피검자의 진점수(true score)는 관찰 점수(observed score)에서 측정 오차를 더하거나 뺀 것과 같다고 보았다.

문항반응이론(IRT: item response theory)
각 문항에 대해 측정 구인과 정답 확률 간의 수학적 함수로 다루는 이론

$$진점수 = 관찰\ 점수 \pm 측정\ 오차$$

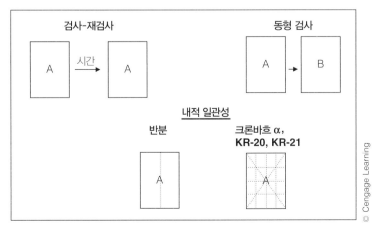

그림 5.7 검사 신뢰도의 유형을 그림으로 표현하기

신뢰도는 측정 오차와 반대되는 개념이며, 고전검사이론에서 굉장히 중요한 위치를 차지하고 있다. 신뢰도가 증가할수록 측정 오차는 감소한다. 만약 신뢰도가 0.6 정도에 불과하다면 이는 적지 않은 측정 오차가 존재한다는 뜻이며, 진점수를 추정하기가 쉽지 않을 것이다. 신뢰도가 0.93인 경우는 거의 측정 오차가 없다는 뜻이며, 좀 더 자신감 있게 산출 점수를 활용할 수 있다. 고전검사이론에서는 검사 문항들을 전체적으로 바라보며 진점수를 잘 추정할 수 있도록 전체 검사 수준에서의 측정 오차를 감소(신뢰도를 증가)시키고자 한다.

반면에, IRT에서는 측정하고자 하는 구인 혹은 특성과 관련하여 각 문항을 개별적으로 조사 및 분석한다(Ostini & Nering, 2006). 개별 문항에 대한 좀 더 상세한 정보를 제공한다는 바로 이 점으로 인해, IRT를 활용하여 검사를 개발하는 사람들은 검사 신뢰도를 개선하는 데 있어 고전검사이론 사용에 비하여 약간의 이점을 누릴 수 있다(MacDonald & Paunonen, 2002). 그러나 IRT는 좀 더 복잡한 수학적 접근을 요하기 때문에 고전검사이론을 빠르게 대체하기에는 약간의 어려움이 있다(Progar, Socan, & Pec, 2008). IRT에서 문항 특성 곡선은 매우 중요한 개념으로서, 사람들의 능력이 증가하면 어떤 문항에 정답 반응할 확률도 증가한다는 점을 그림으로 표현한다. 피검자의 능력을 x축으로 보고 문항 정답 확률을 y축으로 생각하면, 그림 5.8과 같은 문항 특성 곡선을 그릴 수 있다. 이 그림에서 x축은 지능을, 그리고 y축은 지능 검사 문항에 대한 정답 확률을 의미한다. 만약 어떤 사람이 평균적 지능(즉, 100점의 지능 지수)을 갖고 있다면, 실선으로 표현된 문항 특성 곡선을 갖는 한 문항에 대해 정답 확률은 50%라고 할 수 있다. 이 문항에 대해 어떤 피검자가 85 정도의 지능 지수를 갖고 있을 뿐이라면 그 정답 확률은 25%임을 알 수 있다. 이 그림을 통해 지능 지수가 점점 높아질수록 이 문항에 대한 정답 확률은 100%로 수렴해 감을 알 수 있다.

문항 특성 곡선은 매우 많은 정보를 제공한다. 만약 어떤 문항이 S자 형태의 문항 특성

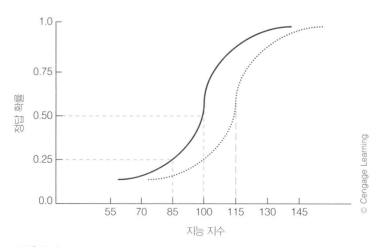

그림 5.8 문항 특성 곡선

곡선을 보이기보다 x축과 거의 평행하는 것처럼 나타난다면, 이는 이 문항이 능력이 높은 사람과 낮은 사람을 변별하는 힘이 없다는 의미와 같다. 만약 S자 형태의 중간 부분 기울기가 매우 크게 나타난다면 이는 해당 문항의 변별도가 매우 크다는 뜻이다. IRT를 통해 검사 제작자는 목표로 하는 구체적 능력 범위에서 정확한 측정 결과가 산출되도록 검사 문항 구성을 할 수 있다. 예를 들어, 지능 지수가 115일 때 정답 확률이 50%인 문항을 의도적으로 활용할 수도 있을 것이다. 컴퓨터를 이용하여 검사를 실시하고 있는 상황이라면, 이미 주어진 문항들에 대한 피검자의 답변을 이용하여 각 피검자에 대해 다음 문항으로 동일하지 않은 문항을 제시하는 것도 가능하다. 만약 조 안네라는 학생이 지능 지수 100에서 정답 확률이 50%인 문항을 성공적으로 맞혔다면 다음 문항으로 지능 지수 115일 때 맞힐 확률이 50%인 문항을 풀도록 할 수 있다. 만약 이 문항을 틀린다면 다시 지능 지수 107에서 정답 확률이 50%인 문항을 제시하는 것도 가능하다. IRT를 통해 이러한 방식으로 학생의 최종 능력 수준을 찾아나가는 방법도 사용할 수 있다.

다문화 공정성

검사의 공정성은 신뢰도 및 타당도 개념과 뗄 수 없는 관계에 있기는 하지만, 다문화 시대에 공정성에 대한 주제는 국가적으로도 매우 중요하기 때문에 독립된 절에서 다루기로 한다. 한 개인을 평가하고자 할 때, **다문화 공정성**(cross-cultural fairness) 정도는 평가 도구의 개발, 실시, 채점, 해석에 중대한 영향을 미치기 때문에 매우 중요한 주제이며 반드시 고려할 필요가 있다. 정신건강 전문가는 검사 도구를 활용할 때 다양한 소수인종 및 장애를 가진 사람들에게 다문화 공정성과 관련한 문제가 생기지 않도록 주의해야 한다. 예를 들어, 검사 사용자에 대한 자격 표준(Standards for Qualifications of Test Users; American Counseling Association, 2003)에 따르면 검사 사용자는 다음 사항을 준수해야 한다.

> 검사의 모든 측면에서 다문화 공정성이 확보될 수 있도록 주의해야 한다. 피검자나 학생에 대해 어떤 정보를 얻거나 어떤 결정을 내리는 것은 오직 피검자나 학생의 특성을 정확하고 공정하게 평가한 정도에 따라서만 타당할 수 있다. 검사를 선택하거나 해석할 때는, 해당 검사의 문항들이 문화적으로 편파되어 있지는 않은지 그리고 규준집단이 피검자들의 다양성을 제대로 반영하지 못하는 것은 아닌지 등을 면밀히 살펴봐야 한다. 검사 사용자는 나이 혹은 물리적 장애로 인한 차이가 피검자들이 검사 문항을 인지하고 반응하는 능력에 영향을 미칠 수도 있다는 사실을 알아야 한다. 검사 점수를 해석할 때는 문화적, 인종적, 장애 및 언어 요인들이 미칠 수 있는 영향을 고려한다. 검사 실시 및 채점 과정에서는 시각적, 청각적, 이동성 장애에 대한 적절한 배려를 제공해야 한다. 검사 사용자는 검사의 속성이나 목적에 따라서 특정 유형의 규준이나 검사 해석 방법이 부적절할 수도 있음을 이해할 필요가 있다. (Standard 6)

다문화 공정성 (cross-cultural fairness)
문화적 배경, 계급, 장애, 성별이 검사 결과에 영향을 미치지 않는 정도 오늘날 다문화 공정성 확보의 중요성이 강조되고 있지만, 언제나 만족할 만한 수준에서 공정하게 검사가 사용된다고 보기는 사실 어렵다(1장에서 설명한 아미 알파(Army Alpha) 검사에서의 문화적 편향을 상기해보라). 검사 편파성에 대한 주제는 1960년대 미국에서 아프리카나 남미 출신 학생들이 백인 다수 학생들에 비해 공정하게 평가받지 못한다는 우려하에서 시민 권리 운동이 일어나기 전까지 그다지 주목받지 못했다. 일련의 법정 판결을 통해, 일부 지능 검사나 학업성취도 검사 등이 학생들을 판단하는 데 사용되어서는 안 된다는 결정이 있었다. 왜냐하면 그러한 검사들이 소수인종 학생들의 능력을 정확하게 평가하지 못한 결과, 이 학생들이 불합리하게 낮은 수준의 교실로 배치되는 일들이 종종 일어났기 때문이다(Hobson v. Hansen, 1967; Moses v. Washington Parish School Board, 1969 등 참조). 1971년에는 미국 대법원은 그리그스 v. 듀크 파워 컴퍼니(Griggs v. Duke Power Company) 사건을 통해 직장에서의 고용 및 성취 관련 검사는 모든 집단에 대해 근무 수행 능력을 제대로 예측할 수 있음을 보여야 한다고 판시했다. 그 후 검사 사용에 영향을 미치거나 모든 개인이 공정하게 검사받을 권리를 보장하기 위한 많은 종류의 법안들이 통과되었다(2장의 관련 법규 참조). 이 법규들 및 평가와의 관련성에 대해 간단히 정리하면 다음과 같다.

> 많은 종류의 법규들이 공정한 검사를 받을 소수자의 권리를 보장해왔다.

- 장애인 보호법(ADA: Americans with Disabilities Act): 이 법은 각종 장애를 가진 개인들이 고용을 위한 시험을 치를 때 적절한 편의가 제공되어야 하며, 검사 내용은 반드시 직무와 관련성이 있어야 한다고 규정하고 있다.

- 가족 교육 권리 및 사생활 보호법(FERPA: Family Education Rights and Privacy Act): 1974년에 발효된 것으로 버클리 수정안(Buckley Amendment)이라고도 알려져 있는 법이다. 이는 모든 개인이 검사 성적을 비롯한 자신의 학교 기록을 살펴볼 수 있는 권리를 보장한다.

- 칼 퍼킨스 법(Carl Perkins Act, PL 98-524): 이 법은 장애를 가졌거나 사회적 약자인 사람들이 직업 관련 평가, 상담, 배치 등에 있어서 소외되지 않도록 보장한다.

- 시민권리법(Civil Rights Act, 1964년 및 그 수정판): 이 일련의 법규들은 고용 및 승진과 관련한 어떤 검사라도 직무와 관련하여 적절하고 타당함을 갖추어야 한다고 규정한다. 그렇지 않을 경우, 대안적 수단이 반드시 제공되어야 한다. 차별적인 검사 합격선 혹은 분할 점수 사용은 용납되지 않는다.

- 정보자유법(Freedom of Information Act): 이 법은 모든 개인이 검사 기록을 포함하여 각자에 대한 연방정부 수집 기록을 살펴볼 수 있는 권리를 보장한다. 대개의 주에서는 이 법안을 확대 적용하여 주정부 기록물에 대해서도 같은 권리를 보장하고 있다.

- 장애인 교육법(IDEA: Individuals with Disabilities Education Act, PL 94-142): 이 법은 학습을 저해하는 장애를 가진 학생이 학교 시스템이 제공하는 비용으로 검사 편의를 제공받을 수 있음을 보장한다. 학습장애가 있는 학생들에게 학교는 최소한 제한된

BOX 5.1

소수집단에 대한 지능 검사의 사용: 혼돈과 파행

문화적으로 다양한 구성을 가진 모집단과 관련된 지능 검사의 사용은 오랫동안 논쟁의 대상이 되어왔다. 지난 수십 년 동안, 미국의 주정부들은 지능 검사가 편파적인 경우를 자주 발견했으며 특정 대상에 대한 검사 사용을 금하기도 했다(Gold, 1987; Swenson, 1997). 1987년 캘리포니아에서의 한 사건은 이러한 논쟁을 잘 예시하고 있다. 메리 아마야 씨는 그녀의 아들이 불필요한 학력교정 코스를 권유받고 있다고 우려하고 있었다. 한 검사를 통해 첫째 아들이 그런 과정이 필요 없다고 확인한 후, 그녀는 또 다른 아들에 대해서도 지능 검사를 통한 검사를 신청했다. 그러나 캘리포니아 주정부는 해당 지능 검사가 문화적으로 편파적이라고 결정했고, 따라서 특정 집단에 대한 사용을 금지한다고 했다. 아마야 씨는 한 지능 검사 사용을 신청했음에도 불구하고, 그 검사를 아들이 치르게 할 권리를 갖고 있지 않다는 것이었다. 캘리포니아 주는 나중에 그러한 금지 결정을 번복했지만, 검사에서의 인종적 편파성에 대한 관심은 오늘날에도 계속 유지하고 있다(Ortiz, Ochoa, & Dynda, 2012).

© Cengage Learning

환경하에서라도 검사 편의를 제공해야만 한다.

- **재활법 504호(Section 504 of the Rehabilitation Act)**: 한 개인이 어떤 프로그램이나 용역에 적합한지를 측정하는 어떤 검사 도구라도 개인의 능력만을 평가해야 하며 그 결과에 그가 가진 장애가 반영되어서는 안 된다.

검사에서 나타나는 집단들 간의 인지적 차이는 그 검사가 측정하고자 하는 능력에서의 차이를 의미해야 하며 문화, 성별, 나이 등의 차이가 되어서는 안 된다. 특히 예측적 목적을 갖는 검사(예: SAT, MAT, GRE)는 모든 집단에 대해 정확하게 고유 목적에 맞는 예측을 수행함을 보일 필요가 있다(Berry, Clark, & McClure, 2011; Bobko & Roth, 2012; Hartman, McDaniel & Whetzel, 2004). 그러나 문화, 성별, 나이 등으로 인한 차이가 존재한다는 사실 자체가 부정될 수는 없으며, 무엇보다 중요한 사항은 그러한 차이가 생겨나는 이유를 명확하게 이해하여 검사 결과에 영향을 미치지 않도록 해야 한다는 점이다(Hartman et al., 2004). 근래에는, 모든 학생이 학교에서 성공할 수 있으며 성별, 문화, 장애 등에 관계없이 단 한 명의 학생도 최소 능력 기준을 달성하는 데 실패해서는 안 된다고 요구하는 낙오학생방지법(No Child Left Behind Act)의 경우에서 볼 수 있듯이, 인지적 차이를 환경적 요인들에 기인하는 것으로 보는 경향이 있다(U.S. Department of Education, 2005, 2008a, 2008b; 연습문제 5.4 참조).

연습문제 5.4 │ 문화적 차이에 따른 능력 점수에서의 차이

소규모 모둠집단 활동을 통해, 문화적 차이에 따라서 어떻게 능력 점수상의 차이가 발생할 수 있는지 논의해보자. 그런 다음, 그러한 차이가 어떤 노력을 통해 개선될 수 있는지 논의해보자.

각 조별로 논의한 내용을 바탕으로 문제점 및 해결책을 학급 전체에서 논의하라.

실용성

실용성(practicality)
검사 선택과 시행에 있어
서 무리가 없도록 할 것

검사는 신뢰도와 타당도뿐만 아니라 다문화 공정성 역시 갖춰야 하지만, 또한 **실용적**이어
야 한다는 점도 강조할 수밖에 없다. 예를 들어 '초등학교 1학년 혹은 2학년 학생들에게 2
시간 정도 걸리는 검사를 실시하는 것이 합리적일까?', '다소 덜 타당할 수 있는 더 짧은
검사를 사용해도 될까?', 또는 '학교에서 수백 명의 잠재 학습장애 학생들에 대해 웩슬러
지능 검사(Wechsler Scale of Intelligence)를 식별 도구로 사용해도 될까?' 등에 대한 고려
가 필요하다. 보통 검사 하나를 실시하려면 1시간 내지는 2시간이 소요되고, 또 결과 산
출을 위해 또 다른 1시간 내지는 2시간이 필요하다. 검사 결과는 피검자 개인 및 집단 수
준에서 큰 영향을 미치기 때문에 좋은 검사를 신중하게 고르기 위한 노력이 있어야 한다.
검사를 실시하고자 할 때 주로 고려해야 하는 주요 사항은 시간, 비용, 검사 형식, 검사
문항의 가독성, 실시 편의성, 채점 방법, 해석 용이성 등이다.

시간

검사를 실시하는 데 걸리는 시간은 그 사용 여부를 결정짓는 중요한 요소 중의 하나이다.
검사 시간이 중요한 이유는 검사 실시 대상의 나이에 따라서 집중할 수 있는 시간 양이 다
를 수 있고, 특정 상황하에서 검사를 위해 할애된 시간도 제한적일 수 있으며, 검사의 최
종 비용과도 연관되어 있기 때문이다(시간은 돈이다!).

비용

기금 삭감이나 제한적 보험 변제 등으로 인해 민간 상담자나 상담치료 전문가들, 공공 및
사설 기관, 학교 등은 일반적으로 비용 절감을 강요받는다. 따라서 어떤 검사를 사용할지
결정할 때 검사 비용은 중요한 고려 요인 중 하나가 될 수밖에 없다. 예를 들어, 모든 고
등학교 3학년 학생이 진로 결정에 도움을 받기 위해 흥미 검사를 받는 것은 좋지만 1인당
10불 정도의 금액이 소요된다면 많은 학교에서 그리 현명한 결정이 아닐 수 있다. 또한
방금 직업을 잃었거나 경제적 어려움을 겪는 사람을 상담할 때 500불 정도 비용이 드는
검사를 권할 수 있을까, 혹은 다소 덜 타당하고 신뢰도가 낮지만 100불 정도 비용이 드는
검사를 권해야 할까?

검사 형식

검사의 형식 역시 검사 선택 시에 고려해야 할 사항이다. 검사 형식과 관련하여 인쇄의
명확성, 글자 크기, 질문 순서, 문항 유형 등을 살펴봐야 한다. 한 선다형 문항에서 최적
의 답지 수는 무엇인지에 대한 논쟁도 있지만, 피검자들은 서술식 문항에 비해 선다형 문
항으로 검사가 구성될 때 검사 불안을 덜 느낀다고 알려져 있다. 검사 불안은 정확한 인
지 능력 측정을 방해한다(Hudson & Treagust, 2013; Rodriguez, 2005). 또한 온라인을

통한 검사 형식은 지필 검사 방식에 비해 검사 불안을 적게 유발한다고 한다(Stowell & Bennett, 2010). 게다가, 검사의 형식은 성별에 따라서 다르게 검사 결과에 영향을 미칠 수도 있다. 한 연구에 따르면 남성은 오직 선다형 문항으로만 구성된 검사가 더 공정하다고 느끼지만, 여성은 선다형 문항과 서술형 문항 중 고를 수 있을 때 더 공정하다고 느낀다(Mauldin, 2009). 어떤 검사를 사용할지 선택해야 하는 상황하에서 검사 유형은 언제나 고려되어야 한다.

검사 가독성

검사 가독성 혹은 피검자가 검사 내용을 잘 이해할 수 있는 정도는 단어 및 독해 시험뿐만 아니라 모든 종류의 검사에서 매우 중요한 고려사항이다(Hewitt & Homan, 2004). 검사 가독성이 적절하지 않다면 당연히 검사 신뢰도는 악영향을 받게 된다. 따라서 검사의 모든 개별 문항은 가독성 측면에서 적절한지 검토받을 필요가 있다.

실시 편의성, 채점 방법, 해석 용이성

한 검사가 사용하기에 얼마나 실용적인지를 결정할 때, 그 실시의 편이성과 채점 방법 그리고 결과 해석의 용이성이 충분히 고려되어야 한다. 이러한 차원에서 다음과 같은 많은 항목에 주의해야 한다.

1. 검사 매뉴얼 및 관련 정보를 이해 및 사용하기에 용이한 정도
2. 검사를 치르는 피검자의 수와 그러한 숫자가 원활한 검사 실시에 영향을 미치는지 여부
3. 검사를 실시, 채점 및 해석하기 위해 요구되는 훈련이나 교육의 종류
4. 검사를 채점하고 결과를 얻기까지의 처리 시간
5. 검사 결과를 피검자에게 설명하기 위해 필요한 시간의 양
6. 피검자에게 검사 점수를 설명할 때 도움이 될 수 있는 관련 보조 자료(예를 들어, 전문적으로 제작 및 인쇄된 자료)

양호한 검사의 선택과 시행

이 장에서는 이제까지의 설명을 통해 검사는 타당하고, 신뢰성 있고, 다문화 공정성을 갖추고, 실용적이어야 함을 알아봤다. 그러나 선택 가능한 수천 개의 검사들 중에서, 어떻게 검사 상황하의 구체적 요구를 정확하게 충족하는 검사를 찾을 수 있을까? 이 경우, 다음과 같은 단계를 따르면 도움이 될 것이다.

1단계: 검사 수요자의 목적을 확정하라

검사 수요자의 목적을 확정함에 있어 4장에서 자세하게 다룬 정보 수집 절차를 따르는 것이 중요하다. 이에 따라 정보가 수집되면, 검사 수요자의 목적이 점점 더 명확해질 것이

며 그러한 목적의 파악은 어떠한 검사 도구를 선택할지 결정하는 데 도움이 될 것이다.

2단계: 검사 수요자의 목적에 도달하기 위한 검사 유형을 선택하라

적절한 검사 도구를 선택하는 일은 결코 쉽지 않다. 그러나 검사 수요자의 목적을 확인한 다면 어떤 종류의 도구가 도움이 될지를 알 수 있다. 예를 들어, 수요자의 목적이 진로를 찾고 직업 분야를 결정하는 것이라면 흥미 검사나 다중 적성 검사 등의 시행을 고려하게 될 것이다.

3단계: 선택할 수 있는 여러 검사 도구들에 대한 정보를 파악하라

오늘날에는 선택 가능한 여러 검사 도구들에 대한 정보를 얻기 위해 사용할 수 있는 수많은 방법이 있다. 그중 일부를 언급하면 다음과 같다.

- **검사 목록 자료집**: 검사 도구에 대한 목록을 담고 있는 자료집은 검사에 대한 중요한 정보를 제공한다. 말하자면 검사 제작자의 이름, 출판일, 검사의 목적, 참고문헌 정보, 검사 구성에 대한 정보, 검사 출판사 이름 및 주소, 검사 비용, 타당도 및 신뢰도, 다문화 공정성과 실용성 등에 관한 정보, 검사에 대한 리뷰 등이다(BOX 5.2 참조). 또한 채점 방법에 대한 정보와 검사에 대한 그 밖의 기본 정보도 포함된다.

  MMY(Mental
  Measurements
  Yearbook)
  적절한 검사를 발견하고
  선택하기 위한 훌륭한
  수단

  검사 자료집으로 유명한 두 가지를 들자면, 하나는『Mental Measurements Yearbook (MMY)』이고 다른 하나는『Tests in Print』이다(Spies, Carlson, & Geisinger, 2010; Murphy, Geisinger, Carlson, & Spies, 2010). MMY(제18판)는 2,700개 이상의 검사 도구 및 선별 수단에 대한 리뷰를 제공한다. 수천 종의 검사가 있기 때문에 이들 모두가 자료집에 포함될 수는 없다. 또한 찾고자 하는 구체적 검사에 대한 리뷰를 발견하려면 이전 버전의 자료집을 살펴봐야 하는 경우도 자주 발생한다. 이러한 자료집들은 온라인 및 서적 형태로 대부분의 대형 대학들에서 소장하고 있다. MMY는 총 18개의 범주(성취도, 행동 평가, 발달, 교육, 영어와 언어, 미술, 외국어, 지능 및 일반 적성, 수학, 기타, 신경심리, 인성, 독해, 과학, 감각운동, 사회, 말하고 듣기, 직업)로 검사 리뷰를 구분하고 있다. MMY의 온라인 검색 기능을 활용하면 검사 도구에 대한 정보를 신속하게 찾을 수 있다. 예를 들어, MMY(제18판)에는 지능 및 일반 적성 범주에 775개의 검사 도구가 있음을 한 번의 검색으로 쉽게 알 수 있다. 만약 '사랑(love)'이라는 단어를 검색어로 입력하면 16개의 관련 검사 도구를 찾을 수 있다.

- **출판사 검사 카탈로그**: 검사를 제작 및 판매하는 출판사에서는 검사에 대한 카탈로그를 작성하여 무료로 배포한다. 추가적인 정보를 출판사로부터 구입하는 것도 가능하다(예를 들어 샘플 키트, 전문적 매뉴얼 등).

- **해당 분야의 학술지**: 측정과 관련한 전문적 학술지에서는 연구에 사용된 검사 설명이나 새로운 검사에 대한 리뷰를 자주 발견할 수 있다.

BOX 5.2

한 검사 자료집에 실린 웩슬러 지능 검사(WAIS-IV)에 대한 리뷰

아래 제시된 내용은 한 검사 자료집(『Mental Measurement Yearbook』 제18판)에서 발견할 수 있는 웩슬러 성인용 지능 검사(WAIS-IV)에 대한 두 번째 리뷰의 일부이다(두 개의 리뷰가 11쪽에 걸쳐서 게재되어 있음).

설명. 웩슬러 성인용 지능 검사(WAIS-IV)는 개인별로 실시되는 지능 검사로서 16세와 90세 사이의 피검자를 대상으로 한다. WAIS-IV는 15개 하위 검사(총 4개의 인지 기능 범주: 언어 이해 4개, 지각 추론 5개, 작동 기억 3개, 과정 속도 3개)로 구성되어 있다. 모든 하위 검사의 결과를 합한 총점은 일반적 지능 지수 측도로 해석된다.

15개 하위 검사는 미리 정해진 순서에 따라서 실시되며 대개 2시간 안으로 모두 종료된다. 실시 지침 및 중단 규칙은 258쪽에 있는 실시 및 채점 매뉴얼에 명확하게 기술되어 있다. 자세한 채점 규칙도 함께 제공된다.

개발. WAIS-IV는 이전 WAIS-III 검사를 수정하여 개발한 것이다. 이 검사는 몇 번의 업데이트를 거치면서 1939년 이후 지속적으로 사용되어왔는데, 일반적인 이론적 배경 및 실시 구성 등은 변화 없이 유지되었다. WAIS 계열의 검사는 지능 계층 모형에 기반을 두고 있다. 이와 같은 이론으로는, 스피어만(Spearman, 1923)의 일반지능이론과 커텔(Cattell, 1963)의 두 요인 이론(결정성 지능 및 유동성 지능) 등을 들 수 있다. 유동성 능력은 새로운 임무나 익숙하지 않은 맥락하에서 추론할 수 있는 태생적으로 타고난 능력이다. 결정성 능력은 업무에 관한 구체적 지식 및 학교 공부에 관련된 추론 및 문제 해결을 의미한다(Ackerman & Lohman, 2006; Carroll, 1993). 유동성 및 결정성 능력을 총점 형태로 결합하면 단일한 일반적 지능 요인(g)의 측도로서 해석된다.

이론적으로, 15개 하위 검사는 4개의 인지 기능 범주로, 이는 다시 두 개의 하위 지능 형태로, 그리고 최종적으로 종합적 지능 요인(g)으로 연결된다…(Schraw, 2010, p. 151).

© Cengage Learning 2015

- 검사에 관한 서적: 검사 전반에 대한 정보를 제공하는 서적은 오늘날 많이 사용되고 있는 잘 알려진 수많은 검사들을 파악할 수 있도록 도움을 제공한다.
- 전문가: 학교 심리학자, 학습장애 전문가, 학교 시험을 주관하는 전문가, 각종 교육 관련 기관의 심리학자 및 대학 교수들은 검사에 대한 다양한 정보를 제공해줄 수 있다.
- 인터넷: 오늘날 검사 제작 회사들은 대부분 홈페이지를 통해 자신들이 만든 검사를 소개한다. 또한 인터넷 검색을 통해 검사에 대한 정보를 찾을 수 있다. 물론, 인터넷으로부터 얻은 정보가 정확한 것인지 주의할 필요가 있다.

4단계: 선택 가능한 여러 검사 도구의 타당도, 신뢰도, 다문화 공정성, 실용성을 조사하라

선택 가능성이 있는 검사들에 대해 정보를 모아감에 따라 타당도, 신뢰도, 다문화 공정성, 실용성 등에 대한 정보를 얻게 될 것이다. 만약 이러한 정보를 찾기 어렵다면, 관련 검사에 대해 조사한 학술지 논문을 찾거나 검사 제작 회사를 통해 검사 매뉴얼을 구입하는 방법도 고려해볼 만하다. 검사 매뉴얼은 검사 도구 선택 여부를 결정하는 데 필요한 거의 모든 정보를 제공해준다.

5단계: 현명하게 검사 도구를 선택하라

위와 같은 단계들을 거치면서 최적이라고 할 수 있는 몇 개의 검사 도구 후보들을 갖게 될 것이다. 이렇게 몇 개의 가능한 검사 도구들로 압축하고 나면, 이제 현명해져야 할 때이다. 기술적인 사항들을 조사하고, 검사의 목적을 고려하고, 비용과 편의성을 따지면서 현명한 선택을 해야 한다. 현명한 선택을 통해 검사 사용자는 편안한 마음으로 검사 수요자에게 가장 적합한 도구를 사용하게 된다.

요약

이 장에서는 검사 양호도를 구성하는 요소들을 살펴보았다. 이들은 크게 네 가지로 타당도, 신뢰도, 다문화 공정성, 실용성이다. 각각에 대한 설명에 앞서 상관계수의 개념을 살펴봤는데, 상관계수는 −1.0과 1.0 사이의 값을 가지며 두 변수 혹은 두 시험 점수 간의 관계 강도 및 방향에 대한 정보를 제공한다. 그런 다음, 결정계수 혹은 공유된 분산에 대해 살펴봤고 이를 상관계수 제곱(r^2)으로 제시하면서 변수들 간의 설명량으로 기술했다.

이어서, 검사가 측정하고자 의도한 바를 재고 있는 정도에 대한 넓은 의미의 증거를 제공하는 개념으로서 타당도를 살펴보았다. 내용 타당도는 측정하고자 하는 피검자의 지식을 검사 문항들이 정확하게 반영하고 있는지에 대한 증거에 기초한다. 준거 타당도는 공인 및 예측 타당도라는 두 가지 형태를 갖는다. 전자는 타당도를 파악하고자 하는 검사 결과와 비교하고자 하는 준거에 대한 자료를 '현재' 혹은 동일 시점(예를 들어, 우울증 검사의 타당도를 보기 위해 각 피검자가 전문가에게 진단받은 결과를 준거로 사용할 경우)에 파악 가능할 때 사용한다. 후자, 즉 예측 타당도는 검사 도구가 미래일을 예상하는 역할을 수행할 때 사용되며 이 경우 준거 자료는 미래 시점에 획득될 수밖에 없다. 표준오차와 긍정적 오류, 부정적 오류에 대한 개념도 예측 타당도와 함께 논의되었다. 구인 타당도는 검사가 적절한 방식으로 옳은 개념, 모형, 혹은 도식적 생각 등을 측정하는지에 관한 통계적 증거와 관련되어 있다. 이러한 증거는 실험 설계, 요인 분석, 수렴 타당도, 변별 타당도 등을 통해 획득할 수 있다.

그 후, 검사 점수가 측정 오차로부터 자유로운 정도에 관한 개념인 신뢰도를 다루었다. 이는 곧 검사 결과의 일관되고 믿을 만한 정도에 대한 지표이기도 하다. 우선 가장 흔하게 활용되는 세 가지 신뢰도 형태(검사-재검사, 동형 검사, 내적 일관성)를 소개했다. 내적 일관성 계수는 반분, 크론박 알파, 쿠더-리처드슨 신뢰도 등을 포함한다. 검사-재검사 신뢰도는 동일한 검사 도구를 동일 피검자 집단에게 두 번 실시하여 검사 결과 간 상관계수를 계산함으로써 산출한다. 동형 검사 신뢰도는 신뢰도를 보고자 하는 검사와 다른 문항으로 구성된 동형 검사를 제작하여 두 검사 결과 간 상관계수를 구함으로써 산출한다. 내적 일관성 계수 중 반분 신뢰도는 한 검사를 반반으로 나누어서 두 하위 검사 간의 상관계수를 구하는 전략을 취한다. 크론박 알파나 쿠더-리처드슨 계수는 좀 더 복잡한 통계적 계산을 필요로 하며 모든 검사 문항 간의 평균적 상관이라고 이해할 수 있다. 최종적으로, 이 장에서는 신뢰도를 살펴보는 비교적 새로운 관점을 제공하는 문항반응이론을 짧게 살펴보았다. 문항반응이론에서는 측정하고자 하는 구인의 수준에 따라서 각 문항마다 변별도 혹은 신뢰도가 다를 수 있다.

검사 양호도를 다룬 다음 영역은 다문화 공정성이다. 즉, 하나의 검사는 피검자가 속한 집단, 인종, 장애, 종교, 성별과 무관하게 애초에 의도한 구인을 정확하게 측정할 수 있어야 한다는 것이다. 편파성을 배제하고 검사 공정성을 확보하기 위한 많은 법규 및 법적 장치가 존재함을 설명하였다. 그리그스 v. 듀크 파워 컴퍼니(1971)의 대법원 판례를 통해 알 수 있다시피, 편파성을 가진 검사는 피검자를 평가하는 데 사용될 수 없으며 취업 및 승진과 관련한 검사는 모든 피검자의 직무 수행에 대한 예측에만 충실해야 한다. 이어서 모든 개인이 공정하게 검사받을 권리를 옹호하기 위한 많은 법규가 있음을 살펴봤는데, 예를 들어 장애인 보호법, 가족 교육 권리 및 사생활 보호법, 칼 퍼킨스 법(PL 98-524), 시민권리법

(1964년 및 그 수정판), 정보자유법, 장애인 교육법(PL 94-142), 재활법 504호 등이 있다.

마지막으로, 검사의 실용성에 관해 살펴보았다. 검사 실용성을 살펴보기 위해 검토해야 할 사항으로 검사 실시 시간, 비용, 가독성, 검사 형태, 그리고 실시와 채점, 해석의 편의성 등을 제시했다. 이 장은 좋은 검사를 선택하기 위한 5단계를 제시하는 것으로 마무리되었다.

복습문제

1. 검사 양호도를 구성하는 네 가지 요소는 무엇인가? 각각을 짧게 정의하라.
2. 상관계수의 의미를 설명하고, 검사 신뢰도와 타당도를 구하는 데 이러한 개념이 어떻게 활용되는지 설명하라.
3. 검사 타당도의 세 가지 유형과 각 유형에서의 다양한 하위 유형들을 설명하라.
4. 검사 타당도는 왜 '통합적 개념'이라고 알려져 있는가?
5. '안면 타당도'는 왜 공식적 타당도 유형이라고 볼 수 없는가?
6. 검사 신뢰도의 세 가지 유형과 각 유형에서의 다양한 하위 유형들을 설명하라.
7. 흔히 사용되는 고전검사이론에서의 신뢰도와 문항반응이론에서의 신뢰도 개념은 어떻게 다른지 설명하라.

8. 검사와 평가 영역에서 다문화 공정성 이슈는 왜 그렇게 중요한가?
9. 평가에서의 다문화 공정성 주제와 관련하여, 아래 각각에 대해 짧게 설명하라.
   a. 그리그스 v. 듀크 파워 컴퍼니
   b. 장애인 보호법
   c. 가족 교육 권리 및 사생활 보호법(버클리 수정안)
   d. 칼 퍼킨스 법(PL 98-524)
   e. 시민권리법(1964년 및 그 수정판)
   f. 정보자유법
   g. PL 94-142와 장애인 교육법
   h. 재활법 504호
10. 검사 도구의 실용성을 평가하기 위한 주요 요소들은 무엇인지 기술하라.
11. 좋은 검사 도구를 선택하기 위한 5단계 접근 방법을 기술하라.

참고문헌

American Counseling Association. (2003). *Standards for qualifications of test users*. Alexandria, VA: Author.

American Educational Research Association. (1999). *Standards for educational and psychological testing*. Washington, DC: AERA.

American Psychiatric Association (2013). *Diagnostic and statistical manual of mental disorders* (5th ed). Washington, DC, Author.

Beck, A. T., Steer, R. A., & Brown, G. K. (2004). *Beck depression inventory*, II. San Antonio, TX: Harcourt Assessment.

Bechger, T. M., Maris, G., Verstralen, H. H., & Beguin, A. A. (2003). Using classical test theory in combination with item response theory. *Applied Psychological Measurement*, *27*, 319-334. doi:10.1177/0146621603257518

Berry, C. M., Clark, M. A., & McClure, T. K. (2011).

Racial/ethnic differences in the criterion-related validity of cognitive ability tests: A qualitative and quantitative review. *Journal of Applied Psychology*, 96, 881 – 906. doi:10.1037/a0023222

Bobko, P., & Roth, P. L. (2012). Reviewing, categorizing, and analyzing the literature on black-white differences for predictors of job performance: Verifying some perceptions and updating/correcting others. *Personnel Psychology*. doi:10.111peps. [12007 online version before inclusion into an issue.]

Brown, W. (1910). Some experimental results in the correlation of mental abilities. *British Journal of Psychology*, 3, 296 – 322.

Cole, D., Truglio, R., & Peeke, L. (1997). Relation between symptoms of anxiety and depression in children: A multitrait-multimethod-multigroupassessment. *Journal of Consulting and Clinical Psychology*, 65, 110-119. doi:10.1037/0022-006X.65.1.110

Cronbach, L. (1951). Coefficient alpha and the internal structure of tests. *Psychometrika*, 16, 297 – 334. doi: 10.1007/BF02310555

Glass, T., Mendes de Leon, C., Bassuk, S., & Berkman, L. (2006). Social engagement and depressive symptoms in late life: Longitudinal findings. *Journal of Aging and Health*, 18, 604 – 628. doi:10.1177/0898264306291017

Gold, D. L. (1987). Civil-rights panel investigating I.Q. test ban in California. *Education Week*. Retrieved from http://www.edweek.org/ew/articles/1987/10/28/07330001.h07.html?print=l

Goodwin, L. (2002a). Changing conceptions of measurement validity: An update on the new standards. *Journal of Nursing Education*, 41, 100-106.

Goodwin, L. (2002b). The meaning of validity. *Journal of Pediatric and Gastroenterology and Nutrition*, 35, 6 – 7. doi:10.1097/00005176-200207000-00003

Griggs v. Duke Power Company, 401 U.S. 424(1971).

Hartman, N., McDaniel, M., & Whetzel, D. (2004). Racial and ethnic difference in performance. In J. Wall, & G. Watz (Eds.), *Measuring up: Assessment issues for teachers, counselors, and administrators* (pp. 99 – 115). Greensboro, NC: CAPS press.

Heppner, P. P., Wampold, B. E., & Kivlighan, D. M. (2008). *Research design in counseling* (3rd ed.). Belmont, CA: Thompson Brooks/Cole.

Hewitt, M. A., & Homan, S. P. (2004). Readability level of standardized test items and student performance:

The forgotten validity variable. *Reading Research and Instruction*, 43, 1 – 16. doi:10.1080/19388070409558403

Kobrin, J. L., & Patterson, B. F. (2011). Contextual factors associated with the validity of SAT scores and high school GPA for predicting first-year college grades. *Educational Assessment*, 16, 207 – 226. doi:10.1080/10627197.2011.635956

Hobson v. Hansen, 269 F. Supp. 401 (D.D.C., 1967).

Hudson, R. D., & Treagust, D. F. (2013). Which form of assessment provides the best information about student performance in chemistry examinations? *Research in Science & Technology Education, (ahead-of-print)*, 1-17. DOI:10.1080/02635143.2013.764516

MacDonald, P., & Paunonen, S. V. (2002). A Monte Carlo comparison of item and person statistics based on item response theory versus classical test theory. *Educational and Psychological Measurement*, 62, 921-943. doi:10.1177/0013164402 238082

Maruyama, G. (2012). Assessing college readiness: Should we be satisfied with ACT or other threshold scores? *Educational Researcher*, 41, 252 – 261. doi:10.3102/0013189X12455095

Mauldin, R. K. (2009). Gendered perceptions of learning and fairness when choice between exam types is offered. *Active Learning in Higher Education*, 10, 253 – 264. doi:10.1177/1469787409343191

Moses v. Washington Parish School Board, 302 F.Supp. 362, 367 (ED La.1969).

Murphy, L. L., Geisinger, K. F., Carlson, J. F., & Spies, R. A. (2010). *Tests in print VIII: An index to tests, test reviews, and the literature on specific tests*. Lincoln, NB: Buros Institute of Mental Measurements.

Ortiz, S. O., Ochoa, S. H., & Dynda, A. M. (2012). Testing with culturally and linguistically diverse populations. In D. P. Flanagan, & P. L. Harrison (Eds.), *Contemporary Intellectual Assessment: Theories, Tests, and Issues* (3rd ed., pp. 526 – 552). New York: Guilford Press.

Ostini, R., & Nering, M. L. (2006). *Polytomous item response theory models*. Thousand Oaks, CA: Sage Publishing.

Park, N. S. (2009). The relationship of social engagement to psychological well-being of older adults in assisted living facilities. *Journal of Applied Gerontology*, 28, 461 – 481. DOI:10.1177/0733464808328606

Progar, S., Socan, G., & Pec, M. (2008). An empirical comparison of item response theory and classical test theory. *Horizons of Psychology, 17*(3), 5–24.

Reid, C. A., Kolakowsky-Hayner, S. A., Lewis, A. N., & Armstrong, A. J. (2007). Modern psychometric methodology: Applications of item response theory. *Rehabilitation Counseling Bulletin, 50*(3), 177–188.

Rodriguez, M. C. (2005). Three options are optimal for multiple-choice items: A meta-analysis for 80 years of research. *Educational Measurement: Issues and Practice, 24*(2), 3–13. doi:10.1111/j.1745-3992. 2005.00006.x

Salkind, N. J. (2011). *Statistics for people who (think they) hate statistics* (4th ed.). Thousand Oaks, CA: Sage Publications.

SASSI [Substance Abuse Subtle Screening Inventory]. (2008-2009).Welcome to SASSI. Retrieved from http://www. sassi.com/

Schraw, G. (2010). Review of the Wechsler adult intelligence scale, fourth edition. In R. A. Spies, J. F. Carlson, & K. F. Geisinger (Eds.), *The Eighteenth Mental Measurement Yearbook*. Retrieved from the Burros Institute's Mental Measurements Yearbook online database.

Spearman, C. (1904). The proof and measurement of association between two things. *American Journal of Psychology, 15*, 72–101. doi:10.2307/1412159

Spearman, C. (1910). Correlation calculated from faulty data. *British Journal of Psychology, 3*, 271–295.

Spies, R. A., Carlson, J. F., & Geisinger, K. F. (2010). (Eds.). *The eighteenth mental measurements yearbook*. Lincoln, NE: Buros Institute of Mental Measurements.

Stowell, J. R., & Bennett, D. (2010). Effects of online testing on student exam performance and test anxiety. *Journal of Educational Computing Research, 42*, 161–171. doi:10.2190/EC.42.2.b

Swenson, L. (1997). *Psychology and law for the helping professions* (2nd ed.). Pacific Grove, CA: Brooks/Cole. U.S. Department of Education. (2005). *Stronger accountability: The facts about making progress*. Retrieved from http://www.ed.gov/nclb/accountability/ayp/testing.html

U.S. Department of Education. (2008a). *No child left behind: State and local implementation of the No Child Left Behind Act*. Jessup, MD: Education Publications Center.

U.S. Department of Education. (2008b). *Fact sheets*. Retrieved from http://www.ed.gov/news/opeds/factsheets/index.html

Wolfe, E. W., & Smith, E. V., Jr. (2007). Instrument development tools and activities for measure validation using Rasch models: Part II—validation activities. *Journal of Applied Measurement, 8*, 204–234.

Yoon, E., Lee, R., & Goh, M. (2008). Acculturation, social connectedness, and subjective well-being. *Cultural Diversity and Ethnic Minority Psychology, 14*, 246–255. doi.10.1037/1099-9809.14.3.246

Zunzunegui, M. V., Beland, F., Sanchez, M. T., & Otero, A. (2009). Longevity and relationships with children: The importance of the Parental role. *BMC Public Health, 9*(351), 1–10.

6장   통계적 개념들: 원점수로부터 의미 도출하기

우리 딸들이 4살과 9살이었을 때, 우리 가족은 저녁을 먹으며 꽤 흥미로운 대화를 하곤 했다. 어느 날 저녁, 우리는 검사와 관련한 대화를 하고 있었는데, 나는 검사의 가치를 설명하기가 매우 어려웠던 경험을 이야기하고 있었다. 갑자기 큰딸 해나가 "검사는 좋은 거야. 왜냐하면 우리가 얼마나 잘하는지 선생님들이 알 수 있고, 그래서 뭘 가르쳐야 될지 알 수 있기 때문이야."라고 이야기했다. "그렇지" 나는 해나를 보고 말했다. 그때 엠마가 말했다. "검사 점수는 중요해. 왜냐하면 누군가가 슬플 때, 그 사람을 도와줘야만 하거든." 아이들은 이렇게 명쾌하게 이해하고 있었다!

- 에드 노이크루그

이 장에서는 해나가 말했듯 피험자가 어느 '수준'에 있는지를 결정하기 위해 숫자가 어떻게 사용되는지를 다룬다. 어떤 사람의 '수준'에 대한 이해가 있어야 우리가 할 일, 즉 그 사람을 '돕는 것'이 가능할 것이다. 그것이 독해력의 결핍을 보여주는 성취도 검사 점수이든 임상적 수준의 우울(혹은 엠마가 이야기했듯 '슬픔')을 보여주는 성격 검사 점수이든 간에, 검사 점수는 개인의 삶에서 문제되는 영역이 무엇인지를 알아내는 데 도움이 된다.

검사 점수의 중요성을 이해하기 위해 가장 기본적인 개념, 즉 원점수에 대해 알아보기로 한다. 원점수가 대부분의 경우 의미 있는 정보를 주지 못한다는 점을 이해한 이후 점수를 의미 있게 해석하기 위해 원점수를 변환하는 다양한 방법을 논의하기로 한다. 즉, 이 장에서는 원점수를 이해하기 위한 방법으로 빈도분포, 히스토그램과 빈도 절선도표, 누적분포, 정규분포 곡선, 편포, 집중경향치(평균, 중앙치, 최빈치), 분산도(범위, 사분위 간 범위, 표준편차) 등의 개념을 살펴볼 것이다. 6장에서의 논의를 확장한 7장에서는 다양한 변환 점수들을 살펴보고, 이러한 변환 점수들이 원점수를 이해하는 데 어떤 도움이 되는지를 논의할 것이다. 우선 원점수를 살펴보자.

원점수

예레미야는 어떤 시험에서 47점을 받았고, 엘리스는 다른 시험에서 95점을 받았다고 하자. 두 학생은 얼마나 잘한 것일까? 만약 예레미야가 52점 만점에 47점을 받은 것이라면, 아마도 꽤 잘했다고 생각할 수 있을 것이다. 그렇지만 만약 1000명의 학생이 이 시험을 쳤고, 모든 학생이 예레미야보다 높은 점수를 받았다면 아마도 예레미야의 점수에 대해 달리 생각할 수도 있을 것이다. 좀 더 복잡하게 논의하자면, 만약 높은 점수가 '바람직하지 않은' 특성(예: 냉소, 우울, 정신분열 등)을 나타내는 것이라면 어떠한가? 이 경우 예레미야의 점수가 규준집단(즉, 동료집단)에 비해 낮을수록 더 좋은 결과일 것임은 명확하다.

엘리스의 점수는 어떤가? 95점은 잘한 점수인가? 만점이 200점, 550점 혹은 992점이면 어떨까? 만약 1000명이 검사를 치렀고, 엘리스의 점수가 가장 높은 점수라면, 적어도 규준집단에 비추어 엘리스는 잘했다고 할 수 있을 것이다. 그러나 엘리스의 점수가 집단의 점수 분포에서 낮은 쪽에 속해 있다면, 엘리스는 상대적으로 잘하지 못했다고 할 수 있을 것이다.

규칙 1	원점수 자체는 아무 의미를 주지 못한다.

원점수 자체는 검사에서 해당 피험자가 어떤 수행을 보였는지에 대해 이야기해주는 바가 거의 없다. 점수에 의미를 부여 하기 위해서는 원점수에 '어떤' 조치가 가해져야만 한다.

원점수(raw score)는 그 자체로 아무런 의미를 주지 못하기 때문에 이를 의미 있게 하기 위해 어떠한 조치를 취할 필요가 있다. 가장 단순한 방법은 다양한 반응을 합산하는 것이다(예: 성취도 검사에서 맞은 문항 수를 합산하는 것, 피험자가 선택한 서로 다른 성격 특성의 수를 합산하는 것 등). 이런 방식을 통해 해당 피험자의 응답 유형에 대한 대략적인 파악이 가능하지만, 좀 더 심층적인 정보를 얻기 위해서는 개인의 반응을 그가 속한 규준집단과 비교할 필요가 있다. 규준집단과의 비교는 다음과 같은 이유에서 매우 유용하다.

원점수(raw score)
조작이나 변환이 가해지기 이전의 점수

- 규준집단과의 비교를 통해 개인 점수의 상대적 위치를 파악할 수 있다. 예를 들어, 예레미야 본인 혹은 예레미야의 점수에 관심이 있는 교사나 상담가 등은 예레미야가 치른 검사와 동일한 검사를 치른 비슷한(연령, 학년 등) 아이들의 점수와 예레미야의 점수를 비

교할 수 있다.

- 규준집단과의 비교를 통해, 같은 검사를 치렀지만 서로 다른 규준집단에 속해 있는 피험자들 간의 결과를 비교할 수 있다. 예를 들어, 3학년과 5학년 자녀를 둔 부모의 경우 각 자녀의 또래집단 내에서의 백분위를 비교하여 어느 자녀가 또래집단과 비교해 읽기 능력이 더 나은지 결정할 수 있다. 또한 학교 상담교사의 경우 5학년의 자아존중감 점수가 3학년에 비해 어떠한지 비교할 수 있을 것이다.

- 같은 사람이 두 개 이상의 다른 검사에서 얻은 점수를 비교할 수 있다. 예를 들어, 교사는 학생의 성취도 검사 점수와 적성 검사 점수를 비교할 필요가 있다. 두 점수의 차이가 학습장애를 나타내는 것일 수 있기 때문이다. 또 다른 예로, 성격 검사를 실시할 때 각기 다른 여러 가지 성격 검사를 같이 치르는 경우도 있다. 각기 다른 검사에서 동일한 특성에 대한 결과가 비슷한지를 알아볼 필요가 있기 때문이다(예: 여러 검사에서 공통적으로 '불안' 요소의 점수가 높은 경우).

원점수로부터 의미를 발견하기 위해 상대적 서열을 비교하는 여러 가지 방법이 개발되었다. 지금부터 이러한 여러 가지 절차들을 알아보자.

빈도분포

빈도분포(frequency distribution)
점수와 점수의 관찰 횟수를 나열해놓은 목록

검사 점수를 이해하는 하나의 방법은 **빈도분포**(frequency distribution)를 작성해보는 것이다. 빈도분포는 높은 점수부터 낮은 점수 순으로 점수를 나열하고 각 점수가 나타난 빈도를 표시해놓은 것이다(표 6.1 참조).

빈도분포를 통해 가장 많이 나타난 점수가 몇 점인지를 알 수 있으며, 이는 개인의 점수가 전체 집단에 비추어 어느 정도에 위치하는지를 파악하는 데 도움이 된다. 예를 들어, 표 6.1의 빈도분포를 살펴봄으로써 대부분의 점수가 50점대에 위치하고 있으며 양 극단으로 갈수록 점점 발생 빈도가 줄어드는 것을 쉽게 확인할 수 있다. 어떤 개인의 점수가 60점이라면, 이는 대부분의 다른 사람들보다 높은 점수임을 알 수 있다.

표 6.1 빈도분포

점수	빈도(f)	점수	빈도(f)	점수	빈도(f)
66	1	53	3	43	4
63	1	51	5	42	1
60	1	50	5	40	2
58	2	49	7	38	2
57	3	48	6	37	1
55	2	47	4	35	1
54	5	45	5	32	1

© Cengage Learning

히스토그램과 빈도 절선도표

빈도분포가 작성되면, 이를 **히스토그램**(histogram, 막대그래프와 유사)이나 빈도 절선도표(선 그래프와 유사)로 간단히 전환할 수 있다. 빈도분포를 이렇게 시각적으로 나타내면 이해에 도움이 된다. 히스토그램이나 빈도 절선도표를 작성하기 위해 우선 급간을 결정할 필요가 있다.

급간(class interval)은 빈도분포로부터 결정해야 하는데, 일정한 간격으로 점수를 묶어놓은 것을 의미한다. 예를 들어, 표 6.1의 빈도분포로부터 점수를 가장 낮은 점수부터 5점 단위로 묶어볼 수 있다. 이 경우 첫 번째 점수 범위는 32~36(즉, 32, 33, 34, 35, 36)이 될 것이다. 다음 범위는 37~41 등등이 될 것이다. 표 6.2는 범위를 5로 설정한 급간의 빈도분포를 보여주고 있다. 물론, 급간이 반드시 5가 되어야 하는 것은 아니다. 3, 4, 6, 10 등 어떤 범위든 유용하다면 급간으로 사용될 수 있다(BOX 6.1 참조).

급간을 구성한 이후에는 히스토그램이나 **빈도 절선도표**(frequency polygon)의 형태로 점수를 그래프로 표시할 수 있다. 히스토그램을 작성하기 위해서는 급간을 x축에, 각 급간의 빈도를 y축에 막대그래프 형식으로 표시한다(그림 6.1 참조). 이 경우, 세로선을 각 급간의 시작과 끝에 그리고 두 선의 끝을 수평으로 연결하여 만들어진 막대가 각 급간의 빈도를 나타내게 한다.

표 6.2를 이용해 빈도 절선도표를 작성하는 방법은 다음과 같다. 우선 각 급간의 빈도에 해당하는 부분에 점을 찍은 다음, 점들을 연결한다(그림 6.2 참조).

히스토그램 (histogram)
일련의 점수에 대해 급간과 빈도를 표시해놓은 막대그래프

급간(class interval)
사전에 정해놓은 범위에 의해 점수를 구분해놓은 것

빈도 절선도표(fre-quency polygon)
일련의 점수에 대해 급간의 빈도를 연결해놓은 선 그래프

표 6.2 범위 5의 급간으로 묶인 점수

급간	빈도(f)	급간	빈도(f)
62 – 66	2	42 – 46	10
57 – 61	6	37 – 41	5
52 – 56	10	32 – 36	2
47 – 51	27		

BOX 6.1

도표 작성을 위한 급간의 크기 설정

각 급간에 들어갈 점수의 범위를 결정하기 위해 다음과 같은 절차를 거치도록 하자(표 6.1의 자료에 기초하여 설명).*

1. 최고 점수에서 최하 점수를 뺀다: 66 – 32 = 34

* 이 방법은 급간의 크기를 정하기 위한 대략적인 방법을 제시한 것으로, 원하는 급간의 수와 하나 정도 차이가 나는 경우도 생길 수 있음

2. 1에서 나온 수를 원하는 급간의 수로 나눈다: 34/7 = 4.86
3. 2에서 구한 수를 반올림하여 정수를 구한다: 4.86을 5로 반올림
4. 최하 점수에서 시작하여 3에서 구한 수(즉, 5)만큼의 수가 각각의 급간에 들어가도록 급간을 구성한다: 32~36, 37~41, 42~46, 47~51, 52~56, 57~61, 62~66

© Cengage Learning

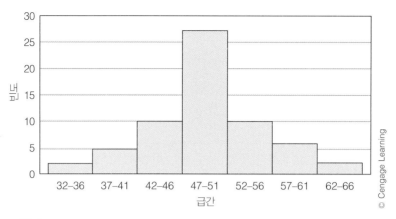

그림 6.1 범위 5의 급간으로 그린 히스토그램(표 6.2에 기초함)

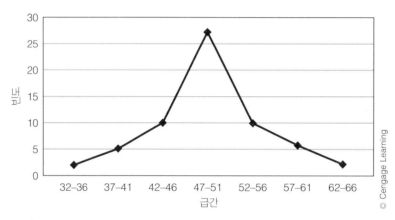

그림 6.2 범위 5의 급간으로 그린 빈도 절선도표(표 6.2에 기초함)

누적분포

**누적분포(cumula-
tive distribution)**
점수의 백분위를 파악하
기 위한 선도표

빈도분포표를 시각적으로 나타내는 또 다른 방법은 **누적분포**(cumulative distribution)를 활용하는 것이다. 누적분포는 오자이브 곡선(ogive curve)이라고도 한다. 히스토그램과 빈도 절선도표가 분포의 형태를 관찰하기 위해 선호되는 방법이라면, 누적분포는 백분위에 관한 정보를 담아내기에 적절한 방법이다. 누적분포는 우선 각 급간의 빈도를 백분율로 전환하고 이를 이전 급간의 백분율과 더해나가는 방식으로 작성할 수 있다. 표 6.3은 표 6.2에 각 급간의 비율(%) 및 누적비율에 해당하는 두 열을 추가한 것이다.

이 표를 통해 y축을 누적비율, x축을 급간으로 하는 누적분포를 그림 6.3과 같이 그릴 수 있다. 그림 6.3을 통해 분포의 특정 지점에 해당하는 비율을 파악할 수 있을 것이다. 이 점수들이 한 학급의 국가 수준 유창성 검사 실시 결과라고 가정해보자. 이 검사의 유창성 기준이 42점이라면 표 6.3으로부터 해당 학급 학생의 약 19%가 이 검사를 통과하지 못했음을 알 수 있다.

표 6.3 누적분포를 적성하기 위한 비율의 계산

급간	f	%	누적비율
62–66	2	3	100
57–61	6	10	97
52–56	10	16	87
47–51	27	44	71
42–46	10	16	27
37–41	5	8	11
32–36	2	3	3
전체	62		

© Cengage Learning

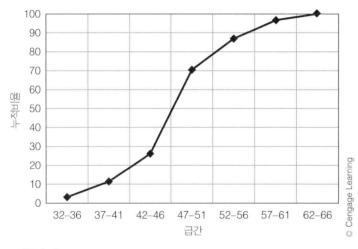

© Cengage Learning

그림 6.3 누적분포

정규분포와 편포

자료를 수집하고 급간을 설정하여 히스토그램이나 빈도 절선도표를 그려보면 우리가 수집한 점수의 분포가 한쪽으로 치우친(skewed) 형태일 경우도 있고, 종모양(bell-shaped)으로 좌우대칭의 형태일 경우도 있다. 좌우대칭 형태의 분포 모양을 흔히 정규분포라 한다. 점수를 비교하는 데 있어서 이러한 분포의 형태는 서로 다른 함의를 가진다. 다양한 분포의 형태를 살펴보고, 측정의 두 가지 중요한 개념인 집중경향(central tendency)과 분산도(measures of variability)가 분포의 형태에 따라 어떻게 적용되는지를 검토해보자.

정규분포 곡선

보스턴 과학박물관에는 '**퀸컹스**(quincunx)' 혹은 갈톤(Galton)의 보드라고 알려진 장치가 전시되어 있다. 이 장치는 일련의 튀어나온 못들 위에 구슬을 계속해서 떨어뜨려 통과

퀸컹스(quincunx)

프랜시스 갈톤(Francis Galton)이 정규분포를 시연하기 위해 개발한 보드

시키고 떨어진 위치에 따라 구슬들을 모으도록 고안되었다(그림 6.4 참조). 각 구슬이 튀어나온 못을 만나면 50:50의 확률로 왼쪽 혹은 오른쪽으로 떨어지게 된다. 흥미로운 것은, 모든 구슬을 다 떨어뜨린 후 떨어진 위치에 따라 구슬이 쌓인 형태를 살펴보면 **정규분포**(normal curve, 혹은 종모양 분포)의 형태를 보인다는 점이다. 같은 실험을 반복해봐도 항상 구슬은 종모양의 형태로 쌓인다. 사실상 구슬들이 정규분포 형태로 흩어진 것은 자연법칙의 결과이고, 확률의 법칙을 통해 설명될 수 있다. 이러한 자연법칙은 너무나 완벽해서 어떤 이들은 여기에 종교적 의미를 부여하기도 했다(Bryson, 2003). 놀라운 점은 이러한 예측 가능한 패턴이 계속해서 반복적으로 나타난다는 점이다. 이것이 검사와 어떤 관계가 있을까? 이 장치 위에 계속해서 떨어지는 구슬들처럼, 우리가 개인의 특성 혹은 능력을 측정할 때 그 점수들은 종모양의 좌우대칭 형태로 분포하는 경향이 있다. 대부분의 특성이 종모양의 분포를 따른다는 것은 측정학적으로 보아 매우 편리한 특성이다. 왜냐하면 이러한 분포의 좌우대칭성으로 인해 분산도, 특히 표준편차라는 매우 중요한 개념을 이해할 수 있기 때문이다.

정규분포 곡선
(normal curve)
종모양의 좌우대칭 형태
분포로, 인간의 다양한 특
성들이 이러한 형태의 분
포를 따르는 경향이 있음

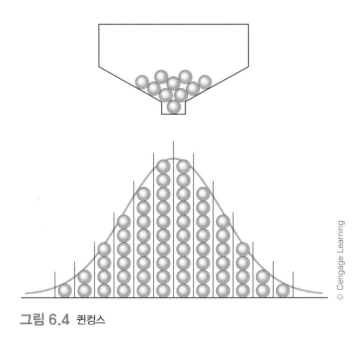

그림 6.4 퀸컹스

© Cengage Learning

규칙 2	"신은 우주와 주사위 놀이를 하지 않는다."(아인슈타인*)

자연의 법칙이 너무나 완벽하여 어떤 이들은 이것이 우주를 창조한 신의 완벽한 작품이라 생각하기도 한다. 자연법칙이 신의 작품이라고 믿든 아니든, 자연법칙은 검사에 매우 중요

한 함의를 주고 있다. 정규분포 같은 개념들은 규준참조 검사를 이해하는 데 결정적으로 중요한 역할을 하며, 이를 통해 개인의 점수를 비교할 수가 있다.

* Bryson(2003)

| 부적 편포 | 정규분포 | 정적 편포 |

© Cengage Learning

그림 6.5 편포와 정규분포

편포

수집된 점수들의 분포가 좌우대칭 혹은 정규분포의 형태를 띠지 않는 경우가 있다. 이 경우 분포의 형태를 **편포**(skewed curve) 혹은 비대칭 분포라 부른다. 대부분의 점수가 높은 쪽 극단에 위치해 있다면 그 분포는 **부적 편포**(negatively skewed curve)라 부른다. 반대로, **정적 편포**(positively skewed curve)는 대부분의 점수가 낮은 쪽 극단에 위치해 있는 경우이다(그림 6.5 참조). 정규분포 곡선을 반으로 잘라본다면 잘라진 왼쪽과 오른쪽의 사례수는 같을 것이다. 편포의 경우는 그렇지 않다. 예를 들어, 부적 편포의 경우 잘라진 오른쪽(점수가 높은 쪽)의 사례가 더 많을 것이다. 반대로 정적 편포의 경우 잘라진 왼쪽(점수가 낮은 쪽)의 사례가 더 많을 것이다.

편포
(skewed curve)
정규분포의 형태를 따르지 않는 (비대칭적인) 검사 점수의 분포

부적 편포(negatively skewed curve)
상대적으로 많은 점수가 높은 쪽에 위치

정적 편포(positively skewed curve)
상대적으로 많은 점수가 낮은 쪽에 위치

집중경향치

집중경향치(measures of central tendency)는 일군의 점수들의 중앙 범위 혹은 '중심부'가 어떠한가를 보여준다. 즉, 특정 피험자의 점수를 집단 점수의 중심부를 대표하는 세 가지 측정치(평균, 중앙치, 최빈치) 중 하나와 비교할 수 있다. 집중경향치가 점수의 범위 혹은 점수들의 변동에 대해 알려주는 것은 아니지만, 어떤 점수가 분포의 중심으로부터 얼마나 떨어져 있는지에 대한 정보를 줄 수 있다.

평균

집중경향치 중 가장 흔히 사용되는 것이 **평균**(mean)이다. 평균은 일군의 점수들의 대수적 평균(arithmetic average)을 의미하는 것으로, 모든 점수를 더한 다음 사례수로 나누는 것이다(아래 공식 참조. M은 평균, ΣX는 모든 점수의 합, N은 사례수를 의미).

$$M = \frac{\Sigma X}{N}$$

표 6.4의 첫 행은 평균이 어떻게 계산되는지를 보여주고 있다. 모든 점수를 더한 다음 사례수로 나누어 평균값 85.55를 얻게 된다(941/11 = 85.55).

중앙치

중앙치(median)는 중앙의 점수, 혹은 전체 사례를 50:50으로 나누는 점수이다. 표 6.4에

평균(mean)
일군의 점수들의 대수적 평균을 의미

중앙치(median)
전체 사례를 50:50으로 나누는 점수. 자료가 편포할 경우 중앙치는 좀 더 적절한 집중경향치가 될 수 있음

표 6.4 집중경향치

평균	중앙치			최빈치
97	97			97
94	94			94
92	92			92
89	89			89
89	89	5↑		89
87	87	중앙에 위치한 수		87
84	84	5↓		84
82	82			82
79	79			79
75	75			75
73	73			73
합계 = 941	중앙치 87			최빈치 89
$N = 11$				
$M = 85.55$				

서 전체 사례는 11명이고 중앙의 점수는 위로 5명, 아래로 5명을 두는 점수임을 알 수 있다. 따라서 중앙치는 87점이 된다. 전체 사례수가 짝수라면 중앙치는 하나가 아니라 두 개의 점수가 될 수 있다. 이 경우 두 점수의 평균을 중앙치로 취할 수 있다. 점수들의 분포가 정규분포가 아닌 편포라면 일반적으로 중앙치를 좀 더 정확한 집중경향치로 볼 수 있다. 평균은 모든 점수를 더하는 과정을 포함하기 때문에 극단적으로 높거나 낮은 값에 영향을 받지만, 중앙치는 극단적 값에 영향을 받지 않기 때문이다. '평균적' 봉급을 예로 들어보자. 만약 내가 사는 동네에 극단적으로 높은 월급을 받는 소수의 사람이 살고 있다면 이러한 극단적으로 높은 월급이 우리 동네의 평균 월급에 큰 영향을 줄 것이다. 반면, 극단적으로 높은 몇몇의 월급은 중앙치에 영향을 주지 못한다. 당신이 이사를 가려고 하는 동네에 극단적으로 비싼 집이 몇몇 있다고 가정해보자. 그 동네에서 집을 구입하는 데 필요한 비용이 어느 정도인지를 가늠하기 위해 그 동네의 평균 집값과 집값의 중앙치 중 어느 쪽이 더 중요한 고려사항이겠는가?

최빈치

최빈치(mode)는 가장 빈번하게 관찰되는 점수를 의미한다. 표 6.4에서 다른 점수들은 한 번씩만 나타난 반면, 89점은 두 번 관찰되었다. 따라서 89점이 최빈치임을 알 수 있다. 사례수가 작을 경우 최빈치는 불안정적이고 부정확할 수 있다. 그러나 사례수가 많을 경우 최빈치는 분포 곡선의 최정점이 어디인지를 보여준다. 최빈치가 둘 이상인 경우도 있다. 앞서의 우리 동네 봉급 수준에 대한 예를 다시 살펴보자. 극단적으로 월급이 많은 몇몇

분포의 형태가 좌우대칭이 아닌 편포라면, 중앙치가 더 나은 집중경향치이다.

최빈치(mode) 가장 많이 관찰되는 점수

그림 6.6 편포와 정규분포에서 집중경향치들의 상대적 위치

BOX 6.2

평균과 중앙값 중 어떤 값을 사용할 것인가?

어떤 교육청에서 당신에게 교육청 소속 50,000명의 5학년생에 대한 읽기 점수가 어느 정도인지를 분석해달라고 부탁했다. 그 결과는 언론에 공개될 것이므로 담당자는 학생들의 점수가 최대한 '좋은 쪽'으로 보이기를 원한다. 반면, 자료를 살펴본 결과 상당수 학생들의 읽기 능력이 낮은 수준이었

다. 당신은 5학년생의 읽기 수준에 대한 분석에 이들 저성취 학생의 학습적 요구가 반영되어야 한다고 생각한다. 이 경우 집중경향치 중 어떤 것을 보고해야 하겠는가? 그 이유는 무엇인가?

으로 인해 평균보다 중앙치는 낮을 수 있으며, 최빈치는 중앙치보다 더 낮아질 수 있다. 가장 흔한 월급은 중앙치보다 낮을 수 있기 때문이다(그림 6.6의 세 번째 곡선 참조). 그림 6.6을 보고 평균, 중앙치, 최빈치가 표시된 위치가 '왜 그곳인지' 생각해보고 BOX 6.2를 읽어보기 바란다.

분산도

분산도(measures of variability)는 어떤 분포에 포함된 점수들이 얼마나 차이 나는가를 보여주는 지표이다. 분산도에는 범위(최고 점수와 최저 점수의 차이), 사분위 간 범위(중앙치를 중심으로 한 50% 점수의 범위), 표준편차(평균을 중심으로 점수가 분산된 정도를 표준화된 방식으로 측정한 값) 등이 있다.

범위

가장 단순한 형태의 분산도 측정값은 **범위**(range)로, 최고 점수에서 최저 점수를 뺀 다음 1을 더하여 얻어진다. 범위는 최고 점수와 최저 점수의 차이를 보여주기는 하지만, 대부분의 점수가 어느 위치에 있는지는 범위를 통해 알 수 없다. 예를 들어, 최고점이 98이고 최저점이 62라면 범위는 37이 된다(98 − 62 + 1 = 37). 그러나 37이라는 값을 통해 점수들이 많이 분포하고 있는 지점이 어디인지는 알 수 없다. 따라서 범위는 그 용도가 제한적이다. 좀 더 복잡하면서 유용한 정보를 주는 분산도 값은 사분위 간 범위이다.

범위(range)
최고 점수와 최저 점수의 차이 + 1

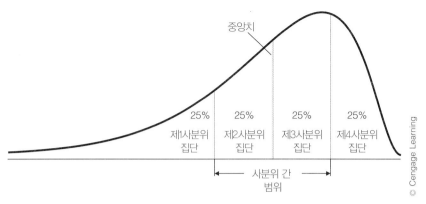

그림 6.7 편포된 자료와 사분위 간 범위

사분위 간 범위

사분위 간 범위(interquartile range)는 중앙치를 기준으로 상하 25%씩의 사례를 포함하는, 즉 가운데 50%의 사례들에 대한 범위를 의미한다. 사분위 간 범위의 계산에서 상위 25%와 하위 25%는 제외된다. 따라서 특히 분포가 좌우대칭이 아닐 경우 다수의 점수가 어디에 위치하고 있는지를 잘 보여주는 유용한 분산도 값이라 할 수 있다(그림 6.7 참조).

　사분위 간 범위를 계산하기 위해서는 우선, 표 6.5와 같이 점수를 내림차순으로 늘어놓은 다음 아래로부터 3/4의 위치에 해당하는 점수에서 1/4의 위치에 해당하는 점수를 빼고 2로 나눈다. 다음으로, 위에서 2로 나눈 점수를 중앙치에서 더하고 뺀다. 표 6.5의 12개 점수를 통해 사분위 간 범위를 계산해보자.

사분위 간 범위(in-terquartile range)
중앙치를 기준으로 전체 사례의 50%를 포함하는 범위

표 6.5 사분위 간 범위 계산의 예

	검사 점수
	98
	97
	95
$\frac{3}{4}(N) = \frac{3}{4}(12)$ = 9번째 점수 ⟶	**92**
	90
	88
	87
	85
	83
$\frac{1}{4}(N) = \frac{1}{4}(12)$ = 3번째 점수 ⟶	**81**
	80
	79

© Cengage Learning

12개의 점수가 있기 때문에 아래로부터 1/4에 해당되는, 즉 12 × 1/4 = 3번째의 점수는 81점이다(만일 1/4에 해당하는 위치가 정수가 아니라면 반올림한다). 다음으로, 아래에서 3/4의 위치(12 × 3/4 = 9)에 해당하는 점수는 92점이다(표 6.5 참조). 따라서 두 점수의 차이는 92 − 81 = 11이 된다. 마지막으로 위에서 구한 차이 점수 11을 2로 나눈 다음, 이를 중앙치에서 빼고 더하여(87.5 ± 5.5) 사분위 간 범위는 82에서 93으로 계산된다. 이를 수식의 형태로 다음과 같이 나타낼 수 있다.

$$중앙치 \pm \frac{75백분위점수 - 25백분위점수}{2}$$

이 공식을 이용하여 표 6.5로부터 다음과 같이 사분위 간 범위를 계산한다.

$$87.5 \pm \frac{92 - 81}{2}, \ 즉 \ 82\sim93$$

표준편차

표준편차(standard deviation)는 중앙치로부터의 분산도를 보여주는 사분위 간 범위와 달리 평균으로부터의 분산 정도를 보여주는 지표이다. 자료가 정규분포한다면 표준편차는 검사 점수를 이해하기 위한 매우 강력한 도구가 된다. 자료가 **정규분포**를 따른다면 동일한 표준편차 간격에 포함되는 사례수의 비율은 분포 간에 동일하다. 예를 들어, 평균으로부터 +1 표준편차 범위 내에 전체 사례의 약 34%가 포함된다(그림 6.8 참조). 정규분포는 평균을 중심으로 좌우대칭이므로 평균으로부터 −1 표준편차 범위에도 마찬가지로 자료의 34%가 포함된다. 평균으로부터 +1~+2 혹은 −2~−1 표준편차 사이의 점수 범

표준편차(standard deviation)
점수들이 평균으로부터 얼마나 떨어져 있는가를 나타내는 분산도 지수

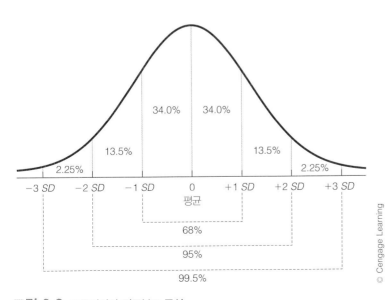

그림 6.8 표준편차와 정규분포 곡선

위에 각각 약 13.5%의 사례가 포함되며, 나머지 대부분의 사례가 +2~+3(2.25%) 혹은 −2~−3(2.25%) 표준편차 범위에 포함된다. 따라서 평균으로부터 ±1 표준편차의 범위에 전체 사례의 약 68%, ±2 표준편차의 범위에 약 95%(= 13.5%+34%+34%+13.5%)의 사례가 포함된다. 이러한 방식으로 4 혹은 5 표준편차의 범위까지 확장할 수 있다.

표준편차를 이해하기 위해 어떤 검사의 평균이 52, 표준편차가 20이라 가정해보자. 이 검사의 경우 약 68%의 점수가 32점에서 72점 사이에 분포하게 될 것이다(평균 ±1 표준편차). 반면 다른 검사의 평균이 52, 표준편차가 5라면 해당 검사의 경우 약 68%의 점수가 47점에서 57점 사이의 범위에 분포할 것이다. 두 검사의 평균 점수는 같지만 평균을 중심으로 한 점수의 범위는 크게 다름을 알 수 있다. 40점이라는 점수는 첫 번째 검사에서는 평균적 범위 내에 포함되지만 두 번째 검사에서는 평균보다 상당히 낮은 점수임을 알 수 있다. 이러한 예를 통해 검사 점수를 이해하는 데 집중경향치와 분산도를 동시에 고려하는 것이 매우 중요함을 확인할 수 있다. 표준편차의 계산을 위해 다음과 같은 공식을 사용한다(대안적인 공식은 부록 D에 제시됨).

$$SD = \sqrt{\frac{\Sigma(X-M)^2}{N}}$$

위의 공식에서 X는 개인별 검사 점수, M은 평균, N은 사례수를 의미한다. 표 6.6에서 표준편차를 계산해보자. 우선 6개의 검사 점수(X)에 대해 평균으로부터의 편차 점수 $(X-M)$를 구한다. 다음으로 이를 제곱하여 $(X-M)^2$을 구한다. 다음으로 $(X-M)^2$을 모두 더하고($\Sigma(X-M)^2 = 20$), 이를 사례수($N=6$)로 나눈 다음 제곱근을 취하여 표준편차 1.83의 값을 얻는다.

$$SD = \sqrt{\frac{\Sigma(X-M)^2}{N}} = \sqrt{\frac{20}{6}} = \sqrt{3.33} = 1.83$$

표 6.6 표준편차의 계산

X	$X-M$	$(X-M)^2$
10	$10-7=3$	$3^2=9$
8	$8-7=1$	$1^2=1$
7	$7-7=0$	$0^2=0$
7	$7-7=0$	$0^2=0$
6	$6-7=-1$	$-1^2=1$
4	$4-7=-3$	$-3^2=9$
$\Sigma=42$		
$M=42/6=7$		$\Sigma=20$

© Cengage Learning

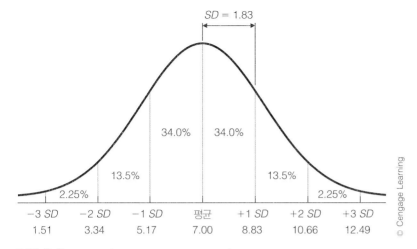

그림 6.9 정규분포(평균 = 7, 표준편차 = 1.83)

BOX 6.3

계산기로 계산한 표준편차는 왜 약간 다른 값인가?

계산기의 표준편차 산출 기능을 이용하여 계산한 표준편차 값이 위의 공식을 이용해 직접 계산한 값과 약간 다른 경우가 있다. 그 이유는 무엇일까? 우리가 사용한 공식은 분모로 N을 사용하는(즉, N으로 나누어주는) '모집단' 표준편차이고, 대부분의 계산기가 산출하는 값은 분모에 $N-1$을 두는 '표본' 표준편차이기 때문이다 $\left(SD_{표본} = \sqrt{\dfrac{(X-M)^2}{N-1}} \right)$. 표본

표준편차는 사례수가 작은 자료에서 극단적 점수가 관찰되지 않는 것에 대한 보정을 위해 사용되는 경우가 많다. 사례수의 제한으로 인해 극단적 점수가 관찰되지 않을 경우 표준편차가 과소추정되는 경향이 있기 때문이다. 사례수가 많다면 표본 표준편차와 모집단 표준편차의 차이는 무시해도 좋을 정도로 작아진다.

위의 결과를 정규분포에 적용하면 그림 6.9와 같은 형태를 보일 것이다.

이를 통해 5점은 −1 표준편차보다 약간 낮은 점수(혹은 백분위≈15)이며, 11점은 +2 표준편차를 약간 넘어서는 값(혹은 백분위≈98)임을 알 수 있다. 표준편차는 특히 검사 점수를 정규분포에 비추어 살펴보고자 할 경우 중요한 개념이다. 7장에서 다양한 검사 점수 자료의 해석에 표준편차가 어떻게 활용되는지를 살펴볼 것이다.

피험자를 기억하기

피험자 개개인의 스스로의 수행에 대한 판단에는 개인차가 있음을 명심해야 한다. 어떤 사람은 높은 점수라 생각하는 것이 다른 사람에게는 낮은 점수일 수도 있다. 수학에서 항상 최고점을 받는 학생이 평균에 가까운 점수를 받았다면 매우 속상해하겠지만, 항상 낮

은 점수를 받아온 학생이라면 똑같은 점수에 매우 만족할 수도 있다. 마찬가지로, 일생을 우울감에 시달려온 사람이라면 벡(Beck)의 우울 검사에서 중간 정도의 점수를 받아도 만족하겠지만 그렇지 않은 사람이라면 같은 점수가 매우 신경 쓰이는 점수일 수도 있다. 평가자/조력자로서 당신은 검사를 치른 피험자들이 그들의 점수에 대해 어떻게 생각하는지 물어보고, 그들의 생각을 경청해야만 한다. 마찬가지로, 평가자는 '좋은' 혹은 '나쁜' 점수에 대한 평가자 자신의 편견으로 인해 피험자가 자신의 점수에 대해 어떻게 느끼고 있는지를 듣지 않으려 해서는 안 된다.

요약

이 장에서는 우선 원점수의 유용성에 대해 논의했다. 첫째, 원점수는 규준집단과 그 점수를 비교하는 것과 같이 어떤 방식으로든 조작이 가해져야 의미 있는 해석이 가능하다. 이러한 비교는 (1) 규준집단 내에서 개인 점수의 상대적 위치를 알려주고, (2) 같은 검사를 치렀으나 서로 다른 규준집단에 속해 있는 피험자들의 점수를 비교하거나, (3) 동일한 피험자가 둘 이상의 다른 검사를 치른 결과를 비교할 수 있게 해준다.

다음으로, 규준 지향적 비교의 몇 가지 방법을 검토했다. 우선 빈도분포의 작성법을 살펴보았다. 빈도분포를 통해 피험자의 대부분이 포함되는 점수대의 파악이 가능하다. 다음으로 자료를 급간으로 나누어 빈도 절선도표 혹은 히스토그램을 작성하는 방법을 살펴보았다. 절선도표나 히스토그램은 규준집단의 점수 분포를 시각적으로 표현해준다. 다음으로 누적분포에 대해 살펴보았는데, 이는 백분위에 관한 정보를 파악하기에 유용한 방법이다.

다음으로 정규분포와 편포에 대해 살펴보았다. 자연법칙에 의해, 우리가 관심을 갖는 많은 질적 특성들을 측정할 경우 대체로 정규분포를 따름을 강조하고자 한다. 정규분포의 대칭성으로 인해 집중경향이나 분산도 같은 통계적 개념을 적용할 수가 있다. 반면, 정적 혹은 부적 편포의 경우 분포의 모양이 대칭적이지 않으며 부적 편포의 경우 높은 점수대에, 그리고 정적 편포의 경우 낮은 점수대에 더 많은 사례가 위치한다.

세 가지 집중경향치(평균, 중앙치, 최빈치)를 다음으로 살펴보았다. 정규분포하에서는 평균, 중앙치, 최빈치가 동일한 값이며 이는 분포를 이등분하는 지점에 위치한다. 편포의 경우 최빈치를 기준으로 긴 꼬리 쪽 방향으로 중앙치-평균이 차례로 위치한다. 다음으로, 세 가지의 분산도를 살펴보았다. 범위는 최곳값과 최젓값의 차이를 의미하며, 사분위 간 범위는 중앙치를 기준으로 50%의 사례가 포함되는 범위를 의미한다. 표준편차는 평균으로부터 점수들이 얼마나 흩어져 있는가를 보여준다.

자료가 정규분포한다면 표준편차 단위로 환산한 점수구간에는 동일한 비율의 사례가 포함됨을 살펴보았다. 즉, 0에서 1 표준편차 사이에 전체 사례의 약 34%가 포함되고, 0에서 −1 표준편차 사이에도 마찬가지로 약 34%의 사례가 포함된다. 또한 1 표준편차와 2 표준편차 사이에 약 13.5%의 사례가 포함되며, −1 표준편차와 −2 표준편차 사이에 마찬가지로 약 13.5%의 사례가 포함된다. 따라서 개인의 점수 및 전체 집단의 평균과 표준편차를 알게 되면 개인의 점수가 전체 집단에서 어느 정도에 위치하는지를 알 수 있다.

마지막으로, 피험자가 자신이 획득한 점수에 대해 어떻게 생각하는지를 알아보는 일은 매우 중요함을 강조했다. 어떤 사람에게는 충분히 높은 점수가 다른 사람에게는 매우 낮은 점수일 수 있다.

복습문제

1. 원점수를 규준집단에 비교하는 것이 어떻게 원점수를 의미 있게 만드는지를 설명하라.

2. 다음 수들을 사용하여 빈도분포를 작성하라.

1	2	4	6	12	16	14	17
7	21	4	3	11	4	10	
12	7	9	3	2	1	3	
6	1	3	6	5	10	3	

3. 2번 문제의 수들을 사용하여 급간의 크기가 3인 히스토그램, 급간의 크기가 4인 빈도 절선도표, 급간의 크기가 4인 누적분포를 작성하라.

4. 정규분포, 부적 편포, 정적 편포하에서 평균, 중앙치, 최빈치의 관계를 각각 설명하라.

5. 2번 문제의 수들을 이용하여 평균, 중앙치, 최빈치를 구하라.

6. 2번 문제의 수들을 이용하여 범위, 사분위 간 범위, 표준편차를 구하라.

7. 2번 문제의 수들이 상담 수업을 듣는 대학원생들의 우울증 검사 점수라 가정하자. 전국 규모로 약한 우울증을 가진 집단에 대해 실시한 이 우울증 검사의 평균이 14이고 표준편차가 5라면 상담 수업을 받는 학생들의 우울 정도와 관련하여 어떤 해석을 할 수 있겠는가?

8. 7번 문제에 제시된 약한 우울증 집단의 평균(14)과 표준편차(5)를 사용하여 9점을 받은 학생과 19점을 받은 학생의 백분위는 약 얼마가 될 것인지 계산해보자.

9. 당신이 이 검사에서 19점을 받았다면 어떻게 느끼겠는가?

10. 당신이 이 검사에서 15점을 받았다고 가정해보자. 만약 당신이 과거 심각한 우울을 경험한 적이 있다면 당신의 현재 점수에 대해 어떻게 해석하겠는가? 만약 당신이 평소 한 번도 우울을 경험하지 못했다면 당신의 점수에 대한 해석은 어떻게 달라지겠는가? 두 경우를 비교해보자.

복습문제 해답

5. 평균: 7; 최빈치: 3; 중앙치: 6

6. 범위: 21; 사분위 간 범위: 6 ± 3.5, 즉 2.5~9.5; 표준편차(SD): 5.21

7. 상담 수업을 듣는 학생들의 우울증 평균값은 약한 우울증을 가진 집단보다 유의미하게 낮으나 표준편차는 비슷한 수준이었다. 따라서 많은 학생이 우울증 검사에서 낮은 점수를 기록했으나 학생 집단과 약한 우울증 집단의 분포는 약간 겹치는 것으로 볼 수 있다.

8. $(9-14)/5 = -1$(백분위 = 16); $(19-14)/5 = 1$(백분위 = 84)

참고문헌

Bryson, B. (2003). *A short history of nearly everything*. New York: Broadway Books.

7장 통계적 개념들: 검사 자료를 해석하기 위한 변환 점수 만들기

대학에서 유기화학 시험을 치른 적이 있었는데, 시험을 치른 후에 틀림없이 낙제했을 것이라는 생각이 들었다. 이 시험이 내 인생에 첫 낙제일 거라는 생각에 나는 망연자실해 있었다. 시험 결과를 기다리면서 내 미래에 대해 심사숙고하고 있었다. 그때 친구가 내 기숙사 방문을 열고 들어와서는 내가 D를 받아 시험에 통과했다고 알려주었다. 나는 D도 받을 수 없을 거라고 확신하고 있었기 때문에 내 점수가 몇 점이었는지 친구에게 재차 물어봤다. "너 17점 받았어"라고 친구가 대답했다. 17점은 내가 평생 받은 시험 점수 중 가장 낮은 점수였다. "아니 어떻게 17점으로 통과할 수 있었던 거지?" 내 질문에 친구는 "교수님이 학생들 점수에 제곱근을 취하고 10을 곱했어, 그렇게 해서 나온 점수 41점에 교수님이 항상 사용하는 '곡선'을 적용했더니 D가 나왔지"라고 설명해주었다. 결론적으로, 그 교수님은 내 점수를 '변환'한 것이었다. 그 일로부터 나는 매사가 내가 즉각적으로 생각하는 것과는 다를 수 있음을 깨닫게 되었다. 내가 유기화학에서 받은 '변환 점수'처럼, 검사 상황에서 개인의 원점수는 새로운 의미를 창출하기 위해 변환된다. 이 장의 주제는 바로 이 '변환 점수'이다. 검사 개발자들이 편리한 해석을 위해 검사 점수를 변환하는 다양한 방식을 살펴보자.

- 에드 노이크루그

이 장에서는 좀 더 편리한 해석을 위해 원점수를 어떻게 변환 점수로 바꾸는지를 살펴볼 것이다. 우선 검사 점수를 이해하는 두 가지 방식인 규준참조 검사와 준거참조 검사에 대해 살펴볼 것이다. 이 장에서 논의되겠지만, 변환 점수는 대부분 규준참조 검사와 관련되어 있다. 다음으로 몇몇 종류의 변환 점수에 대해 논의할 것이다. (1) 백분위, (2) 표준 점수(z점수, T점수, 편차 IQ(DIQ), 스태나인, 스텐 점수, NCE 점수, 대학(원) 입학시험 점수(예: SAT, GRE, ACT) 등이 여기에 포함된다), (3) 연령비교 점수나 학년동등 점수 같은 발달 규준(developmental norms) 등이 논의될 것이다. 후반부에서는 피험자의 획득 점수가 해당 피험자의 진점수를 얼마나 정확히 나타내는가를 추정하기 위한 도구인 측정의 표준오차(SEM)에 대해 논의할 것이다. 다음으로, 준거 점수에 기초하여 점수의 범위를 예측하는 데 사용되는 추정의 표준오차 개념을 논의하고, 마지막으로 측정의 척도에 대해 논의한다. 척도는 검사를 개발하고 연구에 사용하기 위한 목적에서 사람 혹은 사물의 특성에 수치를 부여하는 방식을 의미한다.

규준참조와 준거참조

두 명의 검사 전문가가 복도에서 만났다. 스쳐 지나가며 한 명이 물었다. "잘 지내시나요?" 다른 사람이 대답했다. "누구에 비해서요?"

규준참조와 준거참조라는 용어는 개인의 점수를 이해하는 두 가지 방식을 의미한다. **규준참조**(norm referencing) 방식에서는 개인의 검사 점수를 규준집단 혹은 동료집단이라 불리는 일군의 집단의 평균적 점수와 비교한다. 예를 들어 자신의 점수를 유기화학 시험을 치른 전체 학생, 국가 수준 성취도 검사를 치른 수천 명의 학생, 혹은 성격 검사를 치른 대표성 있는 집단 등의 집합적 점수와 비교하는 방식으로 점수를 해석하게 된다. 대규모로 치러지는 표준화 검사의 대부분은 규준참조 방식이다.

규준참조(norm referencing)
개인의 검사 점수를 집단의 평균에 비교하는 방식

반면, **준거참조**(criterion referencing)는 검사 점수를 사전에 설정해놓은 값 혹은 표준과 비교하는 방식이다. 예를 들어, 교사는 90~100점을 A, 80~89.9점을 B, 70~79.9점을 C 등으로 미리 결정해두고 시험을 치를 수 있다.

준거참조(criterion referencing)
검사 점수를 사전에 설정해놓은 표준에 비교하는 방식

준거참조 검사의 대표적인 예가 운전면허 시험이다. 운전면허 필기시험에서는 70점 이상이 합격으로 미리 정해져 있다. 만약 운전면허 시험이 규준참조 방식이고 −1 표준편차 이상의 점수를 획득해야 합격한다면 검사를 치르는 사람의 약 16%는 항상 탈락하게 될 것이다. 이들이 70점 이상을 받아도 탈락을 피할 수 없다. 만약 특정 회차에 운전면허 시험을 친 사람들이 특별히 열심히 준비하여 전체적으로 점수가 높았다 하더라도 규준참조 평가 방식이라면 응시자 중 16%는 불합격할 것이고, 그들의 점수는 이전 회차에서 합격한 응시자의 점수보다 높을 수도 있다. 만약 이런 일이 생긴다면 면허시험 제도의 불공정성으로 많은 민원이 발생하고, 행정적으로 복잡한 상황이 될 수 있을 것이다.

낙오학생방지법(NCLB: No Child Left Behind)에서 연방정부는 모든 학생이 성취도 평가에서 최저 학력 기준(예: 읽기에서 75% 이상의 정답률)을 달성하도록 하고 있다. 이 법의 시행 이후 많은 주의 학교에서 준거참조 형태의 학생 평가를 실시하고 있다(BOX 7.1 참조).

표 7.1에 대표적인 준거참조 및 규준참조 검사가 제시되어 있다. 검사 결과와 관련하여 어떤 형태의 검사를 실시할 것인지를 결정하는 일은 매우 중요하다.

BOX 7.1

고부담 검사: 모든 학생의 성취목표 달성을 보증하기 위한 준거참조 검사의 사용

다음 문장을 읽으면서, 굵은 글씨체로 표시된 단어를 '준거(criterion)'라는 단어로 대체해보자. 왜 낙오학생방지법(NCLB: No Child Left Behind)이 준거참조 검사에 기초하고 있는지 알게 될 것이다.

NCLB 연방법안에 따라 검사는 모든 학생이 학교에서 성취목표를 달성하고 있음을 보여주는 핵심적인 도구가 되었다. NCLB는 각 주가 '통과 점수', 즉 출발선을 설정하도록 하고 있다. 이 점수는 해당 주에서 가장 낮은 성취를 보이는 인종집단 혹은 학교 중 높은 쪽의 수행을 기초로 설정한다. 다음 단계로 각 학교는 '연간 적정 향상(adequate yearly progress)'을 달성했음을 보여주기 위해 2년 후에 달성해야 할 '학생 성취' 수준을 설정한다. 이후 학교의 목표 성취 수준은 적어도 매 3년에 한 번 상향 조정되어 12학년 말에는 해당 주의 모든 학생이 읽기/언어 및 수학 영역에서 '숙달' 수준을 달성할 수 있도록 해야 한다(U.S. Department of Education, 2005, 2011). 비록 이것이 가치 있는 노력이기는 하지만, 연방정부가 이러한 목표를 만족시키지 못한 학교들에 대해 지원을 끊겠다고 한 점에서 NCLB는 비판받고 있다(National Education Association, 2002~2013). 이러한 이유로 NCLB의 미래는 불안정해 보인다.

© Cengage Learning

표 7.1 규준참조 검사와 준거참조 검사의 예

규준참조	준거참조
GRE, SAT, ACT, MCAT 등	벡(Beck) 우울 검사(BDI-2)
지능 검사(웩슬러(Wechsler), 스탠퍼드-비네(Stanford-Binet) 등)	대학 작문 입학 혹은 졸업시험
성격 검사(MBTI, CPI, MMPI-2 등)	운전면허 시험
직업 적성 검사(스트롱(Strong) 흥미 검사, 자기탐색검사(SDS: Self-Directed Search) 등)	미시간 알코올 중독 선별 검사(MAST)
상대서열로 채점되는 대학 시험	표준에 비추어 채점되는 대학 시험(90점 이상 A, 80점 이상 B, 70점 이상 C 등)

규준적 비교와 변환 점수

6장에서 논의된 바와 같이, 개인이 속한 규준집단 내에서 개인 점수의 상대적 위치는 해당 개인이 어느 정도의 수행을 보였는가를 보여준다. 다음과 같은 질문을 통해 이 점을 다시 살펴보자. 만약 어떤 검사에서 존이 52점, 마리에타가 98점을 받았다면 누가 더 잘한 것인가? 이 문제에 답하기 위해 다음과 같은 요소들을 검토해야 할 것이다.

1. 검사의 문항 수와 획득 가능한 최고 점수
2. 시험을 치른 나머지 학생들과 비교했을 때 52점과 98점의 상대적 위치. 만약 1,000명의 피험자 중 대부분이 98점 이상을 기록했다면 98점과 52점의 실질적 차이는 그리 크지 않을 것이다.
3. 높은 점수가 낮은 점수보다 더 좋은 것인가? 예컨대, 우울증 검사에서는 낮은 점수가 더 나은 상황일 수 있다.

4. 개인이 자신의 점수에 대해 어떻게 느끼고 있는가? 한 사람에게는 낮은 점수가 다른 사람에게는 충분히 높은 점수일 수 있다(예를 들어, 어떤 사람은 백분위 80에 해당하는 점수에 기뻐하겠지만 어떤 사람에게는 매우 실망스러운 점수일 수 있다).

위의 1과 2에서 알 수 있는 바와 같이, 개인의 점수에 대해 어떤 판단을 내리는 데 있어서 그 점수의 상대적 위치를 파악하는 것은 결정적 역할을 한다. 물론 상대적 위치를 안다고 해서 3과 4, 즉 낮은 점수가 좋은 것인지 높은 점수가 좋은 것인지, 혹은 해당 피험자가 자신의 점수에 대해 어떻게 느낄 것인지를 알 수 있는 것은 아니다.

규준집단 내에서 개인이 상대적 위치를 파악하기 위해 원점수를 빈도분포, 히스토그램, 절선도표 등으로 변환하여 시각적 파악을 용이하게 할 수 있다. 이러한 절차는 6장에서 이미 논의되었다. 또한 6장에서 집중경향치와 분산도의 개념에 대해서도 소개했다. 이 장에서는 개인의 원점수를 규준집단과 비교하기 위한 변환 점수의 개념을 소개한다. **변환 점수**(derived score)에는 백분위, 표준 점수, 발달 규준 등이 있다. 표준 점수에는 z점수, T점수, 편차 IQ, 스태나인, 스텐 점수, NCE 점수, 대학(원) 입학시험 점수(예: SAT, GRE, ACT) 등이 있다. 발달 규준에는 학년동등, 연령비교 등이 포함된다.

변환 점수 (derived score)
규준집단에 비추어 원점수를 변환한 점수

백분위

원점수를 규준집단에 비교하기 위해 사용되는 가장 단순하면서 보편적인 변환 점수가 **백분위**(percentile)이다. 백분위는 어떤 점수보다 아래에 놓인 피험자의 비율을 의미하는 것으로, 1에서 99 사이의 값을 가지고 평균은 50이다. 예를 들어, 사회학 시험의 중앙치에 해당하는 점수가 45점이고, 어떤 학생이 45점을 받았다면, 그 학생의 백분위는 50(p = 50)이다. 백분위 50의 의미는 45점 미만의 점수를 받은 학생의 비율이 50퍼센트라는 것이다. 그 시험에서 최고 점수를 받은 사람의 점수가 75라면 최고점자의 백분위는 99이다. 백분위와 **정답률**(percentage correct)을 구분할 필요가 있다. 정답률은 전체 문항 중 정답한 문항의 비율이다. 위의 예에서 백분위 99를 기록한 최고점자는 125문항 중 75문항을 맞춘 것일 수 있다. 이 경우 해당 최고점자의 '정답률'에 해당하는 점수는 (75/125) × 100 = 60이 된다. 백분위는 규준참조로 볼 수 있다. 그 이유는 백분위가 개인의 점수를 집단의 점수에 비교하는 방식이기 때문이다.

그림 7.1을 살펴보자. 정규분포 곡선에서 백분위는 대략 다음과 같은 방식으로 나누어짐을 알 수 있다. $-3SD$(표준편차)에 해당하는 백분위는 1 이하, $-2SD$, $-1SD$, $0SD$, $+1SD$, $+2SD$에 해당하는 백분위는 각각 대략 2, 16, 50, 84, 98이며 $+3SD$에 해당하는 백분위는 99가 넘는다.

백분위(percentile)
(자신의 점수보다) 아래에 해당하는 피험자의 비율

표준 점수

표준 점수(standard score)는 개인의 원점수를 새로운 평균과 표준편차를 갖는 점수 체계

표준 점수 (standard score)
평균과 표준편차를 활용하여 원점수를 변환한 점수

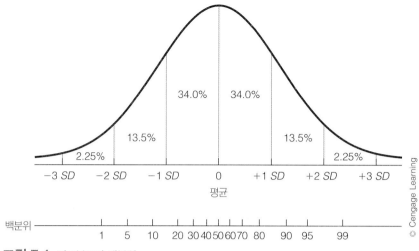

그림 7.1 정규분포와 백분위

로 변환한 점수를 의미한다. 표준 점수는 일반적으로 검사 점수에 대한 피험자의 이해를 돕기 위한 목적에 사용된다. 주로 많이 사용되는 표준 점수는 z점수, T점수, 편차 IQ, 스태나인, 스텐 점수, NCE 점수, 대학(원) 입학시험 점수(예: SAT, GRE, ACT), 검사 출판사가 고안한 표준 점수 체계 등이 있다.

*z*점수(*z*-score)
평균 0, 표준편차 1로 변환한 표준 점수

z점수　z점수(z-score)는 모든 표준 점수의 기본이 되는 형태로, 피험자의 원점수를 평균 0, 표준편차 1이 되도록 변환한 점수를 의미한다. 따라서 어떤 피험자가 평균에 해당하는 점수를 획득했다면 그의 z점수는 0이 된다. 평균보다 1 표준편차 높은 점수를 획득했다면 z점수는 1이 되며, 평균보다 1 표준편차 낮은 원점수의 z점수는 −1이 된다. 그림 7.2는 정규분포상에서 z점수의 위치를 보여준다.

　원점수를 z점수로 변환하는 것은 개인이 획득한 원점수의 의미를 이해하기 위한 첫 단계이다. 일단 원점수를 통해 z점수를 계산한 이후에는 이를 T점수, 편차 IQ, 스태나인, 스텐 점수 등 대부분의 다른 유형의 표준 점수로 쉽게 변환할 수 있다. 이런 이유로 z점수는 개인의 원점수를 이해하기 위한 핵심적 개념이라 할 수 있다(규칙 3 참조).

규칙 3　　**z점수는 표준 점수의 기본이다.**[*]

z점수는 개인의 원점수가 정규분포상에서 어느 위치에 해당하는지를 파악할 수 있게 해준다. 또한 원점수를 다른 형태의 표준 점수로 전환하는 데 기초가 된다. 이런 이유로 z점수를 가장 기본이 되는 표준 점수라 한다.

_____
[*] 규칙 1과 2는 6장에 제시되어 있음

원점수를 z점수로 변환하는 공식은 다음과 같다.

$$z = \frac{X - M}{SD}$$

여기서 X는 원점수, M은 평균, SD는 표준편차를 의미한다. 예를 들어 심리학 시험을 치른 어떤 학생이 원점수(X) 65점을 기록했고, 그 시험을 치른 집단의 평균(M)이 45, 표준편차(SD)가 10이라 하자. 해당 학생의 z점수는 다음과 같이 계산될 것이다.

$$z = \frac{X - M}{10} = \frac{65 - 45}{10} = \frac{20}{10} = 2.0$$

위의 예에서 원점수 65점인 학생의 z점수는 2.0임을 확인했다. 그림 7.2를 통해 해당 학생의 백분위는 약 98이 됨을 알 수 있다.

같은 방식으로 원점수 30점인 학생의 z점수를 계산해보면 $z = (30 - 45)/10 = -1.5$가 된다. 해당 학생의 백분위는 얼마인지 그림 7.2를 통해 확인해보자. 백분위는 약 7이 될 것이다. z점수로부터 백분위를 정확히 산출하고자 한다면 부록 F의 변환표를 참조하기 바란다.

z점수는 피험자의 점수가 동료집단과 비교했을 때 어느 정도에 해당하는지를 평가자에게 알려준다는 점에서, 그리고 피험자가 즉각적으로 이해하기 쉬운 다른 종류의 표준 점수를 산출하기 위한 기초가 된다는 점에서 매우 중요한 개념이다. 피험자에게 z점수가 -1.5라고 결과를 설명해주는 것은 유용하지 않을 뿐만 아니라 역효과를 초래할 수도 있다. 그러나 z점수를 백분위나 T점수, 스태나인 등 다른 종류의 표준 점수로 전환하여 제시해준다면 훨씬 이해가 쉬워진다.

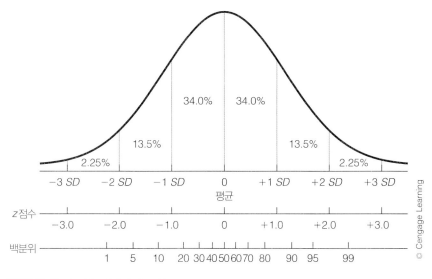

그림 7.2 정규분포상에서의 z점수

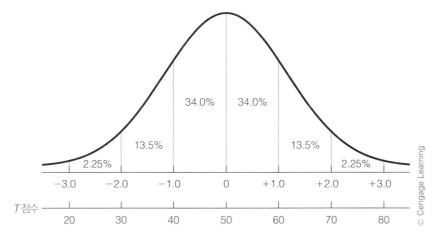

그림 7.3 정규분포상에서의 *T*점수

*T*점수(*T*-score)
평균 50, 표준편차 10으로 변환한 표준 점수

T점수   *T*점수(*T*-score)는 *z*점수를 간단히 변환하여 얻을 수 있는 표준 점수 중 하나이다. *T*점수는 평균 50, 표준편차 10이 되도록 *z*점수를 변환한 것으로, 성격 검사 등에 주로 사용된다. 그림 7.3에 정규분포상에서의 *T*점수가 표시되어 있다.

　*z*점수를 *T*점수로 변환하기 위해 다음과 같은 변환 방식을 활용한다.

$$변환\ 점수 = z \times 새로운\ 점수의\ 표준편차 + 새로운\ 점수의\ 평균$$

*T*점수의 경우 표준편차 = 10, 평균 = 50을 위의 공식에 대입한다. 앞서 예시된 *z*점수 = −1.5를 표준편차 10, 평균 50의 새로운 표준 점수(*T*점수)로 변환하면 *T* = −1.5 × 10 + 50 = 35가 됨을 알 수 있다. 원점수 65점인 학생의 경우는 어떠한가? 원점수 65점은 *z*점수 2점에 해당하므로 *T*점수는 2 × 10 + 50 = 70이 될 것이다.

편차 IQ(deviation IQ)
평균 100, 표준편차 15로 변환된 표준 점수

편차 IQ   많이 활용되는 또 다른 표준 점수로 편차 IQ(DIQ: deviation IQ)가 있다. DIQ는 *z*점수를 평균 100, 표준편차 15가 되도록 변환한 점수이다. 이를 정규분포에 적용하면 그림 7.4와 같이 나타낼 수 있다.

　대부분 지능 검사의 점수 체계가 DIQ를 따르고 있기는 하지만 주의할 부분이 몇몇 있다. 예를 들어, 스탠퍼드-비네 지능 검사 4판은 평균 100, 표준편차 16의 변환 방식을 사용하고 있으며 5판부터 평균 100, 표준편차 15가 적용되고 있다(Houghton Mifflin Harcourt, n.d). 앞서 제시한 변환 점수 공식에서 평균과 표준편차에 각각 100, 15를 대입하여 DIQ를 구할 수 있다. *z*점수 −1.5에 해당하는 DIQ = −1.5 × 15 + 100 = 77.5가 될 것이다. *z*점수 2점의 경우 DIQ = 2 × 15 + 100 = 130이 될 것이다. *z*점수 6점에 해당하는 DIQ는 얼마가 되겠는가(BOX 7.2 참조)?

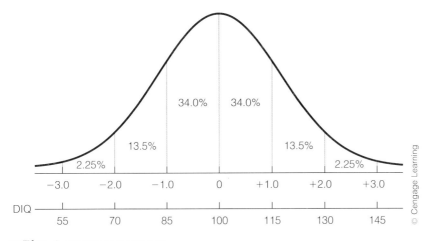

그림 7.4 정규분포상에서의 DIQ

© Cengage Learning

BOX 7.2

IQ, 모집단, 정규분포 곡선

IQ가 200인 사람을 알거나, 안다고 하는 사람을 본 적이 있는가? 나는 그런 적이 있다. 우리 할머니는 내 사촌들 중 한 명이 IQ 검사를 받았는데 200점이 넘었다고 말해준 적이 있다. 부록 F의 백분위 변환표를 살펴보면 정규분포 곡선의 가장자리에 포함될 확률이 얼마나 희박한지 알 수 있다. 변환표로부터, 4 표준편차(z점수 = 4), 즉 IQ 점수 160에 해당하는 점수는 매우 드물어서 100,000명 중 3명만이 이에 해당함을 알 수 있다. IQ 175에 해당되는 사람은 천만 명 중 3명이다.

즉, 미국의 인구를 3억 1,400만 명이라 할 때, 오직 94명만이 이에 해당한다고 볼 수 있다. IQ 190(z = +6.0)은 10억 명 중 1명, 즉 지구상에 약 7명만이 이에 해당할 것이다. 따라서 다음에 당신이 IQ 200인 사람의 이야기를 듣게 되면, 좀 더 꼬치꼬치 물어보기 바란다. 그 사람들은 확실히 정규분포에 대해 잘 모르고 있을 것이다.

– 찰리 포셋(Charlie Fawcett)

© Cengage Learning

스태나인   학교현장에서 많이 이용되는 또 다른 형태의 표준 점수 체계는 'standard nines'를 의미하는 스태나인이다. **스태나인(stanines)**은 성취도 검사에 자주 사용되는 표준 점수로 평균 5, 표준편차 2이고, 1에서 9의 범위를 갖는다. 예를 들어, 평균보다 1 표준편차 상위의 점수를 받은 학생의 스태나인은 $1 \times 2 + 5 = 7$이 된다. 마찬가지로, z점수 -1인 학생의 점수는 $-1 \times 2 + 5 = 3$이 된다. 그림 7.5에서 z점수와 백분위를 스태나인과 비교하고 있다.

스태나인(stanines)
평균 5, 표준편차 2로 변환된 표준 점수

다른 표준 점수들은 특정 z점수와 백분위에 1:1로 대응되지만($T = 60$은 $z = 1$, 백분위 84에 대응), 스태나인은 z점수와 백분위의 특정 숫자가 아닌 '범위'에 대응된다. 예컨대 스태나인 5는 z점수 -0.25에서 $+0.25$의 범위에 해당하고, 백분위로는 40에서 60의 범위에 해당한다(그림 7.5 참조). 마찬가지로 스태나인 6은 z점수 $+0.25 \sim +0.75$ 또는 백분위 $60 \sim 77$에 해당한다. 그림 7.5에서 알 수 있는 바와 같이, z점수 -1.75 이하 혹은 $+1.75$ 이상의 경우 스태나인 1 및 9에 각각 해당한다.

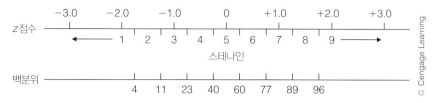

그림 7.5 z점수, 백분위와 스태나인 비교

변환 공식 $z(SD) + M$을 이용해 z점수를 스태나인으로 변환할 수 있다. z점수가 -1.5라면, 위의 변환 공식을 다음과 같이 적용할 수 있다.

$$z = -1.5$$
$$SD = 2$$
$$M = 5, \text{so}$$
$$\text{스태나인} = z(SD) + M = -1.5(2) + 5 = -3 + 5 = 2$$

결과적으로, z점수 -1.5는 스태나인 2로 변환된다. 마찬가지로, z점수 2는 스태나인 9로 변환된다(스태나인 $= 2 \times 2 + 5$). 스태나인은 정수로만 표시되기 때문에 z점수를 스태나인으로 변환하는 과정에서 소수는 정수로 반올림해야 한다. 예를 들어 z점수 0.87은 스태나인 6.74가 되는데($0.87 \times 2 + 5 = 6.74$), 이 경우 반올림하여 7로 나타낸다.

다른 대부분의 표준 점수 체계와 마찬가지로, 스태나인 또한 피험자 혹은 피험자의 부모들이 검사 결과를 쉽게 이해하도록 하기 위해 고안되었다. 이들에게 z점수 0.87점보다는 1에서 9점 중 7점을 받았다고 설명하는 편이 더 이해가 쉬울 것이다.

스텐 점수
(sten score)
평균 5.5, 표준편차 2로 변환된 표준 점수

스텐 점수   스텐 점수(sten score)는 'standard ten'에서 따온 이름으로, 성격 검사의 점수 체계로 주로 사용된다. 스텐은 평균 5.5, 표준편차 2로 변환된 점수 체계이다. 스텐은 10개의 구간으로 나뉘며, 각각의 구간은 z점수상 0.5점의 범위를 갖는다. 다만 첫 번째 구간과 10번째 구간은 각각 z점수 -2점 이하와 2점 이상에 해당하는 모든 점수를 포함한다. 특정 z점수가 아닌 점수의 구간을 나타낸다는 점에서 스태나인과 유사한 점수 체계이다. 그림 7.6에 z점수, 백분위, 스텐의 관계가 제시되었다.

스텐 점수도 변환 점수 공식($z \times$ 표준편차 $+$ 평균)을 적용하여 계산할 수 있다. z점수

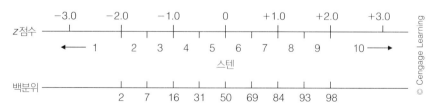

그림 7.6 z점수, 백분위와 스텐 점수 비교

−1.5의 경우 스텐 점수는 −1.5 × 2 + 5.5 = 2.5점이 된다. 그러나 스태나인과 마찬가지로 스텐 점수도 정수로 표시되므로 2.5를 반올림하여 3점으로 표시한다. 마찬가지로, z점수 2점에 해당하는 스텐 점수는 2 × 2 + 5.5 = 9.5이므로 반올림하여 10으로 표시한다.

정규분포 등가 점수   교육 분야에서 주로 사용되는 표준 점수 체계로 정규분포 등가 점수 (NCE: normal curve equivalent)가 있다. NCE는 평균 50, 표준편차 21.06으로 조정된 점수로, 정규분포 곡선상에서 동일한 간격으로 1에서 99까지의 범위를 갖는다. 그림 7.7에서 확인되는 바와 같이, 백분위도 1에서 99까지의 값을 갖기는 하지만 동일한 간격은 아니다. 따라서 NCE와 백분위는 1, 50, 99 지점에서만 일치하게 된다(그림 7.7 참조). 앞서의 변환 공식과 마찬가지로 NCE = z × 21.06 + 50으로 계산할 수 있으며, 점수의 범위

정규분포 등가 점수 (normal curve equivalent)
평균 50, 표준편차 21.06 으로 변환된 표준 점수

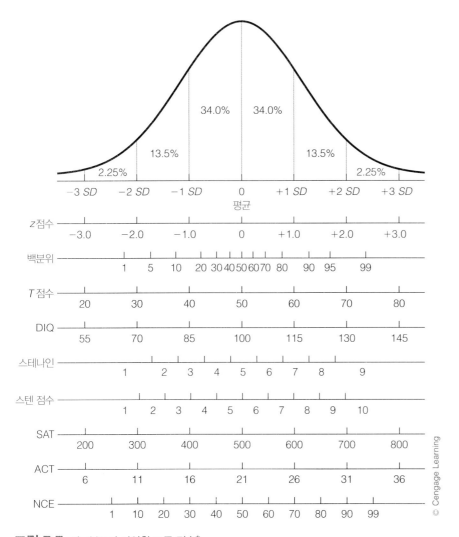

그림 7.7 정규분포와 다양한 표준 점수*

---

* SAT와 ACT의 평균과 표준편차는 매년 약간씩 달라지므로 대략적인 값을 제시함

는 1에서 99이다.

대학(원) 입학시험 점수(SAT type scores)

500 근처의 평균과 표준편차 100으로 변환된 표준 점수

대학(원) 입학시험 점수* SAT와 ACT 등 대학 입학시험에 활용되는 점수 체계로, 미국의 대학생들에게 익숙한 점수 체계이다. SAT는 3개의 섹션(읽기, 수학, 작문)으로 구성되어 있고, 결과는 평균 약 500, 표준편차 약 100의 표준 점수로 제시된다. 평균과 표준편차는 매년 약간씩 달라진다. 그 이유는 각 학년도의 피험자 집단을 1990년 집단과 비교하여 결과를 산출하기 때문이다. 이번 해의 학생들이 1990년 학생들보다 나은 수행을 보인다면 올해의 평균은 500을 넘게 될 것이다. 표준 점수는 1990년 집단을 기준으로 산출하지만, 백분위는 최근 3년간의 피험자를 기준으로 산출한다. z점수 -1.5에 해당하는 SAT 점수는 $-1.5 \times 100 + 500 = 350$이 된다.

ACT 점수 (ACT score)

평균 21, 표준편차 5로 변환된 표준 점수

ACT는 영어, 수학, 읽기, 과학 및 작문(선택과목)으로 구성되어 있다(ACT, Inc., 2007). SAT와 마찬가지로 ACT도 표준 점수로 제시되는데, 평균 21, 표준편차 5가 되도록 변환된다. 원점수는 1995년 학생 집단과 비교되며, 백분위는 최근 3년간의 학생 집단에 비추어 생성된다. z점수 -1.5에 해당하는 ACT 점수는 $-1.5 \times 5 + 21 = 13.5$이며, 반올림하여 14로 표시된다.

그림 7.7에는 제시되지 않았지만 GRE 일반 시험은 평균 151, 표준편차 5.6의 표준 점수 체계를 갖고 있으며 매년 조금씩 그 값이 변한다. GRE 과목시험 점수는 200에서 900점의 범위를 갖고 평균과 표준편차는 그 값이 시험에 따라 달라진다.

출판사별 점수 (publisher-type score)

검사 개발자가 자신들의 검사에 맞게 생성한 표준 점수

출판사별 점수 지금까지 살펴본 바와 같이 변환 공식을 사용하여 임의의 평균과 표준편차를 가진 표준 점수를 만들 수 있다. 따라서 검사 개발자들은 종종 개발된 검사에 자신들이 규정한 표준 점수를 적용하기도 한다. 예를 들어, 마리에타가 표준화 읽기 검사에서 원점수 48점을 획득했다면, 그녀의 검사 결과 통지표는 BOX 7.3과 비슷한 형태로 제공될 것이다.

BOX 7.3의 예에서, 마리에타의 원점수는 백분위 77, 표준 점수 588, 스태나인 7에 해

BOX 7.3
마리에타의 읽기 점수

마리에타		학년 5.2	나이: 10.5	
원점수*	백분위	스태나인		표준 점수**
48	77	7		588

* 원점수의 평균 = 45; 원점수의 표준편차 = 4

** 개발자의 표준 점수 평균 = 550, 표준편차 = 50

© Cengage Learning

---

* SAT와 ACT의 평균과 표준편차는 매년 약간씩 달라지므로 대략적인 값을 제시함

당한다. 검사 개발자들은 이 점수를 어떻게 산출하는 것일까? 우선, 규준집단의 평균 및 표준편차를 사용하여 마리에타의 원점수를 z점수로 변환한다. 따라서 위의 점수표로부터 마리에타의 z점수는 $(48 - 45)/4 = 0.75$가 된다. 그림 7.2로부터, z점수 0.75에 해당하는 백분위는 대략 77 정도임을 확인할 수 있다. 다음으로, 변환 공식을 사용하여 z점수 0.75에 해당하는 스태나인은 7($0.75 \times 2 + 5 = 6.5$, 반올림하여 7)이 된다. 마지막으로, 검사 개발자의 표준 점수를 산출하기 위해 개발자 표준 점수 체계의 평균과 표준편차를 확인한다. 이에 관한 정보는 검사 매뉴얼에 대부분 제공된다. 위의 경우 평균은 550, 표준편차는 50이다. 따라서 변환 점수를 활용하여 개발자 표준 점수는 $0.75 \times 50 + 550 = 587.5$, 반올림하여 588이 된다.

사실 개인이 받아보는 점수표에는 개발자 표준 점수만 제공되고 평균과 표준편차에 대한 정보는 없는 경우가 많기 때문에 표준 점수를 직관적으로 해석하기가 어렵다. 따라서 내담자에게 검사 결과를 해석해주어야 할 경우 백분위나 스태나인 등의 일반적 표준 점수를 참고할 것을 권장한다.

발달 규준

개인의 원점수를 새로운 평균과 표준편차를 갖는 점수 체계로 전환하는 표준 점수와 달리, 연령비교 점수 혹은 학년동등 점수 같은 발달 규준은 개인의 점수를 동일한 연령 혹은 학년 수준의 평균 점수와 직접 비교하는 방식이다.

연령비교 점수 어린 시절에 병원에서 키와 몸무게를 연령대별로 기록해놓은 차트에 자신의 키와 몸무게를 비교하여 어느 위치에 와 있는지를 확인해본 경험이 있을 것이다. 의사는 당신의 규준집단(즉, 당신과 동일한 연령대 아이들)의 키를 당신의 키와 비교하는 것이다. 따라서 당신이 만 9세 4개월, 키가 55인치이고 당신과 같은 연령의 여자아이들의 평균적인 키가 52.5인치, 표준편차가 2.4인치라면, 당신 키의 z점수는 $(55 - 52.5)/2.4 = 1.04$가 될 것이다. $z = 1.04$는 대략 85백분위에 해당한다. 연령 규준을 사용하는 다른 방법은 당신의 키를 다른 연령대의 키와 비교하는 것이다. 예를 들어, 9세 4개월인 당신의 키는 10세 11개월 여아의 평균 키와 같다고 이야기할 수 있을 것이다. 다른 예로 지능 검사에서 연령이 12세 5개월인 어떤 아동의 정신연령이 15세 4개월 수준이라고 이야기할 수도 있을 것이다(BOX 7.4 참조).

> **연령비교 점수 (age comparison score)**
> 개인의 점수를 동일한 연령 집단의 피험자와 비교한 점수

학년동등 점수 연령 규준과 마찬가지로, 학년동등 점수는 개인의 점수를 동일한 학년의 평균 점수와 비교한다. 3학년 2개월차 학생(3.2학년)의 읽기 점수가 정확히 3.2학년 집단의 평균과 같다면, 해당 학생의 학년동등 점수는 3.2이다. 학년동등 점수를 실제로 집단 비교를 통해 산출하는 경우는 이와 같은 드문 경우뿐이다. 즉, 학년동등 점수를 산출할 때 실제 어떤 학생의 원점수를 그 학생과 다른 학년 학생의 원점수와 비교하는 경우는 거의 없다(예를 들어, 3.2학년 학생의 원점수를 2학년, 4학년, 5학년 등의 원점수와 실제로

> **학년동등 점수 (grade equivalent)**
> 개인의 점수를 같은 학년 집단의 평균 점수와 비교한 점수

© Cengage Learning

BOX 7.4
당신의 머리는 지나치게 큰 편인가?

큰딸 해나가 2개월이었을 때의 일이다. 소아과 의사가 아이의 머리둘레를 재보고는 "백분위 98에 해당하네요. 한 달 후에 다시 재어봅시다."라고 이야기했다. 98백분위는 평균적인 범위를 벗어나는 것임을 알고 있었기 때문에, 어떤 문제가 있는 것은 아닌지 의사에게 물어봤다. 다행히도 별문제는 없었다. 그저 특별히 머리가 클 뿐이었다. 그러나 이러한 연령 규준 비교는 영유아기의 발달상 문제를 진단해내는 데 매우 중요할 수 있다.

– 에드 노이크루그

비교하지는 않는다). 검사 재작자들은 주로 외삽(extrapolate)을 통해 개인의 학년동등 점수를 추정한다. 즉, 3.2학년 학생이 동일 학년 집단에서 75백분위에 해당하는 점수를 획득했다면, 해당 학생을 실제로 4학년 5개월 학생과 비교하지는 않지만 (외삽의 방법을 통해) 학년동등 점수 4.5를 획득할 것이라고 추론할 수 있을 것이다.

어떤 학생의 학년동등 점수가 해당 학년의 평균보다 높거나 낮을 경우 어떻게 해석해야 할까? 가장 좋은 방법은 학생이 자신이 속한 학년의 학생들보다 높거나 낮은 점수를 획득했다고 해석하는 것이다. 예컨대, 3.2학년 학생이 학년동등 점수로 5.4를 획득했다고 해서 그 학생이 평균적인 5.4학년이 학습하는 대부분의 개념들을 완전히 습득했다고 볼 수는 없을 것이다. 그러나 그 학생이 대부분의 3학년 학생들보다는 훨씬 잘하고 있다는 것은 틀림없는 사실이다. 따라서 '이 학생이 3.2학년의 평균 이상의 수행을 보이고 있다. 그렇다고 5.4학년 수준의 수행을 보이고 있다고 하는 것은 정확하지 않을 수 있다.' 정도의 해석이 가능할 것이다. 마찬가지로, 학년동등 점수 2.2를 획득한 3.2학년 학생은 평균적인 2.2학년 학생이 한 번도 배워보지 못한 개념을 알고 있을 수 있다. 따라서 이 학생은 평균적인 3.2학년보다 낮은 수준의 수행을 보이고 있다고 해석하는 것이 타당하며, 2.2학년 수준의 수행을 보이고 있다고 해석하는 것은 정확하지 않을 수 있다.

이처럼 검사를 해석하는 사람은 검사 개발자가 규준을 어떻게 작성했고 학년동등 점수를 어떻게 계산했는지를 잘 이해할 필요가 있다. 즉, 검사 결과를 전달하고 의사소통함에 있어서 측정 및 평가에 관한 튼튼한 이론적 배경을 갖추는 일은 매우 중요하다.

종합적 검토

규준참조 점수는 정규분포에 기초하고 있음을 학습했다. 그림 7.7을 통해 이 장에서 소개된 대부분의 규준참조 점수들 간의 연관성을 파악할 수 있다. 상담자 혹은 검사 전문가로서의 경력을 위해 이러한 점수들에 익숙해지는 것은 매우 중요하다.

측정의 표준오차

5장에서 살펴본 바와 같이 모든 검사는 어느 정도 측정의 오차를 갖고 있기 때문에 개인이 획득한 점수(관찰 점수)는 진점수의 어림값이지 정확히 진점수는 아니다. 간단한 통계적 절차를 통해 개인의 진점수가 놓인 구간을 계산할 수 있다. **측정의 표준오차**(SEM: standard error of measurement)를 통해 같은 피험자에게 검사를 반복해서 실시할 경우 해당 피험자의 점수가 위치할 구간을 알 수 있다. 5장에서 살펴본 바와 같이 검사의 신뢰도는 검사 점수에 오차가 얼마나 없는지를 알려주는 지표이다. 따라서 신뢰도와 해당 검사의 표준편차를 알 경우 측정의 표준오차를 계산할 수 있다.

측정의 표준오차
(standard error of
measurement)
진점수가 위치할 수 있는
점수 범위

$$SEM = SD\sqrt{1 - r}$$

여기서 SD는 검사 점수의 표준편차, r은 신뢰도를 의미한다. 예를 들어 라티샤의 DIQ 진점수가 120이라 하자(즉, 그녀가 이 검사를 반복해서 치른다면 점수의 평균은 120). 검사 매뉴얼에 이 검사의 신뢰도가 0.95라고 제시되어 있고, 우리는 DIQ의 표준편차가 15임을 이미 배웠다. 따라서 위의 공식을 적용하여 다음과 같은 결과를 얻을 수 있다.

$$\begin{aligned}
SEM &= SD\sqrt{1 - r} \\
&= 15\sqrt{1 - .95} \\
&= 15\sqrt{.05} \\
&= 15 \times .22 \\
&= \pm 3.35
\end{aligned}$$

따라서 라티샤가 이 검사를 계속 반복해서 치른다면 그녀의 점수는 120 ± 3.35, 즉 $116.65 \sim 123.35$의 범위에 포함될 것이라 예상할 수 있다. 정규분포에서 ± 1 표준편차의 범위는 68%의 점수를 포함하므로, 이론적으로 라티샤가 1,000회의 검사를 치른다면 그중 68%의 경우 검사 점수가 $116.65 \sim 123.35$의 범위에 있게 될 것이다(그림 7.8 참조).

만약 정확도를 더 높이고자 한다면 표준오차의 두 배에 해당하는 구간을 설정할 수 있을 것이다. 이 경우에는 95%의 검사 점수가 포함될 구간을 나타내게 된다. 3 표준오차로 범위를 넓히면 99.5%의 점수가 포함될 구간을 계산할 수 있다.

$$\begin{aligned}
SEM &= 2(SD)\sqrt{1 - r} \\
SEM &= 3(SD)\sqrt{1 - r}
\end{aligned}$$

라티샤의 2 표준오차 구간은 $3.35 \times 2 = 6.7$이므로 120 ± 6.7, 즉 $113.30 \sim 126.70$점의 범위 안에 라티샤의 검사 점수 중 95%가 위치할 것이다. 마찬가지로, 3 표준오차 구간은 $3.35 \times 3 = 10.05$이므로 1000번 중 995번은 120 ± 10.05, 즉 $109.95 \sim 130.05$점의 범위 안에 라티샤의 검사 점수가 위치할 것이다.

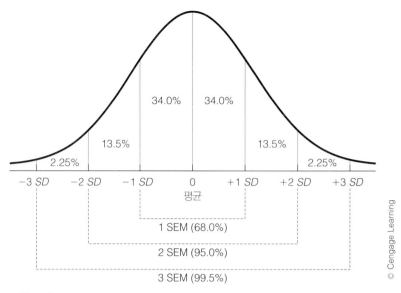

그림 7.8 측정의 표준오차와 정규분포

신뢰도 지수와 측정의
표준오차

부(−)적인 연관성을 가짐

　　측정의 표준오차와 신뢰도는 서로 역의 관계에 있다. 즉, **신뢰도**(reliability)가 감소할수록 측정의 표준오차(진점수의 범위)는 증가한다. 라티샤의 예에서, 지능 검사의 신뢰도가 그리 높지 않다고 가정해보자($r = .70$). 신뢰도의 감소가 측정의 표준오차에 어떤 영향을 줄 것인가? 측정의 표준오차는 $15\sqrt{1 - .70} = 15\sqrt{.30} = 15 \times .55 = \pm 8.22$로 증가한다. 따라서 라티샤가 신뢰도 0.7인 이 지능 검사를 반복해서 치른다면 그녀의 진점수는 68%의 확률로 111.78에서 128.22의 범위에 놓일 것이다. 이 범위는 앞서 살펴본 $r = 0.95$의 경우보다 상당히 넓음을 알 수 있다.

　　많은 검사 결과지에서 개인의 점수를 X로 표시하고 해당 점수의 좌우로 선을 그어 점수의 범위를 표시해놓은 모습을 볼 수 있다(그림 7.9 참조). 이 선은 측정의 표준오차를 나타내는 것으로, 진점수가 놓일 수 있는 범위를 표시한 것이다. 그림 7.9는 라티샤의 점수를 나타내는 이 범위가 검사의 신뢰도에 따라 어떻게 달라지는지를 보여준다.

　　검사 결과의 해석에 있어 측정의 표준오차는 매우 중요한 개념이다. 측정의 표준오차가 커질수록 오차가 많이 개입되고, 따라서 진점수가 놓일 수 있는 범위가 넓어진다(BOX 7.5 참조).

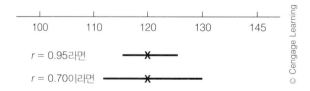

그림 7.9 신뢰도가 다른 두 검사 결과표에서 측정의 표준오차

BOX 7.5
측정의 표준오차 계산

에드는 우울증 검사에서 T점수 60점을 얻었고, 우울증 검사의 검사-재검사 신뢰도가 0.75였다고 가정해보자. 이 검사에서는 점수가 높을수록 우울증이 더 심한 것으로 해석된다. 다음의 질문에 답해보자.

1. 에드의 백분위 점수는 몇 점인가?
2. 68% 및 95%에 해당하는 측정의 표준오차는?
3. (반복 시행한다면) 에드의 T점수는 68%의 확률로 어느 범위에 있겠는가?
4. (반복 시행한다면) 에드의 T점수는 95%의 확률로 어느 범위에 있겠는가?
5. 측정의 표준오차는 에드의 점수를 해석하는 데 어떤 의미를 갖는가?

정답

1. 백분위 약 84
2. 68% SEM = ±5: $(10\sqrt{1-.75})$;
   95% SEM = ±10: $(10\sqrt{1-.75}) \times 2$

3. 에드의 T점수는 100번 중 68번, 55에서 65점 사이에 위치할 것이다(60±5, 백분위 69에서 93 사이에 위치할 것이다).
4. 에드의 T점수는 100번 중 95번, 50점에서 70점 사이에 위치할 것이다(60±10, 백분위 50에서 98 사이에 위치할 것이다).
5. 측정의 표준오차는 에드의 점수를 해석하는 데 매우 중요한 의미를 갖는다. 오차가 클수록 에드의 점수가 높은 수준의 우울을 나타낸다고 확신을 가지고 이야기하기 어려워진다. 즉, 오차를 고려하지 않고 T점수 60점(백분위 84)만 본다면 에드는 상당히 높은 수준의 우울로 보이지만 오차 및 에드의 '진점수' 범위를 고려한다면 과연 에드의 점수를 상당히 높은 수준의 우울로 볼 수 있을 것인지 확신하기 어려워지는 것이다.

© Cengage Learning

추정의 표준오차

측정의 표준오차와 유사한 개념으로 5장에서 간단히 논의된 **추정의 표준오차**(standard error of estimate, SE_{est})가 있다. 측정의 표준오차가 관찰 점수를 중심으로 신뢰구간을 설정해주는 것이라면 추정의 표준오차는 예측된 점수를 중심으로 신뢰구간을 설정하는 데 사용된다. 측정의 표준오차를 통해 한 변수에 대한 획득 점수(예: SAT 점수)에 기초하여 다른 변수(예: 대학 1학년 학점)의 획득 가능한 점수 구간을 예측할 수 있다. 서로 상관관계가 있는 두 변수를 통해 추정의 표준오차를 계산하는 공식은 다음과 같다.

추정의 표준오차
(standard error of estimate)
예측된 점수가 놓일 수 있는 범위

$$SE_{est} = SD_Y\sqrt{1 - r^2}$$

여기서 SD_Y는 예측하고자 하는 변수(위의 예에서 대학교 학점)의 표준편차이고, r은 두 변수(SAT와 학점) 간의 상관계수이다.

예를 들어 SAT와 학점의 상관이 0.5이고 학점의 평균이 3.1, 표준편차가 0.2라면, 추정의 표준오차는 다음과 같이 계산된다.

$$SE_{est} = SD_Y \sqrt{1 - r^2}$$
$$= .2\sqrt{1 - .50^2}$$
$$= .2\sqrt{1 - .25}$$
$$= .2\sqrt{.75}$$
$$= .2 \times .87$$
$$= .17$$

다음으로, SAT의 z점수를 알고 있다면 해당 학생의 SAT 점수를 학점으로 변환할 수 있다. 예를 들어 SAT의 평균이 500, 표준편차가 100이고, 어떤 학생이 SAT에서 600점을 획득했다면 해당 학생의 z점수는 1이 된다($z = (X - M)/SD = (600 - 500)/100 = 1$). 다음으로, 학점의 평균과 표준편차를 알고 있다면, 변환 공식을 이용해 SAT 점수를 다음과 같이 학점의 예측 점수로 변환할 수 있다.

$$\text{예측 학점} = z(SD) + M = 1(0.2) + 3.1 = 3.3$$

다음으로, 예측된 학점 3.3에서 앞서 계산한 $SE_{est} = 0.17$을 더하고 빼서 해당 학생의 학점이 68%의 확률로 포함될 구간을 다음과 같이 설정할 수 있다. $3.3 \pm .17 = 3.13 \sim 3.47$. 또한 측정의 표준오차에서 살펴본 것과 마찬가지로 SE_{est}의 두 배를 더하고 빼줌으로써 95%의 확률로 해당 학생의 학점이 포함될 구간을 설정할 수 있다($3.3 \pm .17(2) = 2.96 \sim 3.64$).

SAT에서 300점을 획득한 학생에 대해 지금까지 살펴본 절차를 적용해보자. 이 학생의 z점수는 -2점이다.

$$z = \frac{X - M}{SD_x} = \frac{300 - 500}{100} = \frac{-200}{100} = -2$$

SAT의 z점수를 통해 변환한 GPA의 예측 점수는 2.7이 된다($z(SD) + M = -2 \times 0.2 + 3.1 = 2.7$). 예측 점수에 $SE_{est} = 0.17$을 더하고 빼서 이 학생의 학점은 68%의 확률로 2.53에서 2.87 사이에 위치할 것임을 알 수 있다. 또한 95%의 확률로 이 학생의 학점은 2.36에서 3.04 구간에 위치하게 될 것이다. GPA의 예측 구간을 비교해보면 왜 대학에서 SAT 점

BOX 7.6
추정의 표준오차 계산 절차

1. 독립변수(예: SAT)와 종속변수(예: GPA)의 상관을 구한다.

2. 종속변수(GPA)의 표준편차를 구한다.

3. 다음의 공식을 사용하여 추정의 표준오차를 구한다.

$$SE_{est} = SD_Y \sqrt{1 - r^2}$$

4. 독립변수(SAT)의 z점수를 구한다.

5. 변환 공식을 사용하여 독립변수를 종속변수로 전환한다.

$$z \times (SD_{종속변수}) + M_{종속변수}$$

6. 5단계에서 구한 예측 점수에 3단계에서 구한 추정의 표준오차를 더하고 빼서 예측의 68% 신뢰구간을 구한다. 추정 표준오차의 두 배를 더하고 빼서 예측의 95% 신뢰구간을 구한다.

© Cengage Learning

규칙 4	사과와 오렌지를 뒤섞지 말 것

다양한 공식을 적용하다 보면 잘못된 점수, 평균 혹은 표준편차를 선택하기 쉽다. 특히 SE_{est}를 구할 때 종속변수(GPA)의 표준편차를 사용해야 함에도(위의 5단계) 독립변수(SAT)의 표준편차를 사용하는 실수를 저지르기 쉽다. 이 경우 당연히 잘못된 결론에 도달할 것이다. 항상 올바른 수치를 선택하도록 주의해야 한다(사과와 오렌지를 섞지 말아야 한다).

수가 높은 학생을 입학시키려 하는지를 알 수 있을 것이다(BOX 7.6은 지금까지 살펴본 절차를 단계별로 나누어 설명한다. 규칙 4를 읽어보자).

측정의 척도

지금까지 검사 점수의 해석과 관련한 통계적 개념들을 살펴보았다. 지금부터는 주로 사용되는 평가 기법들을 논의할 것이다(3부). 우선, 모든 점수가 같은 의미를 갖는 건 아니라는 점을 이해하는 것이 중요하다. 예를 들어 우울증을 평가하기 위해 없음, 낮음, 보통, 높음 등의 4개 범주로 구분하고 각각의 범주에 대해 0, 1, 2, 3 등의 값을 할당할 수도 있고, 우울증 검사를 실시하여 검사 점수를 할당할 수도 있다. 앞의 4개 범주 체계에서는 한 집단이 다른 집단보다 우울증이 높다 혹은 낮다는 것만을 이야기할 수 있는 반면, 검사 점수로 우울증을 측정할 경우 개인의 '우울' 정도에 대해 다른 사람과 비교하여 어떤 판단을 내릴 수 있으며, 점수를 더하거나 빼는 것도 가능하다.

서로 다른 유형의 점수 체계를 구분하고, 점수의 유형에 따라 적용 가능한 통계적 기법을 구분하기 위해 점수 체계를 네 가지 유형의 척도로 나누어볼 수 있다. 명명 척도, 서열 척도, 동간 척도, 비율 척도가 그것이다. 검사 도구에 어떤 측정의 척도가 사용되었는지를 이해하는 것은 이후 어떤 통계 처리가 가능한지를 확인하기 위해 매우 중요하다. 특히 이러한 이해는 연구를 수행함에 있어 매우 중요하다. 3부에서 살펴볼 다양한 검사들이 산출하는 점수는 대부분 동간 척도로 볼 수 있지만 명명, 서열 혹은 비율 척도를 산출하는 검사도 일부 존재한다. 3부를 공부해가면서 만나게 될 각 검사가 어떤 척도의 점수를 산출하는지를 주의 깊게 살펴볼 필요가 있다.

명명 척도

명명 척도(nominal scale)는 가장 기본적이고 단순한 형태의 척도이다. 명명 척도는 서로 다른 범주를 나타내기 위해 임의의 수를 부여한 것을 말한다. 예를 들어 인종에 1 = 아시안, 2 = 라티노, 3 = 흑인, 4 = 백인 등의 숫자를 부여할 수 있다. 부여된 수의 크기가 어떤 의미를 갖는 것은 아니다. 따라서 대부분의 통계적 기법은 명명 척도에 적용하기에 부적합하다. 각 범주의 빈도를 계산하거나 최빈치를 구하는 정도의 통계적 조작만이 가능하다.

명명 척도 (nominal scale)
범주를 나타내기 위해 임의 숫자가 부여됨

서열 척도

서열 척도
(ordinal scale)

크기 순서에 따라 숫자가 부여되었지만 숫자 간의 거리가 같은 간격을 나타내지는 않음

서열 척도(ordinal scale)로 측정된 값들 사이에는 크기의 차이가 존재한다. 그러나 부여된 숫자들 간의 차이가 어느 정도인지는 알 수 없다. 예를 들어 '내가 받은 상담은 도움이 되었다.'라는 질문에 대해 1: 전혀 동의하지 않음, 2: 별로 동의하지 않음, 3: 보통, 4: 약간 동의함, 5: 매우 동의함이라는 숫자를 부여했다고 가정하자. 부여된 각 숫자는 서열성을 갖는다. 그러나 '약간 동의함'과 '매우 동의함'의 차이가 실제로 어느 정도인지는 알 수 없다(즉, 1과 2의 차이는 4와 5의 차이와 동일한 1점의 차이지만 실제로 동의하는 정도의 차이가 같다고 할 수는 없다).

동간 척도

동간 척도
(interval scale)

부여된 숫자의 차이가 동일한 간격을 나타내지만 절대영점이 없음

동간 척도(interval scale)는 부여된 숫자들이 동일한 차이를 나타내지만, 기준이 될 절대영점이 없는 척도이다. 대학 입학시험인 SAT 점수를 예로 들면, 530점은 510점보다 20점 높으며, 여기서 1점의 간격은 동일하다(즉, 510점과 511점의 차이는 529점과 530점의 차이와 같다). 그러나 SAT 점수의 최하점은 200으로 절대적 0점이 없다. 동간 척도로 측정된 변수에 대해서는 평균으로부터 몇 표준편차 떨어져 있는지를 논하는 것과 같은 기본적인 통계적 처리가 가능하다. 그러나 700점을 받은 학생이 350점을 받은 학생보다 대학에서 성공할 가능성이 두 배 높다는 식의 진술은 불가능하다.

비율 척도

비율 척도
(ratio scale)

부여된 숫자의 차이가 동일한 간격을 나타내고 절대영점이 있음

비율 척도(ratio scale)는 절대영점을 가진 동간 척도이다. 따라서 모든 종류의 수학적 처리가 가능하다. 극소수의 행동 특성만이 비율 척도로 측정될 수 있다. 키나 몸무게 같은 측정치가 비율 척도의 성질을 갖는다. 반응시간 같은 변수도 비율 척도라 할 수 있다. 혈중알코올농도에 따른 브레이크 반응시간을 측정할 경우 두 변수 모두 비율 척도가 된다. 알코올농도 0.00의 평균 반응시간이 0.6초, 알코올농도 0.10에서의 평균 반응시간이 1.2초라면 알코올농도와 반응시간 모두 절대영점을 갖고 있기 때문에 알코올농도 0.00에서의 반응시간이 0.10에서보다 두 배 빠르다는 진술을 할 수 있다.

요약

이 장에서는 원점수를 어떻게 변환 점수로 바꿀 수 있는지를 살펴보았다. 변환 점수로 전환함으로써 원점수의 의미를 좀 더 쉽게 이해할 수 있다. 규준참조 검사에서의 검사 점수는 규준집단(혹은 동료집단)이라 불리는 집단의 점수에 개인의 점수를 비교한다. 반면 준거참조 검사에서 검사 점수는 사전에 결정된 기준 점수에 개인의

점수를 비교한다. 상대적으로 많은 수의 검사가 규준참조 검사이고, 이들 검사는 원점수를 의미 있게 해석하기 위한 다양한 변환 점수로 그 결과가 표현된다.

규준참조 검사와 관련하여 원점수의 해석에 영향을 줄 수 있는 요인으로 문항의 수, 최고점, 해당 검사를 치른 다른 피험자들과 비교한 개인의 상대적 위치, 높은

점수가 더 바람직한 상태를 나타내는지 여부, 자신의 검사 점수에 대한 피험자의 정서적 반응 등을 검토했다. 다음으로, 규준집단과 비교한 개인의 점수를 나타내기 위한 다양한 종류의 변환 점수를 살펴보았다. (1) 백분위, (2) z점수, T점수, DIQ, 스태나인, 스텐 점수, 정규분포 등가 점수(NCE), 대학(원) 입학시험 점수, 출판사별 점수 등의 표준 점수, (3) 연령비교 및 학년동등 점수 같은 발달 규준 등이 이에 해당한다.

변환 점수를 검토하면서 우선 백분위와 정답률을 구분해야 함을 논의했다. 백분위는 해당 피험자가 획득한 점수보다 낮은 점수를 얻은 피험자의 비율로 1에서 99의 범위를 갖는다.

다음으로, 원점수를 새로운 평균과 표준편차를 갖는 점수로 변환하여 얻어지는 표준 점수를 살펴보았다. z점수는 평균 0, 표준편차 1이 되도록 변환된 점수로 정규분포상에서 개인의 위치를 나타내주는 점수이며, 다른 표준 점수들의 산출에 기본이 되는 가장 중요한 표준 점수이다.

z점수를 다른 유형의 표준 점수로 바꾸는 방법으로 T점수($SD = 10$, $M = 50$), DIQ($SD = 15$, $M = 100$), 스태나인($SD = 2$, $M = 5$), 스텐 점수($SD = 2$, $M = 5.5$), SAT($SD = 100$, $M = 500$), ACT($SD = 5$, $M = 21$), NCE($SD = 21.06$, $M = 50$) 등을 살펴보았다.

발달 규준 또한 개인의 원점수가 규준집단에 비추어 어느 위치에 있는지를 이해하는 데 도움이 된다. 연령 규준은 개인의 수행을 동일한 연령 집단(예: 키, 몸무게, 정신능력 등) 혹은 다른 연령 집단(예: 12세 아동이 15세 집단의 평균적 정신능력을 갖고 있을 수 있음)의 평균적 수행에 비교하는 것이다. 학년동등 점수는 개인의 수행을 동일한 학년의 다른 학생들의 평균적 수행과 비교하는 것이다. 학년동등 점수의 해석에 있어 주의가 필요하다. 실제 학년보다 높은 학년동등 점수를 얻은 학생이 실제로 높은 학년의 수행을 보여줄 것이라는 생각은 잘못된 것이다.

다음으로 측정의 표준오차(SEM)는 개인의 획득 점수가 진점수에 얼마나 가까운가를 추정하는 도구이다. SEM을 통해 개인의 진점수를 68%(±1 SEM), 95%(±2 SEM), 99.5%(±3 SEM)의 확률로 포함하고 있을 구간을 결정할 수 있다. 오차가 크면 클수록 개인의 진점수가 포함되어 있을 점수대를 확인하는 데 불확실성이 커지기 때문에 SEM은 검사 자료의 해석에 매우 중요한 의미를 갖는다. 다음으로 추정의 표준오차(SE_{est})를 살펴보았다. SE_{est}는 실제 획득한 점수가 아닌 예측된 점수에 대한 신뢰구간을 제공한다.

마지막으로, 네 가지 척도(명명, 서열, 동간, 비율)에 대해 간략히 살펴보았다. 각 유형의 척도는 고유한 특성을 갖고 있고, 이로 인해 통계적 처리에 제약이 있을 수 있다. 다양한 검사 도구들은 서로 다른 척도로 측정된 점수 체계를 갖고 있다.

복습문제

1. 규준참조 검사보다 준거참조 검사가 더 적절한 상황의 예를 들어보라.

2. 낙오학생방지법(NCLB) 혹은 다른 고부담 검사 상황에서 향상을 측정하고자 할 경우, 규준참조 검사가 아닌 준거참조 검사를 사용하는 것의 장단점을 논하라.

3. 백분위, 표준 점수, 발달 규준의 차이를 설명하라.

4. 표준화 검사에서 62점을 받은 피험자가 있다. 이 검사의 평균과 표준편차가 각각 58과 8이라고 할 때, 이 사람의 z점수를 구하라.

5. 4번 문제에서 구한 z점수를 사용하여 (1) (대략적인) 백분위, (2) T점수, (3) DIQ, (4) 스태나인, (5) 스텐 점수, (6) 정규분포 등가 점수(NCE), (7) SAT 척도 점수, (8) ACT 척도 점수, (9) 평균 75와 표준편차 15의 출판사별 점수를 각각 구하라.

6. '발달 규준'이 무엇인지 설명하라.

7. 학년동등 점수가 무엇인지 설명하라. 학년동등 점수의 사용에 있어 주의할 점은 무엇인가?

8. 5.5세 아동들의 평균 키는 44인치, 표준편차는 3인 치이다. 어떤 5.5세 아동의 키가 46인치일 경우 (대략적인) 백분위와 z점수를 구하라.

9. 5번 문제의 (2)~(9)에서 구한 값들에 대해 측정의 표준오차를 구하라(검사의 신뢰도는 0.84이다). 측정의 표준오차를 활용하여 각 값에 대해 진점수를 68% 및 95%의 확률로 포함하고 있을 점수 구간을

계산하라.

10. ACT에서 24점을 받은 학생이 있다. 이 학생의 대학 학점(GPA)을 예측하는 구간을 설정하라(GPA의 평균은 3.1, 표준편차 = 0.3, ACT와 GPA의 상관은 0.45이다).

11. 네 가지의 척도를 구분하여 설명하고, 각 척도를 사용하기에 적합한 상황에 대해 예를 들어보라.

복습문제 해답

4. $(62 - 58)/8 = 0.5$

5. 백분위 = 69, T점수 = 55, DIQ = 107.5, 스태나인 = 6, 스텐 점수 = 6.5(반올림하여 7), 정규분포 등가 점수(NCE) = 60.53, SAT 척도 점수 = 550, ACT 척도 점수 = 23.5, 출판사별 점수 = 82.5

8. $z = 0.67$, 백분위 = 74

9. 68% 구간: T점수 = 55 ± 4, DIQ = 107.5 ± 6, 스태나인 = 6 ± 0.8(반올림하여 5~7), 스텐 점수 = 6.5 ± 0.8(반올림하여 6~7), 정규분포 등가 점수

(NCE) = 60.53 ± 8.42, SAT 척도 점수 = 550 ± 40, ACT 척도 점수 = 23.5 ± 2, 출판사별 점수 = 82.5 ± 6

95% 구간: 68% 구간에 제시된 ± 이하의 점수를 두 배로 함(예: T점수 = 55 ± 8)

10. BOX 5.6의 3단계: $0.3 \times \sqrt{1 - 0.45^2} = 0.3 \times 0.89 = 0.27$

BOX 5.6의 4단계: $(24 - 21)/5 = 0.6$

BOX 5.6의 5단계: $0.6 \times 0.3 + 3.1 = 3.28$

BOX 5.6의 6단계: $3.28 ± 0.27$

참고문헌

ACT, Inc. (2007). *The ACT technical manual*. Retrieved from http://www.act.org/aap/pdf/ACT_Technical_Manual.pdf

Houghton Mifflin Harcourt. (n.d.). *The Stanford-Binet intelligence scales (SB5)* (5th ed.). Retrieved from http://www.riverpub.com/products/sb5/index.html

National Education Association. (2002–2013). *No Child Left Behind Act (NCLB)*. Retrieved from http://www.nea.org/esea/policy.html

U.S. Census Bureau. (2013). *U.S. and world population clocks*. Retrieved from http://www.census.gov/main/www/popclock.html

U.S. Department of Education. (2005). *Stronger accountability: The facts about making progress*. Retrieved from http://www.ed.gov/nclb/accountability/ayp/testing.html

U.S. Department of Education. (2011). *No Child Left Behind legislation and policies*. Retrieved from http://www2.ed.gov/policy/elsec/guid/states/index.html#nclb

일반적으로 사용되는 평가 기법 3부

이 책의 3부에서는 교육 능력, 지능적/인지적 역할, 직업의 적성과 관심, 임상적 논쟁, 비공식적 평가 등을 수행하기 위해 흔히 사용되는 평가 기법들을 검토한다. 현장에서 흔히 사용되고 있는 검사들에 대해 알아볼 텐데, 심리학자와 상담자, 상담 교육자(표 1과 표 2 참조)들이 가장 많이 사용하고 있는 검사들을 소개하는 것으로 시작한다. 그러므로 표 1과 표 2에 명시된 많은 검사는 3부의 각 장들에서 중점적으로 다룰 것이다.

8장에서는 학교에서 학습한 것을 위한 검사와 교육적 여러 결정을 하는 데 도움을 주는 검사를 중점적으로 다룬다(표 3 참조). 여기서는 교육적 능력 평가의 목적에 대해 먼저 알아볼 것이다. 그 후, 흔히 우리의 학습을 평가하고 장래에 대해 진단하고 결정할 수 있는 척도 역할을 하는 적성/성취도 검사의 종류를 명시할 것이며, 여기에는 총집형 학업성취도 검사, 진단 검사, 준비도 검사, 인지 능력 검사가 포함된다. 그다음으로 이 범주에 해당하는 더 유명한 검사들을 소개하고 알아볼 것이다.

9장에서는 지적 능력과 인지 역할 검사에 대해 심도 있게 알아보고 이와 관련된 검사들역시 명시할 것이다. 우선 지적 능력에 대한 검사, 즉 지능 검사에 대한 짧은 역사를 살펴보고 이런 종류의 검사들 중 추후에 오는 지능 검사의 발전을 유도한 가장 기초적 형태의 지능 검사에 대해서도 다룰 것이다. 또한 중요 언어/비언어적 지능 검사(표 3 참조)에 대한 예를 확인할 것이다. 그 이후에 신경심리학적 평가에 대한 간략한 역사적 배경을 제공하고, 단순한 지능적 검사와 어떻게 다른지 정의한다. 그 후 신경심리학적 평가의 가장 광범위한 두 범주에 대해 강조할 것이다. 하나는 고정적 검사 접근 방법이며, 다른 하나는 유동적 검사 접근 방법이다(표 3 참조).

표 1 전체 상담 전문가, 학교 상담자, 정신건강 상담자, 상담 전문 교육자가 다루는 사용 빈도에 따른 검사의 순위

순위	전체 상담 전문가	학교 상담자	정신건강 상담자	상담 전문 교육자
1	Beck Depression Inventory (BDI)	SAT and/or PSAT	Beck Depression Inventory (BDI)	Beck Depression Inventory (BDI)
2	Myers Briggs Type Indicator (MBTI)	ACT	Beck Anxiety Inventory (BAI)	Myers Briggs Type Indicator (MBTI)
3	Strong Interest Inventory	Conner's Rating Scales	Substance Abuse Subtle Screening Inventory(SASSI)	Strong Interest Inventory
4	Self-Directed Search	Wechsler Intelligence Scale for Children	Mini Mental State Exam (MMSE)	Self-Directed Search
5	ACT	Woodcock-Johnson Test of Cognitive Abilities	Myers Briggs Type Indicator (MBTI)	Minnesota Multiphasic Personality Inventory (MMPI)
6	SAT and/or PSAT	Woodcock-Johnson Test of Achievement	Minnesota Multiphasic Personality Inventory (MMPI)	Wechsler Adult Intelligence Scale (WAIS)
7	Wechsler Intelligence Scale for Children (WISC)	Strong Interest Inventory	House Tree Person (HTP)	Wechsler Intelligence Scale for Children (WISC)
8	Conner's Rating Scales	Iowa Tests of Basic Skills/ Educational Development	Symptom Checklist (SCL-90-R)	Mini Mental State Exam (MMSE)
9	Beck Anxiety Inventory (BAI)	Myers Briggs Type Indicator (MBTI)	Strong Interest Inventory	Beck Anxiety Inventory (BAI)
10	O*NET System and Career Exploration Tools	Armed Services Vocational Aptitude Battery (ASVAB)	Conner's Rating Scales	Sixteen personality Factors (16PF)
11	Wechsler Adult Intelligence Scale (WAIS)	Beck Depression Inventory (BDI)	Wechsler Adult Intelligence Scale (WAIS)	Substance Abuse Subtle Screening Inventory (SASSI)
12	Substance Abuse Subtle Screening Inventory (SASSI)	ACT	Trauma Symptom Checklist	Thematic Apperception Test (TAT)

출처: Peterson, C. H. Lomas, G. I., Neukrug E. S. & Bonner, M. W. (2014). Assessment use by counselors in the United States: Implications for policy and practice. *Journal of Counseling and Development*. Neukrug. E. Peterson. C. Bonner, M. & Lomas, G. (2013). A national survey of assessment instruments taught by counselor educators, Counselor Education and Supervision, 52, 207–221.

표 2 다른 분야의 심리학자들에 의한 사용 빈도에 따른 검사의 순위

순위	임상	상담	신경	학교
1	Wechsler Adult Intelligence Scale (WAIS)	MMPI	MMP	WISC
2	Minnesota Multiphasic Personality Inventory (MMPI)	Strong Interest Inventory*	Wechsler Adult Intelligence Scale (WAIS)	Peabody Individual
3	Wechsler Intelligence Scale for Children (WISC)	Wechsler Adult Intelligence Scale (WAIS)	Wechsler Memory Scale	House-Tree-Person*
4	Rorschach	Sentence Completion	Trail Making Test	Wechsler Adult Intelligence Scale (WAIS)
5	Bender Visual-Motor Gestalt	Wechsler Intelligence Scale for Children (WISC)*	FAS Word Fluency Test	Human Figure Drawings*
6	Thematic Apperception Test	Thematic Apperception Test	Finger Tapping Test	Developmental Test of Visual-Motor Integration
7	WRAT	Sixteen PF	Grooved Pegboard Test	WRAT
8	House-Tree-Person	Bender Visual-Motor Gestalt	Boston Naming Test	Kinetic Family Drawing
9	Wechsler Memory Scale	Wide Range Achievement Test (WRAT)*	Category Test	Woodcock-Johnson
10	Millon	Millon	Wide Range Achievement Test (WRAT)*	Child Behavior Checklist
11	Beck Depression Inventory*	House-Tree-Person*	Beck Depression Inventory	Bender Visual-Motor Gestalt*
12	Trail Making Test	Rorschach	Rey Complex Figure	Peabody Picture Vocabulary

* 이전 검사 사용빈도와 통합한 경우

출처: Hogan, T. P. (2005). Widely used psychological tests. In G. P. Koocher, J. C. Norcross, & S. S. Hill (Eds.), *Psychologists' desk reference* (2nd ed., pp. 101–104). New York: Oxford University Press.

표 3 장과 범주에 따른 주요 평가 도구

8장: 교육적 능력에 대한 평가	9장: 지적 기능 및 인지 기능에 대한 평가	10장: 진로 및 직업 평가	11장: 임상 평가	12장: 비공식 평가 도구
종합형 학업성취도 검사 • National Assessment of Educational Progress • Stanford Achievement Test • Iowa Test of Basic Skills • Metropolitan Achievement Test **진단 검사** • Wide Range Achievement Test4 • Wechsler Individual Achievement Test-III • Peabody Individual Achievement Test • Woodcock-Johnson(r) III • KeyMath3 Diagnostic Assessment	**개인 지능 검사** • Stanford-Binet, 5th ed. • Wechsler Scales of Intelligence • Kaufman Assessment Battery for Children **비언어적 지능 검사** • Comprehensive Test of Nonverbal Intelligence (CTONI) • Universal Intelligence Test (UNIT) • Wechsler Nonverbal Test of Intelligence (WNV)	**흥미 검사** • Strong Vocational Interest Inventory • Self-Directed Search • Career Occupational Preference System **특수 적성 검사** • Clerical Test Battery • Minnesota Clerical Assessment Battery • U.S. Postal Service's 470Battery Exam • Federal Clerical Exam • Skills Profiler Series **기계 적성 검사** • Technical Test Battery	**객관적 성격 검사** • Minnesota Multiphasic Personality Inventory (MMPI-2) • Millon Clinical Multiaxial Inventory (MCMI-III) • Beck Depression Inventory (BDI-II) • Myers-Briggs Type Indicator (MBTI) • The 16 PF • NEO PI-R • NEO-FFI • The PAI • The SASSI	• Observation • Rating scales • Classification methods • Environmental assessment • Records and personal documents • Performance-based methods

준비도 검사
- Kindergarten Readiness Test (1)
- Kindergarten Readiness Test (2)
- The Metropolitan Readiness Test
- Gesell Developmental Observation

인지 능력 검사
- The Otis Lennon School Ability Test-8 (OLSAT 8)
- The Cognitive Ability Test
- College and Graduate School Admissions Exams (ACT, SAT, GRE, MAT, LSAT, MCAT)

신경심리학적 검사
- Halstead-Reitan Battery
- Luria-Nebraska Neuropsychological Battery
- Boston Process Approach

- Wiesen Test of Mechanical Aptitude
- ARCO Mechanical Aptitude & Spatial Relations Tests
- Bennett Test of Mechanical Comprehension
- Music Aptitude Profile
- Iowa Test of Music Literacy
- Group Test of Musical Ability
- Advanced Measures of Music Audiation

다중 적성 검사
- Armed Services Vocational Aptitude Battery
- Differential Aptitude Test

투사적 성격 검사
- Thematic Apperception Test (TAT)
- Rorschach Inkblot Test
- Bender Visual-Motor Gestalt Test
- House-Tree-Person
- Kinetic-House-Tree-Person Test
- Sentence Completion Series
- EPS Sentence Completion
- Kinetic Family Drawn
- Draw-A-Man/Draw-A-Woman

10장에서는 흥미 검사와 특수 적성 및 다중 적성 검사가 직업 상담 과정에서 얼마나 중요한 역할을 하는지에 대해 논할 것이다. 이 과정에서 어떻게 흥미 검사가 개인의 호불호를 반영하는지 알아보고, 한편으로 특수 적성 검사와 다중 적성 검사가 개인의 능력차를 시험할 수 있는지를 볼 것이다. 합쳐서 이 모든 검사 수단은 직업 상담 과정에 막강한 영향력을 미친다(표 3 참조).

11장에서는 성격의 특성과 기질을 검사하는 광범위한 검사에 대해 논의한다(표 3 참조). 임상 평가를 정의하는 것으로부터 시작해 그 사용에 대해 알아볼 것이며, 상담에 있어서 검사를 받는 사람의 통찰력을 발달시켜주는 것을 도와주는 검사에서부터 정신병리학을 발견하고 진단하는 데 도움을 주는 객관적 성격 검사에 대해 알아볼 것이다. 이 장의 두 번째 부분에서는 투사적 검사에 대해 논할 것이다. 투사적 검사란 비구조화 자극들에 있어 개인이 자신의 내면 세계를 어떤 식으로 투사하고 있는지, 그리고 그것에 대한 해석이 검사를 통해 어떤 방식으로 나타나는지를 알아볼 수 있는 검사이다. 이 검사는 꽤나 효율적이나, 신뢰도와 타당도는 당신이 이미 예상할 수 있듯이 다른 객관적 검사보다 낮다.

3부의 마지막은 12장으로, 여기서는 비공식적 검사 기술에 대한 정보를 다룰 것이다(표 2 참조). 기술의 성격 때문에 신뢰도와 타당도는 우리가 검토한 여타 기술보다 낮은 편인데, 이것은 '국내용(homegrown) 검사'로 많은 표준 평가의 엄격한 기준을 통과할 필요가 없었기 때문이다. 하지만 심리검사를 받는 사람의 특정 측면에 집중할 수 있기 때문에 부분적으로 도움이 되며, 따라서 한 사람을 전체적이고 전반적으로 평가하는 데 있어 추가적인 도움을 줄 수 있다.

12장에서는 비공식적 검사의 여러 다양한 기술을 소개하고 그것을 사용할 때 파생될 수 있는 긍정적인 측면과 부정적인 측면을 다룰 것이다. 그 후, 이런 종류의 여러 수단을 전반적으로 소개할 것이며, 우리가 제공하는 길고 긴 리스트(표 3 참조)는 당신에게 부담을 주려는 것이 아님을 밝힌다. 이 장의 끝에서는 비공식적 검사 절차의 타당도와 신뢰도에 대한 토론이 있을 것이다.

3부의 마지막 부분에서는 각 장에서 논했던 평가 절차가 교사나 심리 상담자 외의 조수나 보조자에게 어떤 역할을 하고 있는지에 대해 다룬다. 또한 3부의 각 장은 결론적으로, 전인적 맥락에서 이루어지는 검사 절차를 중시하면서 지혜와 감수성을 기반으로 평가하는 것이 사람을 평가하는 데 있어 얼마나 중요한지를 강조하고 있다.

교육적 능력에 대한 평가: 총집형 학업성취도 검사, 진단 검사, 준비도 검사, 인지 능력 검사

8장

아침에 일찍 일어나서, 시험을 치러갈 준비를 했어. 공부를 열심히 했거든. 정말, 진짜 이렇게 해본 적이 있나 할 정도로 했어. 집중반을 수강했지, 하루에 10시간씩, 일주일에 6일. 그렇게 하면 내가 공부해야 할 만큼, 알아야 할 범위만큼 진도를 확실히 나갈 수 있었거든. 내가 할 수 있는 한, 최대한 준비되어 있다고 치자. 중요한 날이 드디어 온 거지. 보스턴 중심가에 있는 시험장으로 난 천천히 걸어갔어. 그 전날, 친구의 집에서 하룻밤을 보내서 그런지, 걸어가는 길에 엉덩이 쪽이 아프다는 걸 알게 되었지. 시험장으로 걸어 들어가자, 흐릿해서 잘 보이지도 않는 창 너머로 거친 목소리가 "신분증이요."라더군. 신분증을 꺼내면서, 저 여자는 사실 내 신분증이 굳이 필요한 것은 아닐 텐데 싶었어. 결국 시험을 보기로 '선택'한 것은 나니까. 시험이 늦게 시작했고, 모두가 긴장하기 시작했지. 그리고 마침내 시험이 시작되었어. 난 시험을 봤고, 몇 시간 후엔 끝났지. 끝나고 나니, 엉덩이가 아프던 게 싹 사라졌더라고. 스트레스 때문에 온 통증이었던 거지. 몇 주 후 결과가 나왔고, 난 평균을 약간 넘어서 통과했어. 이제 난 자격증이 있는 심리학자라는 거지. 기분이 좋긴 했는데, 그게 과연 어떤 가치가 있는 거지? 아마도 있겠지. 하지만 이 자격증이라는 게 내가 시험을 통과하지 못한 50%의 박사 과정 연구자들보다 정말 '나은' 심리학자라는 걸 증명할 수 있을까?

- 에드 노이크루그

교육 능력과 역량을 측정하기 위한 대규모 지필 시험은 우리 모두 응시해봤고, 그것 때문에 전전긍긍했으며, 결과적으로는 우리에게 어떤 방식으로든 영향을 미쳤다. 이 장에서는 전반적으로 우리가 배운 것에 기반을 두고 있으며 동시에 우리의 미래를 결정할 수 있는 용도로 쓰이는 자격증 시험에 대해 다루어본다. 우선, 일반적으로 잘 알려진 총집형 학업성취도 검사, 진단 검사, 준비도 검사, 인지 능력 검사 같은 여러 종류의 검사를 규정한다. 그다음으로 이들 범주의 좀 더 잘 알려진 시험 종류를 알아본다. 교육적 능력에 대한 평가를 알아보기 위해 이러한 평가의 관련 조력자들의 다양한 역할들에 대해 살펴보고, 그것을 바탕으로 이러한 중요 영역에 대한 결론적 생각을 제시할 것이다.

교육적 능력에 대한 평가의 정의

대부분의 학생들은 학교에서 배우는 교육 과정의 이해를 체크하기 위해, 또는 장래 진로를 결정하기 위해 '아이오와(Iowa)', '스탠퍼드(Stanford)', 'SAT', 'ACT'이든, 혹은 잘 알려진 다른 종류의 시험이든 간에 이미 여러 종류의 시험을 겪어왔다. 교육적 능력을 평가하기 위한 시험은 광범위하게 적용되고 있다. 예를 들면, 이런 종류의 시험은 다음과 같은 목적으로 간주되거나 이용되는 사례가 빈번하다.

1. 학생이 얼마나 잘 배우고 있는지를 결정하기 위해
2. 학급, 학년, 학교, 학교의 시스템, 혹은 국가가 학생에게 지식 기반의 배움을 얼마나 수행하고 있는지를 평가하기 위해
3. 교육 문제를 찾아내는 하나의 수단으로
4. 학생의 재능을 발견하는 하나의 수단으로
5. 학생이 다음 학년으로 진급할 준비가 되어 있는지 확인할 수 있는 도움의 수단으로
6. 교육자의 효과를 평가하기 위한 하나의 측정도로서
7. 대학, 대학원, 혹은 특수 학교의 배정과 진급 가능성을 결정하는 데 도움을 주기 위해
8. 전문적 진급/승진(예: 자격 시험(credentialing exam))에 적합한 지식을 마스터한 개인 인지를 판단하기 위해

이번 장에서는 세 가지 종류의 성취도 검사(학업성취도 검사, 진단 검사, 준비도 검사)와 한 종류의 적성 검사(인지 능력 검사)에 대한 전반적인 개요를 제공할 것이다. 이 네 가지 검사는 함께 교육적 평가 영역(그림 8.1의 음영이 들어간 부분)을 구성할 것이다. 개인의 지능 검사, 그리고 특수/다중 적성 검사는 크게 교육적 능력에 대해서는 초점을 맞추고 있지 않으며, 학교에서 가끔씩 이용되고 광범위하게 적용된다. 이러한 검사들은 9장과 10장에서 각각 다룰 것이다.

1장에서 다루었듯이, 이하에서는 총집형, 진단, 준비도, 인지 능력 검사를 다음과 같은 방식으로 다룰 것이다.

- 총집형 학업성취도 검사(survey battery achievement test): 학교에서 주로 다루는 시험으로, 광범위한 내용 영역을 평가하고 학교에서의 성장을 평가하기 위해 사용된다.
- 진단 검사(diagnostic test): 문제적 부분을 진단하며 대부분 학습장애를 평가하는 데 쓰인다.

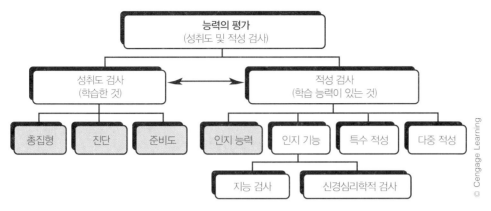

그림 8.1 인지 영역에서의 각종 검사

- 준비도 검사(readiness test): 이 시험은 개인이 학교에서 다음 레벨로 진급할 수 있는지를 판단하는 수단으로, 대부분 1학년에 입학할 수 있는지를 평가하는 데 이용된다.
- 인지 능력 검사(cognitive ability test): 넓은 범위의 인지 능력을 측정하는 시험이다. 개인이 학교에서 무엇을 학습했는지와 미래에 대해 예측하는 것에 기반한 시험이다(예를 들어, 개인이 학교나 대학에서 성공할지를 가늠할 수 있는 시험이다).

1장에서 다룬 바와 같이, 적성 검사와 학업성취도 검사의 차이는 그 검사가 무엇을 측정하려는 것인가에 달려 있다. 예를 들면 SAT는 교과지식이나 학교에서 학생이 무엇을 배웠는지를 측정하려는 것처럼 보이나 사실 이것은 대학에서 성공적인 교육 과정을 이수할 수 있는지 예상하는 데 쓰이며, 따라서 적성 부분의 능력 검사(Aptitude Section of Ability Testing)에 기재된다. 이 이유 때문에 그림 8.1이 두 개의 화살표로 나뉘는 것이며, 이 많은 검사들은 적어도 그것들이 측정하려는 것에 관련되어서 다른 검사와 공통점을 갖고 있음을 우리에게 상기시키고 있다. 이 장의 나머지 부분에서는 여러 총집형, 진단, 준비도 검사, 그리고 인지 능력 검사를 살펴보고, 잘못된 사례와 올바른 사례에 대한 생각을 정리하며 마칠 것이다.

총집형 학업성취도 검사

수백만 명의 아이들이 매년 치는 성취도 검사는 거대한 산업으로 확산되었다. 출판업 쪽에서 거대한 자본을 투자하여 **총집형 학업성취도 검사**(survey battery achievement test)를 발전시키고 개선하려는 것은 놀라운 일이 아니다. 또한 **낙오학생방지**(NCLB: No Child Left Behind)라는 슬로건처럼 정확히 명시된 학업 기준에 따라(U.S. Department of Education, 2005) '적절한 1년 계획'은 반드시 시행하도록 지도되어왔다. 따라서 이 성취도 검사는 위의 슬로건을 적합화하는 데 있어 여러 과정에 사용됨으로써 그 역할이 더 증가되었다(BOX 8.1 참조).

총집형 검사(survey battery test)
여러 영역의 지식 내용을 측정하는 지필 검사

낙오학생방지법(NCLB: No Child Left Behind)
학교에서 모든 학생의 학업적 성공을 보장하는 연방 법규

© Cengage Learning

BOX 8.1

성취도 검사와 낙오학생방지법의 이해관계

연방법인 '낙오학생방지법(NCLB: No Child Left Behind Act)'은 각 주가 2014년까지 모든 학생이 독해/언어와 수학(BOX 5.1 참조; U.S. Department of Education, 2011)에서 능력을 갖출 수 있게 하는 계획을 수립하도록 요구하고 있다. NCLB의 성공을 가늠할 수 있는 수단으로 성취도 검사 점수를 이용하는 것은 그리 놀랍지 않다. 따라서 새로운 성취도 검사의 발전이나 기존 검사를 이용하는 것은 아이들이 성공적으로 교육을 받는 데 있어, 그 어느 때보다 중요한 시점에 놓여 있다. 예를 들면 버지니아 주는 NCLB가 정한 능력에 도달하는 발전 과정을 보기 위해 사용되는 학업 기준 검사(Standards of Learning)라는 독자적인 시험을 이미 개발해냈다.

NCLB는 학교의 성공을 위한 연방자금을 얻어내고, 각 주가 학생의 학업성취도 향상을 위한 시도를 증가시키는 데 필요한 노력을 결정하는 데 이용된다. 좋든 나쁘든, NCLB는 경제적으로 가난한 환경에 위치한 성취도가 높지 않은 학군에 압박을 가하는 데 성공했다(Baker, Robinson, Danner, & Neukrug, 2001; Lloyd, 2008).

시험은 학교가 학업 수준에 미치지 못하는 학생을 알아내는 수단으로 쓰일 뿐만 아니라, 학급, 학년, 학교, 학군, 더 나아가 그 주가 어떻게, 얼마만큼 학업성취에 임하고 있는지를 알 수 있는 방법이 되기도 한다. 당신이 추측할 수 있는 것처럼, 교사와 교장, 그리고 감독이 만약 당신들의 학급, 학교, 혹은 학군이 적절한 수준의 결과를 초래하지 못한다면 받을 수 있는 압박은 대단할 것이며, 그들의 직업이 위험한 상황에 처할지도 모른다. 반면 이 과정의 장점은 NCLB의 결과가 오랫동안 권리, 혹은 혜택을 받지 못한 계층에 특히 도움이 될 수 있다는 것이다.

총집형 학업성취도 검사는 여러 수준에서 도움이 된다. 예를 들면 학생 개인의 성적표를 제공함으로써 학생뿐만 아니라 학부모와 선생이 학생의 장단점을 파악하게 하며, 그로 인해 학업적으로 취약한 부분을 발전시킬 수 있는 전략으로 이용될 수 있다. 마찬가지로 학급, 학교와 학교 시스템 전체 수준에서의 성적표는 교사와 교장, 행정가, 공공 부분에서 학생들이 얼마나 잘하고 있는지를 보고, 성적을 향상하기 위해 어떤 학생과 교직원, 학교가 지원을 받아야 하는지 결정하는 데 도움을 준다. 이 장에서는 먼저 전국 수준 교육 평가(NAEP: National Assessment of Educational Progress)를 통해 이러한 종류의 시험을 활용하는 방식을 살펴볼 것이다. 교육 평가에 있어 각 주가 어떤 식으로 평가하는지와 다른 주와 비교하는 부분 역시 포함될 것이며, 많은 주에서 가장 많이 사용되는 총집형 학업성취도 검사의 세 가지 종류, 즉 스탠퍼드 성취도 검사(Stanford Achievement Test), 아이오와 기본 기능 검사(Iowa Test of Basic Skills), 메트로폴리탄 성취도 검사(Metropolitan Achievement Test)를 살펴볼 것이다.

전국 수준 교육 평가

부분적으로는 각 주에 자신의 학생들을 평가하는 나름의 방식이 존재하고 있기 때문에, 전국적으로도 모든 주를 비교할 수 있는 평가 수단의 개발이 필요하다. 이 평가 방법은 **전국 수준 교육 평가**(NAEP: National Assessment of Educational Progress)이며 국가 성적표(National Report Card)라고도 불린다. NAEP는 미국 교육부의 지원을 받고 있다. 교육부는 모든 주의 학생들을 표본으로 삼고 있으며 여러 주제로 그들을 비교 분석한다. 결과

전국 수준 교육 평가
(NAEP: National Assessment of Educational Progress)

국가에서 제공하는 성적표

는 학생, 학급, 혹은 학교와 각 주에 알려지지 않고, 각 주는 NCLB를 위한 노력이 적합한 지를 보이기 위해 NAEP 결과를 사용할 수 없다.

모든 주는 NAEP의 도움으로 2년에 한 번씩 대부분 4학년과 8학년을 대상으로 수학 과 독해 시험을 치고 있으며, 대부분의 주가 작문과 과학을 정기적인 시험 대상으로 놓고 있다. 덧붙이자면 예술, 도덕, 경제, 지리, 미국 역사 같은 과목과 2014년부터 시작할 과학기술 공학소양(TEL: technology and engineering literacy), 그리고 몇몇 자발적 과목 역시 추가되거나 선택될 예정이다. NAEP는 과목을 선정하는 데 있어서 각 주의 학생 3,000명과 공립학교 100개를 표본으로 신중히 선정하고 다루고 있다(National Center for Education Statistics, 2012). 결과는 기본, 보통, 우수로 나뉘어 퍼센트로 측정된다(그림 8.2 참조). 덧붙이자면, 여기서 계산된 점수는 주에서 매년 전년과, 또는 다른 주와 비교되며 국가적 표본으로 제공된다. 학생들의 점수는 수업 과목별로는 비교할 수 없다. 결과는 과목, 성, 민족, 국가적 학교급식 계획 자격유무 등의 범주로 나뉜다. 그림 8.2의 버지니아 주 수학 NAEP에서 어떤 경향을 발견할 수 있는가?

주 수준의 평가뿐만 아니라 장기적인 국가적 평가도 4년에 한 번씩 수행되고 있다. 이 평가는 9세, 13세, 17세 학생들을 대상으로 그들의 독해와 수학 능력을 측정한다. 국가적 자료를 위해, 공립과 사립학교의 9세, 13세, 17세 9,000명 정도의 학생들이 시험을 치고 있다.

주 수준 그리고 장기적인 국가적 평가 모두 국가의 교육 과정을 제대로 평가하고 그 결과를 신뢰할 수 있는지 확인하기 위해 엄중한 과정 속에서 이루어지고 있다. NAEP는 각 주가 적절한 수준의 교육을 수행하고 있는지를 알 수 있는 척도로서 중요한 역할을 하고 있다.

스탠퍼드 성취도 검사

1장에서 언급했듯이, 스탠퍼드 성취도 검사(Stanford Achievement Test)는 총집형 학업 성취도 검사 중 가장 오래된 모형 중 하나로, 1923년에 처음 소개되었다(Carney, 2005; Morse, 2005). 첫 출판 이후로 여러 번 개정을 거친 검사 중 하나이며 2003년에 출시된 모형이 이 검사의 10번째 개정판이다. 스탠퍼드 성취도 검사 제10판(**스탠퍼드 10**)은 K-12 학년 학생들을 대상으로 하고 있으며, 수천 명의 학생을 상대로 시험을 치렀다.

이 시험은 전체와 축약본으로 나뉘며, 독해, 언어, 철자법, 수학, 과학, 사회와 작문(과학과 사회는 '환경'이라는 주제로 병합됨)의 하위 과목으로 구분된다(Carney, 2005). 시험은 학생들이 답을 빈칸에 채워 넣거나, 짧은 답안을 적거나, 서술형으로 써서 학급 교사가 준거 평가로 점수를 매기는 개방형 문제 또한 포함하고 있다.

이 시험의 신뢰도는 대부분의 하위 검사가 0.80 중간에서 0.90의 낮은 점수로 KR-20의 내적 일관성을 유지하는 것을 기반으로 보았을 때, 신뢰할 수 있다고 간주된다. 하지만 개방형 질문 부분은 0.60에서 0.80 사이이며, 어떤 경우에는 0.50을 보이기도 한다

스탠퍼드 10 (Stanford 10)
학교에서 다루는 각 과목별 평가를 실시하는 검사 도구

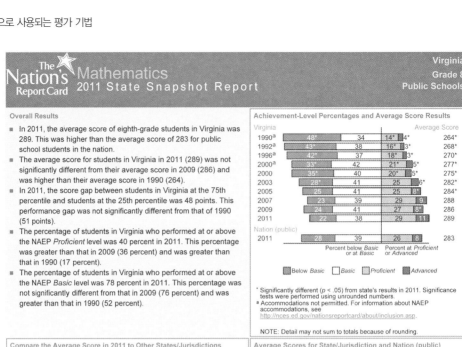

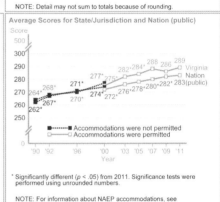

그림 8.2 국가 성적표: 버지니아 주 수학

출처: U.S. Department of Education. (2012). The nation's report card: Mathematics. Virginia, Grade 8. Retrieved from http://nces.ed.gov/nationsreportcard/pdf/stt2011/2012451VA8.pdf

(Harcourt Assessment, 2004). 스탠퍼드 성취도 검사는 건전한 타당성을 가진 시험으로 간주되고 있으며 교과 전문가, 교사, 편집자, 평가 전문가로부터 내용 타당도 또한 보장되고 있다. 구인 타당도는 상관도가 높은 오티스-레논 학교 능력 검사(OLSAT: Otis-Lennon School Ability Test) 과목들의 점수와 비교함으로써 보장되고 있다. 준거 관련 타당도는 많은 연구로부터 확인되었으며, 철저하고 합리적인 것으로 나타난다.

국가가 만든 다른 총집형 학업성취도 검사처럼 스탠퍼드 성취도 검사 역시 개인 성적, 학급 성적, 학년 성적, 학교 성적 같은 여러 성적표를 제공하고, 그림 8.3에서 볼 수 있듯이 개인 성적표의 예가 되며, 그림 8.4에서처럼 4학년 15명 학생의 학급 그룹 성적 같은 것도 측정될 수 있다. 인종 혹은 사회경제적 여건에 따라서 그리고 영어를 얼마나 자유롭게 쓸 수 있는지에 따라(LEP: limited English proficiency), 혹은 학생이 **개별 학업 계획서**(IEP: Individualized Education Plan)를 얼마나 철저히 작성하고 있는가에 따라서 결과를 구분하여 산출할 수 있다. 또한 이 시험은 OLSAT와 함께 제공되는데, 이때는 각 과목에 대해 학생이 얼마나 정확한 이해도를 갖고 있는지(성취도 검사에 포함), 그리고 그것이 학생의 잠재 능력과 어떻게 비교되는지도(적성 검사에 포함) 볼 수 있다(BOX 8.2 참조). 이 내용은 이 장 후반부에서 인지 능력 검사와 함께 좀 더 자세하게 다룰 것이다.

개별 학업 계획서
(IEP: Individualized Education Plan)
학생의 특별한 필요에 편의를 제공하기 위한 의무적 계획서

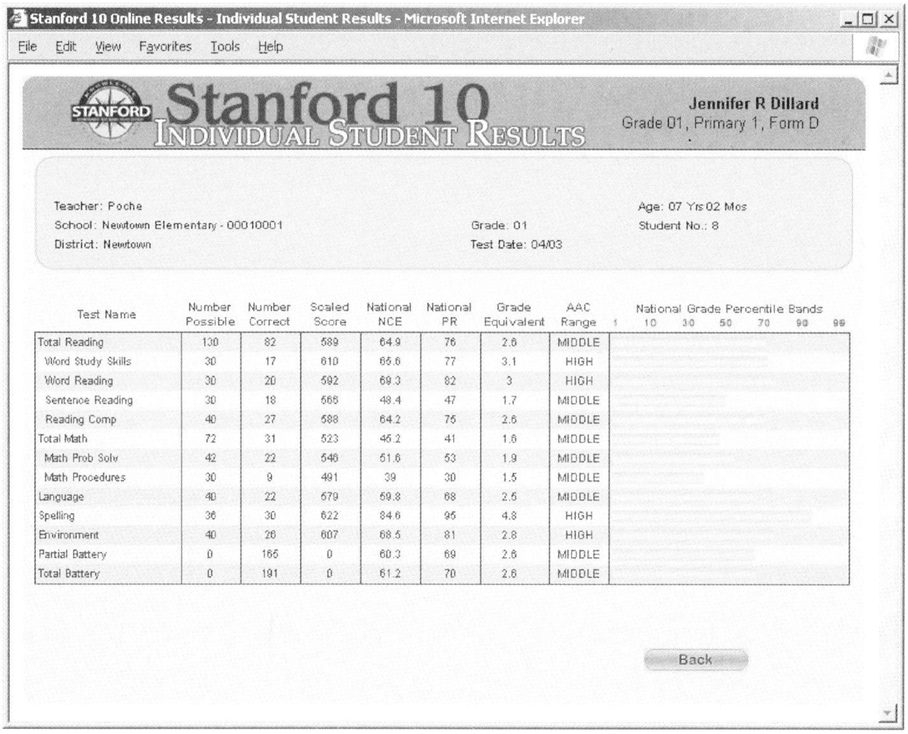

Stanford 10 Online Results - Individual Student Results - Microsoft Internet Explorer

File Edit View Favorites Tools Help

STANFORD Stanford 10 INDIVIDUAL STUDENT RESULTS

Jennifer R Dillard
Grade 01, Primary 1, Form D

Teacher: Poche
School: Newtown Elementary - 00010001
District: Newtown
Grade: 01
Test Date: 04/03
Age: 07 Yrs 02 Mos
Student No.: 8

Test Name	Number Possible	Number Correct	Scaled Score	National NCE	National PR	Grade Equivalent	AAC Range	National Grade Percentile Bands (1 10 30 50 70 90 99)
Total Reading	130	82	589	64.9	76	2.6	MIDDLE	
Word Study Skills	30	17	610	65.6	77	3.1	HIGH	
Word Reading	30	20	592	69.3	82	3	HIGH	
Sentence Reading	30	18	566	48.4	47	1.7	MIDDLE	
Reading Comp	40	27	588	64.2	75	2.6	MIDDLE	
Total Math	72	31	523	46.2	41	1.6	MIDDLE	
Math Prob Solv	42	22	546	51.6	53	1.9	MIDDLE	
Math Procedures	30	9	491	39	30	1.5	MIDDLE	
Language	40	22	579	59.8	68	2.5	MIDDLE	
Spelling	36	30	622	84.6	95	4.8	HIGH	
Environment	40	26	607	68.5	81	2.8	HIGH	
Partial Battery	0	165	0	60.3	69	2.6	MIDDLE	
Total Battery	0	191	0	61.2	70	2.6	MIDDLE	

Back

그림 8.3 스탠퍼드 10 검사의 학생 개인 프로파일 성적표

출처: Pearson. (2012). *Sample student report*. Retrieved from http://www.pearsonassessments.com/HAIWEB/Cultures/en-us/Productdetail.htm?Pid=SAT10C

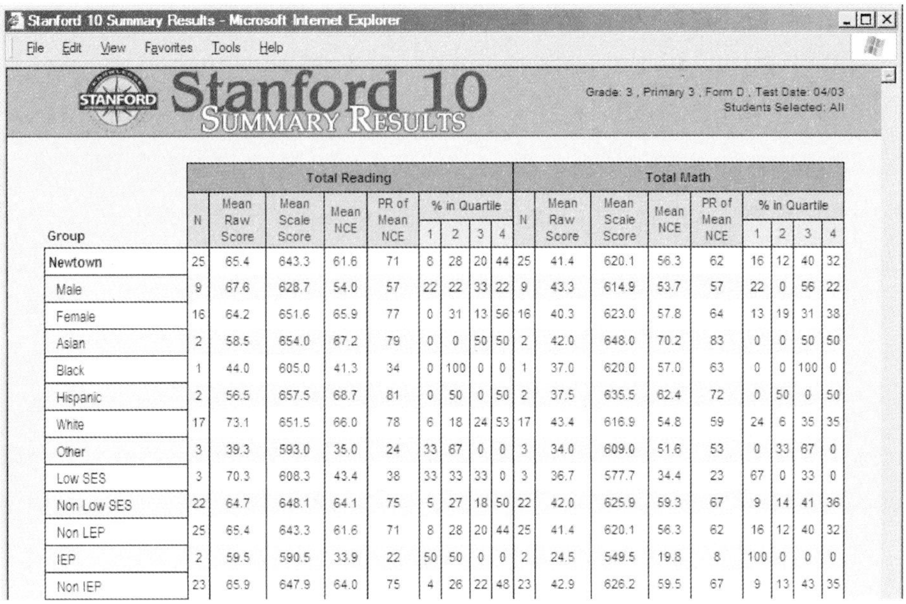

Group	Total Reading									Total Math								
	N	Mean Raw Score	Mean Scale Score	Mean NCE	PR of Mean NCE	% in Quartile				N	Mean Raw Score	Mean Scale Score	Mean NCE	PR of Mean NCE	% in Quartile			
						1	2	3	4						1	2	3	4
Newtown	25	65.4	643.3	61.6	71	8	28	20	44	25	41.4	620.1	56.3	62	16	12	40	32
Male	9	67.6	628.7	54.0	57	22	22	33	22	9	43.3	614.9	53.7	57	22	0	56	22
Female	16	64.2	651.6	65.9	77	0	31	13	56	16	40.3	623.0	57.8	64	13	19	31	38
Asian	2	58.5	654.0	67.2	79	0	0	50	50	2	42.0	648.0	70.2	83	0	0	50	50
Black	1	44.0	605.0	41.3	34	0	100	0	0	1	37.0	620.0	57.0	63	0	0	100	0
Hispanic	2	56.5	657.5	68.7	81	0	50	0	50	2	37.5	635.5	62.4	72	0	50	0	50
White	17	73.1	651.5	66.0	78	6	18	24	53	17	43.4	616.9	54.8	59	24	6	35	35
Other	3	39.3	593.0	35.0	24	33	67	0	0	3	34.0	609.0	51.6	53	0	33	67	0
Low SES	3	70.3	608.3	43.4	38	33	33	33	0	3	36.7	577.7	34.4	23	67	0	33	0
Non Low SES	22	64.7	648.1	64.1	75	5	27	18	50	22	42.0	625.9	59.3	67	9	14	41	36
Non LEP	25	65.4	643.3	61.6	71	8	28	20	44	25	41.4	620.1	56.3	62	16	12	40	32
IEP	2	59.5	590.5	33.9	22	50	50	0	0	2	24.5	549.5	19.8	8	100	0	0	0
Non IEP	23	65.9	647.9	64.0	75	4	26	22	48	23	42.9	626.2	59.5	67	9	13	43	35

그림 8.4 스탠퍼드 10 검사의 학급/학년 수준의 집단 성적표

출처: Pearson. (2012). *Sample group report*. Retrieved from http://www.pearsonassessments.com/HAIWEB/Cultures/en-us/Productdetail.htm?Pid=SAT10C

BOX 8.2

총집형 학업성취도 검사와 인지 능력 검사

가끔 학생들은 인지 능력 검사와 함께 성취도 검사를 치르게 된다. 교사와 학교 상담자, 심리학자 등은 두 검사의 차이를 비교할 수 있다. 성취도 검사는 학생이 그 학년에서 무엇을 배우는지에 대한 측정 수단이고, 인지 검사는 전반적인 잠재력을 평가하기 위한 검사로, 이 두 검사의 차이는 학업장애를 진단하는 데 중요한 요소이기도 하다. 만약 학생이 성취도 검사에서 낮은 점수를 받았지만 인지 능력 검사에서 그렇지 않다면 우리는 이 현상으로부터 무엇을 추측할 수 있을까? 중대한 요인 중 하나는 학습장애이다. 또 다른 장애는 가정, 혹은 학교의 문제가 될 수도 있고, 다른 학생과의 부정적인 관계, 교사의 훌륭하지 못한 지도 등이 될 수도 있겠다. 그렇다면 인지 능력 검사보다 성취도 검사에서 월등히 높은 점수를 받은 학생의 경우는 어떠할까? 이 장의 후반부에서 인지 검사를 다룰 때, 위 질문에 대한 대답과 두 검사의 차이에 대해 다시 생각해볼 수 있을 것이다.

© Cengage Learning 2015

아이오와 기본 기능 검사

아이오와 기본 기능 검사(ITBS: Iowa Test of Basic Skills)
학교에서 만족스러운 발달을 이루기 위한 기본 기능에 대한 측정

가장 오래되고 잘 알려진 성취도 검사 중 하나는 **아이오와 기본 기능 검사**(ITBS: Iowa Test of Basic Skills)이다. 이 검사는 1935년에 처음 소개되었고 첫 판과 비교했을 때 많은 변화를 가지고 발전해온 검사이기도 하다. 오늘날, 학교에서 만족스런 성장을 위해 필요한 기본기를 강조하는 검사이기도 하다. 이 검사의 목적은 (1) 학급 교사의 교수목적 결정을 돕기 위한 정보를 얻기 위해, (2) 학생과 학부모에게 각 학년별 성장에 있어 학생의 학업 진도에 대한 정보를 제공하기 위해, (3) 학교 교육 과정을 통한 각 학년의 매년 성장을

측정하기 위해서이다(Engelhard, 2007, para. 4).

현재 사용되고 있는 버전은 A형(2001), B형(2003), C형(2007)이며, K단계에서 8단계까지 학년 레벨에 따라 언어, 읽기 이해력, 단어, 듣기, 단어 분석력, 수학, 사회, 과학 그리고 정보 해석 능력(sources of information, 학생이 지도, 사전, 주석, 차트 등을 해석하는 능력)을 알아볼 수 있는 테스트로 구성되어 있다. 한 과목당 30분씩 진행되며 전체 6시간이 소요된다.

시험의 저자들은 보통 전국적으로 사용되는 교수법, 교과서, 국가 교육 과정 검토에 관한 내용 타당도를 입증할 수 있다(Engelhard 2007; Lane, 2007). 대부분의 하위 검사에 대한 신뢰도는 0.80 중간부터 낮은 0.90이며 '연구와 발전 매뉴얼 가이드(GRD: Guide to Research and Development Manual)'의 작가들은 이 시험의 장단점에 대해 연구해왔다. 출판인의 경우, 추가적인 타당성과 만약 ITBS가 인지 능력 검사보다 상당 수준 낮을 경우의 학습 문제를 밝히기 위한 과정을 제공하면서, 인지 능력 검사와의 상관도를 낮은 0.70부터 낮은 0.80까지 줬다(BOX 8.2 참조).

메트로폴리탄 성취도 검사

1930년대에 처음 출간된 **메트로폴리탄 성취도 검사**(Metropolitan Achievement Test)는 인기 있는 총집형 학업성취도 검사의 하나로서, 가장 최근에 8번째 개정판을 발표했다(Harwell, 2005; Lukin, 2005). 이것은 K-12학년을 대상으로 읽기, 언어학, 수학, 과학, 사회를 진단한다. 13개의 단계로 나뉘며(K-12) 90분 동안 짧은 형식으로 치거나 5시간 동안 전체를 치는 형식으로 이루어져 있다. 맞는 답과 틀린 답을 찾아내는 선다형 질문으로 이루어져 있거나, 0점에서 3점까지 점수가 매겨지는 개방형 질문 형태로 이루어져 있다. 큰 표본을 바탕으로 만들어졌지만, 몇몇은 교육열이 높지 않은 학군이나 시골 부근의 학교에 큰 가중치를 두었을지 모른다고 제안한다. 하지만 신뢰도는 대부분의 과목에서 0.80에서 0.90 사이로 스탠퍼드나 ITBS처럼 신뢰도가 높은 편이며, 내용, 준거, 구인 타당도도 충분히 확보되었다.

> **메트로폴리탄 성취도 검사**(Metropolitan Achievement Test)
> 학교에서 다루는 교과 영역별 평가(구성형 문항이 포함되기도 함)

진단 검사

1975년에 통과된 법안 94-142 항목(**PL 94-142**)뿐만 아니라 최근의 장애인 교육법(**IDEA**: Individuals with Disabilities Education Act)에 따르면, 학습장애가 있는 3세에서 21세 사이의 아이들과 청년은 장애를 극복하고 학습을 이어나갈 수 있는 환경을 제공받을 권리가 있다(Federal Register, 1977; U.S. Department of Education, 2005). 또한 이 법률은 많은 학습장애 중 하나라도 가지고 있을 법한 학생은 그것을 진단받기 위한 검사를 제공받을 권리가 있고, 그 검사에 드는 비용은 학교에서 지불해야 한다고 하고 있다. 따라서 **진단 검사**(diagnostic testing)는 학교에 배치되어 있는 심리학자나 학습장애 전문가 주도

> **PL 94-142**
> 학습장애에 대한 검사를 받을 권리를 옹호
>
> **IDEA**
> PL 94-142를 확장한 법규
>
> **진단 검사**(diagnostic testing)
> 학습장애 및 곤란에 대한 평가를 위해 사용

적으로 진행되어왔고, 학생에게 학습장애가 있는지에 대한 가장 중요한 진단 요소로 사용되고 있다. 이 법률은 또한 학교의 교직원으로 하여금 검사의 결과와 기타 평가 정보를 기반으로 학습장애로 진단받은 학생이 IEP 설명 서비스를 받을 수 있게 하며, 이를 통해 학생은 자신의 학습 문제에 대한 도움을 받을 수 있다.

진단 검사는 PL 94-142에 이미 기재되어 있지만, IDEA가 실행되면서 새로운 발전을 이루었으며, 이 법률 덕분에 실행 빈도가 증가했다. 이 부분에서 우리는 학습 문제를 측정하기 위해 자주 사용되는 다섯 가지의 일반적인 진단 검사인 WRAT4(Wide Range Achievement Test 4), 웩슬러 개인 성취도 검사(WIAT: Wechsler Individual Achievement Test), 피바디 개인 성취도 검사(PIAT: Peabody Individual Achievement Test), 우드콕-존슨(Woodcock-Johnson), 중요 수학 진단 산술 시험(Key Math Diagnostic Arithmetic Test)에 대해 살펴볼 것이다. 이 밖에도 오늘날에는 진단 검사로 더 많은 종류의 시험이 사용되고 있음을 항상 기억하고 있어야 한다.

WRAT4

WRAT4(Wide Range Achieve-ment Test 4)

읽기, 철자, 수학, 문장 이해 학습에서의 기본적 문제를 평가

WRAT4(Wide Range Achievement Test 4)는 기본 읽기, 철자, 수학, 문장 이해 등을 평가할 수 있도록 개발된 시험으로서, "중대한 기본 학업 능력을 쉽고 빠르게 평가할 수 있으며 심리측정학상으로 신뢰할 수 있는 검사를 필요로 하는 전문가들을 위해서 고안된" 것이기도 하다(Wilkinson & Robertson, 2006, p. 3). '광범위한(wide-range)'이라는 수식어가 붙는 이유는 이 시험은 5세부터 94세까지 치를 수 있도록 만들어졌기 때문이다. 이 시험은 15분에서 45분 단위로 치러지며, 시간의 차이는 나이에 따라서 구별되고, 몇몇 부분은 큰 소리로 읽어나가야 하기 때문에 각 개인이 개별적으로 치르는 시험이다. WRAT4 검사로는 두 개의 동형 검사 '파랑'과 '초록'이 있다(PAR, 2012).

WRAT4는 가장 기본적인 읽기, 철자, 산술, 작문(작문의 경우, 시험 감독관이 사지선답형 질문이나 문단을 읽게끔 요청하기도 함)을 평가할 수 있도록 시도하고 있다. 따라서 이 시험은 시험 감독관으로서 꽤 간단하게 감독할 수 있는 시험으로, 반드시 개별적으로 진행되어야 한다. 시험 감독관은 지문 '읽기', 단어 철자, 수학 문제, 혹은 문장을 주고 그것에 포함되어야 하는 단어를 선정하는 문제 등을 제공할 것이다. 이 시험은 단어 읽기, 철자, 수학, 이 세 과목을 기본적으로 하고 있으며 최근에 업데이트된 시험에는 문장 이해라는 과목도 포함되어 있다. 단어 읽기와 문장 이해 과목은 읽기 점수에 포함된다. 철자 이해력과 수학 과목은 그룹으로 진행되지만 단어 읽기와 문장 이해 능력 시험은 반드시 개별적으로 진행되어야 한다.

점수는 학년동등 점수, 백분율, NCE, 스태나인, 표준 점수 등에 의해 채점되며 학년별 및 나이별 비교를 위해 편차 IQ(DIQ: deviation IQ, 100 중에 표준편차 15를 가진 척도 점수를 사용한다(표 8.1 참조). 측정의 표준오차를 이용한 신뢰구간은 개인의 진점수가 95%의 확률로 존재할 범위를 제시한다. DIQ는 WRAT4가 지능 검사(아이들을 위한

WRAT4와 IQ 간의 유의미한 차이는 학습장애를 의미할 수도 있음

표 8.1 점수 요약표('초록' 동형 검사)

하위 검사 및 총점	원점수	표준 점수 표준: 나이	신뢰구간 95%	백분위	학년 동등	NCE	스태나인
단어 읽기	34	84	76 – 93	14	3.5	28	3
문장 완성	7	68	61 – 77	2	1.3	5	1
철자	27	85	76 – 95	16	3.7	29	3
수학	37	105	94 – 115	63	7.3	57	6
읽기 총점*	152	74	69 – 80	4	N/A	13	2

* 읽기 총점 원점수 = 단어 읽기 표준 점수 + 문장 완성 표준 점수

출처: Reynolds, C. R., Kamphaus, R., & PAR Staff. (2007). RIAS™/WRAT4 discrepancy report. Retrieved from http://www4.parinc.com/WebUploads/samplerpts/RIASWRAT4_TBDiscrepancy_Pred.pdf

웩슬러 지능 검사 제4판(WISC-IV: Wechsler Intelligence Scale for Children—Fourth Edition)) 결과와 비교할 수 있게 쓰이고 있다. 이 비교가 중요한 이유는 WRAT4의 시험에서 비정상적으로 낮게 나온 점수는 전체 DIQ와 비교할 수 있으며, 이로 인해 학습장애를 판단할 수 있기 때문이다. 일반적으로 학습장애를 가진 학생의 점수가 대부분 선행 사례와 일치함을 알 수 있다.

내적 일관성 신뢰도는 좋은 편이며, 일반적으로 0.90까지 올라간다. 또한 동형 검사 신뢰도 역시 평균적으로 0.80의 중간에 미치고 있다(Wilkinson & Robertson, 2006). 시험의 저자는 이 시험 내용의 근거를 제공하고, WISC-III와 어른을 위한 웩슬러 지적 능력 검사 수정 버전(WAIS-R: Wechsler Adult Intelligence Test—Revised), 스탠퍼드 성취도 검사와의 상관계수로 구인 및 준거 타당도에 대한 증거를 제시한다.

웩슬러 개인 성취도 검사 제3판

웩슬러 개인 성취도 검사 제3판(WIAT-III: Wechsler Individual Achievement Test—Third Edition)은 유치원 아이들부터 12학년까지 포함할 수 있는 시험으로 진행되는 개별적 성취도 검사이지만, 사실 그 포맷은 4살부터 50살까지 가능할 수 있게 고안되었다(Willse, 2010). WIAT-III가 의도하는 목적은 "학업적 장단점을 발견해내고, 교육 서비스, 교육적 배치 그리고 특정 학습장애를 진단하는 데 있어 어떤 방향이 적합한지를 결정할 수 있도록 한다. 또한 특정 학습장애를 위한 계획 중재와 구조적 목표를 고안하기도 한다."는 것이다(Pearson, 2012a, 'overview'). 따라서 이 시험은 특정 학습장애를 가진 이들을 위한 평가와 중재 전략을 위해 제공될 수 있게 고안되었다. 시험은 16개의 과목과 7개의 종합 점수로 이루어져 있다(그림 8.5 참조).

내적 일관성과 재시험 신뢰도는 높은 편이다. 대부분의 과목은 0.80과 0.90 사이이며, 종합 점수는 0.90대로 나타나고 있다. 시험 매뉴얼은 다른 비슷한 시험과 내용 타당도 및 수렴 타당도에 대한 증거를 보여준다. 또한 학습장애나 재능을 타고난 개인을 선별하기

웩슬러 개인 성취도 검사 제3판(WIAT-III: Wechsler Individual Achievement Test—Third Edition)
능력의 넓고 다양한 영역들에 대한 진단 검사

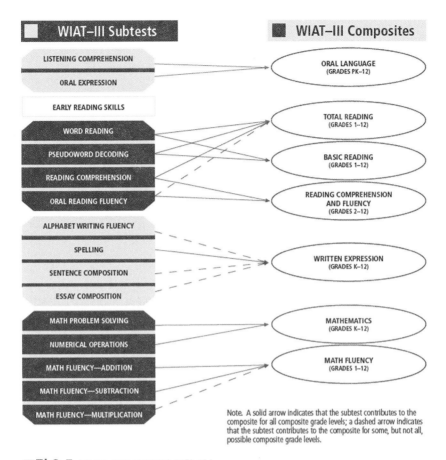

그림 8.5 WIAT-III의 과목들과 종합 점수

출처: *Sample Item similar to those found in the KeyMath-3 Diagnostic Assessment*. Copyright © 2007 NCS Pearson, Inc. Reproduced with permission. All rights reserved.

위한 구인 타당도에 대한 증거를 제공하고 있기도 하다. 이에 대한 증거는 제어 집단과 매치하는 것으로 알 수 있는 것이다. 시험시간은 1~17분으로, 나이와 학년에 따라서 달라지고 평가받는 영역과 과목에 따라서도 변할 수 있다. 그림 8.6은 7학년 학생의 임상 보고서이다.

피바디 개인 성취도 검사

피바디 개인 성취도 검사(PIAT: Pea-body Individual Achievement Test)

유치원부터 고3 학생까지 여섯 가지 내용 영역에 대해 평가

1998년 판 피바디 개인 성취도 검사(PIAT)는 규준 업데이트와 함께 개정된 버전(PIAT-R/NU: Peabody Individual Achievement Test—Revised-Normative)으로서, K-12 학년의 아이들을 상대로 6개 내용 영역에 대한 학업적 심사를 제공하고 있다. 이는 일반적 정보, 읽기 인지력, 읽기 이해력, 수학, 철자, 작문 등의 6개로 구분된다(Cross 2001; Fager, 2001). 개정판이 있지만 1989년에 쓰여진 것과 크게 다르지 않다. 일반적인 정보와 작문을 제외하면 이 시험은 사지선다형이다. 개인적으로 진행이 되며 시험시간은 대략 1시간 정도이다. 사지선다형 방식으로 채점된 점수는 DIQ, 나이/학년별, 백분위 점수,

Clinician Report

Student Name:	Johnny Sample	Date of Report:	8/25/2009
Student ID:		Grade:	7
Date of Birth:	6/10/1996	Home Language:	English
Gender:	Male	Handedness:	<Not Specified>
Race/Ethnicity:	Hispanic	Examiner Name:	Jane Examiner

Test Administered: WIAT–III (8/13/2009) Age at Testing: 13 years 2 months Retest? No

WIAT–III Comments:

WIAT–III
Age Based Scores

Subtest Score Summary

Subtest	Raw Score	Standard Score	95% Confidence Interval	Percentile Rank	Normal Curve Equiv.	Stanine	Age Equiv.	Grade Equiv.	Growth Score
Listening Comprehension	—	93	80–106	32	40	4	11:2	6.2	530
Reading Comprehension	21*	85	74–96	16	29	3	8:0	2.5	493
Math Problem Solving	49	89	81–97	23	35	4	11:0	6.1	566
Sentence Composition	—	53	43–63	0.1	<1	1	6:0	1.0	457
Word Reading	35	77	71–83	6	18	2	8:8	3.2	503
Essay Composition	—	80	70–90	9	22	2	8:4	3.4	499
Pseudoword Decoding	29	92	87–97	30	39	4	10:0	5.4	519
Numerical Operations	35	96	87–105	39	44	4	12:4	7.2	610
Oral Expression	—	93	80–106	32	40	4	11:7	6.3	533
Oral Reading Fluency	150*	107	100–114	68	60	6	15:0	9.0	557
Spelling	25	83	76–90	13	26	3	9:8	4.7	554
Math Fluency—Addition	43	113	102–124	81	68	7	17:0-19:11	12.7	778
Math Fluency—Subtraction	42	120	110–130	91	78	8	>19:11	>12.9	855
Math Fluency—Multiplication	29	102	92–112	55	53	5	13:4	7.5	719

— Indicates a subtest with multiple raw scores (shown in the Subtest Components Score Summary).
* Indicates a raw score that is converted to a weighted raw score (not shown).
† Indicates that a raw score is based on a below grade level item set.

Copyright © 2009 NCS Pearson, Inc. All rights reserved.
Produced in the United States of America.

Johnny Sample
Page 1 of 24

그림 8.6 WIAT–III 임상 보고서

출처: Sample charts and diagrams from the Wechsler Individual Assessment Test, Third Edition (WIAT-III). Copyright © 2009 NCS Pearson, Inc. Reproduced with permission. All rights reserved.

정규분포 등가 점수를 기반으로 하여 표준 점수를 낼 수 있다. 발달 점수 척도는 작문을 위해 이용되었다.

여러 광범위한 신뢰도는 이미 개정판에서 보이고 있는데, 전체 중간 값은 대략 0.94이지만, 쓰기가 포함된 과목의 경우 기계가 아닌 인간이 채점하도록 되어 있으며 앞의 값보다 좀 더 낮은 신뢰도를 보인다(Cross, 2001; Fager, 2001). 내용 타당도는 이미 여러 학교에서 교육 과정 가이드로 사용되면서 확인되어왔고, 매뉴얼 역시 준거/구인 타당도에 대한 증거를 제시하고 있다. 새로운 개정판은 2,809명의 학생들을 통해 수학 과목을, 그리고 1,285명의 학생들을 통해 작문 과목에 대해 표본을 뽑아왔다. 성별, 민족, 학부모의 교육 수준, 특수 교육, 재능 학생에 대한 표본도 구비되어 있지만, 북동쪽이나 서쪽에서는 실제 측정 수보다 낮게 표기되어 있다고 한다.

우드콕-존슨® Ⅲ

우드콕-존슨(Wood-cock-Jonson)® Ⅲ
2세부터 90세까지 적용되는 능력에 대한 전반적 평가

포괄적이고 개인적으로 진행되는 진단 검사인 **우드콕-존슨**(Woodcock-Jonson)® Ⅲ는 "인지 능력, 인지 기량, 지적 능력이라고도 구성될 수 있는 학업 지식과 학교와 다른 곳에서 정규적으로 학습되는 내용"을 평가하기 위해 고안되었다(Cizek, 2003, para. 1). 비록 2세에서 90세 사이의 개인에게 적용 가능한 시험이지만, 사실 이 검사가 가장 적합한 것은 10세의 학생이다. 시험 가치의 강력한 증거를 제시하는 이 시험은 사실 두 개의 검사집으로 구성되어 있다. 하나는 학업 능력을 시험할 수 있는 우드콕-존슨 성취도 검사(Woodcock-Johnson Tests of Achievement)이며, 다른 하나는 구체적 그리고 일반적 인지 능력을 측정할 수 있는 우드콕-존슨 인지 능력 검사(Woodcock-Johnson Tests of Cognitive Abilities)이다. 이 시험들은 기본과 확장 버전으로 나뉘며, 최근에 8,800명의 표본을 기반으로 새로 규준을 마련했다.

KeyMath3™ 진단 평가

KeyMath3™
수학에서의 학습장애를 평가하기 위한 포괄적 검사

KeyMath3™은 "개인적으로 진행되는 시험 중 하나로서 학생 개인이 이제까지 해왔던 학업을 진단하고, 앞으로의 학업에 대해 모니터할 수 있는" 역할을 한다(Graham, Lane & Moore, 2010, 'summary'). 수학 학업장애로 추정되는 학생을 지속적으로 진단하기 위해 주로 사용되고 있으며, 일반적으로 검사와 학습장애 문제에 익숙한 사람에 의해 실시 및 해석된다.

KeyMath3는 기본 개념(개념 지식), 연산(계산 지식), 응용(문제 해결)과 같이 세 가지로 크게 나뉘고, 그 아래 10개의 하위 검사로 구성된다(Pearson, 2012b; 그림 8.7의 예시 문항 참조).

KeyMath3는 유치원 아이들부터 9학년 학생에 적합하거나 유치원부터 9학년 수준 사이에 속할 경우 4.5세부터 21세까지의 성인까지 커버할 수 있다. 이 시험은 시간 제한이 없지만, 대부분의 경우 30분에서 90분 사이에 끝내는 것을 기본으로 진행된다. 표준 점수, 변환 점수, 백분율, 학년 및 나이 등가 점수를 보고하고 있다. 최신 버전에서는 현재의 교육 과정 기준을 반영했으며, 4,000명의 표본을 통해 성별, 민족, 사회경제적 상태, 태생 국가와 지역, 그리고 광범위한 학습장애를 가진 사람들을 고려하는 규준을 마련했다.

내적 일관성 신뢰도 추정치는 0.60부터 0.90 중간 정도이지만 대부분 0.80대이다. 내용 타당도를 확보하기 위해 검사 제작자는 각 주와 국가적 교육 과정 기준과 수학 교육 관

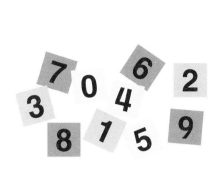

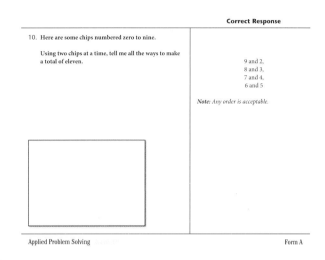

그림 8.7 KeyMath3에 적용된 부분을 위한 표본 문항

출처: *"Wechsler Individual Achievement Test"*, *"WIAT"*, and *"KeyMath"* are trademarks, in the US and/or other countries, of Pearson Education, Inc. or its affiliates(s).

련 전문가의 정보를 기반으로 진행했다(Graham et al., 2010). 다문화 편향에 대한 문제를 지적하기 위해 성, 인종, 민족, 문화, 그리고 지리학적 지역을 기반으로 한 문항에 대해 개요를 설정하고 연구했다(KeyMath—3 DA Publication Summary Form, 2007).

준비도 검사

> 오늘 밤, 나는 미국에 있는 모든 아이들을 위한 더 좋은 환경의 유치원을 만들기 위해 일할 것을 제안합니다.
>
> – 버락 오바마(2013년 신년 국정 연설 중에서)

모든 아이들을 위한 더 좋은 환경의 유치원을 만들고자 하는 오바마 대통령의 목표가 너무 이상적으로 들릴 수도 있겠지만, 사실 각자가 좋은 삶을 누리려면 어린 시절부터 지적이고 안전한 교육을 받으며 성장해야 한다는 신념에 기반하고 있다(Marjanovic, Kranjc, Fekonja, & Bajc, 2008). 불행히도, 오늘날 많은 아이들은 유치원에 입학할 나이가 되었지만 교육을 받을 준비가 되어 있지 않다. 어떤 학생이 유치원생 교육을 받아야 하는지, 혹은 초등학교 1학년으로 진급할 상태가 되었는지를 평가하고자 할 때 **준비도 검사**(readiness test)를 사용할 수 있다. 이러한 종류의 시험은 읽기나 수학 성취도에서의 능력을 측정하는 것이거나 혹은 심동적 능력, 언어 능력, 사회적 성숙도 같은 발달 수준을 측정하는 것으로 구별된다.

이 시기의 아이들은 급격하게 변화하기 때문에, 그리고 이 시기에 치는 시험은 그 능력을 정확하게 예측하기 어렵기 때문에, 준비도 검사는 측정 및 평가 분야에서 쉽지 않은 일

준비도 검사
(readiness test)

유치원 혹은 1학년 학생에 대한 학습 준비도 평가

로 여겨져 왔다(Harris, 2007). 덧붙이자면, 이런 측정들은 문화적, 언어적 편향에 많은 영향을 받기 때문에 경제적으로 부유하지 못한 가정이나, 소수민족, 혹은 영어가 모국어가 아닌 가정의 아이들은 자신의 원래 능력보다 낮은 점수를 받는 경향이 있었다. 따라서 이 시험이 반드시 실행되어야 하는 경우에는 특별히 더 많은 주의와 함께 실시되어야 한다. 이러한 문제점에도 불구하고 아이가 유치원 혹은 초등학교 1학년에 입학할 수 있는지에 대해 확실히 알 수 없는 상황하에서 이러한 종류의 시험은 도움을 제공할 수 있는 하나의 수단으로 작용하고 있으며, 실제로 많은 유치원이나 초등학교에서 사용되고 있다. 일반적으로 준비도 검사에는 두 종류가 있는데, 하나는 능력을 측정하는 것이고 또 다른 하나는 발전 수준을 측정하는 것이다. 능력 준비도 검사는 대개 읽기 문제로 구성되어 있다. 이하에서는 세 가지 능력 기반 준비도 검사에 대해 더 깊게 살펴볼 것이다. 하나는 동일한 이름을 가진 두 개의 유치원 준비도 검사(KRT: Kindergarten Readiness Test)이고, 다른 하나는 메트로폴리탄 준비도 검사(Metropolitan Readiness Test)이다. 또한 발달 수준에 대한 준비도 검사로는 게젤 발달 관찰 검사(Gesell Developmental Observation)를 살펴볼 것이다.

유치원 준비도 검사(Anderhalter & Perney)

유치원 준비도 검사(KRT: Kindergarten Readiness Test; Anderhalter & Perney, 2006)는 여섯 개의 분야를 평가하기 위해 설계되었으며, 유치원을 마쳤거나 혹은 유치원에 막 입학한 아이들을 위한 시험이다. 검사 제작자들은 이 준비도 검사가 아이들의 유치원 진급이 적합한지에 대한 정보를 제공하기를 원했고, 또한 각 학생들의 개인적 교육 과정을 준비하고 결정하는 데 좋은 수단이 될 수 있기를 희망했다. 시험시간은 25분에서 30분 정도로 제한되어 있으며, 개인적 혹은 두세 명의 학생으로 이루어진 그룹으로 시험이 진행된다. 단어, 글자 알아맞히기, 시각 구별, 음소 인지도, 이해와 해석 능력, 수학 등의 6과목으로 이루어진 검사의 전체 준비도 점수는 '도움/어른의 특별한 주의 없이는 준비되지 않았음', '미미하게 준비됨', '평균적으로 준비됨', '평균 이상으로 준비됨'으로 제시된다.

개별 과목들과 전반적인 점수에 대한 내적 일관성 계수는 믿을 만한 것처럼 보이지만, 시험을 치른 학생들을 위해 교육 과정을 수정하는 용도로 사용하기에는 증거가 부족하며 예측 타당도 역시 충분히 입증되지 못했다. 여기서 이야기하고 있는 예측 타당도란 학생이 유치원에 입학하여 받을 교육 과정에서 얼마나 잘할 수 있을지를 말한다(Johnson, 2010; Swerdlike & Hoff, 2010). 이러한 사실들은 이 시험이 추구하고자 하는 목적에 정말 부합하는지를 의심하게 만든다.

유치원 준비도 검사(Larson & Vitali)

이 검사는 바로 앞에 소개한 검사와 이름은 똑같지만, 라슨(Larson)과 비탈리(Vitali)가 1988년에 고안한 다른 검사이다. 첫 번째 KRT와 비슷하게, 이 **유치원 준비도 검사(KRT)** 역시 아이들(특히 4세에서 6세 사이)이 '발달 및 성숙 측면에서 유치원에 들어갈 준비가

유치원 준비도 검사 (Kindergarten Readiness Test)
인지적 및 감각적 작동 기능 등 전반적 영역에 대한 평가

유치원 준비도 검사 (Kindergarten Readiness Test)
5개 기능 영역에 대한 발달 및 성숙 정도 평가

되었는지'에 대한 평가이며, 다음과 같은 5개 영역의 기능을 진단한다. 바로 '이해력, 인지력, 다른 환경과의 상호작용', '판단력과 문제 해결 합리성', '숫자에 대한 인식', '시각과 소근육 운동의 조화', '청각적 주목 및 집중도'이다(Slosson Educational Publications, n.d., para. 2).

15분에서 20분 사이에 치르는 이 시험은 시험 절차와 문항의 질이 양호한 편이지만, 때때로 문항 제시 순서가 뒤죽박죽일 경우 신뢰도와 타당도가 굉장히 떨어지기도 한다(Beck, 1995; Sutton & Knight, 1995). 또한 미국 중서부에 있는 4개 주에서만 표본을 취하고 있기 때문에 미국 전체에 대한 표본 대표성이 부족하다(Sutton & Knight, 1995). 이런 문제점에도 불구하고, 이 검사 도구는 시험 내용과 유치원 커리큘럼이 일치하기만 한다면 아동이 유치원에 입학할 준비가 되었는지를 알아보고자 할 때 유용하다.

메트로폴리탄 준비도 검사

메트로폴리탄 준비도 검사 제6판(MRT6: Metropolitan Readiness Test, Sixth Edition)은 유치원과 초등학교 1학년생의 초급 수준 교육 기능을 평가하기 위한 목적으로 만들어졌다(Novak, 2001). 이 시험의 레벨 1(Level 1)은 개인적으로 진행되며 유치원생을 위한 시험으로, 아이들이 얼마나 읽을 수 있는지에 대한 평가로 쓰인다. 레벨 2(Level 2)의 경우에는 유치원생부터 초등학교 1학년생까지 읽기와 수학 발전도를 검토하기 위한 것으로 집단으로 치러지는 경우가 많다. 일반적으로 시험은 80분에서 100분 사이에 진행되며, 결과는 학생이 1학년에 들어가야 할지, 혹은 2학년에 들어가야 할지를 결정하는 데 도움을 주고 있다. 이 시험의 결과는 일반적으로 원점수, 스태나인 혹은 백분위로 제공된다.

이 검사의 신뢰도는 높은 편으로, 대부분 0.90대 정도이다. 개인 과목 신뢰도의 경우 0.53에서 0.77로, 전체 검사 신뢰도에 비해 낮은 편이다. MRT6와 그 이전 버전의 타당도 증거에 대해서는 미심쩍다는 의심을 받기도 한다. 사실 캄파우스(Kamphaus, 2001)는 레벨 1 검사의 타당도에 대한 아무런 증거를 얻을 수 없으며 레벨 2에 대해서는 '실질적으로 증거라고 할 것이 없는 상황'이라고 하면서 '허용할 수 없는' 검사라고 비판했다. 하지만 다른 사람들은 훨씬 너그러운 시선으로 MRT6를 바라보며 "읽기와 수학에 있어 아동들의 초기 학문적 기능 혹은 '준비도'를 판단하는 데 유용하게 쓸 수 있다."라고 말하고 있다(Novak, 2001, 'summary').

게젤 발달 관찰 검사

게젤 발달 관찰 검사(Gesell Developmental Observation) 개정판은 아동의 여러 방면(신체적, 언어를 비롯한 인지적, 사회 정서적 분야)의 성장을 평가하는 데 표준이 되는 검사로서, 2.5세부터 9세까지의 아이들을 위한 검사 도구로 사용될 수 있다(Gesell Institute, 2011, p. 4). 이 검사는 가장 최근 2010년에 개정되었으며, 아이들의 정상 발달 성장 과정을 수십 년 동안 측정하고 평가한 아널드 게젤(Arnold Gesell)의 작업을 기반으로 하고 있

메트로폴리탄 준비도 검사 제6판(MRT6: Metropolitan Readiness Test, Sixth Edition)
문해 발달, 읽기, 수학 등에 대한 평가

게젤 발달 관찰 검사 (Gesell Developmental Observation)
아동의 발달 수준에 관한 전반적 평가

다(Gesell Institute of Child Development, 2012). 이 시험은 위협 요소가 없는 편안한 환경에서 아이들이 다른 환경에서 뛰어날 수 있는지 평가하기 위해 발달적 성숙도를 관찰하는 숙련된 전문가에 의해 진행된다. 이것이 인지 능력에만 대개 집중하면서 아동의 준비도에 대한 결정을 할 때 생리학적 나이나 지능만 고려하는 여타 준비도 검사들과의 큰 차이점이다(Bradley, 1985). 검사를 실시하는 전문가의 인간적 접근 방식은 여러 사람들에게 좋은 반응을 얻고 있다. 또한 검사 결과를 채점하고 해석하는 데 있어 매우 신중히 접근한다.

새롭게 개정된 시험에 대한 최근의 리뷰는 아직 발견하기 어렵다. 하지만 예전 개정판들에 대한 리뷰를 보면, 아이들이 특정 상황에 있어서 어떤 방식으로 행동할 것인지에 대한 유용한 기술적 정보를 제공하기는 하지만, 전반적으로 타당도와 신뢰도에 대한 적절한 정보를 제공하지 않는다고 지적하고 있다(Bradely, 1985; Waters, 1985). 또한 검사 매뉴얼에 나이별로 적합한 반응을 기술하고는 있지만 평가 후 어떤 방식으로 아이들을 배치해야 하는지에 대한 구체적 추천 정보가 없다. 따라서 학교 시스템에서는 이 검사 도구를 사용하지 않을 가능성이 높다. 다행히도, 좀 더 최근에 나온 새로운 버전의 검사에서는 이러한 문제들 중 일부가 해결된 것으로 보인다. 또한 이러한 문제들의 존재에도 불구하고,

---

BOX 8.3

측정 평가: 능력이냐, 발달적 성숙이냐

내 딸 해나가 유치원에 들어갔을 때, 원장 선생님께 이 아이가 초등학교 1학년 준비도 검사를 치를 수 있는지 물어봤다. 사실 우리 딸은 1학년에 들어가야 하는데, 학교 서류에 써야 하는 생일상으로 따지면 1학년에 들어간 아이들보다 고작 2일 늦게 태어나서 유치원에 남아야 하는 상황이었기 때문이다. 해나가 다니던 유아원은 성취도보다는 성장 수준에 신경을 많이 쓰는, 인간적인 분위기의 기관이었다. 이런 종류의 유치원과 좋은 부모의 지도 아래(난 정말 우리 부부가 잘하고 있다고 생각한다). 우리 딸은 자기 나이보다 성숙하고 사회적으로 잘 적응을 하며 자기 또래 아이들보다 언어 및 운동 신경이 발달되어 있었다. 하지만 우리 아이가 1학년에 들어갈 만큼 '충분히 똑똑한' 걸까?

학교에서는 해나가 1학년에 '적합한지' 알아보기 위해 준비도 검사를 치르는 데 아무 문제가 없다고 했다. 전문가가 실시한 시험이 끝나고 나서 결과를 보니, 유치원에 들어가면 너무 뛰어날 것이고 초등학교 1학년에 들어가면 '따라잡아야 할' 부분들이 있다고 한다. 그리고 어느 곳으로 보낼지는 온전히 부모인 우리가 결정해야 할 문제라고 조언해주었다. 그렇다면 어떻게 해야 할지, 즉 우리가 보는 해나의 성장 정도를 믿을 것인지 아니면 준비도 검사 결과를 믿을 것인지 결정해야 했다.

먼저, 우리는 그녀의 유치원 선생님과 유아 성장 발달 전문가와 상담을 했다(내가 교육학을 전공한 탓에 이런 상담을 하게 된 측면도 있다). 그리곤, 당황스럽게도 여러 복합적 의견들을 듣게 되었다. 너무 많은 사실을 기반으로 하나의 결정을 내려야 한다는 건 쉬운 일이 아니지만, 매우 고민한 끝에 결국 아이를 초등학교 1학년에 보내기로 했다. 그리고 읽기 전문가가 예측했듯이 아이가 진도를 따라잡으려면 노력이 좀 필요했다. 하지만 결과적으로 우린 옳은 선택을 한 것 같다. 지금은 다른 아이들과도 잘 지내고 수업에서도 좋은 결과를 내고 있기 때문이다. 어쩌면 우리가 모든 사실을 기반으로 결정을 내렸기 때문이거나, 혹은 운이 좋았을 수도 있다. 누가 알겠는가? 하지만 해나의 예가 초기 준비도에 대한 결정이 얼마나 복잡한지 그리고 그러한 결정을 내릴 때 여러 가지 요소를 고려하는 것이 중요함을 보여준다고 생각한다.

– 에드 노이크루그

© Cengage Learning

이 검사가 유용하다는 의견 역시 존재한다. 왜냐하면 엄격하게 내용 중심적으로 구성된 기존 준비도 검사들과는 다른 관점의 정보를 제공하는 검사이기 때문이다. 게젤이 주로 관심을 기울인 부분은 '성취도'란 읽기나 수학 시험에서 높은 점수를 획득하는 것 이상의 개념이라는 점이다(BOX 8.3 참조).

인지 능력 검사

앞에서 언급했듯이, **인지 능력 검사**(cognitive ability test)는 적성 검사 중 하나로서 학업 능력 검사와 K-12학년, 대학 혹은 대학원을 성공적으로 이수할 수 있는지에 대한 가능성을 측정하는 수단이다. 먼저 우리는 K-12 시험, 오티스-레논 학교 능력 검사(OLSAT: Otis-Lennon School Ability Test)와 CogAT(Cognitive Ability Test)를 검토할 것이며, 그 다음으로 대학원 입학시험(GRE: Graduate Record Exam), 미국 대학 시험 평가(ACT: American College Testing Assessment), 밀러 유추 시험(MAT: Miller Analogy Test), 법학전문대학원 입학시험(LSAT: Law School Admission Test), 의대 입학시험(MCAT: Medical College Admission Test)이 대학이나 대학원 진학 후의 잠재력을 평가하기 위해 어떻게 이용되고 있는지 확인할 것이다.

오티스-레논 학교 능력 검사 제8판

오티스-레논 학교 능력 검사 제8판(OLSAT 8: Otis-Lennon School Ability Test, Eighth Edition)은 인지 능력 검사로서 가장 흔하게 사용되는 검사 중 하나이다. OLSAT는 전통적인 성취도 평가를 기반으로 교사가 학생에 대해 갖게 된 통찰력을 좀 더 고양하는 매우 가치 있는 정보를 제공한다(Pearson, 2012c, 'overview'). K-12학년의 많은 학생이 집단으로 검사를 치르게 되며, 언어 및 비언어적 영역에 대한 다양한 부분을 평가받는다. 예를 들면 두 부분은 언어적 능력에 관한 것인데, 언어 이해와 언어 추론을 평가한다. 세 부분은 비언어적 능력에 대한 것으로, 그림 기반 추론 능력과 수치적 추론 능력 그리고 양적 추론 능력에 관한 것이다. 당신이 기대할 수 있는 바와 같이, 학년에 따라서 다른 부분들이 주어지고 각 부분은 다른 하위 검사로 구성된다. 시험시간은 60분에서 75분 사이로, 학생의 나이에 따라서 시험시간 역시 달라진다.

여러 가지 채점 방식이 여기서 적용될 수 있는데, 예를 들면 학교 능력 인덱스(SAI: School Ability Index)의 경우 평균 100에 표준편차 16을 사용하고, 백분위의 경우 나이와 학년, 스태나인, 척도 점수, 학년에 기반한 NCE 등을 제공한다. 스탠퍼드 10과 함께 주어질 경우, 학생의 잠재력과 학교에서의 실제 성취에 대한 교사의 통찰이 용이하도록 성취도 능력 비교(AAC: Achievement Ability Comparison) 점수가 제공된다. 어떤 성취도 검사(예를 들어, 스탠퍼드 10)에 비교해볼 때 인지 능력 검사(예를 들면, OLSAT 8)에서 매우 높은 점수를 받은 학생이 있다면 BOX 8.2에서 보이는 것처럼 학습장애를 의심해볼 필

인지 능력 검사
(cognitive ability test)
인지적으로 무엇을 할 수 있는가에 대한 측정

오티스-레논 학교 능력 검사 제8판
(OLSAT 8: Otis-Lennon School Ability Test, Eighth Edition)
언어 및 비언어적 측면에서의 추상적 사고 및 추론적 기능에 대한 평가

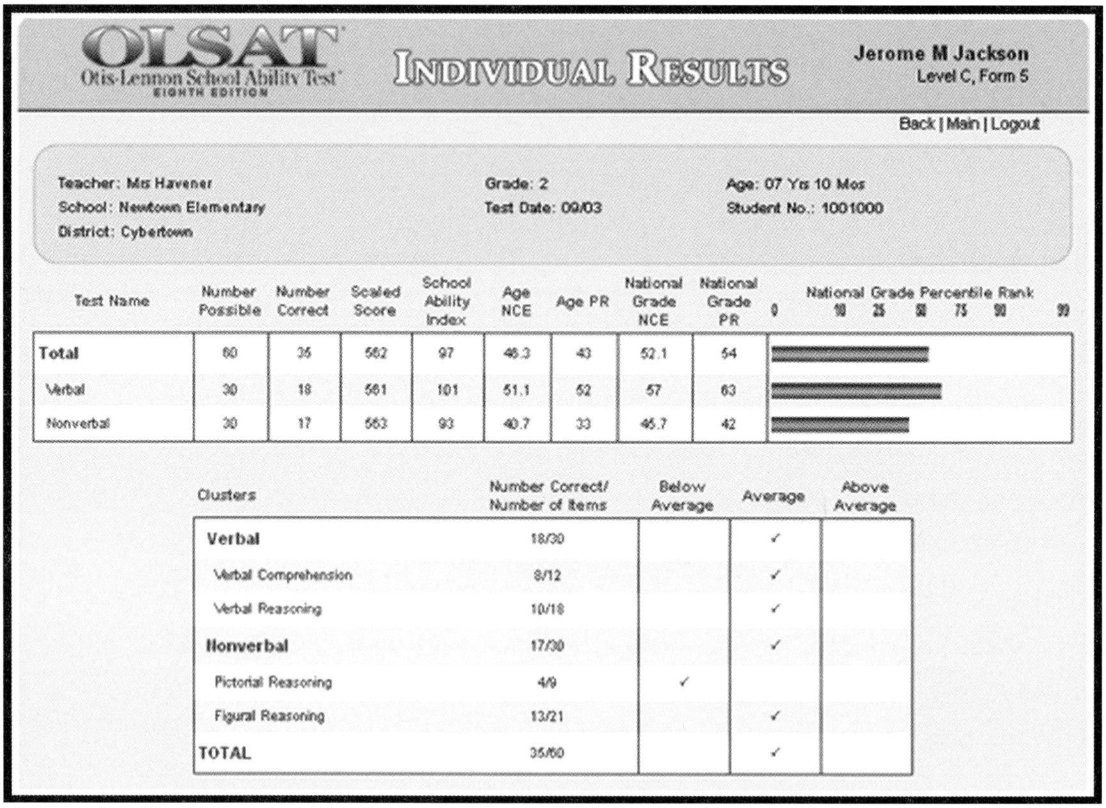

OLSAT
Otis-Lennon School Ability Test
EIGHTH EDITION

INDIVIDUAL RESULTS

Jerome M Jackson
Level C, Form 5

Back | Main | Logout

Teacher: Mrs Havener
School: Newtown Elementary
District: Cybertown
Grade: 2
Test Date: 09/03
Age: 07 Yrs 10 Mos
Student No.: 1001000

Test Name	Number Possible	Number Correct	Scaled Score	School Ability Index	Age NCE	Age PR	National Grade NCE	National Grade PR	National Grade Percentile Rank (0 10 25 50 75 90 99)
Total	60	35	562	97	48.3	43	52.1	54	
Verbal	30	18	561	101	51.1	52	57	63	
Nonverbal	30	17	563	93	40.7	33	45.7	42	

Clusters	Number Correct/ Number of Items	Below Average	Average	Above Average
Verbal	18/30		✓	
Verbal Comprehension	8/12		✓	
Verbal Reasoning	10/18		✓	
Nonverbal	17/30		✓	
Pictorial Reasoning	4/9	✓		
Figural Reasoning	13/21		✓	
TOTAL	35/60		✓	

그림 8.8 OLSAT 8의 개인 성적표

출처: OLSAT 8 Results Online. Retrieved from http://pearsonassess.com/haiweb/Cultures/en-US/Site/ProductsAndServices/Products/OLSAT8/OLSAT+8+Results+Online.htm

요가 있다. 그림 8.8은 OLSAT 8의 개인 프로파일 성적표이고, 그림 8.9는 OLSAT 8의 학년 성적표에서 56명 중 20명의 결과를 보여주고 있다.

OLSAT 8의 규준집단은 2002년 봄에 표집된 275,500명의 학생과 2002년 가을에 추가적으로 표집된 135,000명을 합하여 구성된다(Morse, 2010). 내적 일관성 계수의 경우, 종합 점수의 KR-20은 0.89부터 0.94 정도로 나타난다. 개별 과목의 신뢰도는 KR-21의 경우 0.52부터 0.82 정도인데, 대개 0.60부터 0.70 사이에서 나타나고 있다. 검사의 내용 타당도는 검사 사용자가 각기 자신이 검사하는 피검자 모집단에 대해 검사 내용이 적합한지 결정하도록 권유하는 수준이므로 애매하다고 볼 수 있다. 종합 점수 수준에서 OLSAT 8과 OLSAT 7 간의 상관계수는 0.74에서 0.85 사이로 학년에 따라서 약간 다르게 나타난다. 유사하게, OLSAT 8의 다른 수준 간의 상관계수는 적절한 정도인 것으로 나타났다. 또한 이 검사는 스탠퍼드 10과 적정한 상관관계를 보인다. 마지막으로, 이 검사는 스탠퍼드 성취도 검사와 비슷한 시기에 자주 치러지기 때문에 이 두 검사 모두 개인 성적표에 기록하면 쉽게 그 결과를 비교할 수 있다(BOX 8.2, 그림 8.3, 그림 8.4 참조).

OLSAT Otis-Lennon School Ability Test® EIGHTH EDITION — **ROSTER RESULTS**

Cybertown - All Schools
Grade 2 ; Level C , Form 5
Test Date: 09/03

Back | Main | Logout

Classes: All　　　　Students Selected: All

Name	Student ID	Gender	Ethnicity	Verbal								Nonverbal							
				RS	SS	SAI	ANCE	APR	GNCE	NPR	PL	RS	SS	SAI	ANCE	APR	GNCE	NPR	PL
Wong, Jean	1000118	F	H	12	530	89	35.8	25	36.5	26	Average	19	575	101	51.1	52	53.2	56	Average
Wong, Connie	1000168	F	H	13	535	93	40.7	33	39.6	31	Average	20	580	106	58.1	65	55.9	61	Average
Wong, Christen	1000133	F	H	22	584	113	67	79	70.1	83	Above	25	617	118	73.7	87	73.7	87	Above
Sun, Vamsi	1000169	M	W	15	545	93	40.7	33	45.2	41	Average	18	569	96	44.7	40	48.9	48	Average
Sun, Johnny	1000128	M	W	18	561	101	51.1	52	57	63	Average	22	593	108	60.4	69	63.5	74	Average
Sun, James	1000157	M	W	20	572	110	62.9	73	63.5	74	Average	19	575	101	51.1	52	53.2	56	Average
Smith, Sharon D	1000143	F	H	22	584	113	67	79	70.1	83	Above	23	600	111	64.2	75	67	79	Above
Smith, Rebecca	1000165	F	H	17	556	97	46.3	43	54.3	58	Average	27	639	124	81.1	93	82.7	94	Above
Smith, Kathy	1000125	F	H	18	561	106	58.1	65	57	63	Average	26	627	123	79.6	92	78.2	91	Above
Smith, Kathleen M	1000137	F	B	23	591	116	70.9	84	73.7	87	Above	24	608	115	70.1	83	70.1	83	Above
Smith, Barbara	1000162	F	H	20	572	107	59.3	67	63.5	74	Average	27	639	126	84.6	95	82.7	94	Above
Mukkamala, Shari	1000136	F	B	13	535	92	39.6	31	39.6	31	Average	16	558	93	40.7	33	43	37	Average
Mukkamala, Connie	1000134	F	B	22	584	114	68.5	81	70.1	83	Above	21	587	107	59.3	67	59.8	68	Average
Malsbury, Jenny K	1000152	F	B	18	561	101	51.1	52	57	63	Average	23	600	111	64.2	75	67	79	Above
Malsbury, Jenny	1000126	F	B	12	530	89	35.8	25	36.5	26	Average	17	563	95	43.6	38	45.7	42	Average
Malsbury, Barbara	1000121	F	B	18	561	106	58.1	65	57	63	Average	20	580	106	58.1	65	55.9	61	Average
Hill, Tim	1000163	M	W	22	584	116	70.9	84	70.1	83	Above	19	575	104	55.3	60	53.2	56	Average
Hill, John E	1000138	M	W	27	628	128	86.9	96	89.6	97	Above	26	627	120	75.8	89	78.2	91	Above
Hill, Jerry C	1000144	M	W	21	578	110	62.9	73	67	79	Above	21	587	105	56.4	62	59.8	68	Average
Hill, Bryan M	1000140	M	W	18	561	101	51.1	52	57	63	Average	17	563	93	40.7	33	45.7	42	Average
Number Tested				56	56	56	56	56	56	56	56	56	56	56	56	56	56	56	56
Mean				19.2	569.2	106.9	59.0	64.3	60.9	67.3	NA	20.6	587.4	105.9	57.8	61.5	58.9	63.7	NA
Median				20.2	570.5	108.5	60.9	69.5	62.8	72.5	NA	20.4	579.9	105.5	58.9	62.5	56.1	60.9	NA

그림 8.9 OLSAT 8 학년 성적표

출처: OLSAT 8 Results Online. Retrieved from http://pearsonassess.com/haiweb/Cultures/en-US/Site/ProductsAndServices/Products/OLSAT8/OLSAT+8+Results+Online.htm

CogAT

인지 능력 검사 중에서 잘 알려진 또 하나의 검사는 **CogAT**(Cognitive Ability Test)로서, 검사 범주에 잘 어울리는 이름을 갖고 있다. 일곱 번째 개정판 Form 7이 개발 중이지만 이에 관한 기술적인 정보는 아직 없기 때문에, 아래에서는 이와 유사한 Form 6를 중심으로 논의할 것이다.

CogAT의 여섯 번째 개정판 Form 6는 유치원부터 12학년까지의 인지 능력을 평가하기 위해 설계되었다(Riverside Publishing, 2010). 이 시험의 목적은 세 가지로, (1) 각 아이들의 능력을 최적화하기 위해 교사가 아이들을 이해하도록 도와주고, (2) 기존의 전통적인 성취도 검사가 아닌 여러 가지 수단을 제공하여 인지 능력을 평가하는 방식을 택할 수 있게 하며, (3) 성취도 검사와 인지 능력 검사의 차이가 큰 학생을 이해할 수 있게 하는 것이다(DiPerna, 2005). 이런 차이는 학습 문제, 동기 부족, 집안의 문제, 혹은 자신감 문제로

CogAT(Cognitive Ability Test)
언어, 수리 및 비언어적 추론에 대한 평가: 버넌(Vernon) 및 커텔(Cattell)의 지능에 관한 모형에 기반함

© Cengage Learning

BOX 8.4
필요한 도움을 알아내기

사설 상담기관에서 일하던 시절, 나는 한 3학년 학생을 맡고 있었는데 이 학생은 나와 만나기 2년 전쯤에 이미 수학 학습 장애가 있다고 진단받은 바 있었다. 인지 능력 검사와 성취도 검사에서의 수학 점수 차이가 크다는 사실을 발견한 후 이러한 장애 가능성이 제기된 것이다. 이후 추가 검사를 통해 학업장애로 확정되자, 그 아이는 곧 개별 학업 계획서(IEP: Individualized Education Plan)가 필요하다고 인정되었고 일주일에 세 번씩 한 시간 동안 보조교사의 개별적 도움을 받을 수 있었다. 그러한 도움을 받게 된 이후, 그 학생의 수학 성적은 훨씬 좋아지기 시작했다. 하지만 1년 정도 지난 후 높은 성적을 받게 되자, 학교는 더 이상의 보조교사 지원을 중단했다. 이 일이 있은 후, 아이의 부모가 이혼까지 하게 되었고 그 학생을 만났을 때 수학 성적은 다시 뚝 떨어져 있었다. 집안 문제와 보조교사 지원을 더 이상 받을 수 없는 상황으로 인해 당연히 성적이 떨어졌을 것이다. 나는 이 학생이 법적으로 도움을 받을 자격이 있음에도 그런 지원을 받지 못하고 있다는 사실을 즉각 알 수 있었다. 다시 학교 측에 연락하여 요청한 결과, 학교는 IEP에 기반하여 이 학생에게 수학 보조교사 지원이 필요하다는 데 동의했다. 이러한 도움을 받은 후 몇 주가 지나고 나자, 그 학생의 수학 성적은 다시 올라갔으며 눈에 띌 정도로 행복해 보였다.

– 에드 노이크루그

귀결될 수 있다. 선생님과 학업보조 전문가들은 이런 차이를 인지하고 필요한 부분을 채울 수 있도록 조치를 취해야 한다(BOX 8.2와 BOX 8.4 참조).

CogAT는 능력에 대한 세 분야, 즉 언어 능력, 양적 능력, 비언어 능력을 다루는데, 이들에 대한 종합 점수 역시 제공한다. 이 검사는 지능에 대한 두 가지 모형을 기반으로 구성된다. 하나는 버넌(Vernon)의 지능 계층 모형, 다른 하나는 커텔(Cattell)의 유동성 및 결정성 능력 모형이다(DiPerna, 2005; Rogers, 2005; 9장 참조). 하지만 인지 능력 검사가 개인 지능 검사를 대체할 수 있다고 생각해서는 안 된다. 검사 제작 및 실시 방법이 지능 검사와 크게 다를 뿐만 아니라 주로 전통적인 지식, 즉 학교에서 배우는 수학과 언어 능력에 초점을 맞추고 있기 때문이다.

CogAT 점수는 평균 100 표준편차 16을 이용하는 표준 점수로 변환이 가능하고 백분위, 스태나인 등도 제공된다. 검사시간은 2~3시간 정도 걸리며, 학생의 나이 범위에 따라서 여러 번 나누어 시행할 수도 있다. 2005년에 CogAT 6는 더 안정적이고 다양한 표본을 포함하도록 규준집단을 업데이트했다. 내적 일관성 신뢰도는 0.86에서 0.96 사이로 양적, 언어적, 비언어적 파트가 모두 여기에 포함되며, 종합 점수는 0.94~0.98이다(Lohman & Hagen, 2002).

미래 능력을 예측하는 지식 기반(내용)을 정의하기는 어렵기 때문에, 모든 인지 능력 검사는 그 내용 타당도에 대한 증거를 확보하기가 매우 어렵다. 하지만 CogAT의 경우 내용 영역이 논리적으로 정의되어 있고 많은 학생의 교과서를 기반으로 하기 때문에 이론적 근거가 탄탄하다(Lohman & Hagen, 2002). ITBS를 준거로 할 때 공인 타당도는 0.83이고, CogAT 4학년 점수는 ITBS 9학년 점수와 0.79의 상관을 보인다(Lohman & Hagen, 2002). 우드콕-존슨 III나 아동용 WISC III 척도와 비교 분석하는 연구는 아직 진행 중이다. 이 검사가 교실에서의 학업 정도를 측정하는 수단으로 이용되어야 하는지에 대해서는 논란이 있지만, 학생의 장단점을 파악하고 가능한 학업 문제를 찾는 데 있어서는 좋은 수단이 될 수 있을 것으로 보인다(DiPerna, 2005; Rogers, 2005).

대학 및 대학원 진학 시험

많은 인지 능력 검사는 대학이나 대학원에서의 성취도를 예측하는 데 사용된다. 우리가 잘 알고 있는 ACT, SAT, GRE, LSAT, MAT, MCAT 등의 검사가 여기에 속한다. 비록 이 검사들에 대한 많은 부정적 견해가 있지만, 여러 연구에 따르면 다른 어떤 방법보다도 대학이나 대학원에서의 수행을 잘 예측할 뿐만 아니라 학교 성적 정보(예를 들면, 고등학교에서의 등급이나 대학교에서의 학점)와 함께 사용되면 특히 더 유용한 것으로 나타났다(Kobrin, Patterson, Shaw, Mattern, & Barbuti, 2008; Kuncel & Hezlett, 2007).

ACT ACT는 SAT(다음 절에서 설명)와 함께 가장 많이 사용되고 있는 학부 수준의 입학 시험이다(Straus, 2012). 이 시험은 고등학교 때 배운 내용을 기반으로 네 가지 기능 영역, 즉 영어, 수학, 읽기와 과학을 평가하며, 이들을 합한 종합 점수 역시 산출한다. 이 검사는 215개 선다형 문항으로 이루어져 있으며, 실시하는 데 3시간 30분 정도 소요된다. 고등학교 3학년 학생들의 종합 점수 평균은 약 21점 정도이며 표준편차는 약 5이다(ACT, 2012). 종합 점수에 대한 측정의 표준오차는 1 정도로 볼 수 있다(ACT, 2007). 이 시험의 제작자는 1988년에 100,000명 이상의 고등학교 학생을 표집하여 규준 표본을 확보했다. 추가적으로 1995년에 미국 교육부가 제시한 종교, 학교 크기, 소속계층, 인종 등의 비율에 따라서 24,000명을 층화표집했다.

ACT의 신뢰도는 각 과목에 대해 0.85에서 0.91 사이이고, 전체 종합 점수의 신뢰도는 0.96이다. 내용 타당도에 대한 증거는 검사 개발 과정을 통해 지속적으로 '검사 문항들'이 '학생들이 어떻게 대학에서의 성공에 있어 중요한 학업적 능력과 지식을 성장시키는지'와 관련이 있는지를 보임으로써 확보한다(ACT, 2007, p. 62). 검사 제작자는 또한 ACT 점수와 고등학교 시험 성적 간에 상당한 상관이 있음을 밝히는 연구를 수행한 바 있다. ACT에 대한 예측 타당도 연구들은 ACT 결과와 대학 첫해 학점과의 상관계수들이 중앙값 0.42를 갖는다고 보고했다. ACT 점수와 고등학교 성적을 결합하면 예측 타당도가 0.53으로 증가하는 것으로 나타났다. 타당도에 관한 다른 여러 연구들의 결과를 ACT 기술 매뉴얼에서 찾아볼 수 있다(BOX 8.5 참조).

SAT 우리가 가장 잘 알고 있는 학부 입학시험은 SAT이다. 이 시험은 비판적 사고와 문제 해결 기능을 읽기, 수학, 쓰기라는 세 가지 영역으로 나누어 측정하며, 쓰기의 경우 작문뿐만 아니라 사지선다형 문제도 포함한다(College Board, 2013a). 세 과목 각각에서 학생들은 200점과 800점 사이의 점수를 받는다. 또한 최근에 시험을 치른 학생들과 비교할 수 있는 백분위도 제공한다. 작문 부분에서, 학생들은 1점과 6점 사이의 점수를 받게 되

ACT
대학 수준의 과업을 수행하기 위한 교육적 발달 및 능력에 대한 평가

SAT
읽기, 수학, 쓰기에 대한 평가(대학에서의 수학 능력에 대한 예측)

© Cengage Learning 2015

BOX 8.5

학교 입학시험에서의 사용: 선택할 수 있는 사항인가, 아니면 반드시 필요한가

오늘날에는 SAT나 ACT 같은 검사, 학생의 고등학교 성적, 그리고 기타 정보를 바탕으로 대학 준비도를 결정한다. 대학 입학시험에 찬성하는 사람들은, 고등학교에 따라서 극적으로 달라질 수 있는 고등학교 학점에 반해, 모든 학생이 동일한 검사하에서 경쟁할 수 있다는 측면에서 대입 시험이 '공정한 잣대'를 부여한다고 믿는다. 그러나 이러한 종류의 시험이 오히려 학생들이 대학에 가는 것을 부당하게 막는 역할을 한다고 보는 사람들도 있다.

예를 들어, 굉장한 재능이 있지만 대학 준비도를 높이기 위한 공부 자원이 부족한 학교에 다니는 학생을 생각해보자. 혹은 경제적으로 어려워서 SAT나 ACT 시험을 대비한 개인 교사를 고용하지 못한 학생은 어떠한가? 가족 중 대학에 입학하는 첫 번째 사람이 될 수 있기를 희망하는 학생들은 어떠한가? 이러한 지적 환경에 놓인 학생들을 교육 수준이 높은 부모를 가진 학생들과 비교해보라. 불행히도 교육은 평등하지 않다. 특히 당신이 가난하다면 더…

대학 입학시험의 최대 장점은 학업적 환경이 각기 다른 사람들이 공정하게 경쟁할 수 있도록 입학 전형 과정을 표준화하는 도구라는 점이다. 최악은, 적절한 교육적 자원이 부족한 사람을 좌절시키고, 배제하고, 낙담하게 만들어서 교육적 격차를 더 크게 만들 잠재성이 있다는 점이다. 당신은 어떻게 생각하는가?

– 미셸 리브스(Michelle Reaves)/
올드 도미니언 대학교 대학원생

며 보통 한 에세이당 2~3명의 전문 채점자에 의해 평가받는다.

수학과 비판적 읽기 영역의 경우, 평균 500과 표준편차 100을 갖는 1990년 표집 규준집단에 비교 가능하도록 이후의 검사 점수를 산출하기 때문에 종단연구가 가능하다. 따라서 최근에 검사를 실시한 학생 집단의 수학 점수 평균이 514, 표준편차가 108이라면, 이 집단이 더 낮은 평균과 유사한 표준편차를 가진 이전 규준집단보다 더 나은 결과를 보인다고 말할 수 있다. 이런 비교는 오늘날 학생들이 과거의 학생들과 비교했을 때 수학이나 읽기를 더 잘하고 있는지에 대한 결정이 가능하도록 한다.

SAT의 경우 전국적 표본을 사용했을 때 내적 일관성 신뢰도 추정치는 비판적 독해의 경우 0.90에서 0.93, 수학의 경우 0.91에서 0.93, 그리고 에세이를 포함하는 작문 영역의 경우 0.88에서 0.91 사이로 나타났다. 측정의 표준오차(SEM)는 각 영역에서 30에서 35 사이였다(College Board, 2012). 대학교 1학년 학점에 대한 예측 타당도와 4학년 학점에 대한 각 영역의 예측 타당도는 0.47에서 0.54로 나타났으며, 세 교과 종합 점수의 경우 0.53에서 0.56 사이로 나타났다(College Board, 2013b). 추측할 수 있다시피, 고등학교 성적과 SAT의 평균치는 더 나은 예측 타당도를 보인다. 대학교 1학년 학점의 경우 0.62에서 0.64, 그리고 4학년의 경우 0.64로 나타나고 있다. 이 시험은 백인 학생들에게서 좀 더 나은 예측이 가능하다. '소수 그룹'의 경우 대학 1학년 학점에 대한 예측 타당도는 0.40에서 0.46이며, 백인 학생에 대한 예측 타당도인 0.46에서 0.51보다 낮았다(Mattern, Patterson, Shaw, Kobrin, Barbuti, 2008). 상관계수는 남학생보다 여학생의 경우에 좀 더 높았다. 흥미로운 사실은, SAT를 사용할 때 학생의 사회경제적 지위는 대학 입학을 예측하는 데 있어 거의 아무런 역할을 하지 않는다는 점이다(Sacket et al., 2012).

GRE 일반 시험 GRE 일반 시험(GRE General Test)은 미국 대학원들이 자주 요구하는 인지 능력 검사다. 이 검사는 언어적 추론, 양적 추론, 분석적 작문이라는 세 섹션으로 구성된다(Educational Testing Service[ETS], 2007, 2013a). 언어와 양적 추론 평가에 사용되는 점수 체계는 SAT와 비슷하지만 최근에 변화가 있었다. 이제는 언어와 양적 추론 평가에 사용되는 점수는 130점에서 170점 사이, 그리고 분석적 작문은 0점에서 6점이며 0.5점 단위로 처리한다. 분석적 작문의 경우, 두 명의 채점관이 있으며 만약 두 사람의 채점이 1점 이상 차이가 난다면 다른 채점관이 공정하게 다시 점수를 매기는 방법을 채용하고 있다. 언어와 양적 추론 부분에 대한 척도 점수 평균 및 표준편차는 약 151과 8.6이며, 분석적 작문의 경우 3.7과 0.9이다. ETS는 고정된 평균과 표준편차를 사용하지 않으며, 시간이 지남에 따라서 변화하는 척도 점수 평균과 표준편차를 사용한다. 따라서 척도 점수보다는 백분위를 살펴보는 것이 동일한 시험을 치른 사람들과 자신을 비교할 때 좀 더 신중한 방법이다.

GRE의 신뢰도 추정치는 언어 추론의 경우 0.92 그리고 양적 추론은 0.95이지만, 분석적 작문의 경우는 조금 낮은 0.82를 기록하고 있다(ETS, 2013~2014). 양적 추론 시험과 언어 추론 시험의 상관계수는 대학원 1학년 성적(0.34와 0.46), 졸업시험(0.44와 0.51), 교수의 평가(0.42와 0.50)와 같이 나타난다. 언어 및 양적 추론 점수를 결합한 것과 대학원 전공별 학점 간의 상관을 구해보면 특정 전공에서 훨씬 높은 상관을 발견할 수 있다. 예를 들어, 심리학의 경우 0.51이며 교육학의 경우 0.66이다(Burton & Wang, 2005).

GRE 과목 시험 GRE 일반 시험에 더하여 GRE 과목 시험(GRE Subject Test)은 여러 대학원 프로그램에서 쓰이고 있으며, 좀 더 구체적인 능력을 평가하기 위한 목적으로 쓰인다. 생화학, 분자 생리학, 생리학, 컴퓨터 과학, 영문학, 수학, 물리학, 심리학 등이 여기에 속한다. GRE 일반 시험처럼, 이 시험 역시 고정하지 않은 평균 및 표준편차를 사용하고 있다. 하지만 과목 시험의 점수는 200에서 990점 사이로 산출된다(ETS, 2013b). 평균과 표준편차는 과목에 따라서 급격하게 달라질 수 있다. 따라서 동일 과목에 대해 다른 시점에 산출된 점수는 상호 비교할 수 있지만, 동일 시점에 구해진 다른 과목 간의 점수 비교는 별다른 의미가 없다. 예를 들면 생화학, 그리고 세포와 분자 생물학 시험의 평균과 표준편차는 2009년 7월부터 2012년 6월까지 526과 93이었지만, 심리학의 경우에는 같은 기간 동안 616에서 102였다(ETS, 2013~2014). 과목 검사별 신뢰도는 0.90대 초반에서 중반대로 나타난다. GRE 과목 시험과 대학원 1년 동안의 학점 간 평균 상관계수는 0.45로 나타난다(ETS, 2007).

밀러 유추 시험 대학원의 경우 밀러 유추 시험(MAT: Miller Analogies Test) 역시 자주 쓰이고 있는 시험 중 하나이다. 이 시험은 "아이디어 간의 관계를 인식하는 능력, 영어 사용의 유창성, 인문학에 관한 일반 지식, 자연 과학, 수학, 그리고 사회과학"을 측정한다(Mat, 2013, p. 5). 이 시험은 120가지의 유추 문제에 대해 컴퓨터나 지필로 시험을 볼 수

GRE 일반 시험 (GRE General Test)
수리적 추론 및 분석적 쓰기: 대학원에서의 성공을 예측

GRE 과목 시험 (GRE Subject Test)
대학원에서 구체적 전공 부분 성공에 대한 예측

밀러 유추 시험(MAT: Miller Analogies Test)
분석적 능력 평가를 위한 유추 사용: 대학원에서의 성공을 예측

있으며 1시간이면 치를 수 있는 시험이다. 2008년 1월에서 2011년 12월까지 이 시험을 본 모든 사람을 규준집단으로 하여 척도 점수를 산출하며, 200에서 600 사이의 점수 체계에서 평균은 약 400이다. 백분위 점수는 전공 및 전체 집단 차원에서 제공되어서 피검자의 상대적 위치를 파악할 수 있도록 돕는다. 내적 일관성 신뢰도는 0.91에서 0.94 사이이다. 예측 타당도 연구에서는 2005년에 대학원에 입학한 학생을 기준으로 그들의 첫해 성적과 비교했을 때, 상관계수 0.27을 기록했다. GRE 언어 점수와 비교했을 때 0.21, GRE 양적 점수는 0.27, 그리고 GRE 작문과는 0.11이었다. 학부에서의 학점과 상관계수를 구했을 때 0.24인 것으로 나타났다. 작문 점수를 제외한 모든 경우에 통계적으로 유의미한 상관이 도출되었지만, 이들 상관은 약하거나 중간 수준 정도의 수렴 및 구인 타당도를 의미할 뿐이다(Meagher, 2008).

법학전문대학원 입학시험(LSAT: Law School Admission Test)

법전원에서 요구되는 읽기 및 언어적 추론 기능 평가; 법전원에서의 성적을 예측

법학전문대학원 입학시험 법학전문대학원 입학시험(LSAT: Law School Admission Test)은 반나절 동안 치르는 시험으로, 각 35분이 소요되는 5개 섹션에 대한 시험 결과를 바탕으로 법학전문대학원에 대한 입학 여부를 결정한다(Law School Admission Council[LSAC], 2013). 이 시험에는 읽기 이해, 분석적 추론, 논리적 추론이라는 세 가지 선다형 문항 섹션이 있다. 그리고 네 번째 섹션은 점수로 환산되지는 않지만 작문 샘플을 제출하게 하며, 이 작문 샘플은 피검자가 지원한 법전원으로 직접 송부된다. 다섯 번째 섹션은 채점되지는 않지만 새로운 질문에 대한 예비검사 용도로 사용된다. LSAT는 120부터 180 사이의 점수를 제공하는 독특한 채점 방법을 채용하고 있다. 점수 체계는 문항 난이도와 피험자들 간 점수 비교 등에 기초하여 결정된다. 백분위 역시 제공된다. 2010년에는 LSAT와 법전원 입학 후 1학년의 성적 비교를 실시했는데, 상관계수의 중앙값은 0.36이었다. LSAT 점수와 학부 시절의 학점을 결합해서 보면 이러한 상관계수는 0.48로 증가했다(LSAC, n.d.). 신뢰도 추정치는 0.90부터 0.95 정도로 높게 나타났다.

의대 입학시험 (MCAT: Medical College Admission Test)

물리학, 언어적 추론, 생물학에 대한 지식을 평가; 의과대학에서의 성적을 예측

의대 입학시험 의대 입학시험(MCAT: Medical College Admission Test)은 대부분의 의학 대학에서 입학 결정을 할 때 하나의 전형 요소가 된다. 이 시험은 물리학, 언어 추론, 생물학, 그리고 향후 시행을 위한 예비검사 섹션의 네 가지로 나뉜다. 예비검사 섹션의 문항들을 꼭 풀어야 하는 건 아니다(Association of Medical Colleges[AAMC], 2012). 예비검사 섹션을 제외한 나머지 섹션들에서 원점수가 산출되며, 이는 다시 1에서 15 사이의 값을 갖는 척도 점수로 변환된다. 척도 점수의 평균 및 표준편차는 다양하며, 피검자는 이러한 평균과 표준편차 그리고 백분위에 대한 정보를 담고 있는 서류를 제공받는다. 이 시험의 신뢰도는 아주 높은 편이지만, 다른 비슷한 종류의 시험에 비해서는 낮은 편이다. 생물학과 물리학 섹션의 경우 신뢰도가 0.85, 언어 능력은 0.80, 그리고 전체 사지선다형 문항의 경우 0.96이다(AAMC, 2005). 이 시험의 예측 타당도를 지지하는 몇몇 연구가 있긴 하지만(Callahan, Hojat, Veloski, Erdmann, & Gonnella, 2010; AAMC, 1995~2013), 신뢰도와 타당도에 대한 추가 연구가 요청된다.

교육 능력 평가에서 조력자의 역할

교사를 비롯한 여러 전문가들의 도움은 교육 능력 평가에서 아주 중대한 역할을 한다. 예를 들어 학교 상담가, 학교 심리학자, 학습장애 전문가, 학교 사회복지사는 학교의 특수 교육 팀을 만들어 학습장애 평가의 적절성을 살펴보고 학생의 개별 학업 계획서(IEP)를 작성하는 데 도움을 준다. 학교 심리학자와 학습장애 전문가는 일반적으로 전문 과정을 거친 사람들로서, 학습 문제를 진단하고 그에 관련된 시험을 진행할 자격이 있다. 때로는 임상 및 상담 전문 심리학자 같은 학교 외부 전문가에게 추가적 평가를 요청하거나 학교에서의 평가에 대한 다른 의견을 구할 수 있다.

학교에 소속된 상담 전문가의 경우에는 학교에서 일하는 몇 안 되는 평가 전문가이기 때문에(학교 소속의 심리학자는 한 학교에서 다른 학교로 옮겨가면서 일을 한다), 교사들이 교육 능력 평가를 이해하고 해석할 때 도움을 줄 수 있다. 성취도 검사에서 받은 정보를 분석함으로써, 학교 상담 전문가는 구체적 과목의 학습에 있어서 추가적 도움이 필요한 학생이나 교실을 확인하는 중요한 역할을 할 수 있다. 사설 기관에서 일하는 자격증이 있는 전문가의 경우 학교에서 문제를 경험하는 아동들을 상담할 때 교육 능력 평가에 대해 알 필요가 있다. 사실, 이런 외부 전문가들이 학교 상담 인력을 도와서 학생이 적합한 진보를 보이도록 유도하는 것은 매우 중요한 일이다(BOX 8.6 참조).

교육 능력 평가에 대한 최종 마무리

이번 장에서 살펴봤듯이, 교육 능력 평가는 미국의 시험에서 중요한 부분이다. 이런 시험의 통상적이고 광범위한 사용에도 불구하고, 흔히 제기되는 비판은 다음과 같다.

1. 교사들이 시험을 위해 가르치는 사례들이 늘고 있다. 이로 인해 교사의 창의적 수업 진행이 불가능해지며, 학교에서 실행되는 교육의 종류도 제한된다.

BOX 8.6

표준 검사 해석을 위한 교사 지원

총집형 학업성취도 검사 같은 국가 표준 검사를 해석하는 방법을 일련의 워크숍을 통해 교사들에게 가르치고자 학교에 고용된 적이 있다. 나는 선생님들 중 몇몇은 이런 수업을 한 번도 받아본적이 없으며 실제로 이것이 중요한 정보라는 것에 대한 개념도 없고, 또한 이 검사 결과를 해석하는 일이 얼마나 중요한지에 대해 무지한 것에 매우 놀랐다. 하지만 나는 선생님들이 가지고 있는 내용 지식에 대해서는 감동받았다. 이것은 마치 내가 그들에게 그리스어를 가르치는 것과 비슷한 경험이었다(검사 해석을 위한 기초 검사 통계를 가르치는 것이 말이다). 그리고 그들이 마치 나에게 라틴어를 가르치고 있는 느낌이었다(그들은 검사 성적에 보고되는 내용 부분의 의미를 내게 가르쳤다). 이 모든 과정은 우리 모두에게 귀한 체험이었다!

- 에드 노이크루그

© Cengage Learning

2. 평가가 학생, 학부모, 동료, 교사로 하여금 한 아동에게 부정적 낙인을 찍게 할 수 있다. 아동에게 있어 이 낙인은 그것을 극복하는 것을 방해하는 자기충족적 예언이 될 수 있다.

3. 특히 준비도 검사, 인지 능력 검사 같은 몇몇 검사는 다수에 속하는 학생들만 앞서 나가도록 허용하는 기제를 갖고 있다. 반면에 소수에 속한 학생들은 뒤처지게 만든다.

4. 검사는 경쟁과 동료에 의한 압박을 부추기고 많은 학생이 실패자가 되도록 유도한다.

다른 한편으로, 교육 능력 검사들은 다음과 같은 장점도 있다.

1. 시험은 학급, 학교 그리고 학교 시스템이 엉망으로 운영되고 있을 때 그것을 알아차리게 한다. 이것은 학습에 있어 스스로의 약점을 진단할 수 있도록 하는 수단이다. 학습에 대한 주별 기준과 학업성취도 검사가 연관됨으로써, 경제적으로 혜택을 받지 못한 계층의 아이들, 소수 그룹에 속한 아이들, 그리고 학교에서 제대로 공부를 하지 못하던 아이들이 학업적으로 더 나은 수행을 보인다는 증거는 이미 충분히 존재한다.

2. 진단 검사가 없었다면, 우리는 학습장애를 겪고 있는 많은 아이들을 확인하지 못했을 것이며, 그들의 학습을 돕기 위한 도움을 제공할 수 없었을 것이다.

3. 검사는 아이들이 자신의 수준이 어디인지 정확히 할 수 있도록 돕는다. 궁극적으로 이것은 모든 아이에게 더 나은 교육 환경을 제공한다.

4. 검사는 아이들 스스로 장점을 알게 하며, 동시에 주의가 요구되는 취약한 부분을 알려주는 역할을 한다.

교육 능력 검사에 대한 위에서의 비판과 칭찬은 모두 각기 어느 정도의 진실을 담고 있을 것이다. 우리는 검사의 긍정적인 면을 깨닫는 동시에 비판에 주의를 기울이면서 개선 방법을 모색해야 한다.

요약

이 장에서는 교육 능력 평가에 대해 알아봤다. 그와 같은 검사들이 다양한 목적을 갖고 있음을 파악하는 것부터 시작했다. 그러한 목적들로는 학생들이 제대로 학습하고 있는지 결정하기, 교실과 학교 및 학교 시스템의 내용 지식 평가하기, 학습 문제 확인하기, 영재성에 대해 결정하기, 학년 승급에 대해 한 아이가 준비되었는지 결정하기, 교사 효과성에 대해 평가하기, 대학 및 대학원 준비 및 배치에 대해 결정하기 등을 들 수 있다.

네 가지 종류의 교육 능력 검사에 대해서도 알아봤는데, 여기에는 세 가지 종류의 성취도 검사(총집형, 진단,

준비도)와 한 종류의 적성 검사(인지 능력 검사)가 있었다. 각 검사 범주에 대한 정의와 함께 적성 검사와 성취도 검사의 차이와 이를 이용한 사용법도 논했다.

이 장에서는 네 가지 종류의 총집형 학업성취도 검사를 살펴보았다. 미국 교육부에서 지원하고 있는 NAEP는 학교가 학생들을 어떤 방식으로 교육하고 있는지에 대한 국가 성적표를 발급한다. 다음으로, 주 수준에서 학생을 평가하는 스탠퍼드 성취도 검사, 아이오와 기본 기능 검사(ITBS), 메트로폴리탄 성취도 검사에 대해 알아봤다. 이 검사들은 타당도와 신뢰도가 높은 검사로서,

최근 들어 각 주의 학업 기준과 낙오학생방지 운동의 가이드라인으로 훌륭한 역할을 하고 있다. 위 검사들은 개인의 능력과 단점을 지적하고 선생, 학교, 학교 시스템이 얼마나 만족스런 성과를 내고 있는지 진단할 수 있다.

다음으로는 진단 검사가 아이들의 학습장애의 진단 및 확인에 있어 그 중대성이 계속 증가하고 있음을 보았다. 교육법 PL 94-142와 학습장애를 가진 아동에 대한 교육법, 즉 학습장애를 가진 모든 아이들은 그에 걸맞은 도움이 필요하고 해당 장애를 극복하고 공부할 수 있는 개인적인 환경을 제공해야 하는 법률로 많은 아이들이 도움을 받았다. 개별 학업 계획서(IEP)에 대해 논의했고, 그것이 학생의 학업을 어떤 식으로 돕는지에 대해 알아봤다.

학습장애의 측정을 논의하면서 다섯 가지 진단 성취도 검사를 집중적으로 살펴보았다. 우선, WRAT4는 개인이 읽기, 철자, 산술에 대한 문제가 없는지 확인할 수 있다. 그런 다음 웩슬러 개인 성취도 검사(WIAT-III)와 피바디 개인 성취도 검사(PIAT)를 살펴봤는데, 둘 다 K-12학년 혹은 K-12학년 전의 아이들 모두가 치를 수 있는 검사이다. 우드콕-존슨 III의 경우는 광범위한 검사를 이용하여 2~90세까지의 개인에게 적용될 수 있지만 일반적으로 10살 정도 되는 아이들을 대상으로 한다. KeyMath3의 경우는 아이의 수학 능력에 대한 철저한 검사를 통해 수학장애가 있는지 진단할 수 있다. 총집형 검사와 함께 이 검사들 역시 타당도와 신뢰도가 좋은 편이다.

우리가 봤던 성취도 검사 영역 중 마지막은 준비도 검사였다. 이 검사의 타당도는 약한 편이지만 유치원이나 초등학교를 입학하는 아이들에게 큰 도움이 된다. 네 가지 준비도 검사를 살펴봤는데, 유치원 준비도 검사 두 개, 그리고 메트로폴리탄 준비도 검사, 게젤 발달 관찰 검사 등이다. 앞의 세 시험은 어떤 면에서 전통적인 인지 능력 검사(예를 들면 언어, 숫자에 대한 이해 능력, 집중력 등)에 속하지만 게젤 평가는 개인과 사회 기능, 신경학적 성장이나 언어 발달 능력, 전반적인 적응 행동이나 새로운 환경에 대한 적응력을 측정할 수 있다.

다음으로는 오티스-레논 학교 능력 검사 8(OLSAT 8)을 시작으로 여러 인지 능력 검사를 검토했다. OLSAT 8은 언어와 비언어 분야를 통해 학생의 추상적 사고와 추론 기능을 평가한다. CogAT는 유치원부터 12학년까지 볼 수 있는 검사로 버넌과 커텔의 지능이론을 기반으로 하고 있으며 언어, 양적, 비언어적 추론 능력을 판단할 수 있는 검사이다. 우리는 이런 검사들이 특히 학습장애, 동기 부여, 집안 사정, 학교에서의 문제, 혹은 자신감 결여로 인해 학습에 문제가 있는 학생을 진단하고 도움을 주는 데 적절한 검사임을 확인했다. 이 검사는 개인 지능 검사와 혼동되지 말아야 한다.

다음으로 대학과 대학원에서의 성취를 예측할 수 있는 인지 능력 검사에 대해서도 언급했다. 예를 들면, ACT나 SAT의 경우 대학에서의 수행을 예측하는 아주 좋은 시험으로 판단된다. 우리는 그 시험들이 고등학교 성적만큼 꽤 정확한 예측도를 보일 수 있다는 사실을 알게 되었다. 대학원 수준의 경우 GRE(일반 시험과 과목 시험), 그리고 밀러 유추 검사(MAT)를 살펴봤고, 그 외 법학전문대학원 입학시험(LSAT)과 의대 입학시험(MCAT)도 각 특수 대학에서 수행할 학업에 대한 좋은 예측을 할 수 있는 수단으로 여겨진다.

이 장의 마지막 즈음에서는 학교에 소속된 상담원, 사회복지사, 심리학자, 학습장애 전문가 등의 중요도에 대해 언급했다. 학교에서 여러 전문가의 손길은 교육 능력 평가와 관련이 있다. 또한 학교 밖의 사설 임상심리기관의 전문가들은 그와 같은 유형들의 평가도 알아야 한다.

이 장은 교육 능력 평가에 대한 최종 고찰로 마무리되고 있다. 우리는 이것이 교사들로 하여금 시험 범위만 가르치게 만들 수 있고, 학생들에게 부정적인 꼬리표를 붙이고, 소수집단 학생들의 발전을 막을 수 있으며, 경쟁과 압박을 부추기는 요인이라고 믿는다. 하지만 한편으로 이 시험들은 아이들, 학급, 학교와 학교 시스템이 제대로 역할을 하고 있지 않을 때 문제점을 진단할 수 있게 하며, 학생 수준에 맞는 곳에 적절하게 배치될 수 있게 하고, 학생 스스로가 어느 분야에 더 집중해야 하는지 알 수 있게 한다. 검사에 대한 비판과 칭찬 모두 어느 정도 진실이라고 충분히 언급하고 있다.

복습문제

1. 교육 능력 평가를 위한 검사의 적용에 대해 논의하라.

2. 다음과 같은 교육 능력 평가 검사를 정의하라. 총집형 학업성취도 검사, 준비도 검사, 진단 검사, 인지 능력 검사

3. 낙오학생방지 운동의 장단점을 지적하고, 이 운동이 '고부담 시험'의 분위기를 부추기고 있다는 사실에 대해 논의하라.

4. 본문의 내용을 기반으로 2~3개의 총집형 학업성취도 검사에 대해 이야기하고, 그것들을 어떻게 적용할 수 있는지 논의하라.

5. 총집형 학업성취도 검사와 관련하여 그것들이 학급, 학교, 학교 시스템 프로파일 보고서에 어떻게 사용되고 있는지 논의하라.

6. 교육법 PL 94-142와 IDEA에 대한 진단 검사의 적절성에 대해 논의하라.

7. 이 장에서 살펴본 2~3개의 진단 검사를 기술하라.

8. 메트로폴리탄 검사와 게젤 검사 같은 두 준비도 검사를 비교 및 대조하라.

9. 학교에서 많이 사용되고 있는, 1개 이상의 인지 능력 검사에 대해 이야기하고, 그것들이 학습장애를 진단하는 데 있어 얼마나 중요한지 논의하라.

10. 대학 및 대학원 입학과 관련한 2개 이상의 인지 능력 검사에 대해 논의하라.

11. 교육 능력 평가에 있어 학교 상담가, 학교 심리학자, 학습장애 전문가, 사회복지사, 사설 임상심리기관 상담원의 역할을 논의하라.

참고문헌

ACT. (2007). *ACT technical manual*. Retrieved from http://www.act.org/aap/pdf/ACT_Technical_Manual.pdf

ACT. (2012). *ACT profile report—National: Graduate Class of 2012*. Retrieved from http://www.act.org/newsroom/data/2012/pdf/profile/National2012.pdf

Anderhalter, O. F., & Perney, J. (2006). *Kindergarten Readiness Test*. Bensenville, IL: Scholastic Testing Service.

Association of Medical Colleges (AAMC). (2005). *MCAT interpretive manual: A guide for understanding and using MCAT scores in admissions decisions*. Retrieved from https://camcom.ngu.edu/Science/ScienceClub/Shared%20Documents/MCAT%20Interpretive%20Manual.pdf

Association of Medical Colleges (AAMC). (2012). *MCAT essentials*. Retrieved from https://www.aamc.org/students/download/63060/data/mcatessentials.pdf

Association of Medical Colleges (AAMC). (1995–2013). *Annotated bibliography of MCAT research*. Retrieved from https://www.aamc.org/students/applying/mcat/admissionsadvisors/research/bibliography/85382/mcat_bibliography.html

Baker, S. R., Robinson, J. E., Danner, M. J. E., & Neukrug, E. (2001). Community social disorganization theory applied to adolescent academic achievement(Report No. UD034167). (ERIC Document Reproduction Service No. ED453301).

Beck,M. (1995). Review of the Kindergarten Readiness Test. In J. C. Conoley, & J. C. Impara (Eds.), *The twelfth mental measurements yearbook*. Lincoln, NE: Buros Institute of Mental Measurements. Retrieved from Mental Measurements Yearbook database.

Bradley, R. (1985). Review of the Gesell Readiness Test. In J. V. Mitchell, Jr. (Ed.), *The ninth mental measurements yearbook* (pp. 609–610). Lincoln, NE: Buros Institute of Mental Measurements. Retrieved from Mental Measurements Yearbook database.

Burton, N. W., & Wang, M. (2005). *Predicting longterm success in graduate school: A collaborative validity study*. Princeton, NJ: Educational Testing Service.

Callahan, C. A., Hojat, M., Veloski, J., Erdmann, J. B., & Gonnella, J. S. (2010). The predictive validity of three versions of the MCAT in relation to performance in medical school, residency, and licensing examinations:

A longitudinal study of 36 classes of Jefferson Medical College. *Academic Medicine, 85*, 980–987. doi:10.1097/ACM.0b013e3181cece3d

Carney, R. N. (2005). Review of the Stanford Achievement Test, Tenth edition. In R. A. Spies & B. S. Plake (Eds.), *The sixteenth mental measurements yearbook*. Lincoln, NE: Buros Institute of Mental Measurements. Retrieved from Mental Measurements Yearbook database.

Cizek, G. J. (2003). Review of the Woodcock-Johnson® III. In B. S. Plake, J. C. Impara, & R. A. Spies (Eds.), *The fifteenth mental measurements yearbook*. Lincoln, NE: Buros Institute of Mental Measurements. Retrieved from Mental Measurements Yearbook database.

College Board. (2012). *Test characteristics of the SAT®: Reliability, difficult levels, completion rates: January 2011-December 2011*. Retrieved from http://media.collegeboard.com/digitalServices/pdf/research/Test-Characteristics-of%20SAT-2012.pdf

College Board. (2013a). *Understanding your scores*. Retrieved from http://sat.collegeboard.org/scores/understanding-sat-scores

College Board. (2013b). *About the SAT*. Retrieved from http://press.collegeboard.org/sat/about-the-sat

Cross, L. (2001). Review of the Peabody Individual Achievement Test—revised [1998 normative update]. In B. S. Plake, & J. C. Impara (Eds.), *The fourteenth mental measurements yearbook*. Lincoln, NE: Buros Institute of Mental Measurements. Retrieved from Mental Measurements Yearbook database.

DiPerna, J. C. (2005). Review of the Cognitive Abilities Test, form 6. In R. A. Spies, & B. S. Plake (Eds.), *The sixteenth mental measurements yearbook*. Lincoln, NE: Buros Institute of Mental Measurements. Retrieved from Mental Measurements Yearbook database.

Educational Testing Service (ETS). (2007). *GRE: Guide to the use of scores (2007-08)*. Retrieved from http://www.ets.org/Media/Tests/GRE/pdf/994994.pdf

Educational Testing Service (ETS). (2013a). *Verbal reasoning, quantitative reasoning, and analytical writing interpretive data used on score reports*. Retrieved from http://www.ets.org/s/gre/pdf/gre_guide_table1a.pdf

Educational Testing Service (ETS). (2013b). *GRE: 2013–2014 interpreting your GRE scores*. Retrieved from http://www.ets.org/s/gre/pdf/gre_interpreting_scores.pdf

Educational Testing Service (ETS). (2013–2014). *GRE: Guide to the use of scores*. Retrieved from http://www.ets.org/s/gre/pdf/gre_guide.pdf

Engelhard, G. (2007). Review of the Iowa Tests of basic skills: Forms A and B. In K. F. Geisinger, R. A. Spies, J. F. Carlson, & B. S. Plake (Eds.), *The seventeenth mental measurements yearbook*. Lincoln, NE: Buros Institute of Mental Measurements. Retrieved from Mental Measurements Yearbook database.

Fager, J. J. (2001). Review of the Peabody Individual Achievement Test—revised [1998 normative update]. In B. S. Plake & J. C. Impara (Eds.), *The fourteenth mental measurements yearbook*. Lincoln, NE: Buros Institute of Mental Measurements. Retrieved from Mental Measurements Yearbook database.

Federal Register. (1977) *Federal Register*. (1977). Regulation implementing Education for All Handicapped Children Act of 1975 (PL94-142). *Federal Register, 42*(163), 42474–42518.

Gesell Institute. (2011). *GDO-R review kit*. Retrieved from http://www.gesellinstitute.org/pdf/2011Spring-GDO-R_ReviewKit.pdf

Gesell Institute of Child Development. (2012). *Our history*. Retrieved from http://www.gesellinstitute.org/history.html

Graham, R., Lane, S., & Moore, D. (2010). Review of the KeyMath-3 Diagnostic Assessment. In R. S. Spies, J. F. Carlson, & K. F. Geisinger (Eds.), *The eighteenth mental measurements yearbook*. Lincoln, NE: Buros Institute of Mental Measurements. Retrieved from Mental Measurements Yearbook database.

Harcourt Assessment. (2004). *Stanford Achievement Test Series, tenth edition: Technical data report*. San Antonio, TX: Author.

Harris, R. C. (2007). Motivation and school readiness: What is missing from current assessments of preschooler's readiness for kindergarten? *NHSA Dialog, 10*, 151–163. doi:10.1080/15240750701741645

Harwell, M. (2005). Review of the Metropolitan Achievement Tests, eighth edition. In R. A. Spies & B. S. Plake (Eds.), *The sixteenth mental measurements yearbook*. Lincoln, NE: Buros Institute of Mental Measurements. Retrieved from Mental Measurements Yearbook database.

Johnson, K. M. (2010). Review of the Kindergarten Readiness Test. In R. S. Spies, J. F. Carlson, & K. F. Geisinger (Eds.), *The eighteenth mental measurements yearbook*. Lincoln, NE: Buros Institute of Mental

Measurements. Retrieved from Mental Measurements Yearbook database.

Kamphaus. (2001). Review of the Metropolitan Readiness Test, sixth edition. In B. S. Plake & J. C. Impara (Eds.), *The fourteenth mental measurements yearbook*. Lincoln, NE: Buros Institute of Mental Measurements. Retrieved from Mental Measurements Yearbook database.

KeyMath—3 DA publication summary form (2007). Retrieved from http://www.pearsonassessments.com/hai/images/pa/products/keymath3_da/km3-da-pub-summary.pdf

Kobrin, J. L., Patterson, B. F., Shaw, E. J., Mattern, K. D., & Barbuti, S. (2008). Validity of the SAT for predicting first-year college grade point average (Research Report No. 2008-5). Retrieved from http://professionals.collegeboard.com/profdownload/Validity_of_the_SAT_for_Predicting_First_Year_College_Grade_Point_Average.pdf

Kuncel, N. R., & Hezlett, S. A. (2007). Standardized tests predict graduate students' success. *Science, 315*, 1080–1081. doi:10.1126/science.1136618

Lane, S. (2007). Review of the Iowa Tests of basic skills: Forms A and B. In K. F. Geisinger, R. A. Spies, J. F. Carlson, & B. S. Plake (Eds.), *The seventeenthmental measurements yearbook*. Lincoln, NE: Buros Institute of Mental Measurements. Retrieved from Mental Measurements Yearbook database.

Larson, S. L., & Vitali, G. J. (1988). *Kindergarten Readiness Test*. East Aurora, NY: Slosson Educational Publications.

Law School Admission Council (LSAC). (n.d.). *LSAT scores as predictors of law school performance*. Retrieved from http://www.lsac.org/jd/pdfs/LSATScore-Predictors-of-Performance.pdf

Law School Admission Council (LSAC). (2013). *The LSAT*. Retrieved from http://www.lsac.org/jd/lsat/about-the-lsat.asp

Lloyd, S. C. (2008). *Stat of the week: Sanctions and low-performing schools*. Retrieved from http://www.edweek.org/rc/articles/2008/03/04/sow0304.h27.html

Lohman, D., & Hagen, E. (2002). *CogAT form 6 research handbook*. Itasca, IL: Riverside Publishing.

Lukin, L. (2005). Review of the Metropolitan Achievement Tests, eighth edition. In R. A. Spies & B. S. Plake (Eds.), *The sixteenth mental measurements yearbook*. Lincoln, NE: Buros Institute of Mental Measurements. Retrieved from Mental Measurements Yearbook database.

Marjanovic, U. L., Kranjc, S., Fekonja, U., & Bajc, K. (2008). The effect of preschool on children's school readiness. *Early Child Development and Care, 178*, 569–588. doi:10.1080/03004430600851280

Mattern, K. D., Patterson, B. F., Shaw, E. J., Kobrin, J. L., & Barbuti, S. (2008). Differential validity and prediction of the SAT (Research Report No. 2008-4). Retrieved from http://professionals.collegeboard.com/profdownload/Differential_Validity_and_Prediction_of_the_SAT.pdf

Meagher, D. (2008). *Miller Analogies Test: Predictive validity study*. Retrieved from http://pearsonassess.com/NR/rdonlyres/423607BB-F273-467C-8232-0E2613093D23/0/MAT_Whitepaper.pdf

Miller Analogies Test (MAT). (2013). *Candidate information booklet*. Retrieved from https://www.pearsonassessments.com/hai/Images/dotCom/milleranalogies/pdfs/MAT2011CIB_FNL.pdf

Morse, D. T. (2005). Review of the Stanford Achievement Test, tenth edition. In R. A. Spies & B. S. Plake (Eds.), *The sixteenth mental measurements yearbook*. Lincoln, NE: Buros Institute of Mental Measurements. Retrieved from Mental Measurements Yearbook database.

Morse, D. T. (2010). Review of the Otis-Lennon School Ability Test. In R. S. Spies, J. F. Carlson, & K. F. Geisinger (Eds.), *The eighteenth mental measurements yearbook*. Lincoln, NE: Buros Institute of Mental Measurements. Retrieved from Mental Measurements Yearbook database.

National Center for Education Statistics. (2012). *National Assessment of Educational Progess (NAEP)*. Retrieved from http://nces.ed.gov/nations reportcard/faq.asp#ques26

Novak, C. (2001). Review of the Metropolitan Readiness Test, sixth edition. In S. Plake, & J. C. Impara (Eds.), *The fourteenth mental measurements yearbook*. Lincoln, NE: Buros Institute of Mental Measurements. Retrieved from Mental Measurements Yearbook database.

PAR. (2012). *Wide Range Achievement Test 4 (WRAT4)*. Retrieved from http://www4.parinc.com/Products/Product.aspx?ProductID=WRAT4

Pearson. (2012a). *WIAT-III: Overview*. Retrieved from https://www.pearsonassessments.com/HAIWEB/Cultures/en-us/Productdetail.htm?Pid=015-8984-609

Pearson. (2012b). *KeyMath3 Diagnostic Assessment*. Retrieved from http://psychcorp.pearsonassessments

.com/HAIWEB/Cultures/en-us/Productdetail.htm?Pid =PAaKeymath3

Pearson. (2012c). *Otis-Lennon School Ability Test, eighth edition.* Retrieved from http://education. pearson assessments.com/HAIWEB/Cultures/en-us/ Productdetail.htm?Pid=OLSAT

Riverside Publishing. (2010). *Cognitive Abilities Test, Form 6.* Retrieved from http://www.riverpub.com/products/ cogAt/index.html

Rogers, B. G. (2005). Review of the Cognitive Abilities Test, Form 6. In R. A. Spies & B. S. Plake (Eds.), *The sixteenth mental measurements yearbook.* Lincoln, NE: Buros Institute of Mental Measurements. Retrieved from Mental Measurements Yearbook database.

Sacket, P. R., Kuncel, N. R., Beatty, A. S., Rigdon, J. L., Shen, W., & Kiger, T. B. (2012). The role of socioeconomic status in SAT-grade relationships and in college admissions decisions. *Psychological Science, 23,* 1000–1007. doi:10.1177/0956797612438732

Slosson Educational Publications. (n.d.). *The Kindergarten Readiness Test.* Retrieved from http://www.slosson.com/ onlinecatalogstore_i1003393.html

Straus, V. (2012, September 24). "How ACT overtook SAT as the top college entrance exam." *The Washington Post*: Post Local. Retrieved from http://www.washingtonpost. com/blogs/answer-sheet/post/how-act-overtook-sat-as- the-top-college-entranceexam/2012/09/24/d56df11c- 0674-11e2-afff-d6c7f20a83bf_blog.html

Sutton, R., & Knight, C. (1995). Review of the Kindergarten Readiness Test. In J. C. Conoley, & J. C. Impara (Eds.),

The twelfth mental measurements yearbook. Lincoln, NE: Buros Institute of Mental Measurements. Retrieved from Mental Measurements Yearbook database.

Swerdlike, M. E., & Hoff, K. E. (2010). Review of the Kindergarten Readiness Test. In R. S. Spies, J. F. Carlson, & K. F. Geisinger (Eds.), *The eighteenth mental measurements yearbook.* Lincoln, NE: Buros Institute of Mental Measurements. Retrieved from Mental Measurements Yearbook database.

U.S. Department of Education. (2005). *Stronger accountability: The facts about … measuring progress.* Retrieved from http://www.ed.gov/nclb/accountability/ ayp/testing.html

U.S. Department of Education. (2011). *No Child Left Behind legislation and policies.* Retrieved from http://www2. ed.gov/policy/elsec/guid/states/index.html#nclb

Waters, E. (1985). Review of the Gesell Readiness Test. In J. V. Mitchell, Jr. (Ed.), *The ninth mental measurements yearbook.* Lincoln, NE: Buros Institute of Mental Measurements. Retrieved from Mental Measurements Yearbook database.

Willse, J. T. (2010). Review of the Wechsler Individual Achievement Test—third edition. In R. S. Spies, J. F. Carlson,& K. F. Geisinger (Eds.), *The eighteenth mental measurements yearbook.* Lincoln, NE: Buros Institute of Mental Measurements. Retrieved from Mental Measurements Yearbook database.

Wilkinson, G. S., & Robertson, G. J. (2006). *Wide Range Achievement Test professional manual.* Lutz, Fl: PAR, Inc.

9장 지적 기능 및 인지 기능에 대한 평가: 지능 검사와 신경심리학적 평가

존은 9살짜리 5학년 학생이다. 존의 선생님은 '존이 수학에 재능이 있으며 1학년 학생 중 모든 주정부의 수도를 가장 먼저 외운 아이'라고 했다. 또한 존은 4학년에 올 A를 받기도 했다. 작년에 존은 하교 후 친구의 집으로 자전거를 타고 가고 있었는데, 헬멧을 쓰지 않은 상태에서 달려오던 차와 충돌했다. 그 후, 바로 응급실로 실려간 존은 머리에 '경상'을 입었다고 한다. 며칠 후에 존은 퇴원을 했고, 그가 다시 학교로 돌아왔을 때 담임 선생님은 존이 과제를 끝내는 데 평소보다 더 긴 시간을 할애하고, 과제 자체에 집중하기를 어려워했으며, 단기기억에 문제를 보인다는 사실을 알게 되었다. 존의 성적은 A에서 B와 C 사이로 떨어졌다. 부모는 이러한 변화를 걱정하며 집 근처에 위치한 임상 신경심리학자와 상담을 잡았다.

이번 장에서는 '인간으로 산다는 것은 무엇인지'에 대해 가장 흥미롭지만 복잡하기도 한 관점을 검토해볼 것이다. 우리가 어떻게 사고하고 우리의 인지 과정이 어떤 방식으로 그 역할을 하는지, 즉 우리의 뇌가 어떻게 작동하는지에 대해 알아보겠다! 이 장에서는 지능에 관한 모형들을 살펴보고 지능이 어떤 방식으로 측정되는지, 그리고 흥미로운 신경심리학의 세계, 즉 시간에 따라 뇌의 기능이 어떻게 변화하는지에 대해 알아본다. 예를 들어, 앞에서 언급했던 존을 피실험자로 상정하여 지능 검사(intelligence test)와 신경심리학적 검사(neuropsychological battery)를 진행할 수 있을 것이다. 지능 검사란 심리학적 학습 능력 평가 방법 혹은 신경심리학적 정밀검사를 포함하고 있는 경우가 있으며, 반 아이들과 비교하여 존이 얼마만큼 수업을 이해하고 있는지 알 수 있다. 또한 더 나아가, 그의 인지장애에 대한 진단도 가능할 수 있다. 신경심리학적 검사를 통해 인지 기능의 광범위한 범위를 살펴볼 수 있으며, 존의 뇌 기능이 시간의 흐름에 따라 어떤 기능상 변화가 있는지를 우리가 결정하는 데 도움을 줄 것이다. 우리가 이 아이에게 이런 방식으로 검사를 하게 된다면, 추측하기로는 그의 지능 점수가 평균적인 지적 능력을 반영한다는 사실을 발견할 수 있는 반면에 신경심리학적 검사를 통해 자전거 사고 이후 발생한 변화(즉, 많은 인지장애)를 발견할 수 있을 것이다. 이 사례는 신경심리학적 검사가 사고 이전의 수준 (premorbid intelligence)과 사고 이후의 수준(postmorbid intelligence)을 비교하는 데 집중하는 예시라고 할 수 있다. 반면에 지능 검사 결과는 개인의 지능이 규정된 범위의 규준 그룹과 비교하여 어떠한지를 밝히는 데 집중한다. 이 장은 지능 검사에 대한 짧은 역사와 의의로 시작하여, 몇몇 지능 검사의 모형에 대한 전반적인 개요를 제공할 것이다. 그러고 나서, 비언어 지능 검사를 포함하여 잘 알려진 몇 개의 개인 지능 검사에 대해 알아볼 것이다. 그다음으로는 신경심리학 분야를 검토하며 그 분야의 검사에 대해 설명할 것이다. 여기서는 신경심리학의 간략한 역사와 정의를 소개하고, 신경심리학 평가 영역에 대한 토론과 함께 고정 검사와 비고정 검사의 접근 방법을 소개할 것이다. 결론 부분에서는 지적 기능 및 인지 기능을 평가하는 데 도움을 주는 사람들의 역할을 살펴본 다음, 이 중요한 영역의 평가에 대한 고찰을 소개하고 이 장을 마무리할 것이다.

지능 검사의 간략한 역사

1장에서 언급했듯이 능력 검사의 출현은 몇천 년 전으로 거슬러 올라가는데, 성경이나 중국의 역사, 그리고 고대 그리스의 글에서도 발견되고 있다. 세기가 흐르고, 프랑스에서 알프레드 비네(Alfred Binet, 1857~1911)와 그의 동료, 테오필 사이먼(Theophile Simon)은 첫 번째 개인 지능 검사를 만들어낸다(Jolly, 2008; Kerr, 2008). 그 후 얼마 지나지 않아, 스탠퍼드 대학교에서는 루이스 터먼(Lewis Terman, 1877~1956)이 분류한 규준 자료를 바탕으로 비네 검사를 개정하여 만들어냈다. 터먼의 대안적 검사는 광범위한 검사를 포함하며, 후에 스탠퍼드-비네 검사라고 불리게 된다. 그의 개정판은(그 이후 계속 수정이 이루어짐) 주도적 검사로 자리잡았으며, 오늘날에도 교육 및 임상 목적으로 사용되고 있다.

시간이 흐르면서 새로운 검사들이 나타났고, 지속적으로 발전하고 있다. 이후의 절들에서는 지능 검사의 정의를 탐색하고 지능을 설명하기 위한 각각의 시도를 담고 있는 다양한 모형을 소개할 것이다. 그리고 일반적으로 사용되는 지능 검사들을 설명한다.

지능 검사의 정의

1장에서 언급했듯이 지능 검사는 지능 및 인지 기능의 한 부분으로서 인지 능력의 폭넓은 범위를 평가할 수 있으며 그 결과는 일반적으로 IQ 점수로 나타난다(그림 1.3과 BOX 1.5 참조). 특수 적성 검사, 다중 적성 검사, 인지 능력 검사와 마찬가지로 지능 검사 역시 적성, 즉 개인이 무엇을 할 수 있는지를 보는 능력 검사라고 할 수 있다. 특수 및 다중 적성 검사는 10장에서 다룰 것이며, 직업과 진로 상담 분야에서 종종 이용되고 있다. 인지 능력 검사는 8장에서 교육적 능력 검사의 한 종류로 다루었으며, 지능 검사 역시 교육적인 목적으로 쓰이고 있긴 하지만 훨씬 더 넓은 분야로 적용이 가능하다. 예를 들면, 지능 검사는 다음과 같은 용도로 쓰인다.

1. 영재성의 결정에 도움을 주기 위해
2. 지능장애를 평가하기 위해
3. 특정 학습장애를 인지하기 위해
4. 사고, 치매의 시작, 약물 남용, 질병 과정과 뇌의 트라우마에 대한 지능 능력을 평가하기 위해
5. 특정 사립학교 입학시험의 부분적 조건으로서
6. 개인의 전반적인 이해를 돕기 위한 성격 평가의 부분적 조건으로서

하지만 지능 검사를 검토하기에 앞서, 일반적으로 자주 사용되는 지능 검사들의 개발 근거가 되는 지능 검사 모형들을 살펴보자.

지능 모형

몇몇 지능 검사는 100년도 넘은 것이지만 아주 최근에 나온 검사들도 있다. 많은 검사는 결코 단순하지 않으며 현재 지능 검사의 발전에 기여를 해왔다. 이번 절에서는 스피어만의 두 요인 접근법(Spearman's two-factor approach), 서스톤의 다중 요인 접근법(Thurstone's multifactor approach), 버넌의 지능 계층 모형(Vernon's hierarchical model of intelligence), 길퍼드의 다중 요인/다차원 모형(Guilford's multifactor/multidimentsional model), 커텔의 유동성 지능과 결정성 지능(Cattell's fluid and crystal intelligence), 피아제의 인지발달이론(Piaget's cognitive development theory), 가드너의 다중지능이론(Gardner's theory of multiple intelligences), 스턴버그의 성공지능을 위한 삼원이론(Sternberg's triarchic theory of successful intelligence)와 커텔-호른-캐럴의 지능 통합 모형(Cattell-Horn-Carroll integrated model of intelligence)을 간략히 소개한다.

스피어만의 두 요인 접근법

전 세계적으로 가장 많이 쓰이는 검사인 알프레드 비네의 지능 검사가 개발될 때, 그는 지능적 과제라 생각되는 여러 범위를 평가할 수 있는 여러 하위 검사를 만들었다. 그리고 다른 나이 집단에 속하는 개인들에게 이러한 과제를 풀게 하고, 그 평균을 내기로 했다. 결과적으로 이러한 방식으로 평가받은 개인은 자신과 다른 나이에 시험을 친 개인들의 점수와 비교될 수 있었다. 하지만 찰스 에드워드 스피어만(Charles Edward Spearman, 1863~1945)은 이런 종류의 시험들이 '뒤죽박죽'이거나 '난잡한 공통' 요인의 검사라고 강

력히 비난했다(Spearman, 1970, p. 71) 즉, **스피어만**은 비네가 여러 가지 요인들을 그럴 싸해 보이는 방식으로 합쳤을 뿐이라고 보았다.

　스피어만(1970)은 두 요인법을 통한 지능 검사가 일반적인 요인(g)과 특수 요인(s)을 구분하여 이 중 g 변수의 '비중'이 측정하고자 하는 바의 함수가 될 수 있다고 믿었다. 예를 들면 고전에 관한 재능(예: 고대 그리스 로마 세계를 이해하는 능력)은 g와 s의 15:1 비율로 이루어진다고 주장했다. 이것은 일반적인 지능이 고대 시대를 이해하는 특수 지능 능력보다도 더 중요하다고 주장하는 것과 일치한다. 반대로 그는 일반적인 지능(g)과 음악에 대한 특수 지능(s)은 1:4의 비율이라고 주장했다. 즉, 음악에 있어서는 음악에 대한 특수 능력이 다른 일반적인 지능보다 더 중요하다고 밝혔다(Spearman, 1970). 비록 그의 이론은 지능 모형에 있어 초창기 이론이기는 하지만 아직까지 많은 연구자가 g 요인을 전반적이고 일반적인 지능으로, s 요인을 여러 특수 지능으로 이해하는 개념을 고수하고 있다.

스피어만
(Spearman)
g와 s 요인으로 이루어진 지능이론으로 알려짐

서스톤의 다중 요인 접근법

다중 요인 분석 기법을 사용하여, **서스톤**(Thurstone)은 정신적 능력 혹은 7가지 기본 요인을 기반으로 하는 지능 모형을 발전시켰다. 비록 그의 연구가 스피어만의 일반적 지능(g) 이론을 입증하고 있지는 않지만, 서스톤은 7가지 기본 요인들 중에 이러한 일반적 지능 이론이 공통적으로 존재할 수 있는 가능성을 배제하지는 않는다(Thurstone, 1938). 언어적 의미, 숫자 능력, 단어 사용 능력, 인지 속도, 공간 능력, 이성, 기억력이 그가 이야기하는 7가지 기본적 정신 능력에 속한다.

서스톤(Thurstone)
지능이 7개 정신 능력으로 구성된다고 주장함

버넌의 지능 계층 모형

지능 모형 중에서 가장 잘 만들어진 동시에 널리 쓰이는 것은 버넌의 계층 모형일 것이다(Vernon, 1961). 필립 **버넌**(Philip Vernon)은 위계적 방식을 통해 지능의 하위 구성요소들을 통합함으로써 일반적(g) 요인 점수를 구할 수 있다고 믿었다. 그의 모형은 네 가지 레벨로 나뉘며, 각 하위 레벨이 다음 상위 레벨을 형성하는 위계적 형식으로 이루어져 있다. 최상위 레벨은 스피어만의 일반적 요인(g)과 비슷하며 가장 많은 변수가 포함된 것으로 알려져 있다. 두 번째 상위 레벨은 두 가지의 중요 요인으로 나뉜다. 그중 하나는 v:ed로, 이 요인은 언어적 및 교육적 능력을 담당한다. 또 다른 요인 k:m은 기계적-공간적-활동적 능력을 포함하고 있다. 세 번째 레벨은 소수집단 요인으로 구성되며, 네 번째 레벨은 그림 9.1에서 확인할 수 있는 바와 같이 특수 요인으로 불린다.

버넌(Vernon)
오늘날 대개의 지능 검사가 채택하고 있는 계층적 접근을 개발함

길퍼드의 다중 요인/다차원 모형

길퍼드(Guilford, 1967)는 120가지 요인을 기반으로 한 지능 검사를 독자적으로 개발했다. 마치 처음 개발된 120가지 요인 기반 검사가 부족하기라도 한 것처럼, 그는 후에 180가지 요인 검사로 검사의 영역을 확장했다. 그의 삼차원 모형(three-dimensional model)

길퍼드(Guilford)
정육면체 모양을 활용한 지능 모형으로서 180개 요인을 개발함

그림 9.1 버넌의 능력 계층 구조를 나타내는 다이어그램 삽화

은 '정육면체(cube)'로 묘사되고 있으며, 세 가지 종류의 인지 능력(cognitive ability) 영역을 포함하고 있다. 첫 번째는 작동(operations), 즉 일반적으로 우리가 이해를 위해 사용

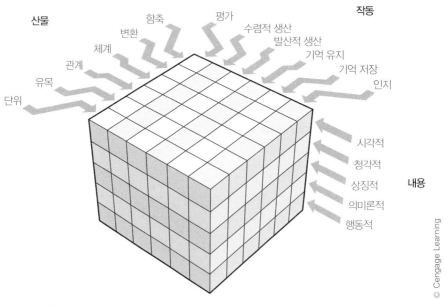

그림 9.2 길퍼드의 다중 요인 지능 모형

출처: Guilford, J. (1988). Some changes in the structure of the intellect model. *Educational and Psychological Measurement*, 48, 1–4, p. 3.

하는 지적 과정이다. 두 번째는 내용(contents), 즉 우리가 스스로의 지적인 과정을 어떻게 적용하는가에 대한 것이며, 마지막은 산물(products), 즉 작동 능력을 내용에 어떤 방식으로 적용하는지에 따라 달려 있다. 다른 종류의 정신적 능력은 과정, 내용, 산물의 조합을 필요로 하고 있다고 그는 주장했다(그림 9.2 참조). 모든 가능한 조합은 ($6 \times 6 \times 5$) = 180 요인으로 귀결될 수 있다. 다중 요인 모형은 넓은 범위의 지능을 평가할 수 있는 방법일 수 있으나(Guilford, 1967), 이 모형은 활용하기에 너무 불편하다는 평가를 받고 있으며, 관련 분야에 큰 영향을 미치지 못했다.

커텔의 유동성 지능과 결정성 지능

지능 검사에서 문화적 편향을 제거하기 위한 시도를 통해, **커텔**(Cattell)은 학습에 기반한 정보(문화적 영향에 가장 큰 영향을 받는 부분)를 제거하면 원래의 혹은 학습되지 않은 능력들이 다른 점수를 제공한다고 보았다(Cattell, 1971). 그는 다음으로 지능을 이루는 두 가지 '일반적 요인'에 대한 가능성을 고려했다. '유동성 지능(fluid intelligence, g_f)', 즉 문화적 영향으로부터 자유로운 지능이 여기에 속하는데, 이것은 새로운 학습에 영향을 받지 않는다고 주장했다. '결정성 지능(crystallized intelligence)'은 g_c로 표기되며 이것은 우리의 경험, 학업, 문화, 동기에 따라서 영향을 받는 것이라고 했다(Cattell, 1979). 유동성 지능에 대해 가족 사이에 유전적으로 설명되는 분산은 약 0.92로서, 이는 만약 당신의 부모가 그것을 갖고 있다면 당신 역시 가질 가능성이 높다는 뜻이다(Cattell, 1980). 기억력 혹은 공간적 능력이 이 분야에 속한다.

커텔(Cattell)
유동성(타고난) 지능 및 결정성(학습된) 지능을 구별함

예상할 수 있듯이, 결정성 지능은 나이가 들면서 증가하는 지능이지만, 많은 연구 자료에 따르면 유동성 지능은 나이가 들면서 감퇴하는 추세를 보인다(BOX 9.1 참조). 따라서 많은 이론가는 지능(g)이 수명에 따라서 고르게 유지되고 있다고 생각한다(그림 9.3 참조). 이 장 뒷부분에서 특수 지능 검사를 다룰 때, 커텔의 아이디어가 그들의 연구 발전에 어떠한 방식으로 영향을 주었는지 살펴볼 것이다.

BOX 9.1
유동성 지능과 결정성 지능의 예시

우리 대학교에는 전통적인 혼합 연령대의 학생들뿐만 아니라 35세 전후의 나이가 많은 학생들이 있다. 예를 들 때 이 학생들을 관찰하면 흥미롭다. 마지막에 남아서 시험을 보는 5~6명의 학생들은 예외 없이 모두 나이가 많은 학생들이다. 물론 그들이 좀 더 조심성이 많아서일 수도 있지만, 유동성 지능의 감퇴가 주요한 이유이다. 그렇다고 나이가 많은 학생들은 성적이 낮을까? 절대로 그렇지 않다! 사실 그들의 성적은 젊은 학생들보다 높지는 않을지라도 젊은 학생들과 비슷한 성적을 받는다. 왜 그럴까? 그것은 나이가 많은 학생들은 유동성 지능의 감퇴를 겪지만, 그들의 결정성 지능이 그 차이를 보충하고 있기 때문일 것이다!

– 찰리 포셋(Charlie Fawcett)

© Cengage Learning

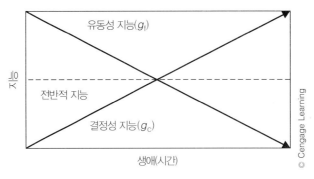

그림 9.3 생애에 걸친 유동성 지능 및 결정적 지능의 비중

피아제의 인지발달이론

피아제(Piaget)

학습에서의 동화와 조절을 강조하는 인지 발달 모형

피아제(Piaget, 1950)는 지능 검사에 있어 요인적 관점보다는 발전적 관점으로 접근했다. 아이의 인지가 나이를 들면서 발전하는 모습을 수년간 관찰한 결과, 인지적 발전의 네 가지 단계가 있다는 이론을 개발했다. 감각운동기(sensorimotor), 전조작기(preoperational), 구체적 조작기(concrete operational), 형식적 조작기(formal operational)로 이루어진 네 단계를 기반으로 인지적 발전이 이루어진다고 생각한 그는 인지적 발전이 적응적이라고 믿었다. 환경으로부터 새로운 정보가 주어지면 우리는 태생적으로 그 정보를 받아들이고 자신만의 방식으로 수용하여 이해하고 그것을 우리의 삶과 균형을 맞추도록 프로그램되어 있다는 것이다.

그의 주장에 따르면 우리는 두 가지 수단, 즉 동화(assimilation)와 조절(accommodation)을 통해 균형을 맞추면서 정신적 구조를 적응해나간다고 보았다. 동화는 새로운 상황이나 정보를 이미 존재하고 있는 인지적 구조에 결합하는 것이라고 한다. 반면 조절은 새로운 인지적 구조와 행동을 새로운 상황에 맞도록 창조하는 것이다. 예를 들면 부모는 어린아이에게 '뜨겁다'라는 단어를 가르치면서 특정 물건(예를 들면 다리미나 난로 같은)을 만지면 안 된다는 것 역시 가르치며, 혹 만지게 된다면 나쁜 상황이 일어난다는 것을 주입한다. 그 설명을 들은 아이는 난로는 '뜨겁기' 때문에 조심하고 피해야 하는 것임을 알게 된다. 덧붙이자면, 아이가 뜨거운 물건 근처에 있을 때마다 아이는 자동적으로 그것을 조심하고 피해야 한다는 사실을 알게 되는 것이다(예를 들면 성냥, 석탄, 프라이팬 등). 새로운 물건이 피해야 하는 것으로 동화되는 것이다.

성장하면서, 아이는 모든 뜨거운 물건이 언제나 뜨거운 것은 아니라는 사실을 알게 되고 그것을 새로운 정보로 조절하게 된다. 예를 들면, 난로가 항상 뜨겁지는 않다는 사실을 알게 된 아이는 '난로'라는 물건이 뜨거워질 수도 있고 차가워질 수도 있다는 개념을 스스로 만들어내서 적용한다. 결과적으로 난로를 대하는 아이의 태도는 이 정보를 자신의 정신적 틀에 적용하고 조절함에 따라 달라질 수 있다.

동화와 조절이 학교에서 배우는 중요한 개념 학습에 얼마나 중대한 영향을 미치는지 생각해보라. 덧셈에서 곱셈(곱셈이 덧셈의 다음 단계라는 가정하에)으로 진도가 넘어갈 때를 예로 들 수 있다. 또한 당신은 이미 가지고 있는 이해의 구조를 기반으로 이 글을 읽고 있으며 동화와 조절 행위를 하고 있음을 생각해보라! 비록 피아제의 인지적 발전에 대한 이해는 직접적으로 학습이 발생하는 양에 대해서는 언급하고 있지 않지만, 교사 등에게 대단히 중요한 개념인 학습의 과정을 강조하고 있다.

가드너의 다중지능이론

대부분의 다른 지능 모형과 지능이 측정되는 방식에 격렬하게 반대했던 **가드너**(Gardner, 1999, 2011)는 기존의 지능에 대한 인식을 마음에 대한 '계량막대이론'이라고 말했다. 마치 두뇌 속에 지능에 대한 구체적 양이나 수준이 존재하고 계량막대를 머릿속에 넣어서 그 사람이 얼마나 머리가 좋은지를 정확하게 읽어낼 수 있다는 것이다(Gardner, 1996). 이 접근과는 반대로, 그는 지능이란 인간이 현재 가지고 있는 수단으로 가늠하고 측정하기에는 너무나도 복잡하고 광대한 것이라고 생각했다.

　뇌 손상을 입은 개인에 대한 연구와 뇌, 진화, 유전학, 심리학, 인류학에 대한 자료를 기반으로 그는 다중지능이론을 개발했다. 다중지능이론은 8개 혹은 9개 정도의 지능들이 존재한다고 보며, 더 깊이 있는 연구를 통해 더 많은 지능이 발견될 수도 있다고 본다. 아래는 9개 지능에 대한 설명이다. 여기서 9번째 지능인 존재적 지능은 그 타당성이 연구를 통해 확실하게 입증되지는 못했다(Gardner, 2003).

1. 언어-언어학적 지능(Verbal-Linguistic Intelligence): 잘 발달된 언어적 능력과 소리와 의미 그리고 단어의 리듬에 반응하는 감수성
2. 수학적-이성적 지능(Mathematical-Logical Intelligence): 개념적이고 추상적인 방식으로 사고할 수 있는 능력, 숫자의 패턴이나 이성적 패턴을 식별할 수 있는 능력
3. 음악적 지능(Musical Intelligence): 리듬, 음색, 음질을 즐기고 구상할 수 있는 능력
4. 시각적-공간적 지능(Visual-Spatial Intelligence): 이미지와 그림을 두고 사고할 수 있는 능력, 자세하고 추상적으로 시각화할 수 있는 능력
5. 신체적-운동감각적 지능(Bodily-Kinesthetic Intelligence): 자신의 몸 움직임을 통제하고 사물을 능숙하게 다룰 수 있는 능력
6. 대인관계의 지능(Interpersonal Intelligence): 분위기, 동기 그리고 타인의 욕망을 감지하고 적절히 대응할 수 있는 능력
7. 내적 지능(Intrapersonal Intelligence): 스스로에 대한 자각과 자신의 기분, 가치, 믿음과 사고 과정을 다스리는 능력
8. 자연적 지능(Naturalist Intelligence): 식물, 동물, 그리고 자연에 귀속된 다른 것들을 식별하고 분류할 수 있는 능력
9. 존재적 지능(Existential Intelligence): 인간의 존재, 예를 들면 삶의 의미, 왜 우리가

가드너(Gardner)
새롭지만 실제 적용이 어려운 다중 지능에 대한 이론 개발

죽는가 그리고 우리는 어떻게 이곳에 왔는가와 같은 심오한 질문에 대해 감지할 수 있는 감수성과 그것을 기반으로 사고할 수 있는 능력

가드너의 지능에 대한 이해는 혁명적이긴 하지만 아직 주류 이론이라고 볼 수는 없다. 하지만 교육 및 비교육적 분야에서 이 이론에 대한 동조가 점점 커지고 있는 추세이다. 그가 확인한 지능 범주들이 새로울 뿐만 아니라, 지능을 이해하는 방법 또한 아래에 정리한 바와 같이 남다른 측면이 있다.

1. 모든 인간은 지능의 어느 정도를 가지고 태어난다.
2. (심지어 일란성 쌍둥이조차도) 모든 인간은 각자의 고유한 분야와 정도의 지능을 갖고 있으므로 모두의 지능은 다 다르다.
3. 지능은 인간이 스스로의 목적이나 관계에 있어 발현하는 차이에 따라서 명백해진다.
4. 지능이란 독립적으로, 혹은 함께 작용될 수 있는 것이며 뇌의 특정 부분에서 각 지능의 위치도 다르다(Gardner, 2003, 2011).

삼원이론(triarchic theory)

성분적, 경험적, 맥락적 하위 이론들

스턴버그의 성공지능을 위한 삼원이론

가드너와 마찬가지로, 스턴버그(Sternberg, 2009, 2012) 역시 지능에 대한 새로운 관점을 갖고 있다. 그는 개인의 지능이란 자신의 능력과 재능을 사용하고, 그것을 환경에 맞추어 조율하며, 새로운 상황에 적응하는 것이라고 믿었다. 그가 말하길

성공적 지능이란 (1) 삶에서 필요한 성공을 얻기 위해 요구되는 능력들을 통합적으로 사용하는 것이다. 하지만 개인은 그것을 자신의 사회문화적 맥락에 맞추어 정의해야 한다. 인간은 다음과 같은 덕목으로서 성공적 지능을 갖게 된다. (2) 그들의 장점을 알고 그것을 극대화하는 것, 동시에 자신의 약점을 알고 그것을 고치거나 더 나은 방향으로 바꾸려고 해야 한다. 성공적 지능을 가진 인간은 (3) 자신의 환경에 적응하며, 그것을 가꿔나가고, 더 나아가 자신의 환경을 선택하는데, 이것은 (4) 분석적이고 창의적이며 실용적인 능력을 사용하여 삶의 균형을 찾아나감으로써 가능하다. (Sternberg, 2012, pp. 156~157)

스턴버그의 모형은 그가 이야기하는 세 가지 하위 이론, 즉 성분적(componential), 경험적(experiential), 맥락적(contextual) 이론으로 이루어져 있다(Sternberg, 2012; 그림 9.4 참조).

스턴버그의 모형에 따르면 성분적 하위 이론(가끔 분석적 측면이라고도 불린다)은 좀 더 전통적인 방식의 지능과 고차원적인 사고방식(메타요소(metacomponents))와도 관련이 있으면서, 우리의 고차원적 사고방식(수행(performance))에 대해 어떻게 행동하느냐, 그리고 지식을 축적하고 이용하는 전략(지식 습득)이 여기에 속한다.

경험적 하위 이론은 상황에 따라 창조적 측면이라고도 불리며, 인간이 새로운 상황에 대처하는 능력을 뜻하는데, 과제가 주어졌을 때 그것에 무의식적으로 집중하는 능력과 다

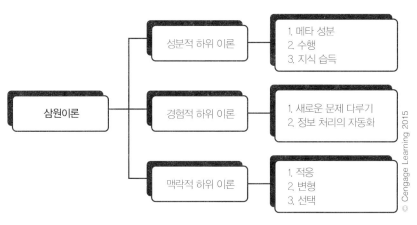

© Cengage Learning 2015

그림 9.4 스턴버그의 성공지능을 위한 삼원이론

연습문제 9.1 | 성공적인 학교생활을 위해 지능을 사용하기

교실 수업에서, 위에서 다룬 성분적, 경험적, 맥락적 지능에 대해 말해보자. 당신의 전공이나 대학원 과정을 성공적으로 이수하려면 그것들이 필요한가? 각 지능 유형은 상호 영향을 미치는가?

른 과제가 주어졌을 때 고루 집중할 수 있는 능력(예를 들면, 멀티태스킹)을 말한다. 창조적인 사고를 가진 인간은 새로운 상황에 집중하고 그것을 수반하려 애쓰며, 결국에는 미래에 비슷한 상황이 닥쳤을 때 무의식적으로 상황을 다루어, 그 상황이 더 이상 새로운 상황이 아닐 수 있도록 만든다.

마지막으로 맥락적 하위 이론은 실용적 측면으로도 알려져 있으며 변화무쌍한 환경에 적응하는 능력으로, 개인이 자신의 목적에 도달하기 위해 자신의 환경을 어떤 식으로 바꿀 수 있는지, 그리고 만약 수용과 환경의 변화가 성공적이지 않다면 새로운 상황을 선택하는 것이다('과거의 환경을 포기하는 것').

비록 스턴버그는 자신의 이론이 보편적이라고 믿었지만, 적용 방법은 문화마다 다르다. 예를 들면 한 문화에서 고차원적인 사고를 한다고 판단되는 인간은 다른 문화에서는 다르게 보일 수도 있으며, 이는 새로운 상황과 환경에 따라서 인간은 변하며 문화에 따라서 사고와 지능이 바뀔 수 있다는 것이다(연습문제 9.1 참조).

커텔-호른-캐럴(CHC)의 지능 통합 모형

이전의 이론들처럼, 호른과 커텔(Horn & Cattell, 1966) 역시 다중 지능에 대한 아이디어를 연구했다. 요인 분석(factor analysis)을 이용하여, 여섯 가지 요인(유동성 지능과 결정성 지능, 일반적 시각화, 일반적 속도, 개념 라벨을 이용하는 기능, 조심성)을 어떤 방식으로 이해하면 되는지를 제시했다. 이 연구는 후에 더 넓게 확장된다(Carroll, 1993). 최근 들어 호른과 블랭슨(Horn & Blankson, 2012)은 8개 혹은 9개로 요인으로 이론화했으

CHC 이론
정신 능력과 관계된 16개 요소

며 캐럴(Carroll, 2005), 그리고 슈나이더와 맥그루(Schneider & McGrew, 2012)는 세 가지 능력(운동지각 능력, 후각 능력, 촉각 능력)을 덧붙여서 옹호하는 연구를 마쳤다. 그들의 연구는 가드너(Gardner, 2003, 2011)의 다중 지능과 스턴버그의 성공지능에 대한 삼원이론의 설명을 돕는다.

커텔, 호른, 캐럴의 연구를 바탕으로, 통합 모형이 개발되었다(McGrew, 2009; Schneider & McGrew, 2012). CHC는 16개의 광범위한 능력 요인을 포함하고 있으며, 그중 6개는 시험적인 것이다(표 9.1 참조). 덧붙이자면, 이러한 접근은 70개가 넘는 작은 능력들을 몇 개의 다른 요인들로 묶는다. 마지막으로 캐럴(Carroll, 1993)을 통해 g 요인이 여러 능력을 중재하고 있다고 주장했고, 커텔과 호른은 반대로 그렇지 않다고 밝혔다(Horn & Blankson, 2012). 이러한 차이에도 불구하고 그들의 이론들은 하나로 잘 묶일 수 있다.

표 9.1 광범위한 CHC 요인*

자유 영역

유동적 추리(Gf): "이전에 배워왔던 습관, 도식, 대본(이 경우 의역하자면 책이나 정보)에 온전히 의지할 수 없는 새롭고 즉각적으로 해결되어야 하는 문제에 대한 정교하면서도 유연한 통제"

기억력

단기 기억력(Gsm): "즉각적인 인지를 위해 암호화하고 유지, 정보를 수정/통제할 수 있는 능력"
장기 축적과 인출(Glr): "기억을 축적하고, 고체화하며, 정보를 일정 기간 이상의 시간—분, 시, 일, 혹은 연 이상으로 다시 인출함"

일반적 속도

*정신운동 속도(Gps): "신체가 움직일 때 발생하는 속도와 유동성"
과정 속도(Gs): "간단한 반복적인 과제를 빠르고 유동적이게 수행할 수 있는 능력"
반응과 결정 속도(Gt): "아이템이 하나씩 보이는 동안 간단한 판단, 혹은 결정을 결정하는 속도"

운동 근육

*운동 감각 능력(Gk): "자기수용성 감각을 사용하여 의미 있는 정보를 감지하고 행동에 옮길 수 있는 능력"
*신체적 운동 신경(Gp): "신체적 운동 움직임을 자각, 조직, 혹은 힘을 조절하여 수행할 수 있는 능력(예를 들면 손가락, 손, 다리들의 움직임)"

감각

*후각적 능력(Go): "냄새와 관련된 의미 있는 정보를 감지하고 행동에 옮길 수 있는 능력"
*촉각적 능력(Gh): "촉각과 관련된 의미 있는 정보를 감지하고 행동에 옮길 수 있는 능력"
시각적 능력(Gv): "문제를 풀기 위해서 자극된 정신적 이미지를 이용할 수 있는 능력(종종 최근에 자각된 이미지와 통합해서)"
청각적 능력(Ga): "소리와 관련된 의미 있는 정보를 감지하고 행동에 옮길 수 있는 능력"

습득한 지식

읽기와 쓰기(Grw): "지식의 깊이와 폭, 그리고 쓰인 언어와 관련된 기술"
양적 지식(Gq): "수학과 관련된 지식의 깊이와 폭"
지식의 이해(Gc): "지식의 깊이와 폭, 그리고 자신이 속한 문화에서 중요시되는 기술"
*특수 영역 지식(Gkn): "특수 영역에 귀속되는 지식의 깊이와 폭, 숙달 정도(사회의 모든 사람이 갖지 못하는 지식의 종류)"(McGrew & Schneider, 2012, pp. 111~137)

---

* = 잠정적 요인들

출처: McGrew, K. S., & Schneider, K. S. (2012). The Cattell–Horn–Carroll model of intelligence. In Flanagan & P. L. Harrison (Eds.), *Contemporary Intellectual Assessment: Theories, Tests, and Issues* (3rd ed., pp. 99–144). New York: Guilford Press.

지능이론 요약

지금까지 살펴봤듯이, 이론에 따라 지능은 다양하게 정의된다. 따라서 지능 검사는 이러한 지능의 정의를 반영하여 구성된다. 표 9.2는 이 장에서 다루는 각 이론들의 중요점을 요약하고 있다. 이 이론들을 기반으로 지능 검사를 개발한다면 당신이 측정할 것에 대해 고려해야 한다.

표 9.2 지능 모형의 요약

이론적 모형	요인/계수의 수	요인/계수의 특징 설명
스피어만의 두 요인 접근법	2개: g와 s	g 요인은 일반적인 지능을, s 요인은 특수 능력을 중재하는 것으로 상징된다. g와 s의 비율은 개인의 능력에 따라서 달라진다.
서스톤의 다중 요인 접근법	7개	다중 요인에 대한 연구는 g와 관련된 7가지 중요 요인이 있다고 믿는다. 이것은 언어적 의미, 숫자 능력, 단어 구사 능력, 인지 속도, 공간 능력, 이성, 기억력에 해당한다.
버넌의 지능 계층 모형	4개의 계층 레벨	다음과 같은 4개의 레벨을 포함한다. (1) 가장 높은 레벨이자 가장 큰 개인차의 원천인 g, (2) 언어−숫자−교육 분야를 포함하고 있는 주요 그룹 요인(v:ed), (3) 실용적−기계적−공간적−신체적 능력인 비주요 그룹 요인(k:m), (4) 특수 요인
길퍼드의 다중 요인/다차원 모형	180개의 요인으로 이루어진 삼차원 모형	세 종류의 인지 능력: 작동(이해를 위해 사용하는 6개의 과정), 내용(사고를 할 때 수행하는 6개의 과정), 산물(작동 능력을 내용에 적용하는 5개의 실행 가능한 방법($6 \times 6 \times 5 = 180$의 가능성))
커텔의 유동성 지능과 결정성 지능	2개	두 가지 g 요인: 유동성 지능(g_f), 즉 문화 기반에서 자유로운 지능으로 우리가 타고나는 것과 함께, 결정성 지능(g_c), 즉 우리가 경험과 교육, 문화와 동기에 따라서 쌓아 올릴 수 있는 지능
피아제의 인지발달이론	2개: 흡수와 수용	인지 습득 모형이 아닌 과정 모형. 동화란 새로운 정보나 환경을 이미 존재하는 인지적 구조에 비견하여 수용하는 것을 뜻하며, 조절이란 새로운 인지적 구조를 창조하거나/혹은 그와 함께 새로운 자극을 대하는 태도를 뜻한다. 우리는 이 과정을 통해서 '학습'한다.
가드너의 다중지능이론	8개 혹은 9개	비전통적인 모형으로서, 모든 사람이 다른 레벨을 갖고 있다고 주장한다. 그 다른 레벨의 종류로 언어−언어학적 지능, 수학적−이성적 지능, 음악적 지능, 시각적−공간적 지능, 신체적−운동감각적 지능, 대인관계의 지능, 내적 지능, 자연적 지능, 존재적 지능이 있다.
스턴버그의 성공지능을 위한 삼원이론	상호적 세 가지 하위 이론과 그것에 귀속된 두 가지 혹은 세 가지 구성	세 가지 하위 이론: (1) 분석적 이론(고차원적인 사고를 하고 그것을 과정으로 만드는 능력), (2) 실험적/창조적 이론(새로운 환경을 다루는 능력, 혹은 자동적 과제를 수행하는 능력), (3) 맥락적/실용적 하위 이론(목적을 위해 새로운 환경을 고르고, 수용하며, 자신에게 맞출 수 있는 능력)
커텔−호른−캐럴의 지능 통합 모형	10개 혹은 16개	유동적 추리(Gf), 단기 기억력(Gsm), 장기 축적과 인출(Gir), 정신운동 속도(Gps), 과정 속도(Gs), 반응과 결정 속도(Gt), 운동 감각 능력(Gk), 신체적 운동 신경(Gp), 후각적 능력(Go), 촉각적 능력(Gh), 시각적 능력(Gv), 청각적 능력(Ga), 읽기와 쓰기(Grw), 양적 지식(Gq), 지식의 이해(Gc), 특수 영역 지식(Gkn)의 16가지 능력으로 이루어져 있으며, g 요인과 관련 및 비관련된 70개가 넘는 과제로 만들어졌다.

지능 검사

방금 앞에서 논의한 지능 모형들이 지능 검사의 기초가 되는 것은 당연하다. 따라서 오랫동안 많은 종류의 지능 검사가 일반적 지능(g), 특수 지능(s), 유동성 및 결정성 지능 그리고 전통적으로 지능 능력과 관련이 있는 그 밖의 요인들을 측정하기 위해 고안되었다. 하지만 지능 검사는 인간의 지능과 지능에 관련된 역량의 일정 부분만 측정한다는 사실을 기억해야 한다. 사실, 이런 종류의 검사는 학교나 직장, 다른 여러 활동 분야의 수행 능력을 추정하는 것이다. 지능 검사는 일정 부분 타고난 능력을 측정한다고 볼 수 있지만 광범위한 범위의 가정, 문화, 사회적 요인에 따라서 이 검사의 점수는 달라질 수 있으며(Rose, 2006), 어떤 부분에서 IQ는 한 개인이 평균적 상식, 개념, 그리고 문제 풀이 전략에 어느 정도 통달했는지를 반영하는 것이라고 볼 수 있다. 어떤 사람들의 지능 검사 점수는 의미 있게 증가하거나 감소기도 하는 만큼, 지능 검사 점수가 고정적인 것이 아님을 기억할 필요가 있다.

많은 지능 검사가 오늘날 행해지고 있지만, 스탠퍼드-비네 검사와 세 종류의 웩슬러(Wechsler) 지능 검사가 가장 많이 이용되고 있다. 따라서 어린이를 위한 코프먼(Kaufman) 평가 시험 같은 검사와 더불어 앞에서 언급한 두 종류의 검사를 검토해볼 것이다. 그뿐 아니라 비언어적 지능 검사의 개념을 소개하고 비언어적 지능의 포괄적 검사 제2판(CTONI-2: Comprehensive Test of Nonverbal Intelligence, Second Edition), 보편적 비언어 지능 검사(UNIT: Universal Nonverbal Intelligence Test)와 웩슬러의 비언어적 능력 척도(WNV: Wechsler Nonverbal Scale of Ability)를 소개할 것이다.

스탠퍼드-비네 제5판

세상에 가장 널리 알려진 검사는 아마도 1904년에 알프레드 비네가 만든 스탠퍼드-비네 지능 검사일 것이다. 1장에서 언급했듯이, 스탠퍼드 대학교의 루이스 터먼은 비네의 초기 검사를 기반으로 고안했으며, 이때부터 2003년까지 꾸준히 개정판을 만들어왔다.

스탠퍼드-비네 제5판(SB5: Stanford-Binet, Fifth Edition)
루팅 검사를 활용하여 검사 시작 수준을 결정하고 개인 최대 한계치 수준에서 종료: 5개 요인에 대해 언어 및 비언어적 지능을 측정

스탠퍼드-비네 제5판(SB5: Stanford-Binet, Fifth Edition)은 45~75분 사이에 개인적으로 치는 시험으로서, 2세부터 85세 이상까지 볼 수 있는 시험이다(Johnson & D'Amato, 2005; Kush, 2005). 모든 연령층의 개인은 각자 이성적으로 이해 가능한 시험을 가지고 이 시험을 칠 수 있고, 단어 라우팅 검사(vocabulary routing test)를 이용하고 있으며, 개인의 레벨에 따라서 어느 수준부터 학습을 시작해야 하는지에 대한 측정이 포함되어 있다. 예를 들면, 35세의 기술자는 초등학생 수준 수학 부분의 모든 질문에 대한 답을 할 필요는 없는 것이다. 라우팅 검사를 적용하면, 35세의 엔지니어가 어느 부분부터 시험을 시작해도 되는지를 알 수 있다. 다음으로 기초 레벨이 결정된다면, 하나 혹은 두 개의 개인 레벨을 기반으로 바로 자신에게 맞는 검사를 시작할 수 있다. 검사는 개인의 최대 한계치까지 실시되며, 질문의 75%를 틀리면 그 레벨에서 멈추게 된다. 검사를 받는 사람이 지루

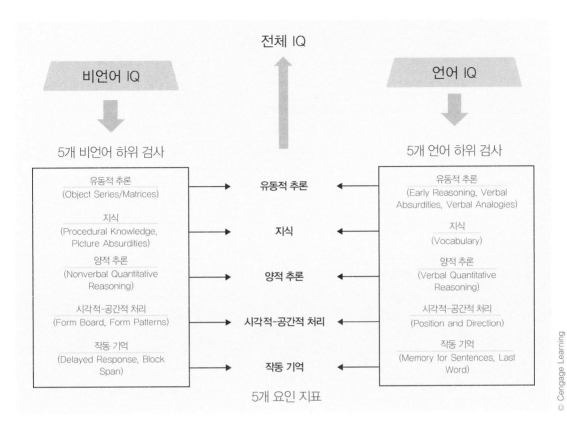

그림 9.5 스탠퍼드–비네 제5판의 구성

해하지 않도록 하기 위해 기초 레벨과 개인 최대 한계치 레벨은 중요하다. 만약 모든 문항을 봐야 하는 상황이라면 시험을 치는 개인이 지루해할 것이고, 스스로 실패감을 느끼게 될 것이다. 이런 기초, 최대치 레벨은 다른 평가 과정에도 존재하며, 지능을 이해하는 데 중요한 개념으로 여겨진다.

SB5는 언어적, 비언어적 지능을 다섯 가지 요인으로 나누는데, 유동적 추론, 지식, 양적 추론, 시각적-공간적 처리, 작동 기억이 여기에 포함된다. 이 분리는 또다시 10가지 하위 검사(2개의 영역 × 5가지 요인)로 나뉜다(그림 9.5 참조). 하위 검사의 점수 차이와 언어적/비언적 요인의 점수 차이는 학습장애를 발견할 수도 있다.

비록 이 검사의 예전 버전에서는 평균 100, 표준편차 16이었으나, 이제는 다른 검사와 마찬가지로 평균 100, 표준편차 15이다(Johnson & D'Amato, 2005). 하위 검사는 평균 10, 표준편차 3이며, 다른 표준화된 점수 역시 적용이 가능하다(예를 들면 백분율, 학년 점수, 자세한 설명까지도 가능하다). 최근에 발표된 개정판의 장점은 SB5 점수 프로™(SB5 Scoring Pro™)을 제공하고 있다. 이것은 윈도우 기반의 소프트웨어 프로그램에서 사용자가 자신의 점수를 입력하면 평균 점수로 환산해주며, 평가된 영역과 관련된 여러 가지 프로파일을 제공하게 되어 있다. 그림 9.6은 스탠퍼드-비네의 결과 해석지 예시이다.

SB5는 2000년 U.S. 인구조사에서 4,800명의 사람을 무작위 추출한 규준집단을 기반으로

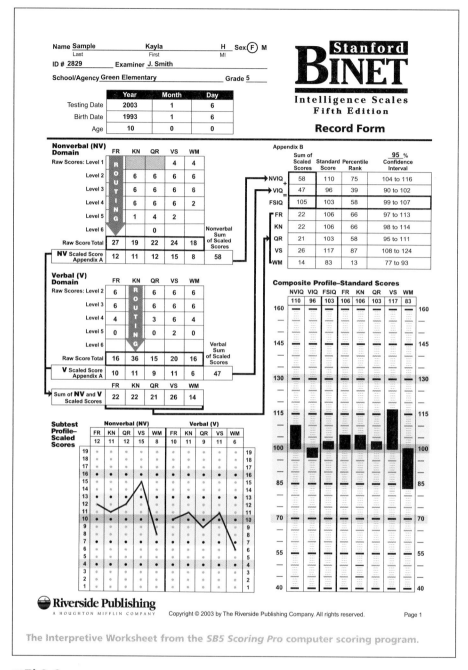

그림 9.6 SB5의 결과 해석지

이 해석지에서 다음을 볼 수 있다(반시계 방향). (1) 기본 인구 정보, (2) 기본 나이를 결정하는 데 도움을 주는 루팅 점수, (3) 언어, 비언어 하위 검사와 눈금으로 표기된 점수(M = 10, SD = 3), (4) 언어 IQ와 비언어 IQ, DIQ를 이용한 전체 IQ, 백분율, 신뢰구간(절대평가 기반)의 비교, (5) 언어 IQ와 비언어 IQ, 전체 IQ, DIQ를 이용한 하위 검사 점수

출처: Houghton Mifflin Harcourt. (2003). *The Stanford-Binet Intelligence Scales, Fifth Edition.* Retrieved from http://www.riverpub.com/products/sb5/securesite/list.html

한다. 성, 인종, 지역, 사회경제적 지위에 편향된 문항이 있는지 검토되었다. 각 하위 검사의 반분 신뢰도와 검사-재검사 신뢰도는 평균적으로 0.66~0.93이며, 모든 연령대에서 전체 IQ 측정 신뢰도는 평균 0.97~0.98로 꽤 높다(Roid, 2003). 내용 타당도는 7년간의 개발 과정 동안 문항의 전문적인 판단과 발전된 통계적 방법이 사용된 문항 분석이 포함되었다. 준거 관련 타당도는 이전 스탠퍼드-비네 검사와 0.90 정도로 상당한 상관관계를 보였다. 우수학생들이나 지적으로 장애가 있는 학생, 학습장애가 있는 학생 같은 특수한 집단에서의 예측 타당도 역시 높았다. SB5와 웩슬러 검사, 우드콕-존슨 인지 능력 검사 III, 우드콕-존슨 성취도 검사 III, 웩슬러 개인 성취도 검사와의 상관계수는 0.53~0.84였다. 기술 매뉴얼 217페이지에는 신뢰도와 타당도의 증거를 보여주는 그 밖의 발전된 통계 분석이 있다.

웩슬러 검사

스탠퍼드-비네 검사가 가장 널리 알려진 검사이긴 하지만, 웩슬러의 세 가지 지능 검사는 오늘날 더 애용되는 검사이다. 스탠퍼드-비네 검사와는 달리, **웩슬러 검사**(Wechsler scales)는 여러 연령층의 지능을 평가하며, 각 웩슬러 검사는 그룹으로 선택할 수 있다. 예를 들어 WPPSI-III(유치원생과 초등학생을 위한 지능 검사 제3판(Wechsler Preschool and Primary Scale of Intelligence, Third Edition))는 2세, 6개월~7세, 3개월짜리를 위한 시험이고, WISC-IV(아이들을 위한 웩슬러 지능 검사 제4판(Wechsler Intelligence Scale for Children, Fourth Edition))는 6~16세까지 적용되며, WAIS-IV(웩슬러 성인 지능 검사 제4판(Wechsler Adult Intelligence Scale, Fourth Edition))는 16~90세까지의 어른을 상대로 하고 있다. CHC(Cattell-Horn-Carroll)가 입증한 증거에 대한 많은 연구 결과 때문에, WISC-IV와 WAIS-IV 둘 다 이용자가 친숙하게 느낄 수 있는 평가이며, 정신적 감정에서 개선이 된 상당히 양호한 개정판으로 여겨진다.

세 가지 버전 모두 일반적인 인지 능력과 지적장애와 재능을 판단하는 데 도움을 주며 학습 문제를 평가하는 데 유용하다. 이 세 가지 시험 모두 부분적으로 비슷한 특징, 예를 들면 비슷한 하위 검사(특정 나이를 대변하는 평가라는 점을 제외하면)라고 볼 수 있다. 각 시험을 발전시키는 과정에서, 발간자는 2,000명의 무작위로 선별된 아이들, 혹은 성인의 표본을 뽑았으며 그들을 나이, 성별, 인종, 부모의 교육 수준, 지리적 거주지 등으로 나누어 표본을 만들었다. 덧붙이자면 그들은 지적 역할의 계속되고 있는 개요를 기반으로 하여 내용 타당도를 유지하려고 노력했으며, 기준 관련 타당도와 구인 타당도의 여러 상황을 고려하여 보여주려고 했다. 모든 시험의 신뢰도는 높은 편이다. 몇몇 하위 검사는 0.70대로 나오지만, 평균적으로 0.90의 중간대로 나타난다(Hess, 2001; Madle, 2005, Pearson, 2008a).

시험들의 목적이 비슷하기 때문에 서로 비슷한 형태를 띠고 있는데, 독자에게 어떤 느낌인지 알려주기 위해 아래에 웩슬러 지능 척도 중 가장 널리 사용되고 있는 **WISC-IV**를 예시로 넣었다. 표 9.3에서 WISC-IV의 하위 검사 15개에 대한 짧은 설명을 볼 수 있으며

웩슬러 검사 (Wechsler scales)
세 종류의 연령 집단을 위한 3개의 다른 검사 활용

WISC-IV
폭넓은 영역의 인지 능력을 측정하는 하위 검사로 구성; 총합 점수(g)는 10개 하위 검사 점수를 합하여 산출

표 9.3 하위 검사의 축약어와 설명

하위 검사	축약어	설명
블록 디자인(Block Design)	BD	구조적 모형이나 자극 책(Stimulus Book)의 사진을 보면서 아이는 빨간색과 흰색의 블록을 이용하여, 비특이적 시간 제한의 디자인을 재창조한다(시각-운동-공간적 능력).
유사성(Similarities)	SI	아이에게 일반적인 물건이나 개념을 상징하는 두 단어를 보여주고, 아이에게 그것들이 어떤 식으로 비슷한지 묘사하게 한다(추상적 언어 추론 능력).
숫자 외우기(Digit Span)	DS	바로 따라 외우기 시험에서는 아이가 병치된 숫자를 따라 읽거나, 시험관이 크게 읽어주는 숫자를 따라 읽게 된다. 거꾸로 따라 외우기 시험에서는 아이가 거꾸로 나열된 숫자를 따라 읽거나, 시험관이 크게 읽어주는 숫자를 따라 읽게 된다(단기 청각 기억).
그림 개념(Picture Concepts)	PCn	두 열 혹은 세 열의 그림을 받은 아이는 한 열에서 한 그림씩 뽑아 공통된 의미를 만들 수 있는 그림 그룹을 만든다(추상적 시각 추론 능력).
암호화(Coding)	CD	숫자나 간단한 기하학적 모양의 그림을 뽑아 짝을 맞추게 하여, 아이가 상징에 대한 이해를 얼마나 하고 있는지 알게 된다. 열쇠를 이용하여, 아이는 조화를 이루는 그림이나 상자를 제한된 시간 안에 그리며 무엇을 상징하는지 맞추어야 한다(단기적 시각 기억력과 소근육 운동 능력).
단어(Vocabulary)	VC	아이는 자극 책(Stimulus Book) 안에 포함된 그림 항목을 말한다. 언어 항목 평가로, 아이는 시험관이 큰 소리로 읽어주는 단어의 뜻과 정의를 맞춘다(언어적 추론 능력).
숫자와 철자(Letter-Number)	LN	숫자와 철자를 연속적으로 읽게 하고 숫자는 금방 읽은 것들을 거꾸로 읽게 하며, 철자는 말한 단어의 철자법을 맞추게 한다(단기 기억력 & 실행 능력 평가).
행렬 추론(Matrix Reasoning)	MR	아이는 불완전한 행렬로 이루어진 단어/문장/문단을 보게 되며, 빠져 있는 부분을 5개의 선택지에서 고른다(시각적/이성적 연속 능력).
이해력(Comprehension)	CO	아이의 전반적인 사회 생활 이해 능력에 따라, 질문에 답하게 된다(사회적 규범 이해력).
상징 추론(Symbol Search)	SS	정해진 시간 안에 아이는 그룹을 살펴보면서 목표하는 상징이 그룹 속의 어떤 상징과 맞아 떨어지는지 맞출 수 있다(시각적 과정 활동력).
그림 완성(Picture Completion)	PCm	아이가 그림을 보고 정해진 시간 내에 중요한 빠진 부분을 가리키거나 이름을 말한다.
소거(Cancellation)	CA	아이는 무작위로 배열된 사진과, 구조적으로 배열된 사진 모두를 보고, 정해진 시간 안에 목표하는 사진을 골라내도록 한다.
정보(Information)	IN	아이는 일반적인 상식의 주제에 대한 질문에 답을 한다.
연산(Arithmetic)	AR	정해진 시간 안에 아이는 종이나 필기구 없이 머릿속으로만 시험관이 불러준 연산 문제에 답을 한다.
단어 추론(Word Reasoning)	WR	아이는 일련의 단서들에서 묘사된 일반적인 개념을 구별한다.

참고: 위의 '설명'에서 괄호 안의 해당 능력은 출처에는 제시되어 있지 않음

출처: Wechsler, D. (2003). *WISC-IV administration and scoring manual* (pp. 2-3). San Antonio, TX: Harcourt Assessment, Inc.

(Wechsler, 2003), WPPSI-III나 WAIS-IV와 비슷한 점을 느낄 수 있을 것이다. 비록 특정 하위 검사는 서로 겹칠 수 있지만, 각 하위 검사는 다른 인지적 역할에 대한 다른 관점을 측정하고 있다.

WISC-IV는 전체 IQ 점수와 각 분야, 언어 이해 지수(VCI: verbal comprehension

표 9.4 하위 검사와 구성요소 지수*

VCI	PRI	PSI	VMI
유사성	블록 디자인	암호화	숫자 외우기
단어	그림 개념	상징 추론	숫자와 철자
이해력	행렬 추론	*소거*	*연산*
정보	*그림 완성*		
단어 추론			

© Cengage Learning

* 이탤릭체가 아닌 하위 검사는 전체 IQ 규모를 결정하기 위해 사용되었다. 이탤릭체 하위 검사는 '보충적 하위 검사'로 사용되었는데, 지수 구성요소 안에 있는 매겨진 점수 중 드러나는 큰 차이가 있을 때(예: 3점 이상의 점수 차이), 혹은 검사자의 실수나 장애를 이유로 검사를 받지 못하는 개인의 문제로 인해 이탤릭체가 아닌 검사들 중 하나를 대체하기 위해 사용되었다.

index), 지각 추론 지수(PRI: perceptual reasoning index), 작동 기억 지수(WMI: working memory index), 과정 속도 지수(PSI: processing speed index)라는 네 가지 첨부적인 구성 점수 지수를 포함하고 있다. 표 9.4에서 이탤릭체가 아닌 10가지 하위 검사는 전체 IQ 점수를 찾는 데 쓰이며, 이탤릭체로 쓰인 5개의 하위 검사는 몇몇 이유로 무효화되었고(예를 들어 아이의 특수 장애로 인해 틀린, 혹은 아이에게 적절하지 않은 방식 때문에), 첨부적 정보가 보장되어 있다.

네 가지 종합 점수 지수는 아이가 시험을 보는 데 중요한 부분, 예를 들면 아이의 장단점, 학습장애 진단을 결정할 수 있는 정보를 담고 있다. 하위 검사 점수는 평균 10과 표준편차 3(전체 IQ 점수가 평균 100이고 표준편차가 15라는 기준 아래), 표준 점수로 표기된다. WISC-IV의 첫 장은 아이의 시험 점수에 대한 개요를 쓰게 되어 있다. 그림 9.7은 A-F까지의 예시이다.

A 부분은 시험을 치른 아이의 나이와 검사 자료이다. B는 통계 전 점수로, 모든 하위 검사에 표준 점수 역시 부여되고 있다. 이 경우 두 개의 부가적인 하위 검사가 더 많은 정보(소거와 연산)를 위해 사용된 것을 볼 수 있지만, 이들은 전체 IQ를 도출할 때는 포함되어 있지 않다. 그러나 때때로 이 하위 검사들은 다른 하위 검사 또는 개인에 대한 추가 정보를 얻으려는 상황에서 사용될 수 있다. 이러한 상황에서 이들은 전체 IQ를 알릴 때 고려된다. C는 매겨진 점수들의 총합을 제시한다. D는 전체 IQ 규모와 같이 4개의 구성요소 색인의 요약을 보여준다. 여기서 모든 매겨진 점수들의 총합들은 평균 100과 표준편차 15를 사용하여 변환된 점수와 함께 제시된다. 상응하는 백분위도 함께 제시되며, 신뢰구간(측정의 표준오차)은 점수가 주어진 범위 안에 맞아떨어질 수 있는 95%의 정확도를 보여준다. E는 구성요소 색인에 의해 묶인 특정 하위 검사들의 내역을 보여준다. 이 시각적 묘사 자료는 쉽게 개인의 강점과 약점을 구성요소 색인을 기초로 하여 볼 수 있게 한다. F는 구성요소 색인의 시각적 묘사 자료와 전체 IQ를 평균 100, 표준편차 15를 사용하여 보여준다. 그래서 각각의 구성요소 색인들과 전체 IQ의 대조가 가능하다.

총합 점수는 학습장애를 확인하기 위해 유용하게 쓸 수 있음

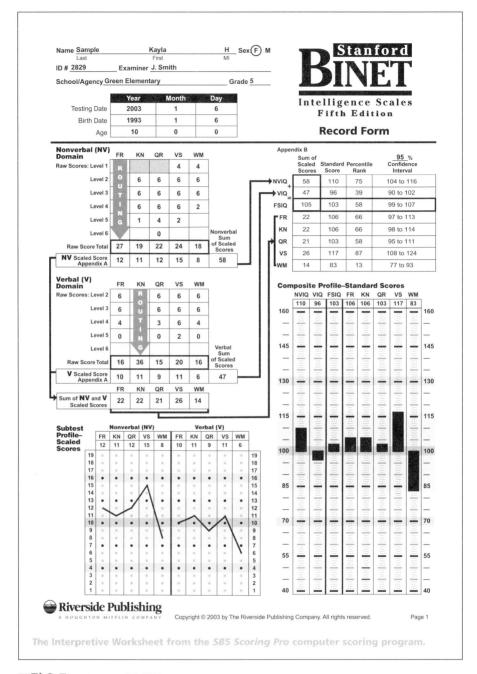

그림 9.7 WISC-IV 기록 양식

출처: Wechsler, D. (2003). *WISC-IV administration and scoring manual* (p. 46). San Antonio, TX: Harcourt Assessment, Inc.

웩슬러 검사는 일반적으로 좋은 타당도와 뛰어난 신뢰도를 갖는다. 예를 들어, WISC-IV의 내적 일관성 계수는 전체 규모에서 0.97이다. 각각의 하위 검사 신뢰도는 대략 평균 0.80 정도이다. WISC-IV의 기술 매뉴얼은 타당도에 대한 증거와 검사 내용, 내부 구조, 사실 분석과 다양한 다른 변수들 간의 관계를 포함하며 51페이지에 달한다. 여기에서 볼 수 있듯이, WISC-IV는 WPPSI-III 및 WAIS-IV와 아주 비슷할 뿐만 아니라, 개인의 인식 기능에 대한 포괄적 모습을 제공한다. 이러한 검사는 지능장애, 영재성, 문제 학습, 그리고 그 밖의 관련 인지 결핍 등을 판단하는 데 유용하다.

어린이를 위한 코프먼 검사

어린이를 위한 코프먼 검사 제2판(KABC-II: Kaufman Assessment Battery for Children, Second Edition)은 3~18세 어린이의 인지 능력 검사를 개별적으로 관리하는 검사이다. 나이에 따라 검사시간은 25분에서 70분으로 다양하다. 하위 검사와 점수 산출은 두 개의 이론적 모형 중 하나를 선택하는데, 하나는 먼저 소개된 CHC 모형이다. 그러나 두 개의 방법은 시각적 처리, 유동적 추론, 장단기 기억을 검사한다. 점수는 나이를 기초로 하며 평균 100, 표준편차 15를 갖는다. 그러나 백분위 순위와 등가 연령(age equivalent)으로도 제공된다(Pearson, 2012a).

KABC-II의 규준집단은 성별, 인종, 사회경제적 지위(SES), 종교, 특별한 교육 수준에 대해 층화추출된 3,025개의 표본을 기초로 한다. 신뢰도는 꽤 좋게 평가되는데, 구성요소들의 점수 평균에 대해 0.87에서 0.95 사이의 범위에 있다. 하위 검사의 신뢰도는 0.80 정도 안의 범위에서 일반적으로 높다. 타당도 같은 추가적 심리 측정용 자료도 매뉴얼에 있다.

어린이를 위한 코프먼 검사 제2판
(KABC-II: Kaufman Assessment Battery for Children, Second Edition)
3세부터 18세까지 인지 지능을 측정: 지능에 대한 이론적 모형을 선택하여 사용

비언어적 지능 검사

비언어적 지능 검사(nonverbal intelligence test)는 언어적 표현에 아주 조금 비중을 두거나 혹은 아예 비중을 두지 않고, 전통적 언어와 말을 기초한 측정에 어려움이 있는 어린이들에게 적합하다는 점에서 전통적 지능 측정과는 다르다. 이와 같은 검사들은 자폐증, 지능장애, 언어를 기반으로 한 특정 학습장애, 낮은 표현 능력, 청각장애, 문화적 배경의 차이, 그리고 특정한 심리적 장애를 가진 어린이들의 지능을 평가한다. 세 종류의 비언어적 지능 검사로는 비언어적 지능의 포괄적 검사 제2판(CTONI-2), 보편적 비언어 지능 검사(UNIT), 웩슬러의 비언어적 능력 척도(WNV)가 있다.

비언어적 지능 검사
(nonverbal intelligence test)
언어적 표현을 거의 사용하지 않는 지능 검사

비언어적 지능의 포괄적 검사 제2판 비언어적 지능의 포괄적 검사(CTONI: Comprehensive Test of Nonverbal Intelligence)는 6세 이상부터 89세 11개월인 사람의 지능을 측정하도록 설계된 비언어적 검사이다(Hammill, Pearson, & Wiederholt, 2009). 이 검사는 각기 다른 비언어적 지능 능력을 측정하는 6개의 하위 검사(그림 유사성(pictorial analogies), 기하학적 유사성(geometric analogies), 그림 범주(pictorial categories), 기하학적 범주(geometric categories), 그림 순서(pictorial sequences), 기하학적 순서(geometric sequences))로 이루어져 있다. 각 개인은 표준 점수, 백분위, 등가 연령을 포함한 많은 종류의 결과를 받게 된다. CTONI는 2,827명의 국내 표본으로 2007년과 2008년에 개편되었고, 발행처는 현재 보통 0.90 정도의 신뢰도와 몇몇 0.80 수준의 신뢰도를 보고하고 있다. 유명한 지능 검사의 수렴 타당도는 보통 높을 경우 0.70 수준을 보이는데, 이는 이러

CTONI, UNIT, WNV
지능에 대한 세 종류의 비언어적 검사

한 종류의 검사에서는 상당히 좋은 편이다.

보편적 비언어 지능 검사   보편적 비언어 지능 검사(UNIT: Universal Nonverbal Intelligence Test)는 독특한데, 왜냐하면 이 검사는 5세와 17세 사이 어린이들의 지능을 측정하기 위해 설계된 완전한 비언어적인 도구이기 때문이다. UNIT는 6개의 하위 검사로 구성되었으며 기호 기억(symbolic memory), 유사 추론(analogic reasoning), 물체 기억(object memory), 공간 기억(spatial memory), 정육면체 설계(cube design), 추론 (reasoning)을 측정하고, 전체 IQ, 기억 지수, 추론 지수, 기호 지수, 비기호 지수 점수가 주어진다. 검사시간은 대략 45분이다.

UNIT는 성별, 인종, 히스패닉계, 지역, 부모의 교육 수준, 공동체 환경, 교실 배정(일반 혹은 특수교육)에 대한 어린이 2,100명의 국가적 표본으로 표준화되었다. 모든 UNIT의 버전들은 0.80대 중반에서 0.90대 중반의 신뢰도 수준을 산정하며, WISC-III와 0.80의 상관관계를 갖는다. 예측 타당도 계수는 상대적으로 낮았으며, 동시에 학습장애, 지능장애, 그리고 영재 학생들을 대상으로 표집한 UNIT 표준 검사 전체 규모 점수와 우드콕-존슨의 수정된 광범위 지식 검사 사이의 상관관계는 0.51, 0.56, 0.66이었다.

웩슬러의 비언어적 능력 척도   웩슬러의 비언어적 능력 척도(WNV: Wechsler Nonverbal Scale of Ability)는 어떠한 개인에게든 사용될 수 있지만 특별히 다양한 문화를 경험하고, 영어를 사용하지 않으며, 청각에 문제가 있거나, 특별 학습 대상자, 다양한 언어를 사용하는 사회의 영재들에게 특별히 적절한 비언어적 검사이다(Pearson, 2008b, 2012b). 이 검사는 행렬, 암호화, 표준 횡단, 그리고 4세에서 7세까지의 어린아이에게 실행된 인지 하위 검사, 공간 범위, 그리고 8세에서 22세의 개인에게 실행된 그림 배열(이전의 웩슬러 지능 척도와의 유사점을 주목하라) 같은 여섯 가지의 하위 척도를 제공한다. 검사시간은 대략 45분이며 하위 검사의 결과에 대한 T점수, 그리고 편차 IQ를 이용한 전체 IQ 점수를 제공한다(Pearson, 2008c).

매덕스(Maddux, 2010)가 제의한 0.57에서 0.73 사이에 있는 다른 언어적, 비언어적 지능 검사와 수렴 타당도의 증거는 낮다. 하위 척도의 신뢰도가 0.70 중반 혹은 0.80 초반에 있을 때 전체 검사의 신뢰도는 0.91이었다. 규준표본(normative sample)은 미국의 인구를 대표한다고 보며 검사의 전개는 문화적, 언어적으로 다양한 배경을 가진 사람들에게 사용되기에 용이하도록 신중히 보장되었다. 어느 정도 좋지 않은 수렴 타당도에도 불구하고, 검사는 비언어적 지능을 측정하는 데 꽤 좋은 검사로 보인다.

신경심리학적 검사

신경심리학적 검사는 지능 검사에 비해 새로운 분야이며, 개인의 인지 기능을 검사하는 데 넓은 범위의 방법을 제공한다. 여기서는 신경심리학적 검사의 대략적 개요를 살펴보고, 이러한 검사의 사용 방법과 목적을 정의할 것이다. 또한 신경심리학적 검사를 사용할 때 흔히 사용되는 몇 가지 검사를 간단히 소개하고자 한다.

신경심리학적 검사의 개요

신경심리학(neuropsychology)의 전문적인 독자성은 1970년대 초에 나타났지만, 뇌가 어떻게 기능하는지에 대한 관심은 몇 세기에 걸쳐 존재해왔다. 예를 들어, 머리 부상에 따른 행동 변화에 대한 조사는 5000년이 된 이집트의 의학 문서에서 발견되었다(Hebben-Milberg, 2009). 현대에 들어, 뇌 부상에 대한 관심은 제1차 세계대전 중에 정점을 찍었다. 이때는 많은 수의 군인들이 뇌 트라우마로 고생했고, 또한 검진과 진단 도구들이 발명되었던 때이다(Lezak, Howieson, Bigler, & Tranel, 2012). 부상당한 참전 용사들에 대한 초기의 연구는 임상 신경심리학의 탄생에 촉매가 되었다고 전해진다.

1950년대에는 같은 종류의 뇌 부상을 입은 개인들이 사람들에게 다르게 영향을 줄 수 있는지에 대해 고려해야 할 점이 발견되었다. 다시 말해, 뇌 부상이 다양한 행동 패턴으로 이어질 수 있다는 것이 특이하다는 점이 발견되었다(McGee, 2004). 최근 들어서는 현대 기술의 발전이 상대적으로 새로운 분야인 신경심리학의 변화에 상당히 기여했다. 예를 들면, 자기공명영상법(MRI: magnetic resonance imaging)과 양전자단층촬영장치(PET: positron emission tomography) 같은 진단 검사 기계의 발명으로 인해 이전의 많은 신경심리학적 검사가 불필요해졌다(Kolb & Whishaw, 2009). 그러나 뇌 기능의 가장 민감한 측정은 이러한 검진 기기로 측정되지 않는 행동이다. 그러므로 신경심리학적 검사는 뇌와 행동 간의 관계를 설명하는 데 중요한 역할을 하고 있다. 다음 절에서는 신경심리학과 신경심리학적 검사의 복잡한 분야를 정의할 것이다.

신경심리학적 검사의 정의

신경심리학은 뇌-행동 관계를 검사하는 심리학의 영역이다. 신경심리학의 특별한 규율은 **임상 신경심리학**(clinical neuropsychology)인데, 이는 중앙 신경계의 검사와 검사에서 기인하게 되는 개입 두 가지를 모두 포함한다(Hebben & Milberg, 2009). 신경 검사들은 일반적으로 정신적 외상을 초래하는 뇌 부상, 뇌 기능에 영향을 주거나 혹은 노화에 따른 뇌 기능의 유사 변화로 인한 질병에 사용된다.

신경심리학적 검사는 뇌-행동과 관련한 많은 영역을 측정할 수 있는데, 기억, 지능, 언어, 시각적 지각, 시각적-공간적 사고, 심리적 감각 그리고 운동능력, 학습 성취도, 성격, 혹은 심리적 기능을 포함한다(Lezak et al., 2012). 이러한 평가의 사용은 아주 극단적일 수 있다. 예를 들어, 결과는 다음과 같이 사용될 수 있다.

- 상태의 근원과 뇌 손상의 상태를 알아내는 진단 방법으로
- 개인의 기능 변화를 측정하기 위해(예: 인지 기능, 움직임, 반응시간)

신경심리학(neuro-psychology)
뇌와 행동 간의 관계를 검토하는 심리학적 분야

임상 신경심리학(clinical neuro-psychology)
중앙 신경계에 관련한 검사와 개입 원리

- 인지 혹은 기능의 상태 변화를 규범적 표본 안의 다른 사람들과 비교하기 위해
- 특정한 사회복귀 치료와 개인과 가족을 위한 가이드라인 계획을 제공하기 위해
- 학교에서의 학습 계획을 위한 특정한 가이드라인을 제공하기 위해(Kolb & Whishaw, 2009)

신경심리학적 검사는 지능 검사와 몇 가지 공통점을 공유한다. 사실, 많은 신경심리학적 검사는 일반적인 지능 검사로부터 시작한다(Kolb & Whishaw, 2009). 더욱이, 몇 가지 지능 검사는 신경심리학적 목적으로 적용되어왔다. 가장 알려진 것은 신경학 도구로서의 웩슬러 성인 지능 검사 개정판(WAIS-R-NI: Wechsler Adult Intelligence Scale-Revised as a Neurological Instrument)이다. 이러한 유사성에도 불구하고, 지능 검사와 신경심리학 검사 간에는 주목할 만한 다른 점들이 있다. 지능 검사를 실시할 때는, 개인의 점수는 이미 이 장에서 언급된 목적들 중 하나를 위해 규범적 자료와 비교된다(예: 학습장애, 영재성, 지적장애 등을 판단하기 위해). 이와 반대로, 신경심리학적 검사는 그 사람의 발병 전 기능의 수준과 현재의 기능 수준을 비교한다. 다음 절에서는 신경심리학적 검사가 어떤 것인지에 대해 더 자세히 알아볼 것이다.

신경심리학적 검사의 방법

초기의 검사 과정들은 뇌 손상을 측정하기 위해 단일하고 독립적인 도구들에 의존해왔다. 그러나 신경심리학에 대한 대부분의 현대적 접근들은 뇌 손상을 검사하는 방법이 단 하나만 존재한다는 관념에서 멀어졌고 평가에 있어 '총집형 검사 접근 방법(battery approach)'에 의존한다(Kolb & Whishaw, 2009). 이러한 것들이 의논될 때, 신경심리학적 검사에 대한 표준적인 접근은 여전히 존재하지 않는다. 즉, 현재의 검사 실례들은 고정된 총집형 검사 접근 방법(fixed battery approach)부터 유동적인 총집형 검사 접근 방법(flexible battery approach)까지 접근 방법들의 연속체를 사용한다. 이번 절에서는 각 접근 방법을 소개하고 장단점을 살펴볼 것이다.

고정된 총집형 검사 (fixed battery)
도구들의 균일 집합에 대한 엄격하고 표준적인 관리

할스테드-라이튼 (Halstead-Reitan)
8개의 핵심 검사들을 포함하고 있는 널리 사용되는 고정된 총집형 신경심리학적 검사 방법

고정된 총집형 검사 접근 방법과 할스테드-라이튼의 총집형 검사   신경심리학적 검사의 고정된 총집형 검사(fixed battery) 접근 방법은 도구(instrument)들의 균일 집합에 대한 표준화된 관리를 포함한다. 즉, 검사가 필요한 모든 개인은 고정된 총집형 검사 접근 방법에 있어서 동일한 일련의 검사들을 받게 된다. 고정된 총집형 접근 방법의 대부분은 장애를 갖거나 갖지 않은 개인들 사이의 차이를 차별화하고 장애 정도의 수준을 반영하는 준거 점수(cut off scores)를 갖는다. 일반적인 고정된 신경심리학적 총집형 검사 두 가지는 할스테드-라이튼의 총집형 검사(Halstead-Reitan Battery)와 루리아-네브래스카의 신경심리학적 총집형 검사(Luria-Nebraska Neuropsychological Battery)이다. 이 절에서는 할스테드-라이튼 총집형 검사에 대한 설명을 제공한다.

할스테드-라이튼 방법은 1950년대에 워드 할스테드(Ward Halstead)가 개발했으며, 할

스테드의 대학원생 랠프 라이튼(Ralph Reitan)이 수정했다(Hebben & Milberg, 2009). 어린이를 위한 버전 두 가지도 존재하는데, 5세부터 8세까지 어린이를 위한 라이튼 인디애나 신경심리학적 총집형 검사, 그리고 더 성장한 9세부터 14세의 어린이들을 위한 할스테드 신경심리학적 총집형 검사이다. 할스테드-라이튼은 개인에게 준거 점수 혹은 정상적으로 기능하는 개인들과 뇌 손상 개인을 식별하는 '장애의 지표(index of impairment)'를 제공한다. 뇌의 손상된 특정 부분에 대한 정보, 그리고 손상의 심각 정도에 대한 정보는 또한 이 총집형 검사를 통해 얻을 수 있다. 할스테드-라이튼의 총집형 검사는 다음의 8가지 핵심 검사들을 포함하며, 이를 마치기까지 대략 5시간에서 6시간 정도가 소요된다(Dean, 1985; Encyclopedia of Mental Disorders, n.d.; Hebben & Milberg, 2009).

1. 카테고리 검사(Category Test): 기하학적 도형들을 포함한 총 208개의 사진들이 피검사자에게 제시된다. 각 사진들을 통해 이 도형이 숫자 1, 2, 3, 4를 떠올리게 하는지를 피검사자에게 묻는다. 그 후, 피검사자는 그 응답에 상응하는 버튼을 누른다. 이 핵심 검사는 추상적 능력과 일반적 정보에서 특정한 결론을 이끌어내는 능력을 평가한다.

2. 촉각 성능 검사(Tactual Performance Test): 10개의 잘라진 모형과 그 모형들에 상응하는 10개의 나무 블록들을 포함하는 형틀이 눈이 가려진 피검사자들 앞에 제시된다. 처음에는 각자가 주로 사용하는 손을 사용하여, 그다음엔 그렇지 않은 다른 손을 사용하여, 그리고는 양손을 사용하여 형틀의 알맞은 곳에 놓도록 지시된다. 그런 다음 형틀과 블록들은 제거된다. 그 후 여전히 눈이 가려진 채로 참가자들은 제자리에 맞게 그 형틀과 모형들을 그리도록 지시된다. 이 핵심 검사는 감각적 기능, 모형에 대한 기억, 모형들의 특정 장소, 운동 기능, 그리고 좌뇌와 우뇌 사이의 전이 능력(transferability)을 평가한다.

3. 흔적 만들기 검사(Trail Making Test): 이 핵심 검사는 두 부분으로 구성된다. 파트 A는 숫자가 매겨지고 임의로 배열된 25개의 원들이 포함된 페이지로 구성된다. 각 개인들은 '끝'이라고 적힌 원에 도달할 때까지 순서대로 원에서 원까지 선을 그리도록 지시된다. 파트 B는 A에서 L까지의 글자가 포함된 숫자가 매겨진 13개의 원들이 뒤섞이고 임의로 배열된 페이지로 구성된다. 개인들은 '끝'이라고 적힌 원에 도달할 때까지 순차적으로 숫자와 글자를 바꿔가며 선을 그리면서 원들을 이어가도록 지시된다. 이 핵심 검사들은 속도를 처리하는 정보, 시각적 검사 능력, 시각과 운동 기능의 결합, 글자와 숫자의 인식 그리고 배열, 마지막으로 두 개의 다른 생각을 유지하는 능력을 평가한다.

4. 손가락 두드리기 검사(Finger Tapping Test): 개인들은 검지손가락을 카운팅 기기에 달린 레버에 올려놓는다. 그런 다음, 피검사자들은 그들의 손가락을 10초 동안 최대한 빨리 가볍게 두드리도록 지시된다. 이 시도는 각 손에 따라 5번에서 10번까지 운동 속도와 손재주, 그리고 손의 우위를 평가하기 위해 반복된다. 이 검사는 손상 가능성이 있는 뇌의 특정 부분을 결정하는 데 유익하다.

5. 리듬 검사(Rhythm Test): 총 30쌍의 리드미컬한 비트가 피검사자들에게 제시된다. 각 쌍에 대해 피검사자들은 두 소리가 다른지 혹은 같은지를 결정한다. 이 핵심 검사는 청각 주의와 집중력, 그리고 비언어적 소리를 구분하는 능력을 평가한다.

6. 언어 소리 인식 검사(Speech Sounds Perception Test): 모음 'ee'를 포함하는, 뜻이 없는 60개의 음절이 제시된다. 각 음절을 들은 이후 피검사자들은 4개의 선택지 중 그들이 방금 들은 소리를 표시하는 글자에 밑줄을 친다. 이 핵심 검사는 청각 주의와 집중력, 그리고 모음 소리를 식별하는 능력을 평가한다.

7. 라이튼-인디애나 실어증 검사(Reitan-Indiana Aphasia Screening Test): 피검사자들은 다양한 질문과 큰 소리로 사진 이름 대기, 큰 소리로 말하지 않고 사진의 이름을 쓰기, 큰 소리로 자료 읽기, 단어 반복하기, 펜을 들지 않고 모형 그리기와 같은 활동들을 제시받는다. 이 핵심 검사는 대부분 뇌 손상과 질병 혹은 노화로 인해 이해 능력이나 글 혹은 언어를 사용할 수 있는 능력을 상실한 실어증의 가능성을 탐색한다.

8. 라이튼-클로브 감각-지각 검사(Reitan-Klove Sensory-Perceptual Examination): 피검사자들은 운동 감각과 관련한 과정에 참여한다. 예를 들어 (a) 촉각, 소리, 시각적 움직임이 몸의 오른쪽, 왼쪽, 혹은 양쪽 모두에서 일어나는지 나타내기, (b) 눈을 감은 채로 손가락 끝에 쓰여진 숫자를 알아내기, (c) 특정한 손가락에 배정된 숫자를 기억해내기(검사자는 피검사자들의 눈을 감게 한 후 각 손가락을 만지며 숫자를 불러줌으로써 숫자들을 배정한다), (d) 한 손으로 형틀의 모양을 가리키며 다른 한 손에 들고 있는 나무 블록의 모양 나타내기이다. 이 핵심 검사는 각 개인이 양쪽 몸에 같은 순간 자극이 가해질 때 한쪽 몸의 자극을 지각할 수 있는지를 탐색한다.

할스테드-라이튼은 아마도 가장 널리 쓰이고 엄격하며, 또한 모든 고정된 신경심리학 총집형 검사들 중 가장 많이 연구된 검사이다. 그러나 이 총집형 검사를 비롯한 고정된 총집형 접근 방법들은 눈에 띄는 약점들이 있다. 예를 들어, 이 총집형 검사를 완성하는 데 필요한 시간은 한 개인에게 많은 인내심과 경제적 비용을 요구한다. 더욱이, 고정된 총집형 검사들은 모든 개인에게 동일한 검사를 제공하며, 어떠한 정보가 빠지거나 혹은 불필요한 정보가 들어갈 수 있다. 게다가, 102페이지에 달하는 검사 매뉴얼은 타당도와 신뢰도, 그리고 할스테드-라이튼의 표준적 절차에 관련한 정신력 측정 자료(psychometric data)를 전달하는 데 실패한다. 이러한 정보를 포함하지 못함으로써 이 검사 도구의 해석에 다소 문제가 있을 수 있다. 정보의 결핍은 '빨간불'이 될 것이며 검사 관리자는 이 총집형 검사를 어느 정도 주의하여 사용해야 한다.

유연한 총집형 검사
(flexible battery)
의뢰 질문들과 환자의 독특한 필요에 따라 만들어진 검사들의 조합

유연한 총집형 검사 접근 방법과 보스턴 과정 접근 방법 신경심리학적 검사의 **유연한 총집형 검사**(flexible battery) 접근 방법에서 검사들 간 조합의 사용은 의뢰 질문들과 환자의 독특한 필요와 행동에 따라 만들어진다. 이러한 경우에는 서로 다른 영역의 신경심리학적 기능을 평가할 수 있는 일련의 검사들로 선택된다. 일반적으로 말하자면, 임상의들은 유

© Cengage Learning 2015

BOX 9.2

정신적 외상을 동반한 뇌 부상, 전문가, 그리고 평가를 위한 고정된 혹은 유연한 접근 방법

이라크와 아프가니스탄에서의 전쟁 초기 이후, 250,000 명 이상의 군인들은 정신적 외상을 동반한 뇌 부상(TBI: traumatic brain injury)을 진단받아왔다(Defense and Veterans Brain Injury Center, 2012). 뇌는 잘 변하며, 적절한 치료를 받을 시 강한 치유 능력을 갖고 있다. 그러나 이러한 치료는 군인들이 올바르게 검사를 받을 때에만 가능하다(Decker, Englung, & Roberts, 2012). 확산된 뇌 손상이 의심될 때는 검사를 표준화한 판을 제공하는 고정된 총집형 검

사 접근 방법이 요구될 수 있다. 병소 손상(focal damage)이 의심될 때는 훈련된 신경심리학적 검사자가 특별히 뇌 손상이 의심되는 영역에 초점이 맞춰진 다른 검사들의 조합을 이용하는 유연한 접근 방법을 사용할 수 있다. 여러분은 이 부분에서 고정된 접근 방법을 사용할지 혹은 유연한 접근 방법을 사용할지, 그리고 개인을 검사하기 위해 적절한 검사 도구를 사용할지 결정하는 데 있어 훈련과 경험이 왜 중요한지를 볼 수 있다.

연한 총집형 검사들 중 철저하게 적절한 검사들만을 사용할 것이다. **보스턴 과정 접근 방법**(BPA: Boston Process Approach)은 유연한 총집형 검사 접근 방법의 예시 중 하나이다. 이 접근 방법은 검사 중 피검사자들에 대한 주의 깊은 관찰이 요구된다. BPA와 추가적인 유연한 총집형 검사 접근 방법에는 질적인 자료를 얻는 데 큰 중점이 있다. 예를 들면, 임상의는 피검사자가 어떻게 문제를 해결하는지에 더 주의를 기울이고, 피검사자들이 문제에 대답하는 데 더 추가적인 시간을 줄 수 있다. 또한 개인의 특정한 필요에 따라 검사 활동을 수정할 수 있다(Milberg, Hebben & Kaplan, 2009).

보스턴 과정 접근 방법(Boston Process Approach) 잘 알려진 유연한 총집형 검사 방법

신경심리학적 검사에서 유연한 총집형 검사 접근 방법을 사용할 때의 강점과 약점이 있다. 예를 들어 이 접근 방법은 검사 관리자들에게 문제 제시에 맞춰진 다양한 검사들을 제공하는 반면에, 몇 가지 중요한 영역들이 등한시될 수 있다. 더욱이, 유연한 총집형 검사 접근 방법은 신경심리학에 특화된 많은 훈련을 요구한다(Vanderploeg, 2000). 유연한 총집형 검사들은 또한 한정된 정신력 측정 자료를 얻는다는 점에서 비판받아왔다. 마지막으로, 유연한 총집형 검사 접근 방법은 법적 체계 안에서 상당 수준의 정밀 검토를 거쳐왔다. 예를 들어, 특정 신경심리학적 증거들은 재판에서 배제되어왔는데, 왜냐하면 그들은 유연한 총집형 검사 접근 방법으로서 과학적이지 않다고 간주되었기 때문이다.

신경심리학적 검사에 대한 고정된, 그리고 유연한 총집형 검사 접근 방법들 모두 충분히, 그리고 도덕적으로 사람들을 관리하기 위한 특정한 훈련을 요구한다. 먼저 언급했다시피, 이는 지능 검사의 경우에도 해당된다(BOX 9.2 참조).

지적 기능과 인지 기능 검사에서 조력자의 역할

지능과 신경심리학 검사는 일반적으로 학교 심리학 과정과 상담, 임상심리학, 임상 신경심리학의 많은 대학원 과정에서 주어지는 높은 수준의 훈련을 필요로 한다. 비록 학습장애 전문가, 자격을 갖춘 임상 사회복지사, 자격을 갖춘 전문 상담자 같은 조력자들 역시

이러한 훈련을 받지만, 특수 교육, 상담, 그리고 사회복지의 많은 대학원 과정이 반드시 이러한 수업들을 제공하지는 않는다.

이러한 훈련을 받은 조력자는 학습 문제, 지적장애, 영재성, 학습 잠재력과 신경장애 가능성을 판단할 수 있는 지능 검사를 포함한 폭넓은 범위의 서비스를 개인들에게 제공할 수 있다. 지능 혹은 신경 검사에 대한 훈련을 받지 않은 조력자들도 이러한 종류의 검사에 대한 충분한 지식을 갖추고 있어야 한다. 그래야 이러한 검사가 필요한 환자들에게 언제 알릴지를 알 수 있고, 또 인지 검사를 받은 환자들을 위한 치료 계획 개발에 참여할 수 있다.

지적 기능과 인지 기능 검사에 대한 최종 마무리

지능 검사와 신경심리학 검사는 다양한 방법으로 사용될 수 있다. 그리고 만약 주의를 기울이지 않을 시에는 오용될 수 있다. 수년에 걸친 오용은 소수집단 지능의 잘못된 계산, 학습장애를 가진 사람들에 대한 과도한 범주화, 능력에 대한 인종의 차이가 증명되었다는 잘못된 믿음을 포함하여 많이 일어났다. 그러나 예민한 검사자는 인지 기능의 검사가 복잡하며 피검사자의 문화, 환경, 유전, 생물학적 조건이 이러한 검사에 고려되어야 한다는 사실을 안다. 개인에 대한 어떠한 결론은 관련이 있는 복잡한 사회적 이슈들과 함께 전체적인 그 개인에 대한 상황 맥락 안에서 이루어져야 한다.

요약

이번 장은 자전거 사고로 인해 신경장애를 가진 젊은 남성을 다루면서 시작했다. 여기서는 지능 검사와 신경 검사의 사용이 모두 그의 사고 이후 인지 기능을 이해하는 데 중요하다는 사실에 주목했다. 그리고 이 장에서 지능 검사, 지능의 모형, 신경심리학 검사의 과정을 살펴볼 것임을 강조했다.

다음으로, 지능 검사의 역사를 간략히 살펴보고 지능 검사의 정의를 제시했다. 지능 검사는 지적 기능의 범위를 측정하고 인지 능력에 대한 폭넓은 평가를 제공하는 적성 검사들의 한 종류임을 확인했다. 또한 지능 검사는 영재성, 지적장애, 학습장애를 진단하고, 사고 이후의 지적 능력, 기억상실증의 발생, 약물 오용, 질병의 진행, 뇌의 정신적 외상을 평가하며, 사립학교 입학 과정의 일환으로, 그리고 사람을 전체적으로 이해하기 위한 성격 검사의 일환 등으로 다양하게 사용됨을 명시했다.

그런 다음, 스피어만의 두 요인 접근법, 서스톤의 다중 요인 접근법, 버넌의 지능 계층 모형, 길퍼드의 다중 요인/다차원 모형, 커텔의 유동성 지능과 결정성 지능, 피아제의 인지발달이론, 가드너의 다중지능이론, 스턴버그의 성공지능을 위한 삼원이론, 커텔-호른-캐럴(CHC)의 지능 통합 모형을 포함한 다양한 지능 모형들을 간략히 소개했다. 이 모형들에 대한 요약은 표 9.2에 제시되었다.

지능 모형을 검토한 후, 흔히 쓰이는 세 종류의 지능 검사를 살펴보았다. 스탠퍼드-비네 제5판(SB5), 웩슬러 검사(WISC-IV에 집중하는), 어린이를 위한 코프먼 검사(KABC) 등이다. 스탠퍼드-비네 검사는 2세부터 85세 이상 개인들의 인지 기능을 측정한다고 소개했다. 우리는 이 검사가 유동적 추론, 지식, 양적 추론, 시각적-공간적 처리, 작동 기억이라는 다섯 가지 요인을 횡단하는 언어적 그리고 비언어적 지능을 평가함에 주목했다. 또한 피검사자의 기초 나이나 어디서 검사가 시작되어야 할지를 결정하기 위해 단어 라우팅 검사를 사용한다는 것, 또한 언제 검사가 완료되어야 할지 결정하기 위해 최대 한계치 나이가 사용되었음을 살펴보았다. 마지막으로, 이 검사가 가장 유명한 인지 기능 검사들 중 하나였으며, 여전히 널리 사용되고 있다는 사실에 주목했다.

다음으로 웩슬러 검사, 특히 WISC-IV에 대해 살펴보았다. 비록 10개만이 피검사자의 전체 IQ를 결정하는 데 사용되지만, WISC-IV를 실행할 때 평가될 수 있는 15개의 하위 검사들을 확인했다. 하위 검사들은 정확하게는 4개의 언어 이해 지수(VCI), 지각 추론 지수(PRI), 작동 기억 지수(WMI), 과정 속도 지수(PSI)이다. 이러한 지수들은 가능한 학습 문제를 판단하는 데 중요하다. 웩슬러 검사들은 가장 널리 쓰이는 정신력 검사이며, 지적장애와 영재성, 학습 문제, 그리고 일반적 인지 기능을 평가하는 데 사용된다.

그리고 3세부터 18세 사이 어린이의 인지 능력을 측정하며 특별히 시각 처리, 유동적 추론, 장단기 기억에 초점을 맞추는 코프먼의 어린이를 위한 총집형 검사 제2판(KABC-II)을 살펴보았다. 또한 이 검사가 커텔의 유동성 지능과 결정성 지능 모형을 포함한 몇 가지 지능 모형을 기초로 하여 점수를 산출한다는 사실을 지적했다.

이 장에서 살펴본 마지막 지능 검사는 비언어적 지능의 포괄적 검사(CTONI), 보편적 비언어 지능 검사(UNIT), 웩슬러의 비언어적 능력 척도(WNV)라는 세 가지 비언어적 지능 측정 검사이다. CTONI는 6세부터 90세까지의 비언어적 지능을 측정하기 위해 만들어졌으며, 또한 다른 비언어적 지능 능력을 측정하기 위한 여섯 가지 하위 검사들로 이루어졌다. UNIT는 5세와 17세 사이 어린이들의 비언어적 지능을 측정하기 위해 설계되었고, 6개의 하위 검사로 구성되었으며, 또한 전체 IQ, 기억 지수, 추론 지수, 기호 지수, 비기호 지수를 제공한다. WNV는 어떤 개인에게든 사용될 수 있지만 특히 문화적으로 다양하고, 영어를 사용하지 않으며, 청각에 문제가 있고, 특수 교육을 받거나, 다양한 언어를 사

용하는 환경에서 자란 영재와 같은 개인에게 적합한 비언어적 능력 검사이다. 이 검사는 4세와 22세 사이의 사람에게 맞추어 만들어졌고, 6개의 하위 규모 중 4개가 피검사자의 나이에 기초하여 선택된다.

그리고 신경심리학의 원리도 소개했다. 더 정확하게 말하면, 이 부분은 어떻게 신경심리학 검사가 뇌-행동 관계와 관련된 다양한 문제를 평가하는지에 초점을 맞추었다. 신경심리학 분야가 상대적으로 새롭긴 하지만, 뇌 기능에 대한 관심은 몇천 년 전부터 시작되었음을 확인했다. 신경심리학 검사는 일반적으로 정신적 외상이 따르는 뇌 부상, 뇌 기능에 영향을 미치는 질병, 노화에 따른 뇌 기능의 변화가 의심되는 경우 사용된다. 우리는 신경심리학적 검사의 결과가 기능의 변화를 측정하기 위해서이거나, 인지 기능을 표준 그룹과 비교하기 위해, 개인과 그들의 가족을 위한 치료와 계획을 돕기 위해, 그리고 학습 계획을 위한 가이드라인을 제공하기 위해 뇌 손상의 원인과 정도를 확인하는 진단 도구로 사용된다는 사실을 강조했다.

신경 검사와 관련하여, 고정된 총집형 검사 접근 방법과 유연한 총집형 검사 접근 방법이라는 두 개의 검사 도구에 주목했다. 고정된 총집형 검사 접근 방법의 경우, 검사가 필요한 모든 개인은 표준화된 동일한 검사를 받는다. 이러한 종류의 잘 알려진 두 검사는 할스테드-라이튼의 총집형 검사와 루리아-네브래스카의 신경심리학적 총집형 검사이다. 할스테드-라이튼에서 검사된 몇 가지 하위 항목은 카테고리 검사, 촉각 성능 검사, 흔적 만들기 검사, 손가락 두드리기 검사, 리듬 검사, 언어 소리 인식 검사, 실어증 검사, 감각-지각 검사이다. 또한 유연한 총집형 검사 접근 방법의 한 예인 보스턴 과정 접근 방법도 다루었다. 이 접근 방법은 검사 도중 검사자의 주의 깊은 관찰이 필요하며 그 본질상 매우 질적이다.

이 장의 결론 부분에서는 일반적인 기대와 달리 일부 조력자들만이 인지 능력 검사를 위한 고등 훈련을 받는다는 점을 다루었다. 그러한 훈련을 받지 않은 조력자들이 이러한 종류의 검사에 대한 기초 지식을 갖추는 것이 여전히 필수적인 이유들을 강조했다.

마지막으로, 수년에 걸쳐 인지 기능의 검사가 소수집단의 지능에 대한 잘못된 계산, 학습장애를 가진 개인에 대한 과도한 범주화, 지능의 인종 차이에 대한 증거, 사회 계층의 차별화에 의해 오용되어왔음을 살펴보았다. 예리한 검사자라면 인지 기능의 검사가 환경, 유전, 생물학적 요소에 기초하여 복잡하다는 사실을 알아야 함을 강조했다. 또한 검사의 결론은 그 사람에 대한 전체적인 맥락적 이해를 바탕으로 조심스럽게 도출되어야 한다고 제안했다.

복습문제

1. 지능 검사들이 사용되는 여러 가지 방법에 대해 논의하라.
2. 다음과 같은 지능 이론의 주요 특징은 무엇인가?
   a. 스피어만의 두 요인 접근법
   b. 서스톤의 다중 요인 접근법
   c. 버넌의 지능 계층 모형
   d. 길퍼드의 다중 요인/다차원 모형
   e. 커텔의 유동성 지능과 결정성 지능
   f. 피아제의 인지발달이론
   g. 가드너의 다중지능이론
   h. 스턴버그의 성공지능을 위한 삼원이론
   i. 커텔-호른-캐럴(CHC)의 지능 통합 모형
3. 가드너의 이론과 스턴버그의 성공지능에 대한 삼원이론이 왜 그 밖의 전통적 검사보다 지능 검사에 있어서 성공적인가?
4. 가드너나 스턴버그의 이론을 당신이 더 발전시킬 수 있다면, 어떤 방식으로 하겠는가?
5. 기초 레벨과 최대 한계치 개념을 설명해보라. 그 것들이 스탠퍼드-비네 검사에서 어떻게 쓰이고 있는가?
6. WAIS-IV, WISC-IV, WPPSI-III의 차이는 무엇인가?
7. 비록 스탠퍼드-비네와 웩슬러의 지능 검사가 많은 공통점을 갖고 있지만(예를 들면 두 검사 모두 전 세계에서 시행될 수 있는 지능 검사이며, 비언어적/언어적 지능을 평가하는 부분이 존재한다는 점에서), 중요한 차이점이 존재한다. 이 차이의 장단점에 대해 논의해보라.
8. 비언어 지능 검사의 목적에 대해 논해보라. 어떤 사람들에게 이것이 유용할까?
9. 신경심리학적 평가를 정의하라.
10. 신경심리학적 평가는 어떤 영역을 평가하는가?
11. 신경심리학적 평가의 두 가지 주요 접근 방법은 무엇인가? 각각을 묘사하라.
12. 지능 검사와 신경심리학 평가를 수행하고 해석하는 사람들의 역할에 대해 논의하라.

참고문헌

Aylward, G. P. (1996). Review of the Comprehensive Test of Nonverbal Intelligence. In J. C. Impara, & B. S. Plake (Eds.), *The thirteenth mental measurements yearbook*. Lincoln, NE: Buros Institute of Mental Measurements. Retrieved from Mental Measurements Yearbook database.

Bandalos, D. L. (2001). Review of the Universal Nonverbal Intelligence Test. In B. S. Plake, & J. C. Impara (Eds.), *The thirteenth mental measurements yearbook*. Lincoln, NE: Buros Institute of Mental Measurements. Retrieved from Mental Measurements Yearbook database.

Carroll, J. B. (1993). *Human cognitive abilities: A survey of factor-analytic studies*. New York: Cambridge University Press.

Carroll, J. B. (2005). The three-stratum theory of cognitive abilities. In D. P. Flanagan & P. L. Harrison (Eds.), *Contemporary intellectual assessment: Theories, tests, and issues* (2nd ed., pp. 69–76). New York: Guilford Publications, Inc.

Cattell, R. (1971). *Abilities: Their structure, growth, and action*. Boston: Houghton Mifflin.

Cattell, R. (1979). Are culture fair intelligence tests possible and necessary? *Journal of Research and Development in Education, 12*, 3–13.

Cattell, R. (1980). The heritability of fluid, gf, and crystallized, gc, intelligence, estimated by a least squares use of the MAVA method. *British Journal of Educational Psychology, 50*, 253–265.

Dean, R. (1985). Review of the Halstead-Reitan Neuropsychological Battery. In J. V. Mitchell (Ed.), *The ninth mental measurements yearbook*. Lincoln, NE: Buros Institute of Mental Measurements. Retrieved from Mental Measurements Yearbook database.

Decker, S. L., Englund, J. A., & Roberts, A. M. (2012). Intellectual and neuropsychological assessment of individuals with sensory and physical disabilities and traumatic brain injury. In D. P. Flanagan, & P. L. Harrison (Eds.), *Contemporary intellectual assessment: Theories, tests, and issues* (3rd ed., pp. 708–725). New York: Guilford Publications, Inc.

Defense and Veterans Brain Injury Center. (2012). *DoD worldwide numbers for TBI*. Retrieved from http://www.dvbic.org/dod-worldwide-numbers-tbi

Educational Broadcasting Corporation. (2004). *Concept to classroom: What is the theory of multiple intelligences (M. I.)?* Retrieved from http://www.thirteen.org/edonline/concept2class/mi/index.html

Encyclopedia of Mental DisordersEncyclopedia of Mental Disorders. (n.d.). *Halstead-Reitan battery*. Retrieved from http://www.minddisorders.com/Flu-Inv/Halstead-Reitan-Battery.html

Gardner, H. (1996). *MI: Intelligence, understanding and the mind* [motion picture]. (Available from Media into the classroom, 10573 W. Pico Blvd. #162, Los Angeles, CA 90064)

Gardner, H. (1999). *Intelligence reframed: Multiple intelligence for the 21st century*. New York, NY: Basic books.

Gardner, H. (2003, April 21). *MI after twenty years*. Paper presented at the American Educational Research Association, Chicago. Retrieved http://howardgardner01.files.wordpress.com/2012/06/mi-after-twenty-years2.pdf

Gardner, H. (2011). *Frames of mind*. New York: Basic Books Inc. (Original work published 1983).

Guilford, J. (1967). *The nature of human intelligence*. New York: McGraw-Hill.

Guilford, J. (1988). Some changes in the structure of the intellect model. *Educational and Psychological Measurement, 48*, 1–4. doi:10.1177/001316448804800102

Hammill, D. D., Pearson, N. A., & Winderholt, J. L. (2009). *CTONI 2: Comprehensive Test of Nonverbal Intelligence: Examiners manual* (2nd ed.). Austin, TX: Pro-ed.

Hebben, N., & Milberg, W. (2009). *Essentials of neuropsychological assessment* (2nd ed.). Hoboken, NJ, New York: John Wiley & Sons.

Hess, A. K. (2001). Review of the Wechsler Adult Intelligence Scale. In B. S. Plake, & J. C. Impara (Eds.), *The thirteenth mental measurements yearbook*. Lincoln, NE: Buros Institute of Mental Measurements. Retrieved from Mental Measurements Yearbook database.

Horn, J. L., & Blankson, N. (2012). Foundations for better understanding of cognitive abilities. In D. P. Flanagan, & P. L. Harrison (Eds.), *Contemporary intellectual assessment: Theories, tests, and issues* (2nd ed., pp. 73–98). New York: Guilford Publications, Inc.

Horn, J. L., & Cattell, R. B. (1966). Refinement and test of the theory of fluid and crystallized intelligence. *Journal of Educational Psychology, 57*, 253–270. doi:10.1037/h0023816

Houghton Mifflin Harcourt (n.d.a). *The Stanford-Binet Intelligence Scales (SB5), fifth edition*. Retrieved from http://www.riverpub.com/products/sb5/index.html

Houghton Mifflin Harcourt. (n.d.b). *Universal Nonverbal Intelligence Test (UNIT)*. Retrieved from http://www.riverpub.com/products/unit/details.html#interpret

Johnson, J. A., & D'Amato, R. C. (2005). Review of the Stanford-Binet Intelligence Scales, fifth edition. In R. A. Spies, & B. S. Plake (Eds.), *The sixteenth mental measurements yearbook*. Lincoln, NE: Buros Institute of Mental Measurements. Retrieved from Mental Measurements Yearbook database.

Jolly, J. L. (2008). Lewis Terman: Genetic study of genius—elementary school students. *Gifted Child Today, 31*(1), 27–33.

Kerr, M. S. (2008). Psychometrics. In S. F. Davis, & W. Buskit (Eds.), *21st century psychology: A reference handbook* (vol. 1, pp. 374–382). Thousand Oaks, CA: Sage Publications.

Kolb, B., & Whishaw, I. (2009). *Fundamentals of human*

neuropsychology (6th ed.). New York: Worth Publishers.

Kush, J. C. (2005). Review of the Stanford-Binet Intelligence Scales, fifth edition. In R. A. Spies, & B. S. Plake (Eds.), The sixteenth mental measurements yearbook. Lincoln, NE: Buros Institute of Mental Measurements. Retrieved from Mental Measurements Yearbook database.

Lezak,M. D., Howieson, D. B., Bigler, E. D., & Tranel, D. (2012). Neuropsychological assessment (5th ed.). New York: Oxford University Press.

Madle, R. A. (2005). Review of the Wechsler Preschool and Primary Scale of Intelligence. In R. A. Spies, & B. S. Plake (Eds.), The sixteenth mental measurements yearbook. Lincoln, NE: Buros Institute of Mental Measurements. Retrieved from Mental Measurements Yearbook database.

Maddux, C. D. (2010). Review of Wecshler Nonverbal Scale of Ability. In R. S. Spies, J. F. Carlson, & K. F. Geisinger (Eds.), The eighteenth mental measurements yearbook. Lincoln, NE: Buros Institute of Mental Measurements. Retrieved from Mental Measurements Yearbook database.

McGee, J. (2004). Neuroanatomy of behavior after brain injury or you don't like my behavior? You'll have to discuss that with my brain directly. Retrieved from http://bianj.org/Websites/bianj/images/neuroanatomyofbehavior.pdf

McGrew, K. S. (2009). CHC theory and the human ognitive abilities project: Standing on the shoulders of the giants of psychometric intelligence research. Intelligence, 37, 1–10. doi:10.1016/j.intell.2008.08.004

Milberg, W. P., Hebben, N., & Kaplan, E. (2009). The Boston Process Approach to neuropsychological assessment. In I. Grant, & K. M. Adams (Eds.), Neuropsychological assessment of neuropsychiatric disorders (3rd ed., pp. 42–55). New York: Oxford University Press.

Pearson. (2008a). Wechsler Adult Intelligence Scale, fourth edition: Now available from Pearson. Retrieved from http://pearsonassess.com/haiweb/Cultures/en-US/Site/AboutUs/NewsReleases/NewsItem/NewsRelease082808.htm

Pearson. (2008b). Reference materials: WNV Brochure. Retrieved from http://www.pearsonassessments.com/HAIWEB/Cultures/en-us/Productdetail.htm?Pid=015-8338-499

Pearson. (2008c). Sample report: Parent report. Retrieved from http://www.pearsonassessments.com/HAIWEB/Cultures/en-us/Productdetail.htm? Pid=015-8338-499

Pearson. (2012a). Kaufman Assessment Battery for Children, second edition (KABC-II). Retrieved from http://psychcorp.pearsonassessments.com/HAIWEB/Cultures/en-us/Productdetail.htm?Pid=PAa21000

Pearson. (2012b). Wechsler Nonverbal Scale of Ability (WNV). Retrieved from http://www.pearsonassessments.com/HAIWEB/Cultures/en-us/Productdetail.htm?Pid=015-8338-499

Piaget, J. (1950). The psychology of intelligence (M. Piercy & D. Berlyne, Trans.). London: Routledge & Kegan.

Roid, G. (2003). Stanford-Binet Intelligence Scales, fifth edition, technical manual. Itasca, IL: Riverside Publishing.

Rose, S. P. R. (2006). Commentary: Heritability estimates—long past their sell-by date. International Journal of Epidemiology, 35, 525–527. doi:10.1093/ije/dyl064

Schneider, W. J., & McGrew, K. S. (2012). The Cattell-Horn—Carroll model of intelligence. In D. P. Flanagan, & P. L. Harrison (Ed.), Contemporary intellectual assessment: Theories, tests, and issues (3rd ed., pp. 99–144). New York: Guilford Press.

Spearman, C. (1970). The abilities of man. New York: AMS Press. (Original work published in 1932).

Sternberg, R. J. (2009). Toward a triarchic theory of human intelligence. In J. C. Kaufman, & E. L. Grigorenko (Eds.), The essential Sternberg: Essays on intelligence, psychology, and education (pp. 33–70). New York: Springer Publishing Company.

Sternberg, R. J. (2012). The triarchic theory of successful intelligence. In D. P. Flanagan, & P. L. Harrison (Eds.), Contemporary intellectual assessment: Theories, tests, and issues (3rd ed., pp. 156–177). New York: Guilford Publications, Inc.

Thurstone, L. (1938). Primary mental abilities. Chicago: University of Chicago Press.

Vanderploeg, R. (Ed.). (2000). Clinician's guide to neuropsychological assessment (2nd ed.). Mahwah, NJ: Lawrence Erlbaum Associates.

Vernon, P. (1961). The structure of human abilities (2nd ed.). London: Methuen & Co. LTD.

Wechsler, D. (2003). WISC-IV administration and scoring. San Antonio, TX: Harcourt Assessment.

진로 및 직업 평가: 흥미 검사, 다중 적성 및 특수 적성 검사

10장

내 친구 중 하나는 심리학 박사학위를 취득하기 위해 계속 공부를 해야 할지 고민하고 있었다. 이미 석사학위를 갖고 있었고, 정신건강 분야에서 한동안 일한 경험도 있었으며, 이제 막 박사과정 첫 학기를 시작한 터였다. 매일 학교에서 집으로 오면 공황장애를 겪었는데, 이 길이 자신이 하고 싶어 하는 진로인지 확신이 없었다. 그는 스트롱 흥미 검사(Strong Interest Inventory)를 받았는데, 검사 결과에서 그가 학습을 즐기는 과정으로서 생각하기보다는 목표를 위한 수단으로 보고 있다는 사실이 드러났고, 진로에 대한 걱정은 더욱 심화되었다. 검사 결과에서 나타난 그의 직업세계에 대한 성격적 지향 또한 대부분의 심리학자들과 비교했을 때 그다지 적합하지 않은 것으로 드러났다. 결국 박사 과정을 중단하고 스키강사로 전향한 그는 투자은행으로 뛰어들었고, 현재 매우 성공한 보험 중개인으로 더 행복하게 살고 있다. 엄청난 전환이다.

내가 35살의 조교수로 쥐꼬리만 한 월급을 벌고 있을 때, 만약 예비군에 들어간다면 여윳돈을 좀 더 쉽게 벌 수 있을지도 모른다는 생각을 하게 되었다. 그래서 지역모집센터를 방문했을 때, 그쪽에선 나에게 "먼저 이 검사부터 받으셔야 합니다."라고 하면서 군인력 직업 적성 검사(Armed Services Vocational Aptitude Test Battery)를 권했다. 내가 가르쳤던 심리검사 수업에서 이 검사를 간단히 다룬 적이 있기 때문에, 이 검사가 일반적인 인지 능력뿐만 아니라 특수 직업 적성을 측정한다는 사실을 알고 있었다. "물론이죠."라고 이야기하고 나는 검사를 받았다. 몇 주가 흐른 뒤, 모집원이 내게 전화를 해서 "우리에게 오시죠."라고 했다. 나는 그 검사의 거의 모든 척도에서 높은 점수를 받았다. 나는 예비군에 들어가는 것에 대해 좀 더 생각한 뒤, 그 모집원에게 전화를 걸어 "고맙지만, 이번엔 안 하는 게 좋겠어요."라고 말했다. 검사에 나타난 적성에도 불구하고, 내가 군에 들어가고 싶을 만큼 충분한 흥미나 의향이 있다는 생각이 들지 않았기 때문이다.

- 에드 노이크루그

이 장은 개인의 학업이나 직업적 진로를 결정하는 데 도움을 줄 수 있는 검사들을 다루고 있다. 내 친구가 받았던 흥미 검사나 내가 받았던 다중 적성 검사처럼 이러한 진로 관련 검사들은 개인이 직업이나 진로를 선택할 때 중요한 역할을 할 수 있다. 그러므로 이 장에서는 성격 검사의 일종이라고 볼 수 있는 흥미 검사와 개인이 어떤 것을 잘하는지 보여줄 수 있는 특수 적성이나 다중 적성 검사를 포함하여, 진로 및 직업 상담에서 주로 사용되는 검사들을 살펴볼 것이다. 또한 상담자와 조력자가 진로 및 직업 평가에서 수행하는 다양한 역할을 검토하고, 이 중요한 영역에 대한 몇 가지 생각들을 다룰 것이다.

진로 및 직업 평가의 정의

진로 및 직업 평가는 인생 중 어느 시기라도 받을 수 있지만, 청소년이 고등학교에 진학하면서 진로나 직업에 대해 생각하거나, 청년이 직업을 선택하거나 대학을 가고자 할 때, 성인이 자신의 진로 선택을 구체화하려고 할 때, 중년의 성인이 진로 전환을 꾀할 때, 노년기에 그동안 쌓아온 진로에서 벗어날 것을 고려할 때 등 주로 인생의 전환기에 가장 중요한 역할을 한다고 볼 수 있다. 비록 상담자와의 면담이 이러한 전환기를 더욱 매끄럽게 도와줄 수 있다고 하더라도, 검사들은 이 상담 과정에 매우 중요한 역할을 하고 의미 있는 정보를 제공한다. 흥미 검사, 다중 적성 검사, 특수 적성 검사는 진로 및 직업 상담 과정에서 자주 쓰이는 검사들이다.

1장에서는 흥미 검사를 성격 검사의 한 종류로서 정의한 바 있다. 그러나 흥미 검사는 11장에서 다룰 객관적 성격 검사(objective personality test)와 비슷함에도 불구하고, 그 인기와 매우 특수한 목적이 갖는 함의 때문에 일반적으로는 별도로 분리되어 다뤄지는 편이다(그림 1.4 참조). 1장에서 정의한 바에 따르면, 흥미 검사는 한 개인이 선호하거나 선호하지 않는 일이나 또는 직업세계에 대한 개인의 성격적 지향을 결정하는 데 주로 사용되며, 대부분 진로 상담 과정에서 사용된다. 이와는 반대로, 다중 적성 검사가 다양한 종류의 능력을 측정함으로써 다양한 직업군 중에서 성공 가능성이 높은 분야를 예측하는 데 쓰인다면, 특수 적성 검사는 주로 한 분야와 관련된 능력을 측정하여 특정한 직업 분야의 성공을 예측하는 데 주로 사용된다. 좋아하는 것과 싫어하는 것을 측정하는 흥미 검사와 능력을 측정하는 다중 적성 검사나 특수 적성 검사는 상호 보완적인 관계로 진로 상담 과정에서 함께 사용되는 경우가 많다. 이 장에서는 흥미 검사를 먼저 살펴보고, 뒤이어 다중 적성 검사를 검토한 이후에 몇 가지 특수 적성 검사를 다루고자 한다.

흥미 검사

흥미 검사(interest inventory)는 진로 관점에서 좋아하는 것과 싫어하는 것을 결정하도록 도
와주며, 직업 만족도를 예측하는 데 유용하다. 매년 수백만 건의 흥미 검사가 실시되는 것
으로 보고되는 바와 같이(ACT, 2009; CPP, 2009a), 흥미 검사가 진로 상담 과정에서 중요
한 역할을 차지하고 평가 시장에서 큰 수익을 거두고 있음은 의심의 여지가 없어 보인다.
이것은 흥미 검사가 직업 적합성을 기반으로 한 직업 만족도를 예측한다는 사실과 부분적
으로 관련이 있다고 볼 수 있다(Rottinghaus, Hees, & Conrath, 2009). 예를 들어 한 사람
이 흥미 검사를 통해 성격 유형에 부합하는 직업을 선택한다면, 그 사람은 성격 유형과 맞
지 않는 직업을 선택한 사람과 비교했을 때 더 높은 수준의 직업 만족도를 보인다는 것이
다. 그러나 한 분야에 대한 흥미가 반드시 그 분야에 대한 능력과 상관이 있는 것은 아니라
는 사실을 간과해서는 안 된다. 예를 들어, 당신이 가수가 되고 싶다고 할지라도 만약 음악
적 재능이 부족하다면 당신의 진로는 얼마 가지 않아 어려움을 겪을 것이라는 뜻이다.

　이 장에서는 가장 보편적으로 쓰이는 세 가지 흥미 검사, 즉 스트롱 직업 흥미 검사(Strong
Vocational Interest Inventory; CPP, 2009a), 자기탐색검사(SDS: Self-Directed Search;
PAR, 2013), 진로 직업 선호도 체계 흥미 검사(COPS: Career Occupational Preference
System Interest Inventory; EdITS, 2012a)를 살펴볼 것이다.

스트롱 흥미 검사®*

진로 검사 중 가장 자주 쓰이는 검사 중 하나가 바로 스트롱 검사이다. 1927년에 처음 개
발되어 'Strong Vocational Interest Blank'(Strong, 1926)라는 이름으로 출판되었다가 가
장 최신 판본은 스트롱 흥미 검사(SII: Strong Interest Inventory)로 불리고 있다. 2004년
에 317문항이었다가 291문항으로 다듬어진 스트롱 흥미 검사는 16세 이상 청소년 및 성
인에게 실시되며 약 35~40분가량 소요되는 검사로 개인이나 집단을 대상으로 실시될 수
있다(CPP, 2004, 2009a; Kelly, 2003). 가장 최근 판본은 사람들이 '매우 좋아한다'부터
'매우 싫어한다'의 5점 리커트 척도(Likert scale)를 사용하여 6개 영역(직업, 교과목, 활
동, 여가 활동, 사람들 유형, 당신의 특성)에서의 선호를 스스로 표기하도록 되어 있다.
스트롱 흥미 검사 결과 보고서는 다음과 같은 다섯 가지 유형의 해석 척도를 제공한다.

- 일반직업분류(General Occupational Themes)
- 기본흥미척도(Basic Interest Scales)
- 직업척도(Occupational Scales)
- 개인특성척도(Personal Style Scales)
- 문항반응요약(Response Summary)

흥미 검사(interest
inventory)
흥미 검사는 진로의 관점
에서 좋아하는 것과 싫어
하는 것을 분명하게 드러
낼 수 있도록 도와주는데,
흥미는 직업 만족도를 예
측하는 좋은 변인이다.

---

* 스트롱 흥미 검사는 주식회사 CPP에 등록된 상표이다.

스트롱 일반직업분류
(General Occupa-
tional Themes)
홀랜드 성격 유형 이론의
RIASEC 코드를 이용
한다.

일반직업분류 스트롱 흥미 검사에서 가장 많이 쓰이는 점수는 **일반직업분류**에서 홀랜드(Holland)의 육각형 모형(그림 10.1 참조)을 기본으로 하여 산출된 점수로, 세 문자로 이루어진 코드를 제공한다. 홀랜드는 여섯 가지 성격 유형을 나누는데, 현장형, 탐구형, 예술형, 사회형, 진취형, 사무형으로 구성되어 있다. 이 분류는 BOX 10.1에서 더욱 자세히 설명할 것이다. 스트롱 흥미 검사는 피검자의 최상위 홀랜드 유형 세 가지를 확인하여 높은 점수순으로 3개의 코드를 제공한다.

육각형 모형에서 가까이 붙어 있는 유형들은 멀리 있는 유형에 비해 비슷한 요소를 공유하는 편이다. 예를 들어, 전형적인 상담자나 사회복지사는 SAE의 홀랜드 코드를 보이는데, 이 유형은 육각형 모형의 한 모서리를 중심으로 서로 붙어 있으며 많은 공통 요소를 공유하는 편이다. 반대로 예술형 코드의 사람은 직업이나 과제에서 육각형 모형의 정반대편에 위치한 사무형 코드의 사람과는 매우 다른 흥미를 보고하는 편이다.

스트롱 기본흥미척도
(Basic Interest
Scales)
전반적인 진로 영역에서
의 흥미를 확인해준다.

기본흥미척도 기본흥미척도는 과학, 공연예술, 마케팅/광고, 교육, 법 등의 30가지 분야에 대한 응답자의 흥미 정도를 보여준다. 특히 이 척도에서는 응답자의 최상위 흥미 영역 중 다섯 가지를 보여주고, 또한 30가지 분야 각각에 대응하는 홀랜드 코드를 함께 보여준다(그림 10.2 참조). T점수를 활용하여, 응답자와 성별이 같은 응답자들의 평균 점수와 비교하여 본인의 점수를 확인할 수 있도록 하는 것이 특징이다. 응답자의 T점수가 높을수록(T점수는 평균이 50이고 표준편차가 10인 분포를 갖는다) 그 특정 영역에서 다른 사람들과 비교하여 높은 흥미를 갖는 것으로 해석할 수 있다. 평균에서 1 표준편차 이상 차이 나는 흥미 영역의 경우(즉, 60 혹은 그 이상), 매우 높은 흥미를 보이는 영역으로 여겨진다.

스트롱 직업척도
(Occupational
Scales)
해당 직업군을 가진 사람
들의 흥미와 응답자의 점
수를 비교하여 보여준다.

직업척도 이 척도는 1927년도 스트롱 검사에서도 기본이 되었던 척도로, 응답자의 흥미 점수를 자신의 직업에 만족한다고 보고한 사람들 중 응답자와 같은 성별을 가진 사람들의 흥미 점수와 비교하여 보여주는 척도이다. 즉, 응답자는 244개의 보편적인 직업군에 종사하는 사람들의 스트롱 흥미 검사 점수와 본인의 점수를 비교할 수 있게 된다. 특히 스트롱은 응답자와 가장 비슷한 점수를 보이는 10개의 직업군을 목록으로 제공하는 동시에(그림 10.3 참조), 전체 244개 직업군에서 내담자의 T점수를 보여주는 별도의 목록을 제공한다(그림에는 나와 있지 않음). T점수가 높을수록, 응답자의 흥미가 그 직업에 만족하는 사람들의 흥미와 더욱 비슷함을 뜻한다.

스트롱 개인특성척도
(Personal Style
Scales)
응답자의 업무 유형, 학
습 유형, 리더십 유형, 모
험심 유형, 팀 성향을 평
가한다.

개인특성척도 이 척도는 피검자가 다양한 일과 관련된 활동들을 얼마나 편안해하는가에 대한 추정치를 제시하는 데 사용된다. 이 척도에는 업무 유형(혼자서 혹은 사람들과 함께), 학습 유형(실용적인 혹은 학문적인), 리더십 유형(주도하기 혹은 지시 따르기), 모험심 유형(위험 감수 혹은 안정 추구), 팀지향 유형(팀으로 일하기 혹은 독립적으로 일하기)이 포함되어 있다. T점수는 개인의 점수를 여성, 남성, 전체를 대상으로 비교할 수 있도록 제시된다.

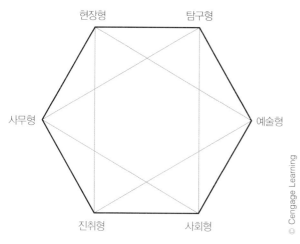

그림 10.1 홀랜드의 육각형 성격 유형 모형

BOX 10.1

홀랜드의 성격 및 일 유형

현장형: 현장형 사람들은 장비, 기계, 컴퓨터, 도구 등을 이용하며 일하는 것을 좋아하고, 야외·옥외 작업을 선호하거나 구체적인 물질이나 물체, 물건의 조작에 능한 사람들이다. 이 유형의 사람들은 상호작용이 많은 상황이나 예술적 시도, 추상적인 과업과 관련된 상황 등을 회피하거나 즐기지 않는다. 현장형 사람들이 많은 직업 환경으로는 주유소, 기계공장, 공사현장, 컴퓨터 수리 상점, 발전소 등이 있다.

탐구형: 탐구형 사람들은 추상적으로 생각하거나 문제를 풀고 탐구하는 것을 좋아한다. 이 유형의 사람들은 지식의 추구를 즐기고 아이디어나 상징 체계를 다루는 것을 좋아한다. 탐구형 사람들은 상호작용이 많은 상황을 즐기지 않으며, 스스로 주로 내성적이라고 생각하는 경향이 있다. 탐구형 사람들이 많은 직업 환경으로는 연구소 실험실, 병원, 대학, 정부 후원을 받는 연구기관 등이 있다.

예술형: 예술형 사람들은 창의력을 표현하는 것을 즐기며, 드라마, 미술, 음악, 글쓰기 등을 통한 예술적 표현을 즐긴다. 이 유형의 사람들은 상상력을 이용하고 창의력을 표현할 수 있는 비구조화된 활동을 선호하는 편이다. 예술형 사람들이 많은 직업 환경으로는 극장, 콘서트홀, 도서관, 미술관, 음악 스튜디오, 댄스 스튜디오, 오케스트라, 사진관, 신문사, 식당 등이 있다.

사회형: 사회형 사람들은 다른 이들에 대한 관심이 높은 편으로 양육하고 돕고 돌보는 사람들이다. 이 유형의 사람들은 자기성찰적이고 통찰력이 있는 편이며, 그들의 직관과 조력·부양기술을 사용할 수 있는 작업 환경을 선호한다. 사회형 사람들이 많은 직업 환경으로는 정부사회복지기관, 상담실, 교회, 학교, 정신병원, 레크리에이션 센터, 인사과, 병원 등이 있다.

진취형: 진취형 사람들은 자신감이 높고, 모험적이며, 강하고, 다른 사람들과 함께 일하는 것을 즐긴다. 이 유형의 사람들은 주로 설득력이 좋고 리더 역할을 즐겨 맡는 편이다. 이들은 대화를 주도하는 편이며, 인정을 받고 권력을 가지면서 앞에 나설 수 있는 욕구를 만족시킬 수 있는 직업 환경을 선호하는 편이다. 진취형 사람들이 많은 직업 환경으로는 보험사, 광고회사, 정치단체, 부동산 업체, 자동차 세일즈, 판매업소, 관리자 지위 등이 있다.

사무형: 사무형 사람들은 안정적이고 조심스러우며 보수적이고 협조적인 사람들이다. 이 유형의 사람들은 구체적인 작업을 선호하며 지시나 이미 정해진 체계를 따르는 것을 좋아한다. 이들은 사무직에 가치를 두며, 컴퓨터 프로그래밍이나 데이터베이스 조작에 능한 편이다. 사무형 사람들이 많은 직업 환경으로는 은행, 사무직, 회계법인, 컴퓨터 소프트웨어회사, 의료기록부서 등이 있다.

© Cengage Learning

01. GOT 일반직업분류 (General Occupational Themes)

나의 흥미유형 코드
IS

일반직업분류 척도는 6가지 흥미유형 정보를 바탕으로 개인의 직업분야와 관련된 가장 포괄적인 정보를 제공합니다.

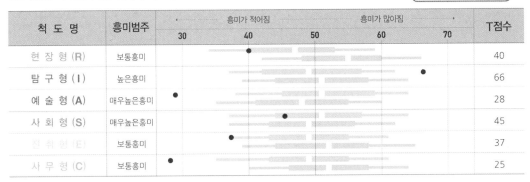

척 도 명	흥미범주	흥미가 적어짐 ← 30 40 50 60 70 → 흥미가 많아짐	T점수
현 장 형 (R)	보통흥미		40
탐 구 형 (I)	높은흥미		66
예 술 형 (A)	매우높은흥미		28
사 회 형 (S)	매우높은흥미		45
진 취 형 (E)	보통흥미		37
사 무 형 (C)	보통흥미		25

02. BIS 기본흥미척도 (Basic Interest Scales)

기본흥미척도는 전공과 직업, 여가생활 등에 대한 탐색을 도울 수 있도록 개인의 흥미에 대한 보다 구체적인 정보를 제공합니다.

◎ 현장형(Realistic): 기계 및 건설분야, 신체활동

척 도 명	· 30 40 50 60 70 ·	T점수
기계/건설 보통흥미		40
컴퓨터/전자기기 보통흥미		37
군사활동 보통흥미		36
안전서비스 매우낮은흥미		36
자연/농업 보통흥미		51
운동경기 매우낮은흥미		43

◎ 탐구형(Investigative): 분석 및 조사분야, 연구활동

척 도 명	· 30 40 50 60 70 ·	T점수
과학 높은흥미		67
연구조사 매우높은흥미		67
의학 보통흥미		61
수학 보통흥미		46

◎ 예술형(Artistic): 문화 및 예술 분야, 창작활동

척 도 명	· 30 40 50 60 70 ·	T점수
시각예술/디자인 매우높은흥미		32
공연예술 보통흥미		35
글쓰기/언론 매우높은흥미		33
요리 보통흥미		27

◎ 사회형(Social): 교육 및 서비스 분야, 봉사활동

척 도 명	· 30 40 50 60 70 ·	T점수
상담/봉사 높은흥미		30
교육 높은흥미		56
인적자원개발 매우높은흥미		51
사회과학 높은흥미		49
종교/영성 매우높은흥미		38
보건의료서비스 낮은흥미		47

◎ 진취형(Enterprising): 사업 및 법/정치분야, 설득활동

척 도 명	· 30 40 50 60 70 ·	T점수
마케팅/광고 매우높은흥미		38
판매 매우높은흥미		36
관리 높은흥미		48
기업운영 보통흥미		31
정치/대중연설 보통흥미		38
법 보통흥미		37

◎ 사무형(Conventional): 사무 및 정보처리 분야, 관리활동

척 도 명	· 30 40 50 60 70 ·	T점수
사무관리 높은흥미		22
세무/회계 높은흥미		37
정보시스템 높은흥미		38
금융/투자 보통흥미		30

그림 10.2 스트롱 직업 흥미 검사 II 프로파일 보고서: 일반직업분류, 기본흥미척도

출처: 김명준, 김은주/어세스타(2016). 스트롱 직업 흥미 검사 II® 프로파일 보고서(일반직업분류, 기본흥미척도), http://www.career4u.net/tester/strong_intro.asp

03. PSS 개인특성척도 (Personal Style Scales)

개인특성척도는 일상생활 및 일의 세계와 관련된 광범위한 특성에 대한 개인의 선호정보를 제공합니다.

척 도 명		뚜렷한 25 30 40	중간 50	뚜렷한 60 70 75		T점수

업무유형
(Work Style)
	▸ 혼자 일하는 것을 선호
	▸ 자료, 아이디어, 사물과
	  관련된 활동을 선호
					▸ 함께 일하는 것을 선호
					▸ 사람과 관련된
					  활동을 선호
						40

학습유형
(Learning Environment)
	▸ 실용적인 학습을 선호
	▸ 경험을 통한 단기간의
	  훈련 선호
					▸ 학문적인 학습을 선호
					▸ 이론을 통한 장기간의
					  교육 선호
						57

리더십유형
(Leadership Style)
	▸ 책임자 역할이 불편함
	▸ 지시보다 스스로
	  과제를 수행함
					▸ 책임자 역할을 선호
					▸ 지휘·통솔하는 것을
					  선호
						34

위험감수유형 (Risk Taking)	▸ 위험감수를 싫어함 ▸ 의사결정이 신중함				▸ 위험감수를 좋아함 ▸ 의사결정이 빠름	38
팀지향유형 (Team Orientation)	▸ 독립적 과제를 선호 ▸ 혼자서 문제 해결을 선호				▸ 팀 과제를 선호 ▸ 팀과 함께 문제 해결을 선호	50

04. 문항반응요약

백분율(%)

구 성	매 우 싫 음	싫 음	관심 없음	좋 음	매 우 좋 음
직 업	36	35	16	7	7
교 과 목	39	24	26	2	9
활 동	26	25	25	19	6
여 가 활 동	43	18	11	7	21
사 람 들 유 형	38	25	19	12	6
특 성	0	67	0	33	0
합 계	33 %	29 %	19 %	11 %	8 %

TR지수(총응답지수):	291

TI지수(일관성지수):	24

▸ 척도별 점수는 모두 T점수로 표시되어 있습니다.
▸ T점수는 평균 50, 표준편차 10으로 표준화된 점수입니다.

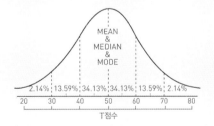

▸ 상자형 도표에 표시된 검정색점(●)을 통해 남녀규준과 비교한
  상대적인 자신의 흥미정도를 파악할 수 있습니다.
  여자규준은 분홍색으로 남자규준은 하늘색으로 구분되어 있습니다.

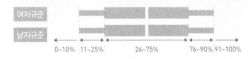

그림 10.3 스트롱 직업 흥미 검사 II 프로파일 보고서: 개인특성척도, 문항반응요약

출처: 김명준, 김은주/어세스타(2016). 스트롱 직업 흥미 검사 II® 프로파일 보고서(개인특성척도, 문항반응요약), http://www.career4u.net/tester/strong_intro.asp

문항반응요약   문항반응요약은 스트롱 검사에서 측정된 6개의 흥미 영역(예: 직업, 교과목 등)에 따른 응답자의 반응을 백분율로 나누어 제시한다. 이 요약은 응답자가 리커트 척도의 응답의 보기 중 '매우 좋아함'부터 '매우 싫어함'까지* 각각 어떻게 표기했는지를 보여준다. 또한 무작위 응답을 했을 가능성이 있는 피검자를 95%의 정확성으로 발견할 수 있는 일관성 지수(typicality index)를 제공한다. 16점 이하의 점수는 문항 응답에 있어서 비일관적인 패턴이 있었음을 알려준다(CPP, 2004).

스트롱 검사는 여러 가지 방법으로 채점될 수 있다. 응답표는 우편으로 검사센터로 보내서 채점하거나, 온라인 채점 소프트웨어를 사서 직접 채점할 수도 있고, 아니면 처음부터 인터넷을 통해 검사를 실시해서 바로 결과 보고서로 받을 수 있다. 스트롱 검사의 최근 버전에 맞춰 규준집단 자료는 업데이트가 되었는데, 이 새로운 규준집단 자료는 동일한 수의 남녀(n = 2,250)로 미국 인구조사와 비슷한 인종적, 민족적 집단 분포를 갖고 있다(CPP, 2004, 2009b). 이 표본은 370개의 다양한 직업군을 대표하는 사람들로 구성되어 있다. 일반직업분류(홀랜드 코드)의 신뢰도 계수는 0.90~0.95로, 검사-재검사 신뢰도는 0.88~0.95이다. 기본흥미척도 신뢰도의 중앙값은 0.87이다. 2개월에서 7개월 간격으로 실시된 직업척도의 검사-재검사 신뢰도는 중앙값 평균이 0.86이다. 5개의 개인특성척도의 내적 신뢰도는 0.82~0.87이다. 수렴 타당도의 증거로 최신 버전의 일반직업분류(홀랜드 코드)는 이전 버전과 0.95의 상관을 보였다고 보고되었다. 기본흥미척도의 회귀 분석 결과는 그 척도들이 다양한 직업군의 변량 중 68~78%를 설명하고 있음을 드러냈다. 변별 타당도의 증거로서 다섯 가지 성격 척도 간 상관이 제시되었는데, 성격 척도 간의 상관이 0.03부터 0.55까지 나타남으로써 각 성격 척도가 선호되는 직업 환경의 독특한 측면을 드러내는 것으로 나타났다(미국 기준).

자기탐색검사(SDS)

자기탐색검사(SDS: Self-Directed Search)

진로심리학자 홀랜드가 개발한 검사로, 스스로 실시하고 채점하고 해석할 수 있도록 고안되었으며, 홀랜드의 성격 유형 이론에 기반한 검사이다.

존 홀랜드(John Holland)가 개발한 **자기탐색검사**(SDS: Self-Directed Search) 제4판(PAR, 2009)은 그림 10.1의 홀랜드 육각형을 기반으로 고안된 검사이다. 검사의 이름이 뜻하는 바와 같이, SDS는 피검자 스스로 실시하고, 점수를 계산하고, 해석이 가능한 검사이다. 물론 상담자가 이러한 과정과 내담자의 탐색을 도와주는 것은 언제나 바람직하다. 비록 이 검사의 대부분이 흥미를 측정하는 데 상당 부분 할애하고 있지만, 능력이나 적성 등 자가추정치도 포함하여 제공하고 있다. 일단 검사를 받고 점수를 계산하여 3개의 유형 코드로 조합된 홀랜드 코드를 받으면, 홀랜드 유형에 따라 분류된 1,300여 개의 직업이 수록되어 있는 직업 열람이나, 12,000개의 직업 코드가 담겨 있는『Dictionary of Holland Occupational Codes(홀랜드 직업 코드 사전)』(Gottfredson & Holland, 1996), 미국 정부에서 만든 O*NET 온라인 시스템을 이용하는 등, 다양한 자료를 사용하여 본인의 코드와 비슷한 직업들을 찾아보고 정보를 확인할 수 있다(미국 기준).

---

* 한국어판 보고서에서는 '좋아함', '무응답', '싫어함' 세 가지로 보고됨—옮긴이

미국을 기준으로 SDS는 네 가지 형태로 제공되는데, 대상과 필요에 맞추어 선택하여 실시할 수 있다. Form R(regular, 일반)은 고등학생이나 대학생, 일반 성인을 대상으로 실시될 수 있으며, Form E(easy-to-read, 쉬운 읽기용)는 4학년 수준의 읽기 수준에서 작성되어 읽기 능력에 제한이 있는 학생이나 성인들에게 적합한 검사이다. Form CE(career explorer, 진로 탐색)는 중고등학생을 대상으로, Form CP(Career Planning, 진로 계획)는 직장인을 대상으로 사용할 수 있도록 개발되었다(Brown, 2001; PAR, 2012). SDS는 종이 형태의 검사지나 컴퓨터 소프트웨어 형식으로 실시될 수 있고, Form R은 인터넷 웹사이트에서 검사 실시 및 사용이 가능하도록 되어 있다(PAR, 2009).

점수 계산은 6개의 성격 유형에 해당하는 각각의 원점수를 단순 합산하며, 계산이 끝난 후 높은 점수를 획득한 유형순으로 상위 3개 유형의 순차 조합으로 구성된 홀랜드 코드를 부여받는다. Form R의 미국 규준 자료는 25개 주에 거주 중인 17~65세 2,602명을 대상으로 하고 있으며, 내적 신뢰도 계수는 0.90에서 0.94로 보고되었다(Brown, 2001). Form E는 15~72세 719명을 대상으로 규준화되었으며, Form R보다 약간 높은 신뢰도 계수를 보이고 있다. Form CP는 19~61세의 성인 101명에게 실시되었고, 피검자 대부분은 대학 교육을 받은 것으로 나타났다. Form CP의 신뢰도는 다른 형태 검사에 비해 신뢰도가 약간 낮은 것으로 나타났다. SDS의 수렴 타당도는 구 버전과 신 버전의 홀랜드 코드 간 상관으로 보았을 때 0.94보다 큰 것으로 나타났다. 살펴보면 반 정도의 피검자들이 두 검사(구 버전, 신 버전)에서 3개의 똑같은 홀랜드 유형을 가졌고, 3분의 2 정도는 처음 두 홀랜드 코드가 두 검사에서 동일한 것으로 나타났다. 연구에서는 홀랜드 코드와 직업 만족도 간 상관이 중간 이상인 것으로 지속적으로 보고되고 있다(Rottinghaus et al., 2009).

COPSystem

COPSystem은 진로 결정을 도울 수 있도록 구성된, 흥미, 능력, 가치 등 3개의 검사 도구로 이루어진 진로 검사 패키지이다(표 10.1 참조; EdITS, 2012a). 검사는 직접 손으로 계산하거나, EdITS로 채점지를 보내거나, 채점 소프트웨어를 사용하는 등의 방식으로 점수 계산 및 채점이 가능하다. 이 검사의 웹 버전은 COPSystem 3C로 불리며, 온라인으로 실시가 가능하다(EdITS, 2012b).

COPSystem
흥미와 능력, 가치를 측정하는 세 검사로 이루어져 있다.

표 10.1 COPSystem 평가와 검사 소요시간

측정	축약 명칭	명칭	검사 소요시간(분)
흥미	COPS	진로 직업 선호도 체계 흥미 검사(Career Occupational Preference System Interest Inventory)	20~30
능력	CAPS	진로 능력 배치 조사(Career Ability Placement Survey)	50
직업 가치	COPES	진로 지향 배치 및 평가 조사(Career Orientation Placement and Evaluation Survey)	30~40

© Cengage Learning

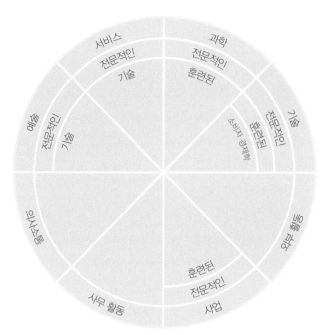

그림 10.4 COPS 진로 군집들

출처: EdITS. (2010). COPSystem: Home. Retrieved from http://www.edits.net/component/content/article/10/352-copsystem-career-wheel-of-career-clusters.html

진로 직업 선호도 체계 흥미 검사 (COPS)

진로 군집에 따른 흥미를 측정한다.

진로 직업 선호도 체계 흥미 검사(COPS)   COPS는 미국 기준 7학년부터 성인까지의 개인에게 실시할 수 있는 검사 도구로서, 고등학교와 대학 교과 과정뿐만 아니라 직업 정보에 기초한 168개의 문항으로 이루어져 있다. 이 검사지의 점수는 피검자들에게 수많은 진로 영역을 안내하는 데 쓰일 수 있는 특별히 고안된 진로 군집 모형을 바탕으로 산출된다(그림 10.4 참조). 비록 검사 도구의 출판사는 이 검사가 다양한 연령 집단에게 쓰일 수 있다고 주장하고 있지만, 검사 점수의 규준은 고등학생 또는 대학생 집단을 기준으로 개발되었다(EdITS, 2012c). 이 검사의 소요시간은 약 20~30분이며, 수기 채점에 소요되는 시간은 약 15분이다. 신뢰도에 대한 회귀계수는 0.86에서 0.92 사이이며, COPS와 기타 진로 검사 도구들 간의 수렴 타당도가 보고되었다(EdITS, 2012c).

진로 능력 배치 검사 (CAPS)

진로 군집과 관련된 일터에서의 능력을 측정한다.

진로 능력 배치 검사(CAPS)   CAPS 검사는 COPS 진로 군집과 관련된 여덟 가지 영역에 걸친 능력을 측정한다(그림 10.4에서 바깥 원). 피검자는 이 검사를 통해 어떤 진로 분야가 그들의 능력에 가장 적합한지를 보여주거나 더 많은 훈련이 필요한 분야의 진로를 알 수 있게 된다. 이 검사는 중학생부터 성인까지 대상으로 개발되었으며, 규준 자료는 미국 기준으로 8학년부터 12학년까지, 대학생들까지 마련되어 있다. 8개의 하위 척도를 실시하는데 각 척도당 약 5분 정도 소요되며, 총 CAPS 검사는 약 50분 정도 소요된다. 수기 채점은 추가로 약 15분에서 20분 정도 소요된다. 검사-재검사 신뢰도는 0.70부터 0.95로 보고되었다(EdITS, 2012c).

표 10.2 COPES 척도들

탐구적인	VS.	수용적인
실리적인	VS.	근심 걱정 없는
독립성	VS.	순응
리더십	VS.	지지적인
질서정연함	VS.	융통성
(사회적) 인정	VS.	사생활
미적 아름다움을 추구하는	VS.	현실적인
사회성이 높은	VS.	내성적인

© Cengage Learning

진로 지향 배치 및 평가 조사(COPES) COPES는 직업 선택과 직업 만족에 중요한 영향을 미치는 직업 가치를 평가할 수 있도록 도와준다. 척도들은 표 10.2에 제시된 8개의 이분법적 가치 특성을 기반으로 되어 있으며, 이 결과는 그림 10.4에 있는 진로 군집과 연결되어 피검자들이 진로를 선택할 때 가치를 이용할 수 있도록 되어 있다.

CAPS 및 COPS와 마찬가지로, COPES 또한 중학생부터 성인까지 사용 가능하도록 개발되었다고 하지만, 규준집단 자료는 고등학생부터 대학생을 대상으로 마련되어 있다. 내적 신뢰도 계수는 0.70에서 0.83으로 약간 낮은 편이다(EdITS, 2012c).

O*NET과 진로 탐색 도구

직업 정보 네트워크(Occupational Information Network) O*NET은 진로 전환을 생각하고 있는 이들에게 수백 가지의 직업 분류와 추가적인 자기주도형 진로 탐색 도구들을 제공하는 무료 온라인 데이터베이스이다. O*NET은 미국 노동부와 고용 및 훈련 행정(USDOL/ETA: U.S. Department of Labor/Employment and Training Administration)에 의해 개발되고 유지되고 있으며, 과거 1938년부터 1990년대까지 출판되던 책자 형태의 직업 목록 사전을 대체한 것이다(Mariani, 1999; O*NET, n.d.b). O*NET 데이터베이스는 구직자, HR 전문가, 학생, 연구자들이 사용한다(O*NET, n.d.c).

O*NET은 6개의 주요 영역에 기반하여 내용이 구성되어 있다(O*NET, n.d.d). O*NET의 내용 모형을 살펴보면, 여섯 가지 영역 중 세 가지는 직업 종사자의 특성, 직업 종사자 요구조건, 경험 요구조건 등 그 직업에 종사하는 사람에게 초점이 맞춰져 있다. 나머지 세 영역은 직업을 중심으로, 직업적 요구조건, 노동인구적 특성, 그리고 직업 특수적인 정보를 포함하고 있다. 이 모형은 직업군별, 산업별, 혹은 구체적인 직업별로 정보가 일관성 있게 적용되도록 도와주고 비교를 가능하게 한다. 그림 10.5는 이 모형의 위쪽 세 영역은 직업 종사자와 관련된 정보를, 아래쪽 세 영역은 직업과 관련된 정보를 다루고 있음을 보여준다. 표 10.3은 6개의 O*NET 영역과 그 각각에 해당하는 하위 영역을

진로 지향 배치 및 평가 조사(COPES)
직업군과 관련된 직업 선택에 중점을 둔다.

O*NET
미국 정부에서 관리하는 직업 정보의 온라인 데이터베이스

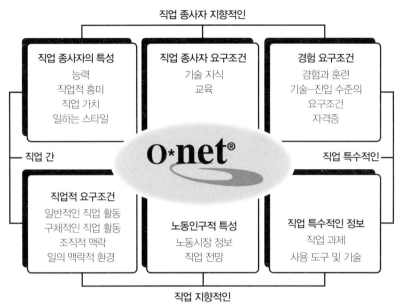

그림 10.5 O*NET 내용 모형

출처: O*NET (n.d.). O*NET Resource Center. Retrieved from http://www.onetcenter.org/content.html

표 10.3 O*NET 영역과 하위 영역

영역	하위 영역
직업 종사자 특성	능력 직업 흥미(홀랜드 코드) 직업 가치(직업적응이론) 일하는 스타일
직업 종사자 요구조건	기본적인 기술 교차기능 기술 지식 교육
경험 요구조건	경험과 훈련 기본적인 기술 교차기능 기술 자격증
직업 특수적인 정보	작업 과제 사용 도구 및 기술
노동인구적 특성	노동시장 정보 직업 전망
직업적 요구조건	일반적인 직업 활동 구체적인 직업 활동 조직적 맥락 일의 맥락적 환경

보여준다.

구체적인 직업 정보나 비슷한 직업들을 찾고자 할 때, O*NET의 기본 온라인 검색을 이용할 수 있다. 상세 검색을 통해 구체적인 기술이나 능력, 혹은 위의 모형 중 한 영역을 이용하는 모든 직업을 검색해볼 수 있다. 만약 학교 상담자라는 직업을 찾고자 한다면, 당신은 '교육, 지도, 학교, 직업 상담자'라고 명명된 직업을 찾을 것이며, 관련 표준 직업 분류 코드인 21-1012.00을 보게 될 것이다. 직업명을 클릭하면, 여섯 가지 영역을 기반으로 하여 이 직업에 대한 구체적인 정보를 제공하는 요약 보고서가 나올 텐데, 이 보고서는 이 직업의 성장률이나 향후 구인 등에 대한 정보도 포함하고 있다. O*NET은 직업들에 대한 다양한 정보를 포함하는 데이터베이스이므로 개별적인 구인정보를 확인할 수는 없다.

O*NET은 직업을 전환하고자 하는 사람들이나 새롭게 노동시장에 진입하고자 준비하는 학생들을 돕기 위한 다양한 진로 탐색 도구를 제공하고 있다(O*NET, n.d.e). O*NET 팀은 이 도구들을 자기주도적이라고 설명한다. 그러나 실질적으로 대부분의 탐색 도구를 쓰기 위해서는 실시를 하거나 채점을 하는 등 교사나 상담자의 도움이 필요하다. 모든 도구는 하나를 제외하고는 온라인 사용이 가능하지 않지만(출력해서 직접 표기해야 함), 개인이나 집단으로 실시가 가능하다. 질문지, 답안지, 사용자 매뉴얼, 실시자 매뉴얼 등이 무료로 다운로드 가능하도록 제공된다. 그러나 스캔이 가능한 정답지나 질문지 등이 다량으로 필요한 집단 실시의 경우, 소정의 비용을 내고 주문이 가능하다. O*NET 진로 탐색 도구들은 다음과 같다.

- 능력 프로파일 검사지
- 흥미 프로파일 검사지
- 컴퓨터 기반의 흥미 프로파일 검사지
- 흥미 프로파일 검사지(단축형)
- 직업 중요성 탐지기
- 직업 중요성 프로파일 검사지

위 목록에서 알 수 있듯이, 이 도구들은 COPSystem과 비슷하게 능력, 흥미, 직업 가치를 파악할 수 있도록 돕는 데 쓰인다.

이 외에 흔히 쓰이는 진로 흥미 검사

오늘날 많은 진로 흥미 검사가 시중에 나와 있다. 그러나 그중 일부만이 인기를 끌고 있다. 예를 들어, 캠벨 흥미 기술 검사(CISS: Campbell Interest and Skill Survey)는 자기 보고식 검사 도구로서 다양한 영역의 직업에 관련된 흥미와 기술을 모두 측정한다. 이 검사는 15세 이상의 성인을 대상으로 하여 대학생이나 대학을 졸업한 성인을 주요 대상으로 한다(Pearson, 2012a). 통합 학생 지도와 정보 체제 제3판(SIGI3: System of Integrated Guidance and Information, Third Edition)은 고등학생과 대학생을 대상으로 한 웹 기반 자기보고식 진로 검사다. SIGI는 교육 요구조건, 수입, 직업 만족도 등의 최신 진로 정보를 제공하며 진로 가치, 흥미, 성격, 기술 등과 관련된 평가 도구들을 제공한다(Valpar, 2012). 진로 측정 검사(Career Assessment Inventory—Enhanced Version)는 홀랜드 코드를 이용하고 있는 15세 이상을 위한 진로 발달과 학생 지도를 위한 도구 중 하나이다(Pearson, 2012b). 진로 전문가들이 진로 및 직업 평가 영역에서 선택할 수 있는 다양하고 좋은 검사들이 많이 출판되어 있다.

다중 적성 검사

다중 적성 검사 (multiple aptitude test)
능력을 측정하고, 다양한 영역에서의 성공을 예측한다.

이름이 함의하듯이, **다중 적성 검사**(multiple aptitude test)는 한 번에 다양한 능력을 측정하고, 개인이 다양한 유형의 직업들을 어떻게 수행할지를 예측하는 데 쓰이는 검사이다. 예를 들어, 이 장에서 자세히 다룰 미군 직업 적성 검사(ASVAB)는 자동차와 제조 지식, 기계적 이해, 일반 과학, 전자공학 지식 등을 측정하고 있다. 이 유형의 정보는 군 행정가가 내리는 인사 배치 결정에 도움을 제공하고, 군 입대를 고려하거나 혹은 자신이 보유한 여러 기술이나 능력에 대해 좀 더 알고 싶은 사람들에게 유용하게 쓰일 수 있다. 높은 기계적 적성을 가지고 이러한 유형의 일을 즐기는 사람은 사무직보다는 제트기나 탱크의 엔진을 수리하는 일에 더 적합할 것이다.

요인 분석과 다중 적성 검사

요인 분석 (factor analysis)
검사 개발자들이 하위 검사 간 차이점과 유사점을 결정하도록 돕는 통계 분석 방법

5장을 통해 이미 배웠듯이, 검사 개발자들은 개발된 검사의 구인 타당도를 보여주기 위하여 **요인 분석**(factor analysis)을 이용한다. 요인 분석은 흔히 쓰이는 통계 분석 방법 중 하나로, 연구자들이 패턴을 결정하거나 어떤 변인이 가장 많은 공통분을 갖고 있는지 계산하기 위해 큰 자료를 분석할 때 사용하는 방법이다. 다중 적성 검사 개발자들도 측정하고자 하는 많은 능력들 간의 차이점과 유사점을 측정하기 위해 요인 분석을 사용했다. 예를 들어 당신이 다양한 스포츠 능력을 측정하기 위한 다중 적성 검사를 새로 만들고자 한다면, 소프트볼 공 던지기, 100미터 달리기, 장거리 뛰기, 5 km 달리기, 야구공 정확하게 던지기, 50미터 수영 등 다양한 검사를 개발할 수 있다. 그러나 규준집단에게 이 검사들을 실시하고 수집한 자료를 요인 분석하고 난 뒤, 당신은 소프트볼 공 던지기와 야구공 정확하게 던지기가 너무 겹치기 때문에 둘 중 하나를 검사에서 제외하거나 두 하위 검사를 하나로 합치는 것을 고려하게 될지도 모른다. 요인 분석을 통해 검사 구성의 순수성을 보여주는 가장 활발하게 사용되는 다중 적성 검사로는 미군 직업 적성 검사(ASVAB)와 차별적 적성 검사(DAT)가 있다.

미군 직업 적성 검사와 진로 탐색 프로그램

미군 직업 적성 검사 (ASVAB: Armed Services Vocational Aptitude Battery)
군이나 민간직업에서 요구되는 다양한 능력들을 측정한다.

미군 직업 적성 검사(ASVAB: Armed Services Vocational Aptitude Battery)는 전 세계에

서 가장 널리 쓰이는 다중 적성 검사이다. 1968년에 개발된 이 검사는 그 후 여러 번 개정되는 과정을 거쳤다. 가장 최신 판은 ASVAB 진로 탐색 프로그램(CEP: Career Exploration Program)이라고 불리며, 다음과 같은 3개의 주요 구성요소로 이루어져 있다: 컴퓨터 기반으로 혹은 지필 검사지 형태로 모두 쓸 수 있는 전통적인 ASVAB 적성 검사, '당신의 흥미를 찾아라(FYI: Find Your Interests)'라는 이름을 가진 흥미 검사, 진로 탐색 도구인 OCCU-Find(ASVAB, n.d.b). ASVAB CEP는 진로 탐색 가이드, 온라인 자료, 짧은 비디오 프로그램 등의 요소도 함께 제공하고 있다.

ASVAB는 지필 검사 형태뿐만 아니라 새로 개발된 컴퓨터화된 검사(CAT-ASVAB) 등 두 가지 형태로 제공된다. 이 두 버전 모두 비슷한 결과를 산출하지만, 채점되는 방식은 다르다. CAT-ASVAB는 적응적 검사 실시 체계를 이용하여, 피검자의 능력에 따라 검사 문항이 달라지는 방식으로 검사가 실시된다(ASVAB, n.d.c). 이 방식은 많은 검사 문항이 담겨 있는 문제은행에서 문항을 선택하여 쓰는데, 피검자가 이전 문항에 어떤 응답을 했는지에 따라 더 쉽거나 더 어려운 문항을 제공하는 방식이다. 예를 들어 당신이 첫 번째 문항에서 정답을 맞췄다면, 컴퓨터는 다음 문항으로 좀 더 어려운 문항을 제공할 것이다. 만약 두 번째 문항에서 틀렸다면, 컴퓨터는 좀 더 쉬운 문항을 제시할 것이다. 그림 10.6은 검사가 한 사람의 능력의 추정치를 빠르게 좁혀나가는 방식을 잘 보여준다. 이런 방식 때문에 CAT-ASVAB는 약 한 시간 반 정도면 마칠 수 있는데, 약 3시간 정도가 소요되는 지필 검사보다 더 짧은 시간이 소요된다.

ASVAB는 검사에 시간적 여유를 좀 더 제공한다는 의미의 '파워테스트' 10개로 이루어져 있다(1분 동안 타자 치기와 같은 '속도/스피드 테스트'와 비교하여). 표 10.4에서 볼 수 있듯이 이들 10개의 파워테스트는 각각 언어, 수학, 과학과 기술, 공간 등의 총 4개 영역 중 하나에 속한다. 지필 검사에서는 자동차 정보(AI: Auto Information)와 제조 정보(SI: Shop Information)가 자동차–제조(AS: Auto and Shop)의 한 영역으로 합쳐져서 점수가 제공된다. 지필 검사는 225개의 문항으로 이루어져 있는 반면, CAT-ASVAB는 145개의 문항으로 이루어져 있다(BOX 10.2를 보면 전형적인 문항이 나와 있다). 종합 점수는 미국 노동부 O*NET의 직업 분류와 연계되어 사용될 수 있다. ASVAB가 처음에는 군을 위한 검사로 개발되었지만, 해를 거듭하면서 민간직업과 군 직업 모두 사용 가능한 검사로 전환되었다.

ASVAB의 점수는 1997년 미국 청년 프로파일 프로젝트로부터 선택된 10학년부터 23세까지의 남녀 약 10,700명으로 구성된 두 개의 큰 표집을 대상으로 규준화되었다. 18세 이상의 집단은 흑인이나 히스패닉 청년들을 과표집하는 방식으로 이루어졌다(ASVAB, n.d.a). ASVAB의 개발자들은 문항반응이론을 적용하여 신뢰도를 추정했는데, 10학년부터 12학년을 대상으로 한 총 8개 하위 척도들의 신뢰도는 0.69부터 0.88까지의 범위를 보여줬다. 언어, 수학, 과학과 기술 세 영역에서의 각 종합 점수의 신뢰도는 0.88에서 0.91이었다.

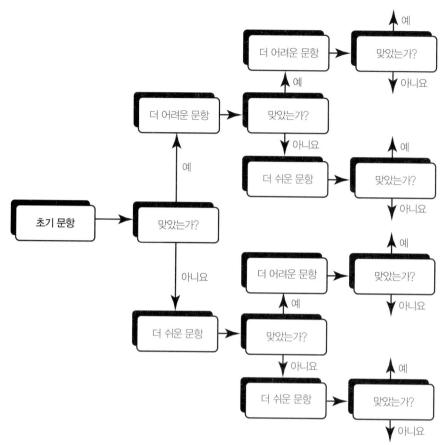

그림 10.6 컴퓨터 기반 미군 직업 적성 검사(CAT-ASVAB)의 적응적 문항 과정 체계

출처: Armed Service Vocational Aptitude Battery. (n.d.c). *ASVAB fact sheet* (p. 3). Retrieved from http://official-asvab.com/docs/asvab_fact_sheet.pdf

표 10.4 미군 직업 적성 검사의 영역과 하위 검사

영역	검사
언어	단어 지식(WK: Word Knowledge) 문단 이해(PC: Paragraph Comprehension)
수학	산술 추론(AR: Arithmetic Reasoning) 수학적 지식(MK: Mathematics Knowledge)
과학과 기술	일반 과학(GS: General Science) 전자공학 정보(EI: Electronics Information) 자동차 정보(AI: Auto Information) 제조 정보(SI: Shop Information) 기계적 이해(MC: Mechanical Comprehension)
공간	조각 맞추기(AO: Assembling Objects)

© Cengage Learning 2015

BOX 10.2

미군 직업 적성 검사 예시 문항들

일반 과학

1. 해의 일식은 _____의 그림자가 비치는 것이다.

    A. 태양에 달

    B. 지구에 달

    C. 태양에 지구

    D. 달에 지구

2. 자기 자신이 변화하지 않으면서도 화학적 반응시간을 빠르게 만드는 물질을 _____라고 부른다.

    A. 완충제

    B. 콜로이드(교질)

    C. 감속기

    D. 촉매제

단어 지식

3. 오늘은 바람의 변화가 심하다.

    A. 온화한

    B. 지속적인

    C. 변동하는

    D. 추운

수학 지식

4. 만약 X의 50%가 66이라면, X는 얼마인가?

    A. 33

    B. 66

    C. 99

    D. 132

5. 다음 사각형의 면적은 얼마인가?

    A. 1평방(제곱)피트

    B. 5평방(제곱)피트

    C. 10평방(제곱)피트

    D. 25평방(제곱)피트

5피트

전자공학 정보

6. 다음 중 저항이 가장 적은 것은?

    A. 나무

    B. 철

    C. 고무

    D. 은

7. 다음 회로도에서 저항은 100옴이고, 전류는 0.1암페어이다. 전압은 얼마인가?

    A. 5볼트

    B. 10볼트

    C. 100볼트

    D. 1000볼트

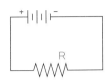

자동차와 제조 정보

8. 다음의 어떤 부품이 닳았을 때 자동차가 많은 기름을 사용하게 되는가?

    A. 피스톤

    B. 피스톤 링(고리)

    C. 주 베어링

    D. 연접봉

9. 끌은 _____ 도구이다.

    A. 들어올리기 위한

    B. 자르기 위한

    C. 비틀기 위한

    D. 갈기 위한

기계적 이해

10. 다음과 같은 도르래 배치도에서, 어떤 도르래가 가장 빨리 회전하는가?

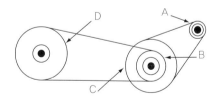

    A. A

    B. B

    C. C

    D. D

정답

1. B; 2. D; 3. C; 4. D; 5. D; 6. D; 7. B; 8. B; 9. B; 10. A

출처: ASVAB 진로 탐색 프로그램에서 가져온 문항들. http://www.asvabprogram.com/index.cfm?fuseaction=overview.testsample

내용 타당도와 내용의 구성은 전체 내용 영역보다는 세부 직업을 수행할 때 필요한 지식을 기반으로 했다. 예를 들어, 수학 영역은 수학의 전체 영역을 평가하는 것이 아니라 전형적인 작업 환경에서 필요한 지식이나 기술을 측정하는 데 초점이 맞춰져 있다. 수많은 타당도 연구에서는 군 직업에서의 성공을 약 0.36에서부터 0.77까지 예측하는 것으로 나타났다(ASVAB, 2005). 구인 타당도에 관해서는 한 연구에 따르면 ASVAB와 ACT의 상관이 0.79로 나타났으며, 다른 연구에서는 캘리포니아 성취도 검사(California Achievement Test)와의 상관이 0.70에서 0.86까지로 나타나서 ASVAB의 타당도가 지지되었다.

전통적인 ASVAB뿐만 아니라, 고등학생들이 무엇을 잘하는지보다는 무엇을 좋아할지를 탐색하도록 도와줄 수 있는 흥미 검사인 FYI를 제공하는 ASVAB CEP 또한 유용하게 쓰일 수 있다(ASVAB, n.d.b). 이 흥미 검사는 홀랜드의 여섯 가지 성격 유형을 이용하여 가장 높은 홀랜드 코드 3개를 제공한다. FYI는 90개의 문항으로 구성되어 있으며, ASVAB 홈페이지에서 온라인 검사로서 실시하거나 지필 검사로도 사용될 수 있다. 지필 검사 형태는 실시하고 채점하는 데 약 15분 정도 소요된다(ASVAB, 2005; n.d.a). 이 검사는 3포인트 리커트 척도를 사용하여 개인이 특정 활동을 좋아하는지, 관심이 없는지, 혹은 싫어하는지를 묻는다. 내적 일관성 신뢰도 계수는 0.92에서 0.94 사이로 나타났으며, 각각의 홀랜드 코드에 관한 검사-재검사 신뢰도는 0.89에서 0.93으로 나타났다(ASVAB, 2005; n.d.a). FYI의 타당도에 대한 증거로서 다양한 결과들이 보고되었다. 발달 과정에 적절하게 고려한 점은 검사의 양호한 내용 타당도를 시사한다. 내적 구조를 분석한 요인 분석과 SII와의 상관은 구인 타당도를 보여주고 있다. 또한 FYI와 스트롱 흥미 검사의 일반 직업척도 사이의 상관이 0.68에서 0.85 사이, 스트롱 직업척도와의 상관은 0.54에서 0.61로 나타났다. FYI가 모든 학생에게 유용하겠지만 특히 대학에 가지 않을 학생의 약 60%에게 특히 유용할 것으로 보고 있는데(National Center for Education Statistics, 2011), 이 학생들이 검사 결과를 보고, 그들의 흥미와 기술 범위 이내에 있는 직업들을 발견하고 미래에 좀 더 희망을 가질 수 있을 것이라 기대하기 때문이다.

일단 ASVAB와 FYI를 통해 능력과 흥미를 측정한 뒤에는 OCCU-Find 도구를 사용하여 진로 선택지들을 탐색해볼 수 있다. OCCU-Find는 O*NET 데이터베이스의 400여 개가 넘는 민간 및 군 직업을 대상으로 본인의 흥미와 기술을 비교해볼 수 있도록 자료를 제공하고 있다. OCCU-Find는 O*NET의 지식, 기술, 능력을 사용하여 상대적으로 높은 정확성으로 응답자의 홀랜드 코드와 ASVAB의 하위 척도 점수들을 비교할 수 있도록 한다(ASVAB, 2011).

차별적 적성 검사

차별적 적성 검사(DAT: Differential Aptitude Test) 제5판은 7학년부터 12학년까지 청소년들의 직업적 기술 능력을 측정하는 오래된 검사 시리즈이다(Hattrup & Schmitt, 1995; Pearson, 2008). 주로 학교 상담자에 의해 실시되고 해석되는 DAT는 피검사가 검사에 응

차별적 적성 검사 (DAT: Differential Aptitude Test)
진로 결정을 도울 수 있도록 능력과 흥미를 측정하는 검사

답하는 시간이 약 1시간 반에서 2시간 반 정도가 소요된다. DAT는 언어 추론, 수리 추론, 추상적 추론, 지각 속도와 정확성, 기계적 추론, 공간 연관, 철자, 언어 사용 등 총 8개의 능력을 측정하는 검사로 이루어져 있다. 또한 DAT는 진로 흥미 검사(CII: Career Interest Inventory)도 포함하고 있다. 그러므로 학교 상담자가 학생이 가능한 직업이나 대학 전공을 결정하는 과정에 도움을 제공할 때 적성과 흥미 검사의 점수들을 쉽게 참고하고 유용하게 쓸 수 있다. 원점수는 백분율이나 스태나인 점수로 전환되어 사용된다.

DAT에 대한 내적 일관성 신뢰도 계수는 0.80에서 0.95로 높은 편이다. 구성 타당도와 관련하여 DAT와 다양한 주요 적성 검사(ACT, ASVAB, SAT, 캘리포니아 성취도 검사)와의 상관이 0.68에서 0.85로 나타났다(Hattrup & Schmitt, 1995). DAT 점수와 고등학교 성적의 상관은 높게 나타나고 있지만, 직업 수행과 관련한 예측 타당도에 대한 자료는 제공된 바 없다. 인구통계학적 비율에 따라 지역, 성별, 사회경제적 지위, 인종·민족, 기타 요소들이 고려되어 표지보다 약 170,000명의 학생 규준집단이 5판에 사용되었다.

성인을 위한 DAT의 대안적 버전으로는 **인사와 진로 평가를 위한 차별적 적성 검사**(DAT PCA: Differential Aptitude Battery for Personnel and Career Assessment)가 있다. DAT PCA는 DAT와 비슷한 8가지의 서로 다른 영역에 걸린 능력과 적성을 측정하며, 주로 채용 과정에서 사용된다. DAT PCA는 고용주가 훈련기간 동안 새로운 기술을 배울 수 있는 지원자의 현재 능력과 적성을 결정하는 데 사용할 수 있다. DAT처럼 DAT PCA도 백분율과 스태나인 점수를 사용한다. 신뢰도 추정치는 0.88에서 0.94로 높은 편이다(Wilson & Wing, 1995). 규준집단은 12학년 학생들로 구성되어 있어, 실제로 검사가 적용하고자 하는 성인 집단과 정확하게 일치하지는 않는다. 이 검사에 관한 한 가지 우려할 만한 점은 DAT PCA 점수와 성적, 직장 상사의 평가, 직무 수행과의 상관이 0.1에서 0.4로 저조하다는 점이다.

인사와 진로 평가를 위한 차별적 적성 검사(DAT PCA: Differential Aptitude Battery for Personnel and Career Assessment)
고용주가 능력을 평가하기 위해 사용하는 DAT의 한 종류

특수 적성 검사

앞서 언급했듯이, **특수 적성 검사**(special aptitude test)는 단일 영역의 능력을 측정하여 특수한 직업 흥미 영역에서의 성공을 예측하는 데 쓰인다. 그러므로 이 종류의 검사는 어떤 직업을 수행하거나 직장에서의 새로운 기술을 숙달할 수 있는 개인의 능력을 측정하기 위한 선별 과정으로 자주 쓰인다. 직원을 고용하거나 훈련하는 것은 어떤 규모의 사업체에서든 비용이 많이 드는 작업이므로, 이러한 검사들이 얼마나 유용하게 쓰일지는 쉽게 상상할 수 있다. 이와 유사하게, 예술이나 음악, 배관, 기계공학 같은 영역의 특수한 직업 훈련은 어느 누구나 보유하고 있지는 않은 적성을 필요로 한다. 따라서 교육 기관이나 직업 훈련 기관은 입학 과정 동안 특수 적성 검사에 자주 의존한다.

이번 절에서 간략하게 살펴볼 검사들은 사무 검사, 미네소타 사무 평가, 미국 우편국(USPS: U.S. Postal Service)의 473 검사 평가, 기계 적성 검사, 비젠 기계 적성 검사

특수 적성 검사 (special aptitude test)
한 직업 영역에서 성공할 가능성을 예측하도록 개발되었다.

(WTMA), 아르코 기계 적성과 공간 관계 검사, 기술 검사, 베넷 기계 이해 검사, 음악 적성 프로파일, 아이오와 음악 이해 검사, 키노트 음악 평가 소프트웨어 키트, 음악 능력 집단 검사, 오디에이션 고급 측정 등이다.

사무 적성 검사

사무 적성 검사 (clerical aptitude test)
사무직 지원자들을 선별하기 위해 사용된다.

사무 업무를 수행하는 적성을 측정하는 몇 가지 검사가 있다. 사이테크(Psytech, 2010)에서 출간된 사무 검사(CTB2: Clerical Test Battery)는 언어 추론, 사리 능력, 사무 점검, 철자, 타이핑, 파일 정리 등 다양한 능력에 걸친 사무 기술을 측정한다. CTB2는 실시에 단지 27분만 걸리고, 지필 검사나 컴퓨터 검사로 제공될 수 있다.

하위 검사에 대한 신뢰도 계수는 0.81에서 0.90으로 좋은 편이다. 검사 매뉴얼에 타당도와 관련된 여러 결과들이 보고되어 있다. 비슷한 유형의 사무 적성 검사인 미네소타 사무 평가(Minnesota Clerical Assessment Battery)는 타이핑, 교정, 파일 정리, 비즈니스 용어, 비즈니스 수학, 사무 지식 같은 특성들을 측정한다. 하위 검사의 신뢰도 계수는 허용할 만한 수준이지만, 피츠패트릭(Fitzpatrick, 2001)은 출판사가 타당도에 관한 적절한 증거를 제시했는가에 의문을 제기하고 있다.

미국의 최대 고용주 중 하나인 미국 우편국은 700,000명이 넘는 직원을 고용하고 있다(USPS, 2013). 새로 고용되는 직원들의 약 90%가 이전 검사들을 대체한 새로운 검사인 473 검사(Test 473)를 치러야 한다(Pathfinder, 2013). 이 검사는 주로 점원, 우편 처리자, 우편배달부, 우편 분류 및 배분 등 다양한 일자리에서 사용된다. 473 검사는 주소 확인, 서식 정확하게 채우기, 정확한 우편번호 확인, 코드 외우기, 직무 관련 성격과 경험을 위한 개인 검사 등의 다섯 가지 영역으로 구성되어 있다. 이 검사는 총 398개의 문항으로 피검사가 다섯 가지 영역을 129분 동안 응답하도록 되어 있다. 70% 정답이 통과 기준으로 되어 있지만, 일반적으로 채용되는 사람은 90% 이상의 점수를 받는 것으로 나타났다(USPS).

기계 적성 검사

기계 적성 검사 (mechanical aptitude test)
기계 원리를 배우고, 기계와 관련된 물체를 조작할 수 있는 능력을 측정한다.

당신은 오도가도 못하는 차, 물 새는 싱크대, 제대로 작동하지 않는 가전기구 등 기계와 관련된 거의 모든 문제를 봐줄 수 있는 사람을 알고 있는가? 분명히 학습된 지식(결정성 지능)도 있지만, 어떤 사람들은 날 때부터 타고난 것처럼 보인다(유동성 지능). 기계적 적성은 일반적으로 물리나 기계 원리를 배우고, 기계 물체를 조작할 수 있는 능력을 말한다. 다시 말해, 어떻게 기계가 작동하는지 이해하는 능력을 의미한다. 그런 능력이 있는 사람들도 물론 있지만, 모두가 그런 것은 아니다(우리 저자들은 두 번째 부류가 틀림없다!).

많은 기계 적성 검사가 시중에 나와 있고, 규모가 작은 제조회사, 정부 기관, 기술교육 기관은 누군가를 채용하거나 훈련하기 전에 필요한 능력이 있는지 확인하기 위해 이러한 검사를 자주 사용하는 편이다. 기계 적성 검사(MAT-3C; Ramsay Corporation, 2013)는 기계 적성을 측정함에 있어 성별과 인종의 영향력을 줄이고자 개발되었다. 이 검사는 가정 내 물건이나 생산, 과학과 물리학, 손과 힘을 이용한 공구들에 초점을 맞추어 일상 상황과 관련되도록 작성된 36개의 문항으로 구성되어 있다. 이 검사는 지필 검사 혹은 온라인으로 제공될 수 있으며, 20분 정도 소요된다. 발표된 한 연구에서 신뢰도 계수는 0.72로 보고되었다. 검사는 기술학교의 학점 평점, 기계 관련 지식, 관리자의 직원 평점(예측 타당도), 다른 기계 적성 검사들(수렴 타당도)과의 상관이 보고된 바 있다.

비젠 기계 적성 검사(WTMA: Wiesen Test of Mechanical Aptitude; Criteriacorp, 2012)는 공구, 기계, 장비의 작동 및 유지와 관련된 작업 수행 능력을 예측하는 데 초점을 맞춘 비슷한 검사이다. 60개의 문항으로 구성되어 있으며, 검사는 30분 정도 소요된다. 이 검사는 성별이나 인종에 따른 편견을 제거하고자 했으며, 스페인어로 실시 가능한 검사도 제공한다. 규준집단에서의 신뢰도는 0.97이며, 베넷 기계 이해 검사(Bennett Mechanical Comprehension Test)와도 높은 상관을 보였다. 이 밖에 자주 쓰이는 기계 적성 검사로는 기술 검사(TTB2: Technical Test Battery), 아르코 기계 적성과 공간 관계 검사 5판(Arco Mechanical Aptitude and Spatial Relations Tests, Fifth Edition), 베넷 기계 이해 검사 등이 있다.

예술 적성 검사

예술적 능력을 평가하는 일은 쉽지 않다. 몇몇 검사들이 개발되긴 했으나(그림 10.7 참조) 그 검사들은 널리 쓰이지 않는 편이며, 신뢰도나 타당도 측면에서 많은 의문이 제기되었다(예: 메이어 예술 검사(Meir Art Test), 그레이브스 디자인 판단 검사(Graves Design Judgment Test)). 전문 예술 학교들은 지원자들에게 예술적 능력을 보여줄 수 있는 포트폴리오를 제출하도록 하고 있다. 이와 같은 방법의 단점 중 하나는 보통 한 교수가 각각의 포트폴리오에 주관적으로 점수를 주기 때문에 신뢰도에 문제가 생긴다는 점이다. 신뢰도를 개선하기 위한 한 가지 방법으로는 둘 이상의 심사자들이 실제로 평가할 것과 비슷한 자료를 가지고 연습하는 것이다. 일반적으로 심사자들이 평가를 해야 할 항목들을 명확하게 정의하게 되면서(예를 들어 형태, 색채의 선택 등) 심사가 점차 비슷해진다. 일단 이 평가 간의 일치 정도가 높아지면, 심사자들이 학생의 실제 자료를 평가할 준비가 되었다고 볼 수 있다(이를 '평정자 간 신뢰도'라고 한다. 이 개념은 12장에서 더 자세히 다룰 것이다).

예술 적성 검사 (artistic aptitude test)
예술학교 입학을 위해 자주 쓰인다.

음악 적성 검사

음악적 적성을 측정하는 어려움 중 하나는 음악 이론, 역사, 리듬이나 종지 같은 음악과 관련된 지식 기반을 배우는 능력과 실제로 악기를 연주하는 능력을 구별할 수 있어야 한다는 것이다. 정보를 배울 수 있는 능력과 연주할 수 있는 능력을 구별하고자 시도하는 몇몇 검사가 있지만, 여전히 어려운 작업임에는 틀림없다.

음악 적성 프로파일(Music Aptitude Profile)은 시장에 나와 있는 이 유형의 검사 중 아

음악 적성 검사 (musical aptitude test)
음악과 관련된 지식을 측정한다.

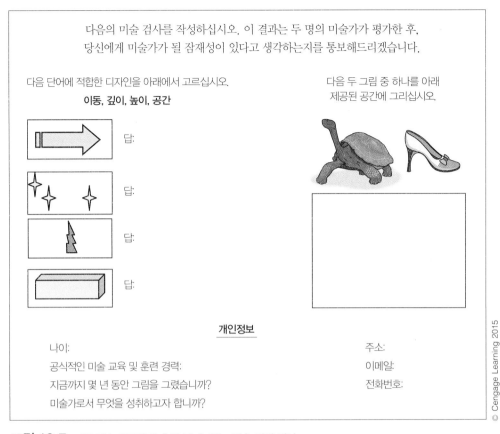

다음의 미술 검사를 작성하십시오. 이 결과는 두 명의 미술가가 평가한 후,
당신에게 미술가가 될 잠재성이 있다고 생각하는지를 통보해드리겠습니다.

다음 단어에 적합한 디자인을 아래에서 고르십시오.

이동, 깊이, 높이, 공간

답:

답:

답:

답:

다음 두 그림 중 하나를 아래
제공된 공간에 그리십시오.

개인정보

나이:

공식적인 미술 교육 및 훈련 경력:

지금까지 몇 년 동안 그림을 그렸습니까?

미술가로서 무엇을 성취하고자 합니까?

주소:

이메일:

전화번호:

© Cengage Learning 2015

그림 10.7 지역 예술 학교에서 흔히 볼 수 있는 예술 적성 검사

마도 가장 많이 연구된 검사일 것이다(GIA Publications, 2013a). 이 검사는 4학년에서 12
학년 학생들을 위해 고안되었으며, 검사를 통해 학생들은 두 개의 짧은 음악곡을 듣고 그
음악과 관련된 일련의 질문에 응답하게 된다. 이 검사는 학생이 화음, 음색, 멜로디, 빠
르기, 균형 및 스타일을 평가하는 능력을 측정한다. 그러나 검사 실시에 소요되는 시간이
2.5시간으로 길다는 점이 아쉽다. 반분 상관 신뢰도 계수는 총점의 경우 0.90이었다. 타
당도에 대한 증거가 충분히 제시되었지만 가드너(9장 참조)의 이론에서 음악 지능으로 정
의된 것과 이 검사를 비교할 때 이 검사가 측정하는 것이 가드너가 이해한 음악 지능과 얼
마나 일치하는지에 대해서는 의문이 제기되고 있다(Cohen, 1995).

음악이 실제로 존재하지 않지만 마음속에서 떠올리는 과정을 의미하는 음악의 내적 재
현, 즉 오디에이션(audiation)을 측정하기 위해 고안된 또 다른 음악 검사로는 아이오와
음악 이해 검사(Iowa Test of Music Literacy) 개정판이 있다. 이 검사는 성취도 검사로도
분류될 수도 있지만 학생의 음악 교육에 대한 적성을 판단하는 데도 사용할 수 있다. 이
검사에서 피검자는 음악을 듣는 것뿐만 아니라 악보를 읽고 자신이 읽은 내용과 연주되는
내용을 비교한다(GIA Publications, 2013b, Radocy, 1998). 또 다른 음악 검사인 키노트
음악 평가 소프트웨어 키트(Keynotes Music Evaluation Software Kit)는 교실에서 교사

가 학생들의 음악 적성을 평가하도록 설계되었다(Brunsman & Johnson, 2000). 9~14세 학생의 경우 65개의 문항으로 이루어진 이 검사를 스피커 또는 헤드폰이 있는 컴퓨터에서 받을 수 있으며, 음의 높이 구분, 음 패턴 인식 및 음악을 읽을 수 있는 능력을 평가한다. 아쉽게도 이 검사의 신뢰도나 타당도 자료는 매뉴얼(Brunsman & Johnson)에서 제공되지 않고 있다. 또 다른 음악 적성 검사로는 음악 능력 집단 검사(Group Test of Musical Ability)와 오디에이션 고급 측정(Advanced Measures of Music Audiation)이 있다.

진로 및 직업 평가에서 조력자의 역할

다양한 조력자가 진로 및 직업 평가를 제공하고 있다. 예를 들어, 중학교 상담 교사는 학생들이 직업과 관련하여 좋아하는 것과 싫어하는 것을 탐색할 수 있도록 흥미 검사를 실시한다. 고등학교 상담자나 대학교 상담자는 학생들이 직업 선택에 대해 생각하고 대학 전공에 대해 잠정적인 선택을 내릴 수 있도록 도와주는 검사를 제공한다. 고등학교 상담자는 학생들이 직업 능력과 관련된 자신의 장점을 확인할 수 있도록 다중 적성 검사들을 실시하고 그 검사를 해석하도록 도와준다. 마찬가지로 개업을 한 상담 전문가는 내담자가 무엇을 잘하고 자신의 성격에 가장 적합한 직업 분야가 무엇인지 확인할 수 있도록 흥미 검사나 적성 검사를 제공할 수 있다.

오늘날 진로 및 직업 평가의 실시는 큰 사업이 되었다. 이러한 검사들 중 많은 검사가 다양한 조력자들에 의해 사용되고, 대부분의 검사들이 실시나 해석을 위해 고급 교육·훈련을 요구하는 것은 아니지만, 검사를 실시하는 전문가는 검사를 정확하게 실시하고 현명하게 해석하는 데 필요한 기본 교육을 받아야 한다.

진로 및 직업 평가에 대한 최종 마무리

이 장에서 논의된 검사들은 개인이 진로 및 직업 선택에 관한 중요한 결정을 내리는 데 도움이 될 수 있다. 그러나 모든 검사와 마찬가지로 진로 및 직업 평가는 진공 상태에서 벌어지는 것이 아니어야 한다. 즉, 내담자나 학생이 왜 특정한 흥미와 능력을 갖게 되었고 왜 특정한 직업이나 진로를 선택하는지에 대한 복잡성을 이해하는 것은 정신역동적 문제(예: 부모의 영향), 사회적 압력(인종 차별주의, 성 차별주의, 또래 압력 등), 환경 맥락적 문제(예: 경제적 상황), 가족 문제(예: 형제자매 탄생 순서) 같은 수많은 이유들과 관련이 있을 수 있다는 것이다. 미국에서 진로상담센터와는 대조적으로 대학들이 점차 '진로관리센터'로 옮겨가는 것처럼 이러한 진로 문제의 중요성이 점차 커지고 있다. 직업이나 진로를 선택할 때 전적으로 검사 결과에만 기반하지 않도록 조심해야 한다.

요약

진로와 직업 평가는 어떤 시점에나 필요하고 발생할 수 있지만 대부분 전환기에 가장 중요한 역학을 한다는 사실을 강조하면서 이 장을 시작했다. 흥미 검사, 다중 적성 검사 및 특수 적성 검사는 종종 이러한 전환기 동안 개인을 돕기 위해 사용되고, 상담에서 유용하게 사용된다. 우리는 흥미 검사를 좋아하는 것과 싫어하는 것뿐만 아니라 일의 세계에 대한 개인의 지향까지 측정하는 성격 검사로 정의했다. 특수 적성 검사가 한 영역에서의 능력을 측정하고 그 영역에서의 직업적 성공 가능성을 예측하는 검사라면, 다중 적성 검사는 다양한 직업 영역에서 필요한 각각의 능력과 성공 가능성을 예측하는 데 사용된다. 우선 흥미 검사를 살펴본 다음, 다중 적성 검사를 검토하고, 마지막으로 특수 적성 검사를 살펴보았다.

가장 먼저 살펴본 흥미 검사는 가장 오래된 진로 흥미 검사 중 하나인 스트롱 검사이다. 이 검사의 최신 버전은 다섯 가지 영역에 초점을 둔다. 일반직업분류는 성격 유형을 직종과 일치시킨 홀랜드 코드를 사용한다. 기본흥미척도 또한 홀랜드 코드를 사용하여 개인의 성격이 30개의 광범위한 흥미 영역과 얼마나 밀접하게 일치하는지 보여준다. 직업척도는 244개의 직업 영역에서 같은 성별 집단과 비교한 개인의 흥미 정도를 비교할 수 있게 해준다. 개인특성척도는 피검자의 업무 유형(혼자서 혹은 사람들과 함께), 학습 유형(실용적인 혹은 학문적인), 리더십 유형(주도하기 혹은 지시 따르기), 모험심 유형(위험 감수 혹은 안정 추구), 팀 성향(팀으로 일하기 혹은 독립적으로 일하기)을 평가한다. 마지막으로, 문항반응요약을 통해 검사 실시자는 내담자가 검사에 응답한 전반적인 경향성을 확인할 수 있으며 무작위 응답을 한 경우를 확인할 수 있다.

존 홀랜드가 개발한 SDS(자기탐색검사) 역시 홀랜드 코드를 사용하고 내담자의 흥미, 역량 및 능력에 대한 스스로의 예측에 기초한 성격 성향을 제공하는 검사이다. SDS는 사용하기 쉬운 검사이며, 내담자의 나이와 전문성 정도에 따라 다양한 형태로 제공될 수 있고, 내담자 코드와 유사한 홀랜드 코드로 분류된 직업을 상호 참조할 수 있도록 구성되어 있다.

다음으로, COPS, CAPS, COPES라는 세 가지 검사도구로 구성된 진로 검사 패키지인 COPSystem을 살펴보았다. 진로 직업적 선호도 체계 흥미 검사(COPS)는 흥미를, 진로 능력 배치 조사(CAPS)는 능력을, 진로 지향 배치 및 평가 조사(COPES)는 가치를 측정하는 COPSystem의 하위 검사이다. 이 검사의 점수는 다양한 진로 영역의 직업들과 상호 참조할 수 있다.

우리는 또한 수백 가지의 직업에 대한 자세한 설명을 담고 있는, 미국 노동부가 제작한 O*NET 데이터베이스에 대해 논의했다. O*NET 데이터베이스는 여섯 가지 영역으로 구성되어 있는데, 3개의 영역은 직업 종사자의 특성을, 3개의 영역은 직업 관련 특성을 중심으로 구성되었다. O*NET에는 다양한 직업 탐색 도구가 탑재되어 있어 무료로 다운로드하거나 소액의 비용으로 주문할 수 있도록 되어 있다. 이 도구들은 피검자의 능력, 흥미 및 직업 관련 가치를 측정한다. 우리는 캠벨 흥미 기술 검사(CISS), 통합 학생 지도와 정보 체제 제3판(SIGI3) 및 진로 측정 검사 같은 널리 쓰이는 다른 흥미 검사들도 간단히 살펴보면서 이 부분을 마무리지었다.

그런 다음, 두 가지 다중 적성 검사(미군 직업 적성 검사(ASVAB)와 차별적 적성 검사(DAT))를 살펴보았다. 이러한 검사들은 요인 분석을 사용하는데, 이를 통해 한 검사에 속한 다양한 하위 검사들이 각각 고유한 영역을 측정하고 서로 겹치는 부분이 없도록 하면서도 전체적으로 한 검사를 구성하게 된다.

가장 많이 사용되는 다중 적성 검사인 미군 직업 적성 검사(ASVAB)는 이제 컴퓨터화된 검사 버전과 전통적인 지필 검사로 제공될 수 있다. 컴퓨터화된 미군 직업 적성 검사(CAT-ASVAB)는 문항반응이론에 기반한 적응적 검사 실시 체계를 이용하여 실시에 소요되는 시간을 단축한다. 이 검사는 일반 과학, 산술 추론, 단어 지식, 문단 이해, 수학적 지식, 전자공학 정보, 자동차 정보, 제조 정보, 기계적 이해, 조각 맞추기 등의 영역으로 이루어진 10가지 '파워테스트'로 구성되어 있다.

10가지 검사의 점수와 세 가지 진로 탐색(종합) 점수가 피검자에게 제공된다. ASVAB CEP는 '당신의 흥미를 찾아라(FYI: Find Your Interests)'라는 흥미 검사를 포함하고 있는데, 홀랜드 RIASEC 유형을 사용하여 학생들이 자신의 능력에 관한 ASVAB 데이터 보충 자료로서 흥미를 확인할 수 있도록 돕는다. 진로 탐색 도구인 OCCU-Find를 사용하면 ASVAB 점수와 O*NET 데이터베이스의 관련 직업을 연결지어 비교할 수 있어 학생들이 흥미를 가질 만한 직업을 탐색할 수 있다.

차별적 적성 검사(DAT)는 청소년(미국 기준으로 7학년부터 12학년 학생)을 대상으로 언어 추론, 수리 추론, 추상적 추론, 지각 속도와 정확성, 기계적 추론, 공간 연관, 철자, 언어 사용을 측정하는 8가지 개별 검사로 구성된다. 인사와 진로 평가를 위한 차별적 적성 검사(DAT PCA)는 성인용 DAT로서, 이 검사를 통해 고용주는 훈련기간 동안 새로운 기술을 배울 수 있는 지원자의 현재 능력과 적성을 결정하고 확인할 수 있다.

이 장의 마지막 부분에서는 특정 직업을 수행하거나 직장에서 새로운 기술을 습득하는 능력을 평가하기 위한 심사 과정에서 자주 사용되는 여러 가지 종류의 특수 적성 검사를 검토했다. 사무 능력, 기계 능력, 음악 능력, 예술 능력 분야의 특수 적성 검사들을 간략히 살펴보았다.

이 장의 결론에서는 다양한 조력자가 직업 및 진로 평가를 제공한다는 점에 주목했다. 이러한 검사 도구를 실시하고 해석하는 데 고급 훈련 과정이나 교육이 필요한 건 아니지만, 그럼에도 불구하고 조력자는 이러한 검사들을 정확하게 실시하고 결과를 현명하게 해석하는 데 필요한 기술을 습득할 필요가 있다.

이 장에서는 진로와 직업에 대한 평가가 맥락에 대한 고려 없이 이루어져서는 안 된다는 점을 강조하며 마무리 짓는다. 정신역동적 문제, 사회적 기대나 압박, 환경 맥락적 문제, 가족 문제 등을 포함하여 사람이 특정 직업이나 진로를 선택하는 이유가 무수히 많다는 사실을 확인했다. 따라서 검사 결과만을 통해 직업이나 진로를 선택해선 안 된다는 결론을 내렸고, 평가뿐만 아니라 상담도 그 과정을 조력해야 한다고 결론지었다.

복습문제

1. 흥미 검사, 다중 적성 검사, 특수 적성 검사를 구분해보자.
2. 스트롱 흥미 검사에는 다섯 가지 해석 척도가 있다. 각각의 특징이나 내용을 설명해보자.
   a. 일반직업분류
   b. 기본흥미척도
   c. 직업척도
   d. 개인특성척도
   e. 문항반응요약
3. 자기탐색검사(SDS)는 홀랜드 코드를 이용하여 성격과 적합한 직업을 확인하도록 도와주는 검사지이다. 자기탐색검사가 어떻게 이 과정을 도와주는지 설명해보자.
4. COPSystem이 스트롱 검사나 SDS에 비해 가질 수 있는 장점들을 설명해보자.
5. O*NET이 제공하는 정보에는 어떤 것들이 있는가? 어떤 이유로 사람들이 O*NET을 사용하고자 하겠는가?
6. 다중 적성 검사를 개발할 때 요인 분석이 중요한 이유를 설명해보자.
7. ASVAB와 DAT의 다양한 하위 검사들을 비교하고 대조해보자. 당신은 어떤 검사를 더 해보고 싶은가?
8. DAT와 ASVAB처럼 흥미 검사가 함께 제공되는 다중 적성 검사의 장점을 묘사해보자.
9. 3~4개의 특수 적성 검사를 말해보자. 그리고 그 검사들이 다중 적성 검사를 대신해서 쓰이는 이유를 논의해보자.
10. 음악이나 예술 같은 모호한 구성개념을 측정하는

특수 적성 검사의 단점이 있다면 어떤 것들이 있을 지 이야기해보자.

11. 진로나 직업 평가 검사 도구들을 선택하고 실시하

고 해석하는 데 있어 전문가의 역할에 대해 논의해 보자. 당신이 생각하기에 이 분야와 관련하여 어떤 훈련과 교육이 필요할 것 같은가?

참고문헌

ACT. (2009). *ACT interest inventory technical manual*. Retrieved from http://www.act.org/research/researchers/pdf/ACTInterestInventoryTechnicalManual.pdf

Armed Service Vocational Aptitude Battery (ASVAB). (n.d.a). *The ASVAB career exploration program: Counselor manual*. Retrieved from http://asvabprogram.com/downloads/asvab_counselor_manual.pdf

Armed Service Vocational Aptitude Battery (ASVAB). (n.d.b). *ASVAB career exploration program—program at-a-glance*. Retrieved from http://asvabprogram.com/downloads/ASVAB_Fact%20Sheet.pdf

Armed Service Vocational Aptitude Battery (ASVAB). (n.d.c). *ASVAB fact sheet*. Retrieved from http://official-asvab.com/docs/asvab_fact_sheet.pdf

Armed Service Vocational Aptitude Battery (ASVAB). (2005). *ASVAB career exploration program: Counselor manual*. Retrieved from http://www.dsusd.us/users/christopherg/asvab_counselor_manual.pdf

Armed Service Vocational Aptitude Battery (ASVAB). (2011). *The ASVAB career exploration program: Theoretical and technical underpinnings of the revised skill composites and OCCU-Find*. Retrieved from http://asvabprogram.com/downloads/Technical_Chapter_2010.pdf

Brown, M. (2001). Review of the self-directed search, 4th edition [Forms R, E, and CP]. In B. S. Plake & J. C. Impara (Eds.), *The fourteenth mental measurements yearbook* (pp. 1105–1107). Lincoln, NE: Buros Institute of Mental Measurements.

Brunsman, B. A., & Johnson, C. (2000). Review of the Keynotes Music Evaluation Software Kit. In B. S. Plake, J. C. Imapara, & R. A. Spies (Eds.), *The fifteenth mental measurements yearbook*. Lincoln, NE: Buros Institute ofMentalMeasurements.

Cohen, A. (1995). Review of the Musical Aptitude Profile 1988 revision. In J. C. Conoley & J. C. Impara (Eds.), *The twelfth mental measurements yearbook* (pp. 663–666). Lincoln, NE: Buros Institute of Mental Measurements.

CPP. (2004). *Technical brief for the newly revised Strong Interest Inventory Assessment: Content, reliability, and validity*. Retrieved from https://www.cpp.com/Pdfs/StrongTechnicalBrief.pdf

CPP. (2009a). *Strong Interest Inventory*. Retrieved from https://www.cpp.com/products/strong/index.aspx

CPP. (2009b). *Validity of the Strong Interest Inventory® instrument*. Retrieved from https://www.cpp.com/Products/strong/strong_info.aspx

Criteriacorp. (2012). *Wiesen Test of Mechanical Aptitude (WTMA)*. Retrieved from http://www.criteria corp.com/solution/wtma.php

EdITS. (2012a). *COPSystem Career Measurement Package*. Retrieved from http://www.edits.net/products/copsystem.html

EdITS. (2012b). *COPSystem 3C*. Retrieved from http://www.edits.net/products/copsystem/365-copsystem-3c-institutional.html

EdITS. (2012c). *EdITS supplemental test information & resources. A brief summary of the reliability and validity of the COPSystem assessment*. Retrieved from http://www.edits.net/resourcecenter/testing-supplementals/63-newsletter-1.html

Fitzpatrick R. (2001). Review of theMinnesota Clerical Assessment battery. In B. S. Plake & J. C. Impara (Eds.), *The fourteenth mental measurements yearbook* (pp. 769–771). Lincoln, NE: Buros Institute of Mental Measurements.

GIA Publications. (2013a). *Musical Aptitude Profile*. Retrieved from http://www.giamusic.com/products/P-musicaptitudeprofile.cfm

GIA Publications. (2013b). *Iowa tests of music literacy—test manual*. Retrieved from http://www.giamusic.com/search_details.cfm?title_id=5973

Gottfredsonn, G. D., & Holland, J. (1996). *Dictionary of Holland occupational codes* (3rd ed.). Lutz, FL: Psychological Assessment Resources.

Hattrup, K., & Schmitt, N. (1995). Review of the

Differential Aptitude Test, Fifth edition. In J. C. Conoley & J. C. Impara (Eds.), *The twelfth mental measurements yearbook* (pp. 301–305). Lincoln, NE: Buros Institute of Mental Measurements.

Kelly, K. (2003). Review of the Strong Interest Inventory. In B. S. Plake, J. C. Imapara, & R. A. Spies (Eds.), *The fifteenth mental measurements yearbook* (pp. 893–897). Lincoln, NE: Buros Institute of Mental Measurements.

Mariani, M. (1999). Replace with a database: O*NET replaces the Dictionary of Occupational Titles. *Occupational Outlook Quarterly, 43*(1), 3–9. Retrieved from http://www.bls.gov/opub/ooq/1999/Spring/art01.pdf

National Center for Education Statistics (2011). *Fast facts*. Retrieved from http://nces.ed.gov/fastFacts/display.asp?id=98

O*NET. (n.d.a). *Browse by O*NET data: Interests*. Retrieved from http://www.onetonline.org/find/descriptor/browse/Interests/

O*NET. (n.d.b). *O*NET Resource Center: About O*NET*. Retrieved from http://www.onetcenter.org/overview.html

O*NET. (n.d.c). *O*NET Resource Center: Build your future with O*NET online*. Retrieved from http://www.onetonline.org/

O*NET. (n.d.d). *O*NET Resource Center. The O*NET detailed content model*. Retrieved from http://www.onetcenter.org/dl_files/ContentModel_Detailed.pdf

O*NET. (n.d.e). *O*NET Resource Center: O*NET career exploration tools*. Retrieved from http://www.onetcenter.org/tools.html

PAR. (2009). *Discover the careers that best match your interests and abilities*. Retrieved from http://www.self-directed-search.com/default.aspx

PAR. (2012). *Vocational (career interest/counseling)*. Retrieved from http://www4.parinc.com/products/ProductListByCategory.aspx?Category=VOCATIONAL&SubCategory=CAREER_COUNSELING

PAR. (2013). John Holland's Self Directed Search. Retrieved from http://www.self-directed-search.com/default.aspx

Pathfinder. (2013). *Postalexam.com: Postal exam 473/473E*. Retrieved from http://www.postalexam.com/postal-exams/details/postal-exam-473-473e/

Pearson. (2008). *Differential Aptitude Tests, Fifth edition (DATÂ®)*. Retrieved from http://pearsonassess.com/HAIWEB/Cultures/en-us/Productdetail.htm?Pid=015406047X&Mode=summary

Pearson. (2012a). *CISS: Campbell interest and skill survey*. Retrieved from http://psychcorp.pearsonassessments.com/HAIWEB/Cultures/en-us/Productdetail.htm?Pid=PAg115

Pearson. (2012b). *Career assessment inventory-the enhanced version*. Retrieved from http://psychcorp.pearsonassessments.com/HAIWEB/Cultures/enus/Productdetail.htm?id=PAg112

Psytech. (2010). *Clerical Test Battery 2 (CTB2). Psytech-International*. Retrieved from http://psytech.com/assessments-CTB2.php

Radocy, R. (1998). Review of the Iowa test of music literacy revised. In J. C. Impara & B. S. Plake (Ed.), *The thirteenth mental measurements yearbook* (pp. 552–555). Lincoln, NE: Buros Institute of Mental Measurements.

Ramsay Corporation. (2013). *Mechanical Aptitude Test MAT-3C RR110-A*. Retrieved from http://www.ramsaycorp.com/catalog/view/?productid=25

Rottinghaus, P. J., Hees, C. K., & Conrath, J. A. (2009). Enhancing job satisfaction perspectives: Combining Holland themes and basic interests. *Journal of Vocational Behavior, 75*(2), 139–151. doi:10.1016/j.jvb.2009.05.010

Strong, E. (1926). An interest test for personnel managers. *Journal of Personnel Research, 5*, 194–203.

U.S. Postal Service (USPS). (2013). *United States Postal Service: About. Publication 60-A-Test 473 orientation guide for major entry-level jobs*. Retrieved from http://about.usps.com/publications/pub60a/welcome.htm

Valpar. (2012). *SIGI 3: Educational and career planning software for the web*. Retrieved from http://www.sigi3.org/

Wilson, V.,&Wing, H. (1995). Review of the Differential Aptitude Test for personnel and career assessment. In J. C. Conoley & J. C. Impara (Eds.), *The twelfth mental measurements yearbook* (pp. 305–309). Lincoln, NE: Buros Institute of Mental Measurements.

11장 임상 평가: 객관적 및 투사적 성격 검사

몇 년 전 나는 해리성 정체 장애로 진단받은 적이 있는 내담자를 평가해달라는 요청을 받은 적이 있다. 우리가 처음 만났을 때 그 내담자는 자기가 254개의 성격을 갖고 있다고 말했고 나는 아주 흥미진진해졌다. 그러나 나는 그 내담자의 장애를 검사하기 위해 만난 것은 아니었다. 그녀는 이미 치료 중에 있었고, 해리성 정체 장애를 받아들였으며, 서로 다른 성격들을 통합하기 위해 많이 노력하고 있었다. 문제는 그녀가 사회보장연금을 받기 위한 장애 판정에서 거부당했다는 것인데, 그래서 나는 그녀가 일을 할 수 있는 능력이 있는지를 평가하도록 부탁받은 것이다. 그래서 나는 그녀를 평가할 때 사용할 수 있는 검사들을 신중하게 선택할 필요가 있었다. 그리고 검사들을 실시한 후에 나는 그녀가 당장은 일할 수 없는 상태이지만, 1년 이내에 일을 할 수 있게 될지도 모른다는 결론을 내렸다. 그녀는 내 결론을 좋아하지는 않았다.

내 학생들 중 한 명은 자기실현 가치와 명상을 수행한 연도수 간의 관계에 관하여 박사논문을 쓰고 있었다. 그녀는 아시람(Ashram)이라는 명상하는 곳에 가서 수십 명의 명상자들을 자신의 연구 참여자로 모집할 수 있는 허가를 얻었다. 자기실현 가치를 측정하기 위한 검사를 사용하여 명상자들을 검사했고, 그 검사 결과와 그들이 명상을 했던 햇수 간의 상관관계를 확인했다. 그러나 상관은 나오지 않았고, 내 학생은 깜짝 놀라 나를 찾아와 말했다. "분명히 이 연구에 문제가 있을 거예요. 난 변인들 간에 관계가 있다는 걸 알아요!" 나는 그녀에게 연구에는 아무런 문제가 없고, 상관관계를 찾지 못했다고 해서 명상이 쓸모없다는 뜻은 아니라고 말해주었다. 이미 여러 연구에서 명상이 스트레스 정도를 감소시키는 등의 긍정적인 효과가 있음을 밝혀냈다고 말이다. 그녀는 이를 통해 객관적 검사의 한계에 대한 깊은 이해를 얻었지만, 많이 실망했다.

나는 몇몇 교사들이 염려하고 있는 한 고등학생을 대상으로 광범위한 성격 평가를 실시하도록 요청받은 적이 있다. 나는 임상 면접을 실시했고, 객관적 및 투사적 검사 몇 가지를 실시했는데, 그 결과 많은 투사적 검사 결과에서 파괴가 분명한 주제로 나타난다는 사실에 좀 놀랐다. 그래서 내 보고서에 그 내용을 담아 학교가 주의하도록 했다. 얼마 지나지 않아 실제로 그 학생은 재산 파괴로 구속되었다.

- 에드 노이크루그

이 장은 임상 면접, 객관적 검사, 투사적 검사 등을 포함한 임상 평가를 다룬다. 앞선 일화에서도 볼 수 있듯이 이러한 평가는 광범위하게 사용되고 적용되고 있으며, 상담자, 교육자, 또는 연구자에게도 유용한 도구가 될 수 있다. 이 장에서는 임상 평가를 정의하고 임상 평가 과정에서 주로 쓰이는 객관적 검사와 투사적 검사 중 몇몇을 평가해보고자 한다.

임상 평가의 정의

임상 평가(clinical assessment)는 다음의 방법 중 하나 혹은 그 이상을 통해 내담자를 평가하는 것이다: 임상 면접(4장 참조), 비공식적인 평가 기법의 실시(12장), 객관적 검사나 투사적 검사의 실시(이 장에서 다룰 내용). 다음에 제시된 목적들을 달성하기 위해 필요한 정보들을 내담자로부터 얻기 위해 사용된다.

1. 내담자가 더 큰 통찰을 가질 수 있도록 조력하기 위해
2. 사례 개념화나 정신건강 진단을 조력하기 위해
3. 향정신성 약물의 사용과 관련된 결정을 내리는 과정을 조력하기 위해
4. 치료 계획을 세우는 과정을 조력하기 위해
5. 법정에서의 결정을 조력하기 위해(예: 양육권 결정, 아동 성추행 사건의 피고를 검사하기)
6. 직업 배치 결정을 조력하기 위해(예: 보안 수위가 높은 직업의 지원자들)
7. 건강과 관련된 문제의 진단적 결정을 조력하기 위해(예: 알츠하이머)
8. 위기에 빠진 개인들을 선별하기 위해(예: 자살 위험성이 높은 학생이나 자아존중감이 낮은 학생)

이 장에서는 임상 평가 과정에서 쓰이고 있는 객관적 검사와 투사적 검사 중 일부만을 살펴볼 것이다. 하지만 임상 평가에서는 더 많은 검사가 활용되고 있다는 사실을 기억했으면 좋겠다.

객관적 성격 검사

1장에서 논의했듯이, **객관적 성격 검사**(objective personality test)는 성격 검사의 종류 중 하나로, 다중 선택, 참·거짓 같은 응답 양식을 활용하여 성격의 다양한 측면을 측정한다. 각각의 객관적 성격 검사는 검사 개발자에 의해 구체적으로 정의된 구인에 기반을 두어 개인 성격의 다양한 측면을 측정한다. 예를 들어 미네소타 다면적 인성 검사(MMPI:

객관적 성격 검사 (objective personality test) 성격의 다양한 영역을 측정하는 지필 검사이다.

Minnesota Multiphasic Personality Inventory)®는 정신병리를 측정하며, 정신장애 진단을 조력하기 위해 사용된다. MBTI(Myers-Briggs Type Indicator)®는 칼 융(Carl Jung)의 이론을 바탕으로 사람들이 어떻게 세상을 인식하고 세상에 대한 판단을 내리는지와 관련된 성격을 측정하는 검사이다. 약물 중독 스크리닝 검사(SASSI: Substance Abuse Subtle Screening Inventory)®는 약물 중독과 관련된 문제를 겪고 있을 가능성을 측정하는 검사이다. 비록 이 세 가지 검사 모두 성격의 매우 다른 부분을 측정하고 있지만, 이들 모두 한 내담자에 대한 이해를 돕기 위해 유용하게 쓰일 수 있다. 이제부터 가장 자주 쓰이는 객관적 성격 검사들을 살펴보고, 어떻게 사용되고 있는지 알아보자.

자주 쓰이는 객관적 성격 검사

객관적 성격 검사는 성격의 다양한 측면을 측정하고 내담자의 통찰을 증대시키거나 정신병리를 확인하고 치료 계획을 세울 때 유용하게 쓰일 수도 있다. 이 장에서는 9개의 객관적 성격 검사를 일아보고 각 검사의 특징들을 살펴볼 것이다(표 11.1 참조). 이와 더불어 이 장의 마지막에서는 이 밖에 자주 쓰이는 검사들도 간략하게 언급하고자 한다.

미네소타 다면적 인성 검사 2   집단을 대상으로 실시되는 성격 검사 중 가장 널리 쓰이는 MMPI(Pearson, 2012a)는 원래 1942년에 해서웨이(Hathaway)와 매킨리(McKinley)에 의해 개발되었다. 오늘날 세 가지 버전의 검사가 사용 가능하다. **미네소타 다면적 인성 검사 2**(MMPI-2: Minnesota Multiphasic Personality Inventory-2)는 1989년에 소개된 전체 버전이다(Butcher, Dahlstrom, Graham, Tellegen, & Kaemmer, 1989). MMPI-A는 청소년용 버전으로 1992년에 소개되었고, MMPI-2-RF는 좀 더 짧은 버전으로 2008년부터 사용이 가능해진 버전이다. MMPI-A와 MMPI-2는 둘 다 개인이나 집단을 대상으로 실시 가능하며, 피검자가 지필 검사로 567문항에 응답하는 데 소요되는 시간은 평균

미네소타 다면적 인성 검사 2(MMPI-2: Minnesota Multi-phasic Personality Inventory-2)

MMPI-2는 정신병리를 확인하는 데 도움이 된다. 검사 해석에 전문적 기술이 필요하다.

표 11.1 객관적 성격 검사와 사용 목적

검사 이름	사용 목적
미네소타 다면적 인성 검사 2(MMPI-2)®	정신병리학, 개인적 부적응, 다양한 범위의 진단
밀론 임상 다축 성격 검사(MCM-III)	정신병리학, 전반적 성격장애, 다양한 범위의 진단
성격 평가 질문지(PAI)	정신병리학, 성격장애 특질, 대인관계적 특성
벡 우울 검사(BDI-II)	우울증의 확인과 심각성
벡 불안 검사(BAI)	불안의 확인과 심각성
MBTI®	융의 성격이론에 기반한 성격 유형(비임상집단)
다요인 인성 검사(16PF)®	커텔 이론에 근거한 일반적인(비임상적) 성격 특성
NEO 성격 검사 수정판(NEO PI-R)™	성격 5요인 이론에 근거한 비임상적 성격 측정
코너스 3	주의력 결핍/과잉행동장애 및 관련 공존 행동의 측정
약물 중독 스크리닝 검사(SASSI)	약물 의존성 탐지

© Cengage Learning

약 90분 정도이다. 컴퓨터용 검사는 소요시간이 좀 더 짧은 것으로 보고되고 있다(Groth-Marnat, 2003; Pearson, 2012a). MMPI-RF는 338개의 문항만 보유하고 있으므로, 지필 검사에는 약 45분이 소요되고, 컴퓨터용 검사에는 약 30분이 소요된다(Pearson, 2012b). 비록 MMPI 검사들이 상대적으로 실시나 채점이 명확한 편이긴 하지만, 검사 해석은 그 렇지 않다. MMPI-2의 검사 매뉴얼에는 "MMPI-2를 해석하는 데는 고난이도의 심리측 정학적, 임상적, 정신병리적, 전문가적 소양이 필요하며, 윤리적인 검사 사용 원칙에 대 한 강한 헌신이 요구된다."(Butcher et al., 1989, p. 11)라고 적혀 있다. 따라서 최소한 대 학원 수준의 심리 측정 평가 과목과 정신병리학 과목을 수강한 자만이 검사를 실시할 수 있다. MMPI-2를 채점하는 방법은 세 가지로 컴퓨터 채점, 우편으로 보내서 채점한 결과 받기, 수기 채점이 있다(Pearson, 2012a).

MMPI-2는 다양한 척도를 제공한다. 가장 핵심적인 척도들은 9개 타당도 척도 중 3개 의 타당도 척도, 10개의 기본(임상) 척도, 15개의 내용 척도이다. 그 밖에도 재구성 임상 척도, 임상 소척도, 내용 척도, 성격병리 척도, 부정적 치료 지표, 전반적인 성격 특성 등 많은 척도가 제공된다. 그림 11.1은 해석 보고서에서 볼 수 있는 샘플 타당도와 내용 척도 들을 보여준다. 또한 표 11.2는 가장 자주 쓰이는 타당도 척도와 10개의 기본 척도를 설명 하고 있다.

MMPI를 해석하기 위해서는 각 척도의 의미를 정확하게 이해하는 것이 중요하다. 예 를 들어 높은 부인 척도의 점수는 반드시 강박적인 거짓말을 의미하는 것이 아니라, 내담 자가 자신의 잘못을 인정하는 데 어려움이 있고, 전체 검사 점수가 의심스러우며 왜곡되 었을 가능성이 있다는 의미로 해석할 수 있다(Butcher et al., 1989, p.23). 기본(임상) 척 도는 진단과 치료 계획에 특히 유용한 척도이다. MMPI에서는 한 척도의 점수 각각은 평 가하기보다는 여러 척도로부터의 응답 패턴이 내담자에 대한 더 많은 정보를 준다고 보고 척도 간 응답 패턴을 중심으로 해석한다. 10개의 척도로부터 수많은 패턴이 나올 수 있기 때문에 컴퓨터화된 채점이 진단이나, 내담자의 문제 해석, 치료 계획 수립을 더욱 빠르게 도와줄 수 있다. MMPI-2는 T점수가 65점 이상이면 '임상적으로 의미 있다'고 보는데, 이전 MMPI는 T점수 70점 이상을 임상적으로 의미 있는 점수로 정의했다.

내용 척도는 불안, 공포, 분노, 냉소적 태도, 낮은 자존감 같은 15개의 성격적 특질을 측 정하며, 내담자에 대한 더욱 구체적인 그림을 그리거나, 상담을 위해 고려해야 할 그 밖 의 사항들을 확인하는 데 유용하게 쓰인다. 검사 결과 보고서는 임상 척도, 내용 구성 척 도를 제공하는데, 관심을 가질 만한 다양한 특성을 확인하는 데 유용한 척도들이다.

MMPI와 비교하여 MMPI-2는 82개의 문항이 수정되었다. 그러나 이 수정된 문항들은 기존 문항과 심리측정학적으로 거의 동일한 문항으로 0.98의 상관을 갖고 있다. 따라서 임상 척도는 궁극적으로 변하지 않았다고 볼 수 있다(Graham, 2000, p. 189). MMPI-2 를 비임상집단을 중심으로 재규준화하기 위해 미국 7개 주에 살고 있는 2,600명의 집단 을 대상으로 재표준화했으며, 이 규준집단은 1980 미국 인구조사와 상당히 유사하다고

9개 타당도 척도 중 특히 3개의 타당도 척도가 해 석에서 중요하게 고려된 다. 또한 10개의 기본(임 상) 척도는 진단에 유용 하게 쓰인다.

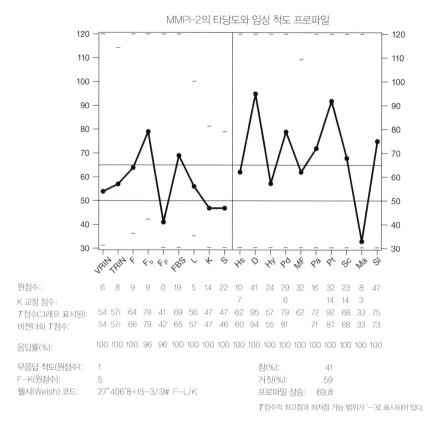

그림 11.1 MMPI-2의 타당도와 임상 척도 프로파일

이 프로파일 그래프의 왼쪽은 타당도 척도이며, 오른쪽은 임상 척도이다. 표 11.2에서 L, F, K 척도들을 논의할 테지만, 그 밖에도 VRIN, TRIN, F(B), F(P), S 같은 타당도 척도들이 있으며, 이 척도들을 통해 피검자가 나쁘게 보이거나 좋게 보이려는 의도를 가졌는지 확인하거나, 증상을 과소 혹은 과대 보고한 것인지, 문항들에 비일관적으로 응답한 것인지 등을 확인할 수 있다. 오른쪽의 임상 척도에서는 이 피검자가 상당히 높은 우울증(D; 낮은 Ma)과 불안(Pt)을 보이고 있으며, 높은 수준의 반사회적 특성(Pd)과 사회불안(Si), 편집증(Pa)을 가졌음을 확인할 수 있다.

출처: Excerpted from the MMPI®-2 (Minnesota Multiphasic Personality Inventory®-2) Manual for Administration, Scoring, and Interpretation, Revised Edition. Copyright © 2001 by the Regents of the University of Minnesota. All rights reserved. Used by permission of the University of Minnesota Press. "MMPI" and "Minnesota Multiphasic Personality Inventory" are registered trademarks owned by the Regents of the University of Minnesota.

볼 수 있다. 그러나 히스패닉이나 동양계 미국인들은 살짝 낮게 표집된 것으로 나타났다(Butcher et al., 1989). 기본 척도에 대한 검사-재검사 신뢰도는 일반(비임상집단) 남성을 대상으로 0.67에서 0.92로 나타났으며, 일반 여성을 대상으로는 0.58에서 0.91로 나타났다. 기본 척도에 대한 내적 일관성 신뢰도는 0.34에서 0.87로 나타났다. 타당도와 관련된 증거로서 매뉴얼에 제시된 것은 변별 타당도이다. 변별 타당도는 다른 구인들을 변별할 수 있는 검사의 능력을 뜻하는 용어이다. 예를 들어, MMPI-2의 우울증 점수는 1번(건강염려증)이나 3번(히스테리) 척도의 점수와 낮은 상관을 보여야 한다. 그러나 척도 간 상호 상관은 비교적 높은 것으로 나타났는데, 그 이유는 많은 척도들이 검사 문항을 공유하기 때문이다(Groth-Marnat, 2003).

표 11.2 MMPI-2에서 가장 자주 쓰이는 척도들

약어/척도번호	이름	측정 내용
타당도 척도		
L	부인	작은 잘못이나 성격적 결함을 인정할 능력의 부족. 반드시 거짓말을 의미하는 것은 아니지만, 검사 점수가 왜곡되었을 가능성이 있음
F	비전형	무선 반응했을 가능성(아무렇거나 응답함). 이를 협조 가능성이 낮거나, 혹은 낮은 읽기 능력, 혹은 특별한 관심을 얻기 위해 과장하여 보고했을 가능성으로 해석할 수 있음
K	교정	좀 더 세련되고 교묘한 방식으로 낮은 감정 통제나 성격적 특성이 나타나는 것을 최소화하려고 하는 경향성
기본(임상) 척도		
Hs-1	건강염려증	명확한 근거 없는 건강에 대한 과도한 염려. 건강상의 문제가 없다는 확인을 거부함
D-2	우울증	우울증, 우울감, 의기소침, 비관적 생각, 희망 없음
Hy-3	히스테리	신체적 근거가 없는 감각이나 운동 문제를 보이는 전환장애. 여러 증상을 수반하는 사회 불안의 부인이나 거부
Pd-4	반사회성	문화적 박탈, 비정상적인 지능 또는 다른 장애 등의 이유로 설명되지 않은 권위, 법률 또는 사회적 관습에 대한 잦은 적대감
Mf-5	남성특성-여성특성	성역할 혼란, 동성애 감정을 통제하고자 하는 시도, 자신이 속한 젠더그룹과는 다른 감정, 관심사 취미
Pa-6	편집증	대인관계 민감성과 다른 사람들의 의도와 동기를 오해하는 경향성이 두드러진 편집증
Pt-7	강박증	강박 사고(과도한 걱정과 강박 의식)뿐만 아니라 일반적인 불안과 고통
Sc-8	정신분열증	다양한 범주의 이상한 신념, 비정상적인 경험 및 특별한 민감성. 종종 사회적 또는 정서적 소외가 수반되기도 함
Ma-9	경조증	과잉 행동, 사고의 빠른 전환이나 움직임, 행복감, 정서적 흥분 등과 같은 조증 에피소드 증상
Si-0	(사회적) 내향성	높은 점수는 높은 사회적 수줍음과 고독에 대한 욕구를 나타냄. 낮은 점수는 그 반대(사회적 참여)를 나타냄

338개의 문항을 가진 MMPI-2-RF는 MMPI-2 문항에서 가져온 문항들로 구성되어 있다. 결과적으로 개발자들은 MMPI-2의 규준집단 자료를 MMPI-2-RF를 위해 동일하게 사용할 수 있었다. 문항 수 외에 MMPI-2와 MMPI-2-RF의 가장 큰 차이점은 MMPI-2-RF가 새로운 타당도 척도, 추가적인 상위 척도, 재구조화된 임상 척도뿐만 아니라 신체화·인지적 내면화 척도, 외면화, 대인관계적 흥미 척도, 정신병리 척도를 갖고 있다는 것이다(Pearson, 2012b). MMPI-2가 정신병리를 측정하는 데 꽤 좋은 도구임에도 불구하고, 성격장애 같은 심각한 임상 증후군을 측정하는 검사로 가장 잘 알려진 검사는 밀론 임상 다축 성격 검사이다.

밀론 임상 다축 성격 검사, 제3판 밀론 임상 다축 성격 검사(MCMI: Millon Clinical Multiaxial Inventory)는 MMPI-2를 이어, 정신병리를 측정하는 데 두 번째로 가장 많이 쓰이는 객관식 성격 검사이다(Camara, Nathan, & Puente, 2000; Neukrug, Peterson, Bonner,

MCMI

성격장애(기존에 축Ⅱ 장애라고 알려졌던)와 임상적 증상을 측정하는 데 사용된다.

& Lomas, 2013; Peterson, Lomas, Neukrug & Bonner, 2014). 이 검사의 가장 최신 버전은 DSM-IV-TR의 성격장애와 임상적 증상들을 측정하기 위해 고안되었다(Pearson, 2012c). MCMI-III(일반적으로 '밀론'이라 불림)는 이전에 축 II 장애로 불렸던 DSM-IV-TR의 성격장애 측정에 초점을 맞추고 있는데, 이에 반해 MMPI는 축 I에 속한 진단을 측정하는 데 초점이 맞춰져 있다(Groth-Marnat, 2003). 밀론 임상 다축 성격 검사는 총 175개의 참·거짓 문항으로 이루어져 있으며, 8학년 수준의 읽기 능력에 적합하도록 작성되어 있고, 18세 이상 성인을 대상으로 실시할 수 있다. 청소년용 버전으로는 13세에서 19세를 위한 밀론 청소년 임상 검사(MACI: Millon Adolescent Clinical Inventory)가 있다(Pearson, 2012d).

MCMI-III는 실시에 약 25분이 소요되므로, MMPI보다 훨씬 빠르게 실시할 수 있다(Pearson, 2012c). 지필 검사나 컴퓨터로 실시가 가능하다. MCMI-III의 채점은 컴퓨터 소프트웨어를 이용하거나 수기 채점 방식, 광학 스캔 채점, 우편 발송 등을 통해 가능하다. MCMI-III에는 6개의 주요 척도, 즉 임상 성격 유형 척도, 심한 성격병리 척도, 임상적 증후군 척도, 심한 임상적 증후군 척도 수정 지표, 타당도 지표가 있다. 표 11.3은 이 주요 척도의 하위 척도에 대한 설명이다.

MCMI-III는 기저율(BR: base rate)을 이용해서 채점하는 방식을 취하는데, 여기서 기저율이란 원점수를 정신과 진료를 받는 환자 집단을 기준으로 좀 더 의미 있는 표준화된 점수로 변환한 것이다. 이를 위해, 연구진은 비정신과 환자 집단(정상 집단)을 위한 실제 중간값을 35로 맞추고 정신과 환자 집단의 중간값 역시 변환하여 60으로 맞추었다. 기저율 75는 그런 성격적 특성의 몇 가지 측면이 나타남을 의미하며, 기저율 85는 이러한 특성이 명확하게 나타남을 의미한다(Groth-Marnat, 2003).

해석 보고서를 위한 규준집단은 다양한 정신장애 진단을 받은 752명의 남자와 여자로 구성된 임상 표집이다(Pearson, 2012c). 교정 보고서를 위해서는 특별히 별도의 투옥 중인 수감자 1,676명으로 이루어진 규준집단이 있었다. 교정 보고서는 범죄 평가 및 수사 상황에서 사용할 수 있도록 정신건강 관련 도움이나 분노 관리 서비스 등이 필요하지 않은지, 혹은 자살 경향성이 있는지, 탈출 위험성이 있는지 등의 관련된 정보가 담겨 있다.

신뢰도 계수는 척도별로 0.67에서 0.90 사이이며, 거의 대부분 0.80대 수준이다(Groth-Marnat, 2003). 수렴 타당도로 MCMI-2 척도는 MMPI나 벡 우울 척도(BDI) 등의 척도들과 상관을 보고했는데, 대부분의 결과가 이론적 예측대로 나타났다. 한 가지 특이점은 MCMI-III의 편집성 척도와 MMPI-2 편집증 척도와의 상관이 0.29로 낮게 보고되었다는 것이다. MCMI-2를 사용한 다른 연구들은 DSM-IV-TR의 진단과 관련하여 중간 정도부터 높은 정도의 예측 타당도를 보고한 바 있다.

성격 평가 질문지⌖   **성격 평가 질문지**(PAI: Personality Assessment Inventory)는 임상 진단의 결정 과정을 돕거나, 정신병리를 스크린하고, 치료 계획을 세우는 데 도움을 주기

성격 평가 질문지
(PAI: Personality
Assessment
Inventory)⌖

정신병리를 위한 진단,
치료 계획, 선별을 돕는
도구

표 11.3 밀론 임상 다축 성격 검사(MCMI-III) 척도들

주요 척도	하위 척도	명칭
임상적 성격 유형 척도		
	척도 1	분열성
	척도 2A	회피성
	척도 2B	우울성
	척도 3	의존
	척도 4	히스테리성
	척도 5	자기애성
	척도 6A	반사회성
	척도 6B	공격성
	척도 7	강박성
	척도 8A	수동공격성
	척도 8B	자멸성
심한 정신병리 척도		
	척도 S	분열형
	척도 C	경계선
	척도 P	편집성
임상적 증후군 척도		
	척도 A	불안 증상
	척도 H	신체화 증상
	척도 N	양극성: 조증
	척도 D	기분부전증
	척도 B	알코올 의존
	척도 T	약물 의존
	척도 R	외상후스트레스
심한 임상적 증후군 척도		
	척도 SS	사고장애
	척도 CC	주요 우울증
	척도 PP	망상장애
수정 지표		
	척도 X	솔직성
	척도 Y	바람직성
	척도 Z	자기비하성
타당도 지표		
	V	타당도

© Cengage Learning

위한 목적으로 고안되었다(Boyle & Kavan, 1995; PAR, 2012a). 이 검사는 레슬리 모레이(Leslie Morey)가 1991년에 개발한 것으로 임상 전문가들이나 연구자들 모두로부터 인기를 끌고 있는 중이다. 어떤 사람들은 MMPI-2보다 PAI가 훨씬 효과적인 검사라고 이야기하기도 한다(McDevitt-Murphy, Weathers, Flood, Eakin, & Benson, 2007; Weiss & Weiss, 2010; White, 1996).

PAI는 18세 이상 성인에게 사용할 수 있으며, 4학년 정도의 읽기 수준으로 작성된 344개의 문항으로 구성되어 약 50~60분이 소요되는 검사이다(PAR, 2012a). 문항에 대한 응답은 4점으로 이루어진 순서 척도를 이용하도록 되어 있는데, 선택지는 '전혀 그렇지 않다', '약간 그렇다', '중간 정도이다', '매우 그렇다'로 되어 있다. 채점은 수기로 약 15분에서 20분 정도 소요되고, 컴퓨터나 우편 발송을 통해 검사 결과를 받는 방식으로도 가능하며, 이 경우 생성된 해석 보고서를 받아볼 수 있다. 프로파일 결과는 4개의 타당도 척도, 11개의 임상 척도, 5개의 치료 척도, 2개의 대인관계 척도로 제공되고, 원점수는 T점수와 백분율(%)로 변환되어 사용되며(표 11.4 참조), 2 표준편차 이상(T점수 70 이상)은 일반적으로 임상적 주의를 요하는 척도를 나타나는 지표로서 사용된다.

PAI는 3개의 표본을 사용하여 규준화되었는데, 미국 인구조사의 성, 인종, 나이별 분포

표 11.4 성격 평가 질문지 척도

타당도 척도	비일관성
	저빈도
	부정적 인상
	긍정적 인상
임상 척도	신체적 호소
	불안
	불안 관련 장애
	우울
	조증
	망상
	조현병
	경계선적 특징
	반사회적 특징
	알코올 문제
	약물 문제
치료 척도	공격성
	자살사고
	스트레스
	비지지(nonsupport)
	치료 거부
대인관계 척도	지배성
	온정성

© Cengage Learning

에 따라 표집된 1,000명의 성인 집단, 69개의 임상 현장에서 모집한 1,296명의 내담자/환자 집단, 1,051명의 대학생 집단이 규준화에 사용되었다(PAR, 2012a). 22개 척도의 내적 신뢰도 계수의 중앙값은 세 표본집단으로부터 각각 0.81, 0.86, 0.83으로 보고되었으며(Boyle & Kavan, 1995), 검사-재검사 신뢰도는 0.68에서 0.85로 나타났다. 그러나 비일관성, 저빈도 타당도 점수의 검사-재검사 신뢰도는 각각 0.31과 0.48로 낮게 나타났다. 많은 연구자가 PAI의 타당도를 연구하기 위해 분석했다. 공인 타당도의 경우, 외래환자 58명을 대상으로 PAI의 경계선적 특징 척도를 실시하여 확인한 바 있다(Stein, Pinsker-Aspen, & Hilsenroth, 2007). 그 결과 PAI는 경계선 성격장애로 진단받은 외래환자의 73%를 타당하게 분류한 것으로 나타났다. 또 다른 연구에서는 트라우마에 노출되었던 90명을 대상으로 '외상후스트레스장애(PTSD: posttraumatic stress disorder)', '우울증', '사회공포증', '잘 적응함'이라는 네 가지 항목 중 하나로 분류했는데, MMPI-II와 PAI 모두 사용되었다(McDevitt-Murphy et al., 2007). 연구 결과 PAI의 불안 관련 장애 척도가 MMPI의 외상후스트레스장애 척도보다 네 집단을 확인하고 변별화하는 데 더 정확한 것으로 나타났다.

벡 우울 검사 II 아론 벡(Aaron Beck)과 그의 동료들에 의해 1961년에 처음 소개된 벡 우울 검사(BDI: Beck Depression Inventory)는 우울 증상의 심각성 정도를 측정하기 위해 고안된 검사이다(Beck, Steer, & Brown, 2003). 가장 최근 버전인 **BDI-II**는 1996년에 출간되었으며, 상담자 및 상담 교육자들 사이에서 사용되는 검사 도구 중 1위를 차지하고 있는 검사로도 알려져 있다(Neukrug et al., 2013; Peterson et al., 2014).

> **벡 우울 검사 II**
> (BDI-II: Beck Depression Inventory-II)
> 우울 증상을 측정하기 위한 빠르고 쉬운 척도

BDI-II는 실시에 약 10분 정도 걸리며, 내담자가 지난 2주 동안 겪었던 우울 증상들에 대해 21개의 질문에 4점 척도(0~3)로 답변하도록 되어 있다. 각 문항에 대한 응답을 모두 합한 점수가 총점이 되며, 표 11.5에 제시된 기준에 따라 점수를 해석한다.

BDI-II를 실시할 때, 2번 문항(희망 없음)과 9번 문항(자살사고)에 대해서는 특별한 주의가 필요한데, 각 문항별 점수가 2 이상이면 자살 위험도가 높다는 뜻일 수도 있기 때문이다(Beck et al., 2003). BDI-II는 우울 증상의 심각성을 확인하고 측정하는 데 매우 유용한 도구이다. 그러나 모든 검사가 그러하듯, 진단 시 이 검사 결과 하나만으로 판단하

표 11.5 BDI 점수의 해석

점수	우울의 정도
0~13	우울하지 않은 상태
14~19	가벼운 우울 상태
20~28	중간 정도의 우울 상태
29~63(최고점)	심각한 우울 상태
4점 이하	좋게 보이려고 긍정적으로 답변했을 가능성이 있음

© Cengage Learning

는 것은 반드시 지양해야 한다. 검사 실시의 용이성으로 인해, BDI는 내담자에게 정기적으로 실시하여 이 결과를 통해 내담자의 상태 호전 정도를 확인하는 수단으로서도 유용하게 쓸 수 있다(Beck, 1995).

BDI-II의 규준집단은 DSM-III-R과 DSM-IV를 기준으로 우울증으로 진단받은 500명의 외래환자를 포함하고 있다. 정상 비교집단으로는 120명의 캐나다 대학생이 사용되었다(Beck et al., 2003). 내적 신뢰도 계수는 외래환자 집단에서는 0.92, 대학생 집단에서는 0.93으로 보고되었으며, BDI와 비교하여 BDI-II는 DSM-IV 진단 기준과 더 밀접한 관련성을 가짐으로써 더 높은 내용 타당도와 준거 타당도를 갖고 있는 것으로 나타났다. 수렴 타당도 연구로서 BDI와 BDI-II를 모두 응답한 우울 증상을 겪는 외래환자 집단으로 상관계수가 0.93으로 나타났으며, 검사 점수의 평균은 각각 18.92와 21.88로 나타났다(Beck et al., 2003). 이 연구 결과에서처럼 BDI-II의 점수는 BDI의 점수보다 일반적으로 3점 높게 나타난다. 마지막으로, 다른 장애를 가진 내담자에게 BDI를 실시했을 때, 이들의 점수가 우울증을 경험하는 내담자의 점수만큼 높지 않은 것으로 나타나 변별 타당도가 있음이 확인되었다.

벡 불안 검사(BAI: Beck Anxiety Inventory)

불안을 측정

벡 불안 검사 벡 불안 검사(BAI: Beck Anxiety Inventory) 역시 아론 벡과 그의 동료들이 개발했다. 이 검사는 17세부터 80세에 이르는 사람들의 불안을 측정하는 간단하고 짧은 도구로서 개발되었다(Dowd, 1998). BAI는 1993년에 출판되었음에도 현재 상담자 및 상담 교육자가 가장 많이 사용하는 10개의 검사 도구 중 하나로 여전히 인기가 있다(Neukrug et al., 2013; Peterson et al., 출판 중). BAI는 실시에 약 5분에서 10분 정도 소요되는 자기보고식 검사로서, 그 자리에서 채점이 가능하다(Pearson, 2012e). BAI는 0점(전혀 그렇지 않다)에서 3점(견디기가 힘들었다)으로 구성된 4점 리커트 척도를 사용하여 21개의 문항에 응답하도록 구성되어 있고, 채점은 각 문항에 대한 응답의 총합으로 표 11.6의 표를 기준으로 불안 정도를 해석할 수 있다. 검사 매뉴얼에는 일반적으로 여성이 남성에 비해 높은 점수를 획득하며, 젊은 사람이 나이 든 사람에 비해 높은 점수를 보이는 것으로 보고되어 있지만, 이를 조정하는 방법에 대해서는 모호하게 기술하고 있다.

BAI는 벡이 이전에 개발했던 3개의 불안 측정 도구들을 합쳐서 개발한 것이다(Waller,

표 11.6 BAI의 점수 해석

점수	불안의 정도
0~7	불안하지 않은 상태
8~15	가벼운 불안 상태
16~25	중간 정도의 불안 상태
26~63(최고점)	심각한 불안 상태
여성	일반적으로 남성보다 약 4점 정도 높은 점수를 보인다.

© Cengage Learning

1998). 벡과 그의 팀은 중복된 문항들을 제거하고 요인 분석을 사용하여 최종 21문항을 선별했다. 규준집단은 810명의 외래환자들로 구성되었으며, 신뢰도와 타당도 연구들은 혼합 진단 집단, 불안으로 진단받은 집단, 비임상집단이라는 3개의 표본을 이용했다. 내적 신뢰도 계수는 0.85에서 0.94 사이의 분포를 보이고, 1주간 검사-재검사 신뢰도 계수는 0.75로 나타났다(Dowd, 1998). 비록 요인 분석 결과가 불안 구인을 지지하고 있지만, 일반적으로 불안 검사 도구들은 우울 검사 도구들과 높은 상관을 보이는데, 이는 두 구인 간 개념적 구분에 관해 불확실한 부분이 있음을 시사한다고 볼 수 있다.

MBTI®   매년 약 2백만 명의 사람들이 **MBTI**(Myers-Briggs Type Indicator)®를 이용함으로써, MBTI는 정상적인 기능 범위 내의 성격을 측정하는 가장 널리 쓰이는 검사로 자리잡았다(Quenk, 2009). MBTI는 여러 현장에서 사용되면서 엄청난 성공을 거두었지만, 이 검사를 바라보는 과학자와 임상 전문가의 시각 차이가 오랫동안 존재해왔다. 그래서 MBTI는 여러 번의 수정을 통해 이 문제를 수정하고자 노력해왔다(Mastrangelo, 2001). 주로 MBTI 관련 연구를 싣는 「Journal of Psychological Type(심리유형학회지)」은 현재까지 72권으로 출간되었으며, 이와 더불어 2,000개가 넘는 이 분야의 박사학위논문이 있다고 알려져 있다(ProQuest, 2013). MBTI는 칼 융(1921/1964)의 이론과 책 『Psychological Types(심리 유형)』에 기반하고 있다. 융은 관찰을 통해 사람들의 기본 성격적 특성이 여러 요인에서 전혀 상반된 연장선상을 따른다고 보았는데, 이는 외향 또는 내향, 감각 또는 직관, 사고 또는 감정을 포함한다.

캐서린 브리그스(Katharine Briggs)와 이사벨 브리그스 마이어스(Isabel Briggs Myers)는 융의 책을 읽은 후 융의 유형학에 매료되었고, 융의 요인에 그들이 판단 대 인식이라고 이름 붙인 4번째 영역을 더했다(Fleenor, 2001; Quenk, 2009). 이 유형학이 사람들의 진로 선택이나 자기 이해 및 타인 이해에 도움을 줄 수 있으리라는 믿음으로 이 두 사람은 MBTI를 개발했으며, 1975년부터 CPP가 MBTI의 배타적인(독점적인) 출판사로서 MBTI를 출판하고 관리하고 있다.

오늘날 MBTI는 다양한 현장에서 사용되고 있다. 예를 들어, 상담자는 내담자의 깊은 자기 이해를 돕기 위해, 결혼 및 가족 상담 장면이나 워크숍에서는 커플과 가족 구성원들 사이의 차이와 유사점을 평가하기 위해, 산업체나 기업에서는 직원들 간 의사소통 방식을 돕기 위해, 진로 상담에서는 내담자들의 성격 유형에 잘 맞는 진로를 탐색할 수 있도록 돕기 위해 사용되고 있다.

MBTI의 네 영역은 그림 11.2에서 확인할 수 있는데, 검사 결과는 4개의 양분된 지표 사이에서 응답자의 선호도 정도와 선호 지표를 보여준다. 예를 들어 사회복지사, 상담자, 심리학자들은 종종 INFP, INFJ, ENFJ 유형인 데 반해 경찰관은 대체로 ISTJ나 ESTJ 유형이다. MBTI 결과가 진로 선택 도구로서도 사용되곤 하는데, 검사 매뉴얼에서는 분명히 MBTI가 직원을 고용하는 스크리닝 도구로서 사용되어서는 안 된다고 명시되어 있다

MBTI(Myers-Briggs Type Indicator)®
칼 융의 심리 유형에 기반을 두고 정상 범위의 성격을 측정하는 인기 있는 검사 도구

외향(E) ————	**내향(I)** ————
사람이나 사물 등 외적으로 향해 있는 에너지	개념이나 아이디어 등 내적으로 향해 있는 에너지
감각(S) ————	**직관(N)** ————
오감을 통한 인식	패턴의 관찰이나 직관을 통한 인식
사고(T) ————	**감정(F)** ————
논리, 사실, 이성에 근거한 결정 과정	개인적, 사회적 가치를 근거로 한 결정 과정
판단(J) ————	**인식(P)** ————
사고(T)나 감정(F)에 기반한 빠른 결정 조직화, 계획, 일정을 좋아함	감각(S)이나 직관(N)을 이용한 결정 융통성, 변화, 즉각성을 좋아함

© Cengage Learning

그림 11.2 네 가지 MBTI 선호 지표

(Mastrangelo, 2001).

　MBTI의 가장 최근 버전은 MBTI Step I®(Form M)과 MBTI Step II®(Form Q)이다. MBTI Form M은 1998년에 Form G를 대체한 버전으로 문항반응이론(IRT)을 이용하여 개선된 정확성을 보인 93개의 문항으로 이루어져 있다(CPP, 2009a; Quenk, 2009). Form M은 실시에 약 15분에서 25분이 소요되며, 7학년 정도의 읽기 수준에서 작성되었고, 14세 이상을 대상으로 사용이 가능하다. Form M은 수기 채점이나 컴퓨터 채점, 혹은 출판사에 우편으로 보내 결과를 받는 방식으로 채점이 가능하다. Form M의 해석 프로파일은 그림 11.3과 같이 검사 결과를 바탕으로 컴퓨터에 의해 생성되어 제공된다. Form M의 온라인 버전으로 MBTI Complete가 있는데, 약 45분에서 60분 정도 소요되지만, 좀 더 자세한 결과 해석이 제공된다는 장점이 있다(CPP, 2009b).

　Form Q는 Form K를 대체하여 2001년에 출판되었으며, 144개의 문항으로 이루어져 실시에 약 25분에서 35분이 소요되고, 18세 이상 성인을 대상으로 사용할 수 있다(CPP, 2009c). Form Q는 네 가지 선호 지표에 따른 기본 점수를 제공하고, 네 가지 선호 지표 각각의 다섯 가지 측면 또한 측정하고 있다(Quenk, 2009). 예를 들어, Form Q는 판단과 인식 지표를 이 둘 지표 간 차이점을 더 자세히 그려낸 다섯 가지 반대되는 하위 구성요소로 나누어 제시하고 있다. 판단-인식 지표의 하위 구성요소로는 체계성(J) 대 유연성(P), 목표 지향적(J) 대 개방적(P), 조기 착수(J) 대 임박 착수(P), 계획성(J) 대 자발성(P), 방법적(J) 대 과정적(P)이다. Form Q 역시 문항반응이론을 사용했으며, Form M과 같은 규준 집단을 이용했다(CPP, 2009c).

　From M과 Q에 사용된 규준집단은 전국적으로 무선표집된 3,200명의 미국 성인이다. Form M의 신뢰도 계수는 각 선호 지표별로 0.90 이상으로 나타났다. 그러나 매뉴얼에 보고된 4주간 검사-재검사 신뢰도를 측정한 한 연구에 따르면 65%의 참여자만이 같은 점수를 받은 것으로 나타났다(Mastrangelo, 2001). MBTI 매뉴얼은 타당도에 대한 증거를 보

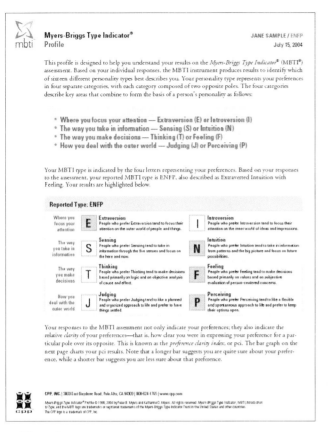

그림 11.3 샘플 MBTI Form M 프로파일*

출처: CPP. (2009). MBTI Profile – Form M. Retrieved from https://www.cpp.com/en/mbtiproducts.aspx?pc=11

여주는 여러 연구를 싣고 있다. 연구들은 각 선호 지표에 관해서는 충분한 증거를 보여주고 있지만, 네 선호 지표의 조합으로 이루어진 16개 유형에 관해서는 부족한 편이다. 타당도의 증거를 보여주는 다른 연구에서는 피검자 중 약 90%가 검사 결과가 자신과 잘 맞는다고 보고하고 있다. MBTI 검사 결과와 캘리포니아 심리검사(California Psychological Inventory)™의 몇몇 척도를 비교한 한 연구에서도 MBTI의 타당도에 대한 증거를 찾아볼 수 있다.

16PF 다요인 인성 검사(16PF)® 16PF 다요인 인성 검사(16PF: 16 Personality Factors Questionnaire) 제5판은 16개의 주요 성격 구성요소를 제안한 레이먼드 커텔(Raymond Cattell)의 연구를 바탕으로 개발되었다(Pearson, 2012f; Russell & Karol, 1994). MBTI 처럼 16PF도 정신병리를 측정하기 위한 도구가 아니라 인간행동을 묘사하기 위한 도구로 보는 것이 타당하다. 16PF는 5학년 수준으로 작성된 185개의 문항으로 구성되어 있으며,

16PF 다요인 인성 검사(16PF: 16 Personality Factors Questionnaire)
커텔의 16개의 양극 성격적 특성을 기반으로 하고 있다.

* 한국 어세스타에 동일한 한국어판 샘플 보고서가 있음(Form M 글로벌 유형: http://www.career4u.net/tester/mbti_intro.asp)—옮긴이

실시에 약 45분(지필 검사)이나 30분(컴퓨터 실시)이 소요된다. 16PF는 개인 검사나 집단 검사로서 실시될 수 있으며, 채점 또한 수기 채점이나 컴퓨터 채점을 사용할 수 있다.

16PF의 프로파일 보고서는 결과를 세 영역으로 보고하고 있는데, 16개의 1차 요인, 5개의 2차 요인, 3개의 타당도 척도로 구성되어 있다. 16개의 1차 요인은 양극단이 있는 연속선상의 성격적 특성을 나타낸 것이고, 프로파일 보고서는 1에서 10 사이의 스텐 점수를 사용하여 점수를 보여준다. 표 11.7은 16개 성격 요인의 이름과 양극단 점수가 의미하는 바를 설명하고 있다.

'평균적인' 스텐 점수는 4~7인데, 이는 평균으로부터 1 표준편차 위아래 집단에 속한 개인들을 의미하며, 전체 집단에서 중간에 위치한 약 68%를 의미한다. 따라서 1에서 3 사이의 점수나 8에서 10 사이의 점수는 규준집단으로부터 오른쪽이든 왼쪽이든 양극단을 향하여 더 멀리 떨어졌음을 나타내므로, 검사 해석 시 주의를 요한다. 우리가 7장에서 다루었던 것처럼 스텐 점수 1 혹은 10은 규준으로부터 2 표준편차 이상 떨어져 있음을 의미한다.

표 11.7 16PF 주요 성격 요인

요인	척도 왼쪽 끝의 의미	척도 오른쪽 끝의 의미
A: 온정성(warmth)	마음을 잘 드러내지 않는, 인간미 없는, 거리를 두는	따뜻한, 외향적인, 다른 이들에게 주의를 기울이는
B: 논리성(reasoning)	구체적인	추상적인
C: 감정적 안정성(emotional stability)	반응적인, 감정적으로 변화 가능한	감정적으로 안정적인, 적응적인, 성숙한
E: 지배성(dominance)	공손한, 협조적인, 갈등을 피하는	지배적인, 강압적인, 확신에 찬
F: 정열성(liveliness)	심각한, 제한된, 주의 깊은	생동감 있는, 즉각적인
G: 도덕성(rule-consciousness)	꼼수를 부리는, 규범을 안 따르는	규범을 준수하는, 순종적인
H: 대담성(social boldness)	부끄러운, 위협에 민감한, 소심한	사회적으로 대담한, 모험적인, 쉽게 동요하지 않는
I: 예민성(sensitivity)	공리주의적, 객관적, 비감정적	민감한, 미학적, 감상적
L: 불신감(vigilance)	믿는, 의심하지 않음, 수용하는	의심스러운, 회의적, 경계하는
M: 공상성(abstractedness)	현실에 기반을 둔, 실용적, 해결 중심	추상적인, 상상력이 풍부한, 아이디어 지향적인
N: 개인성(privateness)	솔직한, 단도직입적인	개인적인, 신중한, 공개하지 않는
O: 우려성(apprehension)	자기확신에 찬, 걱정하지 않는, 자기만족적인	우려하는, 자기의심이 많은, 걱정하는
Q1: 진보성(openness to change)	전통적인, 익숙한 것을 선호하는	변화에 개방적인, 실험적인
Q2: 자립성(self-reliance)	집단 지향적인	자립적, 독립적, 개인주의적
Q3: 완벽주의(perfectionism)	무질서를 인내하는, 융통성 있는	완벽주의적인, 조직화된, 자제력 있는
Q4: 긴장(tension)	편안한, 온화한, 인내심 있는	긴장한, 높은 에너지, 참을성 없는

© Cengage Learning

표 11.8 16PF 2차 요인

요인	척도 왼쪽 끝의 의미	척도 오른쪽 끝의 의미
외향성(extraversion)	내향적인, 사회적으로 거리를 두는	외향적인, 사회적으로 참여하는
불안(anxiety)	낮은 불안, 동요되지 않은	높은 불안, 동요되기 쉬운
강인성(tough-mindedness)	수용적인, 열린 마음, 직관적인	강인한, 단호한, 공감적이지 않은
독립성(independence)	잘 맞춰주는, 동의하기 쉬운, 이타적	독립적, 설득력 있는, 고집이 센
자기통제(self-control)	억제되지 않은, 충동을 따르는	자기통제적인, 충동을 억제하는

© Cengage Learning

16PF는 외향성, 불안, 강인성, 독립성, 자기통제라는 다섯 가지 2차 요인을 보유하고 있다. 이는 요인 분석의 결과로서, 5장과 10장에서 다루었듯이 요인 분석은 개별 문항이나 요인이 어떻게 서로 관련되어 있는지를 결정하는 통계적 방법이다. 예를 들어 우리가 예민성이라는 구인을 측정하는 10개의 문항을 만들었다면, 우리는 이 10개의 문항이 검사의 다른 문항과는 구분되는 하나의 구인을 이루도록 묶이기를(서로 상관이 있기를) 기대할 것이다. 16PF의 2차 요인들은 16개의 성격 요인을 요인 분석의 결과로 어떻게 서로 상관이 있는지를 확인한 결과인 것이다. 예를 들어 첫 번째 2차 요인인 외향성은 1차 요인 중 온정성, 정열성, 대담성이 묶여서 만들어졌으며, 불안의 경우 1차 요인 중 불신감, 우려성, 긴장으로부터 나왔다. 표 11.8은 2차 요인의 양극단이 의미하는 바를 보여준다.

16PF는 세 가지 타당도 척도가 있는데, 인상 관리, 저빈도, 무작위 척도들이 포함된다. 인상 관리 척도는 사회적 바람직성을 측정한다. 인상 관리에서의 높은 점수는 피검자가 자신의 단점을 인정할 능력이 부족함을 나타내거나 혹은 좋게 보이려고 하는 욕구의 표현일지도 모른다. 인상 관리에서의 낮은 점수는 나쁘게 보이고자 하는 욕구를 나타내거나 혹은 피검자가 낮은 자존감으로 어려워하고 있을 가능성을 시사한다. 저빈도 척도는 피검자가 특이한 방식으로 문항에 답변했음을 나타내는 지표이다. 저빈도 척도의 높은 점수는 읽기 이해상의 어려움이나 무선 응답, 혹은 좋은 인상을 만들기 위한 노력 등을 의미할 수 있다. 무작위 척도는 내용과 관련이 없는 응답 경향성을 의미하는데, 무작위 척도의 높은 점수는 무선 응답, 문항 내용의 잘못된 이해, 혹은 피검자가 자기 자신을 평가하는 것을 어려워할 때 나타날 수 있다(Russell & Karol, 1994).

16PF의 제5판을 위해 사용된 미국의 규준집단은 4,449명으로 이루어진 표본집단에서 추출되었다(Russell & Karol, 1994). 그중 성별, 인종, 연령 및 교육 정도에서 미국 전체 인구와 비슷한 표본으로 2,500명이 선별되어 사용되었다. 이 집단의 내적 신뢰도 계수는 16개 요인에 대해 0.64~0.85의 범위로 나타났다. 별도의 학부생 표본에 의한 2주간의 검사-재검사 신뢰도는 0.69~0.86 사이였다. 타당도에 대한 증거는 검사 매뉴얼에 여러 형태로 제시되어 있다. 요인 분석은 검사 개발자들이 사용했던 16가지 성격 요인에 따라 문항들이 그룹화된 것(즉, 함께 요인으로 묶인)을 보여준다. 16PF를 MBTI®,

CPI(California Psychological Instrument), NEO 성격 검사 수정판(NEO PI-R: NEO Personality Inventory-Revised), 성격 연구 형태지(PRF: Personality Research Form) 같은 여러 가지 성격 검사들과 비교한 결과를 통해 수렴 타당성을 보여주었다. 준거 타당도는 16PF 점수와 자존감(쿠퍼스미스 자존감 척도(Coopersmith Self-esteem Inventory)), 적응(벨의 적응 검사(Bell's Adjustment Inventory)), 사회적 기술(사회적 기술 검사(Social Skills Inventory)), 공감(CPI), 창조적 잠재력 및 리더십 잠재력을 비교함으로써 확인되었다.

NEO 성격 검사-3 (NEO-PI-3: NEO Personality Inventory-3)

성격의 다양한 측면을 측정하기 위해 성격의 5요인 모형에 기반을 두고 있다.

빅 5 성격 특성과 NEO PI-3™ 및 NEO-FFI-3™

성격의 5요인 모형(NEO-FFI: NEO-Five-Factor Inventory)이라고 종종 언급되는 빅 5(파이브) 성격 특성은 서스톤(Thurstone, 1934)이 처음 언급했다. 비록 레이먼드 커텔의 연구가 성격은 16가지 성격 특성을 통해 가장 잘 설명될 수 있다고 제안했지만, 수많은 독립적인 연구자들이 성격 변인들은 5개의 구성개념으로 더 축소될 수 있음을 발견했다(Raad, 1998). 따라서 다른 많은 도구와 달리 5요인 모형은 이론보다는 연구에 기반을 둔다. 다섯 가지 특징은 개방성, 성실성, 외향성, 친화성, 신경증(영어 철자의 앞글자를 따서 'OCEAN')이다. 빅 5는 다음과 같이 요약할 수 있다.

- 개방성(openness): 새로운 경험, 감정, 생각을 갖고 싶어 하고 호기심 있고 상상력을 발휘하려는 의지 또는 욕구; 틀에 얽매이지 않는
- 성실성(conscientiousness): 자신의 행동에 대한 의무감 또는 자기 규율; 순서와 계획을 선호함; 목표 중심
- 외향성(extraversion): 따뜻한, 외향적이고, 긍정적인 태도를 가짐; 활동과 흥분을 즐김; 높은 에너지
- 친화성(agreeableness): 협동적이고, 친절하고, 사람을 믿는 경향이 있는, 이타적인; 사람들은 선하다고 믿음
- 신경증(neuroticism): 불안, 우울, 분노, 충동 같은 정서적 고통에 취약한; 감정적으로 반응하는

NEO 성격 검사-3(NEO-PI-3: NEO Personality Inventory-3)™은 5요인 모형의 성격을 측정하는 최신 도구이다. 그러나 이전 버전인 NEO 성격 검사 수정판(NEO-PI-R) 또한 여전히 사용이 가능하다. NEO라는 이름은 신경증-외향성-개방성 검사(Neuroticism-Extroversion-Openness Inventory)라고 불렸을 때로부터 이어져 내려오는 것이다. NEO-PI-3은 기존 문항이 어려워 잘 읽을 수 없는 청소년이나 성인을 위해 NEO-PI-R의 240개 문항 중 38문항을 수정하여 검사 수행에 필요한 읽기 수준을 낮춘 검사이다(McCrae, Costa, Martin, 2005; McCrae, Martin, Costa, 2005, PAR 2012b). 한 연구에서 이 개정 작업이 검사 수행에 필요한 읽기 수준을 8.3에서 4.4로 하향 조정했다고 밝혔으며, 또 다

른 연구에서는 5.3으로 낮추었다고 보고 있다. 저자들은 12세에서 99세 사이의 연령대에 게는 NEO-PI-3을, 17세에서 89세의 피검자에게는 NEO-PI-R을 권장하고 있다. 실시에 소요되는 시간은 30분에서 45분 정도이며, 피검자는 '전적으로 동의하지 않는다'부터 '전 적으로 동의한다'까지로 구성된 5점 리커트 유형 척도를 사용하여 문항에 응답하게 된다. 성실성 항목에 해당하는 문항의 예로는 '나는 즉시 집안일을 해놓는다'와 역채점 문항인 '나는 내 물건을 두고 다닌다' 등이 있다. 이 검사는 각각 두 가지 버전이 있는데, 하나는 자기보고(S)이고 다른 하나는 제3자 관찰자 또는 평정자(R)를 위한 것이다. 빅 5 요인 각 각은 각각 6개의 하위 요인으로 나누어 구성되어 있다(표 11.9 참조). 요인 및 하위 요인에 대한 결과는 T점수를 사용하여 보고되며 다음과 같은 범위에 따라 해석되는데, 35점 미만 은 매우 낮고, 35~45점은 낮으며, 45~55점은 평균이고, 55~65점은 높고, 65점 이상은 매우 높다고 해석한다. 또한 개인의 성격 양식을 설명하는 서술과 10개의 광범위한 양식 을 설명하는 10가지 성격 양식 그래프들도 제공되는데, 검사 결과를 해석하는 데 유용한 자료를 제공한다.

NEO-PI-R과 NEO-PI-3은 전 세계 수많은 국가에서 사용되고 여러 언어로 번역 되어 있다. 신뢰도 계수들을 살펴보면 이전의 NEO-PI-R(0.87~0.91)에 비해 NEO-PI-3(0.87~0.92)이 약간 개선되거나 일관성 있게 나타나는 것으로 보고되고 있다 (McCrae, Costa, & Martin, 2005). NEO-PR-R 및 NEO-PI-3과 기타 측정 도구들과의 수렴 및 변별 타당도를 확인하기 위해 광범위한 연구가 수행되었다. 예를 들어, NEO 빅 5 요인과 홀랜드의 여섯 가지 진로 성격 유형(홀랜드 코드, 10장에서 논의)을 비교한 24개 연구의 메타 분석에서 연구자들은 잠재적인 30가지 상관 조합(5가지 요인×6 성격 유형) 중 5개의 의미 있는 상관관계를 발견했다(Larson, Rottinghaus, & Borgen, 2002). 공인 타당도는 NEO-PI-R의 5 요인 모형과 DSM-IV-TR 성격장애를 비교한 15개 표집을 대 상으로 한 메타 분석에서 확인되었다(Saulsman & Page, 2004). 연구 결과, 신경증이 편집 증, 정신분열형, 경계선, 회피, 의존형 성격장애처럼 높은 정서적 스트레스와 관련된 성 격과 관련이 있음이 나타났다. 외향성은 연극성이나 자기애성 성격장애 같은 성격적 특성 과 연관이 있었으며, 친화성의 부족은 편집성, 정신분열형, 반사회적, 경계선, 자기애적 성격장애 같은 대인관계 어려움을 겪는 성격과 관련이 있는 것으로 나타났다.

단축형 버전인 NEO-FFI-3™은 12세 이상이 이용할 수 있는데, 60개 문항만으로 개별 검사 또는 집단 검사로 단 10~15분이면 실시가 가능하다(PAR, 2012c). 그러나 단축형 버 전은 240문항으로 이루어진 NEO-PI-3보다 짧기 때문에 신뢰성이 낮은 편이다. 예를 들 어, 세 집단(성인, 청소년, 중학생)을 사용하는 NEO-FFI-3의 다섯 가지 요인에 대한 내 적 신뢰도 계수는 자기보고식 검사의 경우 0.71~0.87로, 관찰자-평정자 검사형의 경우 0.66~0.88로 나타났다(McCrae & Costa, 2007). 타당도의 증거로 NEO-FFI-3와 NEO PI-3의 다섯 요인 간 상관이 자기보고식 검사형의 경우 0.83~0.97로, 관찰자-평정자 검

표 11.9 NEO-PI-R 다섯 요인과 30개의 하위 요인

빅 5 요인	하위 요인
개방성	1. 상상
	2. 심미
	3. 감정
	4. 행동
	5. 사고
	6. 가치
성실성	1. 유능감
	2. 정연성
	3. 충실성
	4. 성취 갈망
	5. 자기 규제
	6. 신중성
외향성	1. 온정
	2. 사교성
	3. 주장성
	4. 활동성
	5. 자극 추구
	6. 긍정적 정서
친화성	1. 신뢰
	2. 솔직
	3. 이타심
	4. 순응
	5. 겸손
	6. 동정
신경증	1. 불안
	2. 분노
	3. 우울
	4. 자의식
	5. 충동성
	6. 스트레스 취약성

© Cengage Learning

사형의 경우 0.81~0.97로 나타난 것이 제시되었다.

코너스 3(Conners, 3rd Edition)™
주의력결핍 과잉행동장애(ADHD) 및 기타 문제 행동을 측정하는 검사

코너스 제3판   코너스 제3판(Conners, 3rd Edition)™ 또는 **코너스 3**™은 주의력결핍 과잉행동장애(ADHD)나 반항성 장애 및 품행장애 같은 공존 문제 행동의 진단을 돕기 위한 도구이다(Multi-Health Systems, 2013). 코너스 3은 2012년 말부터 더 이상 출판되지 않

는 코너스 평가 척도 수정판(CRS-R: Conner's Rating Scale, Revised)을 대체하면서 나온 검사이다. 코너스 3은 6세에서 18세 사이의 어린이를 대상으로 실시될 수 있으며, 교사 평정, 학부모 평정, 자기보고식 평가(8세 이상인 경우)로 실시된다. 검사는 약 20분이 소요되는 긴 버전과 약 10분이 소요되는 짧은 버전이 있다(Arffa, 2010; Dunn, 2010). 이 검사는 온라인으로 실시하거나 지필 검사식으로 실시될 수 있다. 피검자는 0점('결코 아니다' 또는 '거의 일어나지 않음')에서 3점('매우 사실이다' 또는 '매우 빈번하다')의 4점 리커트 유형 척도를 사용하여 일련의 질문들에 응답하게 된다. 긴 버전의 점수 범위는 99점에서 115점 사이이고, 짧은 버전은 41점에서 45점 사이의 점수를 얻게 된다(Arffa, 2010). 채점과 해석은 대학원 수준의 검사와 측정 과목을 수강한 전문가에 의해 이루어져야 한다. 검사 결과는 특수 교육에 관련된 적격성 여부 판정이나 치료 중재 과정에서 모니터링을 할 때 유용하게 쓰일 수 있다.

내용 타당도는 개발자의 이론적 분석, 연구, 이전 도구, 현행 법률, 관련 상담자와 연구자를 대상으로 한 포커스 그룹을 통해 입증되었다(Dunn, 2010). 구인 타당도는 파일럿 자료에 대한 탐색적 요인 분석과 미국 청소년 731명으로 이루어진 임상집단을 활용한 확인적 요인 분석을 사용하여 제시되었다. 개발자들은 미국 인구조사국 인구통계 정보와 일치하도록 각 연령 집단별로 50명의 남학생과 50명의 여학생을 사용하여 표준화 표집을 하였다. 부모와 교사 평정의 내부 일관성 신뢰도는 0.90 이상이었고, 학생들의 자기보고의 경우에는 0.85 이상이었다.

약물 중독 스크리닝 검사(SASSI®) 약물 중독 스크리닝 검사(SASSI: Substance Abuse Subtle Screening Inventory)는 약물 사용 관련 장애의 가능성이 높은 사람들을 확인하는 데 유용한 검사이다. 이 검사는 18세 이상 성인을 위한 SASSI-3(Miller, 1999)과 12세에서 17세 사이의 청소년을 위한 SASSI-A2(Miller & Lazowski, 2001)의 두 가지 버전이 있다. 이 검사들을 통해 개인의 약물 의존도를 각각 93%와 94%의 정확도를 가지고 확인할 수 있다(Lazowski, Miller, Boye, & Miller, 1998; SASSI, 2001, 2009). 청소년용은 이 의존도를 다시 약물 의존과 약물 중독 장애로 분류한다는 점에서 다르다. 그러나 두 검사 모두 대체로 유사하기 때문에 여기서는 성인용에 대해서만 논의한다.

SASSI-3은 약 30분 안에 실시할 수 있으며 5분 안에 채점이 가능하다. '미묘한' 구성요소인 첫 번째 영역에서는 67개의 참·거짓 진술이 포함되어 있고, 두 번째 영역에는 26개의 알코올 및 기타 약물 관련 질문을 '절대로 아니다'에서 '반복적으로'의 4점 척도를 이용하여 표기하도록 구성되어 있다. 첫 번째 영역의 예시 질문으로는 '때때로 가만히 앉아 있기 힘든 시간이 있다' 또는 '나는 항상 나 자신에 대해 확신한다' 등이 있으며, 두 번째 영역은 첫 번째 영역에 비해 명시적인 질문들로 구성이 되어 있는데, 예를 들면 '당신의 음주 때문에 가족이나 친구들과 얼마나 자주 논쟁을 합니까?'와 같은 빈도를 묻는 질문들이 포함된다. 채점은 9개의 하위 척도를 생성하며, 이 하위 척도들은 약물 의존 장애의 확률

약물 중독 스크리닝 검사(SASSI: Substance Abuse Subtle Screening Inventory)
약물 의존성을 선별하기 위한 도구

이 높은지 또는 낮은지를 결정하기 위해 9개의 규칙과 비교한다. 검사는 또한 무작위 응답을 했는지 확인할 수 있다. 하부 척도들은 진단, 치료 계획 및 타당도의 해석에 유용할 수 있다. 예를 들어 어떤 사람이 안면 타당 알코올 및 다른 약물 척도에서는 점수가 낮지만 방어적 태도와 미묘한 귀인 점수가 높다면, 이는 그 사람이 방어적인 태도를 취하면서 약물 사용을 축소하여 보고하고 있을지도 모른다는 것으로 해석할 수도 있다. 개인이 약물 중독을 부정할 수도 있지만, 다른 하위 척도들의 결과뿐만 아니라 미묘한 특성을 측정하는 검사상의 특징 때문에 이 검사가 높은 정확성을 가지고 약물 의존도를 시사할 수 있다는 것은 중요한 점이다. 만약 응답자가 의존성을 갖고 있지 않지만 SASSI의 결과는 의존성을 시사했다면, 이것은 5장에서 논의한 것처럼 긍정오류(false-positive)이다. 반대로 부정오류(false negative)는 검사 점수가 의존성에 대한 낮은 확률을 시사했지만 사실상 피검자는 중독되어 있다는 것으로 이해할 수 있다. SASSI-3 및 SASSI-A2는 부정오류보다는 긍정오류 쪽으로 잘못 판단 내리도록 고안된 검사이다(SASSI, 2001).

SASSI-3에 대한 초기 규준집단은 미국에서 임상 장면, 교도소 및 신문 광고를 통해 모집된 1,958명을 대상으로 시작되었다(Lazowski et al., 1998). 표본은 DSM-IV 진단 같은 여러 자료를 보유한 응답자 839명으로 축소되었고 두 집단으로 나뉘었다. 이 표본의 절반은 분류 기준을 개발하는 데 사용되었고, 나머지 절반은 해당 기준의 정확성을 검증하는 데 사용되었다. 큰 표본($n = 1,821$)의 신뢰도 계수는 전체 검사에서 0.93으로 나타났다. 40명의 응답자로부터 얻은 검사-재검사 신뢰도는 0.92와 1.00 사이였다. DSM-IV 준거를 바탕으로 SASSI 점수의 정확성을 비교함으로써 타당도에 대한 증거가 제시되었다. 5장에서 언급했듯이 개발자들이 타당성을 제시하기 위해 이 검사(SASSI-3)를 다른 기준(DSM-IV 진단)과 비교했기 때문에 이와 같은 타당도를 준거 타당도라고 한다. 이 표본에서 SASSI 점수와 약물 중독 진단 간의 비교는 94%의 정확도를 보여주었다(Lazowski et al.).

SASSI-3 프로파일 보고서는 진단 및 치료 계획을 위한 추가적인 정보를 제공하는 데 유용한 9개의 하위 척도를 제공한다. 이 9가지 하위 척도는 안면 타당 알코올, 안면 타당 다른 약물, 증상, 명백한 특성, 미묘한 특성, 방어적 태도, 보완 중독 척도, 가족 대 통제, 교정 척도이다. 예를 들어, 한 개인이 안면 타당 알코올 점수, 증상 점수, 명백한 특성 점수 및 낮은 방어적 태도 하위 척도에서 점수를 비교적 높게 받았다면, 이는 자신에게 문제가 있을 수 있음을 인정하고 치료할 준비가 되었음을 나타내는 것이다. 매우 낮은 SASSI 방어적 태도 점수는 종종 피검자가 우울증을 앓고 있을 가능성과 관련이 있다(SASSI, 2001). 프로파일 보고서의 안면 타당도 점수, 증상 점수 및 특성 점수들이 낮지만 방어적 태도 점수가 높으면, 피검자가 방어적인 태도를 보이고, 검사에 저항하고 있거나, 자신을 실제보다 낮게 보이려고 애쓰고 있으며, 변화에 대한 준비도 측면에서 여전히 망설이고 있음을 나타낸다. 따라서 당신이 상담자라면 약물 사용에 관해 이 피검자와 함께 일할 때, 앞서 제시된 프로파일의 피검사자와는 다르게 접근할 것이다.

그 밖에 자주 쓰이는 객관적 성격 검사들　수많은 객관적인 성격 검사들이 사용 가능하지만 여기에서 다 다루지는 못하고, 몇몇만 간략하게 소개하고자 한다. 테일러-존슨 기질 분석 검사(TJTA: Taylor-Johnson Temperament Analysis, 2013)는 사회생활, 가족, 결혼, 직장 및 기타 환경에 영향을 미치는 18가지 차원의 성격을 평가한다. 이 검사는 정서적으로 정상적인 청년 및 성인을 개인, 부부, 가족 또는 진로 상담 장면에서 상담하는 데 유용하게 쓰일 수 있다(Axford & Boyle, 2005). TJTA도 관계적 평가에 사용될 수 있지만, 결혼 생활이나 파트너십을 평가하기 위해 특별히 만들어진 검사지들도 있다. 예를 들어, 결혼 생활 만족도 검사 개정판(MSI-R: Marital Satisfaction Inventory, Revised; WPS, n.d.)은 혼인관계 또는 파트너십에서 갈등의 심각성과 특징을 평가하는 도구이다. 검사를 실시하는 데 단 25분이 소요되며 실시가 저렴하고 괜찮은 타당도와 신뢰성을 보여주기 때문에 부부·커플 관계와 관련된 상담을 하는 상담자에게 좋은 도구이다(Bernt & Frank, 2001; WPS, n.d.).

투사적 검사

1장에서 투사적 성격 검사가 성격 평가 하위 유형 중 하나로 정의되었는데, 이러한 유형의 검사에서는 내담자가 제시된 자극에 응답을 하고 그 응답을 통해 내담자의 성격 요인을 해석한다. 또한 투사적 검사가 내담자의 정신병리를 확인하고 치료 계획을 돕기 위해 자주 사용된다는 점을 언급했다.

투사적 검사
(projective test)
자극에 대한 응답을 성격적인 요인을 해석하는 데 사용하는 검사

　일반적으로 내담자의 응답에 대한 검사 해석은 규준 자료를 기반으로 이루어진다. 그러나 투사적 검사의 경우, 내담자가 모호한 자극에 대해 개방적인 형태로 자유롭게 응답하기 때문에 이는 광범위한 응답으로 이어지고, 따라서 규준집단과의 비교를 통한 해석이 불가능해진다. 그러므로 이러한 투사적 검사의 타당도와 신뢰도는 앞서 살펴본 객관적 성격 검사들만큼 견고하지 못한 편이다. 따라서 투사적 성격 검사를 다른 검사 없이 단독으로 사용해서는 안 된다. 투사적 검사들은 객관적 검사에서 찾을 수 없는 정보를 이끌어낼 수 있는 강력한 검사 도구임에는 틀림없지만, 반드시 임상 면접과 객관적 검사, 그리고 기타 자료와 함께 평가 자료 중 하나로 사용되어야 한다. 수십 개의 투사적 검사가 존재하지만 여기서는 가장 널리 사용되는 몇몇만을 살펴볼 것이다.

자주 쓰이는 투사적 검사

가장 널리 사용되는 투사적 검사는 주제통각검사(TAT: Thematic Apperception Test), 로르샤흐 잉크반점 검사(Rorschach Inkblot Test), 벤더 시각-동작 게슈탈트 검사(Bender Visual-Motor Gestalt Test) 2판, 집-나무-사람 검사(HTP: House-Tree-Person), 동적 집-

나무-사람 검사(KHTP: Kinetic House-Tree-Person Test), 문장완성검사 시리즈(Sentence Completion Series), 로터 불완전문장검사(Rotter Incomplete Sentence Blank)이다. 각 검사에 대한 간략한 개요는 다음과 같다.

주제통각검사(TAT: Thematic Apperception Test)

내담자가 모호한 그림들이 그려진 카드를 가지고 이야기를 만들어내게 한다. 머레이의 욕구-압력 성격 이론에 근거하고 있다.

주제통각검사와 관련 검사들 주제통각검사(TAT: Thematic Apperception Test)는 1938년 헨리 머레이(Henry Murray)와 그의 동료이 개발했는데, 모호한 그림이 있는 31장의 카드로 구성되어 있는 검사이다. 내담자의 연령대와 성별에 따라 그리고 내담자의 호소 문제에 따라 일반적으로 8장에서 12장의 카드가 검사에서 사용된다. 검사 실시자는 내담자에게 한 번에 카드를 하나씩 보여주면서 시작, 중간, 끝이 있는 이야기를 만들고 묘사해보라고 요청한다. 스토리텔링 과정은 내담자의 내면 세계에 대한 접근성을 높이고 내담자의 욕구(needs)와 환경적 힘, 즉 압력(press)에 영향을 받는 세계를 드러내는 역할을 한다.

카드의 모호한 그림은 로르샤흐 같은 잉크반점 테스트보다 구조화되어 있다. 결과적으로, TAT는 뿌리 깊은 성격 구조보다는 현재의 삶의 상황과 관련된 문제를 내담자에게서 이끌어내는 경향이 있다(Groth-Marnat, 2003; 그림 11.4 참조). TAT는 사람들이 태도, 가치관, 목표 등의 내부 욕망(욕구) 또는 환경으로부터의 외부 자극(압력)에 의해 주도된다는 머레이의 욕구-압력 성격 이론에 근거하고 있다. 따라서 개인은 이 두 가지 반대 세력의 균형을 맞추기 위해 끊임없이 노력하게 된다.

그림 11.4 TAT 그림들

출처: 헨리 A. 머레이(Henry A. Murray)의 허가하에 게재함. Thematic Apperception Test, Plate 12F. Cambridge, MA: Harvard University Press. Copyright 1943 by the President and Fellows of Harvard College.

TAT는 광범위하게 연구되었으나 대부분의 객관적 성격 검사들이 도달한 수준의 표준화에는 여전히 미치지 못하고 있다(Groth-Marnat, 2003). 대부분의 임상 전문가들이 응답을 해석하는 질적인 과정을 사용하지만, 모두가 보편적으로 동의한 점수 및 해석 방법은 없다. 따라서 TAT의 신뢰도와 타당도에 관한 상당한 논란이 있다. 통제된 환경에서 채점 체계가 사용되었을 때, 채점자 간 신뢰도는 0.83에서 0.92 사이이고 검사-재검사 신뢰도는 0.64에서 0.83 사이이다(Ronan, Gibbs, Dreer, & Lombardo, 2008). 그러나 통제된 환경이 아닌 상황에서 임상 전문가에 의해 응답이 해석된다면, 이 수치는 떨어질 것이다(Groth-Marnat). TAT의 타당도와 관련된 증거를 보여줄 수 있는 연구는 논쟁의 여지가 있다(Lilienfeld, Wood, & Garb, 2000 vs. Woike & McAdams, 2001). 그러나 어떤 사람들은 투사적 검사들의 특성상 이러한 검사의 타당도에 대한 증거가 객관적 성격 검사들만큼 중요하지는 않다고 주장하기도 한다(Karon, 2000). 예를 들어, 일부 사람들은 TAT를 통해 드러난 풍부한 세부사항이 담긴 이야기가 상담자에게 내담자의 내적 세계를 들여다볼 수 있는 독특한 기회를 제공한다고 이야기한다. 실제로, TAT는 널리 보급되어 사용되는 것으로 보인다. TAT는 임상 심리학자와 상담 심리학자가 가장 많이 사용하는 검사 중 여섯 번째로 꼽히며(Camara et al., 2000), 상담자와 상담 교육자도 매우 많이 쓰는 검사이다(Neukrug, et al., 2013; Peterson, et al., 2014; 3부 도입부에 있는 표 1과 표 2 참조).

TAT 카드들은 제작된 지 오래되었고, 카드의 인물이 거의 백인이라는 사실 때문에 많은 카드가 역사적 및 문화적 편향을 일으킬 수 있다. 이러한 문제에 대응하기 위한 시도로서 서던 미시시피의 TAT(SM-TAT: Southern Mississippi's TAT) 및 통각적 성격 검사(APT: Apperceptive Personality Test)가 개발되었다. APT는 다양한 문화적 배경이 고려된 그림이 담긴 8가지 카드로 이루어져 있으며, 객관적인 채점 방법을 제안한다. SM-TAT와 APT가 더 우수한 도구일지는 몰라도(좀 더 현대적이고 좀 더 엄격한 방법론을 적용했으며, 더 높은 타당도를 보인다는 측면에서), TAT의 오랜 전통을 이기기엔 아직은 역부족으로 보인다(Groth-Marnat, 2003).

TAT 외에도 3~10세 아동을 대상으로 한 아동용 주제통각검사(CAT: Children's Apperception Test)도 개발되어 있다. 어린이는 어른보다 주의력이 짧기 때문에 카드가 10장만 있고, 어린이들은 인간보다 동물에 더 관심을 갖기 때문에 카드는 동물을 묘사하는 그림으로 구성되어 있다. 또한 CAT의 최신 버전인 CAT-H가 만들어져 인간을 묘사한 카드를 사용할 수도 있다. 하지만 이러한 검사들이 개발되었음에도 불구하고 TAT는 임상 전문가들에게 친숙한 검사이기 때문에 어린이들에게 여전히 자주 사용된다.

로르샤흐 잉크반점 검사   로르샤흐 잉크반점 검사(Rorschach Inkblot Test)는 헤르만 로르샤흐(Herman Rorschach)가 1921년에 종이 조각에 잉크를 뿌리고 반으로 접어 만든 대칭 이미지를 이용하여 개발한 유명한 잉크반점 검사이다(그림 11.5 참조). 그는 많은 실험 끝에 오늘날까지도 사용되는 로르샤흐 검사에 들어가는 10장의 카드를 선택했다. 로르샤흐

로르샤흐 잉크반점 검사(Rorschach Inkblot Test)
내담자들에게 10개의 잉크반점이 담긴 카드를 제시하고 그 카드에서 무엇을 보는지 물어봄으로써 그 이미지에 투사된 내담자의 무의식을 읽고자 하는 검사

그림 11.5 로르샤흐 검사에 사용되는 잉크반점과 유사한 그림

출처: Lambert/Archive Photos/Getty Images

검사를 실시하는 임상 전문가는 내담자에게 한 번에 하나씩 카드를 보여주고 카드에서 내담자가 보는 것에 대해 이야기하라고 요청한다. 이어지는 면담을 통해 임상 전문가는 내담자가 실제로 카드에서 무엇을 보았는지, 그것을 어떻게 보았는지, 카드에서 내담자가 본 부분은 어디인지를 자세히 알아본다. 임상 전문가는 이 과정을 통해 궁극적으로 내담자가 카드에서 본 것을 정확히 알아내고자 한다.

칼 융의 제자였던 로르샤흐는 모호한 형태의 잉크반점을 사용하는 것이 피검자가 자신의 무의식적인 마음을 이미지에 투사할 수 있도록 한다고 믿었다. 1959년까지 로르샤흐 검사는 임상·상담 현장에서 가장 빈번하게 사용되는 도구였으며(Sundberg, 1961), 현재까지도 가장 자주 사용되는 투사적 성격 검사 중 하나이다(Camara et al., 2000; Hogan, 2005; Neukrug et al., 2013; Peterson et al., 2014). 로르샤흐 검사는 엄청난 인기를 얻은 동시에 면밀히 연구되고 비난받은 검사이기도 하다. 1955년까지 약 3,000개의 관련 학술지 논문이 보고되었으며(Exner, 1974) 최근의 ERIC 및 Psyclnfo 같은 데이터베이스 검색을 통해 로르샤흐 검사가 인용된 8,500개 이상의 논문이 출판되어 있음을 알 수 있다. 로르샤흐 검사의 가장 큰 단점이라면 적절한 타당도를 보고할 수 없다는 점이다. 이와 더불어 로르샤흐 검사를 실시하고 해석하기 위해 필요한 광범위한 교육과 실습도 로르샤흐 검사의 또 다른 단점이다. 그러나 로르샤흐 검사가 지닌 장점 때문에 임상 평가 과정에서 여전히 유용한 도구로 사용되고 있다(BOX 11.1 참조).

BOX 11.1

임상 장면에서의 로르샤흐 검사 활용

잉크반점이 큰 성기를 가진 무겁고 위압적인 사람 모습으로 보이곤 한다고 여겨지는 로르샤흐의 네 번째 카드는 종종 '아버지 카드'라고 불린다. 한번은 내가 17세 여자 고등학생에게 로르샤흐 검사를 실시한 적이 있는데, 그때 흔히 '충격 반응(shock response)'이라고 불리는 반응을 얻은 적이 있다. 나는 그 학생에게 네 번째 카드를 보여주었는데, 다른 카드들에 대해 상당히 정상적인 반응을 보였던 그녀가 이 카드에서만큼은 나에게 "아무것도 안 보이는데요."라고 강조해서 말하

는 것이었다. 조금 후 나는 다시 그녀에게 네 번째 카드에 대해 묻고, 응답을 해달라고 부탁했는데도 그녀는 카드를 엎어놓으며 말했다. "제가 아까 아무것도 보지 못했다고 말했잖아요." 모든 검사가 끝났을 때 나는 그녀에게 "혹시 성폭행을 당했었니?"라고 물었고, 그 순간 그녀가 무너져버리면서 흐느끼기 시작했다. 그제서야 이전에는 이 비밀을 결코 털어놓을 수 없었던 그녀와의 상담이 시작될 수 있었다.

– 에드 노이크루그

© Cengage Learning

　로르샤흐 검사의 채점 체계 중 가장 널리 쓰이는 방식은 엑스너(Exner, 1974)가 개발한 방식이다. 이 채점 체계는 반응 영역, 결정인 및 반응 내용이라는 세 가지 구성요소를 사용한다. 반응 영역은 응답이 발생한 잉크반점 부분을 의미하며, 피검자의 응답은 잉크반점 전체를 사용하여 응답한 전체 반응(W), 흔히 사용하는 잉크반점 영역을 사용한 반응을 의미하는 평범 부분 반응(D), 드물게 사용하는 반점 영역을 사용한 부분 반응인 이상 부분 반응(Dd), 그리고 흰 공간 부분이 사용된 경우를 의미하는 공간 반응(S) 같은 범주로 분류되어 해석된다. 결정인은 피검자가 본 것을 이해하는 방식을 해석하는 데 사용되며, 결정인은 다시 (1) 형태("박쥐처럼 보여요."), (2) 색(예: "피처럼 보여요. 왜냐하면 빨간색이니까요.") (3) 음영("잿빛을 띤 흰색이기 때문에 연기처럼 보이네요.")로 나뉜다. 마지막으로 반응 내용은 전체 사람 모양, 사람 부분, 동물, 예술, 피, 구름, 화재, 가정용품, 성 등의 22가지 범주를 기준으로 점수가 매겨진다. 특정 내용은 의미를 가질 수 있는데, 예를 들어 염소는 사람이 강박증을 앓고 있다는 표시일 수 있고, 성인이 동물 반응 내용이 많다면 이는 미성숙한 심리성적 발달을 나타낼 수 있다(어린이는 내용 반응에 많은 동물을 포함하는 경향이 있음). 모든 자료가 기록되면 결과를 해석할 수 있는 수치 비율, 백분율 등을 생성하는 데 상당히 복잡한 일련의 계산 과정이 필요하다. 엑스너 체계 같은 채점 방식은 매우 복잡하며 내담자가 제시하는 해석 가능한 많은 자료를 다루는 데 중요한 방법이다.

벤더 시각-동작 게슈탈트 검사 2판　로레타 벤더(Lauretta Bender)는 1938년에 벤더 시각-동작 게슈탈트 검사(Bender Visual-Motor Gestalt Test)를 처음 발표했으며, 이 검사는 여러 개정 이후 **벤더 게슈탈트 II(Bender Gestalt II)**라고 불린다. 이 검사는 5~10분이 소요되는 간단한 검사로 개인의 발달 수준과 심리적 기능 정도를 측정하고, 외상으로 인한 뇌 손상 후 신경학적 결함을 평가하는 데도 사용된다(Pearson, 2012g). 벤더 검사는 4세에서 7세 사이의 어린이와 8세에서 85세 이상의 사람들에게 그림 11.6에 제시된 9가지 그림을

엑스너 점수 체계는 반응 영역, 결정인, 반응 내용을 평가한다.

벤더 게슈탈트 II (Bender Gestalt II) 벤더 게슈탈트 II는 발달적, 심리적, 신경학적 결함을 확인하는 데 도움을 준다.

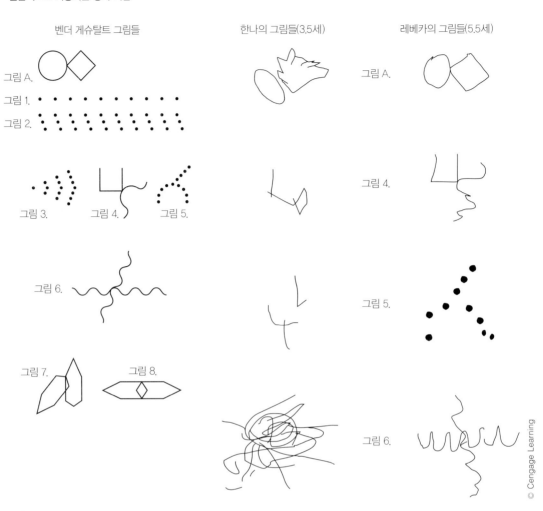

그림 11.6 벤더 게슈탈트 검사의 그림들

위의 그림들은 발달상 문제가 없는 두 명의 어린이가 그린 벤더 게슈탈트의 9가지 그림 중 4개를 제시한 것이다. 한나가 6번 그림을 따라 그리지 못했을 때 매우 좌절했음을 볼 수 있다. 그러나 같은 그림을 좀 더 큰 아동인 레베카가 얼마나 쉽게 따라 그렸는지 확인할 수 있다.

그리도록 지시하게 되어 있다. 4~7세 어린이에게는 9장 외에도 추가적으로 따라 그려야 할 4개의 그림이 있고, 8~85세에게는 추가적으로 3개의 그림이 더 제시된다.

검사의 가장 최신 버전인 벤더 게슈탈트 2판은 2000년 미국 인구조사 자료를 대표하는 4,000명의 규준집단을 사용했다(Riverside Publishing, 2010). 이 버전은 새로운 5점 채점 체계를 사용한다. 이 점수 체계에서 0점은 전혀 닮지 않은 그림이나 끄적거림 혹은 낙서를 나타내며, 4점은 거의 완벽한 형태의 그림을 나타낸다(Brannigan, Decker, & Madsen, 2004). 이 벤더 게슈탈트 2판은 표준 점수, T 점수 및 백분위 등급을 제공한다. 따라서 이 검사를 통해 아동의 반응을 같은 연령 집단에 속한 아동의 평균 반응과 비교함으로써 해당 아동의 심리운동적(psychomotor) 발달을 확인할 수 있다. 또한 검사를 통해 정확한 그림을 완성하기 위한 강박과 같은 성격적 요인을 확인할 수 있으며(마치 대학원생들처럼!), 신경학적 결손도 확인할 수 있는데, 예를 들어 8번 그림(그림 11.6 참조)에서 다이아몬드 형태를 정확한 위치에 그릴 수 없는 경우가 그러하다.

앞서 언급된 여러 가지 요인들을 정확하게 해석하려면 심화된 훈련이 필요하기 때문에 이러한 준비 없이 해석하려고 시도해서는 안 된다. 벤더 게슈탈트의 최초 버전은 측정하려는 요소를 측정한 증거를 보여주었으며, 신뢰도 자료로는 검사-재검사 신뢰도가 0.84, 채점자 간 신뢰도는 0.90 초중반으로 나타난다(Naglieri, Obrzut, & Boliek, 1992). 벤더 게슈탈트 2판 점수는 아동용 지능 검사인 WISC-III(Decker, Allen, & Choca, 2006)의 시각공간능력 하위 검사 점수와 스탠퍼드-비네 지능 검사(SB5; Decker, Englund, Carboni, & Brooks, 2011)의 수학 추리력(혹은 양적 추론), 유동성 추론, 시각-공간 지각력 점수 간 관계를 조사한 연구에서 수렴 타당도에 대한 증거가 입증되었다. 유치원 아동의 벤더 게슈탈트 검사 점수가 1년 후 학업 성취, 사회 적응 및 정서적 적응을 예측한다는 사실을 보여줌으로써 예측 타당도가 입증되었다(Bart, Hajami, & Bar-Haim, 2007).

집-나무-사람 검사와 그 밖의 그림 검사들 그림 검사가 사용되기 시작한 시기는 분명하지 않지만, 그림 검사는 지난 50년 동안 가장 인기 있고 단순하며 효과적인 투사적 검사로 자리잡았다. 그림 검사는 내담자에게 간단한 그림을 그려달라고 요청함으로써 내담자의 삶과 무의식에 자리잡고 있는 흐름에 대한 훌륭한 통찰을 얻을 수 있다는 장점이 있다.

벅(Buck, 1948)은 집, 나무, 사람을 3개의 각기 다른 용지에 그릴 것을 내담자에게 간단하게 요청하는 방법의 집-나무-사람 검사(HTP: House-Tree-Person)를 소개했다. 동적 집-나무-사람 그림 검사(KHTP: Kinetic House-Tree-Person Drawing Test)는 내담자가 가로 방향으로 놓인 8½×11 크기의 종이 한 장에 '일종의 행동을 하고 있는' 모든 그림을 그려야 한다는 점에서 약간 다르다(Burns, 1987, p. 5). 번즈(Burns)는 그려진 나무가 종교, 신화, 시, 예술 및 신성한 문학에서 볼 수 있는 인간 발달의 보편적 은유라고 믿었다.

> 나무 그리기에서 그리는 사람은 자기 자신의 개인적인 변환 과정을 그림에 반영한다. 사람을 그릴 때, 그리는 사람은 더 큰 은유를 창조하기 위해 나무와 상호작용하는 자기(self) 또는 자아(ego)의 기능을 반영하게 된다. 집은 그 드라마의 물리적 측면을 반영한다(p. 3).

HTP 및 KHTP의 그림들을 구체적으로 해석하는 방법에 대한 책과 자료가 많이 있다. 표 11.10은 몇 가지 해석적인 제안의 예를 보여준다(Burns, 1987).

남자 그리기(Draw-A-Man), 여자 그리기(Draw-A-Woman) 또는 내담자에게 자기 가족이 무언가를 함께 하고 있는 그림을 그리도록 요청하는 동적 가족화 검사(KFD: Kinetic Family Drawing) 같은 그림 검사도 존재한다. 이 검사들은 모두 약간 다른 내용에 초점을 맞춤으로써 내담자의 자아에 대한 무의식적인 측면을 탐색하려고 시도한다. 그림 검사는 내담자에게 예술적 기량을 요구하지 않고 신속하게 실시될 수 있으며, 임상 전문가에게 중요한 해석 자료를 제공할 수 있다.

그림 검사(drawing test)
빠르고 간단하며 효과적인 투사적 검사

표 11.10 동적 집–나무–사람 그림 검사 해석의 예시(Burns, 1987)

특징	해석
일반	
비정상적으로 큰 그림	공격적인 성향; 웅대한 성향; 들뜬 상태이거나 조증 상태일 가능성이 있음
비정상적으로 작은 그림	열등감, 낮은 자신감이나 무능력한 느낌; 침잠하는 성향; 불안감
매우 짧고 순환적인 획	불안, 불확실성, 우울, 소심
집	
큰 굴뚝	권력, 심리적인 따뜻함, 성적인 남성성에 대한 염려
매우 작은 문	주저하는 접근성; 수줍음
창문의 부재	침잠하는 성향이나 편집증적 성향을 의미할 수 있음
나무	
부러지거나 찢어진 가지	외상에 대한 느낌
위로 향하는 가지	환경에서 기회를 얻으려고 함
가느다란 기둥	불안정한 적응
사람	
비정상적으로 큰 머리	지능의 과대 평가; 신체에 대한 불만; 두통에 대한 집착
머리, 가슴, 또는 턱수염의 털 강조	성적 에너지를 추구함; 성에 대한 집착
넓게 벌린 자세	공격적인 반항, 불안감

© Cengage Learning

문장완성검사(sen-tence completion test)

무의식적인 이슈들을 드러낼 수도 있지만, 어떤 사람들은 이 검사들의 타당도와 신뢰도에 의문을 제기한다.

문장완성검사 "이 책은 _____." 문장을 완성하는 것은 갈톤과 융(1장 참조) 이후 투사적 도구로 사용돼왔다. 문장완성검사에 앞의 예시처럼 특정 책에 관해 묻는 문장 어구가 들어갈 가능성은 적겠지만, 대체로 어머니, 아버지, 배우자, 연인, 친구 등의 대인관계를 묻는 문장 어구가 포함되어 있다. 가장 널리 사용되는 문장완성검사는 문장완성 시리즈(Sentence Completion Series)와 로터 불완전문장검사(Rotter Incomplete Sentence Blank)이다. 이 밖에 임상 전문가나 상담자가 성격 검사 배터리를 실시할 때 사용할 수 있는 문장완성검사를 자체적으로 만드는 경우도 있다.

문장완성 시리즈는 청소년과 성인의 성격 및 심리진단적 정보를 수집하기 위한 '반투사적(semi-projective)' 검사를 모은 것이다. 이 검사는 8개의 버전이 있는데, 각 버전당 50개의 문장 어구를 포함하고 있다(PAR, 2012d). 개인 버전은 가족, 결혼, 직장, 노화 등과 같은 구체적인 문제를 다루도록 고안되었다. 해석 매뉴얼은 피검자의 일반적인 어조와 심리적 방어 정도를 평가하는 등 피검자 응답을 해석하는 방법에 대한 매우 광범위한 안내를 하고 있다. 그러나 객관적인 채점 체계가 있는 것은 아니다. 또한 신뢰도, 타당도 또는 규준집단 자료가 있는 것도 아니다. 상담이나 평가에는 확실하게 유용한 도구임에는 틀림없지만, 이 검사의 가장 큰 약점은 심리측정학적 자료가 부족하다는 것이다(Moreland & Werner, 2001).

로터 불완전문장검사 2판(RISB®-2: Rotter Incomplete Sentence Blank®, Second Edition; Pearson, 2012h)은 고등학생, 대학생 및 성인의 전반적인 적응을 평가하기 위해

고안되었다. 이 검사에는 40개의 문항이 있으며, 각 문항은 짧은 문장 어구로 제시되어 피검자는 그 문장을 이어 완성해야 한다. 검사 실시에 약 20분이 소요되며, 채점을 위해 7점 서열 척도를 사용하는 반객관적(semi-objective) 채점 방식을 사용한다(Boyle, 1995). 검사 매뉴얼에 제시된 규준집단은 대학생으로 구성되어 있는데, 따라서 이 검사를 고등학생이나 성인에게 실시하는 것에 대한 타당도에 대해 의문을 제기할 수 있다. 연구 결과에 따라 이 검사는 0.78의 내적 일관성 신뢰도 계수, 0.76의 반분 신뢰도 계수, 0.92의 평정자 간 일치도를 보이고 있다(Logan & Waehler, 2001; Weis, Toolis, & Cerankosky, 2008). 또한 RISB-2 점수와 자기보고, 부모 보고 및 교사 보고 간의 상관을 통해 수렴 타당도를 보여주는 연구도 있다. 준거 타당도를 위한 증거로서 학생이 140점 이상의 점수를 보일 때 부적응 행동을 위한 선별 검사로도 사용될 수 있다고 제시된 바 있다(Weis et al.).

　문장완성검사를 비롯한 그 밖의 투사적 검사들의 타당도와 신뢰도에 대한 의문들은 여전히 남아 있지만, 투사적 검사 도구들은 내담자의 삶에서 중요한 문제에 대한 내담자의 감정과 무의식적인 사고를 얻는 빠른 방법을 제공할 수 있다는 점에서 유용하게 쓰이고 있다(Youngstrom, 2013).

임상 평가에서 조력자의 역할

임상 평가는 내담자에 대한 정보를 더할 수 있는 도구로서 유용하게 쓰이기 때문에 언제나 추가적인 임상 도구로서 고려할 필요가 있다. 따라서 모든 조력자는 임상 평가의 일부 측면에 관여할 수 있고, 아마도 관여할 필요가 있을 것이다. 예를 들어 초등학교 상담교사는 자아존중감 문제로 어려움을 겪고 있는 학생을 선별하고 도움을 주기 위해 어린 학생들과 함께 일할 때 자아존중감 검사를 사용하는 것을 고려할 수 있으며, 고등학교 상담자는 문제를 확인하고 학생들을 위한 목표 설정을 조력하기 위해 다양한 종류의 객관적 성격 검사를 사용하고자 할 수도 있다. 대학기관에서 일하는 상담자, 기관에서 일하는 임상 전문가, 사회복지사 및 개인 상담 전문가 모두 문제를 식별하고 문제 해결을 위한 전략을 마련하는 데 도움이 되는 광범위한 임상 평가 도구를 사용할 수 있을 것이다. 임상 전문가는 어떤 종류의 임상 평가 도구가 내담자에게 도움이 될지를 숙고하고 자신이 그러한 검사 도구를 실시하기에 충분한 훈련을 받았는지를 고려해봐야 한다(예: 투사적 검사는 일반적으로 고급 훈련이 필요하다).

임상 평가에 대한 최종 마무리

조력자는 임상 평가 과정을 통해 내담자의 삶에 중요한 영향을 미치는 여러 가지 결정을 내리는 데 관여하게 된다. 이러한 결정을 통해 내담자들은 정신장애에 관련된 꼬리표를 붙이게 되거나, 보호시설에 보내질 수도 있고, 감옥에 수감되거나, 낙인이 찍히고, 약물

치료를 받거나, 직장을 잃거나 얻거나, 자녀의 출입을 허가 또는 거부하는 결과를 경험할 수도 있다. 따라서 검사를 실시하는 사람들은 자신의 결정이 내담자에게 미치는 영향을 기억하고 그들이 사용하는 심리검사의 질, 해당 심리검사를 제대로 실시하고 내담자의 검사 자료를 정확하게 해석할 수 있는 자기 자신의 능력을 점검해야 할 의무가 있다. 이를 따르지 않는 행동은 능력 밖의 일을 하는 것이나 다름없다.

요약

내담자에 대한 임상 평가가 임상 면접, 비공식적인 평가 기술의 실시, 객관적 또는 투사적 검사의 사용 등을 포함한 여러 가지 방법을 통해 이루어져야 한다는 점을 강조하며 이 장을 시작했다. 임상 평가는 (1) 상담의 보조, (2) 사례 개념화 및 진단 형성, (3) 향정신성 약물의 결정, (4) 치료 계획 수립, (5) 법원 결정, (7) 알츠하이머 같은 건강 관련 문제 진단의 조력, (8) 위험에 처한 사람(예: 자살 위험성이 있는 사람)을 선별하는 일 등에 사용될 수 있다.

이 장의 다음 부분에서는 광범위하게 사용되는 객관적 성격 검사들을 알아봤다. 먼저 MMPI-2를 살펴봤는데, MMPI-2에서는 세 가지 타당도 척도(부인, 비전형, 교정)와 10가지 기본(임상) 척도(건강염려증, 우울증, 히스테리, 반사회성, 남성특성-여성특성, 편집증, 강박증, 정신분열증, 경조증, 내향성)가 가장 많이 사용되고 있다.

MMPI-2는 주로 임상적 정신장애(이전의 축 I 장애)를 평가하는 반면 밀론은 성격장애(이전의 축 II 장애)와 임상적 증상들을 평가하는 검사이다. 밀론 검사는 임상적 성격 유형 척도, 심한 정신병리 척도, 임상적 증후군 척도, 심한 임상적 증후군 척도, 수정 지표, 타당도 지표를 포함한 여섯 가지 주요 척도를 제공한다. 밀론은 어떤 특질의 유무를 나타내는 응답을 결정하기 위해 기저율(BR: Base Rate)을 설정한다.

성격 평가 질문지(PAI)는 임상적 정신장애와 성격장애에 관한 정보를 제공하는 검사 도구로서 현재 인기가 오르고 있는 검사이다. PAI에는 신체적 불만, 불안, 불안 관련 장애, 우울증, 조증, 편집증, 조현병, 경계선적 특성, 반사회적 특성, 알코올 문제, 약물 문제 등 네 가

지 타당도 척도, 다섯 가지 치료 척도, 두 가지 대인관계 척도 및 11가지 임상 척도가 포함되어 있다.

또 다른 인기 있는 객관적 성격 검사인 벡 우울 검사 2판(BDI-II)은 우울증과 관련된 21가지 질문으로 구성되어 내담자가 신속하게 응답하고 상담자가 채점을 할 수 있는 검사이다. 이 검사는 우울증이나 자살 충동을 평가하는 데 유용하며, 상담의 긍정적 변화 평가를 위해 지속적으로 사용될 수 있다. 마찬가지로, 벡 불안 검사(BAI)는 불안 징후와 관련하여 21가지 질문으로 구성되어 있다. 채점은 4점 리커트 척도를 사용하도록 되어 있다. 이 척도는 불안의 심각성과 관련된 전반적인 수준을 평가할 수 있는 간편한 척도이다.

정상 성격을 측정하는 MBTI®는 융의 여섯 가지 심리적 유형뿐만 아니라 이 검사의 제작자인 캐서린 브리그스와 이사벨 브리그스 마이어스에 의해 추가된 두 가지 유형까지 기반으로 삼은 검사이다. 이분법적으로 양극단에 위치하는 네 가지 성격 항목은 다음과 같다: 외향(E) 대 내향(I), 감각(S) 대 직관(N), 사고(T) 대 감정(F), 판단(J) 대 지각(P). 네 가지 이분법적 성격 특성의 조합이 전반적인 성격 특징의 어떤 부분을 잘 나타낼 수 있다고 보여주는 증거들이 있다.

16PF 다요인 인성 검사는 레이먼드 커텔의 연구를 기반으로 개발되었으며, 그가 밝힌 16가지 성격을 측정하는 심리검사이다. 이 검사는 MBTI®와 마찬가지로 16가지 기본 척도가 본질적으로 양극단에 위치하도록 구성되었으며 검사 점수가 개인의 성격을 반영하고 있다. 16PF는 추가적으로 16개 주요 척도의 요인 분석에 기반한 다섯 가지 2차 요인 척도 및 3개의 타당도 척도를 포

함하고 있다.

NEO 성격 검사-3 및 NEO-5 요인 성격 검사 3(NEO-FFI-3)™은 빅 파이브(big 5) 성격 모형을 기반으로 한 연구를 활용한 검사이다. 빅 5 성격 특성은 개방성, 성실성, 외향성, 친화성, 신경증이다. 다섯 가지 요인 각각에는 6개의 하위 척도들이 포함되어 있다. NEO PI-3 원검사는 실시에 약 40분이 소요되며, NEO-FFI-3은 단축 버전으로 실시에 약 10분에서 15분이 소요된다.

최근 코너스 평가 척도 수정판을 대신하여 사용되는 코너스 3판은 ADHD 및 기타 문제 행동에 대해 6세에서 18세 사이의 아동을 평가하는 데 사용할 수 있으며, 교사, 학부모 및 학생이 작성할 수 있는 버전이 각각 마련되어 있다. 검사에 소요되는 시간은 긴 버전은 약 20분, 짧은 버전은 약 10분이다.

약물 중독 스크리닝 검사(SASSI)는 잠재적인 약물 의존성을 가려내기 위해 사용되는 검사로, 청소년과 성인을 위한 검사가 각각 존재한다. 이 심리검사의 일부 문항은 '미묘한' 약물 사용을 측정하고 피검사자가 정직한 태도를 보이는지(예: 물질 사용을 최소화하거나 거부함) 여부에 관계없이 약물 의존성을 측정하도록 고안되었다. 하위 척도는 내담자의 변화를 위한 준비도를 평가하기 위한 도구로 사용될 수 있다.

이 장의 마지막 부분에서는 정신병리를 확인하고 치료 계획을 돕기 위해 종종 사용되는 투사적 검사를 살펴보았다. 첫 번째로 소개된 투사적 검사는 주제통각검사(TAT)였다. 1938년 헨리 머레이가 개발한 TAT는 모호한 그림이 담긴 31장의 카드로 구성되어 있다. 검사 실시자는 내담자에게 카드를 보여주면서 시작, 중간, 끝이 있는 이야기를 하도록 요청한다. 내담자의 응답은 사람들이 그들 내부의 욕망(욕구) 또는 환경으로부터의 외부 자극(압박)에 의해 움직인다는 내용의 욕구-압박 성격 이론에 기초하여 해석된다. 일부 사람들은 TAT 사진이 시대에 맞지 않고 문화적으로 편향된 것으로 간주하기 때문에 새롭게 구성된 버전의 검사가 다시 개발되었지만, 여전히 많은 임상 전문가가 원래의 TAT를 계속해서 선호한다.

로르샤흐 잉크반점 검사는 두 번째로 소개된 투사적 성격 검사였다. 헤르만 로르샤흐가 1921년에 개발한 이 검사는 검사 실시자가 내담자에게 제시된 10개의 잉크반점 카드에서 보이는 모든 것에 대해 이야기하도록 요청하여 그 응답을 해석하는 검사이다. 로르샤흐 검사에서 내담자의 응답은 내담자가 자신의 무의식적인 생각을 잉크반점에 투사하여 본 것이라고 가정하고 해석이 이루어진다. 로르샤흐의 가장 잘 알려진 채점 방식 중 하나인 엑스너 방식은 반응 영역(반응이 발생한 반점 부분), 결정인(피검자가 본 것을 이해하는 방식), 반응 내용(피검자가 실제로 본 내용)을 중심으로 해석하는 방법이다.

벤더 시각-동작 게슈탈트 검사는 로레타 벤더가 1938년에 처음 출판한 검사이다. 현재 벤더 게슈탈트 II라고 불리는 이 검사는 내담자에게 여러 가지 그림들을 보여주고 따라 그리도록 요청하는 간단한 검사이다. 내담자가 그린 그림의 해석을 통해 내담자의 발달 수준 및 심리적 기능뿐만 아니라 외상으로 인한 뇌 손상 같은 신경학적 정보를 평가할 수 있다.

이 장에서는 집-나무-사람 그림 검사(HTP), 동적 집-나무-사람 그림 검사(KHTP), 동적 가족화 검사(KFD) 같은 그림 검사들을 살펴보았다. 이 검사들은 내담자의 그림이 삶의 문제와 발달상의 변화를 상징한다고 가정하는데, 그러한 그림을 해석하기 위해서는 사물의 여러 가지 의미를 이해하도록 잘 훈련된 임상 전문가가 필요하다.

마지막으로, 문장완성검사를 검토했다. 문장완성검사는 문장 어구를 제시하고 그 이후를 내담자가 채우도록 하는 검사이다. 문장완성검사는 내담자의 삶에서 중요한 문제에 대해 내담자가 갖는 감정과 무의식적인 생각에 빠르게 접근할 수 있는 방법을 제공한다.

이 장의 결론으로, 어느 현장에서 일하든지 모든 임상 전문가는 임상 평가 도구를 사용하는 데 있어 적절한 시기를 고려해야 한다는 사실을 강조했다. 이러한 평가 도구는 임상 전문가가 내담자를 이해하고 치료 계획 수립에 도움을 줄 수 있다. 임상 평가 과정이 종종 내담자의 삶에 중대한 영향을 미칠 수 있는 결정을 내릴 수 있으며, 그 평가 결과가 내담자에게 미치는 영향을 염두에 두어야 한다는 점을 강조함으로써 결론을 맺으려고 한다.

복습문제

1. 임상 평가가 어떻게 사용될 수 있는지에 대해 설명하라.

2. 객관적 검사와 투사적 검사를 구별하고, 각각을 임상 평가에서 어떻게 사용할 수 있는지 비교하고 대조하라.

3. 다음 각 검사에 대해 검사 사용의 주요 목적, 검사 해석에 사용되는 척도의 종류 및 검사를 실시할 수 있는 대상을 기술하라.

   a. 미네소타 다면적 인성 검사(MMPI-2)

   b. 밀론 임상 다축 성격 검사(MCMI-III)

   c. 성격 평가 질문지(PAI)

   d. 벡 우울 검사 II(BDI-II)

   e. 벡 불안 검사(BAI)

   f. MBTI®

   g. 16PF 다요인 인성 검사

   h. NEO 성격 검사-3(NEO PI-3)

   i. 코너스 3판

   j. 약물 중독 스크리닝 검사(SASSI-3)

4. 다음 각 검사의 주요 목적, 실시 방법, 검사 대상 및 검사 결과의 해석 방법을 간략하게 설명하라.

   a. 주제통각검사(TAT)

   b. 로르샤흐 잉크반점 검사

   c. 벤더 시각-동작 게슈탈트 검사

   d. 집-나무-사람 그림 검사

   e. 동적 집-나무-사람 그림 검사

   f. 문장완성검사

   g. 로터 불완전문장검사

5. 많은 투사적 검사가 객관적인 성격 검사만큼의 유용성을 갖고 있지 않기 때문에, 투사적 검사의 사용을 줄여야 한다고 주장하는 사람들도 있다. 이 사안에 대한 당신의 생각은 무엇인가?

6. 객관적, 투사적 검사에서 조력자의 역할에 대해 논의하라.

참고문헌

Arffa, S. (2010). Review of Conners, third edition. In R. A. Spies, J. F. Carlson, & K. F. Geisinger (Eds.), *The eighteenth mental measurements yearbook*. Lincoln, NE: Buros Institute of Mental Measurements. Retrieved from the Burros Institute's Mental Measurements Yearbook online database.

Axford, S., & Boyle, G. (2005). Review of the Taylor-Johnson Temperament Analysis, 2002 edition. In J. C. Conoley & J. C. Impara (Eds.), *The sixteenth mental measurements yearbook*. Lincoln, NE: Buros Institute of Mental Measurements. Retrieved from the Mental Measurements Yearbook database.

Bart, O., Hajami, D., & Bar-Haim, Y. (2007). School adjustment from motor abilities in kindergarten. *Infant and Child Development*, 16, 597–615. doi:10.1002/icd.514

Beck, A. T., Steer, R. A., & Brown, G. K. (2003). *BDI-II manual*. San Antonio, TX: Psychological Corporation.

Beck, J. (1995). *Cognitive therapy: Basics and beyond*. New York: Guilford Press.

Bernt, F., & Frank, M. L. (2001). Review of the marital satisfaction inventory—revised. In B. S. Plake & J. C. Impara (Eds.), *The fourteenth mental measurements yearbook* (pp. 710–714). Lincoln, NE: Buros Institute of Mental Measurements.

Boyle, G. J. (1995). Review of the Rotter Incomplete Sentences Blank, second edition. In J. C. Conoley & J. C. Impara (Eds.), *The twelfth mental measurements yearbook*. Lincoln, NE: Buros Institute of Mental Measurements. Retrieved from Mental Measurements Yearbook database.

Boyle, G. J., & Kavan, M. G. (1995). Review of the Personality Assessment Inventory. In J. C. Conoley and J. C. Impara (Eds.), *The Twelfth Mental Measurements Yearbook*. Lincoln, NE: Buros Institute of MentalMeasurements. Retrieved fromMentalMeasurements Yearbook database.

Brannigan, G., Decker, S., & Madsen, D. (2004). Innovative

features of the Bender-Gestalt II and expanded guidelines for the use of the global scoring system. *Assessment Service Bulletin Number 1*. Retrieved from http://www.riversidepublishing.com/products/bender/pdf/BenderII_ASB1.pdf

Buck, J. (1948). The H-T-P Test. *Journal of Clinical Psychology, 4*, 151 – 159. doi:10.1002/1097-4679(194804)4:2〈151::AID-JCLP2270040203〉3.0.CO:2-O

Burns, R. (1987). *Kinetic House-Tree-Person drawings (K-H-T-P): An interpretative manual*. New York: Brunner/Mazel.

Butcher, J., Dahlstrom,W., Graham, J., Tellegen, A., & Kaemmer, B. (1989). *Manual for administration and scoring: MMPI-2*. Minneapolis, MN: University of Minnesota Press.

Camara,W., Nathan, J., & Puente, A. (2000). Psychological test usage: Implications in professional psychology. *Professional Psychology: Research and Practice, 31*, 141 – 154. doi:10.1037/0735-7028.31.2.141

CPP. (2009a). *Myers-Briggs Type Indicator*. Retrieved from https://www.cpp.com/products/mbti/index.aspx

CPP. (2009b). *MBTI® complete (R)*. Retrieved from https://www.cpp.com/en/mbtiproducts.aspx?pc=157

CPP. (2009c). *MBTI step II® profile—Form Q (R)*. Retrieved from https://www.cpp.com/en/mbtiproducts.aspx?pc=49

Decker, S. L., Allen, R., & Choca, J. P. (2006). Construct validity of the Bender-Gestalt II: Comparison with the Wechsler intelligence scale for children-III. *Perceptual and Motor Skills, 102*, 133 – 141. doi:10.2466/pms.102.1.133-141

Decker, S. L., Englund, J. A., Carboni, J. A., & Brooks, J. H. (2011). Cognitive and developmental influences in visual-motor integration skills in young children. *Psychological Assessment, 23*, 1010 – 1016. doi:10.1037/a0024079

Dowd, E. T. (1998). Review of the Beck Anxiety Inventory. In J. C. Impara & B. S. Plake (Eds.), *The thirteenth mental measurements yearbook*. Retrieved from the Burros Institute's Mental Measurements Yearbook online database.

Dunn, T. M. (2010). Review of Conners, third edition. In R. A. Spies, J. F. Carlson, & K. F. Geisinger (Eds.), *The eighteenth mental measurements yearbook*. Retrieved from the Burros Institute's Mental Measurements Yearbook online database.

Exner, J. (1974). *The Rorschach: A comprehensive system*. New York: Wiley.

Fleenor, J. (2001). Review of the Myers-Briggs Type Indicator Form M. In B. S. Plake & J. C. Impara (Eds.), *The fourteenth mental measurements yearbook* (pp. 816 – 818). Lincoln, NE: Buros Institute of Mental Measurements.

Graham, J. (2000). *MMPI-2: Assessing personality and psychopathology* (3rd ed.). New York: Oxford University Press.

Groth-Marnat, G. (2003). Handbook of psychological assessment (4th ed.). Hoboken, NJ: Wiley.

Hogan, T. P. (2005). Widely used psychological tests. In G. P. Koocher, J. C. Norcross, & S. S. Hill (Eds.), *Psychologists' desk reference* (2nd ed., pp. 101 – 104). New York: Oxford University Press.

Jung, C. (1964). *Psychological types* (H. G. Baynes, Trans.). London: Pantheon. (Original work published in 1921.)

Karon, B. (2000). The clinical interpretation of the Thematic Apperception Test, Rorschach, and other clinical data: A reexamination of statistical versus clinical prediction. *Professional Psychology: Research and Practice, 31*, 230 – 233. doi:10.1037/0735-7028.31.2.230

Larson, L. M., Rottinghaus, P. J., & Borgen, F. H. (2002). *Meta-analyses of big six interests and big five personality factors. Journal of Vocational Behavior, 61*, 217 – 239. doi:10.1006/jvbe.2001.1854

Lazowski, L. E., Miller, F. G., Boye, M. W., & Miller, G. A. (1998). Efficacy of the Substance Abuse Subtle Screening Inventory-3 (SASSI-3) in identifying substance dependence disorders in clinical settings. *Journal of Personality Assessment, 71*, 114 – 128. doi:10.1207/s15327752jpa7101_8

Lilienfeld, S. O., Wood, J. M., & Garb, H. N. (2000). The scientific status of projective techniques. *Psychological Science in the Public Interest, 1*(2), 27 – 66.

Logan, R. E., & Waehler, C. A. (2001). The Rotter incomplete sentence blank: Examining potential race differences. *Journal of Personality Assessment, 76*, 448 – 460. doi:10.1207/S15327752JPA7603_06

Mastrangelo, P. (2001). Review of the Myers-Briggs Type Indicator Form M. In B. S. Plake & J. C. Impara (Eds.), *The fourteenth mental measurements yearbook* (pp. 818 – 819). Lincoln, NE: Buros Institute of Mental Measurements.

McCrae, R. R.,& Costa, P. T., Jr. (2007). Brief versions of the NEO-PI-3. *Journal of Individual Differences, 28*, 116 – 128. doi:10.1027/1614-0001.28.3.116

McCrae, R. R., Costa, P. T., Jr., & Martin, T. A. (2005).

The NEO-PI-3: A more readably revised NEO personality inventory. *Journal of Personality Assessment, 84*, 261–270. doi:10.1027/1614-0001.28.3.116

McCrae, R. R., Martin, T. A., & Costa, P. T., Jr. (2005). Age trends and age norms for the NEO Personality Inventory-3 in adolescents and adults. *Assessment, 12*, 363–373. doi:10.1177/1073191105279724

McDevitt-Murphy, M. E., Weathers, F. W., Flood, A. M., Eakin, D. E., & Benson, T. A. (2007). The utility of the PAI and the MMPI-2 for discriminating PTSD, depression, and social phobia in traumaexposed college students. *Assessment, 14*, 181–195. doi:10.1177/1073191105279724

Miller, G. A. (1999). *The SASSI manual: Substance abuse measures* (2nd ed.). Springville, IN: SASSI Institute.

Miller, G. A., & Lazowski, L. E. (2001). *Adolescent SASSI-A2 manual*. Springville, IN: SASSI Institute.

Moreland, K., & Werner, P. (2001). Review of the Sentence Completion Series. In B. S. Plake & J. C. Impara (Eds.), *The fourteenth mental measurements yearbook* (pp. 1109–1110). Lincoln, NE: Buros Institute of Mental Measurements.

Multi-Health Systems. (2013). *Conners 3™*. Retrieved from http://www.mhs.com/product.aspx?gr=cli&prod=conners3&id=overview

Naglieri, J., Obrzut, J. E., & Boliek, C. (1992). Review of the Bender Gestalt Test. In J. J. Kramer & J. C. Conoley (Eds.), *The eleventh mental measurements yearbook* (pp. 101–106). Lincoln, NE: Buros Institute of Mental Measurements.

Neukrug, E., Peterson, C., Bonner, M., & Lomas, G. (2013). A national survey of assessment instruments taught by counselor educators. *Counselor Education and Supervision, 52*, 207–221.

PAR. (2012a). *Personality Assessment Inventory™* (PAI®). Retrieved from http://www4.parinc.com/Products/Product.aspx?ProductID=PAI

PAR. (2012b). *NEO Inventories: NEO Personality Inventory-3 (NEO-PI-3)*. Retrieved from http://www4.parinc.com/Products/Product.aspx?ProductID=NEO-PI-3

PAR. (2012c). *NEO™ Inventories: NEO™ Five-Factor Inventory-3 (NEO™-FFI-3)*. Retrieved from http://www4.parinc.com/Products/Product.aspx?ProductID=NEO-FFI-3

PAR. (2012d). *Sentence Completion Series (SCS)*. Retrieved from http://www4.parinc.com/Products/Product.aspx?ProductID=SCS

Pearson. (2012a). *Minnesota Multiphasic Personality Inventory®-2*. Retrieved from http://psychcorp.pearsonassessments.com/HAIWEB/Cultures/en-us/Productdetail.htm?Pid=MMPI-2&Mode=summary

Pearson. (2012b). *Minnesota Multiphasic Personality Inventory-2-RF®*. Retrieved from http://psychcorp.pearsonassessments.com/haiweb/cultures/en-us/productdetail.htm?pid=PAg523

Pearson. (2012c). *MCMI-III: Millon® Clinical Multiaxial Inventory-Ill*. Retrieved from http://psychcorp.pearsonassessments.com/HAIWEB/Cultures/en-us/Productdetail.htm?Pid=PAg505

Pearson. (2012d). *MACI: Millon® Adolescent Clinical Inventory*. Retrieved from http://psychcorp.pearsonassessments.com/HAIWEB/Cultures/en-us/Productdetail.htm?Pid=PAg501

Pearson. (2012e). *Beck Anxiety Inventory*. Retrieved from http://www.pearsonassessments.com/HAIWEB/Cultures/en-us/Productdetail.htm?Pid=015-8018-400

Pearson. (2012f). *16PF®, fifth edition*. Retrieved from http://www.pearsonassessments.com/HAIWEB/Cultures/en-us/Productdetail.htm?Pid=PAg101&Mode=summary

Pearson. (2012g). *Bender Visual-Motor Gestalt Test* (2nd ed.). Retrieved from http://psychcorp.pearsonassessments.com/HAIWEB/Cultures/en-us/Product-detail.htm?Pid=015-8064-127&Mode=summary

Pearson. (2012h). *Rotter Incomplete Sentence Blank®, second edition (RISB®-2)*. Retrieved from http://www.pearsonassessments.com/HAIWEB/Cultures/en-us/Productdetail.htm?Pid=RISB-2&Mode=summary

Peterson, C., Lomas, G., Neukrug, E., & Bonner, M. (2014). Assessment use by counselors in the United States: Implications for policy and practice. *Journal of Counseling and Development, 92*, 90–98.

ProQuest. (2013). *ProQuest dissertations & theses full text. Search using the terms Myers Briggs*. Retrieved from the ProQuest Dissertations and Theses Full Text database.

Quenk, N. (2009). *Essentials of Myers-Briggs Type Indicator assessment*. Retrieved from http://books.google.com/books?hl=en&lr=&id=ZqPFa8jy1s4C&oi=fnd&pg=PR9&dq=Myers-Briggs+Type+Indicator&ots=tJZD7M1UcR&sig=CR0IwfUC6WYBTXXHIyjaNJmWMJA

Raad, B. D. (1998). Five big, big five issues: Rationale, content, structure, status, and *crosscultural assessment. European Psychologist, 3*, 113–124.

Riverside Publishing. (2010). *Bender® Visual-Motor Gestalt Test (Bender-Gestalt II)*. Retrieved from http://www.riversidepublishing.com/products/bender/details.html#technical

Ronan, G. F., Gibbs, M. S., Dreer, L. E., & Lombardo, J. A. (2008). Personal problem-solving system— revised. In S. R. Jenkins (Ed.), *A handbook of clinical scoring systems for thematic apperception techniques* (pp. 181 – 207). New York: Erlbaum.

Russell, M. T., & Karol, D. L. (1994). *The 16PF fifth edition administrator's manual*. Champaign, IL: Institute for Personality and Ability Testing, Inc.

SASSI (Substance Abuse Subtle Screening Inventory). (2001). *Clinical interpretation training outline*. Author: Springville, IN.

SASSI (Substance Abuse Subtle Screening Inventory). (2009). *The SASSI Institute—Adult Substance Abuse Subtle Screening Inventory—3*. Retrieved from http://www.sassi.com/products/SASSI3/shopS3-pp.shtml

Saulsman, L. M., & Page, A. C. (2004). The five-factor model and personality disorder empirical literature: A meta-analytic review. *Clinical Psychology Review, 23*, 1055 – 1085. doi:10.1016/j.cpr.2002.09.001

Stein, M. B., Pinsker-Aspen, J. H., & Hilsenroth, M. J. (2007). Borderline pathology and the Personality Assessment Inventory (PAI): An evaluation of criterion and concurrent validity. *Journal of Personality Assessment, 88*, 81 – 89.

Sundberg, N. (1961). The practice of psychological testing in clinical services in the United States. *American Psychologist, 16*, 79 – 83. doi:10.1037/h0040647

Thurstone, L. L. (1934). The vectors of the mind. *Psychological Review, 41*, 1 – 32. doi:10.1037/h0075959

TJTA. (2013). *Taylor Johnson Temperament Analysis®*. Retrieved from https://www.tjta.com/asp/index.asp

Waller, N. G. (1998). Review of the Beck Anxiety Inventory [1993 edition]. In J. C. Impara & B. S. Plake (Eds.), *The thirteenth mental measurements yearbook*. Retrieved from the Buros Institute's Mental Measurements Yearbook online database.

Weis, R., Toolis, E. E., & Cerankosky, B. C. (2008). Construct validity of the Rotter Incomplete Sentences Blank with clinic-related and nonreferred adolescents. *Journal of Personality Assessment, 90*, 564 – 573. doi:10.1080/00223890802388491

Weiss, W. U., & Weiss, P. A. (2010). Use of Personality Assessment Inventory in police and security personnel selection. In P. A. Weiss (Ed.), *Personality assessment in police psychology: A 21st century perspective*. Springfield, IL: Charles C. Thomas Publishers.

White, L. J. (1996). Review of the Personality Assessment Inventory (PAI-™): A new psychological test for clinical and forensic assessment. *Australian Psychologist, 31*, 38 – 40. doi:10.1080/00050069608260173

Woike, B. A., & McAdams, D. P. (2001). TAT-based personality measures have considerable validity. *American Psychological Society Observer, 14*, 10.

WPS. (n.d.). *Marital Satisfaction Inventory, Revised (MSI-R)*. Retrieved from http://portal.wpspublish.com/portal/page?_pageid=53,103808&_dad=portal&_schema=PORTAL

Youngstrom, E. A. (2013). Future directions in psychological assessment: Combining evidenced-based medicine innovations with psychology's historical strengths to enhance utility. *Journal of Clinical Child and Adolescent Psychology, 42*, 139 – 159.

12장 비공식 평가: 관찰, 평정 척도, 분류 기법, 환경 평가, 기록과 개인 문서, 수행 기반 평가

대학원에서 심리검사 과목을 가르치고 있을 때였다. 나는 몇몇 학생들이 검사와 관련한 기본 통계를 이해하는 데 어려움이 있다는 사실을 알았다. 그래서 그들에게 내가 도움을 줄 수 있다고 말해주었다. 그들에게 나의 집 전화번호와 휴대폰 번호를 알려주었다. 그리고 도움이 필요할 때면 개인적으로 만나기도 했다. 또한 어려운 개념을 이해하는 데 추가적인 조력을 필요로 하는 학생들을 위해 주말에 과외의 수업도 했다. 학기말에 학생들은 6점 척도(1점은 낮음을 나타내고, 6점은 높음을 나타냄)에서 이 수업을 평가할 기회를 가졌다. 학생들은 수업시간에 학습한 양, 그것이 얼마나 유용했는지, 강사가 얼마나 민감하고 도움이 되었는지 등과 같은 7가지 측면에 대해 평정했다. 수업 종료 후, 평가 결과를 보니 평균 5.3점이었다. 나쁘지 않다고 생각했다. 그러나 '도움이 되는 정도' 항목에서는 다른 모든 항목 가운데 가장 낮은 4.8점을 받았다는 사실을 알게 되었다. 그 이유를 생각해봤지만 답이 떠오르지 않았다. 추가적인 도움을 제공하는 등 노력을 다했으므로 이런 결과는 무척이나 나를 힘들게 했다. 다음 학기에 그 수업을 수강했던 한 학생을 만났는데, 그때 낮았던 그 평정치에 대해 물어봤다. 그 학생은 "글쎄요, 그 수업은 저녁에 열렸고요(오후 7시 10분~9시 50분), 그 시간 동안 꼬박 수업을 했기 때문에 학생들이 좀 화가 났었어요."라고 말했다. 나는 "그렇군. 나는 수업을 꽉꽉 채워서 해야 하는 줄 알았거든."이라고 했다. 다시 그 학생은 "예, 그렇지요. 하지만 많은 학생은 집에 가고 싶어 했어요." 나는 내가 해야 하는 일(즉, 수업시간을 꽉꽉 채워 수업한 것)이라고 생각했던 것을 했다는 이유 때문에 몇몇 학생들이 낮은 점수를 주었다는 사실을 깨달았다. "이것 참 김빠지는군."이라고 스스로에게 말했다. 이것이야말로 평정 척도에서의 주관성을 다룰 때 발생하는 바로 그것이라고 생각한다.

- 에드 노이크루그

이 장에서는 비공식 평가 절차에 관해 논의한다. 교수자가 실시하는 학기말 시험이든 내담자의 꿈 기록이든 비공식 평가 기법은 개인에게 큰 영향을 미칠 수 있다. 이 장에서는 비공식 평가에 대해 정의하고 여러 종류의 비공식 평가 기법을 제시할 것이다. 여기에는 관찰, 척도 평정, 분류 기법, 환경 평가 기법, 기록과 개인 문서, 수행 기반 평가가 포함될 것이다. 이런 기법의 검사 가치에 대해 논의하고 타당도, 신뢰도, 다문화 공정성, 실용성을 평가하는 방법에 대해 얘기할 것이다. 그런 다음 비공식 절차의 활용과 관련한 조력자의 역할에 대해 논의할 것이다. 비공식 평가에 관한 기타 사항을 고려해보면서 장을 마무리할 것이다.

비공식 평가에 대한 정의

비공식 평가 기법(informal assessment techniques)은 주관적이며, 그래서 평가 과정에서 독특한 역할을 하고 있다. 지금까지 검토한 평가 도구들은 대부분 큰 출판사가 출간하고 전국적으로 활용되는 반면, 이 장에서 제시되는 대부분의 평가 도구는 특정한 평가의 필요성을 느낀 개인이 개발한 것이다. 그래서 이런 검사 개발에 들인 시간, 돈, 전문성은 전국적으로 개발된 도구보다 훨씬 적다. 따라서 신뢰도, 타당도, 다문화 이슈가 공식적으로 제시되지 않는 경우가 대부분이다. 이런 명백한 결점에도 불구하고 이런 도구는 평가 과정에 실용적으로 활용될 수 있으며 한 개인을 평가할 때 가치 있는 정보를 제공할 수 있다.

> 비공식 평가 과정
> (informal assess-
> ment procedures)
> 특정한 목적을 달성하기
> 위해 자체 고안한 방법

비록 비공식 평가 기법이 공식 평가 절차만큼 '검사 양호도'가 높은 것은 아니지만, 몇 가지 점에서는 이점이 있기도 하다.

> 비공식 평가가 검사 양호
> 도에 있어 문제가 있긴
> 하지만, 나름의 장점도
> 있다.

1. 평가 과정에 추가되면, 한 개인 전체를 더 잘 이해할 수 있는 능력을 증가시킨다.
2. 측정하기 원하는 바로 그 속성을 평가하도록 설계할 수 있다. 반면 공식 평가 기법은 넓은 범위의 평가를 제공한다. 때로는 너무나 광범위해서 검사되고 있는 특정 속성에 대해 충분한 정보를 얻지 못한다.
3. 짧은 시간 내에 개발되거나 수집될 수 있어서 적절한 시간의 한계 내에 중요한 정보를 제공할 수 있다.
4. 침범적(intrusive)이지 않을 수 있다. 즉, 내담자로부터 직접적으로 정보를 모으지 않는다(예: 학생부). 그래서 개인에 관한 정보를 수집하는 비위협적인 기제를 제공한다.
5. 일반적으로 무료이거나 비싸지 않은 절차이다.
6. 실시하기도 쉽고, 해석하기도 쉽다.

비공식 평가의 유형

비공식 기법은 한 개인 전체에 대한 우리의 이해를 증진할 수 있다. 사실 비공식 기법은 속성상 비형식적이기 때문에 창의적인 검사자라면 전에 사용된 적이 없는 독특한 절차를 생각해낼 수 있다. 그러나 몇몇 유형의 비공식 평가 기법이 빈번하게 사용되고 있다. 여기에는 관찰, 척도 평정, 분류 기법, 환경 평가 기법, 기록과 개인 문서, 수행 기반 평가가 포함된다. 각각에 대해 알아보자.

관찰

관찰(observation)
전문가, 중요한 타인, 또는 내담자 스스로가 수행할 수 있다.

내담자를 이해하는 중요한 도구로서 **관찰**(observation)은 개인을 관찰하기 원하는 전문가(예: 교실에서 학생을 관찰하기, 집에서 가족을 관찰하기), 자연적인 장면에서 개인을 관찰할 기회가 있는 중요한 타인(예: 집에서 아이를 관찰하고 있는 부모), 그리고 본인 스스로가 활용할 수 있다(예: 내담자가 변화를 위해 노력하고 있는 특정 목표 행동을 관찰하기를 요청받을 때; BOX 12.1 참조). 관찰은 여러 가지가 있다. 그중 중요한 두 가지만 제시하자면 사건 표집과 시간 표집이 있다.

사건 표집
(event sampling)
시간에 관계없이 표적 행동을 관찰함

　　사건 표집(event sampling)은 시간에 관계없이 목표 행동을 보고 평가하는 것이다. 일반적으로, 목표 행동을 평가하는 데 있어서 그 행동에 대한 일반적인 코멘트가 작성되거나 그 행동을 평가하기 위해 평정 척도가 활용된다. 예를 들면, 학생의 '부적절한' 행동을 관찰하는 데 관심이 있는 학교 상담자는 전체 일과시간 동안 그 아이를 보고, 부적절한 행동이 나타날 때를 표시할 것이다. 물론, '부적절한' 행동은 명확히 정의되어야 할 것이다.

시간 표집
(time sampling)
제한된 시간 동안 행동을 관찰함

　　사건 표집이 시간에 관한 고려가 없는 반면, **시간 표집**(time sampling)에서는 한 개인이 미리 설정되어 제한된 시간만큼 동안 관찰된다. 예를 들어, 학교 상담자가 하루 종일 한 학생만을 관찰하는 것은 불편할 것이기 때문에 이 상담자는 하루 중 15분씩 세 번 학생을 관찰하기로 할 것이다. 이상적으로 이러한 시간 표집은 학생의 전형적인 행동의 단면을

BOX 12.1

일상에 지장을 주는 어느 3학년 학급에 대한 관찰

어느 3학년 학급에 대한 평가를 요청받은 적이 있다. 하반신 마비와 함께 심각한 정도의 지적장애를 가진 아동이 일반 학급에서 통합 교육을 받는 것이 적절한지를 시험해보는 평가가 방금 끝난 시점이었다. 이 평가 기간 동안 지역의 어느 대학에서 파견된 몇 명의 관찰자들이 교실을 방문했다. 관찰자들은 뒤에 앉아 아동들 간의 상호작용에 관해 뭔가 기록을 하곤 했다. 이 정보는 나중에 장애를 지닌 이 아동을 통합 교육하는 것이 관련 당사자 모두에게 이익이 될지를 결정하는 데 사용될 예정이었다. 내가 그 학급의 아동들을 만났을 때, 이들은 장애를 가진 아동과 함께 생활하는 데 적응된 것으로 보였다. 이 아동들이 장애를 가진 아동과 아주 가까운 관계를 맺는 데는 아직 어려움이 있어 보였지만, 이 아동의 존재가 학습을 방해하거나 학급 내 다른 관계를 방해하진 않는 것으로 보였다. 그러나 거의 예외 없이, 자신의 일과를 방해하는 관찰자들이 무척이나 귀찮았다고 했다. 제한된 시간 표집이 활용되었다면, 아마도 이 아동들이 그렇게 강하게 반응하지는 않았을 것이다.

– 에드 노이크루그

© Cengage Learning

연습문제 12.1 │ 관찰 기법의 적용

소집단으로 나누어 관찰 기법을 활용할 수 있는 상황을 만들어   전체 수강생과 공유하자.
보자. 여기에 사건 표집과 시간 표집을 포함해보자. 당신의 답을

상담자에게 제공할 것이다. 좋은 점은 상담자가 한 학생을 관찰하기 위해 하루 종일 자신의 시간을 할애할 필요가 없다는 것이다. 나쁜 점은 시간 표집이 학생의 전형적인 행동 방식을 포착하지 못할 가능성이 있다는 것이다.

    시간 표집과 사건 표집은 종종 함께 사용된다. 예를 들면, 앞서 언급했던 학교 상담자는 하루 중 15분씩 세 번(시간 표집) 학생의 부적절한 행동(사건 표집)을 관찰하기로 결정할 수 있다. 관찰시간을 미리 정해놓으면 당일 다른 중요한 일을 수행할 수 있어서 상담자에게 편리하다는 것은 분명하다.

    시간 표집과 사건 표집은 강사가 학생이 임상 기술을 발휘한 기록(예: 인턴을 하는 동안 수행한 내담자와의 상담, 교육실습 동안 수행한 수업)을 보거나 들을 때 종종 활용된다. 강사는 학생이 수행한 모든 것을 듣거나 보는 대신 정해진 시간 동안(예: 10분) 목표로 하는 반응(예: 공감적이 되는 능력, 질문의 종류)을 몇 회(예: 3회) 듣거나 볼 것이다. 인턴을 하고 있는 모든 학생의 모든 기록을 듣는다는 것은 거의 불가능할 것이다. 왜냐하면 많은 시간을 요하기 때문이다(연습문제 12.1 참조).

시간 표집과 사건 표집
제한된 시간 동안 표적 행동을 관찰함

평정 척도

평정 척도(rating scale)는 평정자에게 제시된 특성이나 속성을 평가하는 데 활용된다. 공식적인 평정 척도는 엄격한 타당화 과정을 거치는 반면 이 장에서 제시되는 비공식 평정 척도는 그 결과가 평정자의 '내적 판단'에 기반하여 있기 때문에 매우 주관적이다(Sajatovic & Ramirez, 2012). 그러나 그런 척도는 쉽게 개발되고, 신속히 실시될 수 있으며, 일반적으로 특정한 영역 혹은 속성을 평가하는 데 초점이 있기 때문에, 그리고 무료이거나 적은 비용이 소요되기 때문에 빈번히 활용된다. 물론, 이런 척도가 주관적이라는 점을 고려하면 그 결과는 조심스럽게 해석되어야 하며 척도가 개발된 맥락 내에서 해석되어야 한다.

    평정 척도에는 수많은 오차 요인이 있지만, 대표적으로 자주 거론되는 것은 **후광 효과**(halo effect)와 **관대 오류**(generosity error)이다(Gay, Mills, & Airasian, 2012). 거의 100년 전에 처음 제시된(BOX 12.2 참조) 후광 효과는 한 개인에 대한 전체적인 인상이 어느 한 선발 영역에 있어서 그 사람에 대한 평정에 영향을 줄 때 발생한다. 반면 관대 효과는 평정을 하는 사람이 평정이 되고 있는 개인과 동일시하여 그 개인을 정확하지 않게 평정할 때 발생한다. 후광 효과의 한 예는 슈퍼바이저가 실제로는 계속 슈퍼비전에 늦게 나타나고 있지만 우수한 상담 수행을 보여주는 실습생을 시간을 잘 지킨다고 평정하는 것이 될 것이다. 이 슈퍼바이저의 전체적인 호감이 이런 속성을 평가하는 데 있어서 오차의 원

평정 척도
(rating scale)
어떤 속성이나 특성에 대해 주관적으로 양으로 표현하는 것

후광 효과
(halo effect)
내담자에 대한 총체적인 인상이 부정확한 평정을 야기할 때 발생함

관대 오류
(generosity error)
내담자에 대한 동일시가 부정확한 평정을 야기할 때 발생함

© Cengage Learning

> ## BOX 12.2
> ### 인간의 경향성?
>
> 오늘날 평가의 초기 선구자 중 한 사람인 에드워드 손다이크(Edward L. Thorndike)는 후광 효과에 대해 처음 언급한 사람 중 한 명이다. 그는 1920년 논문에서 평정에서 나타나는 오차에 관해 언급했다. 사람을 이런 방식으로 또는 다른 방식으로 보는 우리의 경향성이 우리가 내리는 판단에 영향을 미칠 수 있다.
>
> 　1915년 두 개의 대기업 종업원들을 대상으로 수행된 연구에서 동일 인물의 지능, 근면성, 기술, 신뢰성 같은 각기 다른 특성에 대한 추정치들이 아주 높게 그리고 균등하게 상관되
>
> 어 있는 것으로 나타났다. 이런 결과는 평정자들이 평정 대상자의 속성과 성취의 서로 다른 측면을 분리할 수 없으며, 따라서 그 각각 측면을 다른 측면의 영향을 배제하고 독립적으로 평정할 수 없었다는 점을 시사했다. 이들의 평정은 평정 대상자를 좋다거나 열등하다거나 등으로 일반적인 평가를 하고, 이런 일반적인 느낌으로 특성에 대한 판단을 하는 경향에 영향을 받았다. 군대의 상급자가 장교를 평가할 때 전체로서의 한 개인이 가지고 있는 후광으로 특정한 속성을 평정하는 것도 동일한 오류라 할 수 있다.

인이 되었다. 관대 오류의 한 예는 평가되고 있다는 것에 대한 동료 학생의 불안을 평정자가 동일시하기 때문에 그 동료 학생을 효과적으로 공감 반응한다고 평정하는 것이다.

　몇 가지 잠재적인 오차 문제에도 불구하고 평정 척도는 쉽게 제작될 수 있고 신속히 완료될 수 있어서 개인을 평가하는 편리한 방법이 된다. 흔히 활용되는 평정 척도는 수리 척도, 리커트 척도(그래픽 척도), 의미변별 척도, 순위 척도를 포함한다.

수리 척도 (numerical scale)

수치가 표시된 선 위에 응답할 수 있는 질문이나 진술문

수리 척도　수리 척도(numerical scale)는 숫자 선(line)에서 높음부터 낮음까지 평정될 수 있는 질문 또는 진술문을 제시한다. 이런 척도는 상담에서 내담자 문제를 순위화하거나 진척 상황을 평가할 때 활용된다. 예를 들어, 해결 중심 상담에서 일반적으로 활용되는 척도 질문 기법은 내담자에게 경험, 감정, 또는 행동에 대해 평가하는 0점에서 10점까지 척도에 스스로를 평정해볼 것을 요구한다(De Jong & Berg, 2013). 해결 중심 상담에서 일반적으로 내담자는 이를 말로 하지만 진술된 형태의 척도에 표시하게 할 수도 있다. 이렇게 하면 상담을 통한 진척의 정도를 문서화하여 남겨놓을 수 있다(BOX 12.3 참조).

　불편함의 주관적 단위(SUD: Subjective Unit of Discomfort)는 체계적 둔감법에서 불안 상황의 위계에서 그다음 수준으로 옮겨갈지를 결정하는 데 주로 활용된다. 이 척도에서 0점

> ## BOX 12.3
> ### 수리 척도
>
> 0점은 당신의 우울이 최악의 상태에 있음을 뜻하고, 10점은 당신이 느낄 수 있는 가장 좋은 상태를 나타냅니다. 0~10점　　에서 오늘은 어디쯤 있습니까?
>
> | 0 | 1 | 2 | 3 | 4 | 5 | 6 | 7 | 8 | 9 | 10 |
> |---|---|---|---|---|---|---|---|---|---|----|
>
> 최악의 우울　　　　　　　　　　　　　　　　　　　　　　　　　　　　　　　　　　가장 좋은 기분

© Cengage Learning

BOX 12.4
리커트 척도

다음 각 진술문에 대해 얼마나 강력하게 동의하는지 또는 동의하지 않는지 표시해주세요.

	매우 그렇다	그렇다	보통	그렇지 않다	매우 그렇지 않다
• 내담자의 개인 웹 페이지(예: 페이스북, 블로그)를 볼 수도 있다.	1	2	3	4	5
• 내담자에게 매력을 느낀다고 말해도 된다.	1	2	3	4	5
• 죽음이 임박한 환자와 자살을 포함하여 삶의 마감을 어떻게 할지에 대해 얘기하는 것이 어렵지 않다.	1	2	3	4	5
• 내담자에게 스스로에 대한 정보를 노출하는 것은 윤리적이다.	1	2	3	4	5

© Cengage Learning

은 가장 이완되는 경험을 나타내고, 100점은 가장 큰 불안을 일으키는 경험을 나타낸다. 내담자가 10점 미만을 경험할 때 위계에서 상향으로 이동한다(Ferguson & Sgambati, 2008).

리커트 척도(그래픽 척도) 리커트 척도(Likert-type scale)는 종종 그래픽 척도라고도 불린다. 이 척도는 하나의 주제에 관한 복수의 문항을 갖고 있으며, 각 문항에 대해 평정하기 위한 숫자와 그에 해당하는 진술문을 갖고 있다. BOX 12.4를 검토해보라. 여기에는 윤리적 행위에 대한 임상가의 지각을 검토한 연구에서 가져온 몇 가지 행동들이 제시되어 있다(Neukrug & Milliken, 2011).

리커트 척도
(Likert-type scale)
동일한 주제에 대해 평정하는 문항들로 숫자와 그에 해당하는 진술문에 반응할 수 있음

의미변별 척도 의미변별 척도(semantic differential scale)는 진술문과 함께 선의 양쪽에 서로 상반되는 특성을 나타내는 단어의 쌍을 제시한다. 평정자는 피평정자가 얼마나 그런 특성을 가졌다고 생각하는지를 선 위의 어느 지점에 표시하게 된다. 숫자 선에는 양극적인 단어의 쌍이 제시될 수도 있고 그렇지 않을 수도 있다. BOX 12.5에는 숫자 선이 있는 의미변별 척도가 제시되어 있다.

의미변별 척도
(semantic differential scale)
양쪽 끝에 서로 반대되는 특성을 위치시킨 숫자 선

BOX 12.5
의미변별 척도

당신은 아래의 각 특성을 얼마나 가졌다고 생각합니까? 아래의 선 위에 X로 나타내주세요.

슬픔	1	2	3	4	5	6	7	8	9	10	행복
내향적	1	2	3	4	5	6	7	8	9	10	외향적
불안한	1	2	3	4	5	6	7	8	9	10	침착한

© Cengage Learning

© Cengage Learning

연습문제 12.2 │ 평정 척도의 적용

소집단으로 나누어 평정 척도를 활용할 수 있는 방법을 생각해   활용할 수 있도록 해보라. 논의한 바를 전체 수업에서 제시하라.
보라. 이 장에서 논의된 서로 다른 유형의 평정 척도를 통합하여

> BOX 12.6
> ## 순위 척도
>
> 상담을 할 때 선호하는 방법을 순서화해보세요. 당신이 가장 선호하는 항목부터 가장 적게 선호하는 항목까지 1에서 5까지 순서대로 쓰면 됩니다.
>
> ____ 나는 우선 내담자의 말을 듣고, 내담자 스스로의 성장을 촉진하도록 들은 바를 반영해준다.
>
> ____ 나는 내담자에게 조언을 하고 변화를 위한 방법을 제안한다.
>
> ____ 나는 내담자가 스스로에 대해 통찰하기를 기대하면서 내담자의 행동에 대한 해석을 해준다.
>
> ____ 나는 내담자를 도와 어떤 행동을 변화시키고 싶은지를 확인할 수 있도록 해준다.
>
> ____ 나는 어떤 생각이 부적응 행동을 불러일으키는지 확인할 수 있도록 내담자를 조력하고 나아가 세상에 대한 새로운 사고 방식을 개발하도록 도와준다.

© Cengage Learning

BOX 12.5의 예에서 볼 수 있듯이, 당신이 내담자의 행동이나 정서를 재빨리 평가하는 데 관심이 있다면 의미변별 척도를 쉽게 제작할 수 있다. 이런 척도는 내담자의 욕구를 평가하고 처치 목표를 설정하는 데 도움이 될 것이다. 물론, 이 척도는 교육 및 심리 영역에 활용되고 있다.

순위 척도(rank-order scale)
내담자에게 선호하는 순으로 배열하게 하는 방법

순위 척도 순위 척도(rank-order scale)는 응답자가 자신의 선호에 따라 위계적 순서를 정할 수 있는 일련의 진술문을 제시한다. 예를 들면, BOX 12.6의 순위 척도는 상담 스타일에 대한 선호를 결정하는 데 활용될 수 있을 것이다(연습문제 12.2 참조).

분류 기법

분류 기법(classifi-cation methods)
어떤 속성 또는 특성이 존재하는지 여부에 관한 정보

평정 척도가 속성 또는 특성을 얼마나 갖고 있는지 또는 얼마나 선호하는지를 평가한다면, **분류 기법**(classification methods)은 속성 또는 특성을 소유하고 있는지 여부에 대한 정보를 제공한다. 행동 체크리스트와 감정단어 체크리스트는 대표적인 분류 기법이다.

행동 체크리스트 (behavior check-lists)
행동을 평가하는 분류 방법의 일종

행동 체크리스트 행동 체크리스트(behavior checklists)는 개인에게 자신이 내보일 수 있는 전형적 또는 비전형적 행동을 가장 잘 기술하는 단어를 결정하도록 한다. 행동 체크리스트는 개발하기 쉽고, 실시하기 편하며, 주의를 기울여 봐야 할 행동 패턴을 신속하게 드러낼 수 있다. 이 방법의 유용성은 조사되고 있는 행동의 종류 및 내담자가 정직하게 응답하는지의 여부와 밀접히 관련되어 있다. 그럼에도 불구하고 이 방법 또한 내담자 평가

를 위해 당신이 활용할 수 있는 여러 방법 중 한 가지로 고려되어야 한다. 행동 체크리스트는 당신의 상상력에 따라 그리고 예를 들어 인터넷에서 찾아 자유롭게 활용할 수 있는 만큼 그 수와 유형이 다양하다. BOX 12.7은 학대 행동을 확인하는 데 사용될 수 있는 행동 체크리스트를 나타낸 것이다.

감정단어 체크리스트　행동 체크리스트처럼 **감정단어 체크리스트**(feeling word checklists)도 간편하고 실용적인 분류 기법이다. 리스트에 나타난 감정에 체크하거나 O표함으로써 내담자는 과거에 경험했거나 현재 경험하고 있는, 또는 미래에 느껴보기를 원하는 많은 감정을 신속하게 제시할 수 있다. 예를 들어, 학교 상담자는 종종 감정단어 체크리스트를 활용하여 아동이 지금까지 경험해오고 있는 서로 다른 종류의 감정을 변별할 수 있도록 돕는다. 감정을 확인하는 것이 자신의 감정에 대해 타인과 효과적으로 의사소통하는 첫걸음이다. 그러나 감정의 확인이 아동에게만 중요한 것은 아니다. 예를 들면, 결혼 및 관계 상담자는 커플의 구성원 각자가 느끼고 있는 감정을 명확하게 해서 파트너와 효과적으로 의사소통할 수 있게 되기를 원할 것이다. 자신이 느끼는 바를 정확하게 확인할 수 있는 능력은 지적 과정으로부터 정서적 과정을 변별하는 첫걸음이며, 커플 및 가족 상담의 중요한 과제이기도 하다(Guerin & Guerin, 2002). 표 12.1은 상담에서 부적응적인 감정을 확인하는 데 활용할 수 있는 감정단어 체크리스트의 한 예이다. 행동 체크리스트처럼 이런 리스트도 감정단어를 제시할 수 있거나 이미 존재하는 체크리스트를 찾아낼 수 있는 당신의 능력에 따라 그 수와 유형이 다양하다.

감정단어 체크리스트(feeling word checklists)

감정을 평가하는 분류 방법의 일종

BOX 12.7

학대 행동 체크리스트

당신이 파트너에게 한 행동과 파트너가 당신에게 한 행동을 체크하시오.

	당신이 파트너에게 한 행동	파트너가 당신에게 한 행동
1. 때리기	＿＿＿＿＿＿＿＿	＿＿＿＿＿＿＿＿
2. 머리카락 잡아당기기	＿＿＿＿＿＿＿＿	＿＿＿＿＿＿＿＿
3. 물건을 던지기	＿＿＿＿＿＿＿＿	＿＿＿＿＿＿＿＿
4. 불로 지지기	＿＿＿＿＿＿＿＿	＿＿＿＿＿＿＿＿
5. 꼬집기	＿＿＿＿＿＿＿＿	＿＿＿＿＿＿＿＿
6. 목을 조르기	＿＿＿＿＿＿＿＿	＿＿＿＿＿＿＿＿
7. 뺨 때리기	＿＿＿＿＿＿＿＿	＿＿＿＿＿＿＿＿
8. 깨물기	＿＿＿＿＿＿＿＿	＿＿＿＿＿＿＿＿
9. 묶어 놓기	＿＿＿＿＿＿＿＿	＿＿＿＿＿＿＿＿
10. 벽이나 물건에 주먹질하기	＿＿＿＿＿＿＿＿	＿＿＿＿＿＿＿＿
11. 물건을 깨버릴 의도로 던지기	＿＿＿＿＿＿＿＿	＿＿＿＿＿＿＿＿
12. 떠나지 못하게 제한하기	＿＿＿＿＿＿＿＿	＿＿＿＿＿＿＿＿

© Cengage Learning

표 12.1 부적응 정서를 확인하기 위한 감정단어 체크리스트

Abandoned	Embarrassed	Lying	Stuck-up
Aggravated	Empty	Mean	Stupid
Aggressive	Envious	Miserable	Suppressed
Angry	Exasperated	Misunderstood	Teased
Anxious	Failure	Nauseated	Terrified
Appreciated	Fearful	Neglected	Thoughtless
Apprehensive	Forced	Nervous	Tormented
Argumentative	Forlorn	Obligated	Traumatized
Arrogant	Forsaken	Oppressed	Troubled
Ashamed	Frigid	Overwhelmed	Troubling
Awful	Frustrated	Pained	Unaccepted
Betrayed	Futile	Panicked	Unconcerned
Bitter	Grieving	Paranoid	Undesirable
Blind	Guilty	Pitiful	Uneasy
Bored	Hateful	Powerless	Unfriendly
Broken-hearted	Haughty	Pressured	Unfulfilled
Burdened	Helpless	Provoked	Unhappy
Claustrophobic	Hopeless	Punished	Unhelpful
Concerned	Humiliated	Rejected	Unneeded
Confused	Hurried	Repulsive	Unloved
Criticized	Hurt	Resentful	Unpleasant
Cut off	Impatient	Restless	Unreliable
Deceived	Imposed	Restricted	Unsociable
Defensive	Impossible	Sad	Unsuccessful
Depressed	Inadequate	Scared	Unwanted
Difficult	Incapable	Selfish	Unworthy
Dirty	Indecisive	Shameful	Upset
Disappointed	Insecure	Shattered	Used
Discontented	Intolerant	Shocked	Useless
Discouraged	Irresponsible	Shy	Victimized
Disgusted	Irritated	Skeptical	Vindictive
Disloyal	Jealous	Smug	Wasted
Disrespected	Left out	Spiteful	Wary
Distressed	Let down	Sorrowful	Weary
Doubtful	Lonely	Sour	Worthless
Drained	Longing	Stifled	Wounded
Egotistical	Lost	Stubborn	Wrong

© Cengage Learning

기타 분류 기법   우리가 만들 수 있는 분류 기법은 수없이 많다. 행동 체크리스트처럼 우리가 상상력을 발휘하면 얼마든지 새로운 방법을 만들 수 있다. 예를 들면, 내담자에게 자신이 가진 '비합리적 생각'을 나타내는 항목을 고르도록 할 수 있을 것이다. 또한 진로에 관한 평가를 받고 있는 사람에게 매력적으로 다가오는 직업을 고르도록 할 수 있을 것이다. 노인에게는 완전한 삶을 살기 어렵게 하는 장벽(욕탕에서 나올 때의 어려움, 시력 문제 등)을 고르게 할 수도 있을 것이다.

환경 평가

개인의 환경은 종종 간과되지만 가치 있는 정보의 원천이다. **환경 평가**(environmental assessment)라 불리는 이런 종류의 평가는 내담자의 집, 학교, 직장, 또는 다른 장소에서 일반적으로 관찰이나 자기보고를 통해 정보를 수집한다. 이런 형태의 평가는 검사실에서 실시하는 검사보다 자연스럽고 맥락에 적절하며, 놀라운 사실을 발견할 수도 있다. 내담자는 의도적으로 상담자를 속이려는 것은 아니지만 자신의 정확하지 못한 지각에 토대를 둔 왜곡된 견해를 종종 나타내기 때문이다. 또는 내담자는 자기 삶의 어떤 측면을 드러내는 것에 대해 불편해하기 때문이다(예: 가난하게 사는 사람은 별로 좋지 못한 가정 상황을 드러내기를 원치 않을 수 있다). 환경 평가는 직접적인 관찰을 통해, 상황 평가를 실시함으로써, 사회성 측정(sociometric) 평가를 적용함으로써, 또는 환경 평가 도구를 사용하여 수행할 수 있다.

환경 평가
(environmental assessment)
자기보고나 관찰을 통해 내담자의 집, 학교, 또는 직장에서 정보를 수집함

직접 관찰   내담자의 집, 교실, 직장, 또는 다른 장소를 방문하는 것은 가장 경험 많은 치료자조차 찾을 수 없는 수많은 정보를 산출할 수 있다. 예를 들어, 검사실에서 검사 실시 및 면접을 한 후 내담자의 집을 방문하여 그가 오래된 잡지를 천장까지 쌓아두고 있다는 사실을 발견하는 상황을 상상해보자. 또는 당신의 사무실에 있는 작은 '천사'가 교실에서 다른 여자애들과 함께 있을 때는 완전히 다른 행동을 보인다는 사실을 발견했다고 상상해보자. 또는 내담자가 자신의 아내가 '미쳐 발광하고, 화를 잘 내며, 한심하다고' 했지만 그의 가정 상황에 대한 평가를 수행하는 동안 놀랍게도 그의 아내가 친절하고, 사려 깊으며, 매력적이라는 사실을 발견했다고 상상해보자.

직접 관찰(direct observation)
관찰을 통한 환경적 평가

 가정 방문은 거의 언제나 도움이 되며, 상담을 하면서는 확인할 수 없는 내담자에 관한 중요한 정보를 발견하는 경우가 많다(Yalom, 2002; BOX 12.8 참조). 추가적으로, 사전에 내담자와 가정 방문에 대해 논의하는 것은 생산적인 대화를 산출할 수도 있다. 예를 들어, 예정하고 있는 방문에 대해 논의하고 있는 가운데 아직 이야기되지 않은 어떤 이유로 내담자가 갑자기 불안해졌음을 알게 되었다고 하자. 이 경우 내담자의 불안은 회기 내에서 탐색되고 처리될 수 있다. 또 다른 이점은 내담자가 가정 방문을 당신의 헌신 및 돌봄 수준에 대한 인정으로 생각할 수 있다는 사실이다. 이러한 일은 라포와 신뢰 형성에 도움이 된다. 직장 방문 또한 유용한 정보를 생성할 수 있다. 그러나 내담자에 대한 비밀 보장

© Cengage Learning

BOX 12.8
효과적인 가정 방문

밀턴 에릭슨(Milton Erickson)은 내담자의 집이나 직장에서 일상적이지 않은 단기 개입을 하는 것으로 유명하다. 예를 들면, 우울하고 외로우며 부끄러움이 많은 한 여성의 집에서 어떻게 한 시간 미만의 개입을 했는지에 대한 이야기가 있다. 그는 집을 방문하여 내담자가 아프리카산 비올렛을 키우는 데 전문가이고 교회의 헌신적인 멤버라는 사실을 알게 되었다. 그는 재빨리 한 가지 개입 방안을 생각해내었다. 즉, 그녀

가 다니고 있는 교회에서 출산, 결혼, 사망이 있을 때마다 자신이 키우는 꽃을 보내라는 것이었다. 그녀는 이 과업을 종교적으로 수행했는데, 이것이 그녀의 삶을 극적으로 바꾸어놓았다. 교회의 다른 멤버들이 그녀를 알아보기 시작했고, 그녀에게 감사를 표했다. 그녀가 사망했을 때, 지역 신문은 수백 명의 사람들이 '아프리카산 비올렛 부인'의 장례식에 참석했다고 보도했다(Gordon & Meyers-Anderson, 1981).

을 유지하는 데 주의를 기울여야 한다.

마지막으로, 학교와 교실 방문은 아동과 청소년에 대한 평가에 유용하다. 이런 방문을 통해 조력 전문가는 학생의 낮은 수행과 관련되어 있을지 모르는 조명, 좌석 위치, 방 배치, 소음 같은 환경적 요인을 평가할 수 있다. 교실이나 운동장에서 학생을 관찰함으로써 아동의 사회적 상호작용을 이해할 수도 있다.

상황 평가(situational assessment)
개인이 어떻게 행동하는지를 알기 위한 역할 연기

상황 평가   상황 평가(situational assessment)는 때때로 활용되는 또 다른 유형의 환경 평가라 할 수 있다. 이 유형의 평가는 개인이 실제 상황에서 어떻게 반응할지를 조사하기 위해 모의의 자연 상황(simulated, but natural situation)을 활용한다. 예를 들어, 박사 과정에 지원할 때 나(에드 노이크루그)는 한 교수님을 상대로 상담자 역할을 하도록 요청받았다. 그 교수님은 모든 잠재적 학생을 상대로 동일한 내담자 역할을 했다. 이를 통해 그 교수님은 나의 임상 기술을 평가할 수 있었고, 다른 잠재적 지원자와 비교도 할 수 있었다. 오늘날 상황 평가는 사업계나 산업계에서 종업원이 승진될 만한 기술을 갖추고 있는지를 결정하는 데 빈번히 활용되고 있다.

사회성 측정 평가 (sociometric assessment)
집단의 사회 역동을 평가하는 데 활용됨

사회성 측정 평가   사회성 측정 평가(sociometric assessment)는 집단, 조직, 또는 기관 내 개인의 상대적 위치와 역동을 결정하는 데 활용된다. 예를 들어 어느 미취학 아동 집단에서 아동들이 서로를 얼마나 좋아하는지 알아보려고 한다면, 나는 그들 각자에게 누가 자신의 가장 친한 친구인지 내게만 얘기해달라고 할 것이다. 그런 다음 두 번째로 친한 친구의 이름을 알려달라고 할 것이다. 이렇게 해서 이를 순위화한 지도를 만들 수 있을 것이다 (그림 12.1 참조).

확실히, 어떤 사회성 측정 도구가 사용될 것인지는 평가될 상황에 달려 있다. 예를 들어, 당신은 어느 가족에게 "이 가족에서는 누가 결정권을 갖고 있습니까?"를 질문할 수 있을 것이다. 또는 비밀 보장과 신뢰가 확립되었다면 기숙사에 거주하는 대학생에게 "이 기숙사에서 누가 약물이나 술을 가장 심하게 합니까?"라고 물을 수 있을 것이다.

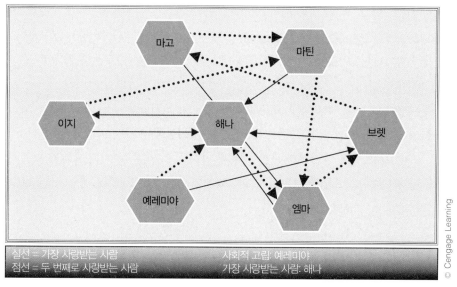

실선 = 가장 사랑받는 사람   사회적 고립: 예레미야
점선 = 두 번째로 사랑받는 사람   가장 사랑받는 사람: 해나

© Cengage Learning

그림 12.1 사회성 측정 지도

환경 평가 도구　환경 평가(environmental assessment)를 실행하는 데 도움이 되는 수많은 도구가 개발되어서 관찰과 함께 활용되고 있다. 이 장에서 보아왔던 다른 도구와 달리, 이런 도구들은 가장 엄격한 검사 제작 과정을 거친다. 다음은 이런 도구들 중 몇 가지를 제시한 것이다. 이런 도구들이 내담자 환경을 평가하는 데 어떻게 활용되는지 알 수 있을 것이다(연습문제 12.3 참조).

환경 평가 도구 (environmental assessment instruments) 관찰과 함께 사용되며, 다른 비공식적 검사 도구보다 훨씬 엄격히 구성됨

- CASE-IMS(Comprehensive Assessment of School Environments Information Management System): 이 도구는 전체 학교 환경과 분위기를 평가하는 데 활용된다. 이 도구는 자기보고식 질문지이며, 학생용, 부모용, 교사용, 교장용이 있다. 이를 활용한 평가로부터 얻을 수 있는 결과는 다른 학교들을 대상으로 하여 작성된 규준에 비추어 나타난 강점과 약점이다(Manduchi, 2001).
- 실행 기능에 대한 행동 평정 척도—성인용(Behavior Rating Inventory of Executive Function—Adult Version): 이 도구는 18세에서 90세까지의 성인을 대상으로 고등 인지 기능을 평가하는 데 사용되는 75문항짜리 질문지로 행동, 정서, 생각을 조절하는 개인의 능력을 평가하는 것이 목적이다. 이 도구는 주의력결핍장애, 학습장애, 자폐, 뇌 손상, 우울, 그리고 실행 기능에 영향을 주는 정신분열 및 관련 장애를 평가하는

연습문제 12.3 │ 환경 평가에 관한 자기반성

당신이 상담을 받고 있다면, 그리고 당신의 상담자가 집이나 직장을 방문했다면, 그녀는 당신이 스스로 개방하지 않은 뭔가를 알아차릴까? 왜 당신은 집이나 직장 환경에 대한 어떤 것을 상담자에게 이야기하지 않을까? 그리고 환경 평가가 '진정한' 당신을 드러내는 데 얼마나 유용할까? 등에 대해 소집단으로 나누어 논의해보라.

데 활용되기도 한다. 이 도구는 제지(inhibit), 변화(shift), 정서 통제, 자기 모니터, 주도(initiate), 작업기억, 계획/조직화, 과제 모니터, 자료의 조직화로 이름 붙여진 9개의 영역을 평가한다. 원점수는 개인의 연령 집단에 기반한 T점수로 변환된다(Dean & Dean, 2007).

- 정서 또는 행동장애 척도 개정판(Emotional or Behavior Disorder Scale-Revised): 이 도구는 '학생을 잘 아는' 사람이 평정하며, 정서 및 행동장애를 가진 학생을 확인하는 데 도움을 준다. 보통 학교 담당자의 관찰을 통해 평가될 수 있는 두 개의 요소가 있는데, 바로 64개의 문항으로 구성된 행동 요소와 54개의 문항으로 구성된 직업(vocational) 요소이다(Watson, 2005).

기록과 개인 문서

기록과 개인 문서
(records and per-
sonal documents)
내담자의 신념, 가치, 행동을 조명함

기록과 개인 문서(records and personal documents)는 평가되고 있는 사람의 신념, 가치, 행동을 이해하는 데 도움이 된다. 이런 자료는 당사자, 당사자와 가까운 사람(예: 부모, 연인), 그리고 내담자와 관련이 있는 기관(예: 교육 기관, 정신건강 관련 기관, 내담자의 직장)으로부터 얻을 수 있다. 좀 더 일반적인 기록과 개인 문서에는 전기 목록, 누적 기록, 일화 정보, 자서전, 일기와 일지, 가계도 등이 있다.

전기 목록
(biographical
inventories)
내담자 삶의 세세한 측면에 대한 정보를 제공함

전기 목록   **전기 목록**(biographical inventories)은 개인의 출생에 대한 것부터 세세한 정보를 제공한다. 이 목록은 평가자가 수행한 구조화 면접의 결과일 수도 있고, 내담자에게 체크리스트에 반응하게 하거나 일련의 질문에 반응하게 함으로써 얻을 수 있다. 전기 목록은 구조화 면접에서 발견되는 것과 동일한 종류의 문항을 포괄한다(구조화 면접에 대해서는 4장을 참고하라). 다음과 같은 종류의 정보가 전기 목록을 통해 수집된다.

- 인구학적 정보
  - 나이
  - 성별
  - 민족
  - 주소
  - 출생일
  - 전자메일 주소
  - 전화번호(자택과 휴대폰)
- 호소 문제
  - 문제의 성격
  - 문제의 지속 기간
  - 문제의 심각성
  - 문제에 대한 과거의 치료

- 원가족
  - 원가족에서 주 양육자의 이름과 그 또는 그녀에 대한 진술
  - 원가족에서 형제자매의 이름과 그 각각에 대한 진술
  - 원가족과 관련이 있는 중요한 타인들의 이름과 그 각각에 대한 기본 진술
  - 원가족의 거주지역
  - 원가족 내 구성원 간 관계의 질
  - 원가족이 경험했던 외상 사건
- 현재의 가족
  - 현재 파트너와의 관계의 성격
  - 현재 파트너와 관계를 유지한 기간
  - 자녀, 의붓자식, 입양 자녀의 이름, 연령, 그리고 각각에 대한 진술
  - 현재 가족과 관련이 있는 중요한 타인들의 이름과 그 각각에 대한 기본 진술
  - 현재 가족 내 관계의 질
  - 현재 가족이 경험한 외상 사건
- 교육
  - 부모 각자의 최종 학위와 대학 전공(대학졸업자라면)
  - 배우자 각각의 최종 학위와 대학 전공(대학졸업자라면)
  - 자녀의 최종 또는 현재 교육 수준
- 직업 배경
  - 청소년기 이후의 세세한 직업 경력
  - 배우자/중요한 타인의 세세한 직업 경력
  - 부모의 직업 경력
  - 1차 가족 구성원의 현재 연봉
  - 내담자와 그 배우자 또는 중요한 타인의 현재 직업 만족도에 대한 평가
- 재정
  - 원가족의 경제적 지위/사회계층
  - 현재의 경제적 지위/사회계층
  - 재정적 어려움 관련 역사
- 상담 및 정신질환 관련 역사
  - 세세한 상담/정신과적 치료 관련 역사
  - 중요한 타인의 세세한 상담/정신과적 치료 관련 역사
  - 자녀의 세세한 상담/정신과적 치료 관련 역사
  - 원가족 및 확대 가족에서의 정신질환 관련 역사
  - 원가족 및 현재 가족에서 향정신성 약물의 복용

- 의학적 치료 관련 역사
  - 주요 의학적 문제
  - 중요한 타인의 주요 의학적 문제
  - 자녀, 의붓자식, 입양 자녀의 주요 의학적 문제
  - 원가족에서의 주요 의학적 문제
  - 현재 가족에서 의학적 문제의 현재 상태
  - 현재 약물 복용 여부: 약물의 명칭과 복용량
- 약물 사용과 남용
  - 흡연

    _____ 비흡연   흡연 기간: _____년

    하루 _____ 개피
  - 음주

    _____ 비음주 _____ 때때로 _____ 규칙적으로 _____ 과음 _____ 폭음

    음주 기간: _____년
  - 불법 약물

    약물의 종류(한 가지 이상이면 모두 제시할 것)

    사용 여부: _____ 비사용 _____ 때때로 _____ 규칙적으로 _____ 과하게

    사용 기간: _____년
  - 처방 약물 남용

    약물의 종류(한 가지 이상이면 모두 제시할 것)

    사용 여부: _____ 비사용 _____ 때때로 _____ 규칙적으로 _____ 과하게

    사용 기간: _____년
- 법률 위반 문제
  - 법률적 문제의 성격
  - 스스로에게 미치는 영향
  - 타인에게 미치는 영향
  - 다음에서 지난 6개월 동안 변화가 있었던 것이 있다면 체크해주세요.

    _____ 몸무게   _____ 식욕

    _____ 수면 패턴   _____ 성에 대한 관심

    _____ 성적 활동   _____ 일반적인 활동 수준

    체크한 항목에 대해 설명해주세요:
  - 성적 지향

    _____ 이성애

    _____ 양성애

_____ 동성애

_____ 성전환

_____ 명확하지 않음

- 공격 행동
  - 과거 부적절한 행동의 성격:
  - 현재의 폭력적인 관념:
  - 부적절한 행동의 가능성:

- 자해 행동
  - 과거 행동의 성격:
  - 현재의 관념(자살 등):
  - 자해 가능성:

- 정서적 및 정신적 상태(해당하는 모든 것에 체크하시오.)

_____ 우울한	_____ 불안한	_____ 짜증 나는
_____ 눈물이 날 것 같은	_____ 슬픈	_____ 무관심한
_____ 화난	_____ 소극적인	_____ 정서 불안정
_____ 망상	_____ 환각	_____ 강박적 사고
_____ 공황상태	_____ 강박	_____ 두려운
_____ 공포를 느끼는	_____ 죄책감	_____ 기억 문제
_____ 낮은 자존감	_____ 행복한	

한 항목에라도 체크했다면 그것에 대해 설명해보시오(강도와 지속 기간을 나타내시오):

누적 기록　우리는 우리의 주요 행동에 대한 **누적 기록**(cumulative records)을 보관하고 있다. 예를 들면, 누적 기록은 학교에서 흔히 발견할 수 있다. 여기에는 아동의 검사 점수, 등수, 행동 문제, 가족 문제, 다른 사람과의 관계 등에 관한 정보가 저장된다. 또한 대부분의 직장에서도 종업원 각자에 대한 어떤 것이든 누적 기록을 갖고 있다. 이런 기록은 전체로서의 개인에 대한 우리의 이해에 필수적인 정보를 추가할 수 있다. 일반적으로 내담자가 서명한 요청 양식을 제출하면 이 기록에 접근할 수 있다.

> **누적 기록**(cumulative records)
> 학교, 고용주, 또는 정신건강 관련 기관으로부터 문서를 수집함

일화적 정보　**일화적 정보**(anecdotal information)는 개인의 누적 기록에서 발견될 수 있으며, 일반적으로 일관성이 있거나(예: 조나단은 늘 약속시간을 잘 지킨다) 일치하지 않는(예: 일반적으로 동료와 잘 지내는 사만사가 오늘은 어떤 사람과 언쟁을 벌였다) 개인의 행동을 포함한다. 일화적 정보는 개인이 행동하는 일반적인 방식 또는 내담자의 내면세계를 엿보게 해주는, 일치하지 않거나 드물게 관찰되는 행동에 관한 통찰을 줄 수 있다.

> **일화적 정보**(anecdotal information)
> 내담자 기록에서 발견되는 일반적인 패턴이나 비전형적인 행동에 관한 주관적인 코멘트나 메모

자서전 한 개인에 대해 깊이 있고 종합적인 정보를 수집하는 데 도움이 되는 전기 목록

자서전
(autobiography)
내담자에게 자신의 인
생사를 작성해보도록 요
구함

과는 달리, 개인에게 **자서전**(autobiography)을 작성하도록 하면 그 개인의 삶에서 두드러지는 주관적인 역사적 정보를 얻을 수 있다. 어떤 면에서 보면, 개인이 자신의 전기에서 조명하는 정보는 그 개인이 그 정보를 무의식적으로 선택한 것이라는 점에서 일종의 투사검사라 할 수 있다. 이 정보는 개인의 자기감 발달에 영향을 주었을 것이다. 자서전 쓰기가 창의적이고 통찰력 있는 개인에게는 자기인식에 관해 많은 것을 드러낼 수 있는 즐거운 과정이 될 수 있다.

일기나 일지
내담자에게 일상적 생각,
행위, 또는 꿈을 기록해
보도록 함

일기와 일지 어떤 사람들은 **일기**(diary)나 **일지**(journal)를 쓰는 것을 즐기고 그로부터 뭔가를 얻는다. 예를 들면, 꿈일지는 내담자 삶의 이슈를 나타내는 패턴과 무의식적인 추동 및 욕구를 드러낸다는 점에서 가치 있는 통찰을 제공할 수 있다. 내담자는 종종 꿈일지를 침대 바로 옆에 두었다가 잠에서 깨자마자 바로 꿈 기억을 기록하는 방법으로 자신의 꿈과 접촉하는 법을 배울 수 있다. 사실, 개인에게 이런 방식으로 자신의 꿈을 기억하는 방법을 가르칠 수 있다는 것이 밝혀졌다(Gordon, 2007; Hill, 2004). 마찬가지로, 일기도 내담자의 내부 세계를 드러내고 중요한 행동 패턴을 확인하는 데 도움이 될 수 있다. 조력자와 내담자가 일지나 일기에서 발견되는 주제를 검토하면, 사소한 것으로 보였을 행동에 좀 더 주의를 기울이게 될 것이다. 일기와 일지는 한 개인에 대한 우리의 이해에 중요한 내부자 관점을 추가할 수 있다.

가계도(genogram)
내담자의 가족 관계 및
관련 정보를 나타낸 지도

가계도 가계도(genogram)는 많은 정보를 줄 수 있는 평가 도구이다. 이것은 또한 치료를 하는 동안 초점으로 기능할 수 있다. 가계도는 상담에서 관심사가 될 수 있는 질환, 정신장애, 약물 사용, 성적 지향, 관계, 문화 이슈 등에 관한 가족사를 포함하는 가족 상황을 나타낸 일종의 지도이다. 일반적으로 상담자는 내담자에게 질문을 하면서 가계도를 그린다. 그러나 가계도 그리는 것을 숙제로 부여할 수도 있다.

　가계도에 포함될 수 있는 수많은 상징과 항목이 있다. 전형적인 것들이 그림 12.2의 아랫부분에 표시되어 있다. 그러나 필요하면 다른 것들이 생성될 수도 있다. 가계도에는 날짜 또는 연령도 중요하다. 어떤 사람은 이름 가까이에 태어난 해, 그리고 해당 사항이 있으면 사망한 해를 추가하기도 한다. 다른 하나의 방법은 개인을 나타내는 사각형이나 원 내부에 연령을 나타내는 것이다. 마찬가지로, 결혼한 해 또는 결혼 기간이 결혼관계 선 위에 표시될 수 있다. 이혼을 나타내는 데는 두 사람을 분리하는 선이 활용된다. 그림 12.2의 가계도에서처럼 가족 구성원 전체 또는 일부의 지리적 위치를 표시하기도 한다. 지리적 위치는 누가 살고 있는지, 누가 다른 사람들로부터 거리를 유지할 필요가 있었는지, 그리고 관계 맺는 양식에 있어서 문화 차이(북쪽에 사는 사람은 남쪽에 거주하는 사람과 다른 관계 맺는 양식을 갖고 있다)를 나타내는 지표가 될 수 있기 때문이다. 출생일과 사망일, 신체적 문제, 정신건강 문제, 결혼과 이혼, 가족 구성원이 거주하는 지리적 위치 등을 확인하는 것은 상담에서 작업해야 할 이슈를 조명하는 데 도움이 될 수 있다. 또

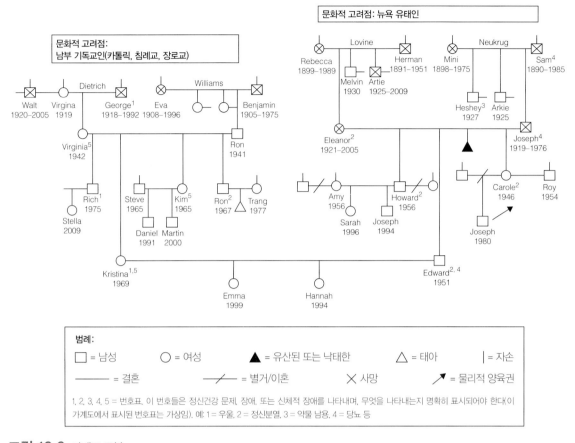

그림 12.2 가계도 표본

출처: Neukrug, E. (2007). *The World of the Counselor*. Belmont, CA: Brooks/Cole

---

연습문제 12.4 │ 기록과 개인 문서의 적용

소집단으로 나누어 기록과 개인 문서를 활용할 방법을 마련해보라. 이 장에서 논의한 다양한 유형의 기록과 개인 문서의 활용방안을 통합해보라. 당신이 마련한 방안을 수업에서 발표해보라.

© Cengage Learning

한 세대를 통해 내려온 가족 패턴을 추적하는 데도 도움이 된다. 가족에 있어서 이런 경향을 완전히 포착하기 위해서는 최소한 내담자의 조부모 수준까지의 가계도를 작성할 필요가 있다(연습문제 12.4 참조).

수행 기반 평가

수행 기반 평가(performance-based assessment)는 표준화 검사에 추가하여 활용하는 평가 또는 표준화 검사의 대안으로 제시되고 있다. 이 평가에서는 실제 세상에서의 수행에 토대를 두고 있는 다양한 비공식적 평가 절차를 활용하여 개인을 평가한다. 수행 기반 평가는 사업, 고등교육을 포함한 많은 장면에서 수행되고 있으며, 자격 인증 목적으로도 활

수행 기반 평가(performance-based assessment)

실제 세상에서의 수행에 기반한 평가 절차

용되고 있다(Feldman, Lazzara, Vanderbilt, & DiazGranado, 2012). 수행 기반 평가는 개인이 현재 또는 궁극적으로 얼마나 잘 성취할 것인지를 예측할 수 있는 광범위한 대안 평가 방법을 제공한다.

인지 기술 평가에 주로 활용되는 표준화 검사는 많은 연구에서 예언력이 높은 것으로 나타나고 있다. 그러나 이런 검사가 계속 인종적 차이를 보인다는 사실에 많은 사람이 놀라고 있다(Sackett, Schmitt, Ellingson, & Kabin, 2001). 어떤 사람들은 이런 검사를 대신하여 또는 이런 검사에 추가하여 원하는 결과를 예측할 수 있는 수행 기반 평가를 활용한다면 그런 차이가 감소될 수 있을 것이라 제안한다. 추가적인 측정 도구가 인지적 기술에 높이 부하되어 있지 않은 대인관계 기술 및 성격 등의 측정 도구라면 특히 그럴 것이다. 추가적인 방법의 활용은 특정 영역에서 역량을 보일 수 있는 사람들의 수를 증가시킬 것이고, 일자리 하나를 놓고 선택될 수 있는, 자격을 받을 수 있는 또는 대학원 프로그램에 입학 허가를 받을 수 있는 소수인종 출신자의 수를 증가시킬 것이다. 최근 점점 더 널리 활용되고 있는 수행 기반 평가의 한 유형은 포트폴리오의 활용이다.

포트폴리오 평가(portfolio assessment)는 교사 교육 프로그램에서 흔히 활용되며, 조력 전문가 훈련 프로그램에서도 점점 더 많이 활용되고 있다(Cobia et al., 2005; Robles, 2012). 포트폴리오 평가는 인증 표준 같은 특정 기준을 충족하는 광범위한 영역에서의 역량을 보여주는 많은 수의 항목을 엮을 것을 학생들에게 요구한다. 흔히 학생 포트폴리오에는 학생이 이미 완료하여 평가가 이미 이루어진 프로젝트가 포함된다. 때때로 학생이 작업한 것을 검토했던 교사나 감독자의 코멘트도 포함된다. 학생들은 일반적으로 프로젝트를 포트폴리오에 포함시키기 전에 다듬고 정교화할 기회를 갖는다. 물론, 언제든 새 항목이 포트폴리오에 포함될 수 있다.

포트폴리오에 포함되는 것의 한 예를 들자면, 학교 상담 전공 학생에게 다음과 같은 것을 포트폴리오에 포함시킬 것을 요구할 수 있다. 즉, 이력서, 내담자와 상담한 것을 촬영한 비디오, 이에 대한 슈퍼바이저의 평가, 인간의 본성에 대한 견해를 기술한 보고서, 다문화 학교 환경을 조성하기 위해 노력한 예, 학교 상담에 대한 헌신을 보여주는 예, 학생이 작성한 검사 보고서, 또는 종합적 학교 상담 프로그램을 어떻게 조성할지를 보여주는 프로젝트. 과거에는 포트폴리오가 '종이' 프로젝트였던 반면, 오늘날에는 주로 CD나 온라인에 탑재된다(Robles, 2012).

포트폴리오 평가의 타당성은 수많은 요인에 토대를 두고 있다. 여기에는 포트폴리오의 내용이 목적으로 하는 역량 및(또는) 표준을 반영하는지 여부, 평가되고 있는 영역에 토대를 둔 명료한 채점 체계, 목적으로 하는 역량을 반영하는 희망결과(예: 상담자의 내담자 상담 역량), 포트폴리오가 평가되고 있는 것의 성과 및 관련 기술(예: 내담자를 대상으로 하는 상담에 있어서 상담자의 성공)을 예측하는지 여부 등이 포함된다(vander Schaaf, & Stokking, 2008).

**포트폴리오 평가
(portfolio assess-ment)**
수행 기반 평가는 고등교육에서 종종 발견됨

　　수행 기반 평가는 개인을 평가하는 전통적인 방식에 대한 대안이 되어왔으며, 앞으로도 계속 활용될 것이다. 당신이 누군가를 평가하는 일에 종사하게 된다면, 당신은 아마도 수행 기반 평가 절차를 고려하게 될 것이다.

비공식 평가의 검사 양호도

이 장의 전반부에서 이미 논의했듯이 비공식 평가 기법은 매우 실용적이기는 하지만 타당도, 신뢰도, 다문화 민감성에서 공식 평가 기법보다 못하다. 비공식 평가 기법이라는 맥락에서 이러한 것들이 어떤 의미를 갖는지 살펴보자.

타당도

비공식 평가 기법의 타당도(validity of informal assessment techniques)는 검사자가 평가되고 있는 것을 얼마나 잘 정의하고 있는가와 관련이 있다. 예를 들어, 내가 중학교 학생의 부적절한 행동에 관심을 갖고 있다면, 나는 부적절하다고 규정하는 행동을 명확히 정의할 필요가 있다. 또한 부적절한 행동이 나타나는 장소를 명확히 할 필요가 있다. 예를 들면, 부적절한 행동은 교실에서의 부적절한 행동만으로 정의되는가? 아니면 복도, 운동장, 현장 방문, 집에서의 부적절한 행동도 포함하는가? 또한 우리는 정확히 어떤 '부적절한' 행동을 지칭하고 있는가? 부적절한 행동이란 밀기, 방해하기, 부적절한 비음성적 몸짓하기, 또는 수업에 참여하지 않기를 의미하는가? 행동의 종류와 그 행동이 나타나는 장

> **비공식 평가 기법의 타당도**(validity of informal assessment techniques)
> 명확히 정의된 일단의 행동에 기반을 두고 있음

연습문제 12.5 │ 비공식 평가 기법의 타당도

소집단으로 나누어서, 다음 리스트에 나타난 비공식 평가 기법을 활용할 때 평가된 정보가 타당하다는 증거를 어떻게 보여줄지 논의해보라.

관찰
- 사건 표집
- 시간 표집
- 사건과 시간 표집

평정 척도
- 수리 척도
- 리커트 척도(그래픽 척도)
- 의미변별 척도
- 순위 척도

범주 체제
- 행동 체크리스트
- 감정단어 체크리스트

- 기타 '스스로 고안한' 범주 척도

환경 평가
- 직접 관찰
- 상황 검사
- 사회성 측정 평가
- 환경 평가 도구

기록과 개인 문서
- 전기 목록
- 누적 기록
- 일화 정보
- 자서전
- 일기와 일지
- 가계도

수행 기반 평가
- 포트폴리오 평가

© Cengage Learning

소를 명료하게 정의할 수 있을수록 그 영역에 대한 정보를 수집하기 쉽고, 그 결과 평가는 더 타당해질 것이다. 그래서 일반적으로 비공식 평가 기법을 지칭할 때는 전통적 방식의 타당도를 평가하는 것이 아니다. 그보다는 측정되고 있는 영역을 얼마나 명확하게 정의하고 있는지를 의미한다(연습문제 12.5 참조).

신뢰도

비공식 기법의 신뢰도 (reliability of informal techniques)

행동이 얼마나 정확하게 정의되는지에 기반을 두고 있음

평정자 간 신뢰도(interrater reliability)

둘 또는 그 이상의 평정자 사이의 일치도 또는 일관성

비공식 평가에서 평가되고 있는 행동이 더 잘 정의될수록 수집된 자료는 더 신뢰성이 있을 것이다. 그래서 비공식 평가에 있어서 타당도와 신뢰도 사이에는 밀접한 관계가 있다. 이상적으로, 비공식 평가를 수행할 때는 수집하고 있는 자료의 의미를 이해하도록 훈련된 최소 두 명이 자료를 수집하고 분류해야 한다. 이렇게 하면, 두 명의 평정자 간 통계적 일치율을 뜻하는 **평정자 간 신뢰도(interrater reliability)**를 계산할 수 있다(Gwet, 2010). 그러나 이런 방식은 보통 잘 이용되지 않는다. 평정이나 관찰을 할 두 번째 사람을 찾기 어렵기 때문이기도 하고, 두 사람을 유사하게 평정하도록 훈련시키는 데 몇 주는 아니더라도 며칠은 걸리기 때문이다. 예를 들면, 훈련된 두 평정자에게 한 개인의 꿈을 기술하게 하는 것은 그 개인이 수면 클리닉처럼 통제된 장면에 있지 않는 한 거의 불가능할 것이다. 이와 유사하게, 훈련된 두 평정자에게 상담수련생의 상담자-내담자 역할연습 비디오를 보고 평정하게 하는 것도 일반적이지 않다. 앞서 얘기했던 부적절한 행동을 하는 중학생의 예를 고려해보자. 이 경우 이상적으로는 두 명의 평정자가 그 학생을 같은 시간에 관찰하고, 그들이 보고 있는 부적절한 행동이 무엇인지 그리고 그 맥락(교실, 운동장, 집 등)을 정확히 아는 것이다. 이 학생을 관찰한 후, 두 평정자는 관찰한 바를 교차검증해서 유사한 정보를 수집했는지를 확인할 것이다. 이러한 일이 가능하다면, 그런 정확성을 통계적으로 비교할 때 우리는 관찰자들의 평정자 간 신뢰도를 보고 있는 것이다.

예를 들어, 내가(에드 노이크루그) 대학생이었을 때 나와 내 친구는 한 심리학과 교수와 함께 물이 담긴 그릇이 박스의 검은 측면에 있다는 사실을 목마른 쥐가 얼마나 빨리 학습하는지를 조사하고 있었다. 그 박스에는 떼어낼 수 있는 면이 있었는데, 한쪽은 흰색이고 다른 한쪽은 검은색이었다. 그 면들을 무선적으로 배치했지만 물이 담긴 그릇은 늘 검은색 측면에 두어서 목마른 쥐의 학습 곡선을 평가할 수 있었다. 나와 내 친구는 쥐를 박스의 중간에 두고 그 쥐가 옳은 면(검은색 면)으로 가서 물을 마셨는지를 독립적으로 평정했다. 타당도와 신뢰도를 증가시키기 위해 우리는 쥐의 학습된 행동이 무엇인지를 분명히 할 필요가 있었다. 예를 들어 검은색 면으로 가서 물이 담긴 그릇을 향해 나아가지만 건드리지는 않는다면, 이것은 학습된 반응인가? 쥐가 와서 그릇 안을 보지만, 물을 마시지는 않는다면? 쥐가 그릇으로 와서, 안을 보고, 혀를 내밀어 물과 접촉하지만 마시지는 않는 것으로 보이면? 이 경우 그 쥐는 학습된 반응을 보이는가? '옳은' 반응이 명확히 정의되어야만 했다. 좀 더 명확히 정의되면 될수록 우리의 평정은 더 유사해졌을 것이다. 실제 이런 경우 둘 사이의 평정치 상관이 0.8 이상이 되었을 때 좋은 평정자 간 신뢰도를 보

© Edward Neukrug

삽화 12.1 평정자 간 신뢰도

에드와 찰리는 쥐를 관찰할 때, 높은 정도의 평정자 간 신뢰도를 얻을 수 있으리라 기대했다. 그러나 현실에서는 그 쥐가 그들을 관찰하고 있다.

였다고 이야기할 수 있다.

평정자 간 신뢰도에 대한 또 다른 예로, 나(에드 노이크루그)는 비디오로 보여준 가상의 내담자에게 사람들이 반응하도록 했을 때, 이들이 보여준 공감 반응을 어떻게 평정하는지를 두 명의 대학원생이 배우게 했다. 이 두 명의 대학원생은 0.5점씩 표시된 5점 척도상에서 공감을 어떻게 평정하는지 배웠다. 나는 공감이 무엇인지 그리고 0.5, 1, 1.5, 2, 2.5, 3, 3.5, 4, 4.5, 5점을 각각 어떻게 결정할지를 매우 명확히 했다. 두 대학원생이 공감을 이해하는 데나 평정자 간 신뢰도 0.8에 도달할 정도로 척도의 점수를 활용할 수 있을 때까지는 몇 주가 소요되었다. 이 예에서 왜 둘 이상의 평정자 활용이 그렇게 드문지 이해할 수 있을 것이다. 충분한 정도의 평정자 간 신뢰도를 얻기까지 해야 하는 훈련이 힘든 과정이기 때문이다.

다문화 공정성

비공식 평가 절차는 문화적 편견에 취약하다. 두 가지 방식으로 이런 문제가 발생한다. 첫째, 무의식적 또는 의식적 편견의 결과, 검사자, 관찰자, 또는 평정자는 관찰되고 있는 개인의 음성적 또는 비음성적 행동을 오역할 수 있다. 둘째, 검사자, 관찰자, 또는 평정자가 특정 집단의 음성적 또는 비음성적 행동에 대해 단순히 알지 못할 수 있다. 예를 들면, 한 아시아계 학생의 행동을 관찰하도록 요구받은 검사자가 아시아인들이 다른 인종 집단보다 학업 면에서 더 우수한 경향이 있기 때문에 그 학생을 똑똑하다고 가정한다고 하자. 이 경우는 관찰에 영향을 미치는 무의식적 편견의 한 예가 될 수 있다. 잘 모르는 경우의 예로는 같은 관찰자가 아시아계 학생들은 자신의 감정을 잘 표현하지 않으려 한다는 점을 근거로 그 학생이 심리적 이슈를 갖고 있을 것으로 가정하는 경우를 들 수 있다. 실제, 감정 표현은 많은 서구 문화에서 가치를 인정받지만 많은 아시아 국가들에서는 그렇지가 못

다문화 공정성 (cross-cultural fairness) 편파의 가능성은 인지되고 논의되어야 함

하다(Robinson-Wood, 2013).

　　비공식 평가 기법이 편견에 영향받기 쉽다는 사실에도 불구하고 개인에 대한 평가에 많은 것을 더할 수 있다. 이 절차는 한 개인의 특정 행동에 초점을 두고 개발되기 때문에 정확히 어떤 행동을 관찰할 것인지를 선택할 수 있다. 이것이 개인에 대한 우리의 이해를 증진할 수 있다. 비공식 평가는 다문화 공정성에 관한 한 양면을 가질 수 있으며, 얻어진 결과는 조심스럽게 검토될 필요가 있다.

실용성

실용성(practicality)
비공식적 절차는 비싸지 않고, 실시하기 쉬우며, 해석하기 쉬움

비공식 평가는 대단히 유용하다. 우선 비용이 적게 소요되거나 무료이고, 지금 문제가 되고 있는 특정 이슈에 초점을 맞추도록 고안될 수 있으며, 단기간에 제작되거나 얻어질 수 있다. 실시하기가 비교적 쉽고, 가능한 문화적 편견을 제외하면 해석하기도 쉽다. 그래서 한 개인에 대한 대략의 평가가 완료된 후 종종 비공식 평가가 추가적으로 고려된다.

비공식 평가의 활용에서 조력자의 역할

비공식 기법의 활용은 우리가 발휘할 수 있는 상상력만큼 활용될 수 있다. 아마도 가장 중요한 점은 특정 비공식 기법이 평가되고 있는 것에 관한 우리의 지식에 무엇인가를 추가하고 있는지의 여부일 것이다. 누군가에 관한 우리의 지식에 아무것도 추가하지 못하면 그 기법을 현명하게 사용하지 못하는 것이다. 예를 들어, 내가 내담자에게 포트폴리오를 개발하도록 요청함으로써 그의 인지 능력을 평가하기로 결정했다고 하자. 그런데 전통적인 표준화 검사를 통해 내담자의 능력에 대한 좋은 정보를 이미 얻었기 때문에 그 포트폴리오가 거의 아무런 정보를 추가하지 못한다고 하자. 이 경우, 나는 내 시간과 내담자의 시간을 낭비하고 있는 셈이 된다. 반대로, 비공식 기법이 현명하게 활용되어 많은 정보를 추가할 수 있는 경우도 많다.

　　조력자는 그런 기법을 어떻게 활용할까? 학교 상담자는 교실에서 학생들을 관찰한다. 부모는 자녀를 집에서 관찰할 수 있다. 교사와 조력자는 학생과 내담자의 진척을 평정할 수 있다. 임상가는 내담자로 하여금 평정 척도를 활용하여 진척 정도를 평정하게 할 수 있다. 또한 자서전을 쓰게 할 수 있으며, 통찰을 촉진하기 위해 일지와 일기를 쓰게 할 수도 있다. 교사와 학교 상담자는 일화 기록과 누적 기록을 활용하여 학생이 스스로의 학습 양식을 이해하도록 조력할 수 있다. 학교 사회사업가는 가정 같은 중요한 환경에서 학생을 좀 더 잘 이해하기 위해 가정을 방문할 수 있다. 교수는 학생들이 학습한 것을 통합하도록 조력하기 위해 포트폴리오를 활용하고, 전통적인 프로그램 끝 무렵에 하는 평가 절차를 포기할 수 있다. 우리가 비공식 기법을 활용할 수 있는 많은 방안이 있다.

비공식 평가에 대한 최종 마무리

비공식 평가 기법은 신뢰도와 타당도에 문제가 있고 다문화적으로 언제나 공정한 것은 아니다. 그럼에도 불구하고 한 개인을 이해하는 추가적인 수단을 제공할 수 있다. 그래서 한 개인에 대한 의사결정을 할 때, 이 기법이 중요한 특징이나 속성을 정확하게 측정하는 것으로 판단되면 평가 배터리에 추가할 수 있다. 그러므로 비공식 평가 기법을 다른 평가 기법과 함께 활용할 것을 항상 고려하되, 이 기법이 내담자에게 미칠 잠재적 영향을 늘 염두에 두어야 한다.

요약

이 장은 비공식 평가에 대한 개관을 제시했다. 비공식 평가 기법은 주관적이며, 구체적인 평가 요구를 가진 사람에 의해 개발된다는 점을 지적했다. 또한 대부분 자체 제작되기 때문에 개발에 투여되는 시간, 돈, 전문성이 전국적으로 개발된 도구에 비해 일반적으로 제한적이다. 그래서 신뢰도, 타당도, 다문화 이슈가 종종 공식적으로 언급되지 않고, 그에 대한 자료도 없는 경우가 있다. 그러나 이 기법은 다음과 같은 이점이 있다. (1) 한 개인을 평가하는 추가적인 방법을 제공한다. (2) 고도로 초점화된 평가 도구를 제공한다. (3) 단기간에 개발될 수 있다. (4) 침습적인 정도가 상대적으로 덜하다. (5) 무료이거나 비용이 적게 든다. (6) 쉽게 실시되고 해석된다.

가장 먼저 제시한 비공식 평가 기법은 관찰이었다. 논의된 두 가지 유형의 관찰은 사건 표집과 시간 표집이다. 사건 표집은 시간에 대한 고려 없이 목표 행동을 보고 평가하는 것이다. 시간 표집은 특정한 시간이 관찰을 위해 따로 설정될 때 이루어진다. 때때로 시간 표집과 사건 표집이 합쳐지기도 한다.

다음으로, 평정 척도를 검토했다. 평정 척도는 평정자에게 제시되는 속성의 양을 평가할 때 활용된다. 이런 척도는 주관적이며 편견과 오류가 개입될 여지가 있다는 점을 지적했다. 그런 편견과 오류에는 후광 효과와 관대화 오류가 포함된다. 몇몇 일반적인 유형의 평정 척도로는 수리 척도, 리커트(그래픽) 척도, 의미변별 척도,

순위 척도가 있다. 이런 평정 척도와는 반대로 분류 기법은 특성이나 속성의 존재 여부에 관한 정보를 제공한다. 두 유형의 분류 기법에 대해 논의했는데, 여기에는 행동 체크리스트와 감정단어 체크리스트가 포함된다. 특정 영역의 평가를 위해 분류 기법도 쉽게 활용할 수 있다.

다음으로 논의한 비공식 평가 도구는 환경 평가이다. 환경 평가는 내담자의 집, 학교, 또는 직장으로부터 관찰이나 자기보고를 통해 정보를 수집한다. 4개 종류의 환경 평가 유형은 직접 관찰, 상황 검사, 사회성 측정 평가, 환경 평가 도구이다.

이 장에서는 또한 기록과 개인 문서의 활용에 대해 논의했다. 이러한 비공식 평가 도구는 평가받고 있는 사람의 신념, 가치, 행동을 이해하는 데 도움을 줄 수 있다. 그리고 이러한 정보는 내담자, 내담자와 가까운 사람, 기관을 포함한 다양한 원천으로부터 구해질 수 있다. 흔히 활용되는 기록과 개인 문서로 전기 목록, 누적 기록, 일화 정보, 자서전, 일기나 일지, 가계도를 들 수 있다.

마지막으로, 수행 기반 평가에 대해 논의했다. 수행 기반 평가는 개인에 대한 의사결정을 위해 실제 세상에서의 수행에 기반을 둔 절차를 포함하여 다양한 비공식 평가 절차를 활용한다. 인지적 기술을 측정하는 표준화 검사 같은 특정 검사의 활용에 대한 대안으로 비공식 평가 절차는 자격을 갖춘 구직자, 자격인증을 추구하는 사람, 또는 학교에 입학을 허가받은 사람의 풀을 확

대할 것이라 기대된다. 수행 기반 평가의 한 종류인 포트폴리오 평가는 교사 교육 프로그램에서 널리 사용되고 있으며, 조력자 훈련 프로그램에서 점점 더 많이 활용되고 있다.

비공식 평가 기법은 매우 실용적이지만 타당도, 신뢰도, 다문화 민감성에 있어서는 공식 평가 기법보다 못하다는 점을 지적했다. 비공식 평가 기법의 타당도는 검사자가 평가하고 있는 것을 얼마나 잘 정의하고 있는가와 관련 있다는 점을 또한 지적했다. 평가하고 행동을 더 잘 정의할수록(정의가 더 타당할수록) 우리의 자료 수집이 더 신뢰성 있다는 점도 강조했다. 이상적으로, 비공식 평가 기법은 최소 두 명의 개인이 실시해야 하고, 이들의 평정자 간 신뢰도는 최소 0.8은 되어야 한다. 그러나 현실적으로 이런 방식의 평가는 드물게 실시되고 있다.

다문화 이슈와 관련하여, 평가자는 의식적 또는 무의식적 편견의 결과 소수집단 출신자의 음성 또는 비음성 행동을 잘못 해석할 수 있다는 점을 지적했다. 둘째, 단순히 관찰자, 검사자, 또는 평정자가 특정 소수집단의 음성 또는 비음성 행동에 관해 알지 못할 수 있다. 잠재적으로 편견이 작용할 수 있는 소지가 크다는 문제에도 불구하고 비공식 절차는 유용하다. 개인의 특정 행동에 초점을 두고 있기 때문이다. 마지막으로, 비공식 평가 기법은 일반적으로 비용이 적게 들거나 무료이고, 단기간에 개발 및 제작되거나 구해질 수 있으며, 실시 및 해석이 쉽다는 점에서 실용적이라는 점을 지적했다. 현명하게 활용될 때 비공식 평가 기법은 인간을 이해하는 또 하나의 기제를 제공한다.

복습문제

1. 비공식 평가 절차를 정의하고 활용할 수 있는 방법 몇 가지를 제시해보라.
2. 두 유형의 관찰을 기술하고, 임상 장면에서 어떻게 활용할 수 있을지 예를 몇 가지 들어보라.
3. 다음 유형의 평정 척도에 대해 기술하고 예를 들어보라.
   a. 수리 척도
   b. 리커트 척도
   c. 의미변별 척도
   d. 순위 척도
4. 평정 척도를 적용할 때 많은 오류의 원천이 존재한다. 후광 효과와 관대화 오류가 개인을 평정할 때 어떻게 치명적인 영향을 줄 수 있는지 논의해보라.
5. 임상 장면에서 행동 및 감정단어 체크리스트, 그 외의 분류 체계가 어떻게 활용될 수 있는지 예를 들어보라.
6. 다음 환경 평가 도구들이 어떻게 '현재 활용되고 있는(in office)' 도구들 이상으로 도움이 되는지 논의해보라.
   a. 직접 관찰
   b. 상황 검사
   c. 사회성 측정 평가
   d. 환경 평가 도구
7. 많은 유형의 기록과 개인 문서가 평가 과정에서 유용할 수 있다. 다음 리스트에 제시된 평가 도구들을 임상 장면에서 어떻게 활용할 수 있을지 기술해보라.
   a. 전기 목록
   b. 누적 기록
   c. 일화 정보
   d. 전기
   e. 일기와 일지
   f. 가계도
8. 수행 기반 평가가 어떻게 고도의 자격을 갖춘 구직자 또는 대학원 지원자의 수를 넓힐 수 있는가?
9. 비공식 평가 절차에 있어서 타당도는 어떻게 판단될 수 있는지 논의하라.
10. 비공식 평가 과정에 있어서 평정자 간 신뢰도와 그

중요성을 논의하라.

11. 다문화 이슈와 관련하여 비공식 평가 절차의 강점과 약점을 논의하라.

12. 비공식 평가 절차는 쉽게 그리고 신속하게 개발되어 실행될 수 있기 때문에 매우 실용적이다. 그러나 이러한 사실은 비공식 평가 절차가 때로는 좋은 신뢰도 또는 타당도를 갖도록 개발되지 못할 수 있음을 의미하기도 한다. 이런 측면에서 비공식 평가 절차의 강점과 약점에 대해 논의하라.

참고문헌

Cobia, C. D., Carney, J. S., Buckhalt, J. A., Middleton, R. A., Shannon, D. M., Trippany, R., et al. (2005). The doctoral portfolio: Centerpiece of a comprehensive system of evaluation. *Counselor Education and Supervision, 44,* 242–254.

Dean, G. J., & Dean, S. F. (2007). Review of the Behavior Rating Inventory of Executive Function—adult version. In K. F. Geisinger, R. A. Spies, J. F. Carlson, & B. S. Plake (Eds.), *The seventeenth mental measurements yearbook.* Lincoln, NE: Buros Institute of Mental Measurements. Retrieved from Mental Measurements Yearbook database.

De Jong, P., & Berg, I. K. (2013). *Interviewing for solutions* (4th ed.). Pacific Grove, CA: Brooks/Cole.

Feldman, M., Lazzara, E. H., Vanderbilt, A. A., & DiazGranados, D. (2012). Rater training to support high-stakes simulation-based assessments. *Journal of Continuing Education in the Health Professions, 32,* 279–286.

Ferguson, K. E., & Sgambati, R. E. (2008). Relaxation. In W. O'Donohue & J. E. Fisher (Eds.), *Cognitive behavior therapy: Applying empirically supported techniques in your practice* (2nd ed., pp. 434–444). Hoboken, NJ: John Wiley & Sons.

Gay, L. R., Mills, G. E., & Airasian, P. W. (2012). *Educational research: Competencies for analysis and applications* (10th ed.). Upper Saddle River, NJ: Pearson.

Gordon, D. (2007). *Mindful dreaming: A practical guide for emotional healing through transformative mythic journeys.* Franklin Lakes, NJ: New Page Books.

Gordon, D., & Meyers-Anderson, M. (1981). *Phoenix: Therapeutic patterns ofMilton H. Erickson.* Cupertino, CA: Meta Publications.

Guerin, P., & Guerin, K. (2002). Bowenian family therapy. In J. Carlson & D. Kjos (Eds.), *Theories and strategies of family therapy* (pp. 126–157). Boston: Allyn & Bacon.

Gwet, K. L. (2010). *Handbook of inter-rater reliability: The definition guide to measuring the extent of agreement among raters* (3rd ed.). Gaithersburg, MD: Advanced Analytics, LLC.

Hill, C. E. (Ed.). (2004). *Dream work in therapy: Facilitating exploration, insight, and action.* Washington, DC: American Psychological Association.

Manduchi, J. R. (2001). Review of the Comprehensive Assessment of School Environments Information Management System. In B. S. Plake & J. C. Impara (Eds.), *The fourteenth mental measurements yearbook.* Lincoln, NE: Buros Institute of Mental Measurements. Retrieved from Mental Measurements Yearbook database.

Neukrug, E., & Milliken, T. (2011). Counselors' perceptions of ethical behaviors. *Journal of Counseling and Development, 89,* 206–216.

Robinson-Wood, T. (2013). *The convergence of race, ethnicity, and gender: Multiple identities in counseling* (4th ed.). Saddle River, NJ: Merrill.

Robles, A. C. M. O. (2012). Cyber portfolio: The innovative menu for 21st century technology. *Psychology Research, 2*(3), 143–150.

Sackett, P. R., Schmitt, N., Ellingson, J. E., & Kabin, M. B. (2001). High-stakes testing in employment, credentialing, and higher education. Prospects in a post-affirmative-action world. *American Psychologist, 56,* 302–318.

Sajatovic, M., & Ramirez, L. F. (2012). *Rating scales in mental health* (3rd ed.). Baltimore, MD: The Johns Hopkins Press.

Thorndike, E. L. (1920). A constant error on psychological rating. *Journal of Applied Psychology, 4*(1), 25–29.

vander Schaaf, M. F., & Stokking, K. M. (2008). Developing and validating a design for teacher portfolio assessment. *Assessment and Evaluation in Higher Education, 33,*

245 – 262.

Watson, R. S. (2005). Review of the Emotional or Behavior Disorder Scale—revised. In R. A. Spies & B. S. Plake (Eds.), *The sixteenth mental measurements yearbook*. Lincoln, NE: Buros Institute of Mental Measurements.

Retrieved from Mental Measurements Yearbook database.

Yalom, I. (2002). The gift of therapy: An open letter to a new generation of therapists and their patients. New York: HarperCollins.

정신건강 전문가 단체의 윤리 규정이 제시되어 있는 웹사이트

부록 A

ACA(American Counseling Association)

웹사이트: http://www.counseling.org

윤리 규정: http://www.counseling.org/Resources/aca-code-of-ethics.pdf

AAMFT(American Association of Marriage and Family Therapy)

웹사이트: http://www.aamft.org

윤리 규정: http://www.aamft.org/imis15/Content/Legal_Ethics/Code_of_Ethics.aspx

AAPC(American Association of Pastoral Counselors)

웹사이트: http://www.aapc.org

윤리 규정: http://www.aapc.org/policies/code-of-ethics.aspx

AMHCA(American Mental Health Counselors Association)

웹사이트: http://www.amhca.org

윤리 규정: http://www.amhca.org/about/codetoc.aspx

APA(American Psychiatric Association)

웹사이트: http://www.psychiatry.org/

윤리 규정: http://www.psychiatry.org/practice/ethics/resources-standards

APA(American Psychological Association)

웹사이트: http://www.apa.org

윤리 규정: http://www.apa.org/ethics/code/index.aspx

American Psychological Association: Division 5: Evaluation, Measurement, and Statistics

웹사이트: http://www.apa.org/about/division/div5.html

윤리 규정: http://www.apa.org/ethics/code/index.aspx

ASCA(American School Counselor Association)

웹사이트: http://www.schoolcounselor.org

윤리 규정: http://www.schoolcounselor.org/files/EthicalStandards2010.pdf

AARC(Association for Assessment and Research in Counseling)

웹사이트: http://aarc-counseling.org/

윤리 규정: ACA 규정을 활용함(ACA 규정 참조)

CRC(Certified Rehabilitation Counselors)

웹사이트: http://www.crccertification.com

윤리 규정: http://www.crccertification.com/filebin/pdf/CRCCodeOfEthics.pdf

NASW(National Association of Social Workers)

웹사이트: http://www.naswdc.org

윤리 규정: https://www.socialworkers.org/pubs/code/default.asp

NOHS(National Organization of Human Services)

웹사이트: http://www.nationalhumanservices.org/

윤리 규정: http://www.nationalhumanservices.org/ethical-standards-for-hs-professionals

미국 상담학회와 심리학회의 평가에 관한 윤리 규정

미국 상담학회의 윤리 규정: 섹션 E

섹션 E: 평가와 해석

서문

상담자는 평가 도구를 상담 과정의 한 요소로 활용하되, 내담자의 개인적, 문화적 맥락을 고려한다. 상담자는 적절한 교육, 심리, 진로 평가 도구를 개발하고 활용함으로써 개별 내담자 또는 내담자 집단의 안녕을 증진한다.

E.1 일반
E.1.a 평가
교육, 심리, 진로 평가의 1차적 목적은 절대적으로나 상대적으로 타당하고 신뢰할 수 있는 측정치를 제공하는 것이다. 여기에는 능력, 성격, 흥미, 지능, 성취도, 수행에 대한 측정 등이 포함된다. 상담자들은 이 섹션에 제시된 진술이 양적 그리고 질적 평가 모두에 적용되는 것으로 해석할 필요가 있다는 것을 인식한다.

E.1.b 내담자 복리
상담자는 평가 결과와 해석을 오용하지 않는다. 또한 이런 기법들이 제공하는 정보를 다른 사람이 오용하지 않도록 합리

적인 절차를 밟는다. 상담자는 검사의 결과, 해석, 결론과 추천사항의 근거에 대한 내담자의 알 권리를 존중한다.

E.2 평가 도구를 활용하고 해석하는 역량
E.2.a 역량의 한계
상담자는 훈련받아 제대로 활용할 수 있는 검사와 평가 서비스를 활용한다. 검사 해석을 위해 기기의 도움을 받는 상담자는 이런 기기에 기반한 적용을 활용하기 전에 사용하고 있는 특정 도구와 측정되고 있는 구인에 대한 훈련을 받고 있다. 상담자는 자신의 감독하에 있는 사람이 심리 및 진로 평가 기법을 적절히 사용하도록 하기 위한 합리적 방안을 가지고 있다(섹션 A.12 참조).

E.2.b 적절한 사용
상담자에게는 직접 채점과 해석을 하든, 아니면 기기 또는 다른 서비스를 활용하든 상관없이 내담자의 요구에 맞는 평가 도구의 적절한 적용, 채점, 해석, 선정에 대한 책임이 있다.

E.2.c 결과에 기반을 둔 결정
평가 결과에 기반을 둔 정책 또는 개인에 관한 결정에 책임이 있는 상담자는 교육, 심리, 그리고 진로 검사 도구에 대한 철

저한 이해를 갖는다. 여기에는 타당화 준거, 평가 연구, 평가 도구 개발과 활용에 관한 지침이 포함된다.

E.3 평가에서 고지된 동의

E.3.a 내담자에게 설명하기

평가를 실시하기 전에 상담자는 평가의 속성과 목적, 그리고 평가 결과를 받아볼 사람이 어떻게 사용할 것인지에 대해 설명한다. 이 설명은 예외적 상황이 사전에 상호 합의되지 않는 한 내담자(또는 법적으로 내담자를 대리하는 사람)가 이해할 수 있는 말로 주어진다. 상담자는 내담자의 개인적 또는 문화적 맥락, 결과에 대한 내담자의 이해 수준, 그리고 그 결과가 내담자에 미치는 영향을 고려한다(A.2, A.12.g, F.l.c 참조).

E.3.b 결과를 받아볼 사람

상담자는 평가 결과를 받아볼 사람이 누구인지를 결정할 때 있었던 피검사자의 복리, 명확한 이해, 그리고 사전 합의를 고려한다. 상담자는 개인 또는 집단의 평가 결과를 개방할 때 적절하고 정확한 해석을 한다(B.2.C, B.5 참조).

E.4 자격을 갖춘 전문가에게 자료를 개방하기

상담자는 내담자 또는 내담자의 법률적 대리인이 동의한 평가 자료를 개방한다. 이와 같은 자료는 상담자가 자료를 해석할 수 있다고 인정하는 사람에게만 개방된다(B.l, B.3, B.6.b 참조).

E.5 정신장애의 진단

E.5.a 적절한 진단

상담자는 정신장애에 대한 적절한 진단을 하는 데 특히 주의를 기울인다. 내담자 처치(예: 처치를 가할 부분, 처치의 유형, 추천되는 추수처치)를 결정하는 데 활용되는 평가 기법(면접을 포함하여)은 조심스럽게 선택되고 적절하게 활용된다.

E.5.b 문화적 민감성

상담자는 문화가 내담자의 문제가 정의되는 방식에 영향을 준다는 것을 인식한다. 정신장애를 진단할 때 내담자의 사회경제적 그리고 문화적 경험이 고려된다(A.2.c 참조).

E.5.c 병리의 진단에서 역사적, 사회적 편견

상담자는 역사적, 사회적 편견 때문에 특정 개인과 집단을 오진하고 병리화할 가능성을 인식한다. 또한 정신건강 전문가가 진단과 처치를 통해 이런 편견을 지속하도록 하는 데 일조할 수 있음을 인식한다.

E.5.d 진단을 자제하기

내담자나 다른 사람에게 해가 된다면 상담자는 진단을 하고 진단명을 보고하는 것을 자제한다.

E.6 검사 도구 선택

E.6.a 검사 도구의 적절성

검사 도구를 선택할 때, 상담자는 타당도, 신뢰도, 측정학적 한계, 도구의 적절성을 조심스럽게 고려한다.

E.6.b 의뢰 정보

평가를 위해 내담자를 제3자에게 의뢰한다면, 적절한 검사 도구가 활용되도록 상담자는 구체적인 의뢰질문을 제시하고 내담자에 대한 충분히 객관적인 자료를 제공한다(A.9.b, B.3 참조).

E.6.c 문화적으로 다양한 모집단

문화적으로 다양한 사람들에 대한 평가 도구를 선택할 때, 상담자는 내담자 집단에 대한 적절한 측정학적 속성을 결여한 도구를 사용하지 않도록 주의를 기울인다(A.2.c, E.5.b 참조).

E.7 평가 실시의 조건(A.12.b, A.12.d 참조)

E.7.a 실시 조건

상담자는 검사를 표준화할 때와 동일한 조건에서 평가를 실시한다. 장애를 가진 내담자를 평가할 때처럼 평가가 표준적인 조건에서 실시되지 않으면, 혹은 평가 실시 중 일상적이지 않은 행동이나 불규칙성이 발생할 때, 그런 조건들은 해석에서 주목을 받을 것이며, 그 결과는 '타당하지 않은' 또는 '타당성이 의심되는'으로 분류된다.

E.7.b 기술공학적 실시

상담자는 검사 실시를 위해 기술공학적 방법이 활용될 때, 실시 프로그램이 적절히 기능하고 내담자에게 정확한 결과를 제공할 수 있도록 노력한다.

E.7.c 감독받지 않은 평가

평가 도구를 스스로 실시하고 채점하도록 의도·설계되고 타당화되지 않은 한 상담자는 부적절하게 감독된 사용을 허락하지 않는다.

E.7.d 바람직한 조건을 알려줌

평가를 실시하기 전에 가장 바람직한 평가 결과를 산출하는 조건을 피검사자에게 알려준다.

E.8 다문화 이슈/평가에 있어서 다양성

상담자는 내담자가 속한 집단이 아닌 집단을 대상으로 실시가 표준화된 평가 기법을 주의해서 사용한다. 상담자는 나이, 피부색깔, 문화, 장애, 민족집단, 성별, 인종, 언어, 종교, 영성, 성적 지향, 사회경제적 지위가 검사 실시와 해석에 미치는 영향을 인식하고, 검사 결과를 다른 적절한 요인들을 고려하여 바라본다(A.2.c, E.5.b 참조).

E.9 평가 결과의 채점과 해석

E.9.a 보고하기

평가 결과를 보고할 때, 평가 시의 상황이나 피검사자에 적용할 규준의 부적절성에 기인한 타당도 또는 신뢰도 문제 때문에 상담자는 해석의 여지를 남긴다.

E.9.b 연구 도구

상담자는 응답 결과를 지지할 충분한 자료를 갖고 있지 않은 연구용 도구에 나타난 결과를 해석할 때 주의를 기울인다. 이런 도구를 활용하는 구체적인 목적을 피검사자에게 명확하게 얘기한다.

E.9.c 평가 서비스

평가 과정을 지원하기 위해 채점과 해석 서비스를 제공하는 상담자는 그런 해석의 타당성을 확인한다. 이들은 목적, 규준, 타당도, 신뢰도, 그리고 도구 사용에 적용되는 구체적인 조건 및 절차의 적용에 대해 정확히 기술한다. 자동화된 검사 결과 해석 서비스를 대중에게 제공하는 것은 전문가와 전문가 사이의 자문으로 간주된다. 자문가의 책임은 공식적으로 피자문자에게 있다. 그러나 궁극적이고 최종적인 자문가의 책임은 내담자에게 있다(D.2 참조).

E.10 평가 안전

상담자는 법적 및 계약상의 의무와 일치하도록 검사의 안전성과 통합성을 유지한다. 상담자는 출판자의 허락과 승인 없이는 이미 출판된 평가 도구 전체나 부분을 수정, 복제, 도용하지 않는다.

E.11 더 이상 사용하지 않는 평가 도구와 오래된 결과

상담자는 더 이상 사용하지 않거나 현재의 목적상 오래된 평가 도구로부터 나온 결과나 자료를 사용하지 않는다. 상담자는 더 이상 사용하지 않는 측정치와 평가 자료가 다른 사람들에 의해 오용되는 것을 방지하기 위해 노력을 경주한다.

E.12 평가 도구 구성

상담자는 교육 및 심리평가 기법의 개발, 출판, 활용에 있어서 평가 도구 설계를 위해 이미 잘 확립된 과학적 절차, 표준, 그리고 현재의 전문지식을 활용한다.

E.13 법정 평가: 법적 사례에 대한 평가

E.13.a 1차적 의무

법정 평가를 할 때 상담자의 1차적 의무는 검사와 기록 검토를 포함한 평가에 적절한 정보와 기법에 토대를 둔 입증될 수 있는 객관적인 발견사항을 산출하는 것이다. 상담자는 자신의 전문지식과 전문성을 바탕으로 평가를 통해 수집된 자료로 지지될 수 있는 전문적 견해를 제시할 수 있다. 상담자는 특히 개인에 대한 검사가 실시되지 않았을 때, 자신의 보고 또는 증언의 한계를 명백히 밝힐 것이다.

E.13.b 평가에 대한 동의

평가받는 개인은 관계가 평가를 목적으로 하는 것이지 상담을 위한 것이 아니라는 사실을 문서로 고지받는다. 그리고 평가 보고서를 받을 사람이나 기관이 명시된다. 검사받는 것에 대한 동의는 법원이 평가받는 개인의 동의 없이 평가를 실시하라는 명령을 내리지 않는 한 평가받는 사람으로부터 문서로 받는다. 어린이나 취약한 성인이 평가를 받게 될 때 고지된 동의는 부모나 보호자로부터 문서로 받는다.

E.13.c 금지된 내담자 평가

상담자는 현재 상담하고 있거나 과거에 상담했던 사람을 법정 사례로 평가하지 않는다. 상담자는 현재 평가하고 있거나 과거에 법정 사례로 평가했던 개인을 상담 내담자로 받지 않는다.

E.13.d 잠재적으로 해가 되는 관계를 피하기

법정 평가를 제공하는 상담자는 현재 평가를 하고 있거나 과거에 평가를 했던 사람의 가족, 연애관계에 있는 파트너, 가까운 친구와 잠재적으로 해로운 사적인 관계나 전문적 관계를 피한다.

출처: Copyright © ACA 2005. 승인 후 전재함. 미국 상담학회로부터 승인 문서 없이 복사하는 것은 금지됨

미국 심리학회의 윤리 규정: 섹션 9

섹션 9: 평가

9.01 평가의 토대

(a) 심리학자는 자신이 발견한 바를 뒷받침하기에 충분한 정보와 기법을 토대로 보고서, 추천사항, 법정 증언을 포함한 진단적 또는 평가적 진술에 포함된 의견을 제시한다(표준 2.04 '과학적 전문적 판단을 위한 토대' 참조).

(b) 9.01c와 같은 경우를 제외하면, 심리학자는 자신의 진술

이나 결론을 지지하는 데 적합한 검사를 수행한 후에라야 개인의 심리적 특성에 대한 의견을 제시한다. 이해할 만한 노력에도 불구하고 그런 검사가 믿을 만한 것이 아니라면, 심리학자는 자신이 한 노력과 결과를 문서화하고, 자신이 제시한 의견의 신뢰도와 타당도에 대한 부족한 정보가 어떤 영향을 미칠 수 있는지를 명료화하며, 결론 또는 추천사항의 정도와 내용을 적절하게 제한한다(표준 2.01 '역량의 범위와 표준', 9.06 '평가 결과를 해석하기' 참조).

(c) 심리학자가 기록을 리뷰하거나 자문 또는 슈퍼비전을 제공할 때, 그리고 개별적 검사가 가능하지 않거나 반드시 필요한 경우가 아닐 때, 심리학자는 이에 대해 설명하고 자신이 내린 결론과 추천사항의 토대가 된 정보의 출처를 밝힌다.

9.02 평가의 활용

(a) 심리학자는 활용한 기법의 유용성과 적절한 적용에 대한 연구나 그에 대한 증거라는 관점에서 보았을 때 적절한 방식 및 목적으로 검사를 실시하고, 변용하고, 채점 및 해석하거나 평가 기법, 면접, 검사를 활용한다.

(b) 심리학자는 검사를 받는 사람이 소속한 모집단의 구성원을 대상으로 타당도와 신뢰도가 확인된 평가 도구를 활용한다. 만약 그런 신뢰도 또는 타당도가 확인되지 않았다면, 심리학자는 검사 결과와 해석의 강점 및 한계점을 기술한다.

(c) 심리학자는 대안 언어의 구사능력이 평가 이슈가 아닌 한 개인의 언어 선호와 구사능력에 적절한 평가 방법을 활용한다.

9.03 평가에서 고지된 동의

(a) 심리학자는 표준 3.10 '고지된 동의'에 기술된 것과 같이 평가 또는 진단 서비스를 위해 고지된 동의를 받는다. 그러나 (1) 검사가 법이나 정부의 조례로 강제될 때, (2) 검사가 일상적인 교육적, 제도적 또는 조직의 활동으로 실시되기 때문에 (예: 일자리에 응시할 때처럼 참여자가 자발적으로 평가에 동의하는 경우) 고지된 동의가 논리적으로 함의될 때, 또는 (3) 검사의 한 가지 목적이 결정할 수 있는 능력을 평가할 때는 예외이다. 고지된 동의는 평가의 속성과 목적, 비용, 제3자의 관여, 비밀 보장의 한계 그리고 내담자/환자가 질문을 하면 답을 얻을 수 있는 충분한 기회에 대한 설명을 포함한다.

(b) 심리학자는 동의할 수 있는 능력이 의심스러운 사람이나 검사를 법이나 정부가 강제하고 있는 사람에게 이들이 이해할 수 있는 언어를 사용하여 제안된 평가 서비스의 속성과 목적에 관해 고지한다.

(c) 통역 서비스를 활용하는 심리학자는 그 통역사를 활용하기 위해 내담자/환자로부터 고지된 동의를 받고, 검사 결과의 비밀 보장과 검사 안전성이 유지되도록 하며, 보고서, 추천

사항, 법정 증언을 포함한 진단적 또는 평가적 진술문에 얻은 자료의 한계에 대한 논의를 포함시킨다(표준 2.05 '다른 사람에게 작업을 위임하기', 4.01 '비밀 보장을 유지하기', 9.01 '평가의 토대', 9.06 '평가 결과를 해석하기', 9.07 '자격 없는 사람에 의한 평가' 참조).

9.04 검사 자료의 공개

(a) 검사 자료라는 용어는 원점수와 척도 점수, 검사 질문 또는 자극에 대한 내담자/환자의 반응, 그리고 검사를 받는 동안 보여준 내담자/환자의 진술과 행동에 관한 심리학자의 노트와 기록을 지칭한다. 내담자/환자 반응을 포함하는 검사 부속물도 검사 자료의 정의에 포함된다. 내담자/환자의 검사 자료 공개에 따라 심리학자는 검사 자료를 내담자/환자 또는 공개하기로 정해진 사람에게 검사 자료를 제공한다. 심리학자는 검사 또는 그 자료의 남용이나 오해 또는 심각한 해로부터 내담자/환자 또는 다른 사람을 보호하기 위해 검사 자료를 개방하지 않을 수 있다. 이러한 상황에서는 비밀이 보장되어야 하는 정보의 공개가 많은 경우 법으로 규제되고 있다는 것을 인식하고 있다(표준 9.11 '검사 안전성 유지하기' 참조).

(b) 내담자/환자의 검사 자료 공개 동의가 없는 상황에서 심리학자는 오직 법이나 법원의 명령이 있을 때만 검사 자료를 제공한다.

9.05 검사 구성

검사와 기타 평가 기법을 개발하는 심리학자는 적절한 심리 측정학적 절차, 검사 설계, 표준화, 타당화, 편향의 축소 또는 제거에 관한 현대의 과학적 또는 전문지식, 그리고 활용을 위한 추천사항을 활용한다.

9.06 평가 결과를 해석하기

자동화된 해석을 포함하여 평가 결과를 해석할 때, 심리학자는 해석의 정확성을 감소시키거나 판단에 영향을 미칠 수 있는 다양한 검사 요인들, 검사를 받는 능력, 그리고 상황적, 개인적, 언어적, 문화적 차이 같은 제반 특성뿐 아니라 평가의 목적을 고려한다. 이들은 심리학자의 해석에 심대한 제한을 가한다(표준 2.01b와 c '역량의 한계', 3.01 '불공평한 차별' 참조).

9.07 자격을 갖추지 못한 사람에 의한 평가

심리학자는 자격을 갖추지 못한 사람에 의한 심리적 평가 기법의 사용을 권장하지 않는다. 그러나 적절한 감독하에 훈련 목적으로 실시될 때는 예외로 한다(표준 2.05 '다른 사람에게 작업을 위임하기' 참조).

9.08 구형 검사와 오래된 검사 결과

(a) 심리학자는 현재의 목적상 이미 오래된 검사 결과나 자료에 토대를 두고 평가를 하거나 개입에 대한 결정을 내리거나 추천사항을 제안하지 않는다.

(b) 심리학자는 현재의 목적상 오래되고 유용하지 않은 검사와 측정 도구에 기반을 두고 그와 같은 결정을 하거나 추천사항을 제안하지 않는다.

9.09 검사 채점과 해석 서비스

(a) 다른 전문가에게 평가 또는 채점 서비스를 제공하는 심리학자는 목적, 규준, 타당도, 신뢰도, 절차의 적용 그리고 그 도구의 사용에 관계된 특수한 조건들에 대해 정확하게 기술한다.

(b) 심리학자는 다른 적절한 고려조건뿐 아니라 절차와 그 프로그램의 타당성에 대한 증거를 기반으로 채점과 해석 서비스(자동화된 서비스 포함)를 선택한다.

(c) 심리학자는 스스로 채점하고 해석하는 검사든 해석이 자동화된 검사든 또는 다른 종류의 서비스든 평가 도구의 활용, 해석, 적절한 적용에 대해 책임을 진다.

9.10 평가 결과를 설명하기

채점과 해석을 심리학자가 하든, 피고용자나 보조자가 하든, 또는 자동화된 것이든 아니면 다른 외부 서비스든 상관없이, 관계의 속성 때문에 결과에 대한 설명을 하지 못하는 상황(조직 자문, 고용 전 신원 검증, 그리고 법정 평가)이 아닌 한 심리학자는 그 개인에게 또는 지정된 대리인에게 반드시 결과를 해석해줄 수 있도록 노력해야 한다. 이러한 사실은 평가를 받고 있는 개인에게 미리 분명히 설명되어야 한다.

9.11 검사 안정성 유지하기

검사 부속물이라는 용어는 매뉴얼, 도구, 프로토콜, 검사 질문 또는 자극을 지칭한다. 그러나 표준 9.04 '검사 자료의 개방'에서 정의된 검사 자료를 포함하지는 않는다. 심리학자는 검사 부속물과 기타 평가 기법들의 안전성과 통합성이 법 및 계약된 의무와 일관성을 유지하도록 그리고 윤리 규정에 어긋나지 않도록 노력한다.

출처: American Psychologist 57, pp. 1060-1073. Copyright © 2002/1010 미국 심리학회. 승인을 받아 전재함

부록 **C** 교육에서의 공정한 검사를 위한 규정

검사에 관한 합동 위원회가 마련함

교육에서의 공정한 검사를 위한 규정(Code of Fair Testing Practices in Education)은 연령, 성별, 장애, 인종, 민족, 국적, 종교, 성적 지향, 언어적 배경, 기타 개인 특성에 상관없이 모든 수검자에게 공정한 검사를 제공하고 활용해야 한다는 의무를 이행할 수 있게 지침을 제공한다. 공정성은 검사의 모든 측면에서 일차적으로 고려해야 하는 사항이다. 조심스럽게 수행된 검사 표준화와 실시 조건은 모든 수검자에게 검사되고 있는 영역에서 자신이 알고 있는 것과 실행 방법을 나타내 보일 수 있는 비교 가능한 기회를 제공한다. 공정성은 모든 수검자가 검사에 대비한 준비를 할 기회를 가지며 검사의 목적에 적절한 검사의 일반적 속성과 내용에 관해 고지를 받는다는 의미이다. 공정성은 또한 개인과 집단용 검사의 결과에 대해 정확히 보고하기로 확대된다. 공정성은 하나의 고립된 개념이 아니라 검사 과정의 모든 측면에서 고려되어야 하는 것이다.

이 규정은 어떤 방식의 검사이든 상관없이 교육(입학 허가, 교육적 평가, 교육적 진단, 학생 정치)에서의 검사에 넓게 적용된다. 따라서 지필식 검사, 컴퓨터 기반 검사, 수행 검사 모두에 적용된다. 그러나 채용 검사, 자격 검사, 또는 교육 영역 외 유형의 검사들을 모두 포괄하도록 설계된 것은 아니다. 이 규정은 전문적으로 개발된 검사를 1차적으로 향하고 있다. 이 규정은 수업에 활용할 교사 제작 검사를 염두에 두고 있지는 않다. 그러나 검사를 활용하는 방법을 개선하기 위해 이 지침을 활용해보기를 권한다.

이 규정에서는 검사 개발자와 검사 사용자의 역할이 따로 제시된다. 검사 개발자는 검사를 만드는 사람과 조직이며, 검사 프로그램에 대한 정책을 결정하는 사람 또는 조직이기도 하다. 검사 사용자는 검사를 선정하고, 실시하며, 검사 개발 서비스를 의뢰하거나 검사 점수를 토대로 의사 결정을 하는 사람과 기관이다. 검사 개발자와 검사 사용자 역할은 예를 들면 주 또는 지역의 교육 관련 기관이 검사 개발 서비스를 의뢰할 때, 검사 개발 과정을 통제하는 정책을 수립할 때, 그리고 검사 점수를 토대로 의사결정을 할 때 겹치게 된다.

이 규정에서 많은 조항이 기존에 있는 검사의 선택과 활용에 관한 것이다. 새로운 검사가 개발될 때, 기존의 검사가 변경될 때, 검사의 실시 방법이 변경될 때, 이 윤리 규정은 이런 과정에 대한 지침을 제공하고자 한다.*

1. 적절한 검사를 개발하고 선택하기
2. 검사를 실시하고 채점하기
3. 검사 결과를 보고하고 해석하기
4. 수검자에게 고지하기

이 규정은 교육 및 심리검사에 대한 기준(Standards for Educational and Psychological Testing; American Educational Research Association[AERA], American Psychological Association[APA], National Council on Measurement in Education[NCME], 1999)과 일관성을 갖도록 했다. 이 규정은 '교육 및 심리검사에 대한 기준' 이상의 새로운 원칙을 추가하려거나 의미를 변경하려는 의도를 갖고 있지 않다. 이 규정은 '교육 및 심리검사에 대한 기준'의 선택된 부분의 정신을 검사 수검자와(또는) 그들의 부모 또는 보호자뿐 아니라 검사 개발자와 사용자에게 적절하고 의미 있게 나타내려 한다. 주, 교육구, 학교, 조직체, 그리고 개개의 전문가들이 수검자의 권리를 보호하고 검사의 공정성 유지에 헌신하기를 촉구한다. 이 규정은 이런 헌신을 이행하는 데 도움을 주고자 한다.

이 규정은 몇몇 전문가 조직 간의 협력적 노력이라 할 수 있는 '검사 실시를 위한 합동 위원회(Joint Committee on Testing Practices)'가 준비한 것이다. 이 합동 위원회

---

* 이 규정은 강제적이지도, 모든 것을 포괄하려거나 최종적이려는 것이 아니며, 모든 상황에 적용될 수 있는 것도 아니다. 대신, 이 규정은 염원을 담고 있으며, 여기서 다루고 있는 주제와 관련하여 역량 있는 사람들의 판단보다 우선하려는 의도를 갖고 있지 않다.

색인 용어: 평가, 교육

참고문헌: *Code for Fair Testing Practices in Education*. (2004). Washington, DC: Joint Committee on Testing Practices.

저작권 2004는 검사 실시를 위한 합동 위원회(Joint Committee on Testing Practices)에 있음(주소: Joint Committee on Testing Practices, Science Directorate, American Psychological Association, 750 First Street, NE, Wahington, DC 20002-4242; http://www.apa.org/science/jctpweb.html). 추가적인 판권사항에 대한 정보는 미국 심리학회에 문의하라. 이 부분은 검사 실시를 위한 합동 위원회를 출처로 언급하면 허락 없이도 전부 또는 부분을 활용할 수 있음. 이 부분의 활용과 검토를 권장함

의 목표는 공공의 이익을 추구하는 것이며, 검사 실시의 질을 향상시키는 것이다. 이 위원회에는 미국 상담학회(ACA: American Counseling Association), 미국 교육학회(AERA: American Educational Research Association), 미국 심리학회(APA: American Psychological Association), 미국 언어장애협회(ASHA: American Speech-Language-Hearing Association), 전미학교심리학자협회(NASP: National Association of School Psychologists), 전국 검사책임자협회(NATD: National Association of Test Directors), 교육측정국가위원회(NCME: National Council on Measurement in Education)가 참여하고 있다.

A. 적절한 검사를 선택하고 개발하기

검사 개발자

검사 개발자는 검사 사용자가 적절한 검사를 선택하기 위해 필요로 하는 정보와 그에 대한 증거를 제공해야 한다.

A-1. 검사가 측정하는 것에 대한 증거, 추천되는 활용법, 적절한 수검자, 검사 점수의 정확도 수준을 포함한 검사의 강점과 약점 등에 대한 정보를 제공하라.

A-2. 검사될 내용과 기술이 어떻게 선택되었으며, 검사가 어떻게 개발되었는지 기술하라.

A-3. 의도된 검사 사용자에게 적절한 세부 수준의 검사 특성에 관하여 정보를 제공하라.

A-4. 검사에 대한 적절한 리뷰, 선택, 실시에 필요한 기술, 지식, 훈련 수준에 관한 지침을 제공하라.

A-5. 신뢰도와 타당도를 포함한 검사의 기술적 질이 검사의 의도된 목적을 충족시킨다는 증거를 제시하라.

A-6. 자격 있는 검사 사용자에게 검사 질문의 대표적인 예나 연습 문항, 지시문, 답안지, 매뉴얼, 점수 보고서를 제공하라.

A-7. 검사 질문이나 관련 자료를 개발할 때 잠재적으로 마음을 상하게 할 수 있는 내용이나 언어를 피하라.

A-8. 특별한 배려가 필요한 장애를 가진 수검자를 위한 적절히 수정된 실시 절차 또는 검사지를 제작하라.

A-9. 하위 집단 분석에 적절한 만큼의 표본 크기를 확보하려는 노력을 경주하여 다양한 집단 출신의 수검자들의 수행에 대한 증거를 얻고 제공하라. 수행에 있어서의 차이가 평가되고 있는 기술과 관련이 있다는 것을 확실히 하기 위해 증거를 평가하라.

검사 사용자

검사 사용자는 목적을 충족시킬 수 있고 수검자에게 적절한 검사를 선택해야 한다.

A-1. 검사의 목적, 검사하고자 하는 내용과 기술, 그리고 의도하고 있는 수검자를 정의하라. 가용 정보에 대한 철저한 개관을 토대로 가장 적절한 검사를 선택하여 사용하라.

A-2. 검사 내용, 검사받을 기술, 검사의 목적을 달성하기 위한 내용 범위의 적절성에 토대를 두고 검사를 리뷰하고 선택하라.

A-3. 검사 개발자가 제공한 자료를 리뷰하고, 명확하고 정확하며 완전한 정보가 제공된 검사를 선택하라.

A-4. 적절한 지식, 기술 그리고 훈련을 받은 사람이 포함된 과정을 통해 검사를 선택하라.

A-6. 검사를 선택하기 전에 검사 문항의 대표적 표본이나 연습용 검사지, 매뉴얼 그리고 점수 보고지를 평가해보라.

A-7. 잠재적으로 마음을 상하게 하는 내용이나 언어를 피하기 위해 검사 자체뿐 아니라 검사 개발자들이 사용하는 절차와 자료를 평가해보라.

A-8. 특별한 배려가 필요한 장애를 가진 수검자를 위해 적절히 수정된 실시 절차 또는 검사지 양식을 가진 검사를 선택하라.

A-9. 다양한 집단 출신의 수검자들의 수행에 관한 가용한 증거를 평가해보라. 평가받고 있는 기술과 관련이 없는 요인 때문에 수행 차이가 생겼을 가능성의 정도를 결정해보라.

B. 검사 실시와 채점

검사 개발자

검사 개발자는 정확하고 공정하게 검사를 실시하는 방법 및 채점하는 방법을 설명해야 한다.

B-1. 표준적인 방식으로 검사를 실시하는 세세한 절차에 대한 명확한 기술을 제공하라.

B-2. 특별한 배려를 필요로 하는 장애를 가진 사람 또는 다양한 언어 배경을 가진 사람을 평가하기 위한 합리적인 절차에 관한 지침을 제공하라.

B-3. 필요한 장비나 물품의 사용에 관한 정보를 포함하여 검사 질문 형식과 이에 답하는 절차에 관한 정보를 검사 사용자 또는 수검자에게 제공하라.

B-4. 검사 개발, 실시, 채점, 보고의 모든 국면에서 검사 재료(materials)의 안전을 보증하기 위한 절차를 만들고 실행하라.

B-5. 검사를 채점하고, 채점 과정의 정확성을 모니터하기 위한 지침, 자료, 절차를 제공하라.

B-6. 점수의 해석에 영향을 미치는 오류를 교정하고 교정된 결과에 대해 신속히 의사소통하라.

B-7. 점수의 비밀 보장을 확실히 하기 위한 절차를 개발하고 실행하라.

검사 사용자

검사 사용자는 검사를 정확하고 공정하게 실시하고 채점해야 한다.

B-1. 표준화된 방식으로 검사를 실시하는 확립된 절차를 따르라.

B-2. 특별한 배려를 필요로 하는 장애를 가진 사람 또는 언어 배경이 다양한 사람을 검사하기 위한 적절한 절차를 문서화하여 제공하라.

B-3. 수검자가 검사 질문 형식과 검사 재료 또는 검사 시 사용되는 요구에 익숙해질 기회를 제공하라.

B-4. 저작권을 보호하고 수검자가 부정한 방법으로 검사 점수를 획득할 기회를 제거하는 등 검사 재료의 안전을 보호하라.

B-5. 검사 채점이 검사 사용자의 책임이라면 채점자에게 적절한 훈련을 제공하고 채점 과정의 정확성을 모니터하라.

B-6. 점수의 해석에 영향을 미치는 오류를 교정하고 교정된 결과에 대해 신속히 의사소통하라.

B-7. 점수의 비밀 보장을 확실히 하기 위한 절차를 개발하고 실행하라.

C. 검사 결과를 해석하고 보고하기

검사 개발자

검사 개발자는 검사 결과를 정확히 보고해야 하며 검사 사용자가 검사 결과를 정확히 해석하도록 정보를 제공해야 한다.

C-1. 해석을 지지하는 정보를 제공하라. 여기에는 내용의 속성, 규준집단 또는 비교집단, 기타 기술적 증거가 포함된다. 검사 사용자에게 검사 결과 및 그 해석의 이점과 한계점에 대해 조언하라. 이야기할 수 있는 것 이상의 의미를 부여하지 않도록 경고하라.

C-2. 변경되어 실시된 검사의 결과 해석에 관한 안내를 제시하라. 검사 또는 검사 실시 절차가 변경되었을 때, 검사 결과의 해석 시 발생할 수 있는 잠재적 문제에 대해 검사 사용자에게 정보를 제공하라.

C-3. 검사 결과의 적절한 사용을 구체화하고 잠재적인 오용에 관해 검사 사용자에게 경고하라.

C-4. 검사 개발자가 기준(standard)을 설정한다면, 그 이유, 절차, 수행 기준 또는 합격 점수의 설정에 대한 증거를 제시하라.

C-5. 검사 사용자에게 수검자에 관하여 단 하나의 검사 점수가 아니라 여러 출처로부터의 적절한 정보에 토대를 두고 결정을 내리도록 권유하라.

C-6. 검사 사용자가 수검자 집단의 검사 결과를 정확히 해석하여 보고할 수 있도록 정보를 제공하라. 여기에는 비교되고 있는 서로 다른 집단에 누가 포함되고 누가 포함되지 않았는지에 대한 정보, 그리고 결과 해석에 영향을 미칠 수 있는 요인들에 관한 정보가 포함될 것이다.

C-7. 검사 결과를 제때에 그리고 수검자가 이해할 수 있는 방식으로 제공하라.

C-8. 검사 사용자에게 검사가 의도된 목적을 달성하는 정도를 어떻게 모니터하는지에 관해 안내를 제공하라.

검사 사용자

검사 사용자는 검사 결과를 정확히 그리고 명확히 해석하고 보고해야 한다.

C-1. 내용의 속성, 규준집단 또는 비교집단, 기타 기술적 증거, 그리고 검사 결과의 이점과 한계를 고려하여 검사 결과의 의미를 해석하라.

C-2. 변경된 검사 또는 검사 실시 절차를 통해 나타난 검사 결과를 그러한 변경이 검사 결과에 미친 영향이라는 관점에서 해석하라.

C-3. 의도하고 있는 사용 또는 해석을 지지하는 증거가 있지 않은 한 검사 개발자가 제안한 목적과 다른 목적으로 검사를 사용하는 것을 피하라.

C-4. 수행 기준 또는 합격 점수를 설정하는 절차를 리뷰하라. 체면이 손상될 만한 라벨을 사용하지 않도록 하라.

C-5. 한 가지 검사 점수만을 사용하여 수검자에 대한 결정을 내리지 않도록 하라.

C-6. 수검자 집단의 검사 결과와 그에 대한 해석을 진술하라. 검사 개발자가 권하지 않는 목적으로 검사 결과를 특정하게 분류하는 것에 대한 지지 증거가 있지 않는 한, 이렇게 활용하는 것을 피하라. 비교되고 있는 집단에 누가 포함되고 누가 포함되지 않았는지를 결정하는 데 활용된 절차를 보고하라. 그리고 결과의 해석에 영향을 미쳤을 것 같은 요인들을 기술하라.

C-7. 검사 결과를 제때에 그리고 수검자가 이해할 수 있는 방식으로 의사소통하라.

C-8. 검사 활용을 모니터하기 위한 절차를 개발하고 실행하라. 여기에는 검사의 의도된 목적과 일치하는지의 여부도 포함된다.

D. 수검자에게 고지하기

어떤 상황에서는 검사 개발자가 수검자와 직접 의사소통하고 검사, 검사 과정, 검사 결과를 통제한다. 또 어떤 상황에서는 검사 사용자가 이런 일들에 대한 책임을 진다.

검사 개발자 또는 검사 사용자는 수검자에게 검사의 속성, 수검자의 권리와 책임, 점수의 적절한 사용, 점수에 대한 이의를 해결하기 위한 절차를 고지해야 한다.

D-1. 검사 실시에 앞서 수검자에게 검사의 범위(coverage), 질문 형식, 지시문, 적절한 수검 전략에 관해 고지하라.

D-2. 어느 한 검사를 받아도 되고 받지 않아도 될 때, 그 검사를 받을 것인지 그리고 가용한 다른 검사가 있는지에 대한 판단을 할 수 있게 수검자나 부모/보호자에게 정보를 제공하라. 여기에는 검사를 받지 않아서 발생할 수 있는 결과(예: 장학금을 받을 수 있는 후보자 자격을 가질 수 없음)도 포함된다.

D-3. 수검자 또는 부모/보호자에게 수검자가 가질 수 있는 권리에 대한 정보를 제공하라. 여기에는 검사지와 응답한 답안지를 얻고, 재검사를 받을 수 있으며, 재채점을 요구하거나 검사 점수를 타당하지 않은 것으로 선언할 수 있는 권리가 포함된다.

D-4. 수검자 또는 부모/보호자에게 책임에 대한 정보를 제공하라. 여기에는 검사의 의도된 목적과 활용에 대해 알고 있어야 하고, 능력을 최대한 발휘해야 하며, 지시를 따라야 하고, 검사 문항을 유출하거나 다른 수검자를 방해하지 않아야 한다는 것 등이 포함된다.

D-5. 수검자나 부모/보호자에게 얼마 동안 검사 점수가 보관될 것인지에 대해 고지하고, 검사 점수와 관련 정보가 누구에게, 어떤 상황에서, 어떤 방식으로 제공될 것인지를 얘기하라. 인가받지 않은 점수 공개와 접근이 발생하지 않도록 하라.

D-6. 규정된 검사 절차를 따르지 못한 것과 같이 검사 취소나 점수 무효에 이를 수 있는 상황을 조사하고 해결하기 위한 절차를 제시하라.

D-7. 수검자, 부모/보호자, 기타 관련자가 검사에 대한 추가적인 정보를 얻고, 불만사항을 얘기하며 문제를 해결할 수 있는 절차를 제시하라.

참고: '교육에서의 공정한 검사를 위한 규정'을 개발한 실무 집단과 이 실무 집단을 선도한 합동 위원회 구성원은 다음과 같다.

Peter Behuniak, PhD

Lloud Bond, PhD

Gwyneth M. Boodoo, PhD

Wayne Camara, PhD

Ray Fenton, PhD

John J. Fremer, PhD(공동위원장)

Sharon M. Goldsmith, PhD

Bert F. Green, PhD

William G. Harris, PhD

Janet E. Helms, PhD

Stephanie H. McConaughy, PhD

Julie P. Noble, PhD

Wayne M. Patience, PhD

Carole L. Perlman, PhD

Douglas K. Smith, PhD(작고함)

Janet E. Wall, EdD(공동위원장)

Pat Nellor Wickwire, PhD

Mary Yakimowski, PhD

Lara Frumkin, PhD(APA 소속으로 스태프 간 연결을 담당함)

합동 위원회는 이 규정이 교육 장면에서 검사를 활용하는 다른 전문 집단이 이미 갖고 있는 행위와 기준에 관한 규정을 지지하고 모순되지 않도록 했다. 특히 Responsibilities of Users of Standardized Tests(Association for Assessment in Counseling and Education, 2003), APA Test User Qualifications(2000), ASHA Code of Ethics(2001), Ethical Principles of Psychologists and Code of Conduct(1992), NASP Professional Conduct Manual(2000), NCME Code of Professional Responsibility(1995), Rights and Responsibilities of Test Takers: Guidelines and Expetations(Joint Committee on Testing Practices, 2000)에 주목했다.

평가 보고서 예시*

인구학적 정보

이름: 에두아르도 언클리어(Eduardo (Ed) Unclear)

주소: 223 Confused Lane Coconut Creek, Florida

전화: 954-969-5555

이메일: iunclear@hotmail.net

면접자 이름: 지그문트 프로이트 (Sigmund Freud), MD

생년월일: 1/8/1966

나이: 48세

성별: 남

인종: 히스패닉(쿠바계 미국인)

면접일: 10/22/2014

호소 문제 혹은 의뢰사유

에두아르도 언클리어는 평균 키와 체구를 가진 48세 히스패닉계 남성이다. 그는 스트레스와 수면장애 때문에 자발적으로 상담소에 오게 되었다. 환자는 약 2년 동안 불안감을 느껴왔고 약 7, 8년 동안 간헐적으로 우울감을 느껴왔다고 보고했다. 그는 자신의 결혼생활에 불만족스러워했고 그의 미래에 대해 혼란을 느껴왔다고 했다. 언클리어 씨는 적절하게 옷을 갖춰 입었고 회기 동안 주의를 기울이는 모습을 보였다. 변별 진단과 치료 과정을 결정하기 위해 평가가 진행되었다.

---

* 만디 휴스(Mandi Hughes)가 수정하고 보완함

가족적 배경

언클리어 씨는 플로리다의 마이애미에서 자랐다. 다섯 살 때 그의 부모는 그와 그의 두 형제, 2살 위인 형 호세와 2살 아래인 동생 후안과 함께 어선을 타고 쿠바에서 망명했다. 언클리어 씨는 초혼 가족 출신이다. 그의 아버지는 경리였고 어머니는 전업주부였다고 보고했다. 그의 아버지는 '다정하면서 엄격한' 사람으로 가족에 대해 '책임감 있는' 분이었고 종종 '나에게 감정을 터뜨리곤 했다'고 그가 언급했다. 그와 그의 형제들은 항상 가까웠고 두 형제 모두 그의 집에서 1마일도 안 되는 거리에 살고 있다고 보고했다. 동생은 결혼해서 자녀가 둘이 있다고 했다. 그의 형은 미혼이고 '동성애자이지만 밝히지 않았다'고 얘기했다. 그와 그의 형제들은 가톨릭 학교를 다녔고 그는 좋은 학생이었으며 친구 수는 '보통'이었다고 말했다. 그의 아버지는 약 4년 전 '심장병'으로 사망했다. 그의 어머니는 현재 마이애미 해변 북쪽에 있는 은퇴자 거주지에 살고 있다.

언클리어 씨는 20살 때 대학에서 그의 부인 카를라를 만났다고 했다. 그들은 21세에 결혼해서 바로 두 자녀, 카를리타와 카르멘을 낳았고, 현재 이들은 각각 27세와 26세가 되었다. 두 딸은 모두 대학을 졸업했고, 전문직에 종사하며, 결혼을 했다. 카를리타는 3세, 4세의 두 자녀를 두었고, 카르멘은 5세의 자녀를 두었다. 두 딸과 그의 가족들은 그의 집 가까이에 살고 있고, 그는 그들과 좋은 관계를 유지하고 있다. 그의 결혼이 처음 20년 동안은 '좋았다' 할지라도, 최근에 그는 사랑받지 못하고 우울한 자신을 발견하게 되었다고 말했다. 그는 계속 결혼을 유지해야 하는지 고민 중이다.

중요한 의학적/상담 과거력

언클리어 씨는 약 4년 전 심한 교통사고를 당했고, 결과적으로 만성 허리통증에 시달리는 것으로 보고했다. 통증을 위해 처방된 약(플렉세릴(Flexeril), 5 mg)에도 불구하고, 대체로 '약 없이 살려고' 노력한다고 언급하면서, 그는 약 복용을 좋아하지 않는다고 했다. 그는 자주 피곤함을 느끼고 항상 하루에 4시간 정도 자는 등 수면에 어려움이 있다. 최근 받은 의학적 검사는 그의 피곤함과 수면장애에 대한 분명한 의학적 원인을 밝혀주지 못했다. 그는 과거 2년 동안 심장발작으로 죽을 것 같은 두려움과 관련하여 강박적으로 걱정을 했다고 얘기했다. 그의 식습관은 '정상'으로 기술했고, 그 밖의 중요한 의학적 과거력은 없다고 언급했다.

언클리어 씨는 그의 부인이 둘째 아이 출산 후, 찢어진 질을 복구하기 위해 수술을 했다고 말했다. 그는 이후 부인이 성관계를 하는 동안 통증을 경험했으며 둘 사이의 친밀감이 크게 감소했다고 진술했다. 그와 그의 부인은 약 15년 전 2달 정도 부부 상담을 받았다고 얘기했다. 그는 상담이 도움이 되지 않았다고 느꼈고, '특히 그들 부부의 성생활에 전혀 도움이 되지 않았다'고 보고했다.

약물 사용 및 남용

언클리어 씨는 흡연은 하지 않지만 종종 시가를 즐긴다고 했다. "쿠바산 시가는 절대 피우지 않습니다."라는 말을 덧붙였다. 그는 '하루에 맥주 2병'을 마시지만 '독한 술'은 거의 마시지 않는다고 말하면서 자신을 적당한 음주자라고 묘사했다. 그는 만성적인 허리통증 때문에 간간이 처방약을 복용하지만 그 어떤 불법 약물도 사용하지 않는다고 했다.

교육 및 직업적 과거력

언클리어 씨는 플로리다 마이애미에 있는 가톨릭 학교를 다녔다. 수학에서는 우수했지만 읽기와 쓰기에 어려움을 겪었다. 고등학교 졸업 후, 그는 마이애미 대학교에 다녔는데 거기서 경영학을 전공했다. 학사학위를 받은 후, 주요 담배수입회사에서 회계사로 17년 동안 일했다. 그 시간 동안 경영학 석사를 공부했지만 '재미없어서' 학위를 마치지 못했다고 얘기했다. 약 8년 전 그는 '더 많은 돈을 벌기' 위해 직업을 바꿨다. 그는 지역의 새로운 자동차회사에 회계사로 고용되었다.

　언클리어 씨는 비록 그가 잘 작성된 보고서를 준비하지 못해서 당황했다고 계속해서 언급했으나, 회계사로서 그의 "회계 장부는 항상 완벽했다."고 얘기했다. 그는 자신의 경력에 대한 불만족을 표현했고 '그의 인생에서 좀 더 의미 있는 무언가를 하기'를 원했다. 하지만 "내가 지금 진로를 바꾸기에는 너무 나이가 든 것 같습니다."라는 말을 덧붙였다.

기타 관련 있는 정보

언클리어 씨는 성생활이 행복하지 않다고 얘기하며 부인과 그리 친밀하지 않다고 보고했다. 그는 불륜을 거부했지만 "만약 이상형을 만난다면 혼외관계를 가질 수도 있다."고 언급했다. 그는 재정적으로 "이제 막 이뤘다."고 말하면서 그의 두 자녀를 대학 내내 지원하는 일이 힘들었다고 얘기했다. 그는 법과 관련된 어떤 문제도 겪고 있지 않았다.

정신 상태

에두아르도 언클리어는 캐주얼한 약속이었지만 옷을 잘 차려입고 단장한 모습으로 나타났다. 그는 적절한 눈맞춤을 유지했고, 시간, 장소, 사람에 대한 지남력이 있었다. 시력은 정상 범위로 나타났다. 청각과 언어는 특이한 사항이 없었다. 면접 동안 그는 종종 손을 문지르면서 불안한 모습을 보였다. 언클리어 씨는 검사자에게 협조적이었고 동기, 흥미, 에너지의 측면에서 만족스러운 수준을 보여주었다. 그는 현재 통증약을 처방받았는데, 만성 허리통증 때문에 종종 복용했다.

　그는 밤에 4시간 정도밖에 자지 못하기 때문에 자주 피로감을 느낀다고 진술했다. 자신이 지난 7, 8년 동안 간헐적으로 우울함을 느꼈다고 얘기했다. 그는 평균 이상의 지능을 보였고 기억력은 괜찮은 편이었다. 그의 판단력은 적당했고 통찰력은 꽤 괜찮은 것으로 보였다. 그는 자살 생각을 하지만, '종교에 위배된다'고 언급하면서, 자살을 고통스럽게 생각하거나 자살하는 것에 대해 부정적이었다. 그는 살인에 대한 생각도 없었다.

평가 결과

언클리어 씨는 벡의 우울 검사 II(Beck Depression Inventory-II), 미네소타 다면적 인성 검사 II(MMPI-II: Minnesota Multiphasic Personality Inventory-II), 로르샤흐 잉크반점 검사(Rorschach Inkblot Test), 주제통각검사(TAT: Thematic Apperception Test), 동적 가족화 검사(KFD: Kinetic Family Drawing), 문장완성검사(Sentence Completion Test), 스트롱 흥미 검사(Strong Interest Inventory), WRAT-4(Wide Range Achievement Test-4)를 포함한 일련의 객관적 및 투사적 성격 검사들을 받았다.

지난 2주를 기준으로 한 자기보고를 통해, 언클리어 씨의 BDI-II 점수는 그가 중등도 우울증이 있음을 나타낸다(원점수 = 24). 그의 반응들은 그가 자살 생각을 할 수 있다는 것에 대한 증거를 보여준다. BDI-II는 DSM 진단 기준들과 일관되기 때문에 우울로 진단 내릴 수 있지만, 그것은 또한 우울 증상의 심각도를 나타낼 수 있다. MMPI-II는 중등도에서 심한 우울증을 지지해주었고 또한 경미한 불안을 나타냈다. 삶에 대한 불만족을 드러내주는 MMPI-II는 언클리어 씨가 전반적으로 '세상에 만족하지 못하고' 그의 삶에서 친밀감이 부족하다고 느낀 것으로 보여준다. 이러한 결과는 자살 생각 가능성을 평가하도록 제안한다.

로르샤흐 검사와 주제통각검사는 심리적 기능을 평가하는 데 사용되는 투사적 평가 도구이다. 잉크반점과 TAT 카드에 선뜻 반응하는 그의 의지, TAT의 이야기를 완성하는 능력, 많은 반응이 '평범한' 반응이라는 사실에 의해 입증되었듯이, 두 검사 모두 언클리어 씨가 현실에 근거하고 검사에 개방적임을 보여주었다. 로르샤흐 검사의 '유색 카드'에 대한 많은 반응에서 선뜻 색깔을 보지 않고 TAT 카드에 대해 우울한 결말을 가진 많은 염세적 이야기를 만들어내는 것과 같이 우울한 감정과 절망감은 많은 반응에서 명백하게 드러났다.

가족 모두가 함께 무언가를 하고 있는 것을 그리도록 환자에게 요구하는 투사적 검사인 KFD 검사를 받을 때, 언클리어 씨는 그의 아버지를 하늘에 있는 천사로 배치했고 그의 부인, 어머니, 아이들과 손자들을 포함했다. 어머니가 그의 옆에 서 있었으나 그의 부인은 손자들과 함께 떨어져 있었다. 그는 또한 자신을 의자에 앉아 있는 것으로 배치했고, 그림을 묘사하도록 했을 때 "나는 허리가 아파서 앉아 있다."고 얘기했다. 그림은 환자와 그의 가족들이 비가 오는 일요일에 그의 어머니 집에서 저녁을 먹고 있는 모습을 그린 것이었다. 비는 우울한 정서를 가리킬 수 있다. 뒷마당에 있는 십자가가 눈에 띄었고 그것은 그림 속 대부분의 사람들보다 더 컸는데, 이것은 강한 종교적 신념을 나타내고 또한 돌봄 욕구를 시사할 수 있다.

문장완성검사에서 언클리어 씨는 "내가 생각하는 대부분의 것들은 아버지에 대한 그리움이다."와 같은, 아버지를 그리워하는 말을 많이 했다. 그는 또한 계속해서 허리통증을 언급했다. 마지막으로 그는 '섹스가 없다'는 진술을 포함해서, 그의 결혼생활이 불만족스럽다고 얘기했다.

성격과 진로 흥미를 평가하기 위해 사용된 자기보고식 평가 도구인 스트롱 흥미 검사에서, 언클리어 씨의 높은 성격 코드 두 가지는 사무형과 진취형이었다. 그 밖의 코드들은 모두 유의미하게 낮은 것으로 나타났다. 사무형 사람들은 안정적이고, 통제되고, 보수적이고, 사회적이며, 지시를 따르는 것을 좋아한다. 진취형 사람들은 자신만만하고, 모험적이며, 사회적이다. 이들은 설득력이 좋으며 리더십을 발휘할 수 있는 자리를 선호한다. 설득 기술이 중요한 비즈니스와 산업 분야의 진로는 이러한 유형의 사람들에게 좋은 선택이라고 할 수 있다.

WRAT-4에서, 언클리어 씨는 수학에서 86번째, 읽기에서 76번째, 문장 이해에서 64번째, 철자 쓰기에서 42번째 백분위수를 얻었다. 그의 독해력은 69번째 백분위수를 얻었다. 언클리어 씨가 어린 나이에 이 나라에 온 이민자였다는 사실 때문에 다문화적 고려사항들이 참작되어야 한다 할지라도, 이 결과들은 철자 쓰기에서 학습장애 가능성을 나타낸다.

진단

296.22(F32.1) 주요 우울증, 단일 삽화, 중등도
309.28(F43.23) 제외: 혼합된 불안과 우울 기분을 동반한 적응장애
V62.29(Z56.9) 고용과 관련된 문제
V61.10(Z63.0) 배우자와의 관계 고통
722.0 경추추간판 변위(만성 허리통증)

요약 및 결론

언클리어 씨는 우울, 불안, 직장과 결혼에 대한 불만족 때문에 자발적으로 상담을 받으러 온 48세 기혼 남성이다. 다섯 살 때 부모 및 두 형제와 함께 쿠바에서 플로리다의 마이애미로 이민을 온 그는 가족들과 친하다고 얘기했고, 그의 자녀, 형제, 어머니 가까이에 계속해서 살고 있다. 그의 아버지는 약 4년 전 돌아가셨다. 그와 부인은 대학 재학 중에 결혼을 했고, 현재 20대이며, 결혼하여 두 명의 자녀를 둔 두 딸을 키웠다.

언클리어 씨는 대학에서 경영학 학위를 받았고 지난 25년 동안 회계사로 일해오고 있다. 그는 자신의 진로가 불만스럽다고 보고했고 "삶에서 더 의미 있는 무언가를 하고 싶다."고 얘기했다. 그는 또한 부부 간 불화를 보고했는데, 그 원인을 부분적으로 둘째 아이

출산 후 부인에게 생긴 의학적 문제 탓으로 돌렸다. 이 문제는 그의 부인과 성관계 빈도가 감소되면서 발생했다고 진술했다.

언클리어 씨는 회기 동안 지남력은 있었지만 불안하게 보였고 우울함에 대해 얘기했다. 그는 종종 피곤하며 잠자는 데 어려움이 있고, 행동으로 옮기지는 않을 거라고 얘기는 하지만 자살 생각에서 벗어나려고 한다고 얘기했다. 최근 들어, 의학적인 근거들은 없지만 그는 심장발작에 관한 강박적인 사고를 한다. 몇 년 전 자동차 사고로 인한 만성 허리통증이 현재 그의 우울증을 더욱 악화시키는 것으로 보인다.

전 검사를 통해 우울증, 외로움, 절망이라는 일관된 주제가 나왔다. BDI-II, MMPI-II 우울 척도에서 높은 점수들이 이것을 증명했다. 또한 이러한 주제들은 로르샤흐 검사, TAT 검사, KFD, 문장완성검사에 대한 반응들에 의해 추가적으로 나타났다.

결혼생활에 대한 불만족, 아버지의 죽음에 대한 슬픔, 만성 통증이 검사 동안 발생했던 주요 주제들이었다. 또한 검사를 통해 그의 직업과 성격이 잘 맞는 것으로 드러났다. 하지만 그가 추가적인 책임과 리더십 기술을 요구하는 위치에 가게 된다면 그는 더 많은 어려움을 겪을 수 있다. 만약 언클리어 씨가 우울증에 대한 치료를 받지 않는다면 그와 같은 변화가 불편할 수 있다. 마지막으로, 다문화 이슈들이 그의 점수에 영향을 미칠 수 있다 하더라도 검사의 결과는 철자 쓰기에서 학습장애 가능성을 보여주었다.

긍정적인 부분과 관련하여, 검사와 임상 면접에서 그가 보여준 단정한 옷차림과 검사자에게 협력적인 태도로부터 그가 개방적인 사람임을 알 수 있었다. 그는 열심히 일해왔고 그가 이루어온 가족을 자랑스러워한다. 그는 현실에 뿌리 내리고 있으며, 기꺼이 다른 사람과 관계를 가지려 하고, 꽤 좋은 판단력과 통찰력을 보여주었다. 그는 자신 앞에 닥친 많은 시급한 관심사에 대해 알고 있으며 기꺼이 다루려 한다.

제언

1. 우울, 불안, 부부 간 불화, 직업 불만족에 대해 1주일에 1시간 상담하기
2. 부부 성관계에 특별히 초점을 맞춘 부부 상담
3. 항우울제 약물을 위해 내과의/정신과의에 의뢰하기
4. 학습 문제를 위한 심화 평가
5. 우울감 감소 후 그리고 가능한 학습 문제 해결 후 이직에 대한 장기적인 고려
6. 허리통증 문제에 대한 정형외과의 재평가

Sigmund Freud, MD

지그문트 프로이트

통계 공식   부록 **E**

피어슨 적률상관계수(Pearson product-moment correlation)

$$r = \frac{N\Sigma XY - (\Sigma X)(\Sigma Y)}{\sqrt{N\Sigma X^2 - (\Sigma X)^2}\sqrt{N\Sigma Y^2 - (\Sigma Y)^2}}$$

여기서 N = 사례 수

           X = 첫 번째 검사의 점수

           Y = 두 번째 검사의 점수

쿠더-리처드슨(Kuder-Richardson)

$$KR_{20} = \left[\frac{n}{n-1}\right]\left[\frac{SD^2 - \Sigma pq}{SD^2}\right]$$

여기서 n = 검사의 문항 수

           SD = 표준편차

p = 정답 비율

q = 오답 비율

알파계수(alpha coefficient)

$$r = \left[\frac{n}{n-1} \right] \left[\frac{SD^2 - \Sigma SD_i^2}{SD^2} \right]$$

여기서 n = 검사의 문항 수

SD = 표준편차

ΣSD_i^2 = 문항 점수 분산의 합

표준편차(간편 공식)

$$SD = \sqrt{\frac{\Sigma X^2}{N} - M^2}$$

여기서 SD = 표준편차

X = 검사 점수

N = 사례 수

M = 검사 점수의 평균

z점수를 백분위로 환산하기

다음 표는 z점수를 백분위로 변환하는 데 활용될 수 있다.

z점수	백분위	z점수	백분위	z점수	백분위
−6.0	0.0000001%	−1.9	2.87%	−0.5	30.85%
−5.0	0.00003%	−1.8	3.59%	−0.4	34.46%
−4.0	0.0032%	−1.7	4.46%	−0.3	38.21%
−3.0	0.13%	−1.6	5.48%	−0.2	42.07%
−2.9	0.19%	−1.5	6.68%	−0.1	46.02%
−2.8	0.26%	−1.4	8.08%	0.0	50.00%
−2.7	0.35%	−1.3	9.68%	0.1	53.98%
−2.6	0.47%	−1.2	11.51%	0.2	57.93%
−2.5	0.62%	−1.1	13.57%	0.3	61.79%
−2.4	0.82%	−1.0	15.87%	0.4	65.54%
−2.3	1.07%	−0.9	18.41%	0.5	69.15%
−2.2	1.39%	−0.8	21.19%	0.6	72.57%
−2.1	1.79%	−0.7	24.20%	0.7	75.80%
−2.0	2.28%	−0.6	27.43%	0.8	78.81%
0.9	81.59%	1.7	95.54%	2.5	99.38%

(계속)

z점수	백분위	z점수	백분위	z점수	백분위
1.0	84.13%	1.8	96.41%	2.6	99.53%
1.1	86.43%	1.9	97.13%	2.7	99.65%
1.2	88.49%	2.0	97.72%	2.8	99.74%
1.3	90.32%	2.1	98.21%	2.9	99.81%
1.4	91.92%	2.2	98.61%	3.0	99.87%
1.5	93.32%	2.3	98.93%	4.0	99.997%
1.6	94.52%	2.4	99.18%	5.0	99.99997%

(정의상) 백분위는 벨 커브(bell curve)를 따라 균등하게 분포되어 있지 않으므로, 위 표에서 점수와 점수 사이의 값을 계산해낼 수 없다. 따라서 위 표에 제시되지 않은 좀 더 정확한 백분위가 필요하다면 백분위를 계산하기 위한 공식을 활용해야 한다.

z점수를 백분위 점수로 전환하기 위해 사용되는 공식은 다음과 같다.

$$f(z) = \frac{1}{\sqrt{2p}} e^{\frac{z^2}{2}}$$

여기서 z는 주어진 점수이다.

용어 해설

AARC(Association for Assessment and Research in Counseling): 상담 평가 및 연구 영역에서 최고의 수행을 증진시키는 데 그 목적이 있는 전문 상담자 단체

ACT 점수: 대학 지원자들의 원점수를 평균 21, 표준편차 5의 표준 점수로 변환한 점수. 대학지원자가 아닌 학생들까지 포함한 모든 학생의 평균 점수는 18점이다.

ADA: '장애인 보호법' 참조

APA 5분과: '심리평가, 측정, 통계의 실용적 적용과 연구'에 관심을 가진 심리학자들의 전문 조직

COPSystem: 흥미, 능력, 가치를 측정하는 세 가지 검사로 이루어진 진로 검사 패키지

G. S. 홀(Hall): 분트와 함께 일했고 존스홉킨스 대학교에 자신의 실험실을 차렸다. 다른 위대한 미국 심리학자들의 멘토가 되었고 1892년 미국 심리학회를 창립해서 초대 회장이 되었다.

J. B. 마이너(Miner): 1922년 첫 번째 집단 흥미 검사 중 하나를 개발한 사람. 검사는 고등학생들이 직업을 선택하는 데 도움을 주기 위해 집단 검사의 형식으로 실시된다.

J. P. 길퍼드(Guilford): 180개 요인들에 기초한 지능의 다중 요인/다차원 모형을 개발했음. 그의 삼차원 모형은 입방체로 표현될 수 있고, 세 종류의 인지적 능력(작동, 내용, 산물)을 포함할 수 있다.

KeyMath3: 수학에서의 학습장애를 평가하기 위한 종합검사

MMY(Mental Measurements Yearbook): 2000개 이상의 검사 도구 또는 선별 도구에 대해 개관하고 있는 자료집. 대부분의 큰 대학들은 하드커버로 된 이 자료집을 소장하고 있거나 온라인으로 갖고 있다.

O*NET: 미국 노동고용훈련부에서 운영하는 무료 온라인 데이터베이스로, 수백 개의 직업군에 대한 분류와 자세한 설명을 담고 있다. O*NET은 과거 직업 목록 사전을 대체한 것이다.

T점수: z점수로부터 쉽게 변환 가능한 표준 점수. 평균 50, 표준편차 10의 표준 점수이고 성격 검사에 주로 사용된다.

WRAT-4(Wide Range Achievement Test-4): 읽기, 철자법, 수학, 문장 이해에서의 기초적 학습 역량을 평가하기 위한 검사

z점수: 가장 기본이 되는 표준 점수. 원점수를 평균 0, 표준편차 1로 재척도화한 점수

가계도(genogram): 가족의 질병력, 정신장애, 약물 사용, 성적 지향, 관계, 문화 이슈를 포함하여 상담과 관련 있는 다른 관심사를 포함할 수 있는 개인의 가족 구조에 관한 지도. 이 지도를 만드는 데 도움이 되는 특수 부호들이 사용될 수 있음. 그것은 기록과 개인 문서의 한 유형이다.

가족 교육 권리 및 사생활 보호법(FERPA: Family Education Rights and Privacy Act): 검사 기록을 포함한 자신의 학교 기록에 접근할 권리를 규정함

감정단어 체크리스트(feeling word checklists): 자신이 전형적으로 나타내는 또는 비전형적으로 나타내는 감정을 가장 잘 기술하는 단어를 규정하게 하는 일종의 분류 방법

개별 학업 계획서(IEP: Individualized Education Plan, PL 94-142): 학습장애를 가진 것으로 확인된 어린이에게 개별 교육 계획을 설정할 학교 내 팀 구성을 규정한다.

객관적 성격 검사(objective personality test): 다중 선택이나 진위형 등의 형식으로 성격의 다양한 측면을 측정하는 검사. 내담자의 통찰력을 증진하거나, 정신병리를 확인하거나, 치료 계획 수립을 조력하려는 목적으로 종종 사용된다. 성격 검사의 일종

건강보험 양도와 책임 법령(HIPAA: Health Insurance Portability and Accountability Act): 검사 기록을 포함한 내담자 기록의 사적 측면 보장 및 그 정보의 공유에 관해 규정한다. 일반적으로 이 법은 내담자의 동의 없이 공유될 수 있는 정보의 양을 제한한다. 또한 내담자에게 상담 과정 노트를 제외한 자신의 기록에 대한 접근을 허용한다.

검사(test): 수집된 자료에 기반하여 점수를 산출하는 평가 기법의 한 부분

검사 결과 공개: 검사 자료는 내담자가 공개 서류에 서명했을 경우에만 타인에게 공개될 수 있다. 자료는 일반적으로 검사 자료를 적절히 해석할 수 있는 개인에게만 공개된다. 전문가는 그런 자료를 받는 사람이 정보를 오남용하지 않도록 조치를 취해야 한다.

검사 보안(test security): 전문가는 검사 내용의 통합성과 검사 그 자체의 안전성을 보증하기 위한 합리적인 노력을 할 책임이 있다. 전문가는 검사를 복사하거나 출판자의 허락 없이 검사를 변경해서는 안 된다.

검사 실시(test administration): 검사는 제작되고 표준화된 방식에 의해 정의된 대로 적절히 실시되어야 한다. 이러한 절차에서 벗어났을 때는 적시되어야 하며, 검사 자료에 대한 해석이 조정되어야 한다.

검사 양호도(test worthiness): 검사에 대한 네 가지 중요 영역에서의 객관적 분석을 통해 결정되는 검사의 질에 대한 판단. (1) 타당도: 검사가 측정하고자 의도한 바를 제대로 측정한 정도, (2) 신뢰도: 개인에게 부여된 점수가 그의 진점수에 비추어 얼마나 정확한 것인지의 정도, (3) 다문화 공정성: 한 개인이 부여받은 점수가 검사의 본래 의도와 무

관한 문화적 편파성으로부터 얼마나 자유로운지의 정도, (4) 실용성: 특정한 상황에서 검사 점수의 사용이 합리적인 정도

검사-재검사 신뢰도(test-retest reliability): 한 검사를 동일한 집단에 두 번 실시한 뒤 첫 번째와 두 번째 결과 간의 상관계수를 활용하는 신뢰도 추정 방법

검사 채점과 해석(test scoring and interpretation): 검사를 검토하고, 검사 자료에 대해 판단하는 과정. 전문가는 신뢰도, 타당도, 다문화 공정성, 실용성을 포함한 검사 양호도 문제가 검사 결과에 어떤 영향을 주었을지 숙고해봐야 한다.

검사 활용 역량: 대부분의 윤리 규정에 따르면, 검사자는 검사 도구를 이용하기 전에 충분한 지식과 적절한 훈련을 받아야 한다. 어떤 검사 출판사에서는 검사를 실시하는 데 요구되는 훈련 수준을 나타내는 단계 체계를 갖고 있다.

게젤 발달 관찰 검사(Gesell Developmental Observation): 아동의 전반적 발달을 평가하는 준비도 검사

결정계수(coefficient of determination, **공유된 분산**): 두 관찰 변수의 기저에 존재하는 공통성 혹은 두 변수가 공유하는 분산의 크기. 두 변수 간의 연관성을 나타내며, 상관계수의 제곱이다.

결정 지능(crystallized intelligence): 레이먼드 커텔(Raymond Cattell)에 의해 증명되었던 시간이 지남에 따라 증가하는 경향이 있는 학습된 지능

고부담 검사(high-stakes testing): 이 용어는 검사(일반적으로 SAT 같은 국가 수준의 표준화 검사와 낙오학생방지법(No Child Left Behind)의 결과로 활용되는 검사)를 이용해 중요한 결정을 한 결과로 피검사자, 교사, 행정가, 그리고 기타 타인에게 부과되는 압력을 기술하는 데 이용된다.

고지된 동의(informed consent): 평가를 받아야 하는 개인이 평가의 목적과 속성, 비용, 평가 과정에 관계된 사람들(예: 교사, 치료자) 등에 관한 정보 및 비밀 보장의 제한에 관한 정보를 제공받은 후에 평가에 대한 승인을 해야 한다는 원칙

공인 타당도(concurrent validity): 검사 타당도를 살펴보기 위한 한 관점으로서, 검사 점수가 외부의 어떤 기준과 관련된 정도에 대한 증거를 의미한다. 이때 외부 정보를 검사 점수가 확보되는 거의 동일한 시점에 구할 수 있어야 한다는 전제가 따른다. '여기 그리고 지금' 타당도라고도 불리며, 준거 관련 타당도의 한 유형이다.

관대 오류(generosity error): 개인 평정자가 평가 대상을 알고 있다는 이유로 관대한 방향으로 부정확하게 평정하는 오류

관찰(observation): 특정 행동에 대한 더 깊은 이해를 위해 개인의 행동을 관찰함(예: 교실에서 학생의 부적절한 행위를 관찰함, 잠정적인 직업 배치를 위해 눈-손 협응 과제의 수행 능력을 평가함). 시간 표집, 사건 표집, 그리고 시간과 사건 표집이 여기에 포함된다. 일종의 비공식적 평가이다.

구인 타당도(construct validity): 한 검사가 의도한 바대로 구체적 개념이나 특징을 측정하고 있다는 증거. 구인 타당도는 다음 중 하나 혹은 복수의 방법으로 분석된다: 실험 설계, 요인 분석, 여타 검사 도구와의 수렴 정도, 여타 측도와의 변별 정도.

구조화 면접(structured interview): 피검자가 미리 정해진 문항들에 반응하도록 요청받는 면접. 때때로 환자들이 서면으로 된 문항들에 반응할 수 있다 할지라도, 이 면접은 종종 언어적으로 이루어진다.

규준참조(norm referencing): 한 개인의 검사 점수를 해석하기 위해, 규준집단이라고 불리는 모집단을 대표하는 집단의 검사 점수들과 비교하는 상대평가적 채점 방법

그래픽 척도(graphic scale): '리커트 척도' 참조

급간(class interval): 빈도분포로부터 점수를 사전에 정해진 일정 구간으로 나누는 것. 히스토그램 및 빈도 절선도표를 작성하기 위해 사용된다.

긍정오류(false positives)와 부정오류(false negatives): 한 검사 도구가 응시자를 잘못 분류한 경우 사용되는 용어. 어떤 특성을 갖고 있지 않은데 갖고 있다고 분류한 경우(긍정오류)와, 사실 해당 특성을 갖고 있지만 그렇지 않다고 분류한 경우(부정오류)으로 나뉜다.

기록과 개인 문서(records and personal documents): 자서전, 일기, 개인적 메모, 가계도, 또는 학교 기록 같은 항목을 검토함으로써 한 개인의 행동, 가치관, 신념을 평가한다. 일종의 비공식적 평가이다.

깊이(depth): 어떤 문제의 정도와 심각성을 평가하도록 강제함

낙오학생방지법(No Child Left Behind): 모든 주가 학생들이 읽기/영어와 수학에서 일정 수준 이상을 성취하도록 계획을 가져야 한다고 규정한다. 이 법은 모든 학생을 대상으로 최소한의 기준을 충족시켰는지의 여부를 평가할 수 있는 성취도 검사를 제작하도록 하는 기폭제가 되었다.

내용 타당도(content validity): 한 검사의 타당도를 보기 위해, 검사 개발자가 적절한 측정 영역을 검사 제작 과정에서 고려했는지에 대한 증거. 검사 문항들이 이와 같은 영역들과 잘 대응되어야 할 뿐만 아니라 상대적 중요도에 따라서 정확하게 검사 속에서의 비중을 차지하고 있어야 한다.

내적 일관성(internal consistency): 검사 도구의 신뢰도를 결정하는 한 방법으로서, 해당 검사를 한 번 실시한 결과만을 활용하여 추정할 수 있기 때문에 단일 검사 실시를 통해 신뢰도를 구할 수 있다는 편리함이 있다. 반분 신뢰도, 크론박 알파, 쿠더-리처드슨 방법 등이 이에 해당된다.

누적 기록(cumulative records): 내담자의 검사 점수, 검사 등급, 행동 문제, 가족 문제, 대인관계 등의 문제를 기록해 나간 파일. 학교 생활기록부 또는 직장의 근무기록 등이 누적 기록의 예로, 내담자에 대한 이해를 위해 매우 중요한 정보이다.

누적분포(cumulative distribution): 빈도분포를 최하점수대부터 누적하여 비율로 나타내는 기법. 일반적으로 가로축에 급간별 점수대, 세로축에 이에 해당하는 누적비율을 막대그래프로 표시한다.

능력 검사(ability test): 사람이 인지적 영역에서 할 수 있는 것을 측정하는 검사로, 성취도 검사와 적성 검사가 능력 검사에 속한다.

다문화 민감성(cross-cultural sensitivity): 평가 절차에 있어서 선택, 실시, 해석 상황에서 발생할 수 있는 편파성에 대해 인지하는 것과 함께, 검사 실시 및 해석에 있어서 나이, 문화적 배경, 장애 여부, 인종, 성별, 종교, 성적 지향, 사회경제적 지위 등이 미칠 수 있는 영향을 인식하는 것을 의미한다.

다중 적성 검사(multiple aptitude test): 능력의 다양한 측면을 측정하는 검사. 다양한 직업군에서의 성공 가능성을 예측하는 데 유용하다. 적성 검사의 일종

단일 적성 검사(single aptitude test): '특수 적성 검사' 참조

대안적, 동형 혹은 평형 신뢰도(alternate, parallel, or equivalent forms reliability): 두 개 이상의 대안적, 동형 혹은 평형 검사들을 만들어 한 검사의 신뢰도를 구하는 데 사용하는 방법. 이러한 대안적 검사들은 서로 유사하지만 검사-재검사 신뢰도에서 발견되는 문제(예를 들어, 두 번째 시험에서 풀이에 대한 별 고민 없이 응답하기 등)를 제거하기에 충분할 정도로 구별된다. 다시 말해, 동일한 검사를 두 번 치르도록 하는 것이 아니라 두 번째에서 대안적 검사가 사용된다.

대학(원) 입학시험 점수(SAT type score): 각 섹션의 점수가 평균 500, 표준편차 약 100으로 표준화되는, 인지 능력 검사의 일종이다.

동간 척도(interval scale): 부여된 숫자의 차이가 동일한 간격을 나타내지만 절대영점은 없는 척도

동형 검사 신뢰도(equivalent forms reliability): '대안적, 동형 혹은 평형 신뢰도' 참조

로르샤흐 잉크반점 검사(Rorschach Rorschach Inkblot Test): '헤르만 로르샤흐' 참조

로버트 여키스(Robert Yerkes): 1차 세계대전 동안 미국 심리학회 회장으로서, 새로운 결과를 확인하도록 만들어진 특별위원회의 의장을 맡았다. 위원회는 아미 알파 검사(Army Alpha test)를 개발했다.

루이스 서스톤(Louis Thurstone): 7가지 기본 요인(언어적 의미, 숫자 능력, 단어 사용 능력, 인지 속도, 공간 능력, 추리력, 기억력)을 포함한 지능의 다중 요인 접근 혹은 모형을 발달시켰다.

루이스 터먼(Lewis Terman): 비네-사이먼 척도를 분석하고 많은 개정 작업을 통해 여전히 오늘날에도 사용되는 스탠퍼드-비네 검사를 만든 스탠퍼드 대학교의 교수. 터먼은 소위 '지능 지수' 혹은 'IQ'라 불리는 생활연령과 정신연령의 비율을 검사에서 사용한 최초의 인물이었다.

리커트 척도(Likert-type scale): 한 검사 내의 같은 주제를 측정하는 다수 문항들이 각각 일정한 숫자와 각 숫자에 해당하는 기술(예: '1. 매우 그렇지 않다', '2. 그렇지 않다', '3. 그렇다', '4. 매우 그렇다') 형태의 답지를 갖고 있는 방식의 평정 척도. 때로는 그래픽 척도라고도 불린다.

명명 척도(nominal scale): 서로 다른 범주를 나타내기 위해 임의로 숫자를 부여한 척도. 각 범주의 빈도를 계산하거나 최빈치를 구하는 정도의 통계적 조작만이 가능하다.

문항반응이론(item response theory): 고전검사이론을 확대하여 개별 검사 문항에 대한 좀 더 자세한 분석을 실시할 수 있도록 개발된 검사이론. 문항 특성 곡선 같은 분석 도구를 활용하여 문항의 변별도와 난이도 등을 파악할 수 있게 해준다.

반구조화 면접(semi-structured interview): 미리 정해진 문항들을 사용하고 그로 인해 검사자는 상대적으로 짧은 시간 내에 필요한 정보를 수집한다. 그러나 만약 환자가 면접 과정 동안 표류할 필요가 있다면 이러한 유형의 면접은 검사자에게 재량권을 부여해줄 수 있다.

반분 신뢰도(split-half reliability): 내적 일관성 신뢰도 계수를 구하기 위한 한 방법으로서, 한 검사를 둘로 나누어 만들어진 두 하위 검사 결과 간의 상관계수를 사용한다. 따라서 한 검사의 단일 실시 결과만으로 신뢰도를 추정할 수 있다.

발달 규준(developmental norms): 한 개인의 검사 점수를 동일 나이 혹은 같은 학년 집단의 평균과 직접적으로 비교하는 방식. 나이 비교나 학년 동등성 등의 형태로 점수화되는 경우가 흔하다.

백분위(percentiles): 어떤 점수보다 아래에 놓인 피험자의 비율을 해당 점수의 백분위라 한다. 1에서 99 사이의 값을 가지며, 평균은 50이다.

범위(range): 분산도의 가장 단순한 형태. 최고점수 - 최하점수 + 1로 계산된다.

법정 평가(forensic evaluations): 보고서 작성자가 전문가 목격자로 증언하도록 요구하는 법정에서 활용되는 특정한 유형의 평가. 평가를 수행하는 검사자는 면접, 검사, 그리고 여러 기록에 대한 검토를 통해 정보를 수집한다. 전문 단체들은 이에 대한 규정을 갖고 있다.

변별 타당도(discriminant validity): 구인 타당도를 보이기 위한 한 방법으로서, 관심 대상인 검사 점수와 이질적 특성을 측정하는 다른 검사 점수 간의 상관이 낮다는 것을 보여줌으로써 확보할 수 있다.

변환 점수(derived score): 개인의 원점수를 규준집단과 비교하여 백분위, 표준 점수(z점수, T점수, 편차 IQ, 스태나인, 스텐, 정규분포 등가 점수(NCE), 대학(원) 입학시험 점수(SAT, GRE, ACT) 등), 출판사별 점수 혹은 발달규준 점수(연령비교 점수, 학년동등 점수 등) 등으로 변환한 점수

보스턴 과정 접근 방법(Boston Process Approach): 신경심리학적 측정에서 검사를 선택하는 데 있어 내담자 및 환자의 상태나 필요에 따른 유연한 선택을 강조하는 접근 방법 중 하나

보편적 비언어 지능 검사(UNIT: Universal Nonverbal Intelligence Test): 비언어적 지능 검사의 한 가지

부적 편포(negatively skewed curve): 다수의 점수가 양(+)의 극단에 몰려 있는 형태의 점수 분포. 소수의 부(−)적 관찰 값들이 분포의 왼쪽 꼬리를 길게 늘이기 때문에 부적 편포라 부른다.

분류 기법(classification methods): 개인이 특정 속성 또는 특성을 갖고 있는지(자신을 가장 잘 기술하는 것으로 보이는 형용사에 체크하라고 함)에 관한 정보를 얻기 위한 일종

의 비공식적 평가 절차. 행동 및 감정단어 체크리스트가 이에 해당한다.

분산도(measures of variability): 분포 내의 점수들이 얼마나 차이 나는가를 보여주는 지표. 범위, 사분위 간 범위, 표준편차가 있다.

비공식 평가 도구(informal assessment instruments): 검사 사용자에 의해 개발되는 경우가 많은 검사 상황에 특정한 평가 도구. 이런 도구들이 다양한 장면에서 다양한 능력과 성격 특성을 평가하는 데 활용될 수 있다. 비공식적 평가 도구의 유형에는 관찰, 평정 척도, 분류 기법, 환경 평가, 기록과 개인 문서, 수행 기반 평가가 포함된다.

비구조화 면접(unstructured interview): 검사자가 미리 정해진 문항 목록 혹은 환자가 응답할 수 있는 질문들을 갖고 있지 않은 면접; 대신에, 검사자의 질문에 대한 환자의 반응들이 다음 질문할 것들의 방향을 설정한다.

비네-사이먼 척도(Binet and Simon scale): 최초의 지능 검사 중 하나

비밀 보장(confidentiality): 사생활에 대한 내담자의 권리를 보호하기 위한 윤리적 의무(법적 의무는 아님). 내담자가 자신이나 타인을 해할 위험에 있을 때와 같은 상황에서는 비밀 보장 원칙이 지켜지지 않을 수 있다.

비언어적 지능 검사(nonverbal intelligence test): 언어 표현이 약간 혹은 전혀 없는 지능 검사

비언어적 지능의 포괄적 검사(CTONI-II: Comprehensive Test of Nonverbal Intelligence): 비언어성 지능 검사

비율 척도(ratio scale): 유의미한 영점과 측정 단위의 등간성을 갖는 척도로, 모든 형태의 수학적 조작이 가능하다.

빈도 절선도표(frequency polygon): 빈도분포를 선그래프로 나타내는 기법. 점수를 일련의 급간으로 구분한 후, 각 급간을 x축, 해당 급간의 빈도를 y축에 나타낸다.

빈도분포(frequency distribution): 검사 점수를 이해하기 위해 일련의 검사 점수를 낮은 점수부터 높은 점수 순으로 늘어놓고 각 점수의 빈도를 기록하는 기법

빌헬름 분트(Wilhelm Wundt): 최초의 심리학 실험실을 설립한 사람으로, 생리학적 심리학이라는 이름의 '새로운 학문 영역'을 개척했다(나중에 심리학이라고 명명됨).

사건 표집(event sampling): 시간에 대한 제한 없이 특정 행동을 관찰. 일종의 관찰이다.

사건과 시간 표집(event and time sampling): 일정 시간 동안 진행되는 표적 행동 관찰. 일종의 관찰이다.

사무 적성 검사(clerical aptitude test): 특수 적성 검사 중 하나로, 사무 능력을 측정한다.

사분위 간 범위(interquartile range): 중앙치를 기준으로 상하 50%에 해당하는 점수 범위(즉, 백분위 25~75). 양극단의 25%씩을 제거한 범위를 보여주므로 편포를 보이는 검사 점수에 대해 좀 더 대표성 있는 점수 범위를 보여주는 데 유용하다.

사생활 침해(invasion of privacy): 모든 검사는 개인의 사생활을 침해한다. 그러나 사생활 침해에 관한 문제는 내담자가 고지된 동의를 할 경우, 검사를 받아들이거나 거절할 능력이 있을 경우, 그리고 비밀 보장의 제한에 관해 알고 있을 때 감소된다.

사회성 측정 도구(sociometric instruments): 집단 내 한 개인의 상대적 위치를 확인하기 위한 평가의 종류. 한 개인이 집단 혹은 조직 내에서 보이는 역동성을 결정하고자 할 때 흔히 사용된다.

산포도(scatterplot): 두 검사 점수의 연관성 혹은 상관을 나타내는 그래프. 점들이 직선상에 모여 있을수록 상관계수의 절댓값이 1에 가까워진다. 점들이 많이 흩어져 있을수록 상관계수는 0에 가깝다.

삼원이론(triarchic theory): 성분적(분석적), 경험적(창조적), 그리고 맥락적(실용적) 측면을 포함한 3개 하위 이론을 가진 지능이론

상관계수(correlation coefficient): 두 변수 간의 연관성. 상관계수는 +1~−1의 범위를 가지며, 일반적으로 소수점 둘째 자리까지 보고한다. 양의 값을 갖는 상관계수는 두 변수가 동일한 방향으로 연관성을 갖고 있음을 나타내고, 음의 상관계수는 역방향의 연관성을 나타낸다.

상황 평가(situational assessment): 개인이 인위적으로 조성된 자연적인 상황에서 어떻게 반응할지를 검사하는 데 사용되는 일종의 환경 평가. 박사 과정 학생이 모의 내담자를 상담하는 경우가 이에 해당한다.

서열 척도(ordinal scale): 크기 순서에 따라 숫자가 부여된 척도. 숫자 간의 거리가 같은 간격을 나타내지는 않는다.

성격 검사(personality test): 습관, 기질, 선호와 비선호, 성격적 특징이나 행동 등을 측정하기 위한 정서적 영역의 검사. 성격 검사에는 흥미 검사, 객관적 성격 검사, 투사적 성격 검사 등이 포함된다.

성취도 검사(achievement test): 사람이 배운 것을 측정하는

능력 검사의 하나. 성취도 검사에는 총집형 검사, 진단 검사, 준비도 검사 등이 포함된다.

수렴 타당도(convergent validity): 한 검사의 구인 타당도를 검증하기 위해 잘 알려진 다른 측도나 검사 도구와의 상관계수를 보여주는 방법

수리 척도(numerical scale): 낮은 숫자에서 높은 숫자로 배열된 수선상에서 진술에 동의하는 정도를 선택하도록 만들어진 척도

수행 기반 평가(performance-based assessment): 한 개인을 평가하기 위해 다양한 실제 및 그와 유사한 상황하에서 관찰을 통해 비공식적으로 평가하는 절차. 인지적 기능 평가를 위해 많이 쓰이지는 않지만 표준화 검사의 대안(예: 포트폴리오)으로 사용되는 경향이 있다.

스탠퍼드-비네 5(SB5: Stanford-Binet 5): 시작할 지점과 정지하고 다음 소검사로 넘어갈 지점을 결정하는 데 기초와 천정 수준을 활용하는 개인용 지능 검사. 다섯 가지 요인에 걸쳐 언어 지능과 비언어 지능을 측정한다.

스턴버그의 삼원이론(Sternberg's tribrachic theory): '삼원이론' 참조

스태나인(stanines): 'standard nine'이라는 용어에서 유래함. 학교에서 성취도 검사 결과 보고에 주로 사용되는 표준점수로 평균 5, 표준편차 2, 1~9까지의 범위를 갖는다.

스텐 점수(sten score): 'standard 10'이라는 용어에서 유래함. 성격 검사 등에 주로 사용되며 평균 5.5, 표준편차 2의 값을 갖는 표준 점수

스트롱 흥미 검사(Strong Interest Inventory): 홀랜드 코드를 사용하여 일반직업분류, 기본흥미척도, 직업척도, 개인특성척도, 문항반응요약을 측정하는 흥미 검사

스피어만-브라운(Spearman-Brown) **공식**: 반분 검사 신뢰도를 구하거나 문항 수 변화에 따른 신뢰도를 예측하기 위해 사용되는 수학 공식

시간 표집(time sampling): 일정한 시간 동안 행해지는 행동 관찰

시민권리법(Civil Rights Acts, 1964년 및 그 수정판): 취업 및 승진을 위한 어떤 검사이든 직무에 적절하고 타당한 것이어야 함을 규정한 법. 이런 조건을 충족시키지 못하면, 다른 대안적인 평가 수단이 제공되어야 한다. 차별적 절단점은 허용되지 않는다.

신경심리학(neuropsychology): 뇌와 행동 간의 관계를 검증하는 심리학의 한 영역

신경심리학적 검사(neuropsychological assessment): 기능을 위해 중추신경계를 평가하는 전문적인 검사. 종종 외상성 뇌 손상, 뇌 손상을 유발하는 질병 혹은 뇌의 변화를 경험할 수 있는 노인에게 적용된다.

신경심리학적 평가에 대한 고정된 총집형 검사 접근 방법: 신경심리학적 평가를 필요로 하는 모든 환자에게 같은 (표준화된) 도구 세트를 사용하는 것

신경심리학적 평가에 대한 유연한 총집형 검사 접근 방법: 신경심리학적 평가를 필요로 하는 개별 환자에 따른 맞춤형 도구와 기법들

신뢰도(reliability): 한 검사의 점수들이 측정의 오차로부터 자유로운 정도를 의미하며, 한 검사 도구가 제공한 결과들이 얼마나 일관적인지를 보여준다('검사-재검사 신뢰도', '동형 검사 신뢰도', '내적 일관성' 참조).

실용성(practicality): 검사를 선택할 때, 검사 가치의 초석 중 하나가 실용성. 실용적 관심사들은 시간, 비용, 형태, 가독성과 실시, 점수화 및 해석의 용이성을 포함한다.

실험 설계 타당도(experimental design validity): 한 검사가 구체적 개념 혹은 구성요인을 측정하고 있음을 보이기 위해 실험을 사용하는 방법. 구인 타당도를 검증하기 위한 한 방법이다.

아미 베타 검사(Army Beta test): 1차 세계대전 중에 군 지원자들을 선별하기 위해 사용된 비언어적 지능 검사

아미 알파 검사(Army Alpha test): 1차 세계대전 중에 군에 지원한 사람들을 선별하기 위해 로버트 여키스(Robert Yerkes), 루이스 터먼(Lewis Terman)과 동료들에 의해 개발된 검사. 일반적으로 최초의 현대적인 집단 검사로 일컬어진다.

아이오와 기본 기능 검사(Iowa Test of Basic Skills): 학교 교육을 통해 만족스러운 학업 성취를 이루기 위해 필요한 기능들을 측정하는 총집형 학업성취도 검사

안면 타당도(face validity): 한 검사가 검사 제작자가 의도한 내용이나 영역을 잘 측정하고 있는 듯이 보인다는 표면적 관찰 결과를 말한다. 이러한 인상에 기반한 결과가 실제로 검사 문항들이 필요한 영역을 잘 대표하고 있음을 담보해주지는 못하기 때문에, 검사 타당도를 검증하기 위한 실질적 방법이라고 볼 수는 없다.

알프레드 비네(Alfred): 1904년 프랑스 파리 공공교육부의 의뢰를 받아 '정상 범위 아래' 아동의 통합적 학교 교육을 돕기 위한 지능 검사를 개발했다. 테오필 사이먼(Theophile

Simon)과 함께 한 지능 검사의 개발은 이후 현대적 지능 검사의 개발로 이어진다.

어린이를 위한 코프먼 검사(KABC-II: Kaufman Assessment Battery for Children): 3~8세를 위한 인지 능력을 측정하는 지능 검사

에두아르 세갱(Edouard Seguin): 언어 능력이 지능과 관련 있다고 주장한 19세기의 과학자

에드워드 손다이크(Edward Thorndike): 이전 방식보다 더 신뢰성 있게 검사 점수를 도출할 수 있는 검사 형태를 개발할 수 있다고 믿었던 심리측정학자. 1923년 스탠퍼드 학업 성취도 검사를 만드는 것으로 그 결실을 맺었다.

에드워드 스트롱(Edward Strong): 1920년대에 연구팀을 이끌면서 현재 사용되는 스트롱 흥미 검사로 알려진 검사의 초기 형태를 개발했다. 스트롱 흥미 검사는 현재까지 개발된 흥미 검사 중 가장 인기가 많은 검사 중 하나이다.

에밀 크레펠린(Emil Kraeplin): 1880년대 조현병을 연구하기 위해 단어 연관 검사를 개발한 사람

연령비교 점수(age comparison score): 개인의 점수를 동일한 연령의 피험자들의 평균 점수와 비교하여 산출한 표준 점수의 한 형태

예측 타당도(predictive validity): 검사 타당도를 살펴보기 위한 한 관점으로서, 검사 점수가 외부의 어떤 기준과 관련된 정도에 대한 증거를 의미한다. 이때 외부 정보를 확보하려면 미래 시점까지 기다려야 한다는 전제가 따른다. 준거 관련 타당도의 한 유형이다.

오티스-레논 학교 능력 검사 8(OLSAT 8: Otis-Lennon School Ability Test 8): 언어 검사 및 비언어 검사를 통해 추상적 사고와 추론 기능을 평가하는 인지 능력 검사

올바른 진단(proper diagnosis): 진단의 정교한 본질 때문에, 윤리적 규칙들은 정신장애 진단을 내리기 위해 어떤 평가 기법들을 사용하는지를 결정할 때 전문가들이 특히 주의를 기울여야 하는 것을 강조함

요인 분석(factor analysis): 검사를 구성하는 하위 척도와 상위 구인 간의 연관성에 대한 통계적 분석을 통해 구인 타당도를 확인하는 기법. 주로 다중 적성 검사에서 하위 검사들의 순도(purity)를 확인하기 위한 목적 등에 사용된다.

우드워스(Woodworth)**의 개인자료지**(Personal Data Sheet): 1차 세계대전 중 군지원자들의 정신건강 문제에 대한 취약성을 선별할 수 있도록 개발된 116개의 문항으로 이루어진 검사. 현대적 성격 검사의 전조로 거론된다.

우드콕-존슨(Woodcock-Johnson): 2세부터 90세까지를 대상으로 지능에 관한 광범위한 평가를 시도하는 진단적 검사

원점수(raw score): 표준화를 위한 조작이나 변환이 이루어지기 이전의 점수. 원점수 자체는 피험자가 검사에서 어떤 수행을 보였는지에 대해 어떤 의미도 주지 못하므로 의미 있는 해석을 위한 변환이나 조작이 이루어져야 한다.

웩슬러 비언어성 능력 척도(WNV: Wechsler Nonverbal Scale of Ability): 지능에 대한 비언어적 검사

유동 지능(fluid intelligence): 레이먼드 커텔(Raymond Cattell)이 제안한 바 있는 일종의 타고난 지능

윤리 규정(ethical code): 평가를 포함한 특정 상황에서의 반응 방식에 관한 안내와 적절한 행동을 위해 제정한 전문적 지침. 상담자, 심리학자, 사회복지사, 결혼 및 가족 치료사, 정신과 의사 같은 각 전문가 집단은 자신만의 윤리 규정을 두고 있다.

윤리적 의사결정의 도덕 모형(moral model): 윤리적 의사결정을 할 때 중요한 것으로 규정된 여섯 개의 도덕 원리. 6개의 도덕 원리란 자율성, 비악의성, 선의, 정의, 충실성, 진실성을 말한다.

음악 적성 검사(musical aptitude test): 특수 적성 검사 중 하나로 음악적 능력을 측정한다.

의대 입학시험(MCAT: Medical College Admission Test): 물리학, 언어 추론, 생물학과 같은 의대에서의 수행을 예측하기 위한 과목들의 지식에 대해 평가하는 검사

의미변별 척도(semantic differential scale): 반대되는 속성을 반영하는 한 개 이상의 단어 짝을 이용하여 결과를 도출하는 평정 척도. 모든 척도에 같은 점수로 응답하려는 경향을 방지하려면 두 속성을 엇갈리게 배치할 수도 있다.

인지 능력 검사(cognitive ability test): 주로 학교에서 배운 것들에 기반을 두어 개인의 광범위한 인지 능력을 측정하고, 대학 학업에서의 성공 여부 등과 같은 미래에 대한 예측을 하는 데 유용한 검사. 인지 능력 검사의 점수가 성취도 검사의 점수보다 훨씬 높다면, 이는 학습장애, 동기, 비효율적인 교수 방법 등 배움에서의 어려움이나 문제를 의미할 수도 있다. 적성 검사의 한 종류이다.

일기(diary): 스스로를 기술하도록 하는 절차로 자신에 대한 가치 있는 통찰을 제공할 수 있다. 또한 내담자 삶의 이슈와 관련된 패턴, 그리고 무의식적 추동과 욕구를 드러냄으로써 임상가에게도 통찰을 제공할 수 있다.

일반 적성 검사 배터리(GATB: General Aptitude Test

Battery): 미국 고용부에서 개발된 검사로, 다중 적성을 측정하는 최초의 검사 중 하나

일화적 정보(anecdotal information): 일관성 있는 혹은 비일관적인 행동을 포함하는 개인의 기록. 일종의 기록이자 개인 문서

임상 면접(clinical interview): 프로파일을 만들기 위해 피검자에게 다양하고 폭넓은 배경 질문을 하는 평가 과정에서 중요한 단계. 면접은 구조적, 비구조적, 혹은 반구조적일 수 있다.

임상 신경심리학(clinical neuropsychology): 중추신경계와 관련된 평가와 중재 원리들

임상 평가(clinical assessment): 임상 면접, 비공식적 평가 기법, 객관적 및 투사적 검사를 포함한 다양한 방법들을 통해 환자를 평가하는 과정

자기탐색검사(SDS: Self-Directed Search): 진로 심리학자인 홀랜드의 성격 유형에 기반하여 개발된 흥미 검사로서, 내담자가 스스로 실시하고 채점하고 해석할 수 있도록 제작되었다.

자살 평가(suicide assessment): '치명성 평가' 참조

자서전(autobiography): 개인에게 자신의 삶에서 두드러지는 주관적 정보를 쓰게 하는 절차. 어떤 의미에서 보면 개인의 자서전에서 조명된 정보는 자신의 무의식적 마음에 대한 투사 검사일 수 있다. 일종의 기록이자 개인 문서

자피 v. 레드먼드(Jaffee v. Redmond): 이 사례에서 대법원은 사회복지사가 자신의 사례 기록을 비밀로 유지할 수 있는 권리를 인정한다. 사회복지사를 '치료자' 및 '심리치료자'로 기술함으로써 이 판결은 연방법원에서 자격증을 소지한 모든 치료자를 보호하고 특권적 의사소통 권리를 가진 자격증 소지 치료자에게 효력을 미칠 것이다.

장 에스퀴롤(Jean Esquirol): 프랑스 정신병원에서 일하는 동안 말을 통해 서로 다른 수준의 지능을 확인함; 그의 이 작업은 언어성 지능이라는 개념을 출현시킴

장 피아제(Jean Piaget): 아동들이 성장하면서 그들의 인지를 어떻게 형성해가는지를 관찰함으로써 지능을 발달적 관점에서 접근했다. 인지 발달 4단계(감각운동기, 전조작기, 구체적 조작기, 형식적 조작기)를 설명했으며, 또한 인지 발달이 적응적이라 믿었고, 동화와 조절 개념을 만들었다.

장애인 교육법(IDEA: Individuals with Disabilities Education Act, PL 94-142의 확장): 이 법은 아동이 학습을 어렵게 하는 장애를 가진 것으로 의심될 경우, 학교의 비용

으로 검사를 받을 수 있는 권리를 규정한다.

장애인 보호법(ADA: Americans with Disabilities Act, PL 101-336): 취업을 위해 검사를 받아야 하는 장애인에게는 적절한 조정이 이루어진 상태로 검사가 실시되어야 하며, 검사는 직무에 적절한 것이어야 함을 규정한 법

재활법 504호(Section 504 of the Rehabilitation Act): 연방 정부로부터 재정 지원을 받는 모든 프로그램에 적용되는 이 법은 장애로 차별받지 않도록 하는 목적으로 제정되었다.

전국 수준 교육 평가(NAEP: National Assessment of Educational Progress): 미국에서 주별 교육 성취를 비교할 수 있도록 사용하는 검사

전기 목록(biographical inventory): 개인의 출생 후부터의 세세한 삶의 기록을 제공한다. 이런 정보는 구조화 면접을 통해 또는 체크리스나 일련의 질문에 답하게 함으로써 수집될 수 있다.

전문 학회에서 제시하는 인증 기준(Accreditation Standards of Professional Associations): 대학원 교육 과정과 상담자 훈련 프로그램의 표준화를 강제하기 위해 이에 관한 사항을 들여다보는 전문 학회의 인증 시행 기관으로, APA(American Psychological Association)와 CACREP (Council for the Accreditation of Counseling and Related Educational Programs)를 예로 들 수 있다.

정규분포 등가 점수(NCE: normal curve equivalent): 교육학 분야에서 많이 사용되는 표준 점수로, 좌우대칭의 정규분포 형태를 갖도록 원점수를 변환한 것으로 평균은 50, 표준편차는 21.06이다.

정보자유법(Freedom of Information Act): 이 법은 개인이 검사 기록을 포함한 자신에 관한 연방 기록에 접근할 권리를 규정한다. 대부분의 주들은 주 기록에 접근할 권리를 보장하는 유사한 법률을 갖고 있음

정신 상태 검사(mental status exam): 환자의 모습과 행동, 정서적 상태, 사고 요소들과 인지 기능을 설명하는 평가와 작성된 보고서의 일부

정신장애 진단 및 통계 편람 제5판(DSM-5: Diagnosis and Statistical Manual-5 for Mental Disorders): 미국 정신의학협회에서 발행한 정신장애를 진단할 때 차원적 평가 모형(경도, 중등도, 심각한, 매우 심각한)을 사용하는 정신장애에 관한 종합적 진단 및 단축 체계

정적 편포(positively skewed curve): 다수의 점수가 음(−)의 극단에 몰려 있는 형태의 점수 분포. 소수의 정(+)적 관

찰 값들이 분포의 오른쪽 꼬리를 길게 늘이기 때문에 정적 편포라 부른다.

제임스 브라이언트 코넌트(James Bryant Conant): 2차 세계대전 이후 ETS가 개발한 SAT(원래의 정식 이름은 Scholastic Aptitude Test)를 처음 고안한 하버드 대학교 총장. 그는 이 검사를 통해 개인의 능력을 정확히 확인할 수 있을 뿐만 아니라 궁극적으로 교육 기회의 균등에 기여할 수 있을 것으로 보았다.

주요 전문 학회(major professional associations): 'AARC' 와 'APA 5분과' 참조)

주제통각검사(TAT: Thematic Apperception Test): 헨리 머레이(Henry Murray)가 개발한 검사로, 투사적 검사 중 하나. 이 검사는 피검자에게 그림을 제시하고, 보이는 것에 대해 이야기를 하게 한다.

준거 관련 타당도(criterion related validity): 한 검사의 타당도를 검증하기 위해 검사 결과와 관련이 있을 것으로 생각되는 외부 정보 혹은 표준과의 상관을 보는 방법. 외부 표준은 '여기 그리고 지금' 구해질 수도 있고(공인 타당도) 미래 시점에서 구해야 할 때(예측 타당도)도 있다.

준거참조 검사(criterion referencing test): 검사 결과에 대한 채점 방식에 있어서 미리 정한 값이나 준거 설정 결과에 비추어서 등급을 제시하는 방식

준비도 검사(readiness test): 학교에서의 승급과 관련한 학생의 준비 정도를 측정하기 위한 검사. 유치원 입학이나 초등학교 1학년 진학을 위한 준비도를 파악하기 위해 흔히 사용된다. 학업성취도 검사의 일종이라고 볼 수 있다.

중앙치(median): 전체 사례를 50:50으로 나누는 점수. 중앙치는 극단값에 영향을 받지 않으므로 검사 점수가 편포할 경우 중앙치가 일반적으로 가장 정확한 집중경향치이다.

지능 검사(intelligence test): 일반적으로 'IQ' 점수가 되는 다양하고 폭넓은 인지적 능력을 평가하는 개인 검사. 정신지체, 영재성, 학습장애, 일반적인 인지 기능을 확인하는 데 종종 사용되었다. 적성 검사(aptitude test)의 한 유형이다.

지능 지수(IQ: intelligence quotient): 'IQ'라 불리는 점수를 산출하기 위해 정신연령을 생활연령으로 나누고 지수에 100을 곱하도록 한 루이스 터먼(Lewis Terman)에 의해 개발된 개념

지능의 일반 요인(g 요인): 지능에 영향을 주는 근본적이고 전반적인 요인이 있다는 믿음. 찰스 에드워드 스피어만

(Charles Edward Spearman)에 의해 널리 알려졌다.

지능의 특수 요인(s 요인): 지능의 어떤 측면들은 인간 기능의 매우 특수한 측면들에 의해 매개되고 대체로 일반적 지능에 영향을 받지 않는다는 믿음. 찰스 에드워드 스피어만(Charles Edward Spearman)에 의해 알려졌다.

지적, 인지적 기능: 다음 영역의 광범위한 인지 기능을 측정하는 검사들: 일반 지능, 정신지체, 영재성과 전반적 인지 기능의 변화

직접 관찰(direct observation): 검사실에서 얻기 어려운 정보를 얻기 위해 검사자가 교실, 직장, 또는 기타 장소를 방문하는 일종의 환경적 평가

진단 검사(diagnostic test): 학습에 있어서의 문제 영역을 평가하는 검사. 학습장애를 파악하기 위해 흔히 사용된다. 일반적으로 학업성취도 검사의 한 유형으로 분류된다.

집중경향치(measures of central tendency): 일준의 점수들의 중앙 범위 혹은 '중심부'가 어떠한지를 보여주는 지표로 평균, 중앙치, 최빈치가 있다.

차별적 적성 검사(DAT: Differential Aptitude Test): 진로 의사결정을 도울 수 있도록 능력을 측정하는 다중 적성 검사

차원적 평가(dimensional assessment): 'DSM-5' 참조

찰스 에드워드 스피어만(Charles Edward Spearman): 지능에는 일반 요인(g 요인)과 특수 요인(s 요인)이 있다는 지능에 대한 두 요인 접근법을 믿었다. 두 요인 모두 지능을 이해하는 데 중요하다고 생각했다.

총집형 검사(survey battery test): 성취도 검사의 한 유형으로서 학교에서의 학생 성장 및 진보를 평가하기 위해 흔히 사용된다. 넓은 내용 영역을 측정하는 경향이 있으며, 선다형 문항이나 진위형 문항 등이 사용된다.

총체적 과정(holistic process): 한 개인에 관한 적절한 결론을 도출하기 위해서는 복수의 측정치가 활용되는 것이 중요하다는 아이디어

최빈치(mode): 가장 많은 빈도로 관찰되는 점수. 집중경향치의 하나

추정의 표준오차(standard error of estimate): 한 변수에 대한 획득 점수(X)에 기초하여 예측된 다른 검사(Y)의 획득 가능 점수 구간

출판사별 점수(publisher-type score): 검사 개발자가 선택한 고유의 평균과 표준편차를 갖도록 만들어진 척도 점수를 의미한다.

측정의 척도(scale of measurement): 측정 결과로 나타난 숫자의 속성을 정의하는 방법으로서 명명 척도, 서열 척도, 동간 척도, 비율 척도 등이 있다.

측정의 표준오차(SEM: standard error of measurement): 어떤 피험자에게 검사를 반복해서 실시할 경우 얻어지는 점수의 구간, 혹은 달리 표현하여 진점수를 포함하고 있는 점수 구간. '1-신뢰도'의 제곱근에 검사 점수의 표준편차를 곱해서 얻을 수 있다.

치명성 평가(assessment of lethality): 위험 인자가 자신을 해치는 것인지 혹은 타인을 해치는 것인지를 결정하는 과정. 평가해야 할 공통 요인들은 계속되는 해로운 생각들의 발달, 위험 요인들, 보호 요인들과 안전을 약속하는 의지를 포함한다.

칼 융(Carl Jung): 피검자가 제시된 자극어에 대해 가능하면 빠르게 연상하여 응답하도록 하는 검사를 고안했는데, 자극어로서 156개의 단어 목록을 개발했다. 융은 피검자가 응답에 소요하는 시간이나 응답 내용에 따라 콤플렉스를 확인할 수 있다고 믿었다. MBTI 검사에 사용되는 성격 유형 구성 개념을 창안한 사람이기도 하다.

칼 퍼킨스 법(Carl Perkins Act, PL 98-524): 1984년 통과되었으며, 이후 수정된 이 법은 직업 훈련을 필요로 하는 성인 또는 특정 집단이 직업 관련 평가, 상담, 배치 서비스를 받을 수 있게 규정하고 있다. 이런 집단에는 (a) 장애인, (b) 경제적으로 열악한 가정 출신자(여기에는 위탁양육을 받는 아이들이 포함됨), (c) 비전통적인 영역의 직업을 구하려는 사람들, (d) 미혼모 같은 한부모, (e) 생활수단을 잃은 주부, (f) 영어 구사에 제한이 있는 사람들이 포함된다.

커텔-호른-캐럴(CHC: Cattell-Horn-Carroll, CHC 모형): 지능의 통합된 모형은 16개의 일반적 능력 요인들(그중 6개는 잠정적인) 및 g 요인과 관련이 있을 수 있거나 혹은 없는 70개 이상의 연합된 작업들을 포함한 지능이론을 발달시킨다.

컴퓨터 기반 평가(computer driven assessment): 평가 과정과 보고서 준비를 도와주는 컴퓨터 프로그램

코리, 코리, 캘러낸의 윤리적 의사결정 모형(Corey, Corey, and Callanan's ethical decision-making model): 복잡한 윤리적 의사결정을 할 때 거쳐야 하는 여덟 단계. 즉, 문제 확인하기, 관련된 잠재적 이슈 확인하기, 적절한 윤리 지침을 검토하기, 적용 가능한 법과 규칙 확인하기, 자문 구하기, 행동에 대해 가능한 일련의 조치들을 고려하기, 각각의 의사결정 결과를 고려하기, 최선의 방법 결정하기

쿠더-리처드슨(Kuder-Richardson): 내적 일관성 신뢰도를 계산하기 위한 한 방법. 개별 문항 점수와 검사 총점 간의 상관을 모든 문항에 대해 구하고 그 평균을 계산함으로써 구할 수 있다.

퀸컹스(quincunx): 갈톤(Galton)의 보드라고도 알려진, 핀 혹은 못이 튀어나온 판으로서, 그 위에 떨어뜨린 구슬은 종 모양 분포, 즉 정규분포 곡선을 따라 내려간다.

크론박 알파 계수(Cronbach's alpha coefficient): 모든 가능한 반분 신뢰도 조합에서의 검사 신뢰도를 계산하여 내적 일관도를 측정하는 방법. 알파 계수는 각 문항 수준의 점수를 검사 총점과 상관을 구한 뒤 그 평균적 상관을 구한 것으로 개념화할 수도 있다.

타당도(validity): 검사 점수가 애초에 의도한 목적대로 해석될 수 있다는 것을 여러 관련 증거들을 수집한 결과 지지할 수 있는 정도. 타당도란 이러한 측면에서 검사 결과의 양호도를 살피기 위한 통합적 개념이다('내용 타당도', '준거 관련 타당도', '구인 타당도' 참조).

테오필 사이먼(Theophile Simon): 알프레드 비네(Alfred Binet)와 함께 최초의 지능 검사인 비네-사이먼 척도를 개발

투사적 성격 검사(projective personality test): 개인이 반응할 수 있는 자극을 제시하고 그에 대한 응답을 통해 성격 요인을 측정하는 검사. 정신병리를 확인하거나 치료 계획 수립을 조력하는 용도로 사용된다. 성격 검사의 일종

특권적 의사소통(privileged communication): 대화의 프라이버시를 유지할 법적 권리. 이 특권은 내담자에게 있으며, 그 내담자만이 그 특권을 포기할 수 있다.

특수 적성 검사(special aptitude test): 여러 능력 중 한 영역을 측정하는 검사. 한 직업군에서의 성공 가능성을 결정하는 데 유용하다(예를 들어, 기계적 적성 검사는 기계공으로서의 성공 정도를 예측할 수 있게 해준다). 적성 검사의 일종

편차 IQ(deviation IQ): 평균을 100, 표준편차를 15로 했을 때 표준 점수. 이름이 의미하는 바처럼, 이 점수들은 일반적으로 지능 검사에서 사용된다.

편포(skewed curve): 정규분포 곡선에서 벗어난 형태의 분포

평가 기준(standards in assessment): 임상가가 검사를 적절히 사용하도록 안내하고 검사 사용자에게 자신의 권리에 대해 알려주기 위해 고안된 기준

평가 보고서(assessment report): 평가 과정의 '결과물(deliverable)' 혹은 '최종 산출물'. 보고서의 목적은 여러 평

가 기법들을 통합해서 피검자를 좀 더 깊게 이해하고 제공될 수 있는 처치 과정을 추천하기 위함이다.

평가(assessment): 개인에 관한 정보를 산출하기 위해 이루어지는 광범위한 평가 절차. 평가는 임상 면접, 성격 검사, 능력 검사, 그리고 비공식적 평가를 포함하는 많은 절차로 구성될 수 있다.

평정 척도(rating scale): 피험자의 속성을 측정하기 위해 개발된 척도. 피험자 자신 혹은 피험자를 잘 아는 타인에 의해 평정될 수 있다. 일반적으로 많이 사용되는 평정 척도로 수리 척도, 리커트 척도, 의미변별 척도, 서열 척도 등이 있으며, 비형식 평가의 한 형태이다.

평정자 간 신뢰도(interrater reliability): 두 명 이상의 평정자가 평가할 때 이들이 산출한 결과 간의 일치 정도를 의미한다. 일치도가 높을수록 평정자 간 신뢰도가 높다고 할 수 있다.

평형 검사 신뢰도(parallel forms reliability): '대안적, 동형 혹은 평형 신뢰도' 참조

포트폴리오 평가(portfolio assessment): 일종의 수행 기반 평가. 많은 항목이 수집되고 궁극적으로 잠재적 고용자나 대학에 그 지원자의 능력을 나타내는 지표로 활용된다. 종종 표준화 검사 대신 사용된다.

폭넓음(breadth, 포괄): 중요하거나 관련 있는 모든 이슈를 다루는 것; 환자를 평가할 때 넓게 그물망을 던지는 것

표준 점수(standard score): 원점수를 새로운 평균과 표준편차를 갖도록 변환한 점수. 표준 점수를 통해 피험자들은 검사 결과를 쉽게 해석할 수 있다.

표준편차(standard deviation): 점수가 평균을 점심으로 얼마나 변하는지를 기술하는 분산도 측정치의 하나. 표준편차 단위 사이의 점수 백분율은 모든 정규분포 곡선에서 동일하다. 따라서 평균과 표준편차는 일단의 검사 점수들에 대해 많은 것을 알려줄 수 있다.

프랜시스 갈톤 경(Sir Francis Galton): 지능에 대한 지각운동반응 관계를 검증했으며, 빠른 반응시간과 더 강한 악력을 가진 사람들이 지능적으로 더 우수하다고 가정했다.

프랭크 파슨스(Frank Parsons): 미국 진로 상담 운동의 창시자

피바디 개인 성취도 검사(PIAT: Peabody Individual Achievement Test): 유치원부터 고3 학생을 대상으로 6개 내용 영역을 측정하는 진단 검사

필립 버넌(Philip Vernon): 누적적(g) 또는 일반 요인 점수를 얻기 위해 지능의 하위 요인들이 위계적으로 추가될 수 있다고 믿었다. 오늘날 많은 지능 검사가 계속해서 이 개념을 사용하고 있다.

하워드 가드너(Howard Gardner): 지능 측정에 대한 현재의 구인들을 강하게 반대하고 8 혹은 9 지능(언어-언어학적 지능, 수학적-논리적 지능, 음악적 지능, 시각적-공간적 지능, 신체적-운동감각적 지능, 대인관계 지능, 내적 지능, 자연적 지능, 존재적 지능)이 있다고 주장하는 다중지능이론을 발달시켰다.

학년동등 점수(grade equivalent score): 개인의 점수를 동일한 학년의 다른 학생들의 평균 점수와 비교하여 계산하는 표준 점수의 한 유형

할스테드-라이튼(Halstead-Reitan): 8개 핵심 검사로 구성된 광범위하게 사용되는 고정된 총집형 신경심리학적 검사

헤르만 로르샤흐(Herman Rorschach): 칼 융의 제자로 종이에 잉크를 흩뿌리고 반으로 접는 방식으로 제작된 로르샤흐 잉크반점 검사를 개발했다. 로르샤흐는 이런 형태의 자극에 대한 개인의 반응이 그 사람의 무의식적 삶에 대해 많은 것을 해석할 수 있도록 돕는다고 믿었다.

환경 평가 도구(environmental assessment instruments): 내담자에 관한 추가적인 정보를 얻기 위해 단순 관찰과 더불어 복수의 검사 도구가 활용되는 일종의 환경 평가

환경 평가(environmental assessment): 내담자에 관한 정보를 가정, 직장 또는 학교 환경에서 수집하고자 하는 평가에 대한 자연주의적 접근이자 체계 접근

후광 효과(halo effect): 개인 평정자가 평가 대상으로부터 전반적 인상 때문에 평가해야 할 구체적 영역에 대해 부정확하게 평정하는 오류

흥미 검사(interest inventory): 직업 세계와 관련하여 개인이 좋아하는 것과 싫어하는 것, 직업 세계와 관련된 성격적 지향을 측정하는 검사. 일반적으로 진로 상담에서 사용되며, 성격 검사의 일종이다.

히스토그램(histogram): 빈도분포를 막대그래프 형태로 변환하는 기법. 점수를 급간으로 묶은 다음 급간을 x축, 급간의 빈도를 y축에 나타낸다.

찾아보기